教育财会书系 / 总主编 黄永林

新中国教育财会发展史（1949—2019）

Xinzhongguo Jiaoyu Caikuai Fazhanshi

黄永林 著

本书得到教育部财务司教育财会研究课题
华中师范大学中央高校基本科研业务费专项资金支持

华中师范大学出版社

新出图证（鄂）字10号

图书在版编目（CIP）数据

新中国教育财会发展史：1949-2019/黄永林著.—武汉：华中师范大学出版社，2020.12

ISBN 978-7-5622-9265-4

Ⅰ.①新… Ⅱ.①黄… Ⅲ.①教育工作—财务管理—历史—中国—1949-2019 Ⅳ.①G475

中国版本图书馆CIP数据核字（2020）第262832号

新中国教育财会发展史（1949—2019）

© 黄永林 著

编辑室：高等教育分社
电话：027－67867364
责任编辑：许亚云
责任校对：刘少玲
封面设计：甘 英
封面制作：胡 灿
出版发行：华中师范大学出版社有限责任公司
社址：湖北省武汉市洪山区珞喻路152号
邮编：430079
销售电话：027－67861549（发行部）
传真：027－67863291
网址：http://press.ccnu.edu.cn
电子邮箱：press@mail.ccnu.edu.cn
印刷：广东虎彩云印刷有限公司
督印：刘 敏
开本：710mm×1000mm 1/16
印张：29
字数：550千字
版次：2020年12月第1版
印次：2020年12月第1次印刷
定价：75.00元

欢迎上网查询、购书

序

近年来，黄永林同志关于教育财会研究的新著频出，继《教育财会改革探究》《中国教育会计学会三十年（1988—2018）》出版之后，又有《新中国教育财会发展史（1949—2019）》即将付梓。他将这部书稿发给我，希望我能为之写序。作为曾在教育财会战线工作30多年的老兵，我对中国教育财会有着很深的感情，能作为本书的第一个读者我感到十分高兴。在读完这部50多万字的鸿篇巨制后，我很激动，感到这确实是一部填补新中国70年教育财会发展史研究空白的高质量之作。本书以大量历史事实和翔实数据为基础，回顾了我们的党和国家高度重视和大力发展教育事业的光辉历程，展示了所取得的辉煌成就；在中国社会政治经济、文化教育发展的宏观背景下，梳理了中国教育财会改革与发展的历史脉络，分析并总结了成功的宝贵经验；站在实现教育现代化、建设教育强国的时代高度，探讨了中国教育财会未来的发展趋势。这部书也激起了我对教育改革与发展话题的浓厚兴趣，我进行了一些思考，现将它写下来，权作本书的卷首语。

一、高度重视教育是教育事业发展的根本保障

教育事业是党和国家的事业，是人民的事业。新中国成立70年来，党和国家高度重视教育在党和国家事业发展全局中的地位和作用，大力发展人民的教育。从1950年毛泽东同志面对百业待兴、人才奇缺的状况，发出的"恢复和发展人民教育是当前重要任务之一"所表达的对教育的高度重视，到邓小平同志极富战略性眼光指出"忽视教育的领导者，是缺乏远见的、不成熟的领导者，就领导不了现代化建设""各级领导要像抓好经济工作那样抓好教育工作"，再到江泽民同志提出"人才资源是第一资源""百年大计，教育为本"，胡锦涛同志提出"办好人民满意的教育"的重要理论，进而到习近平同志从中国特色社会主义事业接班人培养、党长期执政、国家长治久安的战略高度提出了"教育是国之大计、党之大计"的重要论断，我们党在各个历史时期审时度势，顺应历史潮流，作出了优先发展教育、实施科教兴国战略和人才强国战略的重大历史抉择。

正是由于我们党对教育地位与作用认识的不断深化和升华，新中国教育事业经过70年，特别是改革开放40多年来的发展，才取得了举世瞩目的伟大成就，建成了世界最大规模的教育体系，走出了一条中国特色社会主义教育发展道路。

1949年，全国5.4亿人口，其中约80%不识字，普通小学、初中、高中、大学的在校生分别只有2 479万人、95万人、32万人、10多万人。到2018年，全国普通小学、初中、高中、大学的在校生分别达到10 339万人、4 653万人、2 375万人、2 831万人。1949年，我国学前教育毛入园率不足0.4%，小学阶段教育净入学率为20%，初中阶段教育毛入学率为3.1%，高中阶段教育毛入学率为1.1%，高等教育毛入学率为0.26%。到2018年，全国小学学龄儿童净入学率为99.95%，初中阶段、高中阶段、高等教育的毛入学率分别为100.9%、88.8%、48.1%，学前教育毛入学率为81.7%，这些指标已达同期中上收入国家的平均水平。1964年至2018年，全国6岁及以上人口平均受教育年限从2.92年提高到9.26年，高中及以上受教育程度人口占总人口的比重从1.7%提高到29.3%，大专及以上受教育程度人口占总人口的比重从0.4%提高到13%，文盲率由33.6%下降到4.9%，国民科学文化素质显著提升，我国实现了从人口大国向人力资源大国的转变，正在跨入人力资源强国行列。历史证明，党和国家高度重视教育是中国教育事业取得辉煌成就的根本保障。

今天，没有哪一项事业像教育这样影响甚至决定着接班人问题，影响甚至决定着国家长治久安，影响甚至决定着民族复兴和国家崛起。教育兴则国家兴，教育强则国家强；强国先强教，强国必强教，没有教育强国就不可能有现代化强国，就不可能实现民族复兴。教育事业发展要同党和国家事业发展要求相适应，是中国特色社会主义事业发展的必然要求。教育事业发展要同人民群众期待相契合，是以人民为中心的发展思想在教育领域的具体体现。教育事业发展要同我国综合国力和国际地位相匹配，是我国为提升综合国力和国际地位对教育发展水平提出的根本要求。教育是民族振兴、社会进步的重要基石，建设教育强国是中华民族伟大复兴的基础工程，是功在当代、利在千秋的德政工程，对提高人民综合素质、促进人的全面发展、增强中华民族创新创造活力、实现中华民族伟大复兴具有决定性意义。

二、优先发展教育是教育事业发展的重要支撑

教育对民族振兴和社会发展具有基础性、先导性、全局性作用，它不仅是人力资源开发、科技进步、经济发展的重要手段，还是社会繁荣、文化进步、民生改善、民族振兴乃至中华民族伟大复兴的基础。新中国成立70年，我们党把教育的地位和作用置于中华民族伟大复兴战略全局中加以定位，优先发展教育成为党和政府的共识，教育在党执政兴国中的战略地位逐步确立。《中华人民共和国教育法》规定："教育是社会主义现代化建设的基础，国家保障教育事业优先发展。""国家建立以财政拨款为主、其他多种渠道筹措教育经费为辅的体制，逐步增加对教育的投入，保证国家举办的学校教育经费的稳定来源。”“国家财政性教育经费支出占国民生产总值的比例应当随着国民经济的发展和财政收入的增长逐步提高。”“全国各级财政支出总额中教育经费所占比例应当随着国民经济的发展逐步提高。”《国家中长期教育改革和发展规划纲要(2010—2020年)》明确指出：“把教育摆在优先发展的战略地位。教育优先发展是党和国家提出并长期坚持的一项重大方针。各级党委和政府要把优先发展教育作为贯彻落实科学发展观的一项基本要求，切实保证经济社会发展规划优先安排教育发展，财政资金优先保障教育投入，公共资源优先满足教育和人力资源开发需要。”“教育投入是支撑国家长远发展的基础性、战略性投资，是教育事业的物质基础，是公共财政的重要职能。要健全以政府投入为主、多渠道筹集教育经费的体制，大幅度增加教育投入。”

新中国成立70年，由于我国始终把教育放在优先发展的战略地位，教育投入不断增加。首先，全国教育经费投入总量不断增加。从1952年的11.62亿元，到1978年的94.23亿元，特别是改革开放以来教育经费大幅增加，到2018年全国教育经费总量达到46 143亿元，是1978年的489.68倍，40年来累计投入36.26万亿元，年均增长17%；人均教育经费从1978年不到9.8元增加到2018年的3 000余元，增长300多倍。其次，国家财政性教育经费不断增长。从1952年的11.62亿元，到1978年的94.23亿元，特别是改革开放以来增速更快，到2018年已达到36 995.77亿元，40年来累计投入31.52万亿元，年均增长16.5%，国家财政性教育经费增速明显高于财政收入增速。最后，国家财政性教育经费占GDP的比例逐步提高。从1952年的1.71%，到1978年的2.6%，再到2018年的4.11%。近些年，国家财政性教育经费占GDP的比例一直保持在4%以上。教育投入不断增加，为教育事业的发展提供了重要支撑。

习近平指出，“建设教育强国是中华民族伟大复兴的基础工程”，要“优先发展教育事业”。当今世界正在经历百年未有之大变局，教育发展和科技创新从未像今天这样深刻影响着世界政治经济力量对比，成为国际竞争力的关键。过去我们是“穷国办大教育”，困难多、底子薄，很不容易。现在是“大国办强教育”，既要补短板，又要提质量，仍然必须优先发展教育事业，以教育现代化支撑国家现代化。实现教育现代化，必须要有强有力的人、财、物和体制机制保障，必须要优化支出结构、加强财务管理，努力提高教育经费的使用效益。优先发展教育事业，必须进一步加大对教育的投入力度，建立教育投入保障的长效机制，为教育现代化和教育强国建设提供保障，进而推动社会主义现代化强国的建设。

三、不断深化改革是教育事业发展的强大动力

新中国成立70年来，特别是改革开放40年来，中国教育始终与国家的改革紧密地联系在一起，不断深化改革为教育事业发展提供了强大动力。改革是决定当代中国命运的关键一招，新中国成立伊始，1951年10月1日，政务院发布了《关于改革学制的决定》，我国就学制进行改革，从根本上改革了教育制度。之后，又在大中小学推进教学改革，开创了人民教育的新局面。改革开放以来，教育改革更加主动、自觉，显著特征便是分阶段加以推进，每个阶段都有纲领性的文件引导改革不断深化和不断积累。我国先后出台了《中共中央关于教育体制改革的决定》（1985年）、《中国教育改革和发展纲要》（1993年）、《关于加快改革和积极发展普通高等教育的意见》（1993年）、《关于深化高等教育体制改革的若干意见》（1995年）、《面向21世纪教育振兴行动计划》（1998年）、《关于深化教育改革全面推进素质教育的决定》（1999年）、《国务院关于基础教育改革与发展的决定》（2001年）、《国务院关于深化农村义务教育经费保障机制改革的通知》（2005年）、《国家中长期教育改革和发展规划纲要（2010—2020年）》（2010年）、《国务院关于进一步完善城乡义务教育经费保障机制的通知》（2015年）、《国务院关于统筹推进县域内城乡义务教育一体化改革发展的若干意见》（2016年）、《关于深化教育体制机制改革的意见》（2017年）、《中共中央　国务院关于学前教育深化改革规范发展的若干意见》（2018年）、《国家职业教育改革实施方案》（2019年）、《国务院关于新时代推进普通高中育人方式改革的指导意见》（2019年）和《关于深化教育教学改革全面提高义务教育质量的意见》（2019年）等一系列关于教育改革的重要文件。历史证明，只有坚持解放思想、与时俱进，尊重人民群众的首创精神，破除一切妨碍教育发展的思想观念，不断推进教育改革创新，才能激发教育事业发展的生机与活力。改革创新是时代发展的不竭动力，只有坚持深化改革不动摇，不断释放制度红利，才能使我国教育越办越好，实现由教育大国到教育强国的历史跨越。

2019年，中共中央、国务院印发的《中国教育现代化2035》明确了“到2035年，总体实现教育现代化，迈入教育强国行列，推动我国成为学习大国、人力资源强国和人才强国”的教育现代化目标。教育现代化是国家现代化的重要支撑，教育高质量发展是经济社会高质量发展的题中应有之义。中国特色社会主义是与时俱进的事业，改革开放只有进行时没有完成时。“十四五”时期，我国教育将迈入实现教育现代化、推进高质量发展、建设教育强国的新征程。我们要深刻认识错综复杂的国际环境对教育事业发展带来的新矛盾与新挑战，深刻认识我国社会主要矛盾变化给教育事业发展带来的新特征与新要求，深刻认识实现中华民族伟大复兴对教育事业发展提出的新使命与新任务。一方面，当今世界正经历百年未有之大变局，大国之间的政治博弈和战略竞争日益加

剧，世界进入动荡变革期，我国发展的外部环境日趋复杂；另一方面，中国特色社会主义进入新时代，决胜全面建成小康社会取得决定性成就，我国已转向高质量发展阶段，开启全面建设社会主义现代化国家新征程，但发展不平衡、不充分问题仍然突出。在新的历史时期，必须加强党对教育事业的全面领导，深化教育领域的综合改革，大力推进教育体制改革创新，深化评价体系改革，深化办学体制和教育管理改革，更加注重改革的系统性、整体性、协同性，及时研究解决教育改革发展的重大问题和群众关心的热点问题，以改革激活力、增动力，提升教育服务经济社会发展能力，提升我国教育事业的世界影响力。要加快教育现代化步伐，以教育现代化支撑和助推国家现代化，开启我国由教育大国迈向教育强国的历史新征程。

黄永林同志作为一个改革开放以来中国教育财会改革与发展的亲历者和见证者，他既满怀激情又充满理性地写下这本书，表达了他对中国教育财会事业的热爱、关心之情，书中对许多问题的深刻思考，值得我们关注。我相信这本书的出版将对深化中国教育财会改革、推进教育财务治理体系和治理能力现代化建设具有重要的理论价值与实践意义，我衷心地祝贺这本书的出版。

杨周复

教育部原党组成员、部长助理

2020 年 10 月 8 日

目　录

第一章　教育事业发展

新中国成立，开启了中华民族伟大复兴的光辉之路。70 年来，教育事业与国家成长同频共振，取得了翻天覆地的历史性成就，把一个含 80%文盲的人口大国转变为一个人力资源大国，把巨大的人口包袱转变为有力支持国家事业建设与发展的人力资源优势。教育服务经济社会发展能力不断增强，有效推动了国家战略的实施，有力促进了国家经济社会的快速发展。70 年来，中国教育走过了一条艰难曲折而又波澜壮阔的光明美好的道路，主要经历了 1949 年至 1978 年社会主义建设时期的教育事业开基创业探索和 1978 年改革开放以后中国特色社会主义教育的改革与发展两个重要历史时期。

第一节　新中国教育事业开基创业探索期(1949—1978)

新中国成立之初百废待兴。旧社会留给新中国的教育事业是一个烂摊子，1949 年，全国有 5.4 亿人口，人均受教育年限不足 2 年，文盲、半文盲占总人口的 80%以上，学龄儿童入学率仅有 20%左右，高中在校生仅为 31.5 万人，全国仅有 205 所高校，在校生只有 11.7 万人，平均毛入学率仅为 0.26%。新中国成立之初，人才匮乏。“一五”计划实施期间，仅工业、运输业和地质勘探等方面就需要技术人员 30 万，而已有技术人员包括见习技术员也仅 14.8 万人，缺口达 15 万人。整个“一五”计划期间，高等教育只能向国家输送此类毕业生不到 5 万名。

新中国成立后，旧的学校教育远远不能满足新的教育需要，党和人民政府革故鼎新，大力发展人民教育。毛泽东主席指出，“恢复和发展人民教育是当前重要任务之一”，“我们的教育方针，应该使受教育者在德育、智育、体育几方面都得到发展，成为有社会主义觉悟的有文化的劳动者”。在毛泽东教育思想的指导下，我国教育事业逐步由新民主主义教育向社会主义教育过渡，开始了社会主义教育事业的开基创业探索。这一阶段中国的教育重点抓了以下工作，并取得了显著成绩。

一、确立社会主义教育方针，建立教育规章制度

（一）逐步确立社会主义教育方针

1949 年 10 月 1 日，中华人民共和国成立。中央人民政府委员会一致接受 1949 年 9 月中国人民政治协商会议第一届全体会议通过的《中国人民政治协商会议共同纲领》为本政府施政方针。这一纲领确认了“中华人民共和国的文化教育为新民主主义的，即民族的、科学的、大众的文化教育”的基本方针，并明确了“有计划有步骤地实行普及教育”等一系列重要政策导向。同年 11 月 1 日，中央人民政府教育部成立。12 月 23 日至 31 日，召开新中国第一次全国教育工作会议，确立了以老解放区新教育经验为基础、吸收旧教育某些有用经验、借鉴苏联经验、建设新民主主义教育的政策基点。会议强调，教育必须为国家建设服务，教育应着重为工农服务。教育工作的发展方针是普及与提高的正确结合，在相当长时间内以普及为主。这标志着我国从半殖民地半封建教育向新民主主义教育转变。

1954 年 9 月，第一届全国人民代表大会第一次会议上通过的《中华人民共和国宪法》，以国家根本大法的形式将新中国教育为人民大众服务的性质确定下来。第九十四条规定：“中华人民共和国公民有受教育的权利。国家设立并且逐步扩大各种学校和其他文化教育机关，以保证公民享受这种权利。”这是新中国第一次以法律形式规定公民受教育权，意味着在民族独立、人民当家做主后，全体公民受教育权利有了法律保障。

1956 年，以党的八大为标志，党领导全国人民有步骤地实现了从新民主主义到社会主义的转变。为了适应社会主义建设对人才的需求，毛泽东主席于 1957 年 2 月提出：“我们的教育方针，应该使受教育者在德育、智育、体育几方面都得到发展，成为有社会主义觉悟的有文化的劳动者。”1958 年，《中共中央、国务院关于教育工作的指示》指出，“党的教育工作方针，是教育为无产阶级的政治服务，教育与生产劳动相结合……教育的目的，是培养有社会主义觉悟的有文化的劳动者”。这一方针在人民教育事业的发展中发挥了持久的指导作用，这标志着新民主主义教育方针转变为社会主义教育方针，新中国开始走上社会主义教育事业发展道路。

（二）建立社会主义教育规章制度

根据社会主义教育性质和总方针，为促进社会主义教育的健康发展，我国开始建立社会主义教育制度，改革学制、建立专业化教师队伍和学校管理体制，制定了大、中、小学三个全日制学校暂行工作条例等。

1951 年 10 月 1 日，政务院公布了《关于改革学制的决定》，这是新中国

第一个关于学制的文件。该文件对各级各类学校的地位、年限和互相衔接的关系做了新的规定，使我国的学校系统在新的政治经济基础上，以法令的形式明确建立起来，标志着人民教育走上了有计划有系统的发展新阶段。1952 年，《小学暂行规程（草案）》和《中学暂行规程（草案）》正式颁布，全面规范了我国中小学教育教学，形成了我国中小学学校课程设置的基本框架。根据这两份文件，教育部制定了新的小学、中学各科教学大纲，新中国初步建立起了新的基础教育课程体系。

1956 年，在北京召开的全国知识分子会议上，周恩来总理提出，我们要分步骤、分阶段地缩小与世界发达国家的距离，全国人民要向现代科学文化进军，并提出要加强专业化教师队伍建设。1958 年，中共中央、国务院发布《关于教育事业管理权力下放问题的规定》，明确下放教育事业管理权，区域内中小学举办权由地方负责投入。同年，中共中央、国务院颁布《关于教育工作的指示》，鼓励集体和群众办学，充分动员社会的热情投入教育发展。从 1961 年到 1963 年，党中央先后颁布《高校六十条》《中学五十条》《小学四十条》，提出了大、中、小学教育的任务和培养目标，我国开始形成比较完整的国民教育体系。

二、扫除文盲，全面提升人民群众文化水平

（一）大规模开展扫盲教育

新中国成立之初，我国文盲、半文盲占总人口的 80%以上，学龄儿童入学率仅有 20%左右。识字率提升既是国家发展的果，也是国家发展的因，识字本身就代表了一种基本的生产力。普及教育，尤其是普及小学教育，成为新中国教育工作的重中之重。为全面提高国民文化水平，满足我国工业化建设、加快推进社会主义改造等多方面的需求，第一次全国教育工作会议后，我国先后开展了 3 次大规模的扫盲运动。1956 年 3 月 29 日，中共中央、国务院发布《关于扫除文盲的决定》。1956 年 9 月 15 日至 27 日，中国共产党第八次全国代表大会召开。刘少奇、周恩来在会上做了报告，指出文教事业在整个社会主义建设事业中占有重要地位。要根据“掌握重点、照顾其他”及需要与可能相结合的方针，进行全面教育规划，争取在 12 年内分期普及小学义务教育。与此同时，中国共产党和人民政府采取了各种措施在广大工人、农民中开展扫盲教育。

这一时期，扫盲运动辐射广、程度深、举措多。从方法和形式看，为快速摘掉文盲的帽子，结合工人、农民的生活实际，采取上夜校、组织速成识字班、“读报组”、“冬学”、“田间地头小黑板识字”等灵活多样的途径，开展多

种扫盲识字比赛来推动扫盲教育。从对象看，不仅限于青壮年，上至80岁的老人，下至几岁的孩子，都纷纷投入扫盲运动的热潮之中。从范围看，扫盲班已辐射至部队、工厂、农村、街道。在扫盲运动展开的过程中，城市基础教育也越来越被大家所重视。1953年，为方便人民子弟求学，北京市人民政府积极筹建小学，使得当地90%的儿童得到了接受基础教育的机会。1964年，在中央政府的支持下，简易小学在以山东、河北为首的十四个省份的农村中普及，课程精简集中，且地区周边的学龄儿童可以就近入学。在1949年至1965年的十多年间，扫盲教育成效显著，共有近1亿青壮年文盲脱盲，文盲率迅速下降至38.10%。

（二）积极开展工农教育

新中国成立后，为了改变旧社会劳动人民难有受教育机会的状况，决定教育向工农开门，积极开展工农教育。这种教育突出保障了工农子女和工农干部受教育的机会，改善了当时劳苦大众受教育水平低的现实，对教育服务经济建设意义重大。1949年12月召开的第一次全国教育工作会议明确指出，学校要为工农子女和工农青年开门。1950年9月第一次全国工农教育会议修订通过《工农速成中学暂行实施办法》，确定工农教育要以识字、学文化为主，“推行识字教育，逐步减少文盲”。1950年10月1日，政务院公布实施《关于改革学制的决定》，其中以法令形式确立，充分保障了工农干部受教育的机会；明确规定了职业技术教育和业余教育在学制中的适当地位。各级政府通过大力发展小学和中学，吸收工农子弟入学，兴办多种多样的工农速成中学、工农干部文化补习学校（班）和技术专班，采取短期速成的方式，创办人民大学，使一批工农干部、产业工人和解放军指战员达到中等文化程度，培养建设人才。为方便工农子女入学，各级政府特别注意在工业城市、工矿区和农村中增办学校，并在经济上给予资助。据统计，1954年在全国小学中，工农成分的学生已占82%；在普通中学生中，工农成分的学生已占60%以上。1953年，高校中出身于工农成分的新生已占新生总数的27.39%，这对提高工农群众文化水平起了很重要的作用。

三、高校院系调整，建立重点高校

（一）高校院系调整

1950年6月1日至9日，教育部召开第一次全国高等教育工作会议，毛泽东、周恩来等出席会议。会议讨论了改造高等教育的方针和新中国高等教育的建设方向，提出了以理论与实际一致的方法，培养国家高级建设人才。

新中国成立之初的205所院校，主要效仿美国大学模式，走综合性大学路线。当时的高等教育与国民经济并没有直接联系，人才培养无法满足社会需求。为适应新中国建设的需要，国家逐步着手旧式高校的接管和改造工作。1950年，政务院批准《专科学校暂行规程》，从1951年底开始，教育部拟定全国工学院调整方案。1952年下半年，根据“以培养工业建设人才和师资为重点，发展专门学院，整顿和加强综合性大学”的方针，我国有计划有步骤地对高等院校的院系、专业机构和布局进行了调整，把新中国成立前效仿英式、美式的高校体系改造成效仿苏联式的高校体系，旨在为工业建设培养人才、为高校培养师资，在院校设置方面借鉴苏联模式发展专门学院，并对综合大学进行整顿。

从1952年初开始，我国全面学习苏联，在计划经济的条件下开展行业办学，把综合性大学变为单科性专门学院，服务于特定行业，从而建立起与计划经济体制相适应的高等教育体系，使高等教育从社会边缘走向了社会中心。经过调整，大部分省份拥有了一所综合性大学和工、农、医、师等专门学院。到1953年，全国共有高等学校181所，其中综合性大学14所，工科类院校38所，师范类院校33所，农林类院校29所，医药类院校29所，其余为财经、政法、少数民族等类别的院校。全国初步形成了学科、专业设置比较齐全的高等学校体系。1952年，政务院决定实行全国高等学校统一招生和毕业生统一分配政策，原有的79所私立高等学校全部改为公办高等学校。经过调整，高校基本能够适应国家对各类高级专门人才的需要。这一举措为社会主义高等教育制度的建立奠定了初步基础。

（二）建设重点高校

新中国成立之初，重点高校政策是在全面学习苏联的政治背景下产生和实施的，目的是使这些学校尽快学习苏联先进经验，及时总结并推广以带动其他高校，使得我国高等教育体系的结构和功能快速全面地改造为苏联模式。1954年10月，教育部将北京大学等6所高校确定为全国性重点高校，其后数次增列。1961—1963年间，根据中共中央关于“调整、巩固、充实、提高”的方针，对教育事业继续进行大幅度调整，到1963年全国重点高校数量达到68所且高等学校的教学质量和科研水平都得到了极大提高。为与我国计划经济体制相适应，根据《关于重点高等学校和专家工作范围的决议》，这一时期，国家主要在师资调配、人员编制、基本建设和专业设置等方面给予政策倾斜来对重点高校进行支持，并没有安排专项经费。

四、教育事业各方面取得显著成就

从1949年到1965年，经过十几年的艰苦努力，我国初步建立起比较完善的社会主义教育制度，开始形成比较完整的国民教育体系，大、中、小学教育及成人教育初具规模，全日制教育、业余教育和半工半读教育共同发展，向各行各业输送了数以千万计素质较好的劳动者和专业技术人才，在新中国各项建设事业中发挥了重要作用。仅 1949 年至 1958 年的十年间，就有 1 600 万妇女脱离文盲，女童入学率和妇女识字率都大幅度提高。从 1949 年到 1965 年，全国扫除文盲 10 272.3 万人，年均扫盲 604.3 万人。到 1965 年底，我国基础教育得到了较为全面的恢复，学龄儿童入学率达到 85%，中等学校在校学生达到 1 432 万人，小学在校生达到 11 626.9 万人，分别比新中国成立前在校生人数最高的 1946 年增长了 6.9 倍和 3.9 倍。普通中等教育培养了 2 000 多万名毕业生，为国家培养了大批劳动后备力量，也为高级专门人才的培养奠定了基础。

从 1949 年到 1978 年期间，我国基本普及了小学教育，小学学龄儿童净入学率由 1952 年的 49.2%提高到 1978 年的 94%；中等教育和高等教育也得到了较快的恢复和发展，1949 年高等教育在校人数为 11.7 万人，1978 年增长到 228 万人，增长了近 20 倍，高等教育毛入学率也由 1.56%增长到 2.7%。

第二节 改革开放中国教育改革与发展期（1978—2019）

一、改革开放背景下推进教育改革（1978—1992）

党的十一届三中全会胜利召开，中国教育事业迎来了改革开放的春风，改革开放新时期的教育改革和发展翻开新的一页。这一时期中国教育改革与发展体现出以下新特征：

（一）拨乱反正，教育的重要性受到重视

1977 年，邓小平同志恢复工作后自告奋勇抓教育和科技，他曾指出："不抓科学、教育，四个现代化就没有希望，就成为一句空话。""靠空讲不能实现现代化，必须有知识，有人才。"他说："我们要赶上世界先进水平，必须从科技和教育着手。"① "我们的教育已比发达国家落后了整整 20 年，实现中国现代化的关键就是我们要有知识，要有人才。"1978 年 4 月 22 日至 5 月 16 日，全国教育工作会议在北京召开，邓小平发表重要讲话，强调提高教育质量，尊重教师的劳动，提高教师的质量等。他第一次提出："整个教育事业必须同国

① 何东昌主编：《中华人民共和国重要教育文献 1976—1990》，海口：海南出版社，1998 年。

民经济发展的要求相适应”，“国家教委、教育部和各部门，要共同努力，使教育事业成为国民经济计划的一个重要组成部分”[①]。他首先选择以推翻“两个估计”为拨乱反正和解放思想的突破口，其关于“尊重知识，尊重人才”的一席讲话，成为科技教育战线率先拨乱反正的重要指针。这次会议成为国家历史性转变时期教育战线的里程碑。

1978 年 5 月开始的关于真理标准的讨论极大地解放了教育界。1978 年 12 月党的十一届三中全会召开，会议深刻总结了我国社会主义建设正反两方面经验，借鉴世界社会主义历史经验，作出把党和国家工作重心转移到经济建设上来、实行改革开放的历史性决策，确立社会主义初级阶段基本路线，科学回答了建设中国特色社会主义的一系列基本问题，制定了到 21 世纪中叶分三步走、基本实现社会主义现代化的发展战略，成功开创了中国特色社会主义。这一年也成为中国教育改革与发展的重大转折点。教育界一场关于“教育本质与职能”的讨论拉开序幕。这场讨论或论争一直持续到 20 世纪 90 年代，产生了重大影响，其最重要的影响就是逐步促成了“教育既服务上层建筑，又服务生产力”“教育既促进社会发展，又促进人的发展”这些基本共识。

（二）发展教育的重要地位被确定

1982 年党的十二大把教育作为实现 20 年国民经济翻两番的重要保证，首次将教育确定成为今后社会主义现代化建设的重点之一。党的十二大报告明确提出：“必须大力普及初等教育，加强中等职业教育和高等教育，发展包括干部教育、职工教育、农民教育、扫除文盲在内的城乡各级各类教育事业，培养各种专业人才，提高全民族的科学文化水平。”1983 年 9 月 11 日，全国各主要报纸在显著位置刊登了邓小平为北京景山学校的题词：“教育要面向现代化，面向世界，面向未来。”这“三个面向”为中国教育发展提出了战略思路，关于“三个面向”的学习和讨论促进了教育思想更大的改变，对开辟中国特色社会主义教育发展道路定下了重要基调。1985 年 1 月 21 日，第六届全国人民代表大会常务委员会第九次会议通过决议，确定每年 9 月 10 日为教师节，该举措体现了国家对教育的重视和对教师的尊重。

1985 年 5 月 19 日，第一次全国教育工作会议召开，邓小平作了《各级党委和政府要把教育工作认真抓起来》的重要讲话，他指出，我们国家，国力的强弱、经济发展后劲的大小，越来越取决于劳动者的素质，取决于知识分子的数量和质量。一个十亿人口的大国，教育搞上去了，人才资源的巨大优势是任

---

① 《邓小平在教育工作会议上的讲话（1978）》，中国教育新闻网，2015-11-28，http://www.jyb.cn/zyk/jyzcfg/200602/t20060227_55358.html.

何国家比不了的。有了人才优势，再加上先进的社会主义制度，我们的目标就有把握达到。他要求“各级领导要像抓好经济工作那样抓好教育”，“各级党委和政府，对教育工作不仅要抓，并且要抓紧、抓好，严格要求，少讲空话，多干实事”。1985 年 5 月 27 日，中共中央颁布的《中共中央关于教育体制改革的决定》中明确提出了“教育必须为社会主义建设服务，社会主义建设必须依靠教育”的指导思想，并把教育发展和改革纳入我国改革开放与现代化建设的总体设计之中。要求“各级党委和政府把教育摆到战略重点的地位，把发展教育事业作为自己的主要任务之一，上级考查下级都要以此作为考绩的主要内容之一”。这一指导思想成为 1995 年全国人大制定教育法的重要依据。

1987 年，中国共产党第十三次全国代表大会报告中提出，要实现社会主义初级阶段的第二步经济发展战略目标（到 20 世纪末，使国民生产总值再增长一倍，人民生活达到小康水平），必须解决好三大重要问题：一是把发展科学技术和教育事业放在首要位置，使经济建设转移到依靠科技进步和提高劳动者素质的轨道上来；二是保持社会总需求和总供给基本平衡，合理调整和改造产业结构；三是进一步扩大对外开放的广度和深度，不断发展对外经济技术交流与合作。党的十三大把教育事业同党在社会主义初级阶段的基本路线和经济发展战略目标紧密地联系在一起。这次会议对教育优先发展有更加明确具体的规定，对教育发展发挥了重要的引领作用。

（三）招生制度改革

1977 年 9 月，全国高等学校招生工作会议在北京召开，会议宣布正式恢复停止了 10 年的高等院校招生考试。1977 年 10 月 12 日，国务院批转教育部《关于 1977 年高等学校招生工作的意见》。当年冬季，570 多万人参加了恢复高考后的第一次考试。恢复高考的重大决策，让中国高等教育框架历经凤凰涅槃而基本恢复，让人才培养和经济社会互动发展重回健康轨道，为改革开放之初的干部培养、产业人才储备等奠定了极为宝贵的人力资源基础。

“不拘一格降人才”是国家对教育的直接要求。“我们一方面要努力提高自己的大学水平，一方面要派人出去学习，这样可以有一个比较，看看我们自己的大学究竟办得如何。”这是 1978 年 6 月邓小平作出关于扩大派遣留学生的重要指示。以 1978 年 12 月派出第一批 52 名公派赴美留学生为标志，中国开始大规模向欧美等发达国家派遣留学生，揭开了新时代教育对外开放的序幕。1984 年国家颁布自费留学政策，次年，留学人数的增幅超过 50%，总人数近 5 000 人。

（四）教育体制改革

改革开放后，随着教育事业的迅速恢复和发展，教育体制问题日益凸显。

1985年，党中央召开改革开放以来第一次全国教育工作会议，发布和实施《中共中央关于教育体制改革的决定》（以下简称《决定》），针对我国教育体制的弊端，《决定》指出要从根本上改变这种状况，必须从教育体制入手，有系统地进行改革。《决定》提出了四个方面的改革内容：一是发展把基础教育的责任交给地方，有步骤地实行九年制义务教育；二是调整中等教育结构，大力发展职业技术教育；三是改革高等学校的招生计划和毕业生分配制度，扩大高等学校办学自主权；四是加强领导，调动各方面积极因素，保证教育体制改革的顺利进行。会议决定成立国家教育委员会，统筹整个教育事业的发展与改革。根据党中央的部署，教育管理体制改革、结构布局调整、教育教学改革、招生和毕业生分配制度改革迈开新的步伐。

（五）高等教育管理体制改革

教育体制改革的脚步从未停滞，并且始终与社会主义现代化建设同频共振。党的十一届三中全会以后，高等教育管理体制首先进行了相应的恢复与调整。在1979年中共中央批转教育部党组《关于建议重新颁发〈关于加强高等学校统一领导、分级管理的决定〉》的报告中，同意对高校实行统一领导和归口管理。综合性、多科性大学、高等师范院校由教育部和省、市、自治区教育行政部门管理；工、农、医、财经、艺术、体育等由中央或省、市、自治区有关业务部门为主负责管理。1986年，国务院颁布了《高等教育管理职责暂行规定》和《普通高等学校设置暂行条例》，分别就国家教委、国务院有关部委、省（自治区、直辖市）政府在管理高等教育方面的职责、关系等做了规定。从而使高等学校与省、市、自治区教育行政部门的关系呈现出三种情况：一是中央部委所属高校，由其协助管理；二是一般地方高校，受其主管；三是由地方有关业务厅、局主管的高等学校，由其负责业务指导。这一管理体制改革扩大了地方及高校的办学权限，调动了中央、地方、高校和社会的办学积极性，但由于这一改革处于社会转型的初期，即由计划经济向社会主义市场经济体制的转变过程中，宏观管理体制改革仍未能摆脱以往的模式，表现出旧有经济体制对教育制约的局限性。

（六）普及义务教育成为教育工作的重点

1979年，中共中央批转了《关于发展农村教育事业的情况报告》，报告中指出，实现现代化的关键在于培养技术人才，其基础在于教育。要求各级党政官员，切实抓好小学教育的普及。1980年12月3日，中共中央、国务院发布的《关于普及小学教育若干问题的决定》提出："在八十年代，全国应基本实现普及小学教育的历史任务，有条件的地区还可以进而普及初中教育。小学教育是整个教育的基础，要提高教育质量、提高全民族的科学文化水平，必须从小学抓起。”1982 年 12 月 4 日，颁布新修订的《中华人民共和国宪法》规定：“中华人民共和国公民有受教育的权利和义务”“国家举办各种学校，普及初等义务教育”。1985 年 5 月 27 日，中共中央颁布的《中共中央关于教育体制改革的决定》中明确提出要有步骤地实行九年制义务教育。1986 年 4 月 12 日，中华人民共和国主席令第三十八号发布《中华人民共和国义务教育法》，从当年 7 月 1 日起施行。其中规定，义务教育是国家统一实施的所有适龄儿童、少年必须接受的教育，是国家必须予以保障的公益性事业。实施义务教育不收学费、杂费，国家建立义务教育经费保障机制。义务教育事业在国务院领导下，实行地方负责、分级管理。《中华人民共和国义务教育法》明确规定国家实行九年义务教育制度，这标志着我国从此确立了普及义务教育制度，基础教育的发展获得了法律保障，进入了依法治教的新阶段。

（七）建设全国重点高等学校和重点学科

1978 年 2 月，国务院转发教育部《关于恢复和办好全国重点高等学校的报告》，恢复并确定全国重点高校 88 所，与新中国成立初期全国重点高校相比在数量上适当扩大，特别是加强薄弱环节和薄弱地区、加速边疆少数民族地区高等教育事业的建设。恢复全国重点高校的意义在很大程度上是为“拨乱反正”，主要对高校在“文化大革命”期间被破坏的管理体制进行了调整和恢复，除数量增加外并未提出新的支持和改革举措。全国重点高校的数量此后又经少量增加和调整，至 1981 年底达到 96 所。1983 年 5 月，匡亚明、刘丹、李曙森、屈伯川等四位大学的名誉校长联袂向中央提出了系统建议，此后，匡亚明提出希望中央“像抓重点经济建设那样，选定顺应现代科学技术与高教发展趋势的 50 所左右高等学校，列入国家重点建设项目，集中投资”，这对中央做出决策产生了重要影响。1984 年 4 月，教育部、国家计委《关于将十所高等院校列入国家重点建设项目的请示报告》得到国务院批复，北京大学等 10 所院校的建设被列为国家重点建设项目，纳入年度计划和“七五”计划，得到财政专项资金的支持。这一政策后来被称为“重中之重”。“重中之重”项目的实施，标志着高等教育重点建设在财政投入方面的重大突破，“重中之重”项目高校除与其他高校一样获得定额经费资助外，还获得了中央财政的专项补助款，是我国高等教育重点建设政策中的首创。

1987 年 8 月，国家教委启动重点学科评选，在全国评选了 416 个重点学科。重点学科评选的思路与重点高校不同，首次将重点建设的对象聚焦在学科上，学科建设在高校中的地位由此得到重视。2001 年、2006 年国家又先后组织了两次评选工作。与“重中之重”主要增加建设高校基础设施投资不同，中央投入国家重点学科建设的资金主要用于维护更新实验室设备、改善学科教学条件等。

二、科教兴国背景下促进教育振兴（1992—2002）

1992年到2002年，是中国全方位推进改革的十年。1992年，邓小平到南方各省视察，发表了重要谈话，指出改革的“三个有利于”标准、社会主义的本质、发展的意义、市场与计划的辩证关系，强调中国必须坚持改革开放。这有力地促进了全党全国人民思想的进一步解放，为下一步的改革奠定了基础。1992年10月，中共十四大召开，会议明确提出我国经济体制改革的目标是建立社会主义市场经济体制，这对于我国现代化建设事业具有重大而深远的意义。1993年11月，党的十四届三中全会又出了《中共中央关于建立社会主义市场经济体制若干问题的决定》，文件清晰地描绘出社会主义市场经济体制的基本框架，是我们建立新体制的总体规划和行动纲领，是对党的十四大提出的社会主义市场经济体制改革目标的具体化和系统化，这标志着中国经济与生活方式将由计划经济时代转入市场经济时代。在这样的背景下，党中央、国务院实施科教兴国战略，优先发展教育，进一步深化教育改革，全面推进素质教育，并采取了高等教育扩招、开展“211工程”建设以及大力普及义务教育等一系列措施，使我国教育的总体规模、发展速度、教育质量和效益实现了历史性的飞跃。

（一）实施科教兴国战略，确立教育优先发展战略地位

1992年党的十四大报告提出：“科技进步、经济繁荣和社会发展，从根本上说取决于提高劳动者的素质，培养大批人才。我们必须把教育摆在优先发展的战略地位，努力提高全民族的思想道德和科学文化水平，这是实现我国现代化的根本大计。”自此，我国正式确立了教育优先发展的战略地位，并在不同时期赋予教育不同的历史使命。

1993年2月，党中央、国务院颁布了《中国教育改革和发展纲要》，这是一个指导我国教育事业改革和发展的纲领性文件，它明确提出“教育是社会主义现代化建设的基础，必须坚持把教育摆在优先发展的战略地位”，还提出了教育事业发展的目标、战略和指导思想。1994年6月，第二次全国教育工作会议召开，会议的主要任务是：动员全党全社会认真实施《中国教育改革和发展纲要》，国务院发布了《关于〈中国教育改革和发展纲要〉的实施意见》，全面落实教育优先发展的战略地位。

1995年5月，江泽民在全国科技大会上的讲话中提出，把科教兴国作为国民经济和社会发展的重要战略。1995年，中共中央、国务院作出的《关于加速科学技术进步的决定》将科教兴国的战略写入文件。文件指出：科教兴国，是指全面落实科学技术是第一生产力的思想，坚持教育为本，把科技和教

育摆在经济、社会发展的重要位置，增强国家的科技实力及向现实生产力转化的能力，提高全民族的科技文化素质，把经济建设转移到依靠科技进步和提高劳动者素质的轨道上来，加速实现国家的繁荣强盛。实施科教兴国战略，是全面落实科学技术是第一生产力思想的战略决策，是保证国民经济持续、快速、健康发展的根本措施，是实现社会主义现代化宏伟目标的必然抉择，也是中华民族振兴的必由之路。实施科教兴国战略，是党的工作重点转移到以经济建设为中心的进一步深化和向更高阶级的发展。

1997 年，江泽民在党的十五大报告中进一步指出："培养同现代化要求相适应的数以亿计高素质的劳动者和数以千万计的专门人才，发挥我国巨大人才资源的优势，关系二十一世纪社会主义事业全局。" 1999 年 6 月，第三次全国教育工作会议召开，江泽民在会议上讲话指出，教育必须以提高国民素质为根本宗旨。会议的主题是：动员全党和全国人民，以提高民族素质和创新能力为重点，振兴教育事业，实施科教兴国战略。会议颁布的《中共中央国务院关于深化教育改革全面推进素质教育的决定》指出，"实施素质教育，就是全面贯彻党的教育方针，以提高国民素质为根本宗旨，以培养学生的创新精神和实践能力为重点，造就'有理想、有道德、有文化、有纪律'的、德智体美等全面发展的社会主义事业建设者和接班人"。该文件的颁布标志着素质教育成为我国整个教育工作的主题。

1998 年 12 月 24 日，教育部发布《面向 21 世纪教育振兴行动计划》，这是在贯彻落实《教育法》及《中国教育改革和发展纲要》基础上提出的跨世纪教育改革和发展的施工蓝图，《面向 21 世纪教育振兴行动计划》提出的主要目标是：到 2000 年，全国基本普及九年义务教育，基本扫除青壮年文盲，大力推进素质教育；完善职业教育培训和继续教育制度，城乡新增劳动力和在职人员能够普遍接受各种层次和形式的教育与培训；积极稳步发展高等教育，高等教育入学率达到 11%左右；瞄准国家创新体系的目标，培养造就一批高水平的具有创新能力的人才；加强科学研究并使高校高新技术产业为培育经济发展新的增长点作贡献；深化改革，建立起教育新体制的基本框架，主动适应经济社会发展。到 2010 年，在全面实现"两基"目标的基础上，城市和经济发达地区有步骤地普及高中阶段教育，全国人口受教育年限达到发展中国家的先进水平；高等教育规模有较大扩展，入学率接近 15%，若干所高校和一批重点学科进入或接近世界一流水平；基本建立起终身学习体系，为国家知识创新体系以及现代化建设提供充足的人才支持和知识贡献。

1995 年 3 月，《中华人民共和国教育法》的颁行标志着我国教育法制建设进入了一个新的阶段。1998 年 8 月 29 日，第九届全国人民代表大会常务委员会第四次会议通过的《中华人民共和国高等教育法》正式颁布，这为中国高等教育事业发展提供了强大的法律保障。

（二）深化教育改革，全面提高教育质量

1992年11月14日，全国普通高等教育工作会议在北京举行，会议的议题是：学习贯彻邓小平视察南方重要讲话和党的十四大会议精神，总结交流部门、地区和有关学校高等教育改革与发展的经验，研究在新形势下高等教育如何进一步发展和深化改革，全面提高教育质量和办学效益。1993年2月，党中央、国务院颁布的《中国教育改革和发展纲要》提出，教育体制改革要采取综合配套、分步推进的方针，加快步伐，改革“包得过多、统得过死”的体制，初步建立起与社会主义市场经济体制和政治体制、科技体制相适应的教育新体制。1999年，党中央、国务院召开改革开放以来第三次全国教育工作会议。1999年6月13日，中共中央、国务院发布《关于深化教育改革全面推进素质教育的决定》。2000年，教育部印发了《关于实施“新世纪高等教育教学改革工程”的通知》，指出要开展更大范围、更深层次的教学改革实践，使现有的教学改革成果更加系统化、科学化。2001年5月29日，国务院发布《关于基础教育改革与发展的决定》；2001年6月7日，教育部发布《基础教育课程改革纲要（试行）》；2002年4月14日，国务院办公厅发出《关于完善农村义务教育管理体制的通知》。这一系列文件都体现了深化改革的精神，提出了深化改革的具体方案。

（三）实施高等教育扩招政策，高等教育迈入大众化发展阶段

改革开放后，我国高等教育经历了从精英化到大众化、普及化的历史进程。据国家统计局1999年数据显示，1998年，在全国7.06亿从业人口中，具有大专及以上学历的仅占3.8%；普通高校在校生只有340万人，高等教育毛入学率仅为9.8%，远远不能满足人民群众接受高等教育的需求和国家经济社会发展对人才的需求。1998年前后启动的高等教育扩招政策，是中国高等教育走向普及化和大众化的重要里程碑，使得高等教育入学机会的均等化水平大幅提升。1998年全国高校招生人数为108万，1999年扩招到159.7万，增幅高达47.4%，到2002年我国高校招生人数达320.5万，高等教育毛入学率达到15%，这标志着中国高等教育进入大众化阶段。

进入20世纪90年代，伴随扩招，过去“条块分割、部门办学”的旧体制，已经不能适应高等教育快速发展的现实。国家进行高等教育宏观管理体制改革，主要包括共建、调整、合作、合并四种形式。改革的主要内容包括：改革部门办学管理体制，淡化和改变单一隶属关系，解决“条块分割”问题，变“条块分割”为“条块有机结合”；正确处理中央与地方的关系，扩大省级政府统筹权，将大多数高等学校的管理权下放到各省级政府，目的是实现教育资源

的合理配置，基本形成了“中央和省两级管理、以省级政府管理为主”的高等教育行政体制。这一行政体制的改革，一方面改善和加强中央政府宏观管理的手段，调动了中央、地方及社会各方面参与办学的积极性；另一方面在一定程度上也扩大了高等学校的办学自主权，使教育质量和办学效益大幅提升。世纪之交，全国共有556所高等学校（其中普通高等学校387所、成人高等学校169所），经合并调整为232所高等学校（其中普通高等学校212所、成人高等学校20所），净减324所。通过合并，一些地区高校重复设置、单科性院校过多、办学规模过小的状况得到明显改善，组建了一批学科综合和人才汇聚的综合性大学和多科性大学。这次改革使高校布局结构调整更加合理，高等教育资源得到优化配置，竞争能力得到了增强，为高等教育发展奠定了良好的基础。

（四）实施“211工程”和“985工程”

“重中之重”学校的重点建设项目思路和国家重点学科的学科建设思路相结合，构成了“211工程”和“985工程”建设理念的基础。世纪之交前后，为迎接世界新技术革命和日益激烈的国际竞争，我国先后启动“211工程”和“985工程”。

1992年，中央政府提出“要面向21世纪，重点办好一批高等院校”，以带动整个高等教育发展。1993年7月1日，国家教委印发《关于重点建设一批高等学校和重点学科点的若干意见》，提出面向21世纪重点建设100所大学和一批重点学科点的计划，简称“211工程”。《关于重点建设一批高等学校和重点学科点的若干意见》阐述了“211工程”的定义、建设目标、实施办法、立项程序等。1995年11月，国家计委、国家教委、财政部联合印发《“211工程”总体建设规划》，“211工程”正式启动。至2012年“211工程”三期验收，共112所高校进入支持范围。

1998年5月4日，江泽民在北京大学百年校庆讲话中提出，中国要建设若干所世界一流大学和一批国际知名的高水平研究型大学。于是，中央决定实施建设若干所世界一流大学和一批国际知名的高水平研究型大学建设工程，简称“985工程”。最初入选“985工程”的高校只有9所，被称为九校联盟，截至2011年，列入“985工程”建设的高校已达到39所。

“211工程”和“985工程”的实施，加强了我国高等教育基础设施建设，提高了我国高等教育办学水平和效益。

（五）实现全国基本普及九年义务教育的目标

1993年中共中央、国务院发布的《中国教育改革和发展纲要》明确指出，要以普及九年义务制教育、扫除青壮年文盲作为新的奋斗目标。1994年召开的第二次全国教育工作会议，确立了到 2000 年基本普及义务教育和基本扫除青壮年文盲的国家级目标。1994 年 9 月 1 日，国家教委印发《关于在九十年代基本普及九年义务教育和基本扫除青壮年文盲的实施意见》，对普及九年义务教育的一系列重要问题做了详细规定和具体部署。2001 年，国务院出台了《国务院关于基础教育改革与发展的决定》，明确“农村义务教育实行在国务院领导下，由地方政府负责，分级管理，以县为主的体制”，实现了“从向农民收费集资办学转变为主要由政府出资办学，农村义务教育管理由乡镇为主转变为以县为主”的两大变革。

从 1995 年到 2000 年，教育部和财政部联合实施国家贫困地区义务教育工程。这一阶段我国扫盲工作取得举世瞩目的成就。2000 年，我国 15 岁及以上文盲和半文盲人口为 8 507 万人，比 1982 年减少近 1.4 亿人；文盲率由 1982 年的 22.81%下降为 2000 年的 6.7%，比 1990 年下降 9.2 个百分点，实现了联合国教科文组织在《世界全民教育宣言》中提出的将文盲率在 1990 年的水平上降低一半的要求。截至 2000 年底，全国普及九年义务教育地区人口覆盖率达 85%，青壮年文盲率下降到 5%以下。2001 年 1 月 1 日，国家主席江泽民向全世界宣布：中国如期完成了向世界的庄严承诺，实现了基本普及九年义务教育和基本扫除青壮年文盲的战略目标。1984 年以来，在联合国教科文组织举办的国际扫盲奖评选活动中，中国先后有 11 个单位获奖，其中有 6 个单位获大奖。

三、人力强国战略背景下的优先发展教育（2002—2012）

党中央、国务院提出实施科教兴国优先发展教育，建设人力资源强国，是我们党和国家面对世界范围内科学技术迅猛发展和综合国力竞争日趋激烈的时代背景，根据经济、社会发展规律和我国现实情况做出的重大战略部署，围绕着这两大战略的实施，我国教育体制改革不断深化、教育事业不断发展。

（一）实施科教兴国战略和人才强国战略

党的十六大以来，随着中国社会主义市场经济体制的逐步建立与完善，在建设小康社会，实施人才强国战略、科教兴国战略和全面深化改革的过程中，教育的重要性越来越突出。

2002 年 11 月，党的十六大提出全面建设小康社会的奋斗目标，基于“促进人的全面发展”的目的，提出：“教育是发展科学技术和培养人才的基础，在现代化建设中具有先导性全局性作用，必须摆在优先发展的战略地位。全面贯彻党的教育方针，坚持教育为社会主义现代化建设服务，为人民服务，与生产劳动和社会实践相结合，培养德智体美全面发展的社会主义建设者和接班人。坚持教育创新，深化教育改革，优化教育结构，合理配置教育资源，提高教育质量和管理水平，全面推进素质教育，造就数以亿计的高素质劳动者、数以千万计的专门人才和一大批拔尖创新人才。”2003年10月14日，党的十六届三中全会通过的《中共中央关于完善社会主义市场经济体制若干问题的决定》指出，“坚持以人为本，树立全面、协调、可持续的发展观”，科学发展观对教育工作提出了更高的要求。2003年12月19日，胡锦涛在全国人才工作会议上的讲话中指出，落实好人才强国战略，必须树立适应新形势新任务要求的科学人才观，使我国由人口大国转化为人力资源强国。2003年12月26日，中共中央、国务院作出的《关于进一步加强人才工作的决定》指出：“新世纪新阶段人才工作的根本任务是实施人才强国战略。在建设中国特色社会主义伟大事业中，要把人才作为推进事业发展的关键因素，努力造就数以亿计的高素质劳动者、数以千万计的专门人才和一大批拔尖创新人才，建设规模宏大、结构合理、素质较高的人才队伍，开创人才辈出、人尽其才的新局面，把我国由人口大国转化为人才资源强国，大力提升国家核心竞争力和综合国力，完成全面建设小康社会的历史任务，实现中华民族的伟大复兴。”2006年8月29日，胡锦涛在中央政治局第三十四次集体学习时发表的《办好人民群众满意的教育》的讲话中再次指出：“教育是提高人民科学文化素质和思想道德素质的基本途径，是发展科学技术和培养人才的基础，在现代化建设中具有基础性、先导性、全局性的地位和作用。坚持把教育摆在优先发展的战略地位，是我们党和国家提出并长期坚持的一项重大方针，也是发挥我国人力资源优势、建设创新型国家、加快推进社会主义现代化的必然选择。”

2006年10月11日，党的十六届六中全会通过的《中共中央关于构建社会主义和谐社会若干重大问题的决定》强调：“坚持教育优先发展，促进教育公平。全面贯彻党的教育方针，大力实施科教兴国战略和人才强国战略，全面实施素质教育，深化教育改革，提高教育质量，建设现代国民教育体系和终身教育体系，保障人民享有接受良好教育的机会。”2007年8月31日，胡锦涛《在全国优秀教师代表座谈会上的讲话》再次强调：“人才资源越来越成为推动经济社会发展的战略性资源，教育的基础性、先导性、全局性地位和作用更加突出。中国的未来发展，中华民族的伟大复兴，归根结底靠人才，人才培养的基础在教育。”“要把促进教育公平作为国家基本教育政策，统筹城乡、区域教育，统筹各级各类教育，统筹教育发展的规模、结构、质量，认真研究解决教育改革发展中的重大问题，不断满足人民日益增长的教育需求。”

2007年10月15日至21日，中国共产党第十七次全国代表大会召开，大会通过的报告《高举中国特色社会主义伟大旗帜，为夺取全面建设小康社会新胜利而奋斗》，全面阐述科学发展观的科学内涵、精神实质和根本要求，明确科学发展观的第一要义是发展，核心是以人为本，基本要求是全面协调可持续，根本方法是统筹兼顾。报告从中国特色社会主义事业的全局出发，首次把教育列为民生和社会建设的第一条，指出“教育是民族振兴的基石，教育公平是社会公平的重要基础”，提出要进一步实施科教兴国和人才强国战略，强调要“优先发展教育，建设人力资源强国”，为我国教育事业发展指明了前进的方向。

为落实科教兴国和人才强国战略，2010 年 7 月 29 日，中共中央、国务院印发《国家中长期教育改革和发展规划纲要（2010—2020 年）》，该文件指出，“全面建设小康社会要求坚持教育优先发展。全面建设小康社会、构建社会主义和谐社会，教育肩负着重要的历史使命。走新型工业化道路，建设创新型国家，必须充分发挥人力资源优势。加快教育发展，是把我国巨大的人口压力转化为人力资源优势的根本途径”。“必须增强使命感、紧迫感和责任感，切实把教育摆在优先发展的战略地位，抓住机遇，振奋精神，以更大的精力、更多的财力，推进教育事业持续协调健康发展。”该文件绘就了国家未来十年教育改革发展的蓝图，提出到 2020 年，基本实现教育现代化，基本形成学习型社会，进入人力资源强国行列。

从建设人力资源强国的高度，实施科技兴国战略，坚持教育优先发展，促进教育公平，充分体现了党和国家对教育的高度重视。

（二）转变教育观念，全面推进素质教育

1985 年中共中央发布的《中共中央关于教育体制改革的决定》，1994 年的《中共中央关于进一步加强和改进学校德育工作的若干意见》等文件，都明确提出了要推进素质教育。1999 年 6 月，中共中央、国务院召开第三次全国教育工作会议，发布《中共中央、国务院关于深化教育改革全面推进素质教育的决定》，提出：“深化教育改革，全面推进素质教育，构建一个充满生机的有中国特色社会主义教育体系，为实施科教兴国战略奠定坚实的人才和知识基础。”“全面推进素质教育，培养适应二十一世纪现代化建设需要的社会主义新人”、“深化教育改革，为实施素质教育创造条件”、“优化结构，建设全面推进素质教育的高质量的教师队伍”和“加强领导，全党、全社会共同努力开创素质教育的新局面”。这使得素质教育的理论得以定型，应试教育开始逐步向素质教育转型，素质教育真正贯穿于人才培养的全过程。1998 年，教育部成立文化素质教育指导委员会，建立了 32 个国家大学生文化素质教育基地，到 2006 年发展至 93 个教育基地。2006 年 9 月 1 日，新修订的《义务教育法》把实施素质教育作为义务教育的一项新的历史使命。2007 年 5 月 18 日，国务院批转的《国家教育事业发展“十一五”规划纲要》明确“全面实施素质教育”为教育事业发展的主题。“以素质教育为主题。坚持育人为本、德育为先，把立德树人作为教育的根本任务，将素质教育贯穿于各级各类教育，贯穿于学校教育、家庭教育和社会教育，努力培养德智体美全面发展的社会主义建设者和接班人。”2010年7月13日，胡锦涛在全国教育工作会议上讲话指出，坚持以人为本、全面实施素质教育是教育改革和发展的战略主题，是贯彻党的教育方针的时代要求，核心是解决好培养什么人、怎样培养人的重大问题，重点是面向全体学生、促进学生全面发展。坚持以人为本，在教育工作中的最集中体现就是育人为本、德育为先。这一时期，素质教育提升为党和国家关于教育改革发展的重大战略决策。

（三）推进义务教育均衡发展，促进教育公平

在科学发展观的指导下，人才强国战略全面启动实施，并与科教兴国战略融为一体。基于区域教育发展不平衡和革命老区、民族地区、边疆地区、贫困地区的实际情况，党中央更加重视促进教育公平，重点补教育发展短板，农村义务教育学生最先免收学杂费，提供免费教科书和贫困寄宿生补贴，再扩展到城镇地区，到最终实现全国义务教育全免费。

从2001年6月7日教育部、财政部印发《关于对全国部分贫困地区农村中小学生试行免费提供教科书的意见》，到2005年5月25日教育部印发《关于进一步推进义务教育均衡发展的若干意见》，国家全力推进义务教育均衡发展，促进教育公平。2005年11月10日，我国首次发布全民教育国家报告，聚焦农村教育，宣布5年后农村义务教育全免费，2015年全国普遍实行免费义务教育。2005年12月24日，国务院发出《关于深化农村义务教育经费保障机制改革的通知》，逐步将农村义务教育全面纳入公共财政保障范围。2006年5月15日，教育部等4部门下发《关于实施农村义务教育阶段学校教师特设岗位计划的通知》，联合启动实施“特岗计划”。2006年6月29日，全国人大常委会审议通过了修订后的《中华人民共和国义务教育法》，将义务教育均衡发展纳入了法制轨道，确立了义务教育经费保障机制，规范了义务教育的办学行为，这是中国义务教育发展新的里程碑。从2007年春季开始，我国免除全部农村义务教育学杂费。2008年7月30日，国务院常务会议决定从2008年9月1日开始，在全国范围内全部免除城市义务教育阶段学生学杂费，这项政策惠及全国2.59万所城市中小学的2 821万名学生。免除城市义务教育学杂费后，继续免费给城市低保家庭的义务教育阶段学生提供教科书，并对确需寄宿的家庭经济困难的学生给予生活费补助。至此，全国城乡义务教育实现全免费。2010年7月26日，全国中小学教师培训暨“国培计划”启动实施工作会议召开；2011年10月26日，国务院常务会议决定从2011年秋季学期起，启动实施农村义务教育学生营养改善计划，在集中连片特殊困难地区开展试点；2012年9月5日，国务院印发《关于深入推进义务教育均衡发展的意见》；同年9月6日，国务院办公厅印发《关于规范农村义务教育学校布局调整的意见》，严格规范了学校撤并程序和行为。

与此同时，国家还加大了对义务教育的投入。2004 年，国家启动西部地区“两基”攻坚计划，几年时间内投入了 100 亿元建设了 8 300 多所寄宿制学校，解决了农村学生上学路途远的问题；同时对农村义务教育阶段贫困家庭学生实施免杂费、免书本费、补助寄宿生生活费的办法。2007 年春，免除全国农村义务教育学杂费。2006 年开始，采取招聘特岗教师等办法补充西部地区农村学校的师资。2011 年，中央财政拨款 100 亿元推进全国中小学校舍安全工程，每年拨款 160 多亿元实施农村义务教育学生营养改善计划。2000 年底，我国如期实现“两基”目标。2008 年，全国城乡义务教育实现全免费。2011 年底，全面完成普及九年义务教育和扫除青壮年文盲战略任务，我国加速从人口大国向人力资源强国迈进。

（四）推进内涵式发展，创新教育管理制度与手段

1998 年前后启动的高校学生扩招政策，是中国高等教育走向普及化和大众化的重要里程碑，意味着高等教育入学机会的均等化水平大幅提升。《2003—2007 年教育振兴行动计划》提出实施“普通高等学校教学质量与教学改革工程”，国家开始注意优化高等教育区域结构、适当控制招生增长幅度，由数量规模扩张转为重视质量效益，注重内涵式发展。《国家中长期教育改革和发展规划纲要（2010—2020 年）》把促进公平作为国家基本教育政策，把提高质量作为教育改革发展的核心任务。树立以提高质量为核心的教育发展观，建立以提高教育质量为导向的管理制度和工作机制，把教育资源配置和学校工作重点集中到强化教学环节、提高教育质量上来。

为了保证高等教育质量，从规模扩张转变为内涵发展，我国先后启动并实施了“高等学校教学质量与教学改革工程”、“研究生教育创新计划”和“国家示范性高等职业院校建设计划”等，促进了高等教育质量的稳步提高。1999 年 1 月 13 日，经国务院批转实施的《面向二十一世纪教育振兴行动计划》，在政策措施方面启动了一系列具有强操作性的“工程”项目，如“跨世纪素质教育工程”、“跨世纪园丁工程”、“高层次创造性人才工程”、“现代远程教育工程”、“高校高新技术产业化工程”以及在“211 工程”建设的基础上“支持创建一流大学和一流学科”项目等。2004 年国务院批转的教育部《2003—2007 年教育振兴行动计划》和 2007 年国务院批转教育部《国家教育事业发展“十一五”规划纲要》，提出了重点推进高水平大学和重点学科建设与实施一系列重点建设的工程和项目，与以往不同的是对于每一项工程和项目，中央本级财政都有较大力度的资金支持，且大部分高校所在地的地方政府也有一定的配套资金给予支持。两计划的实施，特别是“支持创建一流大学和一流学科”等重点工程和项目的实施，使部分高校和一些重点学科得到前所未有的重点建设，加快了这些高校和相关学科的发展速度，实现了资源的优化配置和效益的最大化。

2005年3月29日，教育部发布新修订的《普通高等学校学生管理规定》，于2005年9月1日起施行。依据《普通高等学校学生管理规定》，高校自主确定学生学习年限，自主决定学生调整专业；对考试作弊者可以开除学籍；学生能否结婚，根据《婚姻法》和《婚姻登记条例》有关规定执行。2009年国务院办公厅下发《关于加强普通高等学校毕业生就业工作的通知》，制定了促进高校毕业生就业的政策措施，基本形成了一整套高校毕业生政策体系。2010年国务院颁布《关于当前发展学前教育的若干意见》，明确了发展学前教育的十条举措。2010年党中央、国务院召开改革开放以来第四次全国教育工作会议，发布和实施《国家中长期教育改革和发展规划纲要（2010—2020年)》，对标2020年全面建成小康社会，确定各级各类教育事业发展目标，并就创新人才培养体制、办学体制、教育管理体制、改革质量评价和考试招生制度、建设现代学校制度等提出重要举措。

1997年至2002年，我国职业教育正处于转型期，面临着许多困境和危机。2002年、2004年、2005年，国务院三次召开全国职业教育会议，分别发布《国务院关于大力推进职业教育改革与发展的决定》《关于进一步加强职业教育工作的若干意见》《关于大力发展职业教育的决定》。尤其是2005年第六次全国职业教育大会，职业教育的战略地位被提到了空前的高度，从此职业教育规模迅速发展。通过对高中阶段教育发展的调整，确立普通高中与职业高中协调发展的基调，到2012年，全国中职学校招生数占高中阶段招生数的47.2%。2013年，高等职业学校在校生人数约占全国高等院校招生数的一半。中职和高职教育分别占据了高中阶段和高等教育的“半壁江山”。2014年，《国务院关于加快发展现代职业教育的决定》的颁布，加快了职业教育改革发展的步伐。

四、在全面深化改革背景下建设教育强国（2012—2019）

党的十八大以来，以习近平同志为核心的党中央，高扬以人民为中心的发展思想，继续把“优先发展教育，办人民满意的教育”作为教育改革与发展的中心任务，将公平和质量作为主要追求。坚持社会主义办学方向，全面深化教育综合改革，教育的中国特色更加鲜明，教育现代化步伐加快，人民群众教育获得感明显增强，中国教育世界影响力加快提升，总体发展水平已进入世界中上行列。

（一）优先发展教育，办好人民满意的教育

2012年11月8日至14日，中国共产党第十八次全国代表大会召开，会议根据我国经济社会发展实际，提出了全面建成小康社会的总目标，要求“把以人为本作为深入贯彻落实科学发展观的核心立场，始终把实现好、维护好、发展好最广大人民根本利益作为党和国家一切工作的出发点和落脚点”，将“立德树人”作为教育的根本任务，将“办人民满意的教育”置于改善民生工作的首要位置，为我国教育改革发展指明了方向。

2013年11月12日，习近平在中共十八届三中全会第二次会议的讲话中强调：“推进任何一项重大改革，都要站在人民立场上把握和处理好涉及改革的重大问题，都要从人民利益出发谋划改革思想、制定改革举措。”2016年7月1日，习近平在庆祝中国共产党成立95周年大会上的讲话中，系统地阐述了以人民为中心的发展思想，他强调：“要坚信党的根基在人民，党的力量在人民，坚持一切为了人民、一切依靠人民……全党同志要把人民放在心中最高位置，坚持全心全意为人民服务的根本宗旨……要顺应人民群众对美好生活的向往，坚持以人民为中心的发展思想。”

2017年10月，中国共产党第十九次全国代表大会召开。党的十九大报告将“坚持以人民为中心”作为新时代中国特色社会主义思想和基本方略，强调“建设教育强国是中华民族伟大复兴的基础工程，必须把教育事业放在优先位置，深化教育改革，加快教育现代化，办好人民满意的教育”。报告确定了新时代优先发展教育事业、加快教育现代化、建设教育强国的战略部署。从坚持以人民为中心的发展思想出发，提出“办好人民满意教育”的新要求新举措。2018年9月10日，全国教育大会召开，习近平发表重要讲话，从党和国家事业发展全局的战略高度，提出了“教育是国之大计、党之大计”的重要论断。他强调，要加快推进教育现代化、建设教育强国、办好人民满意的教育。坚持以人民为中心发展教育，就是要以人民满意为尺度，把人民满意作为检验教育工作成效的重要试金石，努力解决教育发展中的不平衡和不充分问题，不断弥补教育短板，促进教育公平，提高教育质量，努力回应人民对美好生活的需要。“两个大计”为新时代教育标注了战略高度，将教育在党和国家事业中的地位提升到了新高度。

党的十八大以来，我国教育改革发展始终坚持以习近平新时代中国特色社会主义思想为指导，始终坚持以人为本的教育发展思想，努力办好人民满意的教育。2017年1月，国务院印发的《国家教育事业发展“十三五”规划》明确把“立德树人”作为教育的根本任务，将“服务人民群众”和“服务国家发展”同时作为教育改革发展的基本要求。并要求教育不仅要适应中国特色社会主义现代化建设需要、适应经济社会发展需求，还要不断满足广大人民群众对

更高质量、更为多样教育的需求。2017 年 9 月，中共中央办公厅、国务院办公厅印发的《关于深化教育体制机制改革的意见》全面系统地阐发了教育优先满足国家发展需要的要求，以及“教育为人民服务、为中国共产党治国理政服务、为巩固和发展中国特色社会主义制度服务、为改革开放和社会主义现代化建设服务”的宗旨和原则，并将“为人民服务”摆在首位。2019 年 2 月，中共中央、国务院印发了《中国教育现代化 2035》明确了“到 2035 年，总体实现教育现代化，迈入教育强国行列，推动我国成为学习大国、人力资源强国和人才强国”的教育现代化目标。

（二）全面深化教育领域综合改革

教育作为关乎党和国家发展前途的大计，必须不断深化改革，全面发展。2013 年 11 月 9 日，习近平在中共十八届三中全会上就《关于全面深化改革若干重大问题的决定》作说明时，指出改革开放是决定当代中国命运的关键一招，也是决定实现“两个一百年”奋斗目标、实现中华民族伟大复兴的关键一招，实践发展永无止境，解放思想永无止境，改革开放也永无止境，停顿和倒退没有出路，改革开放只有进行时、没有完成时。会议通过的《关于全面深化改革若干重大问题的决定》指出，全面深化改革的总目标是完善和发展中国特色社会主义制度，推进国家治理体系和治理能力现代化。明确提出要深化教育领域综合改革，并为全面贯彻党的教育方针、大力促进教育公平、推进考试招生制度改革、深入推进“管办评”分离等作出决策部署。为全面深化教育改革，党中央将重大教育决策层级上移。2018 年 3 月，中共中央印发了《深化党和国家机构改革方案》，组建中央教育工作领导小组，作为党中央决策议事协调机构，统筹深化教育领域综合改革。

党的十八大以来，教育领域出台了一系列深化改革的具体措施：2013 年 2 月6 日，国务院召开常务会议，部署完善研究生教育投入机制，同年 2 月 28 日印发《关于完善研究生教育投入机制的意见》。2013 年 7 月 29 日出台的《研究生国家助学金管理暂行办法》，标志着我国研究生教育投入机制和奖助政策体系的全面建立。2014 年 9 月 3 日，国务院正式印发《关于深化考试招生制度改革的实施意见》，标志着新一轮考试招生制度改革全面启动。同年 12 月 16 日、18 日，有关高中学业水平考试、综合素质评价、高考加分和高校自主招生的四个配套文件出台，这是全面启动自恢复高考以来最系统、最全面的一次改革，重点推进普通高中学业水平考试和学生综合素质评价，克服“一考定终身”，引导和促进学生全面发展。

2017 年 9 月 24 日，中共中央办公厅、国务院办公厅印发《关于深化教育体制机制改革的意见》，明确了我国深化教育体制机制改革的指导思想、基本原则和主要目标等。该文件提出，坚持以人民为中心，着眼促进教育公平、提高教育质量，针对人民群众反映强烈的突出问题，集中攻坚、综合改革、重点突破，扩大改革受益面，增强人民群众获得感。该文件提出深化教育体制机制改革的主要目标是：到 2020 年，教育基础性制度体系基本建立，形成充满活力、富有效率、更加开放、有利于科学发展的教育体制机制，人民群众关心的教育热点难点问题进一步缓解，政府依法宏观管理、学校依法自主办学、社会有序参与、各方合力推进的格局更加完善，为发展具有中国特色、世界水平的现代教育提供制度支撑。

2018 年 1 月 20 日，中共中央、国务院颁布了《关于全面深化新时代教师队伍建设改革的意见》，要求培养造就党和人民满意的高素质专业化创新型教师队伍。2018 年 11 月 7 日，中共中央、国务院印发《关于学前教育深化改革规范发展的若干意见》，推进学前教育普及普惠安全优质发展，更好地实现幼有所育。2019 年 1 月 24 日，国务院印发《国家职业教育改革实施方案》，要求完善职业教育和培训体系，优化学校、专业布局，深化办学体制改革和育人机制改革，着力培养高素质劳动者和技术技能人才。2019 年 6 月，国务院办公厅印发的《关于新时代推进普通高中育人方式改革的指导意见》指出："全面贯彻党的教育方针，落实立德树人根本任务，发展素质教育，遵循教育规律，围绕凝聚人心、完善人格、开发人力、培育人才、造福人民的工作目标，深化育人关键环节和重点领域改革，坚决扭转片面应试教育倾向，切实提高育人水平，为学生适应社会生活、接受高等教育和未来职业发展打好基础，努力培养德智体美劳全面发展的社会主义建设者和接班人。"2019 年 6 月 23 日，中共中央、国务院印发的《关于深化教育教学改革全面提高义务教育质量的意见》，从坚持"五育"并举、强化课堂主阵地作用、建设高素质专业化教师队伍、深化关键领域配套改革和加强组织领导等五个方面提出了主要举措。这一时期教育领域出台了一系列重要改革文件，针对当前教育发展中存在的突出问题，出台了一揽子解决方案，着力破除影响和制约教育发展的体制机制障碍，以深化改革增强发展活力。

（三）提升高等教育质量，坚持内涵式发展

为适应经济社会发展和人民群众接受优质多样高等教育的需求，着力破解高等教育结构性矛盾和同质化现象，我国出台各种政策促进高等教育与科技、经济、社会紧密结合，推动高校办出特色、争创一流。2012 年 3 月出台的《教育部关于全面提高高等教育质量的若干意见》明确提出要完善中国特色现代大学制度，扩大高校办学自主权，完善治理结构，建立健全质量评价体系，优化资源配置。为确保高等教育办学质量，教育部采取了以下措施：一是健全高校办学质量自我评价制度，推动高校增强质量保障主体意识，形成自我诊断自我完善工作机制，建立高校教学质量年度报告发布制度。2015 年全国有超过 98%的公办本科院校编制并发布了本科教学质量自评报告，有超过 99%的高职院校编制并公布了质量年度报告。二是实行政府分类监管，对 200 多所高校按照不同标准实施分类评估；对 2 296 个学位授权点进行专项评估，撤销 50 个学位授权点、限期整改 95 个学位授权点；对 511 所高校执行《高等学校体育工作基本标准》的情况进行调研评价，并形成专项报告；对 500 多个中外合作办学项目进行质量评估，其中有 88 个不达标项目退出办学。三是推进社会评估，委托行业部门、社会组织开展教学质量评估和专业认证，重点在工程、医学等领域探索与国际实质等效的专业认证。四是建立第三方评估、发布高等教育质量报告制度，2015 年教育部向社会发布了《中国高等教育质量报告》《国家高等职业教育质量年度报告》《中国学位与研究生教育发展年度报告》。2018 年初，教育部发布了《普通高等学校本科专业类教学质量国家标准》，涵盖了普通高校本科专业目录中全部 92 个本科专业类，包括全部 587 个本科专业，涉及全国高校 56 000 多个专业点，对高校专业的培养目标、培养规格、师资队伍、教学条件、质量保障体系等做出了明确要求。2018 年召开的全国高等学校本科教育工作会议，再次强调加快建设高水平本科教育，全面提高人才培养能力。2015 年，国务院还印发了《关于引导部分地方普通本科高校向应用型转变的指导意见》，强调地方高校应积极向应用型转型，对接地方需求，选拔和培育优势特色学科，服务地方经济社会转型发展。

2012 年 3 月，教育部、财政部正式启动“2011 计划”。2013 年和 2014 年，分两批认定“2011 协同创新中心”共 38 个。“2011 计划”的根本目标是推动内涵式发展，核心是机制体制改革，目的是突破我国不同体系创新力量之间的藩篱，促进各类创新力量的协同，是在高等教育及其重点建设政策改革方面进行的一次重要探索。

高等教育发展水平是一个国家发展水平和发展潜力的重要标志。为推动一批高水平大学和学科进入世界一流行列或前列，提升我国高等教育综合实力和国际竞争力，培养一流人才，产出一流成果，国务院于 2015 年 10 月，印发《统筹推进世界一流大学和一流学科建设总体方案》，提出“双一流”建设的核心是“中国特色、世界一流”，这标志着我国高等教育重点建设正式进入了内涵式发展阶段。“双一流”建设将“211 工程”和“985 工程”等重点建设项目统筹纳入“双一流”建设，在建设范围的确定上采取创新机制，首次依托专家委员会根据一定的标准遴选认定首轮建设范围。2017 年 9 月 21 日，世界一流大学和一流学科（简称“双一流”）建设高校及建设学科名单公布，最终有 140 所建设高校及其 465 个建设学科进入首轮建设。“双一流”建设明确提出“建设高校实行总量控制、开放竞争、动态调整”。通过“双一流”建设，一批高校和学科的拔尖创新人才培养水平显著提高，产生了一大批重大原创性创新成果，服务国家战略和经济社会发展的能力显著增强。

这些高校改革发展的重大举措，促进了高校转型、质量提升、内涵式发展。中国2 800多所高校重新洗牌，焕发出了新的活力和生机。在最新发布的2019 QS世界大学排名中，清华大学进入世界前20名，也成为首次入选世界前20名的中国大学。而在世界排名前100名的学校中，中国大陆共有6所高校入选，而在2010年时仅为2所。同样在《泰晤士高等教育》公布的2019年世界大学排名中，中国高校也表现不俗，清华大学成为亚洲排名第一的高校，同时中国大陆也是全球高校入围数量第四的国家，从2018年的63所高校增加到2019年的72所高校，并有7所高校入围世界前200名。

（四）推进义务教育均衡发展

当城乡全面免费义务教育和义务教育全面普及，从根本上解决了适龄儿童少年“有学上”问题后，我国区域之间、城乡之间、学校之间办学水平和教育质量的差距日趋明显，人民群众不断增长的高质量教育需要与供给不足的矛盾不断凸显，推进义务教育均衡发展成为必然选择。党的十八大以来，我国着力提升农村学校和薄弱学校办学水平，全面提高义务教育质量，努力实现所有适龄儿童少年“上好学”，在推进义务教育均衡发展的道路上迈出了坚实的步伐。

2012年9月5日，国家印发《关于深入推进义务教育均衡发展的意见》，进一步明确各级政府责任，把义务教育工作重心落实到办好每一所学校和关注每一个孩子的健康成长上，切实解决孩子有“好学校上”的问题。文件提出用10年左右时间实现区域内义务教育学校在办学经费、硬件设施、师资调配、办学水平和教育质量等方面，大体处于一个相对均衡的状态。2012年8月30日，国务院办公厅转发教育部等四部委《关于做好进城务工人员随迁子女接受义务教育后在当地参加升学考试工作的意见》，就做好进城务工人员及其他非本地户籍就业人员随迁子女接受义务教育后在当地参加中考和高考工作问题提出了具体意见，坚持有利于保障进城务工人员随迁子女公平受教育权利和升学机会，坚持有利于促进人口合理有序流动，统筹考虑进城务工人员随迁子女升学考试需求和人口流入地教育资源承载能力等现实可能，积极稳妥地推进随迁子女升学考试工作。2015年4月1日，中央全面深化改革领导小组第十一次会议审议通过了《乡村教师支持计划（2015—2020年）》，提出了全面提高乡村教师思想政治素质和师德水平、拓展乡村教师补充渠道、提高乡村教师生活待遇、统一城乡教职工编制标准、职称（职务）评聘向乡村学校倾斜、推动城镇优秀教师向乡村学校流动、全面提升乡村教师能力素质、建立乡村教师荣誉制度等八条举措，解决乡村教育薄弱问题。

2015年11月28日，国务院印发的《关于进一步完善城乡义务教育经费保障机制的通知》，全面部署统筹城乡义务教育资源均衡配置，整合农村义务教育经费保障机制和城市义务教育奖补政策，建立城乡统一、重在农村的义务教育经费保障机制。新机制强调，统一城乡义务教育“两免一补”政策，统一城乡义务教育学校生均公用经费基准定额，巩固完善农村地区义务教育学校校舍安全保障长效机制，巩固落实城乡义务教育教师工资政策。力图通过补齐农村教育发展的短板，真正实现我国义务教育的均衡化、高质量发展。

2016 年 7 月 2 日，国务院发布《关于统筹推进城乡义务教育一体化改革发展的若干意见》提出，要按照全面建成小康社会目标，加快缩小城乡教育差距，促进教育公平。文件要求各级政府以缩小校际差距为立足点，统筹城乡义务教育资源均衡配置，义务教育公办学校标准化建设、校长教师交流轮岗等十大举措随之出台，促进义务教育从“基本均衡”到“优质均衡”发展。中央扶贫开发工作会议提出“五个一批”工程，其中就有“发展教育脱贫一批”。2016 年 12 月 16 日，教育部、国家发展改革委、民政部、财政部、人力资源社会保障部、国务院扶贫办等六部门出台的《教育脱贫攻坚“十三五”规划》，成为国家首个教育脱贫的五年规划。规划采取超常规政策举措，精确瞄准教育最薄弱领域和最贫困群体，实现“人人有学上、个个有技能、家家有希望、县县有帮扶”，促进教育强民、技能富民、就业安民，坚决打赢教育脱贫攻坚战。

截至 2017 年末，我国贫困县基本完成全面改薄任务。统计显示，贫困地区义务教育薄弱学校基本办学条件得到全面改善，覆盖了全国 2 600 多个县近 22 万所义务教育学校，被誉为“我国义务教育学校建设史上中央财政投资最大的单项工程”。全国 832 个贫困县有 10.3 万所义务教育学校办学条件达到“底线要求”，占行政区域内义务教育学校总数的 94.7%。目前，许多贫困县乡村学校建得“小而美”“小而优”，农村义务教育学生在家门口就能够接受有质量、更公平的教育。义务教育学校“底线要求”基本达标，提前一年实现 2018 年“过九成”工作目标。

（五）构建服务全民的终身学习的现代教育体系

《国家中长期教育改革和发展规划纲要（2010—2020 年）》提出“构建体系完备的终身教育”，“现代国民教育体系更加完善，终身教育体系基本形成，促进全体人民学有所教、学有所成、学有所用”，“到 2020 年，基本实现教育现代化，基本形成学习型社会，进入人力资源强国行列”。顺应联合国教科文组织发布的《教育 2030 行动框架》赋予教育“包容、公平和全民终身学习”的新使命，给每一个人以平等的学习机会成为中国政府提供教育公共服务的新愿景。2019 年 2 月，中共中央、国务院印发的《中国教育现代化 2035》列出 2035 年主要发展目标，其中“建成服务全民的终身学习的现代教育体系”排在首位。构建服务全民终身学习的现代教育体系，主干是搭建沟通各级各类教育、衔接多种学习成果的终身学习立交桥，在正规教育、非正规教育、非正式学习领域创新服务业态，平衡政府和市场资源配置机制，形成多样化教育与学习服务有序健康发展的格局，建成人人皆学、处处能学、时时可学的学习型社会。

2014年，国务院印发《关于加快发展现代职业教育的决定》强调：以“中国特色、世界水平”的现代职业教育体系为目标，人才培养紧密对接经济社会发展需求和产业结构调整升级；中高职有机衔接、普职渗透，打破职教“天花板”；校企合作、产教融合，提高职业教育的质量。2017年3月24日，教育部、国家发展改革委、财政部和人力资源社会保障部印发《高中阶段教育普及攻坚计划（2017—2020年）》，提出到2020年，普及高中阶段教育，全国各省（区、市）毛入学率均达到90%以上。

（六）推进教育治理能力的现代化

党的十八大以来，以习近平同志为核心的党中央提出全面深化改革的顶层设计和总体规划，引领着新时代全面深化改革更为波澜壮阔的航程。作为经济体制、政治体制、文化体制、社会体制、生态文明体制等各领域改革和改进联动集成的全面深化改革，其总目标锁定于“完善和发展中国特色社会主义制度，推进国家治理体系和治理能力现代化”。教育治理体系和治理能力是其重要组成部分，是一个国家教育制度和制度执行能力的集中体现。以教育治理现代化支持教育现代化，以教育现代化支撑国家现代化。变革教育治理方式，使教育管理体制和制度体系更加系统完备、更加科学规范、更加运行有效，形成政府、学校、社会依法共同参与教育治理的制度保障。

完善中国特色现代大学制度。其一，完善高校领导体制。2014年10月16日，中共中央办公厅印发《关于坚持和完善普通高等学校党委领导下的校长负责制的实施意见》，进一步明确党委领导核心地位，支持校长依法行使职权，完善高校党委与行政议事决策制度、协调运行机制。其二，加强大学章程建设。2013年11月28日，中国人民大学、东南大学、东华大学、上海外国语大学、武汉理工大学和华中师范大学等6所高校章程经教育部核准发布实施，这标志着我国高校章程建设取得了实质性进展。至2016年，全国普通本科高校章程制定核准工作基本完成。其三，推动高校全面开展校内规章制度废改立，形成以章程为统领的制度体系。出台《高等学校学术委员会规程》，加强高校学术组织建设，进一步增强学术委员会在学术事务中的作用。其四，健全高校民主监督机制，全国高校教代会建制率达100%。2014年7月16日，教育部颁布《普通高等学校理事会规程（试行）》，推动高校建立理事会制度，完善社会参与学校治理平台，促进高校办学与社会发展良性互动。其五，加快教育标准建设，通过标准规范和引领办学行为。

深入推进简政放权、放管结合、优化服务改革。教育领域推动政府职能转变，从“越位点”退出，主动下放该放的权：一是加大向地方放权力度，将专科院校设置权下放至省级人民政府，将高职（专科）院校招生计划审批权下放至省级教育行政部门。二是加大向高校放权力度，落实和扩大高校在研究生院设置、二级学科设置、科研人员管理等方面的权力。坚持“放管服”同步，确保下放的权力接得住、用得好。一是强化高校信息公开，要求高校公开干部任用、招生录取、财务管理等重要信息，让高校办学在阳光下运行。二是加强督导体系建设，全面强化督政、督学、评估监测三大功能。

2017 年，经国务院同意，教育部、中央编办、发展改革委、财政部、人力资源社会保障部发布了《关于深化高等教育领域简政放权放管结合优化服务改革的若干意见》。“放管服”改革进一步推动完善了高校自主权的落实，完善了高校的外部治理结构；进一步理顺了政府和高校的关系，调动了高校和人员的积极性；进一步弱化了高校的行政化倾向，改变了长期以来高校存在的计划经济管理模式，从外部推动建立了适应高校运行规律的自主办学模式。

（七）推动教育信息化发展

2015 年 5 月，习近平主席在致国际教育信息化大会的贺信中指出，因应信息技术的发展，推动教育变革和创新，构建网络化、数字化、个性化、终身化的教育体系，建设“人人皆学、处处能学、时时可学”的学习型社会，培养大批创新人才，是人类共同面临的重大课题。作为一个发展中的人口大国，中国举办着世界上最大规模的教育，中国坚定实施科教兴国战略，通过“互联网＋教育”模式充分发挥现代科技给教育发展带来的巨大契机。

2012 年，教育部发布了《教育信息化十年发展规划（2011—2020 年)》，其明确指出，要利用多种渠道广泛宣传教育信息化，逐步推动信息技术在教育领域的深入应用。2016 年，教育部研究制定了《教育信息化“十三五”规划》，旨在深化“互联网＋教育”的融合发展，不断扩大优质教育资源覆盖面，加快探索“数字教育＋个性化教育”模式，实现以服务课堂学习拓展为支撑的网络化泛在学习。2017 年，国务院发布《新一代人工智能发展规划》，内容中强调要发展人工智能教育，重点为利用大数据驱动知识学习，构建以学习者为中心的多环境、多维度、多样化的自适应学习环境。2018 年，教育部发布了《教育信息化 2.0 行动计划》，其发展目标为建成“互联网＋教育”大平台，构建集人工智能、大数据、云计算为一体的自适应学习体系。2019 年，中国科学院软件研究所发布了“国家教育信息化 2.0 计划山东标准版本”——AI 蛙答答自适应学习平台。平台满足了“互联网＋教育”信息化、数据化、个性化的要求，以学习者为中心，通过记录其行为轨迹，为学习者生成个性化档案，并将分析报告实时反馈至学生、教师端口，教学者可根据学习者的个性化条件即时调整教学方式、教学进度及教学内容。

至2016年，我国已建成近4 000门国家精品开放课程、中国大学公开课，学习人数超过9 100万人次；“中国优秀传统文化”等优质慕课登陆国际知名平台。自主建设的爱课程网、东西部高校课程共享联盟网等成为具有影响力的课程平台。一批高校探索在线学习、线上线下混合式教学模式，初步建立学分认定和转换等教学管理制度。全国90%的中小学校实现网络接入，85%的学校拥有多媒体教室，国家教育资源公共服务平台实现了23个省级平台的互联互通，教育资源公共服务体系框架基本形成，农村学生和城市学生一样，通过互联网了解外面精彩的世界，享受着互联网教育带来的红利，教育信息化对教育现代化的支撑和引领作用持续显现。

第三节　教育事业发展的巨大成就

70年风雨兼程，70年春华秋实。新中国成立70年来，尤其是改革开放以来，在党的坚强领导下，我国彻底改变了教育底子薄、整体落后的状况，建立了完整的现代教育体系，教育面貌焕然一新，取得举世瞩目的成就。基础教育的普及程度和总体发展水平已进入中高收入国家行列，实现了从人口大国向教育大国、人力资源大国的历史性跨越。教育在服务国家经济社会发展、适应党和国家事业发展需要的历史进程中，成功走出了一条中国特色社会主义教育发展道路。中国教育事业的发展有力证明了中国特色社会主义教育发展道路的正确性与宽广性，有力地彰显了我国社会主义制度的巨大优越性与强大生命力。

一、教育事业发展的主要成绩

中华人民共和国成立70年来，教育事业取得了举世瞩目的巨大成就。

1949年，全国5.4亿人口约80%不识字，而且只有2 479万名小学在校生，95万名初中在校生，32万名高中在校生，10多万名大学在校生。到2018年，全国小学、初中、高中、大学的在校生人数，分别为10 339万人、4 653万人、2 375万人、2 831万人。

1949年，我国学前教育毛入园率不足0.4%，小学阶段教育净入学率为20%，初中阶段教育毛入学率为3.1%，高中阶段教育毛入学率为1.1%，高等教育毛入学率为0.26%。到2018年，全国小学学龄儿童净入学率为99.95%，初中阶段、高中阶段、高等教育的毛入学率分别为100.9%、88.8%、48.1%，学前教育毛入园率为81.7%，这些指标已达同期中上收入国家的平均水平。

1964年至2018年，全国6岁及以上人口平均受教育年限，从2.92年提高到9.26年；高中及以上受教育程度人口数占总人口数的比重，从1.7%提高

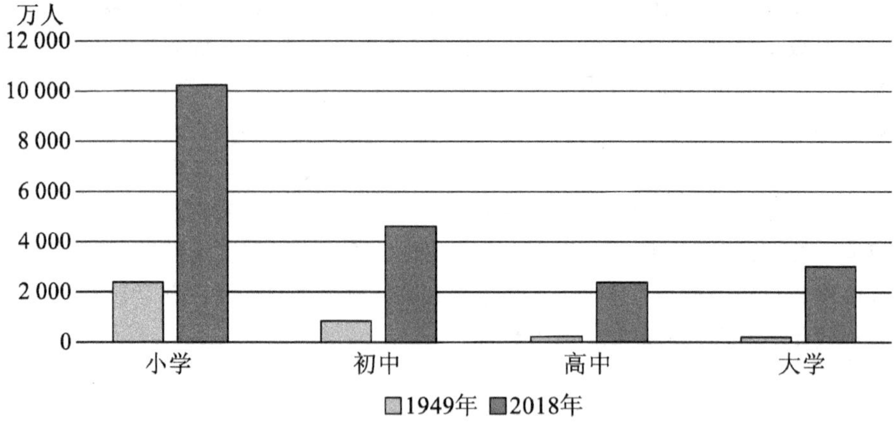

图 1-1　1949 年与 2018 年各级学校在校生数量对比

到 29.3%；大专及以上受教育程度人口数占总人口数的比重，从 0.4%提高到 13%；文盲率也由 33.6%下降到 4.9%，国民科学文化素质显著提升。70 年来，我国实现了从人口大国向人力资源大国的转变，正在跨入人力资源强国行列①。

（一）扫盲运动

在新中国成立之初，全国 5.4 亿人口中约 80%为文盲，文盲成为中国发展道路的拦路虎。经过 70 年的不懈努力，我国的文盲率由 1949 年的 80%左右，下降至不足 4%，这是新中国教育史上最有标志性的成就。

（二）学前教育

——学前教育毛入园率从 0.4%到 81.7%

新中国成立 70 周年，学前教育取得了突飞猛进的发展，毛入园率从 1949 年的 0.4%提高到 2018 年的 81.7%，超过中高收入国家平均水平。随着学前教育普惠事业的推进，2020 年，全国学前三年毛入园率将达到 85%，普惠性幼儿园覆盖率（公办园和普惠性民办园在园幼儿占比）达到 80%。

（三）基础教育

基础教育始终是国家事业和教育事业的“重中之重”。70 年来，中国基础教育创造了大国教育“跨越式”发展的奇迹。2018 年，我国小学学龄儿童净入学率达到 99.95%，初中阶段教育毛入学率 100.9%，九年义务教育巩固率

① 徐虹，刘佳，刘昌，张希臣：《12 大数据记录新中国教育 70 年“奋进之笔”》，中国网，2015-11-28，http://edu.china.com.cn/2019-09/27/content_75239740.htm。

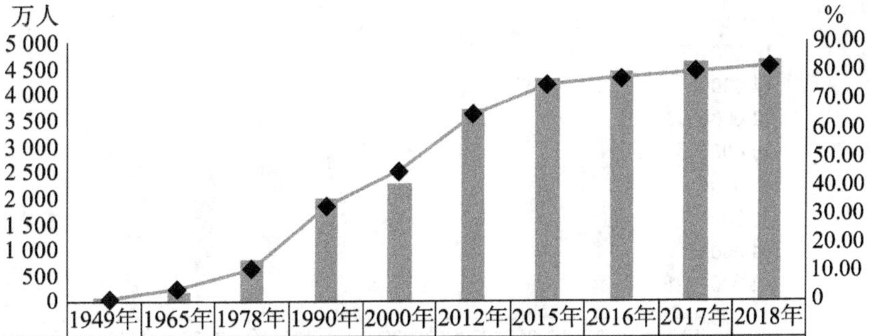

	1949年	1965年	1978年	1990年	2000年	2012年	2015年	2016年	2017年	2018年
在园幼儿	14	171.3	788	1 972	2 244	3 685	4 265	4 414	4 600	4 656
毛入园率	0.4	4.2	10.6	32.6	46.1	64.5	75.0	77.4	79.6	81.7

图 1-2　学前教育中幼儿在园人数和毛入园率发展情况

达 94.2%，高中阶段教育毛入学率达到 88.8%，超过中高收入国家平均水平，也为世界教育发展贡献了中国经验、中国智慧。

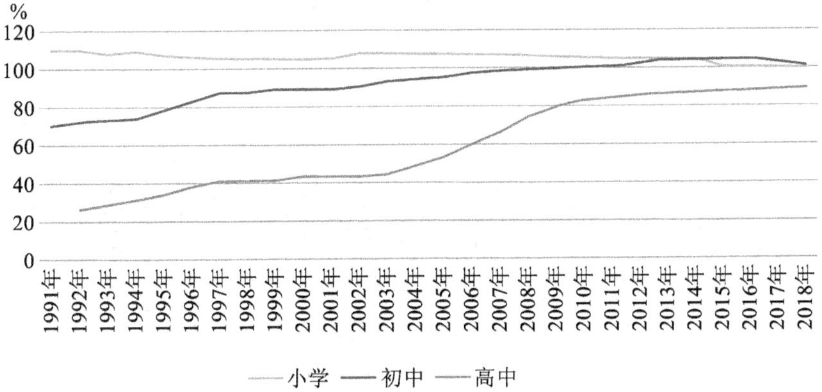

图 1-3　义务教育及高中阶段教育毛入学率发展情况

——小学净入学率从 20%到 99.95%

中国小学的净入学率在 70 年间增长了近 80%，于 2018 年已经达到 99.95%，基本实现了全面覆盖。

——初中毛入学率从 3.1%到 100.9%

初中入学率相较于建国之初更是有了质的变化，从当时的 3.1%上升到 100.9%。换言之，适龄青少年都有能力和机会进行初中阶段的学习。同时也意味着，九年义务教育已经实现了既定目标。

——高中毛入学率从 1.1%到 88.8%

除了九年义务教育阶段的全覆盖外，高中教育也取得了长足进步，高中毛入学率从建国之初的 1.1%上升到了 2018 年的 88.8%。

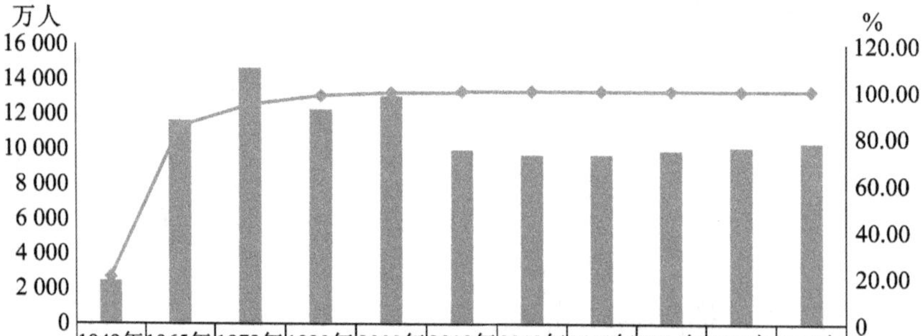

	1949年	1965年	1978年	1990年	2000年	2010年	2012年	2015年	2016年	2017年	2018年
在校生	2 439	11 621	14 624	12 241	13 013	9 941	9 696	9 692	9 913	10 094	10 339
净入学率	20.00	84.70	94.00	97.80	99.10	99.70	99.85	99.88	99.92	99.91	99.95

图 1-4　小学教育在校生和净入学率发展情况

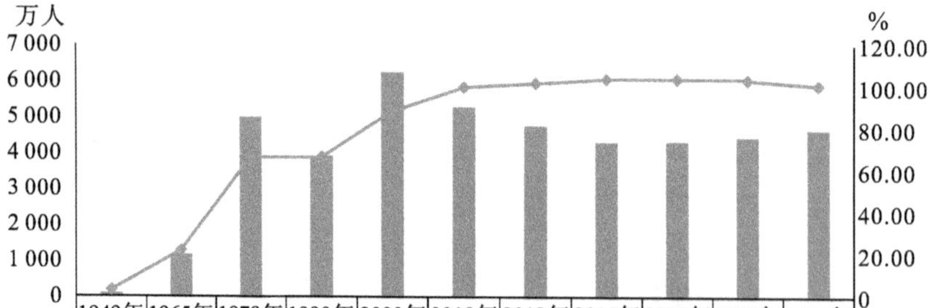

	1949年	1965年	1978年	1990年	2000年	2010年	2012年	2015年	2016年	2017年	2018年
在校生	95	1 171	4 995	3 917	6 256	5 279	4 763	4 311	4 329	4 442	4 653
毛入学率	3.1	22.0	66.4	66.7	88.6	100.1	102.1	104.0	104.0	103.5	100.9

图 1-5　初中教育在校生和毛入学率发展情况

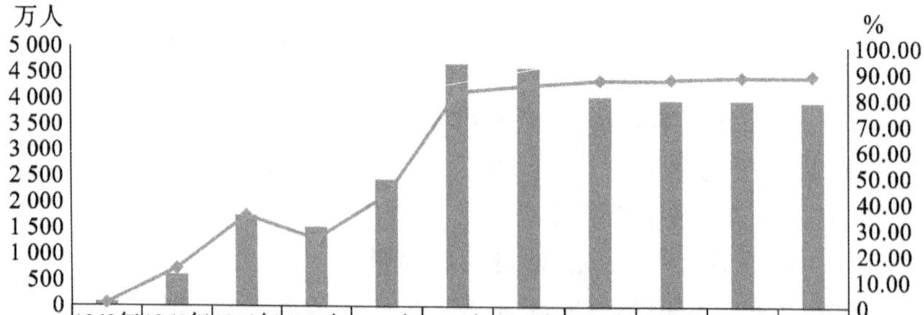

	1949年	1965年	1978年	1990年	2000年	2010年	2012年	2015年	2016年	2017年	2018年
在校生	32	613	1 885	1 529	2 447	4 677	4 595	4 038	3 970	3 971	3 935
毛入学率	1.1	14.6	35.1	26.0	42.8	82.5	85.0	87.0	87.5	88.3	88.8

图 1-6　高中教育在校生和毛入学率发展情况

（四）高等教育

新中国成立以来，我国高等教育在多个方面发生了翻天覆地的变化。2018 年，全国共有高等学校 2 663 所，高等教育在学总规模本专科共 2 831 万人，研究生共 273 万人，占世界高等教育总规模的比例达 20%，成为世界高等教育第一大国。我国高等教育毛入学率已达到 48.1%，15 岁及以上人口平均受教育年限由 1982 年的 5.3 年提高到 2017 年的 9.6 年。高等教育的普及率达到或超过世界中高收入国家水平，高等教育学历的从业人口总数居世界第二。

——高等教育的在校生人数从 11.7 万人到 2 831 万人

新中国成立之初，中国高等教育的在校生人数仅有 11.7 万人，而 70 年之后，在学总规模达到了 2 831 万人。人才储备已经形成庞大且源源不断的供应链，为国家的持续发展提供了重要的人才支撑。

——普通本专科生毕业生人数从 2.1 万人到 753 万人

普通本专科生毕业生人数，在 1949 年为 2.1 万人，在 2001 年突破 100 万人，而在 2018 年达到 753.3 万人。

——研究生毕业人数从 107 人到 60 万人

1949 年研究生毕业人数为 107 人，在 1981 年出现爆发式增长，达到 11 669 人。2003 年突破 10 万人，2013 年突破 50 万人。2018 年，研究生毕业人数超过 60 万人。

（五）出国留学

——出国留学人数从不足千人到 66 万人

1950 年，中国派出了 35 人出国留学；1954 年，出国留学人数开始突破千人，达到 1 518 人；1993 年突破万人大关。随后历经 10 年发展，在 2002 年出国留学人数超过 10 万人，2017 年超过 60 万，2018 年则达到 66 万人。我国已经成为世界最大的留学生生源国，留学生遍布世界 100 多个国家和地区。

——留学生归国人数从新中国成立初 8 年累计 3 000 人到年 50 万人

数据统计，从 1949 年到 1957 年，留学生归国人数大约有 3 000 人，约占同时期在外留学生、学者总数的一半。1981 年留学生归国人数超过千人，20 年后的 2001 年突破万人。随后仅用 8 年时间，留学生归国人数在 2009 年突破 10 万人；2018 年突破 50 万人，留学回国人数稳步提升，高层次人才回流趋势明显。新中国成立 70 周年来，在各类出国留学人员中，有 316.3 万名留学生选择回国发展，占已完成学业留学生人数的 63.2%。

（六）来华留学

——来华留学生从 33 人到近 50 万人

教育部统计，1950 年仅有 33 名国外学生以政府间交流的方式来华求学。

2000年，来华留学生总数突破5万人，随后用了4年时间突破10万人。此后，每两年来华留学生总数就增加5万人左右，增长率达14.4%。到2018年，来华留学人数达49.2万人，他们来自196个国家和地区，我国成为世界第二、亚洲最大的留学目的国。

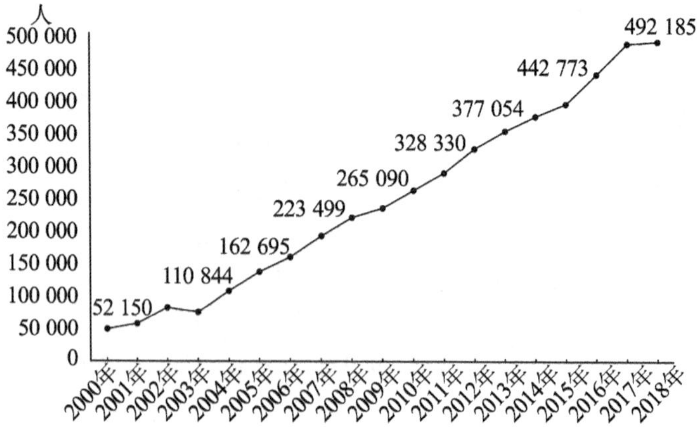

图 1-7　2000—2018年来华留学生人数及增长率

（七）专任教师

新中国成立之初，各级各类专任教师总数仅为93万人，2018年，各级各类专任教师共1 585.7万人。教师待遇得到了有力保障，教师工资由20世纪80年代之前在国民经济各行业排倒数后三位，提升到目前在全国十九大行业薪资排名中排第七位。我国启动了乡村教师队伍支持等计划，300万乡村教师因此生活得更体面、更有尊严。70年教师队伍的建设支撑起世界上最庞大的教育体系，中华民族千百年来“学有所教”“有教无类”的教育理想正在成为现实。

二、新中国教育发展70年历史经验[①]

新中国教育发展的70年，是不断探索、不断开拓、不断创新的70年。我国在发展人民教育事业卓有成效的教育实践中，积累了宝贵的经验，走出了一条适合中国国情、符合时代特征、富有生机活力的发展道路。这些宝贵的历史经验，对于我国教育积极应对新的挑战，具有深远的启迪作用和重要的实践指

① 陈宝生：《新中国教育事业的历史成就与现实使命》，《人民日报》2019年9月10日；张礼永：《新中国70年教育的十大经验》，《河北师范大学学报（教育科学版）》2019年第6期。

导意义。

（一）坚持中国共产党对教育工作的全面领导

中国特色社会主义最本质的特征是中国共产党领导，中国特色社会主义制度的最大优势是中国共产党领导。加强党对教育工作的全面领导，关乎教育的性质，关乎教育的兴衰成败。70 年来，中国教育正是因为坚持了中国共产党这一坚强领导核心，我们才始终保持了正确的政治方向和办学方向。在中国共产党的领导下，全面贯彻党的教育方针，坚持马克思主义指导地位，坚持把立德树人作为根本任务，大力推进社会主义核心价值观培育和优秀传统文化教育，把培养社会主义建设者和接班人作为根本任务，培养了一代又一代拥护中国共产党领导和我国社会主义制度、立志为中国特色社会主义奋斗终身的有用人才。

（二）坚持走中国特色社会主义教育发展道路

我国是社会主义国家，这就决定了我们的教育必须把培养社会主义建设者和接班人作为根本任务，为培养一代又一代拥护中国共产党领导和我国社会主义制度、立志为中国特色社会主义事业奋斗终身的有用人才服务。走中国特色社会主义道路，决定了我们必须选择中国特色社会主义教育发展道路，坚持社会主义办学方向，以中国特色社会主义理论体系为指导，全面贯彻党的教育方针。新中国成立 70 年来，取得举世瞩目的成就历史和实践证明，中国特色社会主义教育发展道路的正确与宽广，社会主义制度的巨大优越性与强大生命力。

（三）坚持教育优先发展的战略地位

发展教育是社会主义现代化事业基础性、全局性、先导性、全局性战略，不仅是人力资源开发、科技进步，经济发展的重要手段，还是社会繁荣、文化进步、民生改善、民族振兴，乃至中华民族伟大复兴的基础。新中国成立 70 年来，中国教育改革发展最重要的历史经验就是始终把教育放在优先发展的战略地位。《中华人民共和国教育法》规定：“教育是社会主义现代化建设的基础，国家保障教育事业优先发展。”70 年来，我国教育事业能取得如此优异的成绩，就在于我们党对教育地位作用的认识不断深化和升华，教育在党执政兴国中的战略地位逐步确立，坚持教育事业优先发展成为党和政府的共识。习近平指出：“建设教育强国是中华民族伟大复兴的基础工程”，要“优先发展教育事业”；“教育是国之大计、党之大计”，把教育的地位和作用提高到前所未有的高度。

（四）坚持把改革开放作为教育发展的动力

新中国成立 70 年来，特别是改革开放 40 年来，中国教育始终与国家的改革紧密地联系在一起，教育成就的取得靠的是改革开放。新中国成立伊始，我国就进行学制改革，从根本上改革了教育制度，开创了人民教育的新局面。之后，又在大中小学推进“教学改革”，改变了人民教育的面貌。改革开放以来，教育改革更加主动、自觉，显著特征便是分阶段加以推进，每个阶段都有纲领性的文件引导改革不断深化和不断积累。1985 年公布的《中共中央关于教育体制改革的决定》，标志着新时期教育改革全面启动；随着社会主义市场经济体制的建立，1993 年又发布《中国教育改革和发展纲要》，注重教育内涵发展；1998 年发布《面向二十一世纪教育振兴行动计划》，带来了世纪之交教育的跨越式发展；2010 年发布《国家中长期教育改革和发展规划纲要（2010—2020 年）》，聚焦公平和质量，办好人民满意的教育。如今，教育部又公布了《中国教育现代化 2035》，描绘了新的教育改革蓝图。只有坚持解放思想、与时俱进，尊重人民群众的首创精神，破除一切妨碍教育发展的思想观念，不断推进教育改革创新，不断提升教育开放水平，才能为教育事业发展注入新的动力和活力。

（五）坚持发展教育为了人民和依靠人民

教育是民生之首，涉及千家万户，关系到亿万人民的切身利益、根本利益和长远利益，关系着每一个人的成长和发展。坚持以人民为中心发展教育，办好人民满意的教育，是中国特色社会主义教育发展道路的内在要求和独特优势。新中国成立之初，我国就确立了为大众、为工农兵、为人民服务的教育思想，党的十八大以来，我国更明确地提出了“办好人民满意教育”的目标。新时代中国教育面临的最大挑战，是如何满足人民群众日益增长的对于美好教育生活的向往与教育发展的不充分不均衡之间的矛盾。我们要坚持教育的公益性，不断促进教育公平，保障每一个孩子都享有接受良好教育的机会，让全体人民享有更好更公平的教育，努力让每个人都有人生出彩的机会，获得发展自身、奉献社会、造福人民的能力。只有这样才能赢得人民群众对教育的关心和支持，才能不断满足人民群众日益增长的教育需求，办好人民满意的教育。

（六）坚持尊师重教传统依靠教师办学

“强国必先强教，强教必先强师。”中国有着尊师重教的传统，新中国成立之初，我国一面“培育新师”，一面“改造旧师”，双管齐下，使教育规模迅速扩大。改革开放后，尊重知识、尊重人才、尊重教师成为党中央和历届政府的共识，加强师资队伍的培养和建设成为党和国家关心的要事。要办好教育，必须全心全意依靠人民教师，始终不渝地在全社会弘扬尊师重教的良好风尚，充分发挥教师的积极性、主动性和创造性。要努力提高教师的政治地位、社会地位、职业地位，让广大教师享有应有的社会声望，让教师成为令人羡慕的职业，形成优秀人才争相从教、教师人人尽展其才、好教师不断涌现的良好局面。要努力培养高素质教师队伍，必须全面深化新时代教师队伍建设改革，理顺教育管理体制机制，增强教师培训效果，使教师综合素质、专业化水平和创新能力大幅提升，努力建设一支宏大的高素质专业化教师队伍，为教育发展提供强有力的师资保障和人才支撑。

第二章 教育财政体制

财政是国家综合职能的重要组成部分，财政体制是国家政治体制的一个重要方面，是政府正常运转的重要保障，其核心是财政权力在国家立法机关与国家行政机关之间的横向划分与制衡，以及财政收支范围与管理权限在各级政府之间的划分。教育财政体制是中国财政体制的重要组成部分，受整个经济体制和发展水平的制约而不断变化。新中国成立以来，我国的教育财政体制改革与时俱进，根据不同时期的政治、经济、教育发展态势，制定了不同的教育财政政策，并实行了不同的教育财政体制，在不断探索创新中，逐步建立起与社会主义市场经济、政治和教育体制相适应的公共教育财政体制。我国教育财政体制在改革的过程中，始终坚持教育必须为社会主义建设服务的方针、坚持教育的公益性质和优先发展战略，在不断强化政府对公共教育的保障责任的同时，进行了与社会主义市场经济体制相适应的非义务教育阶段成本分担机制改革，鼓励社会、个人和企业投资办学和捐资办学，形成了义务教育由政府负全责、非义务教育阶段以政府投入为主、多渠道筹措教育经费的财政体制。教育财政体制的改革与创新，为各级各类教育事业的快速健康发展提供了强有力的经济保障，为中国教育事业的发展提供了不竭的动力，作出了历史性的贡献。回顾新中国 70 年教育财政体制建立与发展的历史过程，对把握教育财政改革大局，推进教育体制改革与创新，提高党的执政理财能力与水平，建设和谐财政、和谐社会都具有十分重要的意义。

第一节 新中国成立后 30 年教育财政体制的演变

新中国成立初期，国家在开始大规模经济建设的同时，有计划地加强了文教事业建设，并逐步形成了与当时高度集权管理的政治体制和高度集中的计划经济相适应的国家办学、中央高度集权、财政单一供给的教育管理模式，以及形成了与“统一领导、分级管理”“统收统支”国家财政体制相适应的教育财政体制。

一、财政体制的演变

（一）国民经济恢复时期我国实行统收统支的财政预算体制（1949—1952）

1949年到1952年是我国国民经济经过长期战争后的恢复时期，财政预算体制实行“统收统支”的体制，这是一种中央高度集权的体制。

新中国成立之初，中国共产党领导下的新老解放区的财政基本上是各自为战，分散经营，没有统一的预算安排，财政运行相当紧张，主要是为了应对新政权的建设和庞大的军费开支。新中国成立初期，经济极端落后，财力非常有限，国家财政收入与即将开始的全面经济建设所需要的巨额资金之间存在着巨大的缺口。为了尽快恢复生产，稳定社会局面，及时有效解决财政困难，1950年2月政务院召开全国财政会议，提出节约支出、整顿收入、统一全国财政的工作方针。这是新中国财政经济工作的历史性会议，从此，财政经济工作进入了由分散经营到基本上集中统一的时期。1950年3月3日，政务院颁发了《关于统一全国财政经济工作的决定》，要求结束以往财政经济管理的分散经营，统一全国的财政收支、物资调度和现金管理，把国家的财力集中起来用于克服财政上的困难，稳定经济，为恢复国民经济创造条件。同年6月，中共中央召开了七届三中全会，提出了“为争取国家财政经济状况根本好转而斗争”的口号。毛泽东在这次会议上明确指出：“要获得财政经济状况的根本好转，需要三个条件，即：（一）土地改革的完成；（二）现有工商业的合理调整；（三）国家机构所需经费的大量节减。”接着又出台了争取财政状况根本好转的一些措施。国家财政预算体制也作了某些改动，实行中央、大行政区和省（市）三级预算制度。这是新中国成立后在财经工作方面采取的第一个重大措施。

1950年3月24日，政务院发布《关于统一管理1950年度财政收支的决定》，建立中央税和地方税。全部税种划分为6种中央税和12种地方税，地方税收入划归地方留用；各地超收的部分，公粮按照2∶8的比例、税收按照3∶7的比例在中央与地方间分配。1951年3月29日，政务院发布《关于1951年度财政收支系统划分的决定》，建立中央税、地方税和共享税，实行中央、大行政区和省（市）三级财政体制，增设共享税，农业税超收分配比例下调为5∶5。

但是这一税收分配政策实施后，地方财政仍相当紧张，直到1952年，划归地方的预算收入实际上只能抵充原来的中央拨款，地方机动财力依然有限。1952年11月22日，政务院发布《关于1953年度各级预算草案编制办法的通知》，建立中央、省（市）和县（市）三级税收收入结构。中央、省（市）和县（市）三级都配置税种，直辖市与县政府间首次出现地方共享税。

应该说，新中国成立初期实行高度集中、统收统支的预算管理体制，集中收入，节约支出，统一管理，在短期内改变了过去长期分散管理的局面，平衡了财政收支，稳定了市场物价，保证了军事上消灭残敌、经济上重点恢复的资金需要，促进了财政经济状况的好转。1950 年全国财政收入较原预算超出了 31.7%，支出则相对缩减，财政收支完全平衡并有结余。1951 年财政结余 10.6 亿元，1952 年财政结余 7.7 亿元。但是新中国的财政状况依然极其有限，1952 年国民经济恢复任务完成时，中国大陆的人均 GDP 为 119 元人民币，人均储蓄存款仅为 1.5 元人民币，国家外汇储备仅为 1.39 亿美元，财政总收入 183.7 亿元，用于经济建设的资金尚不足 100 亿元①。

（二）计划经济时期我国实行统一领导、分级管理的财政预算体制（1953—1978）

中共中央于 1952 年底提出过渡时期总路线，其核心是“一化三改”，即在一个相当长的时间内，逐步实现国家的社会主义工业化，并逐步实现国家对农业、手工业和资本主义工商业的社会主义改造。根据过渡时期总路线要求，适应新的形势发展，1953 年至 1978 年我国实行计划经济进行社会主义建设。这一时期的财政预算管理体制的基本指导思想是“统一领导、分级管理”。在处理集权与分权关系问题上，主要强调的是中央的统一领导，因而这种财政预算体制的实质就是高度统一、统收统支。这主要表现在国家与国有企业之间的分配关系和中央与地方之间的分配关系两个方面。这一时期的预算管理体制的制度安排体现了以“集权”为特征的计划经济体制的特点。具体来说，这种高度集中、统收统支的预算管理体制除强调预算平衡、消除财政赤字外，在预算收支两个方面表现为：(1)“大而宽”的预算支出格局。与计划经济条件下政府包办社会各项事业的“大而宽”的职能范围相适应，其预算支出格局也同样带有事无巨细、包揽一切的特征。(2)“先扣后分”的预算收入机制。预算支出规模与结构的“超常”自然要求财政预算收入的“超常”，国家必须集中掌握绝大部分社会财富来进行再次分配。这样，政府按相对偏低的垄断价格统一收购和销售农副产品，实行对农民所创造社会产品的分配进行必要的扣除；采用工资等级制度，通过压低工资标准、减少升级频率，实现对城市职工所创造的社会产品分配进行必要的扣除；通过工农业产品“剪刀差”，使工业部门“汇集”大量超额利润，并以财政“统收”的形式，获取超常的预算收入。在当时主要表现有：一是税利并存，以利为主；二是来自国有经济单位的缴款占大

① 武力：《中华人民共和国经济简史》，北京：中国社会科学出版社，2008 年；武力：《财政转型——以“有形之手”促进科学发展》，国史网，2012-08-03。

头。这一时期我国财政预算体制总的特点根据当时的政治经济环境，调整变化较多、较大。具体来说，可分四个不同的发展阶段①：

1. “一五”时期实行侧重集中的划分收支、分类分成、分级管理的预算管理体制，财权主要集中在中央

1953 年，我国进入有计划的大规模经济建设和社会主义改造时期，在“过渡时期总路线”的指导下，开始向单一公有制和计划经济的社会主义过渡。在新形势下，预算管理体制适当降低了集中的程度，采取侧重集中统一，同时又有一定的灵活性和适当分散的办法。周恩来在 1953 年 8 月全国财经会议上提出，国家预算实行中央、省（市）、县三级预算制度，改变了原来的中央、大行政区、省（市）三级管理体制，削弱了大行政区的财政地位；在具体操作上，划分中央和地方的收支范围，按照主次轻重及集中和分散的情况，分配中央和地方的大体比例。1953 年 11 月 10 日，政务院发布《关于编造 1954 年预算草案的指示》，实施“划分收入、分类分成、五年不变、分级管理”的财政分配制度。基于“分类分成”的中央与地方政府间税收收入分配关系：税种总量增加 1 个，调减中央税、地方税，调增共享税；将国家预算收入分为中央与地方固定收入、固定比例分成收入和中央调剂收入三类，实施辖区差别比例，地方税收收入范围、项目和分成比例基本上固定 5 年不变（事实上延续到 1958 年）。1954 年政务院对预算管理作出了划分收支、分级管理的决定，实行分类分成的办法，将国家预算收入中的国营企业事业收入和各项税收划分为固定收入、固定比例分成收入和调剂收入三类。以后几年国家预算管理体制的具体内容虽然有一些变化，但没有改变分类分成办法的格局。这一时期，中央预算的财力约占 75%，地方预算支配的财力约占 25%。

2. “大跃进”时期以“下放财权”为主，探索适合中国国情的预算管理体制

到 1956 年底，我国基本上完成了生产资料的社会主义改造。在城市，建立了以国营经济、集体经济为主体，包括少量个体经济的所有制结构，绝大多数就业居民变成了国家企事业单位的职工或集体企业职工，其收入完全被纳入国家统一规定的工资体系和级别中。在农村，以家庭经营为特征的个体农民，经过合作化和人民公社化，形成了“三级所有、队为基础”的集体经济，农民作为集体经济的成员，也实行以按劳分配为主、兼顾平等的分配体制社员，在集体经济内部，实行有限的社会保障。

---

① 文炳勋：《新中国成立以来财政预算体制的历史演进》，《中共党史研究》2009 年第 8 期。

1957年11月，国务院发布《关于改进财政管理体制的规定》，要求从1958年开始扩大地方财政权限，既要保国家重点建设的资金需要，又要让地方有适当的机动财力，对地方收支的范围、收入项目和分成比例改为五年不变。这种探索适合我国国情的责、权、利相结合的预算体制，调动了地方增收节支的积极性，只是当时在“左”的思想影响下，过分地扩大了地方和单位的财权，过分地分散了国家财力，违背了原定的体制改革精神。

1958年9月24日，国务院全体会议通过了《关于进一步改进财政管理体制和改进银行信贷管理体制的几项规定（草案修改稿）》，从1959年起实施“收支下放，地区调剂，总额分成，一年一变”的财政分配制度。基于“总额分成”的中央与地方政府间税收收入分配关系：税种总量减少3种，取消共享税；关税和船舶吨税收入归中央，其他税种收入全部划归地方；收大于支的部分以总额分成的方式上解中央；地方的税收收入指标、分成比例和补助数额每年确定。

3. 20世纪60年代调整时期实行比较集中的预算管理体制

1961年中共中央提出对国民经济实行“调整、巩固、提高、充实”的方针，需要统一调配人力、物力和财力，预算体制必须实行比较集中的办法，强调财权管理的集中统一，把国家财权重新集中在中央、大区和省一级，缩小专区、县、公社的财权；继续实行“一年一变”的老办法，收回部分重点企业事业单位的收入归中央收入，将基本建设拨款支出改为中央专门拨款来控制投资规模，并将预算外资金通过“纳、减、管”的办法进行整顿，把部分预算外收入纳入预算内，同时减少部分收费，并切实加强预算内外资金管理。这一时期的集中预算体制正确处理了集中和分散的关系，财政较为充裕，理财效果较好。

1964年1月17日，国务院发布《关于1964年预算管理制度的几项规定》，改进“总额分成”办法。除了民族自治地方另有规定以外，原来的税种总量和中央、地方税种不变；地方税种结构变动，契税停征，新开征集市交易税；地方税作为中央和地方的总额分成收入，分成比例一年一定。

4. “文化大革命”期间预算管理体制采取了多种维持办法

“文化大革命”前期，预算管理体制基本上实行的是“收支挂钩，总额分成”的办法。随着乱象的扩展，经济破坏严重，财政收入极不稳定，预算体制多次发生变动，不得不采取临时性措施来维持财政运转，中央与地方政府间税收收入分配关系调整频繁。1965年、1966年，屠宰税、牲畜交易税、集市交易税、文化娱乐税和车船使用牌照税划为地方固定收入，其他实行总额分成的税种办法不变。1967年恢复实行“总额分成”办法。1968年实行“统收”办法。但1968年由于生产停滞、财政收入下降，有些地方省、区入不敷出，中央不得不实行收支两条线的办法，收入全部上缴，支出全部由中央拨付。1969 年、1970 年总额分成实行“收支挂钩、总额分成”办法。1971 年至 1973 年实行“定收定支，收支包干，保证上缴（或者差额补贴），结余留用，一年一定”的体制。1974 年至 1975 年又改为固定比例留成、超收另定分成比例，支出按指标包干的体制。1976 年又实行“收支挂钩，总额分成”的体制。

新中国成立之初的 30 年，我国实行高度集中、统收统支的预算管理体制在为政府职能的实现提供了基本保障，政府通过勒紧裤带搞经济建设的办法，国家财政用于经济建设的比重除了 1968 年因“文革”内乱只占 45.2%外，其他年度大多超过了 50%，最高时曾经达到 83.1%（见表 2-1）。这一方面确实突破了“贫困的陷阱”，使得产业结构发生了巨大变化，全民所有制企业固定资产原值（年底数）由 1952 年的 240.6 亿元增加到 1978 年的 4 488.2 亿元，增长了近 18 倍，基本建立起独立的工业体系，而这是在人均 GDP 仅为 119 元（1952 年）至 381 元（1978 年）的条件下实现的。另一方面，这种高度集中、统收统支的预算管理体制也使财政职能与财政规模过度膨胀，当时所形成的财政预算收支规模，远远超越了满足社会公共需要的范畴。“大而宽”的财政支出机制，使得国家财政控制了各部门、各地区以及各企事业单位的大部分支出。因而，这在一定程度上抑制了相关主体的积极性和创造性，甚至成为生产力发展的障碍，使中国经济成分逐渐趋于单一、国家财政运转困难。1974 年至 1976 年，财政连续三年发生赤字，赤字金额分别为 7.11 亿元、5.27 亿元和 29.62 亿元。赤字规模不大，但这是压缩支出后的结果，财政困难程度可想而知。

表 2-1　1950—1978 年经济建设支出及占财政总支出的比重

年份	财政总支出（亿元）	经济建设支出（亿元）	其中：基本建设支出（亿元）	经济建设支出占财政总支出的比重（%）
1950	68.05	14.99	12.50	22.0
1951	122.07	30.70	27.03	25.1
1952	172.07	67.93	46.68	39.5
1953	219.21	94.18	70.34	43.0
1954	244.11	124.04	84.28	50.8
1955	262.73	141.99	88.53	54.0
1956	298.52	176.52	139.58	59.1
1957	295.95	173.44	123.71	58.6
1958	400.36	288.36	229.38	72.0
1959	543.17	404.81	302.34	74.5
1960	643.68	485.03	354.45	75.4

续表

年份	财政总支出（亿元）	经济建设支出（亿元）	其中：基本建设支出（亿元）	经济建设支出占财政总支出的比重（%）
1961	356.09	193.26	110.18	54.3
1962	294.88	152.45	55.65	51.7
1963	332.05	169.90	80.21	51.2
1964	393.79	208.10	123.83	52.8
1965	459.97	252.18	158.49	54.8
1966	537.65	302.32	191.04	56.2
1967	439.84	365.51	161.25	83.1
1968	357.84	161.58	117.85	45.2
1969	525.86	272.88	206.22	51.9
1970	649.41	375.62	298.36	57.8
1971	732.17	407.70	309.56	55.7
1972	765.86	421.44	309.09	55.0
1973	808.78	453.07	317.17	56.0
1974	790.25	446.20	312.83	56.5
1975	820.88	469.72	326.96	57.2
1976	806.20	466.04	311.25	57.8
1977	843.53	488.38	300.88	57.9
1978	1122.09	696.65	451.92	62.1

说明：(1) 经济建设支出包括：基本建设支出、增拨企业流动资金、企业挖潜改造资金和科技三项费用，地质勘探费、工业交通商业等部门的事业费、支援农村生产支出、农林水利气象等部门的事业费、文教科学卫生事业费、抚恤和社会福利救济费、国防费、行政管理费、价格补贴支出等。(2) 1950—1953 年经济建设支出比重不高的原因是抗美援朝战争的国防费用支出大大增加，占财政支出的第一位。

资料来源：根据国家统计局：《新中国五十五年统计资料汇编》，中国统计出版社 2004 年版，第 21—22 页相关数据整理。

综观改革开放以前的财政预算体制的发展道路，中国中央与地方政府间的“收入分成”制度形式多样，有“超收分成”、“比例分成”、“分类分成”和“总额分成”四类主要形式。它们在计划经济时期分别存续了 5 年（1950—1952 年、1974—1975 年）、1 年（1953 年）、5 年（1954—1958 年）和 14 年（1959—1967 年、1969—1970 年、1976—1978 年），总计存续了 25 年，构成计划经济时期最稳定、运行时间最长的中央与地方政府间税收收入分配制度。它既完成了计划经济时代赋予的历史使命，又为后来市场化进程中的财政预算体制改革留下了一系列难题。从总体上看，改革之前的财政预算体制及其运行机制是在计划经济框架内运行的，没有也不可能从根本上跳出集权与分权的循环往复。当我国的经济运行模式开始脱离计划经济的轨迹时，财政预算体制及其运行机制自然要发生相应的变化，财政预算体制的改革自然要走到前台。

二、教育财政体制

(一) 教育财政体制的演变

1949 年 10 月 1 日，中华人民共和国成立。为了改造旧教育，发展新教育，1949 年 12 月，中央人民政府在北京召开第一次全国教育工作会议，明确了“教育为国家建设服务，教育为工农开门”的方针和任务，并从财政上给予支持。从新中国成立到 1980 年这 30 年间，与当时高度集中的计划经济体制与财政体制相适应，逐步形成了与中央集权的计划管理体制和统收统支的国家预算体制相适应的高度集中的教育投资体制，初步建立了一套与“统一领导、分级管理”原则相适应的教育经费拨款和财政管理体制。根据这一时期财政体制和教育管理体制的发展变化，我国教育财政体制经历了以下三个阶段的变化：

1. **中央统一领导，三级管理，“以条为主”的教育财政体制** (1950—1952)

1949 年新中国成立以后，中央政府实行了高度集中的计划经济体制，相应地也建立起了高度集中的统收统支财政体制，包括教育经费在内的各项经费均由国家财政统一列支。教育经费列入国家预算，实行统一领导，中央、省(直辖市、自治区)、市、县分级管理的体制。各地方政府根据当地需要拟订教育发展计划，逐级上报，最终由中央政府进行统一调整和平衡。在 1950—1953 年间实行“以条为主”的教育财政管理体制，即在“中央统一、分级管理”这一财政体制下，实行中央下达指标、分级编制预算，其基本原则是中央统一财政，中央、大行政区和省（市）三级管理，各年度由中央确定教育经费预算编制的方针、计划任务及安排原则，中央、大行政区分级编制教育预算，大行政区编制和核定各省（市）的有关指标，报经中央财政部审核后执行。

2. **中央与地方结合、以地方为主的“条块结合，以块为主”的教育财政体制** (1953—1972)

在 1953 年全国财经工作会议后，国家财政体制改为“划分收支，分级管理”，即实行“国家预算分为中央预算和地方预算，实行分级管理”，“条块”结合，以“块”为主的体制。与此相适应，教育财政管理也实行“条块结合，以块为主”财政体制，即在“统一领导、分级管理”这一大财政体制下，中央政府把教育管理权下放到地方，由各级政府的财政部门和教育部门协商联合下达教育经费指标。为明确这种教育财政体制，教育部、财政部于 1954 年 9 月 14 日专门发出《关于解决经费程序的通知》，明确指出："为贯彻统一领导、分级管理的原则，今后各省（市）教育厅（局）如有发生经费不足，须先报请省政府统一考虑解决，如省政府解决有困难时，则由省政府转报中央人民政府政务院考虑，不得条条上报。"

3. 中央财政切块单列，专款专用的"以块为主"的教育财政体制（1972—1979）

1972 年后，教育财政体制实行"以块为主"的方式，教育经费由中央按地方需要切块单列，下拨给地方。即使名义上实行"以块为主"的管理方式，但实际上地方政府并无相应的教育经费来源渠道和相应的财政收入。中央统一按计划下达教育经费后，地方财政部门只有按计划安排使用的权利，仍然摆脱不了"集中统一"教育财政体制的约束。

以上这几种类型的国家教育财政体制是当时高度集权的政治体制、高度集中的计划经济体制和高度统一的财政体制下的产物，其共同特征是国家全部财政实行中央高度集中、统收统支、条块分割的计划管理，教育经费列入国家预算，实行统一领导、分级管理，这是一种计划经济体制时期长期实行的大包大揽的教育财政体制。

（二）基础（义务）教育财政体制的特征

1980 年以前，与当时高度集中的计划经济与财政体制相适应，我国的教育管理实行的是国家办学、中央高度集权、财政单一供给的管理模式，即对基础教育（主要是义务教育）的投入长期坚持的是一种单一的国家投资政策，教育经费基本上由中央财政单列，戴帽下达。这一时期，我国基础教育教育管理体制经历了以下几个阶段的变化：

1. 1950—1957：中央统一领导，三级管理

1950 年开始，我国基础教育经费全部列入国家预算，实行统一领导，中央、省（自治区、直辖市）、县分级管理体制。各地方政府根据当地需要拟订基础教育发展计划，逐级上报，最终由中央政府进行统一调整与平衡。

2. 1958—1971：中央与地方结合、以地方为主

1957 年以后，中央政府把基础教育的管理权下放到地方，基础教育经费由地方财政安排，实行"条块结合，以块为主"的基础教育财政管理体制。

3. 1972—1979：中央财政切块单列，专款专用

与整体教育财政体制相同，1972 年后，基础教育的财政管理体制实行

"以块为主"的方式，教育经费由中央按地方需要切块单列，下拨给地方，地方财政部门按计划安排给教育部门使用。

高度集中的基础教育公共财政管理体制是与高度集中的计划经济体制相吻合的。其特征与效应体现在以下几个方面：一是中央集中管理教育经费，为我国建立完善的义务教育体系提供了基本财力保障；二是中央财政统一按计划安排义务教育经费，保障了我国义务教育的发展规模和发展速度；三是中央统一计划、统一调控义务教育经费的分配，为全国各地义务教育的均衡发展奠定了基础。这种过分强调集中统一的教育财政体制，导致教育资金来源渠道单一，不利于调动地方政府和广大民众发展教育的积极性，进而形成了一种"等、靠、要"的思想，影响了地方教育发展的进程。

（三）高等教育财政体制的特征

1950年6月，教育部召开第一次全国高等教育会议，讨论了新中国高等教育的方针、任务等重大问题，对新中国高等教育体制作了进一步规定。为适应当时高度集权管理的政治体制和高度集中的计划经济体制，建立并实行高度集中的高等教育管理体制。对高等教育实行"集中管理、统一领导"，所有高等学校都由国家包办下来，实行政府办学的单一体制，即由中央政府统一举办、统一规划、统一投资的体制。

中央政府是资源配置的主体，强调集中统一，实行计划管理，相应地也建立起了高度集中的统收统支的财政体制，教育经费列入国家预算。高等教育管理的主体是国务院教育主管部门和有关业务部委，我国在管理体制上先后进行了中央集中管理，管理地方化，中央和省、直辖市、自治区两级管理体制的探索。与管理体制相适应，也先后实行中央财政统一拨款的形式和实行"条块"结合，以"块"为主的财政体制。后一种体制的实质是将国家预算分为中央、地方两级预算，并实行分级管理。中央各部委与各省（直辖市、自治区）制订自己的高等教育发展计划与经费预算，上报中央平衡、审批。高等教育对学生普遍实行免费制度，经费全部由政府负担，不仅如此，政府还为学生提供助学金（生活费）和免费医疗、住宿及部分交通费等。

这种完全由中央或地方政府投资的高等教育财政体制，在新中国成立初期教育资源匮乏的情况下，有利于国家对高等教育事业的统一领导、集中力量尽快培养出社会主义建设需要的各种高素质人才，基本适应了当时政治经济发展的需要，发挥了积极的历史作用。但由于这种教育财政体制过分集中、投资单一，投资不稳定、随意性大，实行完全的计划管理，地方政府和高校都缺乏自主权。

无论是基础教育财政体制还是高等教育财政体制，这两种类型的教育财政体制的基本特征都是中央"统收统支"，即由中央政府统一管理国家全部财政收入与支出，统一预算，全国“吃大锅饭”，它在高度集中的计划经济体制下，与高度集中的财政体制相吻合，对当时的社会经济发展起到了一定的作用。这种在计划经济体制时期长期实行的大包大揽的财政体制，对于建立全国统一的教育体系，保证国家对于教育的宏观管理与调控，加快教育事业的发展等方面，发挥了十分重要的作用。但是这种过分集中的教育财政管理体制，不利于发挥地方政府发展教育和学校办学的积极性，影响了教育事业发展的进程。

第二节　改革开放40年来教育财政体制的改革

改革开放以后，我国重新确立了“解放思想，实事求是”的思想路线，党和国家的工作重心转移到以“经济建设为中心”的轨道上来。随着政治体制、经济体制和财政体制等各项改革的不断深入，人们对教育的认识也由“无产阶级政治斗争的工具”，发展到全面看待教育与社会发展、教育与人的发展的关系，教育在经济、科技和社会发展中的基础性地位得以重新确立。党和政府提出了实施科技兴国战略，把教育放在优先发展的战略地位，坚持以人民为中心，努力办好人民满意的教育。为适应经济体制、财政体制和教育体制改革的需要，我国在教育财政体制改革方面也进行了一系列的改革探索。改革开放40多年来，中国教育财政体制改革大体经历了从两级分权的教育财政体制到中国特色的公共教育财政体制的探索改革发展过程。

一、财政体制改革

自20世纪70年代末期以来，中国经历了一系列重要的体制变革。这些变革的重要内容之一就是分权，一方面，将计划经济体制下由国家掌握的资源配置权力逐步交给市场，即经济市场化改革；另一方面，在计划经济体制内部实行分权，其核心就是财政收支权力在中央与地方之间重新配置，逐步从中央向地方转移，即财政分权改革。中国财政分权改革，于1980年开始启动，历经财政包干体制和分税制，现已逐步建立了以分税制为核心的分级财政体制框架。

新中国成立后，我国建立的计划经济体制是一种财政主导型的经济体制，财政收支状况直接影响着国民经济的运行与发展。进入20世纪70年代以后，随着传统财政经济体制弊端的日益显现，财政收支矛盾日益加剧，直接威胁着经济社会的发展和国家政权的运转。巨大的财政压力直接诱发了经济转型的启动，并使财政体制改革成为经济转型的突破口，率先实施。也正是由于上述原因，从1980年开始实行的财政包干体制，到1994年推行的分税制财政体制，我国的财政分权改革均将以保证中央政府取得足够的财政资源及强有力的宏观调控能力作为主要目标，各项改革措施均由中央制定政策，地方负责执行。因此，中国式财政是“自上而下”的。这在一定程度上直接导致基层财政由于长期得不到重视而陷于困境，公共服务供给能力严重不足。

以 1978 年 12 月党的十一届三中全会召开为标志，中国进入了新的历史时期。改革开放作为中国的基本国策和推动中国发展的根本动力，促进了中国经济体制的深刻变化。过去那种建立在单一公有制基础上的以行政性管理为特征的社会主义计划经济，也逐步转变为多种经济成分并存基础上的社会主义市场经济，为与这种经济体制和发展水平相适应，中国的财政体制也发生了深刻的变化和转型。从功能来看，我国财政体制的功能正由过去那种“生产建设型财政”向“公共服务型财政”转变，过去财政所承担的为国家经济建设筹集资金、运用资金的功能，逐渐向为整个社会提供公共产品和服务，为调节居民收入分配和保障宏观经济稳定等转变。从财政体制来看，过去那种以“统收统支”为特征的高度集中管理体制以及行政性的“收权”和“放权”改革，也以 1994 年“分税制”改革为标志，转变为财权与事权相统一的、以市场经济为基础的多级财政体系。

从 1980 年到 1993 年，为了充分调动中央和地方发展经济的积极性，国家对过去的“统收统支”的财政管理体制进行了改革，财政体制经历了从“分级包干”到“分税包干”，再到“中央地方大包干”的分权化过程。由中央政府统一管理国家全部财政收支的中央财政体制，变为中央和地方分级管理财政收入与支出的分级负责的新财政体制。随着下放给地方的财权不断扩大，地方政府成为相对独立的利益主体，负责地方范围的公共服务供给。在处理中央与地方的财政预算关系的改革与探索中，我国的财政预算体制经历了三次大的调整。

（一）实行划分收支、分级包干的财政管理体制（1978—1993）

从 1978 年改革开放到 1992 年建立社会主义市场经济体制目标的确立，中国处于计划经济体制向社会主义市场经济体制转轨时期。

1979 年实行“收支挂钩、超收分成”财务管理体制。1978 年 12 月，党的十届三中全会在决定把全党工作重点转移到经济建设上来的同时就着重指出，为实现社会主义现代化，必须对经济体制进行改革。党的十一届三中全会以后，政府逐步认识到传统计划经济的缺陷，面临的首要问题是对经济管理体制进行全面的改革，并以财政体制改革为突破口，先行一步。1979 年，我国财政预算体制的改革，除了继续实行民族自治地方财政管理体制的 7 个省、自治区和继续实行固定比例包干办法的江苏省以外，中央对其他 21 个省、自治区、直辖市均实行“收支挂钩、超收分成”的办法，地方超收分成比例在 50%以下的按照 50%的比例分成，在 50%以上的在确定的分成比例的基础上增加10%。

1980年实行“划分收支、分级包干”财政管理体制。1980年中国全面的经济体制改革以财政体制改革作为突破口率先进行，改革是由过去的全国“一灶吃饭”改为“分灶吃饭”，财力分配由过去的以“条条”为主改为以“块块”为主，这就是“划分收支、分级包干”财政管理体制。1980年2月1日，国务院发出《关于实行“划分收支、分级包干”财政管理体制的通知》；同年4月1日，财政部发出《关于实行“划分收支、分级包干”财政管理体制若干问题的补充规定的通知》。改变了中央“统收统支”的财政管理体制，实行了“划分收支、分级包干”的“分灶吃饭”新财政管理体制，由中央政府统一管理国家全部财政收支的中央财政体制，变为中央和地方分级管理财政收入与支出的分级负责的新财政体制。在这种体制下，地方有了相对稳定的财力，也承担了一些国家的财政困难，但中央财政增收不多，支出负担过重，有时不得不向地方借钱度日，故这种状况必须改变。1982年12月，《国务院关于改进“划分收支、分级包干”财政管理体制的通知》对财政预算体制作了一些改进，从1982年开始逐步改为“总额分成、比例包干”的包干办法，调整了一些省市的包干比例，并将烟酒工商税划归中央，改革后国家财政收支状况好转。改革之初的1979年财政赤字高达135.41亿元，为新中国成立以来最高，占财政收入的比重高达11.81%。1980年财政赤字仍为68.9亿元，1981年财政赤字下降到25.5亿元。

1984年推行“划分税种、核定收支、分级包干”财政管理体制。1982年9月，党的十二大明确提出了系统地进行经济体制改革的任务。1984年10月20日党的十二届三中全会通过的《中共中央关于经济体制改革的决定》指出，“进一步贯彻执行对内搞活经济，对外实行开放的方针，加快以城市为重点的整个经济体制改革的步伐，以利于更好地开创社会主义现代化建设的新局面”，提出了对旧的计划经济体制进行全面深入的改革，并初步建立起社会主义经济体制框架。随着经济体制改革的全面展开和利改税的起步，原来实行的“划分收支、分级包干”财政管理体制已不适应新的经济形势发展的需要。

1985年至1988年我国实行“划分税种、核定收支、分级包干”财政管理体制。1985年3月21日，国务院发布《关于实行“划分税种、核定收支、分级包干”财政管理体制的规定》，实行“划分税种、核定收支、分级包干”的预算管理体制，以适应1984年两步利改税改革的需要。预算收入按照第二步利改税后设置的税种划分收入，一类是中央固定收入，一类是地方固定收入，一类是中央与地方共享收入；预算支出仍按中央、地方的隶属关系划分；对于收大于支的富裕地区，定额上解中央；对入不敷出的地区中央给予定额补助，分成、上解、补助的数额定后五年不变。这样，进一步明确了各级财政的权利和责任，做到权责结合，充分发挥中央和地方两个积极性。

这次改革基本上按照利改税第二步改革以后的税种设置来划分各级财政收入，支出范围与项目更加明确，不宜实行包干的专项支出由中央专案拨款。这次改革是适应政府与企业之间关系“利改税”变化的，是“分灶吃饭”财政体制在新税制形式下的继续，有利于地方财政经济的快速发展，但总的来说，只是把过去的划分收入改为划分税种，其他方面仅在技术上做一些相应的调整，本质上没有突破“分灶吃饭”的总体框架。

1988—1993 年期间实行利税分流财政包干财政管理体制。为了配合国有企业普遍推行的承包经营责任制，为进一步调动地方的积极性，1988 年 7 月 28日，国务院发布《关于地方实行财政包干办法的决定》，1988—1993 年期间，对全国 37 个省、自治区、直辖市和计划单列市分别实行 6 种形式的包干办法：“收入递增包干”“总额分成”“总额分成加增长分成”“上解额递增包干”“定额上解”“定额补助”法。在财权分割上，继利改税之后，1985 年全面推行承包经营责任制，1989 年实行税利分流。1993 年 7 月贯彻执行《企业财务通则》，使国有企业与国家之间的财务分配关系由不规范的利润上交变为对上交所得税后的利润进行“按资分配”。我国财政管理体制改革从分配体制改革拓展到投资体制、筹资体制等全方位的改革。

这一轮的改革导致财政收入特别是中央财政收入增长缓慢，“两个比重”(财政收入占 GDP 的比重、中央财政收入占财政总收入的比重）不断下降，1993 年财政收入占 GDP 的比重为 12.31%，中央财政收入占全国财政收入的比重为 22%。各级财政特别是中央财政非常困难，预算平衡压力加大。

（二）实行分级分税的财政管理体制（1994—2002）

1992 年，邓小平视察南方并发表重要讲话，进一步推进了中国改革开放和经济体制改革的步伐。同年，党的十四大明确提出了在我国建立社会主义市场经济体制的目标，要求加快改革开放和现代化建设步伐。1993 年 11 月，党的十四届三中全会作出了《关于建立社会主义市场经济体制若干问题的决定》，清晰地描绘出社会主义市场经济体制的基本框架，对党的十四大提出的社会主义市场经济体制改革目标具体化和系统化，还高屋建瓴地提出要建立健全宏观调控体系，并强调要“合理划分中央与地方经济管理权限，发挥中央和地方两个积极性”，将现行的财政包干制改为分税制。1993 年 12 月 15 日，国务院作出《关于实行分税制财政管理体制的决定》，提出建立适应社会主义市场经济体制要求的新的财政预算管理体制与财政运行机制，确定从 1994 年 1 月 1 日起改革地方财政包干体制，对各省、自治区、直辖市以及计划单列市实行分税制财政预算管理体制。我国的分税制财政预算体制是以各级政权之间事权划分结构为依据，根据不同税种的特性，将其分别划归为不同预算级次，确定各级政府间财政分配关系的财政预算管理体制。其主要内容是：(1) 按照中央与地方政府的事权划分各级财政的支出范围，中央财政主要承担国家安全、外交和中央国家机关运转所需经费，调整国民经济结构，协调地区发展，实施宏观调控所必需的支出以及由中央直接管理的事业发展支出；地方财政主要承担本地区政府机关运转以及本地区经济、事业发展所需要的支出。(2) 根据财权事权相统一的原则，合理划分中央和地方收入，分中央税、地方税和共享税三种形式，在征收体系上，分别由国家税务局、地方税务局组织征收。(3) 中央财政对地方财政的税收返还制度，为保持原有地方既得利益格局，逐步达到改革目标，中央财政对地方的税收以 1993 年为基数实行返还。(4) 原体制中的中央补助、地方上解、结算补助等事项保持原有分配格局，由中央给地方以专款的形式进行补助，实行规范的转移支付制度。改革的目标主要是提高中央财政收入占全国财政收入的比重，实现政府间财政分配关系的规范化，通过调节地区间分配格局，促进地区经济和社会均衡发展，实现基本公共服务水平均等化，实现横向财政公平。按照分税制改革方案，中央将税收体制变为生产性的税收体制，通过征收增值税，将 75% 的增值税收归中央，而地方只能获得 25% 的税收收入。中央政府负责国防、外交、转移支付、战略性开发等预算开支，而地方政府则负责提供普通教育、医疗等公共服务。1994 年分税制改革后，中央政府的税收来源增加，中央财政收入占整个政府收入的比重开始上升，财权逐渐收紧；相应地，地方财力逐渐下降和被削弱。中央和地方的收入比例常年处于大约 5∶5 的水平，而中央支出的比例逐渐下降，并在 20 世纪 90 年代保持在约 3∶7 的比例。中央财政收入比例的增加和支出比例的减少使得大规模的转移支付成为可能。

1994 年建立以分税制为基础的分级财政管理体制，带有显著的制度创新性质，初步建立了中央与地方间以划分税种为基础的分税制财政管理体制框架。1996 年 3 月 26 日，财政部发布《关于完善省以下分税制财政管理体制意见的通知》，规定各地区要参照中央对省级分税制模式，结合本地实际，将分税制体制落实到市、县级或乡级，进一步完善了省以下分税制财政管理体制。2002 年 12 月 26 日，国务院批转财政部报送的《关于完善省以下财政管理体制有关问题的意见》，提出要进一步完善省以下财税体制。省以下政府间财政收入的划分，要采用按税种或按比例分享等规范办法；年度间波动幅度大、流动性强、地区之间税基分布悬殊的税种由省、市级财政分享；省以下地区间人均财力差距较小的地区，要适当降低省、市级财政收入比重，反之亦然。

(三) 建立和完善公共财政体制 (2003—2013)

在“税费改革”日渐深入并逐步取得成效的同时，财政支出一翼的改革也在紧锣密鼓地进行中。财政支出结构由专注于生产建设领域逐步扩展至整个公共服务领域的优化调整，即探索建立公共财政体制。公共财政是与市场经济发展相适应的一种财政运行模式。一般来说，公共财政是在市场经济条件下，主要为满足社会公共需要而进行的政府收支活动模式或财政运行机制模式；是国家以社会和经济管理者的身份参与社会分配，并将收入用于政府的公共活动支出，为社会提供公共产品和公共服务，以充分保证国家机器正常运转，保障国家安全，维护社会秩序，实现经济社会的协调发展。社会主义市场经济越发展，越需要建立完善的公共财政体制。健全和完善公共财政体制，是市场经济发育和发展的重要条件，也是社会主义市场经济体制不可或缺的重要组成部分。

以 1998 年 12 月 15 日举行的全国财政工作会议为契机，决策层作出了一个具有划时代意义的重要决定：提出建立与社会主义市场经济发展相适应的公共财政基本框架。正是从那个时候起，作为一个整体的改革目标的明确定位，公共财政体制框架的构建正式进入财税体制改革轨道。党的十五届五中全会和“十五”计划纲要明确提出，要建立公共财政框架。党的十五届六中全会，把公共财政改革的许多内容作为加强廉政建设和改进作风建设的治本措施。2000 年，全国财政工作会议又进一步提出要加快建立与市场经济相适应、与我国国情相结合的公共财政体系。

作为建设社会主义市场经济体制的重要环节，公共财政体系的构建成为我国财政体制改革的重要内容，它包括部门预算改革、国库集中收付制度改革、“收支两条线”改革、政府采购制度改革、税费改革等。2000 年，财政部挑选部分中央部委试行部门预算，要求每个部门做到一个部门一本预算，部门所有收入和支出都在一本预算里体现出来，正式开始推行部门预算改革。2001 年，中央财政启动国库集中收付制度改革，建立以国库单一账户为基础，资金缴拨以国库集中收付为主要形式的国库管理制度，所有政府资金都在国库单一账户体系运行，有效地提高了资金拨付使用效率。2002 年，所得税收入分享改革基本上建立起了适应社会主义市场经济要求的财政体制框架。2003 年，《政府采购法》正式实施，被誉为“阳光下的交易”的政府采购制度进入全面推行阶段。

2003 年 10 月 14 日，中共十六届三中全会通过《关于完善社会主义市场经济体制若干问题的决定》，基于对公共财政体制框架已经建立的基本判断，作出了进一步健全和完善公共财政体制的战略部署。2006 年 10 月 11 日，中共十六届六中全会通过的《中共中央关于构建社会主义和谐社会若干重大问题的决定》中明确指出：“完善公共财政制度，逐步实现基本公共服务均等化。健全公共财政体制，调整财政收支结构，把更多财政资金投向公共服务领域，加大财政在教育、卫生、文化、就业再就业服务、社会保障、生态环境、公共基础设施、社会治安等方面的投入。”这一时期，在健全和完善公共财政体制方面，国家以实行全口径预算管理和政府收支分类改革为入手处，强化了预算监督管理，进一步推进了政府收支行为及其机制的规范化。2005 年，为完整准确地反映政府收支活动，提高预算透明度，国务院通过《政府收支分类改革方案》，与国外通行做法接轨，并于 2006 年下半年编制 2007 年预算时正式实施。2006 年，财政部印发《关于完善和推进地方部门预算改革的意见》，在全国范围开始推广。2007 年，所有中央部门和省级政府都实行了国库集中支付制度。

（四）建立现代财政制度（2013—2019）

公共财政的核心思想是：收入来自全民，用之于全民；收入来自经济，用之于整个社会经济发展；取之于全民，受监督于全民。2011 年 12 月，国务院副总理李克强在全国财政工作会议上提出，财税取之于民，要用之于民。随着经济发展和财政实力增强，要持续加大保障和改善民生的力度，让广大人民群众公正公平地分享改革发展成果。2013 年 11 月，中共十八届三中全会提出“使市场在资源配置中起决定性作用”，并将计划与市场的关系进一步具体化，指出“经济体制改革的核心问题仍然是处理好政府和市场关系”[①]。立足于全面深化改革的宏观棋局，以建立现代财政制度为目标，新一轮财税体制改革由此展开。2014 年 6 月 30 日，中共中央政治局会议审议通过《深化财税体制改革总体方案》。改革的目标是建立现代财政制度，重点是改进预算管理制度、深化税收制度改革、建立事权和支出责任相适应的制度。2016 年 8 月，国务院发布《关于推进中央与地方财政事权和支出责任划分改革的指导意见》。根据这一指导意见，到 2020 年，基本完成主要领域改革，并逐步规范化、法律化，形成中央与地方财政事权和支出责任划分的清晰框架。“建立事权和支出责任相适应的制度。适度加强中央事权和支出责任，国防、外交、国家安全、关系全国统一市场规则和管理等作为中央事权；部分社会保障、跨区域重大项目建设维护等作为中央和地方共同事权，逐步理顺事权关系；区域性公共服务作为地方事权。中央和地方按照事权划分相应承担和分担支出责任。中央可通过安排转移支付将部分事权支出责任委托地方承担。对于跨区域且对其他地区影响较大的公共服务，中央通过转移支付承担一部分地方事权支出责任。保持现有中央和地方财力格局总体稳定，结合税制改革，考虑税种属性，进一步理顺中央和地方收入划分。”

① 《关于〈中共中央关于全面深化改革若干重大问题的决定〉的说明（2013 年 11 月 9 日）》，《习近平关于全面深化改革论述摘编》，北京：中央文献出版社，2014 年。

与全面深化改革进程相伴随，我国财税体制改革进入了财政现代化的新阶段——建立现代财政制度。从这个意义上讲，建立现代财政制度同构建公共财政体制框架一脉相承，其实质是推进建立在财政公共化基础之上的财政现代化。

总结新中国成立以来财政体制发展的历史，国家预算管理和资金分配上的集权和分权，在不同时期有不同的侧重，有时需要集中多一些，有时又需要分散多一些。这种集权与分权反映在预算上，就是财政收入在中央与地方的分配。这与国家职能的界定、政府事权划分相适应。国家财政管理体制，根据国家政治经济发展的需要，集权和分权有所侧重。处理政府间财政预算关系的基本原则就是"统一领导、分级管理"。一是财政预算体制涉及国家政治经济生活的方方面面，在"党管财政"总的原则下，应当按照法治原则精神，规范人大、政府、司法、审计等系统的财权，确保各司其职，依法理财。二是财政预算体制必须适应中国特色社会主义的国情，把握好中央与地方的关系这一关键，激发不同利益主体的理财积极性；在强调集权的时候，不能忽视地方的政治权益；在强调分权的时候，不要削弱中央的集中领导。只有这样，才能真正体现"统一领导、分级管理"的原则。

二、教育财政体制改革

与中国的财政体制改革和教育改革相适应，我国的教育财政体制也经历了不断改革和深化的历史过程。

（一）我国义务教育公共财政体制沿革

社会主义市场经济体制的初步建立与逐步完善，有力地推动着包括政治体制、财政体制、科技体制、教育体制在内的一系列改革。适应社会经济发展，与经济体制、财政体制和教育体制改革相适应，教育财政体制也进行了一系列改革。

1. 人民教育人民办，以乡（镇）为主的义务教育财政体制（1979—2000）

改革开放开启了中国教育事业大发展的新航程，国家逐步把普及义务教育纳入重要的议事日程，并提升到了国家发展"重中之重"的战略高度。1980 年《中共中央国务院关于普及小学教育若干问题的决议》提出"在八十年代，全国应基本实现普及小学教育的历史任务，有条件的地区还可以进而普及初中教育"。1982 年 12 月 4 日新修订的《中华人民共和国宪法》规定："中华人民共和国公民有受教育的权利和义务"，"国家举办各种学校，普及初等义务教育"。1985 年《中共中央关于教育体制改革的决定》首次提出了实行九年制义务教育的历史性任务，明确指出“实行九年制义务教育，实现基础教育由地方负责、分级管理的原则，是发展我国教育事业、改革我国教育体制的基础一环”。1986年7月1日开始实施的《中华人民共和国义务教育法》以国家立法的形式正式确立我国实施九年制义务教育。这一时期，伴随着经济体制、财政体制以及基础教育体制的改革，我国基础教育财政体制，特别是义务教育财政体制进行了改革。

始于20世纪80年代中期的农村基础教育财政体制的核心思想有两点：一是分级办学，分级管理；二是多渠道筹措教育经费。分级办学，分级管理，即基础教育主要由县（市）级以下政府举办。在农村基本形成了县办高中、乡办初中、村办小学的格局。多渠道筹措教育经费，即以国家财政拨款为主，辅之以征收用于教育的税费，收取非义务教育阶段学生学杂费、校办产业收入、社会捐资集资和设立教育基金等多种渠道筹措教育经费的体制。

伴随着经济体制、财政体制以及基础教育体制的改革，我国基础教育公共财政体制，特别是义务教育公共财政体制也进行了改革。1980年，我国财政体制进行了重大改革，由中央政府统一管理全国全部财政收入与支出、统一预算，全国各级财政“吃大锅饭”的财政体制被打破，实行了“划分收支、分级包干”的新财政体制，即“分灶吃饭”体制，中央和地方分级管理财政收入和支出，分级负责的体制。在这种“分灶吃饭”财政体制形成后，地方政府的财政权限不断扩大，财力也越来越丰富，地方政府财政收支占全国财政收支的比重不断提高。在此背景下，从1985年开始，我国义务教育财政体制开始改革。

1985年5月，《中共中央关于教育体制改革的决定》提出“把发展基础教育的责任交给地方，有步骤地实施九年义务教育”，“实行九年义务教育，实行基础教育由地方负责、分级管理的原则”，并明确规定“基础教育管理权属于地方，除大政方针政策和宏观规划由中央决定外，具体政策、制度、计划的制定和实施，以及对学校的领导、管理和检查，责任和权力都交给地方”。这与当时的财政体制是一致的。1986年7月1日开始实施的《中华人民共和国义务教育法》更进一步地强调：国家对接受义务教育的学生免收学费；义务教育事业，在国务院领导下，实行地方负责，分级管理；实施义务教育所需事业费、基本建设投资，由国务院和地方各级人民政府负责筹措，予以保证，其中，实施义务教育的学校新建、改建、扩建所需资金，在城镇由当地人民政府负责列入基本建设投资计划，或者通过其他渠道筹措，在农村由乡、村负责筹措，县级人民政府对有困难的乡、村可酌情予以补助；国家用于义务教育的财政拨款的增长比例，应当高于财政经常性收入的增长比例；地方各级政府按照国务院的规定，可以在城乡征收教育事业费附加，主要用于实施义务教育，其中，城市用于改善中小学办学条件，农村由乡级人民政府负责统筹安排，主要用于支付教师的工资，改善办学条件和补充学校公用经费等。

从1986年开始我国实行“在国务院领导下，由地方政府负责、分级管理，以乡镇为主”的义务教育财政体制，实行中央、省（自治区、直辖市）、市（州）、县（市）、乡（镇）、村各级政府财政共同投资与社会集资、捐赠相结合的多元化义务教育投资模式。各级政府对义务教育承担的主要财政责任是：村负担小学公用经费，负担小学校舍建设；乡（镇）统发小学及初中教职工工资，负担初中公用经费，负担初中校舍建设；县（市）对困难的乡村校舍建设、维修酌情予以补助；市（州）负责城镇实施义务教育的学校新建、改建、扩建所需资金；省（自治区、直辖市）设置与中央配套的贫困地区配套专项补助；中央设置贫困地区专项补助。1987年6月15日，国家教委、财政部发布《关于农村基础教育管理体制改革若干问题的意见》，对农村基础教育实行地方负责、分级管理，对县、乡、村三级的职责权限作出了规定。

1989年，国家对财政体制进行进一步改革，决定在乡一级建立财政，包括教师工资在内的十几种义务教育支出均列入乡财政，中国农村义务教育进入了“以乡镇为主”的阶段。1992年颁布实施的《中华人民共和国义务教育法实施细则》再次强调：实施义务教育，在国务院领导下，由地方各级人民政府负责，按省、县、乡分级管理。实施义务教育，城市以市或市辖区为单位组织进行，农村以县为单位组织进行，并落实到乡（镇）。至此，农村义务教育“县级财政负责、以乡（镇）为主”，城市以区为主的义务教育公共财政体制已基本形成。

从实质来讲，20世纪80年代实行的“划分收支、分级包干”“分灶吃饭”的财政体制，侧重于简政放权，强调分级管理，扩大地方财权，但是基本原则没有变，统收统支的格局没有被完全打破。这一时期根据这一财政体制，城市义务教育财政体制由市政府负责；农村义务教育实行分级办学、分级管理体制，即县、乡、村三级办学，县、乡两级管理的教育财政体制，简称“三级办学、两级管理”体制。这种义务教育责任重心下移到乡（镇）体制改革的目的是要充分发挥乡村发展教育的积极性，实行“人民教育人民办”，在当时国家财政困难的情况下，对调动地方政府的办学积极性，尤其是调动乡镇政府和人民群众对教育投入的积极性发挥了重要作用，义务教育的投入有了显著增长，基础教育得到了空前的发展。但是由于这种义务教育财政体制投入重心偏低，缺乏经费保障的长效机制，乡（镇）政府和农民负担过重，乡（镇）财政收入有限，大部分乡（镇）难以保证义务教育经费投入；同时，由于地方经济发展的不均衡，这种体制使义务教育地区之间、城乡之间和学校之间的差距不断拉大，从而影响了义务教育的整体发展。

2. 人民教育政府办，实行免费义务教育财政体制

基础教育管理体制是中央及地方各级政府（或其教育主管部门）之间关于基础教育管理的责任、权力及其相关关系的根本制度，解决的是中央和地方政府在基础教育方面具体的职责分工及关系的处理问题。经济体制改革后，我国基础教育实行的是在国家宏观指导下主要由地方负责、分级管理的体制。其基本内容及各级政府基础教育管理工作的具体分工如下：国家教育部负责制定有关基础教育的法规、方针、政策及总体发展规划和基本学制；设立用于补助贫困地区、民族地区等方面的专项基金；对地方教育部门工作进行监督指导等。省级政府负责本地区基础教育的实施工作，包括制定本地区基础教育发展规划和中小学教学计划，组织对本地区义务教育的评估和验收；建立用于补助贫困地区、少数民族地区的专项基金，对县级财政教育事业费有困难的地区给予补助等。县（市、区）级政府在组织义务教育的实施方面负有主要责任，包括统筹管理教育经费，调配和管理中小学校校长、教师，指导中小学教育教学工作等。乡级政府负责本辖区义务教育的落实工作。同时，国家鼓励社会各界共同参与中小学（幼儿园）的办学及管理，逐步形成以政府办学为主体、社会各界共同参与、公办学校和民办学校共同发展的办学体制。倡导中小学校（幼儿园）同附近的企事业单位、街道或村民委员会建立社区教育组织，吸引社会各界关心、支持学校建设。

第一阶段：地方政府负责，分级管理，以县为主的财政体制（2000—2004）

进入21世纪以后，国家为了减轻农民的负担，开始在农村推行税费改革，改革过程中，“税费改革”取消了向农民征收教育费附加和教育集资，农村义务教育经费来源渠道直接受到影响。许多地方的教师补贴、学校公用经费和危房改造经费没有了保障。在深入调研和改革试点的基础上，国家在推行农村税费改革的同时，也改革了农村义务教育管理体制。2001年，中央加强义务教育经费管理，为避免严重拖欠中小学教师工资，防止义务教育师资的流失，将农村中小学教师工资的管理上收到县，即原乡（镇）财政收入中用于农村中小学教职工工资发放的部分相应划拨上交到县级财政，对未实行税费改革的县（市）继续征收教育费附加、教育集资，以保证义务教育师资力量和保障农村中小学正常运转及危房改造经费。

2001年，国务院出台的《国务院关于基础教育改革与发展的决定》明确规定：“对农村义务教育，实现在国务院领导下，由地方政府负责、分级管理、以县为主”的体制，县级人民政府在农村义务教育经费投入上承担主要责任，中央、省和地（市）级政府要通过增加转移支付等方式负担起相应的责任。2002年，《国务院办公厅关于完善农村义务教育管理体制的通知》进一步明确了各级政府对义务教育的责任。2003年，国务院出台了《国务院关于进一步

加强农村教育工作的决定》再次确认了农村义务教育“以县为主”的管理体制。这种体制下各级政府义务教育投资责任如下：中央政府设置贫困地区专项补助、困难地区危房改造专项补助、贫困县教职工工资补助、助学金专项补助；省（自治区、直辖市）政府设置贫困县教职工工资补助，困难地区危房改造专项补助；市（州）政府设置贫困县教职工工资补助、农村中小学危房改造补助；县（市）政府统一发放教职工工资，统筹中小学公用经费，筹措新增校舍建设和危房改造资金，购置图书资料、教学仪器；乡（镇）负担部分公用经费，提供新建、扩建校舍所必需的土地。

“以县为主”体制下义务教育经费管理体制的特征如下：第一，各级政府有对农村义务教育投入的责任。第二，县级政府为农村义务教育投入主体。县级政府要将义务教育经费纳入预算。第三，“分级”“分项”承担模式出台，如按教师工资、校舍、公用经费等分项规定各级政府的责任。对省级政府在教师工资、危房改造和公用经费方面的责任强调得越来越多。第四，中央政府的责任有所强化。特别是加强了对中西部贫困地区和少数民族地区的扶持，而地（市）级政府的责任则相对较弱，缺乏硬性规定。第五，转移支付途径得到加强。中央、省（自治区、直辖市）、地（市）对地方义务教育的扶持主要通过转移支付的形式实现。其中，省级政府“三个确保”的责任重大。“三个确保”，即对财力不足、发放财政供养人员工资确已达到合理比例但仍有困难的县，通过调整财政体制和财政支出结构、增加省级财政转移支付资金、合理安排中央财政转移支付资金等办法，帮助并督促县级人民政府确保农村中小学教职工工资按时足额发放；增加危房改造专项资金投入，建立消除农村中小学危房的工作机制，确保师生安全；对实行“一费制”的国家扶贫开发工作重点县和财力确有困难的县，省级政府对其公用经费缺口要予以补足，确保学校正常运转。第六，重视社会力量对教育事业的支持。除加大政府对义务教育投入力度外，政府还特别鼓励社会力量对教育事业发展的支持，采取提倡、政策优先吸引、自愿等方式，鼓励国内外对中国教育事业发展有热情、有兴趣的团体和个人依照某些具体规定，以社会组织和个人捐资助学、群体自愿集资办学、社会力量办学、提供义务劳动等形式帮助教育事业发展。

从 2001 年的“以县为主”，到随后几年逐步实施的“两免一补”，再到 2005 年底的“新机制”，调整的不仅是对义务教育的管理方式（事权），更为重要的是提高政府对义务教育，尤其是农村义务教育投入的努力程度与负担责任，在义务教育经费中政府负担的增加和个人负担的降低是其具体体现。以全国教育事业费中预算内支出占总支出比重为例，自 2001—2006 年以来，表现出几个明显的特征。首先，在教育事业性经费支出中，预算内教育支出所占的比重自 2001 年以来呈现了稳步增长的趋势，在小学，2001 年这一比重不到

70%，而2006年增长到接近80%，农村小学更是从72%增长到84%；在初中，由2001年的63%增长到2006年的75%，农村初中则由68%增长到81%。此外，2001—2002年、2005—2006年这两个阶段是增长最明显的时期，农村初中和农村小学尤其如此。2003—2004年间则缓慢增长，变化比较平稳。这体现了2001年的“以县为主”与2005年底的“新机制”政策的影响和效果。从2001年到2006年，以各种指标衡量的小学和初中的生均经费均增长了一倍左右（当年价格），特别是农村学校的增长超过了一倍。以生均教育事业费为例，农村小学由768元增长到1803元，农村初中由968元增长到2110元；在生均公用经费方面，农村小学由159元增长到401元，农村初中由268元增长到601元。

义务教育管理体制和财政体制由过去的“以乡为主”转到“以县为主”，这使我国农村义务教育由过去的“人民教育人民办”转到“人民教育政府办”的轨道，这一改革对政府保障教师工资的发放、在县域内统筹教育资源的合理配置起到了积极作用。但是这一管理体制和财政体制并没有从根本上解决农村义务教育经费严重不足的问题，各级政府负担义务教育的经费责任不明确，县级政府办学没有相应的经费保障，管理难以实施；另外，由于义务教育只能在县域内调配，义务教育发展不均衡的现象难以根本转变。

第二阶段：实行免费义务教育：建立义务教育经费保障新机制（2005年至今）

2003年，《国务院关于进一步加强农村教育工作的决定》提出，到2007年争取全国农村义务教育阶段家庭经济困难学生都能享受到“两免一补”，即免学杂费、免书本费、补助寄宿生活费。在分税制改革后，我国中央一级政府在收入上始终占到50%左右，但是在支出上逐年下降，尤其在进入新世纪之后中央财政支出的比例不足30%，这说明中央财政的转移支付力度在不断增强。在此背景下，2005年12月发布的《中共中央国务院关于推进社会主义新农村建设的若干意见》进一步规定了，到2007年全国农村普遍实行义务教育阶段学生免收学杂费的政策。

2005年12月，国务院发布《关于深化农村义务教育经费保障机制改革的通知》，系统地提出了中央和地方分项目、按比例的教育转移支付机制，规定“经费省级统筹，管理以县为主”，规范了农村义务教育经费组织管理结构。2005年12月26日，国务院召开全国农村义务教育经费保障机制改革工作会议，制定了“明确各级责任、中央地方共担、加大财政投入、提高保障水平、分步组织实施”的基本原则，逐步将农村义务教育全面纳入公共财政保障范围，建立中央和地方分项目、按比例分担的农村义务教育经费保障机制。从2006年开始，中央政府着手建立农村义务教育经费保障机制，打算用4年时间，逐步将农村义务教育全面纳入公共财政保障范围，建立起由中央财政和地方财政分项目、按比例分担的全面保障农村义务教育发展的一系列制度。具体内容是免学杂费、免费提供教科书、对家庭经济困难寄宿学生补助生活费，提高公用经费保障水平并制定和适时调整公用经费生均基准定额，建立校舍维修改造长效机制等。“新机制”提出“明确各级责任，中央地方共担、加大财政投入、提高保障水平、分步组织实施”的基本原则，逐步将农村义务教育全面纳入公共财政保障范围。

2006 年 6 月新修订的《中华人民共和国义务教育法》规定，“实施义务教育，不收学费、杂费。国家建立义务教育经费保障机制，保证义务教育制度实施”，“义务教育经费投入实行国务院和地方各级人民政府根据职责共同负担，省、自治区、直辖市人民政府负责统筹落实的体制。农村义务教育所需经费，由各级人民政府根据国务院的规定分项目、按比例分担”，省级政府的责任进一步明确。它标志着实施免费义务教育已经上升为国家意志，被海内外广泛誉为“中国教育发展史上的重要里程碑”。这一新机制的具体内容包括：全部免除农村义务教育阶段学生学杂费，对贫困家庭学生免费提供教科书并补助寄宿生生活费；提高农村义务教育阶段中小学公用经费保障水平；建立农村义务教育阶段中小学校舍维修改造长效机制；巩固和完善农村中小学教师工资保障机制。

2008 年 7 月 30 日，国务院总理温家宝主持召开国务院常务会议，研究部署全面免除城市义务教育阶段学生学杂费工作。会议决定，在全面实施农村义务教育经费保障机制改革的基础上，从 2008 年秋季学期开始，在全国范围内全部免除城市义务教育阶段学生学杂费；对享受城市居民最低生活保障政策家庭的义务教育阶段学生，继续免费提供教科书，对家庭经济困难的寄宿学生补助生活费。

2011 年 10 月 26 日，国务院常务会议决定从 2011 年秋季学期开始，启动实施农村义务教育学生营养改善计划，在集中连片特殊困难地区开展试点。2012 年 9 月 5 日，国家印发《关于深入推进义务教育均衡发展的意见》，进一步明确各级政府责任，把义务教育工作重心落实到办好每一所学校和关注每一个孩子的健康成长上，切实解决孩子有“好学校上”的问题。还提出用 10 年左右时间实现区域内义务教育学校在办学经费、硬件设施、师资调配、办学水平和教育质量等方面大体处于一个相对均衡的状态。同年 9 月 6 日，国务院办公厅印发《关于规范农村义务教育学校布局调整的意见》，严格规范了学校撤并程序和行为。

2015 年 11 月 28 日，国务院印发《关于进一步完善城乡义务教育经费保障机制的通知》，全面部署统筹城乡义务教育资源均衡配置，整合农村义务教育经费保障机制和城市义务教育奖补政策，建立城乡统一、重在农村的义务教育经费保障机制。2016 年 7 月 2 日，国务院发布《关于统筹推进城乡义务教育一体化改革发展的若干意见》提出，要按照全面建成小康社会目标，加快缩小城乡教育差距，促进教育公平。

义务教育经费保障新机制的实施，是中国义务教育发展具有里程碑意义的成就，它明确了各级政府举办义务教育的责任，将义务教育所需经费全面纳入财政保障范围，时至今日，公共财政的阳光已覆盖义务教育，义务教育经费全部纳入财政保障范围。中国义务教育真正实现了由“人民教育人民办”到“义务教育政府办”的重大历史性转变，对推动义务教育均衡发展，促进教育公平具有重大的意义。

（二）高等教育财政体制

1. 中央和地方分级教育财政体制（1980—1998）

1980 年，我国财政体制进行了重大改革，改变了中央“统收统支”的财政体制，实行“划分收支、分级包干”的新财政体制，即中央与地方分级管理财政收入与支出，各省“分灶吃饭”。对于高等教育来说，除中央院校仍由中央政府负责外，全国各省的地方高校所需经费由各省财政部门负责计划拨款，中央不再统一高等教育财政。国家对高校由原来的预算供给制改为预算包干制，实行“预算包干、结余留用、超支不补、节支提奖”的办法，同时建立了学校基金和奖励制度。这样就把地方高等教育的管理权力和责任同时交给了地方政府，使它们能够根据本地区社会经济发展对人才的需求，适当调整本地区的高等教育结构，调动了各省、自治区、直辖市投资办高等教育的积极性，增加高等教育拨款，改善办学条件，提高质量，推动了高等教育的发展。这次改革赋予了高校一定的财务自主权限，调动了高校挖掘潜力、开辟财源、依法组织收入、科学理财的积极性。1985 年出台的《中共中央关于教育体制改革的决定》中指出：“为调动各级政府办学的积极性，（高等教育）实行中央、省(自治区、直辖市)、中心城市三级办学的体制。”

1993 年 1 月由国务院转发的《国家教委关于加快改革和积极发展普通高等教育的意见》中指出：“高等教育管理体制的改革方向是，逐步实行中央与省（自治区、直辖市）两级管理、两级负责为主的管理体制。”“改革高等教育投资体制，逐步建立财政拨款为主、多渠道筹措经费的投资体制。”1993 年 2 月中共中央、国务院印发的《中国教育改革和发展纲要》中明确规定：“高等教育逐步形成以中央、省（自治区、直辖市）两级政府办学为主、社会各界参与办学的新格局。”“进一步确立中央与省（自治区、直辖市）分级管理、分级负责的教育管理体制。”1995 年 7 月由国务院转发的《国家教委关于深化高等教育体制改革的若干意见》中指出："高等教育管理体制改革的目标是，争取 2000 年或稍长一点时间，基本形成举办者、管理者和办学者职责分明，以财政拨款为主渠道经费投入，中央和省、自治区、直辖市人民政府两级管理、分工负责，以省、自治区、直辖市人民政府统筹为主，条块有机结合的体制框架。"

随着《中国教育改革和发展纲要》及其实施意见的颁布和实施，我国出台了一系列扩大高校办学自主权、调整教育结构和内部管理体制改革的具体办法和措施，我国高等教育从原来由政府直接管理的办学模式向由政府宏观管理、学校面向社会自主办学模式过渡。在这样的背景下，我国高校教育经费投入体制和机制也发生了重大变化。

其一，高校办学经费由政府包办、单一拨款，向以国家财政拨款为主、多渠道筹措教育经费的体制过渡。1993 年，中共中央、国务院颁布的《中国教育改革和发展纲要》首次提出建立以国家财政拨款为主，多种渠道筹措教育经费的教育财政体制。1995 年，《中华人民共和国教育法》规定，"国家财政性教育经费支出占国民生产总值的比例应当随着国民经济的发展和财政收入的增长逐步提高"，"各级人民政府教育财政拨款的增长应当高于财政经常性收入的增长，并使按在校学生人数平均的教育费用逐步增长，保证教师工资和学生人均公用经费逐步增长"。"一个比例""三个增长"成为衡量中央和各级地方政府教育支出的重要指标，它约束了中央和地方政府的行为，为财政性教育经费的增长提供了法律保证，对促进教育经费的增长起到了积极的作用。1998 年 8 月 29 日，第九届全国人民代表大会常务委员会第四次会议通过的《中华人民共和国高等教育法》规定："国家建立以财政拨款为主、其他多种渠道筹措高等教育经费为辅的体制，使高等教育事业的发展同经济、社会发展的水平相适应。"该体制在法律上确立了高等教育经费的多元投资体制，同时明确了财政经费在多元教育投资中的主体地位。这种规定在新中国教育史上还是第一次，它体现了教育与经济发展的关系，约束了中央和地方政府的行为，为财政性教育经费的增长和教育财政拨款增长伴随经济发展而稳定增长提供了法律保证。

其二，高校教育成本承担体制由国家负担全部成本费用的旧体制，向由国家和个人分担教育成本的新体制的转变。1978 年以前，我国高等教育经费的 98%来自国家财政拨款。1985 年，《中共中央关于教育体制改革的决定》提出改革高校的助学金制度，收取一定的学杂费和培养费的设想。1987 年，国家开始推行非义务教育成本分摊和补偿制度，把原来的助学金改为奖学金、助学金和教育贷款制度，并鼓励高校通过和工矿企业部门合作，开展人员培训、科技咨询等各种社会服务以增加收入，拓宽学校经费来源。1989 年，原国家教委等三部委联合发出《关于普通高等学校收取学杂费和住宿费的规定》，从政策上肯定了高等教育应该实行成本分担和成本回收制度。当年，全国大部分高等院校开始收取每年100～300元学费，开始了从国家负担全部高等教育费用的旧体制转变为由国家和个人分担高等教育费用的新体制的改革过程。1992年，我国高等教育开始较大范围地推行招生收费制度改革，自费学生的比例提高，学费水平也提高。1997年，在经过几年的“并轨”过渡之后，我国高等教育开始全面实行收费制度。

其三，高等教育投资方式由中央统一计划拨款改为分级计划拨款。1980年，我国的财政体制进行了重大改革，由过去的国家预算管理“统收统支”改为“划分收支、分级包干”的“分灶吃饭”体制。即由中央政府统一管理国家全部财政收支的中央财政体制，变为中央和地方分级管理财政收入与支出的分级负责的新财政体制。为与新财政体制相适应，高等教育财政投资体制也由中央统一负责，改为中央和地方分级负责的体制。财政用于高等教育的支出，根据学校行政隶属关系，分别由中央和地方财政各自负担。部委属院校仍由中央政府负责，省属地方高校所需经费均由各省财政部门负责计划拨款，中央不再统一高等教育财政。改革的结果是把地方高等教育的管理权和责任同时交给了地方政府，使它们可以根据本地区社会经济发展对人才的需求，适当调整本地区的高等教育机构，调动了各省、自治区、直辖市政府投资办高等教育的积极性。

其四，高等教育拨款方式由“基数＋发展”改为“综合定额＋专项补助”。所谓“基数＋发展”，即由政府财政或高校主管部门根据各学校规模及日常开支的需要，核定一个拨款基数，此后各财政年度的经费开支预算即在上年基数上，根据财力状况增加本年度的发展经费。这种拨款方式虽简便，但不能科学合理地确定各校的拨款基数。因此，从1986年起，高校拨款改为“综合定额＋专项补助”的方式。“综合定额”主要包括教职工工资、补助工资、职工福利费、学生奖学金、公务费、业务费、设备购置费、修缮费、其他费用和差额补助费等；“专项补助”则包括专业设备补助费、长期外籍专家经费、离退休人员经费、世界银行贷款设备维护费和特殊项目补助费等。在实际核定经费预算时，又分为维持经费、发展经费、各项专款和一次性补助费四项。预算管理模式由传统的“统收统支”模式向“预算包干，结余留用”办法的转变，使高等学校财务的自主权得到了落实，从而调动了高校理财、生财的积极性，为高校多渠道筹集办学资金提供了动力。

在这种体制下，高校传统的财务管理模式已被打破，其财务收支内容不再局限于预算内资金，而是拓宽到包括预算外资金的所有办学资金；财务管理的任务不再局限于“理财”，而是在强调理财的同时，更加重视“生财”，即依法多渠道筹集事业活动资金；财务管理方法也不再局限于资金的来源、分配和使用，而是更加重视资金的筹集、财务计划（预算）、资金分配和使用效益的考核与管理。

2. **高等教育公共财政的新体制（1998年以后）**

1998年底，全国财政工作会议明确提出建立公共财政基本框架的改革目标。1999年6月13日，中共中央、国务院《关于深化教育改革全面推进素质教育的决定》提出“在非义务教育阶段，要适当增加学费在培养成本中的比例，逐步建立符合社会主义市场经济体制以及政府公共财政体制的财政教育拨款政策和成本分担机制”。2004年3月3日，国务院批转教育部的《2003—2007年教育振兴行动计划》进一步明确：“建立与公共财政体制相适应的教育财政制度，保证经费持续稳定增长。……逐步形成与社会主义市场经济体制相适应的、满足公共教育需求的、稳定和可持续增长的教育投入机制。”这两份关于教育的文件中都提到了要建立与公共财政体制相适应的教育财政制度。建立我国高等教育公共财政体制，关键是重塑中央财政和地方财政对高等教育的分权模式。

一是区分全国性事务与地方性事务。中央财政的事权范围是“全国性事务”或受益范围遍及全国的公共物品的提供；地方政府的事权范围是“地方性事务”或受益范围在某一区域内的公共物品的提供。高等教育表现出很强的地方性事务的特征，它的受益范围也主要在特定区域范围内，因此，地方政府负责本地区高校的财政责任具有相对合理性。我国目前进行的高等教育管理体制“以省级政府为主”的改革，其实就是对高等教育事务“地方性”的确认。

二是进行全国性事务与地方性事务的协调。高等教育主要是地方性事务，因此，高等教育财政体制在政府财政责任分担方面应实现重心下移，地方政府将负担起高等教育公共经费拨款的主要任务。但某些事务却又超出了地方性事务的范围，如地区差异的协调、高等教育的公平保障等，应视为“全国性事务”由中央政府承担。即中央政府和地方政府高等教育财政责任的划分不应当完全根据学校行政隶属关系来划分，而应当根据具体的高等教育事务的特征来划分。

三是中央财政协调地区间不平衡的教育投入。高等学校逐步转为地方高校势必加大地方财政的财政压力，特别是欠发达地区的压力。中央政府的宏观协调就应显示出来，其主要职责应是平衡差异，保障公平。一方面，在高等教育财政中通过转移支付平衡地区间公共高等教育资源的差异；另一方面，建立中央政府负主要责任的高等教育学生资助制度，对处境不利的群体进行积极的补偿。

从1999年开始，高等教育财政体制改革的重点是根据事权与财权相统一、教育的公共性与均等发展的公共财政原则，积极建立重心下移、多渠道筹资，兼顾教育公平的具有中国社会主义特色的高等教育公共财政体制。这一时期的高等教育财政体制改革主要分为以下几个方面。

第一，完善以财政拨款为主、多渠道筹措经费的教育投资体制。这一时期中国高等教育财政政策调整的重点是建立高等教育的多元化经费渠道，扩大高等教育资源供给，提供多种受教育机会，满足人们对高等教育的需求。中国的高等教育财政改革的根本方向是要解决高等教育经费短缺这一制约其发展的瓶颈问题。“开源”和“节流”是两条根本途径，而“开源”无疑又是解决这一问题的重中之重。“开源”是指建立高等教育经费多元筹集模式，实行以财政性教育经费为主，多渠道筹措教育经费的教育财政体制。这一体制有如下特点和作用：其一，坚持了政府财政经费在高等教育投入的主渠道作用，确保了政府教育财政拨款的增长。其二，实行高等教育成本分担机制。在众多非财政性渠道来源中，通过建立教育成本分担和成本补偿制度，学费收入已成为扩大教育经费来源不可缺少的渠道。其三，大力发展民办高等教育。其四，高等学校通过有偿社会服务获得办学资金。其五，鼓励民间捐赠来筹集资金。这一财政体制的实行，进一步扩大了社会、个人对教育经费的投入，不仅在客观上减轻了政府对教育投入的负担，而且能使全社会、全民族来关心和促进中国高等教育的发展。

第二，建立以政府办学为主体、社会各界共同办学的办学体制。《中国教育改革和发展纲要》指出：改变政府包揽办学的格局，逐步建立以政府办学为主体、社会各界共同办学的办学体制。《中共中央国务院关于深化教育改革全面推进素质教育的决定》指出，要进一步解放思想、转变观念，积极鼓励和支持社会力量以多种形式办学，满足人民群众日益增长的教育需求，形成以政府办学为主体、公办学校和民办学校共同发展的格局。国家重视社会力量办学在教育改革与发展中的作用，对社会力量办学确定了“积极鼓励、大力支持、正确引导、加强管理”的十六字方针，并采取了各种政策和措施加以扶持。近几年来，社会力量办学，特别是民办高校发展迅速，成为我国高等教育发展中的一个重要组成部分。民办教育的发展还大大缓解了巨大的教育需求与有限的政府投入之间的矛盾。今后，民间资本进入教育市场将会越来越多，民办学校的办学行为将会越来越规范，增加教育供给方式的多样性和选择性将越来越有利于满足人民日益增长的教育需求。

第三，建立高校家庭经济困难学生资助体系，促进教育公平。建立家庭经济困难学生资助政策体系，使家庭经济困难学生能够上得起大学，是实施科教兴国和人才强国战略、优化教育结构、促进教育公平和社会公正的有效手段；是切实履行公共财政职能，推进基本公共服务均等化的必然要求。近些年，国家按照“加大财政投入、经费合理分担、政策导向明确、多元混合、各方责任清晰”的基本原则，对普通高校家庭经济困难学生设立国家奖助学金，实施国家奖助学金政策，并建立起了对家庭经济困难学生奖、贷、助、补、减（免）的资助政策体系和高校学生入学绿色通道制度等。从制度上基本解决了家庭经济困难学生的上学问题，维护了教育公平，促进了教育事业的持续健康发展。

三、教育财政体制改革的成效与不足

教育财政体制改革的主要成效，表现在教育投入体制和学生资助体制更加完善，教育经费充足水平有较大提高，城乡和地区间教育财政公平有所提高。

（一）形成了较为合理的投入体制，教育财政充足性有较大提高

改变教育经费短缺状况，提高教育经费的充足水平，是教育财政改革的出发点，也是教育财政体制改善的标志之一。通过建立和完善学杂费制度、多主体办学制度、教育费附加制度和财政性教育经费“四个增长”“两个比例提高”制度，形成了比较合理的政府、社会和家庭共同分担的多渠道教育投入体制。多渠道教育投入体制的形成，特别是学杂费制度和教育费附加、教育集资制度，在改革开放早期，为教育发展提供了更多的经费，弥补了政府教育经费增长缓慢的不利影响。2005 年后，财政性教育经费“四个增长”“两个比例提高”制度，特别是《国家中长期教育改革与发展规划纲要（2010—2020 年）》规定 2012 年达到财政性教育经费占 4%的目标，推动了财政性教育投入的急剧增加，财政性教育经费从 2005 年的 5 161 亿元猛增到 2012 年的 22 236 亿元，占 GDP 的 4.28%。2012 年后，各级教育生均经费持续提高。按不变价格计算，2016 年，全国公共财政教育经费总额、小学和中学生均事业费分别达到 1978 年的 58 倍、105 倍和 64 倍。教育经费从全面短缺转变为相对充裕，各级各类学校办学条件有了很大改善。尽管各级教育经费的持续增长很大程度上是我国经济增长、财政收支持续高速扩张的结果，但多渠道教育筹资体制的形成、各级政府教育经费分担体制的改革也发挥了积极的作用。还应指出的是，各级教育生均经费的持续提高，是在义务教育普及、高等教育迅速大众化的教育大发展过程中实现的，为以后教育的持续稳定发展奠定了稳固的基础。

（二）高层政府经费分担责任加大，城乡与地区间教育经费差距逐步缩小

教育财政公平的主要标准是教育财政中立，即学生获得的教育资源与其出生的家庭、所居住的地区等外在的因素无关。改革开放前，我国城乡之间的教育资源和教育机会差距巨大，但在城市和农村内部，地区之间、学校之间和各阶层之间相对公平。在市场力量增强时期，教育财政公平的总体状况是恶化的。比如，1988 年全国各省份小学生均预算内经费的差异系数为 0.64，上海是河南的 6.1 倍；1998 年，全国各省份小学生均预算内经费的差异系数为 0.71，上海

是河南的 9.7 倍。这一时期各省份之间不仅教育经费差距扩大，其内部区县之间、学校之间和群体之间教育经费差距也急剧扩大。2000 年后，随着政府教育投入的增加和高层政府经费分担责任的增大，特别是 2005 年后农村义务教育经费保障机制的建立、学生资助体系的完善，中央和省级政府教育转移支付的增加，城乡之间、地区之间的教育经费差距在缩小。2017 年全国各省份小学生均公共预算事业费的差异系数为 0.42，上海是河南的 3.6 倍，差距比 1998 年小得多。2017 年，有 19 个地区的普通小学阶段生均一般公共预算教育事业费支出高于全国支出水平（10 199.12 元），首位北京（30 016.78 元）是末位河南（5 759.21 元）的 5 倍；有 18 个地区的普通初中阶段生均一般公共预算教育事业费支出高于全国支出水平（14 641.15 元），首位北京（57 636.12 元）是末位河南（8 997.6 元）的 6 倍；有 13 个地区的普通高中阶段生均一般公共预算教育事业费支出高于全国支出水平（13 768.92 元），首位北京（61 409.06 元）是末位河南（8 149.18 元）的近 8 倍。多项研究结论也表明，2005 年后，无论是全国层面还是省内层面，地区和城乡间教育经费差距明显降低。

（三）形成了较为完善的学生资助体系，为家庭经济困难学生提供了教育机会

1998 年，全国学生资助总经费只有 41.5 亿元，普通中学和小学生均资助资金分别只有 4.1 元和 0.7 元，除了高校有少部分学生能获得少量资助，基础教育学生获得资助的微乎其微。从 1999 年建立高校学生国家助学贷款制度开始，到 2011 年提出建立学前教育资助制度，经过十几年的努力，已经形成了从学前教育到高等教育全覆盖，主要由政府财政负担经费的学生资助体系。2018 年，全国累计资助学前教育、义务教育、中职学校、普通高中和普通高校学生（幼儿）9 801.48 万人次（不包括义务教育免费教科书和营养膳食补助），资助学生则达 1.35 亿人次。2018 年全国累计资助金额达 2 042.95 亿元（不包括义务教育免费教科书和营养膳食补助），其中，财政投入共计 1 290.08 亿元（不含义务教育免费教科书和营养膳食补助），中央财政投入 675.43 亿元，占 2018 年资助总额的 33.06%；地方财政投入 614.65 亿元，占 2018 年资助总额的 30.08%。近年来，财政投入占当年资助资金（不含免费教科书和营养膳食补助）的比例始终保持在 60%以上，是国家学生资助经费的主要来源。2012 年至 2018 年，全国共资助学生 6.2 亿人次，资助总金额累计突破 1 万亿元，达到 10 907 亿元。在我国，已经基本实现了“不让一个学生因家庭经济困难而失学”的工作目标，这是以教育公平促进社会公平的重大举措，是我国社会主义制度优越性的切实体现。

通过对新中国成立以来，特别是改革开放 40 多年来我国财政体制和教育财政体制改革历程的回顾，我们认识到，财政体制改革，从大的方向、原则上讲，就是要准确定位，树立科学的财政发展观，重新认识财政预算的职能作用，真正做到不“越位”，不“缺位”，履行好公共财政的职责。财政的职能作用主要是资源配置、收入分配、经济稳定与发展三个方面。其基础性的工作就是要根据科学发展观的要求，用改革创新的思想，对国家的财政预算环境及发展大势作出正确的判断，并根据财政职能作用的要求与规律来配置财政资源，保证理财效果。教育财政体制必须与时俱进，适应时代发展，特别是经济体制的改革，不同历史时期教育投资体制改革虽有不同的侧重点，但是改革的取向基本是在教育体制改革的总体目标和思路指导下进行的，与教育办学体制改革、宏观管理体制改革、招生和分配体制改革、学校内部管理体制改革以及国家财政体制等诸多领域的改革紧密相连、交相呼应的。当把教育财政体制改革放到整个教育体制改革和国家财政体制改革的历史大背景中去分析的时候，我们便能更加深入地理解改革的初衷、意图以及必然结果。

第三章 教育投入法制

依法治教、依法兴教是国内外教育实践反复证明了的一条共同经验。我国党和政府一贯重视教育法制建设，十分重视把党和国家关于教育的方针、政策、决策和决定以法律形式确定下来，并付诸实施。目前，我国已建立起了教育法律、法规的基本框架，使教育事业的改革与发展基本做到有法可依。用法律的手段调控和制约教育经费的投入既是依法治国、依法治教的必然要求，也是保障教育优先发展的客观需要，更是规范教育投资主体与投资行为的必然选择。新中国成立以来，特别是党的十一届三中全会以后，我国加强了教育经费投入法规体系的建设，为教育事业的发展提供了经费保障，对促进我国教育改革与发展发挥了巨大的作用。

第一节 教育经费投入法规制度改革

教育法规是国家立法机关以及由国家立法机关授权其他国家机关，制定和颁布的有关教育的一切规范性文件的统称。凡具有法律约束力的有关教育的规范性文件，都属于教育法规之列。教育法规体系由纵向 5 个层次构成。第一个层次是《中华人民共和国教育法》，由全国人民代表大会制定，是教育工作的根本大法。第二个层次是单行法律，由全国人民代表大会常务委员会制定。第三个层次是教育行政法规，由国务院制定和发布，是我国教育法规的主体。第四个层次是地方法规、自治条例和单行条例。前者是省、直辖市和有地方立法权的人民代表大会及其常务委员会制定的规范性文件。后者是民族自治地区的人民代表大会制定的规范性文件。第五个层次是政府规章，一般由国务院各部、委制定和发布，其效力低于教育行政法规。此外，省、自治区、直辖市及省、自治区人民政府所在地和经国务院批准的较大的市级人民政府的规章，也属于这一层次①。

① 杨桂清：《社会变迁中的教育法制——改革开放 30 年及教育法制建设回顾与展望》，《中国教育报》2008 年 11 月 22 日。

一、教育法规体系建设现状

新中国成立初期，国家机关依据具有临时宪法性质的《共同纲领》的基本指导思想与原则，根据当时教育发展的需要，制定了一批教育法规和具有教育法规性质的文件，这对接管和改造旧学校，贯彻面向工农兵的方针、学制的改革以及对促进教育事业的发展起到了重要作用。1954 年，新中国第一部宪法诞生，由此促进了教育法制建设工作的开展，比如，为规范各级学校管理、明确工作规程，1961 年教育部出台了《教育部直属高等学校暂行工作条例》《全日制中学暂行工作条例》《全日制小学暂行工作条例》。教育法制的建设，对建立社会主义教育制度，促进教育事业的快速发展起到了积极的作用。"'文化大革命'十年浩劫，法制遭到严重破坏，法律成为被批判的对象，教育成为重灾区，遭到严重破坏，教育管理陷于瘫痪，教育法制建设成果荡然无存。'文革'的教训证明：完善法制是国家稳定和持续发展的根本保障，没有法制，各项社会事业难以顺利发展，甚至会倒退。"①

党的十三届三中全会以来，党和国家高度重视社会主义法制建设，努力推进和完善社会主义法律法规体系。1982 年 12 月 4 日，第五届全国人民代表大会第五次会议通过的《中华人民共和国宪法》奠定了我国法制建设的基石。1997 年，党的十五大提出了"依法治国，建设社会主义法治国家"的奋斗目标，且在第九届全国人民代表大会第二次会议上，将这一基本方略写入我国宪法，这一举措标志着我国社会主义民主与法制建设进入了一个新的历史时期。20 世纪 90 年代以来，在社会主义市场经济不断完善和民主法制建设不断加强的新形势下，加快建立和完善社会主义教育法律法规体系成为一项紧迫任务。各级人大、政府，特别是全国人大和国务院，通过法定程序把发展我国教育事业的一系列重大方针、政策和决定、决策及时转变为体现国家统一意志、政府行政依据、社会言行准则的法律法规，充分反映了国家对教育战略地位的高度重视。1993 年，中共中央、国务院颁布的《中国教育改革和发展纲要》系统地提出了教育法制建设的目标和任务，明确要求"加快教育法制建设，逐步走上依法治教的轨道"。1999 年中共中央、国务院颁布的《关于深化教育改革全面推进素质教育的决定》进一步强调："全面推进素质教育，根本上要靠法治、靠制度保障"。

新中国成立以后，我国先后颁布的关于教育的法律主要有：《中华人民共

① 中华人民共和国教育部：《共和国教育 50 年》，北京：北京师范大学出版社，1999 年。

和国学位条例》《中华人民共和国义务教育法》《中华人民共和国教师法》《中华人民共和国教育法》《中华人民共和国职业教育法》《中华人民共和国高等教育法》《中华人民共和国国家通用语言文字法》《中华人民共和国民办教育促进法》等。另外，国务院先后制定了20多项教育行政法规，教育部制定了200多项部门规章，覆盖了教育方方面面的工作，使各项工作逐步走入制度化、规范化的轨道。各地出台的地方性教育法规，据统计已有200多项，其中不仅有执行国家教育法律的实施细则，还有如《义务教育投入条例》《校园校舍保护条例》等创制性的地方法规，这些法规为促进各地教育事业发展提供了有力的支持，也为国家的教育立法提供了有益的经验。

中国教育从无法可依到初步形成了有中国特色的社会主义教育法律法规体系，使教育的重大问题和教育工作的重要方面都有了法律的依据和保障，这是一个根本性的变化，是一个非常了不起的成就。

二、教育经费投入法规的渊源

教育经费投入法规的渊源指的是教育经费投入法规的来源、表现形式和组成部分。目前，我国尚没有出台专门的关于教育经费投入的法规，教育经费投入法规是由许多分散在其他法律文件中的关于教育经费投入的规定组成的，这些关于教育经费投入的法规内容为建立具有中国特色的社会主义教育经费投入法规体系奠定了良好的基础。改革开放后，我国关于教育经费投入的法规内容主要体现在以下不同时期关于教育的法律和重要文件中，它反映了教育经费投入法规根据社会、经济和教育发展变化不断变化和完善的过程。

（一）综合性教育投入法规制度

《关于教育体制改革的决定》首次提出了教育投入的“两个增长”

1985年5月27日，中共中央颁发的《关于教育体制改革的决定》明确提出“发展教育事业不增加投入是不行的。在今后一定时期内，中央和地方政府的教育拨款的增长要高于财政经常性收入的增长，并使按在校学生人数平均的教育费用逐步增长”，首次提出教育投入的“两个增长”。

《中国教育改革和发展纲要》和《〈中国教育改革和发展纲要〉的实施意见》首次作出关于教育经费的“一个体制”、“一个4%比例目标”和“三个增长”的规定

1993年2月13日，中共中央、国务院发布了《中国教育改革和发展纲要》。1994年7月，国务院出台了《〈中国教育改革和发展纲要〉的实施意见》。《中国教育改革和发展纲要》及《〈中国教育改革和发展纲要〉实施意见》提出：“要逐步建立以国家财政拨款为主，辅之以征收用于教育的税费、收取非义务教育阶段学生学杂费、校办产业收入、社会捐资集资和设立教育基金等多种渠道筹措教育经费的体制。通过立法，保证教育经费的稳定来源和增长。”并就筹措教育经费提出了以下主要措施：(1) 逐步提高国家财政性教育经费支出（包括各级财政对教育的拨款、城乡教育费附加、企业用于举办中小学的经费、校办产业减免税部分）占国民生产总值的比例，20 世纪末达到 4%。(2) 各级政府必须认真贯彻《中共中央关于教育体制改革的决定》所规定的“中央和地方政府教育拨款的增长要高于财政经常性收入的增长，并使按在校学生人数平均的教育费用逐步增长”的原则，切实保证教师工资和生均公用经费逐年有增长。(3) 进一步完善城乡教育费附加征收办法。(4) 提高非义务教育阶段学生学费标准，同时按不同情况确定义务教育阶段学校杂费收费标准。(5) 继续大力发展校办产业和社会服务，逐步建立支持教育改革和发展的服务体系，各级政府和有关部门要给予优惠政策。(6) 鼓励和提倡厂矿企业、事业单位、社会团体和个人根据自愿、量力原则捐资助学、集资办学，不计征税。(7) 运用金融、信贷手段，融通教育资金，支持校办产业、高新科技企业以及勤工俭学的发展，开办教育储蓄和贷学金等业务。

《中国教育改革和发展纲要》及《〈中国教育改革和发展纲要〉实施意见》首次明确提出“建立以国家财政拨款为主，多种渠道筹措教育经费的体制”（即“一个体制”）、“国家财政性教育经费支出占国民生产总值的比例 20 世纪末达到 4%”的目标（即“一个 4%比例目标”）、“中央和地方政府教育拨款的增长要高于财政经常性收入的增长，并使按在校学生人数平均的教育费用逐步增长”、“切实保证教师工资和生均公用经费逐年有增长”（即“三个增长”）。

《中华人民共和国教育法》系统地作出关于教育经费投入的“一个体制”“两个提高”“三个增长”以及征收教育费附加、鼓励集资办学和捐资助学的规定

1995 年 3 月 18 日，第八届全国人民代表大会第三次会议通过的《中华人民共和国教育法》对以前关于教育经费投入的法规政策进行总结概括，在第七章“教育投入与条件保障”中明确下来：“国家建立以财政拨款为主，其他多种渠道筹措教育经费为辅的体制，逐步增加对教育的投入，保证国家举办的学校教育经费的稳定来源。企业事业组织、社会团体及其他社会组织和个人依法举办的学校及其他教育机构，办学经费由举办者负责筹措，各级人民政府可以给予适当支持。”“国家财政性教育经费支出占国民生产总值的比例应当随着国民经济的发展和财政收入的增长逐步提高。具体比例和实施步骤由国务院规定。全国各级财政支出总额中教育经费所占比例应当随着国民经济的发展逐步提高。”

同时还规定：“国务院及县级以上各级人民政府应当设立教育专项资金，重点扶持边远贫困地区、少数民族地区实施义务教育。”“税务机关依法足额征收教育费附加，由教育行政部门统筹管理，主要用于实施义务教育。”“省、自治区、直辖市人民政府根据国务院的有关规定，可以决定开征用于教育的地方附加费，专款专用。农村乡统筹中的教育费附加，由乡人民政府组织收取，由县级人民政府教育行政主管部门代为管理或者由乡人民政府管理，用于本乡范围内乡、村两级教育事业。农村教育费附加在乡统筹中所占具体比例和具体管理办法，由省、自治区、直辖市人民政府规定。”“国家采取优惠措施，鼓励和扶持学校在不影响正常教育教学的前提下开展勤工俭学和社会服务，兴办校办产业。”“经县级人民政府批准，乡、民族乡、镇的人民政府根据自愿、量力的原则，可以在本行政区域内集资办学，用于实施义务教育学校的危房改造和修缮、新建校舍、不得挪作他用。”“国家鼓励境内、境外社会组织和个人捐资助学。”“国家财政性教育经费、社会组织和个人对教育的捐赠，必须用于教育，不得挪用、克扣。”“国家鼓励运用金融、信贷手段，支持教育事业的发展。”“各级人民政府及其教育行政部门应当加强对学校及其他教育机构教育经费的监督管理，提高教育投资效益。”

《中华人民共和国教育法》尽管不是一部关于教育经费投入的专门法律，但却是一部关于教育经费投入法规条款最系统、最全面、最详细的法律文本，其主要规定有：“一个体制”——国家建立以财政拨款为主，其他多种渠道筹措教育经费为辅的体制；“两个提高”——国家财政性教育经费支出占国民生产总值的比例应当随着国民经济的发展和财政收入的增长逐步提高；全国各级财政支出总额中教育经费所占比例应当随着国民经济的发展逐步提高；“三个增长”——各级人民政府教育财政拨款的增长应当高于财政经常性收入的增长，并使按在校学生人数平均的教育费用逐步增长，保证教师工资和学生人均公用经费逐步增长，以及作出征收教育费附加、鼓励集资办学和捐资助学的规定。《中华人民共和国教育法》中这些关于教育投入的规定成为后来制定各分类法规关于教育投入内容所必须遵循的基本原则。

《关于深化教育改革全面推进素质教育的决定》再次重申“4%的目标”，提出连续五年每年“提高1个百分点”要求，以及非义务教育阶段建立“成本分担机制”和“不断完善多渠道筹措教育经费的体制”

1999年6月13日，中共中央、国务院发布的《关于深化教育改革全面推进素质教育的决定》中指出：“努力采取有效措施，切实加大教育投入，逐步实现国家财政性教育经费支出占国民生产总值百分之四的目标。各级人民政府必须按照《中华人民共和国教育法》的规定，确保教育经费有较大增长。中央决定，自1998年起至2002年的5年中，提高中央本级财政支出中教育经费所占的比例，每年提高一个百分点。各省、自治区、直辖市人民政府也要根据本地实际，增加本级财政中教育经费的支出。要进一步依法加强城乡教育费附加的征收和管理，农村教育费附加实行乡征、县管、乡用，确保完全用于教育。”“进一步完善教育经费拨款办法，充分发挥教育拨款在宏观调控中的作用，不断提高教育经费的使用效益。政府的教育拨款主要用于保证普及义务教育和承担普通高等教育的大部分经费。地方各级人民政府要确保义务教育的资金投入并做到专款专用。在非义务教育阶段，要适当增加学费在培养成本中的比例，逐步建立符合社会主义市场经济体制以及政府公共财政体制的财政教育拨款政策和成本分担机制。加强教育经费的管理，严格禁止乱收费。认真组织实施教育储蓄、教育保险和助学贷款制度，完善奖学金制度。积极运用财政、金融和税收政策，继续鼓励社会、个人和企业投资办学和捐（集）资助学，不断完善多渠道筹措教育经费的体制。”这里再次重申“4%的目标”，首次提出了“在非义务教育阶段，要适当增加学费在培养成本中的比例，逐步建立符合社会主义市场经济体制以及政府公共财政体制的财政教育拨款政策和成本分担机制”和“不断完善多渠道筹措教育经费的体制”。

《国家中长期教育改革和发展规划纲要（2010—2020年）》提出健全以政府投入为主、多渠道筹集教育经费的体制，明确了实现教育经费的“三个增长”“一个4%目标”的具体要求

2010年7月出台的《国家中长期教育改革和发展规划纲要（2010—2020年）》对教育经费投入做了如下主要表述：“教育投入是支撑国家长远发展的基础性、战略性投资，是教育事业的物质基础，是公共财政的重要职能。要健全以政府投入为主、多渠道筹集教育经费的体制，大幅度增加教育投入。各级政府要优化财政支出结构，统筹各项收入，把教育作为财政支出重点领域予以优先保障。严格按照教育法律法规规定，年初预算和预算执行中的超收收入分配都要体现法定增长要求，保证教育财政拨款增长明显高于财政经常性收入增长，并使按在校学生人数平均的教育费用逐步增长，保证教师工资和学生人均公用经费逐步增长。按增值税、营业税、消费税的3%足额征收教育费附加，专项用于教育事业。提高国家财政性教育经费支出占国内生产总值比例，2012年达到4%。社会投入是教育投入的重要组成部分，充分调动全社会办教育积极性，扩大社会资源进入教育途径，多渠道增加教育投入。完善财政、税收、金融和土地等优惠政策，鼓励和引导社会力量捐资、出资办学。完善非义务教育培养成本分担机制，根据经济发展状况、培养成本和群众承受能力，调整学费标准。完善捐赠教育激励机制，落实个人教育公益性捐赠支出在所得税税前扣除规定。”“完善投入机制。进一步明确各级政府提供公共教育服务职责，完善各级教育经费投入机制，保障学校办学经费的稳定来源和增长。各地根据国家办学条件基本标准和教育教学基本需要，制定并逐步提高区域内各级学校学生人均经费基本标准和学生人均财政拨款基本标准。义务教育全面纳入财政保障范围，实行国务院和地方各级人民政府根据职责共同负担，省、自治区、直辖市人民政府负责统筹落实的投入体制。进一步完善中央财政和地方财政分项目、按比例分担的农村义务教育经费保障机制，提高保障水平。尽快化解农村义务教育学校债务。非义务教育实行以政府投入为主、受教育者合理分担、其他多种渠道筹措经费的投入机制。学前教育建立政府投入、社会举办者投入、家庭合理负担的投入机制。普通高中实行以财政投入为主，其他渠道筹措经费为辅的机制。中等职业教育实行政府、行业、企业及其他社会力量依法筹集经费的机制。高等教育实行以举办者投入为主，受教育者合理分担培养成本、学校设立基金接受社会捐赠等筹措经费的机制。进一步加大农村、边远贫困地区、民族地区教育投入。中央财政通过加大转移支付，支持农村欠发达地区和民族地区教育事业发展，加强关键领域和薄弱环节，解决突出问题。”

《国家中长期教育改革和发展规划纲要（2010—2020年）》根据新的形势发展需要，进一步明确了“要健全以政府投入为主、多渠道筹集教育经费的体制”，明确了各级政府提供公共教育服务职责和完善各级政府教育经费投入机制，提出了实现教育经费“三个增长”和“4%的目标”的具体要求等。

《关于深化教育体制机制改革的意见》提出政府教育支出占GDP比例“不低于4%”和两个“只增不减”的要求

2017年9月，中共中央办公厅、国务院办公厅印发《关于深化教育体制机制改革的意见》，改革明确我国深化教育体制机制改革的指导思想、基本原则和主要目标等，系统推进育人方式、办学模式、管理体制、保障机制改革。意见提出，要健全教育投入机制，强调要完善财政投入机制。合理划分教育领域财政事权和支出责任，明确支出责任分担方式，依法落实各级政府教育支出责任，健全各级教育预算拨款制度和投入机制，合理确定并适时提高相关拨款标准和投入水平，保证国家财政性教育经费支出占国内生产总值比例一般不低于4%，确保一般公共预算教育支出逐年只增不减，确保按在校学生人数平均的一般公共预算教育支出逐年只增不减。即提出政府教育支出“不低于4%”和两个“只增不减”。

《中国教育现代化2035》提出完善教育现代化投入支撑体制，强调“两个只增不减”和“一个不低于4%”

2019年2月，中共中央、国务院印发了《中国教育现代化2035》，提出了“两保证”“两确保”的教育现代化投入支撑体制：完善教育现代化投入支撑体制。健全保证财政教育投入持续稳定增长的长效机制，确保财政一般公共预算教育支出逐年只增不减，确保按在校学生人数平均的一般公共预算教育支出逐年只增不减，保证国家财政性教育经费支出占国内生产总值的比例一般不低于4%。依法落实各级政府教育支出责任，完善多渠道教育经费筹措体制，完善国家、社会和受教育者合理分担非义务教育培养成本的机制，支持和规范社会力量兴办教育。优化教育经费使用结构，全面实施绩效管理，建立健全全覆盖全过程全方位的教育经费监管体系，全面提高经费使用效益。

（二）学前教育投入法规制度

《关于学前教育深化改革规范发展的若干意见》明确提出“健全经费投入长效机制”

2018 年 11 月 7 日，中共中央、国务院印发《关于学前教育深化改革规范发展的若干意见》明确提出，“健全经费投入长效机制”，主要有三项措施：一是优化经费投入结构，逐步提高学前教育财政投入和支出水平，中央财政继续安排支持学前教育发展专项资金。二是健全学前教育成本分担机制。三是完善学前教育资助制度。意见指出，推进学前教育普及普惠安全优质发展，更好实现幼有所育。

（三）基础教育投入法规制度

《关于筹措农村学校办学经费的通知》提出“开辟多种渠道筹措农村学校办学经费”

1984 年 12 月 13 日，国务院发布的《关于筹措农村学校办学经费的通知》中指出：“开辟多种渠道筹措农村学校办学经费。除国家拨给的教育事业费外，乡人民政府可以征收教育事业费附加，并鼓励社会各方面和个人自愿投资在农村办学。这些经费，要实行专款专用，任何部门和单位不得挪用和平调。”这里提出了“多渠道筹措办学经费”的规定。

《中华人民共和国义务教育法》将义务教育经费投入“两个增长”写入其中

1986 年 4 月 12 日，第六届全国人民代表大会第四次会议通过的《中华人民共和国义务教育法》第十二条规定：“实施义务教育所需事业费和基本建设投资，由国务院和地方各级人民政府负责筹措，予以保证。国家用于义务教育的财政拨款的增长比例，应当高于财政经常性收入的增长比例，并使按在校学生人数平均的教育费用逐步增长。”这里明确了中央和地方人民政府承担筹措义务教育经费的责任，并首次将义务教育经费投入的“两个增长”写入教育法律中。

《国务院关于基础教育改革与发展的决定》提出了新的农村义务教育管理体制，明确了农村义务教育经费责任主体，提出完善并落实中小学助学金制度

2001 年 5 月 29 日，国务院发布的《关于基础教育改革与发展的决定》强调：“进一步完善农村义务教育管理体制。实行在国务院领导下，由地方政府负责、分级管理、以县为主的体制。……中央和省级人民政府要通过转移支付，加大对贫困地区和少数民族地区义务教育的扶持力度。省级和地（市）级人民政府要加强教育统筹规划，搞好组织协调，在安排对下级转移支付资金时要保证农村义务教育发展的需要。”“确保农村中小学教师工资发放是地方各级人民政府的责任。……在此基础上，为支持国家扶贫开发工作重点县等中西部困难地区建立农村中小学教师工资保障机制，中央财政将给予适当补助。”“合理安排农村中小学正常运转所需经费。由省级人民政府根据当地农村中小学实际公用经费支出情况，核定本地区该项经费的标准和定额。除从学校按规定收取的杂费中开支外，其余不足部分由县、乡两级人民政府予以安排。”“各级人民政府要完善并落实中小学助学金制度。从2001年开始，对贫困地区家庭经济困难的中小学生进行免费提供教科书制度的试点，在农村地区推广使用经济适用性教材。采取减免杂费、书本费、寄宿费等办法减轻家庭经济困难学生的负担。”这里提出了农村义务教育管理体制——实行在国务院领导下，由地方政府负责、分级管理、以县为主的体制；明确了经费责任主体——确保农村中小学教师工资发放是地方各级人民政府的责任；农村中小学正常运转所需经费由县、乡两级人民政府予以安排；提出“完善并落实中小学助学金制度”。

《国务院关于进一步加强农村教育工作的决定》再次确认了农村义务教育“以县为主”的管理体制

2003年，国务院出台了《国务院关于进一步加强农村教育工作的决定》再次确认了农村义务教育“以县为主”的管理体制。这种体制下各级政府义务教育投资责任如下：中央政府设置贫困地区专项补助、困难地区危房改造专项补助、贫困县教职工工资补助、助学金专项补助；省（自治区、直辖市）政府设置贫困县教职工工资补助。困难地区危房改造专项补助；市（州）政府设置贫困县教职工工资补助、农村中小学危房改造补助；县（市）政府统一发放教职工工资，统筹中小学公用经费，筹措新增校舍建设和危房改造资金，购置图书资料、教学仪器；乡（镇）负担部分公用经费，提供新建、扩建校舍所必需的土地。2005年12月国务院发布《关于深化农村义务教育经费保障机制改革的通知》，系统地提出了中央和地方分项目、按比例的教育转移支付机制，规定“经费省级统筹，管理以县为主”，规范了农村义务教育经费组织管理结构。

新修订的《中华人民共和国义务教育法》明确了国家建立义务教育经费财政保障机制，规定了义务教育经费的“三个增长”，提出实行“两免一补”制度和建立健全义务教育经费的审计监督和统计公告制度

2006年6月29日第十届全国人民代表大会常务委员会第二十二次会议修订的《中华人民共和国义务教育法》进一步明确了“实施义务教育，不收学费、杂费。国家建立义务教育经费保障机制，保证义务教育制度实施”。第六章“经费保障”规定：“国家将义务教育全面纳入财政保障范围，义务教育经费由国务院和地方各级人民政府依照本法规定予以保障。国务院和地方各级人民政府将义务教育经费纳入财政预算，按照教职工编制标准、工资标准和学校建设标准、学生人均公用经费标准等，及时足额拨付义务教育经费，确保学校的正常运转和校舍安全，确保教职工工资按照规定发放。国务院和地方各级人民政府用于实施义务教育财政拨款的增长比例应当高于财政经常性收入的增长比例，保证按照在校学生人数平均的义务教育费用逐步增长，保证教职工工资和学生人均公用经费逐步增长。”“学校的学生人均公用经费基本标准由国务院财政部门会同教育行政部门制定，并根据经济和社会发展状况适时调整。制定、调整学生人均公用经费基本标准，应当满足教育教学基本需要。省、自治区、直辖市人民政府可以根据本行政区域的实际情况，制定不低于国家标准的学校学生人均公用经费标准。特殊教育学校（班）学生人均公用经费标准应当高于普通学校学生人均公用经费标准。”“义务教育经费投入实行国务院和地方各级人民政府根据职责共同负担，省、自治区、直辖市人民政府负责统筹落实的体制。农村义务教育所需经费，由各级人民政府根据国务院的规定分项目、按比例分担。各级人民政府对家庭经济困难的适龄儿童、少年免费提供教科书并补助寄宿生生活费。义务教育经费保障的具体办法由国务院规定。”“地方各级人民政府在财政预算中将义务教育经费单列。县级人民政府编制预算，除向农村地区学校和薄弱学校倾斜外，应当均衡安排义务教育经费。”“国务院和省、自治区、直辖市人民政府规范财政转移支付制度，加大一般性转移支付规模和规范义务教育专项转移支付，支持和引导地方各级人民政府增加对义务教育的投入。地方各级人民政府确保将上级人民政府的义务教育转移支付资金按照规定用于义务教育。”“国务院和县级以上地方人民政府根据实际需要，设立专项资金，扶持农村地区、民族地区实施义务教育。”“国家鼓励社会组织和个人向义务教育捐赠，鼓励按照国家有关基金会管理的规定设立义务教育基金。”“义务教育经费严格按照预算规定用于义务教育，任何组织和个人不得侵占、挪用义务教育经费，不得向学校非法收取或者摊派费用。”“县级以上人民政府建立健全义务教育经费的审计监督和统计公告制度。”在第七章“法律责任”中还规定：“国务院有关部门和地方各级人民政府违反本法第六章的规定，未履行对义务教育经费保障职责的，由国务院或者上级地方人民政府责令限期改正；情节严重的，对直接负责的主管人员和其他直接责任人员依法给予行政处分。”

修订后的《中华人民共和国义务教育法》明确了国家实行免费义务教育，国家建立义务教育经费保障机制，将义务教育全面纳入财政保障范围，义务教育经费由国务院和地方各级人民政府依照本法规定予以保障，义务教育经费的投入实行国务院和地方各级人民政府根据职责共同负担，省、自治区、直辖市人民政府负责统筹落实的体制。还规定了义务教育经费的“三个增长”制度，实行“两免一补”制度，建立健全义务教育经费的审计监督和统计公告制度。

《关于进一步完善城乡义务教育经费保障机制的通知》提出“建立城乡统一、重在农村的义务教育经费保障机制”

2015年11月28日，国务院印发《关于进一步完善城乡义务教育经费保障机制的通知》，全面部署统筹城乡义务教育资源均衡配置，整合农村义务教育经费保障机制和城市义务教育奖补政策，建立城乡统一、重在农村的义务教育经费保障机制。新机制强调，统一城乡义务教育“两免一补”政策，统一城乡义务教育学校生均公用经费基准定额，巩固完善农村地区义务教育学校校舍安全保障长效机制，巩固落实城乡义务教育教师工资政策。力图通过补齐农村教育发展的短板，真正实现我国义务教育均衡化、高质量的发展。

（四）高等教育投入法规制度

《中华人民共和国高等教育法》作出了“国家建立以财政拨款为主、其他多种渠道筹措高等教育经费为辅的体制”和执行《中华人民共和国教育法》中关于教育经费的“三个增长”的规定

1998年8月29日，第九届全国人民代表大会常务委员会第四次会议通过的《中华人民共和国高等教育法》第七章“高等教育投入和条件保障”规定：“国家建立以财政拨款为主、其他多种渠道筹措高等教育经费为辅的体制，使高等教育事业的发展同经济、社会发展的水平相适应。国务院和省、自治区、直辖市人民政府依照教育法第五十五条的规定，保证国家举办的高等教育的经费逐步增长。国家鼓励企业事业组织、社会团体及其他社会组织和个人向高等教育投入。”“高等学校的举办者应当保证稳定的办学经费来源，不得抽回其投入的办学资金。”“国务院教育行政部门会同国务院其他有关部门根据在校学生年人均教育成本，规定高等学校年经费开支标准和筹措的基本原则；省、自治区、直辖市人民政府教育行政部门会同有关部门制订本行政区域内高等学校年经费开支标准和筹措办法，作为举办者和高等学校筹措办学经费的基本依据。”“国家对高等学校进口图书资料、教学科研设备以及校办产业实行优惠政策。高等学校所办产业或者转让知识产权以及其他科学技术成果所获得的收益，用于高等学校办学。”“高等学校收取的学费应当按照国家有关规定管理和使用，其他任何组织和个人不得挪用。”“高等学校应当依法建立、健全财务管理制度，合理使用、严格管理教育经费，提高教育投资效益。高等学校的财务活动应当依法接受监督。”

（五）职业教育投入法规制度

《中华人民共和国职业教育法》明确“国家鼓励通过多种渠道依法筹集发

展职业教育的资金"，"职业学校举办者应当按照学生人数平均经费标准足额拨付职业教育经费"

1996年5月15日，第八届全国人民代表大会常务委员会第十九次会议通过的《中华人民共和国职业教育法》第四章"职业教育的保障条件"中规定："国家鼓励通过多种渠道依法筹集发展职业教育的资金。""省、自治区、直辖市人民政府应当制定本地区职业学校学生人数平均经费标准，国务院有关部门应当会同国务院财政部门制定本部门职业学校学生人数平均经费标准。职业学校举办者应当按照学生人数平均经费标准足额拨付职业教育经费。各级人民政府、国务院有关部门用于举办职业学校和职业培训机构的财政性经费应当逐步增长。任何组织和个人不得挪用、克扣职业教育的经费。""企业应当承担对本单位的职工和准备录用的人员进行职业教育的费用，具体办法由国务院有关部门会同国务院财政部门或由省、自治区、直辖市人民政府依法规定。""省、自治区、直辖市人民政府按照教育法的有关规定决定开征的用于教育的地方附加费，可以专项或者安排一定比例用于职业教育。""国家鼓励金融机构运用信贷手段，扶持发展职业教育。""国家鼓励企业、事业组织、社会团体、其他社会组织及公民个人对职业教育捐资助学，鼓励境外的组织和个人对职业教育提供资助和捐赠。提供的资助和捐赠，必须用于教育事业。"

这里明确了"通过多种渠道依法筹集发展职业教育的资金"和"职业学校举办者应当按照学生人数平均经费标准足额拨付职业教育经费"。

（六）民办教育投入法规制度

《中华人民共和国民办教育促进法》与《中华人民共和国民办教育促进法实施条例》明确了民办学校的资产属性，规定了举办者享有法人财产权、出资人可以从办学结余中取得合理回报等

2002年12月28日，第九届全国人民代表大会常务委员会第三十一次会议通过了《中华人民共和国民办教育促进法》，2004年2月25日，国务院第41次常务会议通过了《中华人民共和国民办教育促进法实施条例》，《中华人民共和国民办教育促进法》与《中华人民共和国民办教育促进法实施条例》规定："国家鼓励捐资办学"，"民办学校的举办者可以用资金、实物、土地使用权、知识产权以及其他财产作为办学出资。国家的资助、向学生收取的费用和民办学校的借款、接受的捐赠财产，不属于民办学校举办者的出资"。"民办学校的举办者应当按时、足额履行出资义务。民办学校存续期间，举办者不得抽逃出资，不得挪用办学经费。民办学校的举办者不得向学生、学生家长筹集资金举办民办学校，不得向社会公开募集资金举办民办学校。""民办学校对举办者投入民办学校的资产、国有资产、受赠的财产以及办学积累，享有法人财产权。""民办学校存续期间，所有资产由民办学校依法管理和使用，任何组织和个人不得侵占。”“任何组织和个人都不得违反法律、法规向民办教育机构收取任何费用。”“出资人根据民办学校章程的规定要求取得合理回报的，可以在每个会计年度结束时，从民办学校的办学结余中按一定比例取得回报。”“民办学校在扣除办学成本、预留发展基金以及按照国家有关规定提取其他的必需的费用后，出资人可以从办学结余中取得合理回报。取得合理回报的具体办法由国务院规定。”

这里明确了民办学校的资产属性和归属，规定了举办者享有法人财产权、出资人可以从办学结余中取得合理回报等。

上述分散在不同时期的各个教育法规中的关于教育投入的规定，共同构成了我国教育投入的法规制度体系框架，在这些法规制度的制约与促进下，我国教育事业的发展具备了稳定的资金来源，为教育事业的发展作出了巨大贡献。

三、教育经费投入法规体系的基本内容

改革开放以来，我国有关教育财政投入的法规根据形势的发展不断修订和完善，归纳上述各个时期教育法规中关于教育投入的法律和规定，概括起来其基本内容主要有以下几方面：

（一）初步确立了教育经费筹措的基本体制

建立以政府投入为主，辅之以征收用于教育的税费、收取非义务教育阶段学生学杂费、校办产业收入、社会捐资集资和设立教育基金等多种渠道筹措教育经费的体制，大幅度增加教育投入。政府的教育拨款主要用于保证普及义务教育和承担普通高等教育的大部分经费。地方各级人民政府要确保义务教育的资金投入并做到专款专用。在非义务教育阶段，要根据经济发展状况、培养成本和群众承受能力，调整学费标准，逐步建立符合社会主义市场经济体制以及政府公共财政体制的财政教育拨款政策和成本分担机制。

（二）基本上明确了各类教育不同投资主体的责任

基本上明确了各级政府提供公共教育服务职责，完善各级教育经费投入机制，保障学校办学经费的稳定来源和增长。国家将义务教育全面纳入财政保障范围，义务教育经费由国务院和地方各级人民政府依照本法规定予以保障。义务教育经费投入实行国务院和地方各级人民政府根据职责共同负担，省、自治区、直辖市人民政府负责统筹落实的体制。国务院和地方各级人民政府将义务教育经费纳入财政预算，按照教职工编制标准、工资标准和学校建设标准、学生人均公用经费标准等，及时足额拨付义务教育经费，确保学校的正常运转和校舍安全，确保教职工工资按照规定发放。农村义务教育所需经费，由各级人民政府根据国务院的规定分项目、按比例分担。非义务教育实行以政府投入为

主、受教育者合理分担及其他多种渠道筹措经费的投入机制。学前教育建立了政府投入、社会举办者投入、家庭合理负担的投入机制。普通高中实行以财政投入为主，其他渠道筹措经费为辅的机制。中等职业教育实行政府、行业、企业及其他社会力量依法筹集经费的机制。高等教育实行以举办者投入为主，受教育者合理分担培养成本、学校设立基金接受社会捐赠等多渠道筹措经费的机制。

（三）规定了加大教育投入的目标和基本要求

1. 提出了“一个4%”目标

1993年2月13日，中共中央、国务院发布的《中国教育改革和发展纲要》提出了国家财政性教育经费支出占国民生产总值的比例20世纪末应达到4%的目标。虽然因多方面的原因这一目标在20世纪末未能实现，但由于这一目标的确立使教育经费在20世纪后期有较大幅度的增长。2010年7月出台的《国家中长期教育改革和发展规划纲要（2010—2020年）》再次提出提高“国家财政性教育经费支出占国内生产总值比例到2012年达到4%”的目标，这表明了政府重视教育、加大教育经费投入的决心。

2. 规定了“两个提高”

“两个提高”，即国家财政性教育经费支出占国民生产总值的比例应当随着国民经济的发展和财政收入的增长逐步提高，全国各级财政支出总额中教育经费所占比例应当随着国民经济的发展逐步提高。

3. 明确了“三个增长”

“三个增长”，即各级人民政府教育财政拨款的增长应当高于财政经常性收入的增长，并使按在校学生人数平均的教育费用逐步增长，保证教职工工资和学生人均公用经费逐步增长。

4. 强调了“两个只增不减”和“一个不低于4%”

完善教育现代化投入支撑体制。健全保证财政教育投入持续稳定增长的长效机制，确保财政一般公共预算教育支出逐年只增不减，确保按在校学生人数平均的一般公共预算教育支出逐年只增不减，保证国家财政性教育经费支出占国内生产总值的比例一般不低于4%。

上述目标和要求以法规形式确立，在我国教育史上具有划时代的意义，是我国在新形势下解决教育经费问题的一项重要突破，它既有利于确保教育改革发展目标的如期实现，又有利于确保教育经费的投入和财政投入主渠道作用的落实。这不仅进一步明确了教育经费投入财政主渠道的地位，而且也便于各级政府操作，有利于对教育经费投入情况的检查与监督。近些年来，我国财政教育支出一直遵守着“一个4%”“两个提高”“三个增长”“两个只增不减”的法律和规定，无论地方政府在教育支出方面的增幅如何，中央财政每年对于教育支出的增长幅度都高于有关政策的规定。在未来相当长的一段时期内，财政资金对教育的投入依然会保持较高水平的增长。

（四）明确了各种专项经费的管理和使用要求

国务院及县级以上各级人民政府应当设立教育专项资金，重点扶持边远贫困地区、少数民族地区实施义务教育。税务机关依法足额征收教育费附加，由教育行政部门统筹管理，主要用于实施义务教育。省、自治区、直辖市人民政府根据国务院的有关规定，可以决定开征用于教育的地方附加费，专款专用。农村乡统筹中的教育费附加，由乡人民政府组织收取，由县级人民政府教育行政主管部门代为管理或者由乡人民政府管理，用于本乡范围内乡、村两级教育事业。农村教育费附加在乡统筹中所占具体比例和具体管理办法，由省、自治区、直辖市人民政府规定。

（五）提倡和鼓励社会组织和个人投资办学、捐资助学

国家采取优惠措施，鼓励和扶持学校在不影响正常教育教学的前提下开展勤工俭学和社会服务，兴办校办产业。国家支持和鼓励社会组织和个人举办民办学校，发展教育事业，并给予优惠政策支持；国家鼓励境内、境外社会组织和个人捐资助学；国家财政性教育经费、社会组织和个人对教育的捐赠，必须用于教育，不得挪用、克扣。国家鼓励运用金融、信贷手段，支持教育事业的发展。

（六）建立了教育经费审计监督和统计公告制度

规定县级以上人民政府建立健全义务教育经费的审计监督和统计公告制度，国务院有关部门和地方各级人民政府违反有关规定，未履行对教育经费保障职责的，由国务院或者上级地方人民政府责令限期改正；情节严重的，对直接负责的主管人员和其他直接责任人员依法给予行政处分。

四、关于制定《教育投入法》的建议

教育经费是教育事业发展的物质保证，党和国家高度重视教育和教育投入，确立了实施科教兴国战略和人才强国战略，提出优先发展教育，增加教育投入。从1988年起，国家教育主管部门成立了专门的教育经费研讨小组，组织国内专家对主要发达国家教育经费立法做了专题研究，对教育投入立法问题提出了一系列理论框架，其中有的内容已经列入相关的教育法律法规，为教育投入立法打下了较好的基础。为了从法律上规定我国教育投入的最低保障线，形成财政性教育投入不断增加的有效机制，我国必须制定《教育投入法》，做

好教育投入立法工作，这需要国家的支持、社会的理解和每个公民的共同参与，在制定《教育投入法》中要注意以下几个主要问题：

（一）突出教育优先发展的战略地位，大幅度增加教育的投入

教育投入是支撑国家长远发展的基础性、战略性投资，是教育事业的物质基础，是公共财政的重要职能。《中华人民共和国教育法》明确规定："教育是社会主义现代化建设的基础，国家保障教育事业优先发展。""国家建立以财政拨款为主，其他多种渠道筹措教育经费为辅的体制，逐步增加对教育的投入，保证国家举办的学校教育经费的稳定来源。""国家财政性教育经费支出占国民生产总值的比例应当随着国民经济的发展和财政收入的增长逐步提高。具体比例和实施步骤由国务院规定。全国各级财政支出总额中教育经费所占比例应当随着国民经济的发展逐步提高。""各级人民政府教育财政拨款的增长应当高于财政经常性收入的增长，并使按在校学生人数平均的教育费用逐步增长，保证教师工资和学生人均公用经费逐步增长。"《中国教育现代化 2035》提出了完善教育现代化投入支撑体制。健全保证财政教育投入持续稳定增长的长效机制，确保财政一般公共预算教育支出逐年只增不减，确保按在校学生人数平均的一般公共预算教育支出逐年只增不减，保证国家财政性教育经费支出占国内生产总值的比例一般不低于 4%。在制定《教育投入法》时，要充分体现出国家"科教兴国战略和人才强国战略"，以及优先发展教育的重大方针，落实"一个 4%""两个提高""三个增长""两个只增不减"的法律和规定，大幅度增加教育的投入。

（二）确认教育投入进行法律调控的基本原则

借鉴国内外相关立法的成功经验，再结合我国的具体国情，在制定《教育投入法》时要坚持以下基本原则，即由教育举办者负责筹措教育经费的原则，教育成本公平承担的原则，按照不同类别的教育明确不同投资渠道的原则，以及财权与事权相统一的原则等。在目前的一些教育法律、法规中已有上述原则的反映，但仍显零散，且不成体系。在制定《教育投入法》时，应全面确认教育投资的基本原则，以利于全社会统一遵照执行。

（三）明确教育投入和使用管理各方的权利义务及其法律责任

教育投资法律关系所涉及的主体主要是举办者、管理者和办学者。举办者包括国家（主要是各级政府）、企业和个人，管理者即管理监督学校的教育行政机关，办学者即学校及从事教育活动的人员。在权利和义务的关系上，举办者负责统筹规划各级各类教育机构的设置，调整确定教育的大政方针，提供教育经费，保障办学的最基本条件；管理者根据国家法律和政策规定，主要负责制定教育经费的预算，并对经费的管理和使用的情况进行监督；办学者根据国

家的法律和政策规定，实施经费的使用。

（四）明确教育投入的体制与机制

要健全以政府投入为主、多渠道筹集教育经费的体制，明确各级政府提供公共教育服务职责，完善各级教育经费投入机制，保障学校办学经费的稳定来源和增长。义务教育经费投入实行国务院和地方各级人民政府根据职责共同负担，省、自治区、直辖市人民政府负责统筹落实的体制。非义务教育实行以政府投入为主、受教育者合理分担、其他多种渠道筹措经费的投入机制。学前教育建立政府投入、社会举办者投入、家庭合理负担的投入机制。普通高中实行以财政投入为主，其他渠道筹措经费为辅的投入机制。中等职业教育实行政府、行业、企业及其他社会力量依法筹集经费的投入机制。高等教育实行以举办者投入为主，受教育者合理分担培养成本，学校设立基金接受社会捐赠等筹措经费的投入机制。

（五）明确教育投入的强制性要求

明确各级政府教育投入的主体地位和要求，国家财政性教育经费支出占国民生产总值的比例应当随着国民经济的发展和财政收入的增长逐步提高，全国各级财政支出总额中教育经费所占比例应当随着国民经济的发展逐步提高。各级人民政府教育财政拨款的增长应当高于财政经常性收入的增长，并使按在校学生人数平均的教育费用逐步增长，保证教职工工资和学生人均公用经费逐步增长。规定开创教育服务的多种税种，以强制手段筹措教育经费。政府要代表社会支付教育经费，需要通过税收的形式向产业界和社会其他各界征集这笔费用，这些税收可以是专门用于教育的税项，也可以从其他税项中提取。如按增值税、营业税、消费税的一定比例征收教育费附加，专项用于教育事业，通过税收的形式将高消费的部分资金引向支持教育。完善非义务教育培养成本分担机制，根据经济发展状况、培养成本和群众承受能力，调整学费标准。

（六）明确社会和个人投资和捐资教育的优惠政策

制定教育投资和捐赠的激励政策和法律规范，以保护社会各界、个人投资和捐资教育的积极性。一是从法律上规定企业捐资助教的经费予以免税；二是对社会团体、个人举办的民办（私立）学校校舍基本建设减免税费项目；三是对个人捐资助教设立的教育基金，不计征税；四是对于有子女接受教育且生活条件相对困难的家庭给予减免个人所得税待遇等。

（七）要注重法律责任的具体化、规范化

在制定《教育投入法》时，要坚决贯彻“有法可依、有法必依、执法必严、违法必究”的原则，必须对法律责任具体化、规范化，增强可操作性。

首先，应该明确和落实《教育投入法》的各项法定职责。为了确保法律的实施，必须进行法定职责分解，将法律规定的职责落实到各级政府及其相关的职能部门，使各级政府及其相关职能部门，依法司职，各尽其责，保证教育投入。

其次，强化依法行政措施。各级政府要按照建设法治政府的要求，依法履行教育投入职责，落实教育投入行政执法责任制。要对那些教育投入法律规范所涉及的政府职能部门及其工作人员，进行教育投资的法律规范和职责教育，提高国家工作人员的法制意识和依法行政的自觉性。要建立和完善行政执法责任人制度等行政执法的措施和办法，使执法部门和执法人员权责分明，责任具体，以此保证教育投入法律法规的贯彻落实。

最后，严格落实问责制，加大行政处罚力度。要明确各级人大及其常委会对教育投入法律法规执行情况的监督检查以及司法机关的司法监督机制，建立和健全各级教育经费监测和评估机制，明确教育经费的审计监督制度。要在明晰教育法律责任的基础上，按照国家有关法律法规，细化教育行政处罚办法，增强其可操作性，加大处罚力度，确保《教育投入法》的有效执行。

第二节　我国的教育财政拨款制度

一、财政拨款的层次

（一）中央教育财政拨款

中央教育财政管理机构包括国家发展和改革委员会、财政部、教育部和国务院有关部委的教育司。

国家发展和改革委员会的主要职责是负责审定由教育部提出的，列入国家国民经济与社会发展规划中的教育事业发展规划的各项经费计划。

财政部的主要职责是负责筹措属于国家负担的教育经费，审核全国教育事业费的预决算，按照全国人大讨论通过的国家预算方案核拨国拨教育事业费。由财政部拨付的教育经费有四个流向，一是教育部，二是国务院有关部委，三是财政部所属学校，此外还有一些专项补助拨给各省区市财政厅。

教育部负责将教育经费拨付给教育部直接管理的高等学校及有关单位，并有一部分专项补助拨付给各省区市教委。

国务院有关部委的教育司负责将教育经费拨付给本部委直接管理的高等学校及其他教育机构，并有一部分专项补助拨付给各省区市相应厅局。

从拨款程序来说，教育部门举办和管理的高等、中等、初等教育，其经费由财政部门拨付给教育部门，再由教育部门拨付给所属学校。政府其他部门举办和管理的高等和中等教育，其经费由财政部门拨付给其所属学校。

（二）省区市教育财政拨款

省区市的教育财政管理机构也包括四个部分，即计委、财政厅、教育厅和其他厅局教育处。

省区市计委是负责将教育厅编制的地方教育事业发展规划中的教育经费投资计划列入本省区市的国民经济与社会发展规划。

财政厅负责按照本省区市人大通过的财政预算方案拨付教育事业费，也有四个流向，一是教育厅，二是财政厅所属学校，三是其他各厅局，以及一些专项补助拨给各地市州财政局。

省区市教育厅负责领拨、分配全省区市的教育经费。

其他各厅局教育处负责将教育经费拨付给本厅局所属的各级各类教育机构。

（三）地市州财政教育拨款

地市州计委负责将教育局编制的地方教育事业发展规划中的教育经费投资计划列入本地市州的国民经济与社会发展规划。财政局负责按照本地市州人大通过的财政预算方案，拨付教育事业费。地市州教育局负责领拨、分配本地市州的教育经费。地市州各局的教育科负责将教育经费拨付给本局所属的各级各类教育机构。

（四）县市教育财政拨款

县市计委、财政局、教育局以及县市其他有关局，在县市财政教育拨款的权限和职责划分与省区市及地市州各部门的权限和职责基本相似。

（五）乡镇教育拨款

乡镇财政所将财政教育拨款拨付给乡镇教育组，再由乡镇教育组将经费拨付给乡镇所办学校。也有些地区是由乡镇教育组管理办学经费，乡镇所属学校没有财务权。

二、高校预算拨款模式

财政预算是国家综合职能的重要组成部分，财政预算体制是国家政治体制的一个重要方面，是政府正常运转的重要保障，其核心是财政预算权力在国家立法机关与国家行政机关之间的横向划分与制衡，以及财政预算收支范围与预算管理权限在各级政府之间的划分。

新中国成立至今，我国高校预算拨款模式经历了“基数加发展”、“综合定额加专项补助”和“基本支出预算加项目支出预算”三个阶段。

（一）“基数＋发展”的财政教育拨款模式（1955—1985）

新中国成立之初，由于整个预算体制尚不健全，高等学校预算的核拨方式和标准比较粗放，无成型的方法。从1955年起到1985年，我国高等教育财政拨款模式采用的是“基数＋发展”的增量模式。“基数＋发展”的模式，就是财政部门和学校主管部门根据学校的规模及各种日常经费开支的需要，核定一个拨款基数；此后各财政年度的经费开支预算即在上年度经费基数上，再根据财力状况增加本年度的发展经费，定额定员是该模式经费拨付的基础。1955年8月29日，文化部、高教部、教育部、卫生部、财政部联合发布的《关于加强文教卫生事业定员定额的制订工作的联合通知》指出：“所谓定员定额，就是按事业机构规模的大小或事业的需要合理地确定其各种人员编制、房屋和设备标准、行政和业务费用开支额度，器材的储备量。”由此可见，定员定额核算教育经费的方法，就是以各种定额标准分别乘以相应的定员数目再加总，其和便是应拨付的经费总额。在此基础上，进一步核定高校拨款时，主要以“基数＋发展”方式来分配经费，即当年各校的经费分配额以其前一年所得份额为基础，考虑当年事业发展与变化的情况而确定。

“基数＋发展”的拨款模式计算公式如下：

$$Y = A - B + \sum_{i=1}^{n} C_i X_i$$

式中：Y：预算拨款数

A：基期（上一年）实际拨款

B：基期不合理拨款因素或应剔除因素

C_i：预算期增加项目

X_i：预算期各增加项目的增长标准

“基数＋发展”拨款模式是一种渐进式的经费分配方法，对政府是一种相对硬化的刚性预算，有利于保证高校经费拨款的基本增长，这种拨款模式简明、易行，能简化决策程序，易于配合政府对高校的集中化财政管理，符合当时我国高校数量少、资源分布集中的特点。但由于它是以历史的支出结果为基础，在制订预算时，决策机构所遵循的关于各高校经费需求的唯一真实指标是它们在前一年花了多少钱，并不是基于合理的成本分析之上，其结果是成本是收入的函数，单位成本越高的学校，获得的经费越多。在这种拨款模式下，高校办学不可能以追求效率为己任，必然导致高校追求成本最大化，这样不利于学校控制成本和提高经费的使用效益。另外，由于基数的确定主观性极大，因此，在基数的确定过程中，一些高校对拨款决策部门的影响往往起相当大的作用，这就导致出现资源分配的透明度和公正性方面的问题。从这一角度来说，“基数＋发展”的拨款模式实质上是一种协商拨款，最终导致资源配置及使用的低效率，甚至使本已相当严重的资源缺口进一步扩大。

（二）“综合定额＋专项补助”财政教育拨款模式（1986—2002）

1986年，国家教委、财政部联合颁发了《高等学校财务管理改革实施办法》，确定了“高校年度教育事业费预算，由主管部门按照不同科类、不同层次学生的需要和学校所在地区的不同情况，结合国家财力的可能，按综合定额加专项补助的办法进行核定”，从而把“基数＋发展”拨款模式改为“综合定额＋专项补助”模式，并执行“包干使用，超支不补，节余留用”的原则。

在“综合定额＋专项补助”拨款模式下，高校拨款主要由两部分组成，一部分是综合定额。所谓“综合定额”是基于“定员定额”的管理学原理，政府有关部门按每生教育经费的定额标准拨款，即按不同层次、不同类型、不同地区生均经费的定额标准拨款。“综合定额”是指财政部门或高校主管部门，按照不同科类、不同层次学生的需要，对每位学生的教育经费制定不同的定额标准，高校根据自身学科专业设置与学生规模，计算确定“综合定额”部分的经费数额。综合定额包括教职工工资、补助工资、职工福利费、学生奖学金（人民助学金）、公务费、业务费、设备购置费、修缮费，其他费用和差额补助费等。“综合定额”主要是通过政策参数（主要是在校生数）乘以生均拨款定额标准得出，其简单计算公式为：某类学生的年度综合定额＝某类学生年度平均在校生数×生均定额标准。另一部分是专项补助。这是对“综合定额”的补充，是由财政部门和教育部门根据国家的政策导向和学校的特殊需要单独核定下达的。它主要包括新建学科和重点学科经费、专业和实验室建设经费、中长期师资队伍培训经费、后勤保障专项经费、专业设备补助费、长期外籍专家经费、离退休人员经费、世界银行贷款设备维护费以及特殊项目补助等。

“综合定额加专项补助”的拨款公式为：

$$Y = \sum_{i=1}^{n} A_i X_i + \sum_{i=1}^{n} B_i$$

式中：Y：拨款总额

A_i：拨款项目，如各类学生人数、教职工人数、离退休人数、外籍专家人数等

X_i：相关拨款项目的拨款定额标准

B_i：各类专项补助

“综合定额＋专项补助”拨款模式与“基数＋发展”模式相比，在一定程度上减少了行政随意性与不公平性。其经费拨款的多少取决于三个基本因素，第一个因素是各类在校人员人数。如学生人数、离退休人员人数、外籍专家人数等，其中影响最大的是学生人数。这个因素有利于各学校挖掘潜力，扩大招生规模，在鼓励学校提高办学规模效益方面有一定作用，顺应了我国高等教育

大众化发展的趋势。但由于该模式简单地把在校生数作为唯一的政策参数，没有反映出高校的实际成本，也未能反映出高校之间的差别，势必会刺激高校盲目扩大招生规模以及追求学生层次（如硕士、博士）的提高，高校规模的盲目扩大会直接导致负债的急剧增加，收付实现制的高等学校会计制度，恰恰掩盖了此项危机。第二个因素是拨款定额标准。制定这个标准的依据是高校上一年的生均成本，对各校同层次、同专业按同一标准拨款，在透明度和公正性方面都有所进步，在一定程度上扩大了各高校使用经费的自主权，但是由于它以已有的历史支出情况和学校规模作为依据来确定高校教育经费的需求量，在量化的拨款公式中没有引入绩效指标，不利于激励各高校间的积极竞争，不利于高校办学效益的提高、办学特色的形成和创新的产生。第三个因素是专项补助。这是一个比较灵活的部分，主要是根据学校的特殊需要给予的专项资金，如对维修、改造、教学设备等进行补助。由于各校均有自己的困难，又没有统一的拨付标准，在实际工作中难免出现拨款的主观性，导致各高校均想办法争专项的局面出现。另外，国家的“专项补助”几乎被中央高校所垄断，对高等教育资源配置的公平性产生消极影响。

（三）“基本支出＋项目支出”的财政教育拨款模式（2002—2012）

随着我国财政管理体制分权化的进一步深入，从2002年开始，实施部门预算，财政部对中央部门的预算核定方式为：基本支出预算和项目支出预算。财政部对中央部门的预算核定方式改变后，高等学校拨款模式的改革毫无疑问的应与财政预算改革衔接一致，改革的方向是“基本支出预算＋项目支出预算”，基本支出预算主要解决学校正常运转、完成日常工作任务所需的经费；项目支出预算主要是解决学校的大型修缮和某些专项业务活动而发生的支出。2008年，财政部、教育部进一步建立了以“生均综合定额＋专项资金”为主体的中央高校预算拨款制度。

基本支出预算。基本支出预算按定员定额管理，主要是为保障学校正常运转、完成学校日常工作任务，用于人员经费支出和日常公用经费支出的生均综合定额拨款。生均综合定额拨款标准按照“人员经费基本持平、公用经费体现差异”的基本原则制定。本科教育生均综合定额按12大类学科设置设定不同档次的学科折算系数，对不同专业确定不同的经费定额标准，体现不同专业办学成本的差异，另对部分特殊专业和小规模特殊学校进行拨款倾斜；研究生教育生均综合定额按硕士、博士分别设定统一的拨款标准，但暂未考虑学科和学校差异。

项目支出预算。项目支出预算是中央财政为完成其特定工作任务或事业发展目标拨付的专项资金。专项资金根据国家经济社会发展战略、高等教育事业发展需要和财力情况相应设立。如“211工程”专项经费、“985工程”专项经费、中央高校改善基本办学条件专项经费、捐赠配比专项经费、国家奖助学金、国家励志奖学金、留学生经费、本科教学工程专项经费、中央高校基本科研业务费、基础学科拔尖创新人才专项经费等。

“基本支出＋项目支出”预算拨款模式的优势在于，突出了“生均经费拨款”在整个办学经费中的重要地位，提高了经费拨款的透明度，实现了高校拨款与政府高等教育政策目标的紧密联系，又在一定程度上扩大了各高校使用经费的自主权，这种以政府财政为主导的投入成为我国高等教育快速发展最重要的基础和保障。这种拨款模式的不足在于，它主要以学生人数作为拨款政策参数，没有准确地反映实际办学成本的变化规律和学校不同功能活动的运行成本的差异，与学校实际成本状况并不十分一致。按平均成本而不是边际成本配置资源，有可能引导高校盲目扩大招生规模和提高办学层次，不利于提高办学效益。项目支出项下的改善基本办学条件专项，虽然考虑是否是小规模特色办学因素，但总体是以办学规模论拨款额，这种模式容易引导高校热衷于扩规模、建房子、购设备，使扩招扩校的高校获取更多专项支持，进一步拉大高校之间专项经费拨款额的差距。

（四）“基本支出预算＋项目支出预算＋绩效支出预算”的财政教育拨款模式（2013 年至今）

早在 2008 年，财政部、教育部就印发了《关于完善中央高校预算拨款制度的通知》，提出“中央高校预算拨款制度改革的总体思路是：增加绩效拨款，构建激励机制”。“建立与公共财政相适应、科学规范的高校绩效评价体系，引入以绩效为导向的资源配置方式。”2012 年 6 月 14 日，教育部印发的《国家教育事业发展第十二个五年规划》强调：“完善高等学校财政支出绩效评价体系，构建以绩效为导向的资源配置机制。”2015 年 11 月 17 日，财政部、教育部印发的《关于改革完善中央高校预算拨款制度的通知》指出：“改进资金分配和管理方式，突出公平公正，强化政策和绩效导向，增强中央高校按照规定统筹安排使用资金的能力，促进中央高校内涵式发展，着力提高办学质量和水平。”2017 年 9 月，中共中央办公厅、国务院办公厅印发的《关于深化教育体制机制改革的意见》指出：“要健全教育投入机制。强调要完善财政投入机制。健全各级教育预算拨款制度和投入机制。”为规范和加强中央高校管理改革等绩效拨款使用管理，引导中央高校深化改革和强化管理，2017 年 1 月 11 日，财政部、教育部关于印发《中央高校管理改革等绩效拨款管理办法》强调，中央高校管理改革绩效拨款是根据中央高校管理改革相关情况安排的综合性补助资金，由中央高校按照规定统筹安排使用。“绩效拨款由财政部会同教育部等主管部门采用因素法分配，分配因素主要包括预算执行等管理情况、学生资助工作开展情况、科研等获奖情况等。财政部会同教育部等主管部门根据中央高校管理改革工作进展等实际，适时完善相关分配因素。”2018 年 8 月 17 日，《国务院办公厅关于进一步调整优化结构提高教育经费使用效益的意见》指出：“全面提高使用绩效。各级教育部门和学校要牢固树立‘花钱必问效、无效必问责’的理念，逐步将绩效管理范围覆盖所有财政教育资金，并深度融入预算编制、执行、监督全过程，完善细化可操作可检查的绩效管理措施办法，建立健全体现教育行业特点的绩效管理体系。”2018 年 9 月 1 日，国务院发布了《中共中央国务院关于全面实施预算绩效管理的意见》，要求构建全方位预算绩效管理格局、建立全过程预算绩效管理链条、完善全覆盖预算绩效管理体系、健全预算绩效管理制度、硬化预算绩效管理约束。2019 年 12 月 10 日，《教育部关于全面实施预算绩效管理的意见》强调“到 2020 年底，基本建成覆盖部门预算和转移支付的全面预算绩效管理制度体系”。2019 年 2 月，中共中央、国务院印发了《中国教育现代化 2035》提出，优化教育经费使用结构，全面实施绩效管理，建立健全全覆盖全过程全方位的教育经费监管体系，全面提高经费使用效益。

近些年，财政部和教育部积极探索中央直属高校拨款模式改革。2014 年《教育部财务司 2014 年教育财务工作要点》就提出：“改革和完善高等教育投入政策。完善促进中央高校内涵发展的绩效拨款制度。”改革后的教育部对中央直属高校拨款模式是在原有的“基本支出预算＋项目支出预算”的“项目支出预算”基础上派生出“绩效支出预算”，即采取“基本支出预算＋项目支出预算＋绩效支出预算”模式。基本支出预算维持学校正常运转，项目支出预算支持学校提高性项目的开展，绩效支出预算属于奖励性的，其目的是促进学校办学水平的提升。

此模式的优点：将保障高校办学的基本经费和绩效提高专项经费分开，一方面基本经费是高校办学的根本保障，是高校各项教学活动正常运行的基石，加大基本教育经费的比例，减少专项拨款，既有利于扩大高校办学自主权和经费使用自主权，又可以提升高校财政拨款的透明度。比如 2015 年，在“双一流”建设的项目经费申请中引入了市场机制。政府运用“竞争化”的运作手段，与宏观政策导向相结合，来进行资源配置。另一方面建立绩效拨款模式，将高校办学成果纳入考核范围，将拨款与评价结果挂钩。使用绩效评价体系对拨款数额进行衡量，适当加大对办学质量较好的高校的拨款力度，有利于提高资金使用效益，促进办学质量的提高。

此模式的不足：一方面，由于目前还没有建立完善的与高校绩效拨款相适应的高等教育评估体系，缺乏必要的考核评价标准，高校目前绩效评价只限于“项目支出”，未拓展到“基本支出”，因此，其绩效拨款不可能实现政府利用拨款对高校办学进行引导和监督的多重政策目标管理的目的。另一方面，目前虽然实行了项目绩效预算，但还只是在局部项目中实施，没有真正建立起完整、系统、科学的教育投入与高校绩效紧密结合的拨款体系，目前的绩效拨款制度所起的激励作用仍十分有限，还没有发展到真正意义的项目绩效预算阶段。

第三节 深化教育投入改革的建议

2019 年 2 月 23 日，中共中央、国务院印发了《中国教育现代化 2035》强调：完善教育现代化投入支撑体制。健全保证财政教育投入持续稳定增长的长效机制，确保财政一般公共预算教育支出逐年只增不减，确保按在校学生人数平均的一般公共预算教育支出逐年只增不减，保证国家财政性教育经费支出占国内生产总值的比例一般不低于 4%。依法落实各级政府教育支出责任，完善多渠道教育经费筹措体制，完善国家、社会和受教育者合理分担非义务教育培养成本的机制，支持和规范社会力量兴办教育。优化教育经费使用结构，全面实施绩效管理，建立健全全覆盖全过程全方位的教育经费监管体系，全面提高经费使用效益。为实现上述目标，我们必须进一步解放思想、深化教育改革，克服障碍，通过教育投入体制、机制和制度创新，正确地处理好各方面的关系，走出一条具有中国特色的教育投入改革之路。

一、构建公共财政体制下的教育财政体制

从 1998 年开始，我国财政体制改革的目标模式已经确定，建立基于社会主义市场经济体制的公共财政体制。公共财政的基本特征是以弥补市场失灵、满足社会公共需要为口径界定财政职能，以此为基础构建政府财政收支体系。具体表现为以下两个方面：一是以市场机制缺陷为基础确定政府在市场经济的活动范围，凡是市场能有效作用的领域，政府财政不涉足其中；凡是市场不能有效作用的领域，政府财政必须发挥作用。按照这一原则，政府财政职能主要有提供公共服务与公共管理、调节收入分配、稳定经济运行三项。二是政府财政行为的法制化、规范化。市场经济是法制经济，政府要依法行政。财政收支活动是履行政府职能的核心，关系到全体公众的利益，必须以法律为依据，保证决策的民主化和运行的规范化。公共财政体制建设的核心内容是财政决策的民主化、地区财力的均衡化和政府支出的公共服务化。

教育投入是支撑国家长远发展的基础性、战略性投资，是教育事业的物质基础，对教育的投入既有近期的经济和社会意义，更有长期的经济和社会意义的投资行为。公共财政的基本原则，就是政府对社会公益性事业进行财政支持，其水平随着综合国力和财政能力的增强而不断提高。依据我国的宪法和教

育法律，教育的基本属性是社会公益性事业，必然是公共财政的主要支出领域。在建设公共财政体制的进程中，教育财政体制的建设是其中的重要内容。建立在公共财政基础上的教育财政体制，是由政府主导但又利用市场机制配置教育资源的体制。考察公共财政体制建设的内容和国际经验，可以归纳出公共教育财政体制的基本特征：教育财政责任和行为的法制化、办学主体和资金来源的多元化、教育财政目标的公平化、教育财政决策的民主化。公共教育财政体制建设的具体内容体现在：建立和完善公共教育经费保障制度，实行免费义务教育并进一步推进义务教育均衡发展，完善多元办学体制，进一步完善非义务教育成本分担制度，完善义务和非义务教育阶段学生资助制度，探索建立扶持继续教育发展的制度，建立公平、透明的公共教育经费分配制度①。我们要切实落实教育优先发展的战略地位，把增加财政性教育投入作为建设公共财政体制的重点，构建起与社会主义市场经济体制相适应的、满足公共教育需求的、稳定和可持续增长的教育财政体制和机制。我国公共教育财务的目标是建立一个"以稳定增长的财政投入为基础，以更加完善合理的多元化筹资体制为支撑，重点选择政府投入范围，采取高效的政府投入措施，发挥社会力量办学的积极性，注重经济和法律的调控手段，鼓励学校竞争"的具有高效性、公平性和给予受教育者更多选择的公共教育财务。

二、明确中央和地方各级政府间的教育财政责任分工

建立公共财政体制，关键是要强化政府公共服务职责，要明确政府在公共服务中的定位与责任，建立健全各级政府在公共服务中的职责体系。当前的重点是从纵向上明确中央与地方各级政府的公共服务供给分工与责权，从横向上整合部门职能，强化公共服务部门建设，努力形成适合服务型政府建设要求的政府组织构架。建立以基本公共服务为导向的公共财政体制，是实现基本公共服务均等化的必要前提。按照中央财政和地方财政分权的规范，中央财政的事权范围是"全国性事务"或受益范围遍及全国的公共物品的提供，地方政府的事权范围是"地方性事务"或受益范围在某一区域内的公共物品的提供。在财政体制和教育管理体制改革日益深化的趋势下，与分级财政体制相适应，在深化我国各级政府的教育公共投资体制方面，应重新划分各级政府的教育事权和教育投资责任，必须继续完善"中央与地方两级管理、分工负责、以地方管理为主"的体制，实现重心进一步下移，强化地方政府管理教育的范围和力度，

① 参见王善迈，曹夕多：《重构我国公共财政体制下的义务教育财政体制》，《北京大学教育评论》2005年第10期。

负担教育公共经费的主要任务。进一步加大中央和省级政府在教育发展中公共投入比例，从而形成中央、省、市、县对教育财政投资的合理分担机制。

（一）各级政府的教育财政责任分工

合理划分教育领域财政事权和支出责任，明确支出责任分担方式，依法落实各级政府教育支出责任。《国务院关于推进中央与地方财政事权和支出责任划分改革的指导意见》提出："要逐步将义务教育、高等教育、科技研发、公共文化、基本养老保险、基本医疗和公共卫生、城乡居民基本医疗保险、就业、粮食安全、跨省（区、市）重大基础设施项目建设和环境保护与治理等体现中央战略意图、跨省（区、市）且具有地域管理信息优势的基本公共服务确定为中央与地方共同财政事权，并明确各承担主体的职责。"根据这一改革精神，按照保证我国教育事业快速、持续发展的需要，各级政府的教育财政责任可以按以下原则分工：

1. 中央政府的主要责任

在保证效率的基础上维护全国范围内的教育公平，在大力支持义务教育(特别是农村义务教育)、积极发展职业教育和提高高等教育质量方面，尤其是完善高等教育学生的资助体系方面，提供强有力的政策支持和资金保障。中央政府为基础教育提供转移支付资金，为高等教育学生的资助体系提供资金，为支持高等教育中基础知识和原创知识的创造活动提供资金。

2. 省级政府的主要责任

按照中央政府的政策，将财政资金安排在实施素质教育，深化教育体制改革，加快教育结构调整，促进各级各类教育协调发展等方面。省级政府的责任是为平衡省内各地区之间的基础教育投入提供资金支持，为保障高等教育机会的扩大和均等给予资金支持，在财政管理上为省内的教育发展创造良好的经济条件和法律环境。

3. 县级政府的主要责任

承担统管基础教育经费的责任，保证全县之内基础教育的基础服务。尤其是对义务教育，政府必须尽到自己的责任，特别是要加大财政对农村教育的投入，巩固义务教育成果，保障农村人口的基本受教育权利。

（二）中央与地方政府在不同教育阶段各自承担的主要责任

1. 高等本科教育由中央和省两级管理，以省为主的管理体制

高等教育具有很强的地方性事务特征，它的受益范围也主要在特定区域范围，在此前提下，地方政府负责本地区高校的财政责任具有相对合理性。中国目前进行的高等教育管理体制"以省级政府为主"的改革其实就是对高等教育

事务“地方性”的确认。在这一改革趋势下，中央财政和地方财政的事权范围也需要重新认定。需要指出的是，尽管高等教育主要是地方性事务，但仍有一些事务超出了地方性事务的范围，如地区差异的协调、高等教育的公平保障等，应视作“全国性事务”，由中央政府承担。即中央政府和地方政府的高等教育财政责任的划分不应当根据学校的行政隶属关系来划分，而应当根据具体的高等教育事务的特征来划分，属于地方性事务的由地方财政承担，属于全国性事务或地方不便履行的事务则由中央财政承担。

2. 高中阶段教育以中央、省、地（市）三级管理，以地（市）为主的管理体制；义务教育以中央、省、地（市）、县四级管理，以县为主的分级管理体制，在投入上根据各地经济发展水平实施差别责任制

义务教育的基本特征为强制和免费。所谓强制，是指适龄儿童和少年的父母或其他监护人要保证其按时入学，并按要求完成义务教育。所谓免费，指对接受义务教育的学生免收学费，其费用应全部由政府财政提供。强制以免费为前提，否则低收入家庭子女会因支付不起学费而不能接受和完成义务教育。我国义务教育的目标应保证每个适龄儿童和少年都能免费接受并完成义务教育而不受地域、城乡、性别、民族、经济背景、阶层等各种条件的限制。据联合国教科文组织统计，目前全世界有170多个国家宣布实施义务教育制度。尽管各国的义务教育制度不尽相同，但近几十年总体发展趋势是义务教育年限逐渐延长，免费范围逐渐扩大。不同国家义务教育免费的范围有所不同，有的免收学费和免费提供教科书，有的除了上述免费项目外，还会不同程度地提供免费午餐、交通和住宿等补助，有的国家还提供免费的医疗，甚至对贫困家庭发放子女上学的月补贴。一般来说，义务教育免费范围的大小和年限的长短与一个国家的经济发展水平有很大的关系，但有时也取决于民族传统、政府对教育的重视程度以及政治因素等。

《中华人民共和国义务教育法》明确规定：“实施义务教育，不收学费、杂费”，即实行免费的义务教育。“义务教育实行国务院领导，省、自治区、直辖市人民政府统筹规划实施，县级人民政府为主管理的体制。”这一体制突出了两个特点：一是强调了省级政府的统筹作用，二是明确了管理以县为主。根据我国地区经济发展极不均衡和初等教育实行义务制普及的特征，同时结合国际上普及初等义务教育的经验，对初等教育的投资，应在充分重视和发挥地方政府和社会各界对初等教育进行投资的前提下，适当扩大中央、省级政府对初等教育的投资与管理，以便能通过上级政府对地方政府和中小学校教育的投资资助和协调，较好地实现各地区初等教育的均衡发展，从而加快我国初等教育在全国范围内的普及进度。现行农村义务教育的财政体制将农村义务教育投资的责任过分集中在县，远远超过了中、西部地区县级政府的实际财政能力，无法保证义务教育“一个也不能少”目标的实现。对此，国家应对教育经费作出统筹安排，建设起公平合理的教育拨款体系：加大中央和省级财政对农村义务教育的支持力度，提高基础教育的投入比例，进一步落实九年制义务教育，确保基础教育的均衡发展，确保每一个孩子都能接受基本的教育。对于农村基础教育的投入责任主体，建议针对我国的具体国情和县域经济现存的差异，其投入主体应当根据各地经济发展水平而定，实施差别责任制，即在经济条件较好的东部和东南沿海地区，实施以县为主的财政投入体制；在经济条件一般的中部地区，实施省市县共同负担的投入体制；在经济条件较差的西部和广大贫困地区，实施以省市级政府为投入主体，国家负担一部分经常性的专项财政拨款，县级政府起财政辅助作用的投入体制。

3. **非义务的职业教育、成人教育以及其他各种社会教育，实行以市场调节为主、政府管理为辅的体制**

在非义务的职业教育、成人教育以及其他各种社会教育领域，应注意发挥企业单位、私人和社会力量投资办学的积极性，甚至完全可以交给社会来投资和管理，使其能面向市场，并主要根据社会需要和市场机制的作用来决定其投资水平、发展规模与发展方向。职业教育要以市场调节为主、政府管理为辅，政府主要扶持办好极少数示范性职业学校。对其他职业学校实行宏观调控和管理，让其在市场竞争中得到发展。与此同时，政府应逐步退出这一教育的投资和管理领域，但可以根据需要对这一教育领域提供一定的投资资助和补贴。

三、制定明确的财政性教育经费投入的目标要求和保障措施

教育是重要的公益事业，举办教育是政府义不容辞的责任，我国坚持优先发展教育战略的政治承诺还需要进一步加大财政对教育的投入力度，进一步优化教育投入结构，国家应完善机制、措施，推动各级政府以更大的决心、更多的财力支持教育事业。

（一）在财政的教育投入力度方面

在不断提高教育投入占财政支出比重的基础上，应建立教育投入的稳定增长机制。经济社会发展规划要优先安排教育发展，财政资金要优先保障教育投入，公共资源要优先满足教育和人力资源开发需要，进一步调整财政支出结构，将教育列为公共财政支出的重点领域。为确保政府投入责任到位，各级政府要按照《中华人民共和国教育法》的规定，依法落实教育经费投入的“三个增长”，即政府教育财政拨款的增长应当高于财政经常性收入的增长，并使按在校学生人数平均的教育费用逐步增长，保证教职工工资和学生人均公用经费逐步增长。按照 2019 年 2 月，中共中央、国务院印发的《中国教育现代化

2035》完善教育现代化投入支撑体制的要求，健全保证财政教育投入持续稳定增长的长效机制，确保财政一般公共预算教育支出逐年只增不减，确保按在校学生人数平均的一般公共预算教育支出逐年只增不减，保证国家财政性教育经费支出占国内生产总值的比例一般不低于4%。

一是要健全财政教育投入持续稳定增长的长效机制。保证国家财政性教育经费支出占国内生产总值的比例一般不低于4%。健全中小学教师工资长效联动机制，确保中小学教师平均工资收入水平不低于或高于当地公务员平均工资收入水平。主动适应财税体制改革和预算安排方式转变的要求，更多地通过制度设计、政策设计、标准设计带动投入增量，健全保证财政教育投入持续稳定增长的长效机制，确保各级财政一般公共预算教育支出逐年只增不减，确保各级教育按在校学生数平均的一般公共预算教育支出逐年只增不减。特别是在近年来财政收支矛盾加大的情况下，各级政府落实“优先保障”就是要做到不论财政状况如何都绝不允许在教师工资待遇上打折扣，不论财政遇到什么困难教育经费都只增不减。

二是要建立政府依法确保教育投入增长的监督、检查机制。各级政府教育投资要公开、透明，以便监督和检查。为此，中央到地方要建立单独的教育预算与决算制度，建立中央政府、省级政府对地方教育财政转移支付的单列制度。各级政府要依照《中华人民共和国教育法》的规定向同级人民代表大会或其常委会专题报告教育经费预算、决算情况，接受监督。对各级政府执行教育法律、法规关于教育投入的规定情况，特别是执行《中华人民共和国教育法》所规定的“三个增长”和“两个确保”情况，要进行监督、检查和审核，并定期向社会公布。要建立确保政府教育投入稳定增长的法律保障机制，特别是要尽快制定专门的《教育投入法》，进一步以法律形式规范各级政府的教育投入行为。

（二）在财政的教育投入方向和结构上

鼓励城乡之间建立公共服务资源的良性互动机制，切实解决农村基本公共品供给不足的矛盾，破解城乡二元公共服务体系的障碍，确保农民能够享受与城市居民同质化的公共服务。应该按照我国教育事业协调发展的需要，把财政教育投入的增量重点用于缩小地区之间的公共教育投入差异和城乡之间的公共教育投入差异，尤其要在统筹城乡协调发展的前提下，加大对农村中小学义务教育投入，优先保障农村和落后地区的基本教育服务。诚如世界银行的研究报告所言：普及基础教育，将会打开通向教育系统中所有教育层次的公平之路。进一步优化教育投入结构，对财政资金的教育投向进行结构性调整。(1) 在教育市场化改革未完成到位之前，财政仍要对非义务教育的教育经费给予“惯性支持”，但要随着市场化的深入而逐步减少。(2) 要逐步扩大基础教育投入占财政性教育投入的相对份额。(3) 国家财政要解决政府教育方面的历史欠账问题。一是要落实教师工资待遇政策；二是要结合中小学布局结构调整和对薄弱学校的改造，保障对中小学危房改造的投入。(4) 按照有利于提高教育质量的需要，扩大财政对教育领域的公用经费的投入比例，尤其要加强对公用经费中正常教研经费和教师再培训经费的投入。(5) 加强对财政性教育经费收支的监督，切实实行收支两条线管理，杜绝各种乱收费。

四、完善多渠道筹措教育经费的投资体制

改革开放以来，我国逐步确立了社会主义市场经济的基本经济制度，社会资源配置方式由计划转向市场，形成了多元化经济格局。作为教育基本制度和管理体制重要内容的办学体制和教育投资体制，必须加快实现办学主体和投资主体多元化进程，进一步促进办学投资主体和渠道的多元化，有效增加教育资源供给总量。坚持财政投入与非财政投入双管齐下，进一步强化多主体、多渠道的教育融资格局，逐步建立起与社会主义市场经济体制相适应的满足公共教育要求的、稳定和可持续增长的教育投入机制仍然是我国今后教育财政体制改革的重点。

（一）进一步理顺政府与民间的教育投入关系

理顺政府与民间的教育投入关系，积极吸纳民间投资方面，首先应该根据不同层次和不同类型教育的社会受益程度的高低，分别采取相应的投资模式。对于中小学基础教育，应该采取以政府公共投资为主的公共兴办模式，由各级政府承担起对中小学基础教育的投入责任；对于普通高等教育，应该按照“公办民助”或“民办公助”的兴办模式，由各级政府与民间主体共同承担相应的投资任务；对于应用性较强的职业技术教育，应该在政府严格审查资质条件的基础上，采取民间主体自主兴办的模式，依靠社会民间力量承担相应的投资任务。

（二）积极鼓励并扶持各种层次的民办教育的发展

对民办学校和公办学校要一视同仁，除在其他政策上一样对待外，政府还应向办得较好的民办学校增加拨款，让其与公办学校公平竞争，并逐步提高办学质量，使各种层次的民办学校也能逐步形成一批名校。要鼓励多种形式、多种模式办学，有条件的地方，可以将一部分公办学校实行改制，引入更加灵活的办学机制，同时要制定出有吸引力的教育投入政策，鼓励教育投资的多元化，引导社会资源流向教育事业，以加快我国教育的发展步伐。与此同时，在鼓励私人和其他社会主体投资兴办教育的过程中，应注意加强对私人和社会办学的引导，避免出现私人办学盲目追求办学规模和经济效益，企业单位、个人

和社会其他主体共同参与投资却追求高规格奢华的不良倾向。

（三）通过设立各种教育基金和成立教育基金会筹集教育经费

教育基金是由社会捐资设立，由专门机构进行投资运作，投资收益用于资助教育事业的新型基金。教育基金能在短时间内把社会闲散资金聚集起来，通过专门机构，在基金增值的前提下，以弥补教育投入的不足。我国要修改《公益事业捐赠法》，其明确给予教育捐赠者以税收减免等优惠政策，进一步鼓励企业、个人和社会团体捐赠教育，激发社会捐资助学的积极性。在中国，享有“希望工程”商标专用权的中国青年基金、曾宪梓教育基金会等早已设立，而且已经广泛服务于教育事业，所起的作用和产生的效果也非常明显，对教育事业的发展是一个有力的促进。但从全国范围来看，教育基金设立还属稀缺之物，没有得到全面开展和最大限度的实行，而且在高等教育经费紧缺的情况下，中国还没有建立相应的高等教育基金会。因此，我国还必须在设立教育基金和建立教育基金会方面加快步伐，为筹集教育经费服务。

（四）运用财政政策和市场机制多渠道筹集教育经费

要积极吸引社会资金办学，通过鼓励社会集资的方式利用社会资金，可以通过发行教育彩票、教育公债等筹集办学资金。“教育公债”是一种政府专为筹集教育经费发行的公债。发行教育公债虽然也要考虑偿还能力，但不必如借贷款项那样需有信用保证。教育支出不但是一种消费，同时也是一种投资活动，如果教育发展能适应经济发展需要和促进经济稳定增长，且具有偿还能力，发行公共债也是一种可以采用的筹措教育经费的方式，我国可以尝试通过发行建设性公债来为教育开辟财源。如美国有 41 个州为解决校舍建设资金不足的问题，都曾发行过教育公债。继续推行非义务教育成本分担机制，作为非义务教育产品的接受者，按照市场等价交换的原则，需要对教育产品的提供者进行付费，即支付学费，这也是教育经费来源的一个重要组成部分。积极推动以高校科研力量为依托的科技型校办企业和企业集团的发展，通过兴办企业以及学校与校外企业的联合，走出一条“以商养学，以学促商”的路子。充分调动潜在教育资源，广泛拓展海内外资金来源渠道，海外同胞历来有关心祖国教育的传统，要加大对他们的宣传，努力调动他们支持祖国教育的积极性。

五、改革教育经费财政拨款机制与模式

在当前国际范围内教育财务管理改革的新形势下，我国要借鉴世界教育拨款模式改革的有益经验，进一步改革教育财政拨款机制与模式，改革的方向是依据教育拨款模式的效率、公平和公开的基本原则，加强绩效评价与拨款的结合，增强拨款的科学性和透明度，促进公平与效率，鼓励创新与进步，减少盲

目性和固化因素，使有限的资源发挥出更好的效益。

（一）建立与人均 GDP 指标直接相关的教育经费分配新机制

在教育经费具体经费安排上，中央在义务教育事业费支出上，应根据东、中、西部生均事业费占人均 GDP 比例的差别予以补助，标准可定为全国平均值，并逐步提高。各地拨款也应按此标准并保证逐年增加。东部地区要继续加大对义务教育的投入，进一步巩固和提高义务教育的办学条件和教育质量；中、西部地区要尽快调整现有的教育支出结构，增加对义务教育的投入。在内部支出结构中，要适当减少基本建设投资，增加事业性投资。在高等教育方面，鉴于地方高等教育发展的严重不平衡，中央要增加对地方高校本科学生的事业费补贴，以保证国家本科教育水平的大体相当，标准可按生均事业费占人均 GDP 的平均比例确定，以后逐步提高。中央财政和地方财政实行转移支付制度后，其拨款标准的科学性十分重要。在正常情况下，各级财政对教育的拨款要以法律的形式予以确定。国家统一确定各类学生的拨款标准，并按生均事业费占人均 GDP 的比例，乘以相应学生总数和相应事业费拨款标准来核定地区和学校的教育经费。国家每年公布一次全国平均拨款标准，对拨款低于全国平均标准的地区，由国家财政按照财政转移支付制度的规定，补足其不足部分。

（二）实行符合公正、透明以及效率的教育经费拨款模式

中国教育拨款的基本原则是要具体问题具体分析，采取多种方法，促进教育公平，均衡发展；要尽量公式化，减少人为因素，体现公开性和透明性；要以绩效为基础，提高使用效率；要随时代的发展而不断改进，以适应中国教育发展的实际需要。

提倡教育均衡发展和教育公平必须在政策、制度以及资源的配置上保障教育的非歧视性和补偿性。在同一行政区内，对实施义务教育的学校，以学生人数为标准，实行均等化拨款制度。义务教育经费是纳税人贡献的资源，在公立学校之间进行分配时，必须客观公正。同一级政府管理的公立学校，原则上每个学生应获得相同的教育资源。但目前，多数地区政府对义务教育公立学校拨款不是按学生人数，而是区别重点学校和非重点学校，造成同一级政府管理的公立学校之间差距巨大。为解决同区不同学校间财政资源严重不均衡的局面以及义务教育阶段严重的择校问题，应取消重点学校、非重点学校的划分，对所有学校一视同仁，以学生人数为标准，实行均等化拨款制度。在当前，财政资源分配应向薄弱学校倾斜，以缩小学校间财政资源配置的差别。应按分级财政体制的要求，以法律形式明确各级政府的教育支出责任，尤其是中央政府教育财政负担的最终责任，通过平衡各地区之间的教育条件，来保证所有社会成员

享有均等教育机会的责任与义务。中央财政和省级财政应建立专项教育财政转移支付制度，重点解决贫困地区、农村地区、薄弱学校的办学、教学条件的改善等问题。同时，对于在农村、贫困地区、山区、边远地区等地的教育工作者，要在经济上实行补偿政策，他们的待遇应高于城市同一级别的教师。

国家应制定全国义务教育最低保障线（或基本办学条件），其内容应包括：义务教育教职工编制标准以及工资标准，义务教育学校基本建设标准（场地、校舍、建筑物、教学仪器设备、图书资料等具体标准），保持学校正常运转的生均公用经费标准。由于我国长期存在公共教育经费不足的问题，因此以上标准不应制定得过高。但省级政府可根据自身的实际情况，制定不低于国家标准的省级最低标准。义务教育最低保障线应根据经济和社会发展情况及时调整。在高等学校，要保证教学的常规拨款与提高水平的专项拨款分开拨付，提高教育拨款的透明度和针对性，最大限度地发挥教育资金的使用效率；同时发挥合同拨款的优势，用于科研和专项基金的分配，以确保教育经费的使用效率和质量，提高科研水平，使高校间建立起既合作又竞争的良性发展氛围，从而有助于发挥高校的自主性，提高中国教育的整体水平。

（三）建立健全教育经费的监管制度和评估机制

对教育经费的投入方向、使用及效果实施严格的监督管理是政府义不容辞的责任。首先，要完善教育经费的审计制度。对教育经费的分配和使用进行审计，是保障教育经费投入充足、分配公平，防止教育经费被贪污、挤占、挪用的有效手段。要建立学校内部审计与国家审计、社会审计相结合，以国家审计为主导的审计体系。对学校的审计要经常化、制度化。对教育部门和学校的审计结论要向政府和人大报告，向社会公众公开，将教育经费的投入、分配和使用置于公共监督之下，对违法违纪者要追究其经济和行政乃至法律责任。其次，要建立教育质量评估机制和评价指标体系。要加快政府职能转变，形成政府宏观管理、学校自我约束、社会参与评价相互结合的有效机制，将评估的结果与拨款直接挂钩，运用绩效对各学校的所有拨款使用的效益、效率和质量进行衡量，以决定后续拨款的多少、方向、形式和方法等。

六、规范中央政府用于教育平衡的教育转移支付制度

当前，在深化教育财务改革的过程中，要特别重视导致教育不公平的制度性原因。教育财政体制改革主要是通过教育公共财政体系的建立努力扭转“四个不平衡”的状况，即城乡教育不平衡、区域教育不平衡、各级各类教育不平衡、学校之间不平衡。促进教育公平，既是我国教育工作重大而紧迫的任务，也是长期而艰巨的任务。我们必须立足于社会主义初级阶段基本国情，既要有

长远的战略方向，也要从现实出发，制定阶段性的目标，扎实地予以推进。

（一）发挥教育转移支付作用促进教育公平

根据教育公平理论，对待公平应该秉持两个基本原则：一个是非歧视性原则，一个是补偿性原则。中央政府在教育方面的主要职责应是平衡差异，保障公平。根据非歧视性原则，就应该把区域、城乡、民族、阶层以及各级各类教育统筹规划，真正做到平等对待；根据补偿性原则，就应该加大对农村、贫困地区、西部少数民族地区、不利人群、薄弱学校等的教育支持力度，加大对他们的补偿，只有这样才能逐步缩小业已存在的巨大教育差距。教育转移支付制度是建立在明晰政府间教育支出责任，对于共同事务的政策制定、资金筹集、具体实施以及监督管理，以法律形式在不同级次政府间加以明确基础上的。建立规范的转移支付制度，既包括中央对地方的转移支付，也包括地方上级对下级的转移支付。中央财政转移支付制度的主要功能是平衡差异、缩小差距、保障教育公平。教育转移支付应以客观变量为基础，考虑到地区差异，给落后地区以适当的照顾，平衡地区间的教育财政状况，逐步缩小地区间的差异，促进地区教育协调发展。

（二）义务教育转移支付的主要内容

在我国这样一个幅员辽阔、人口众多、差异极大的国家，单靠地方政府各自的财力，不能保证对义务教育的投入，教育机会的地区差异在扩大。地方政府具有义务教育办学的直接责任，而中央政府也具有保障所有儿童享有基本教育机会的责任，因此中央政府具有教育财政负担的最终责任，应拥有用于平衡教育条件特别是义务教育条件的财政能力。各级财政（包括中央、省、市）每年都应当在财政支出中安排一定份额的义务教育专项经费，用以加大对乡镇尤其是边远贫困地区乡镇义务教育的转移支付力度，承担起各级政府应当承担的份额。中央政府对于义务教育应重点在以下几个方面给予支持：首先是支持边远和少数民族地区的义务教育的普及，缩小东西部地区的教育差距。其次是改变“城市取向”的教育政策，缩小城乡之间、地区之间、不同社会阶层之间的差距，使资源配置合理化。坚决取消招生录取上的城乡差异，根据地区间教育发展不平衡的现状，教育政策应向农村地区倾斜，扩大招生范围，满足人们平等的教育需求和地区教育对人才的需求。再次是改革目前的人才流动机制，提供经济上的优惠待遇，吸引集中在城市的优秀教师向农村及落后地区流动，建立有效的教师交流轮岗机制。省政府依靠本级财力和中央的转移支付，在省内进行以各地区基础教育经费均等化为目的的转移支付，加速建立农村地区平稳化、规范化的公共教育财政体制。基本设计可以是由省一级设定省统一的成本标准和各个县所应付出的财政努力程度，省在此基础上“填平补齐”。进一步完善我国的农村基础教育财政转移支付制度。在现有投入体制下，应当根据各县域的基本教育财政经费的需求，确立具有一般性和普遍意义的农村基础教育财政投入的水平；再根据财政的负担能力，计算出差额，建立起由省级政府面向县级政府的长期和规范化的专项补助。同时，加强监管并减少中间环节，避免转移支付资金的不到位和改变用途等现象出现。

（三）高等教育转移支付的主要内容

一方面，通过转移支付平衡地区间公共高等教育资源的差异也是中央教育财政不可推卸的职责。通过中央政府的转移支付弥补地方财力薄弱地区高等教育对公共资源的需求是扶持经济不发达地区高等教育发展的重要措施，也是平衡公共教育资源分布的重要途径。另一方面，通过建立由中央政府负主要责任的高等教育学生资助制度，确保中央财政可以有相对充裕的经费为大学生提供资助，可以更为有效地对处境不利的群体进行积极的补偿，使高等教育公平得到更为切实的保障。建立中央政府用于教育平衡的教育转移支付制度，并作为一项财政制度确立下来，或以法律的形式加以保证。财政对教育支出设立一些独立性的措施，如单独另列中央教育转移支付制度，在各级政府财政体系中设立定向的教育税、教育基金、教育专项资金以及固定教育预算比例。如果教育转移支付不单列，而是包含在中央向地方的一般转移支付内，可能还难以解决特定地区和特殊方面教育经费不足的问题。因为一般转移支付设定标准综合了各种行政需要，可能满足不了教育的需要，或由于各种原因挤占了教育的需要。

七、坚持和完善非义务教育成本分担制度

无论从公平的角度还是效率的角度考虑，在非义务教育阶段，建立起政府、社会、家庭、个人合理分担教育成本的机制都是应该的。非义务教育成本分担对实现教育机会均等、公平与提高非义务教育系统资源配置效率都有积极的意义。非义务教育成本分担机制的实行，可在一定程度上舒缓公共财政的压力，增加学校收入，扩大接受非义务教育的学生规模，更大限度地满足社会与个体对非义务教育的需求。因此，实行非教育成本分担机制应该成为非义务教育，特别是高等教育财政的一个长期策略。今后进一步完善非义务教育成本分担机制应该遵循以下原则：

（一）学费以办学成本为依据

建立公办学校学费标准根据培养成本、经济发展状况和群众承受能力，按照规定程序动态调整的机制。非营利性民办学校收费，通过市场化改革试点，逐步实现市场调节价，具体政策由省级人民政府根据办学成本以及本地公办教

育保障程度、民办学校发展情况等因素确定。营利性民办学校收费实行市场调节价，具体收费标准由民办学校自主确定。政府依法加强对民办学校收费行为的监管。处于不同地区、不同专业、不同类型、不同层次的非义务教育学校，可以根据成本的不同收取不同学费。

（二）学费应体现出市场收益的差别

由于不同教育的未来市场收益不同，社会和个人对教育服务的期望和需求也会不同。有的教育项目可能不会因学费的增加而引起需求显著下降，而有的教育项目可能会因学费的增加导致需求显著下降，高等学校和教育行政部门在具体决策时需要综合考虑这方面的因素。

（三）学费标准应考虑学生及其家庭的支付能力

增加学费对整个入学人数并无多大影响，但可能会对处于平均收入水平及以下阶层的学生产生影响。因此，提高非义务教育学费虽然对整个非义务教育系统有益，但有必要考虑那些处于该系统边缘的人可能受到的影响。应根据各地区和各收入阶层的差别的不同情况来考虑，将成本分担水平确定在一个较为合理的水平。

（四）成本回收要与建立完善的助学制度相结合

成本回收政策的实施必然会导致部分低收入学生因学费问题而上不起学的事情发生，近些年来也发生过这种情况，这无疑是成本回收带来的负面影响。要解决这一矛盾，为有效地帮助贫困学生与吸引有才能的青年进入大学，就必须建立和完善助学、奖学和贷款制度，以弥补成本回收带来的负面影响。

（五）要积极发展民办高校吸纳民间资金

在国家财力有限的条件下，如果能把有限的资源有选择性地集中投入到公立高校，以达到国家办高水平大学的目的，而把部分现有公立高校转为民办并为民办高校提供较为宽松的发展空间，以促进高等教育规模的扩展。一方面，让公立高校仍主要以分数标准来选拔学生并使其享有较多的国家奖学金，以保证优秀人才不会因家贫而被拒之于高校门外；另一方面，让民办高校适当引入经济支付能力标准选拔学生，以满足一部分读得起书的学生的求学愿望。所以，民办高校对减轻公立高校的压力，缓解人们日益增长的对高等教育的需求与政府有限的财政支持的能力之间的尖锐矛盾，具有重要的意义。

从理论上讲，高等教育是一种准公共产品，应当遵循成本分担原则和教育补偿性原则。从现实来看，近年来我国高等教育超常规发展所涉及的巨额成本和我国的财政状况使得传统的国家包揽式制度安排难以为继，因此高等教育成本分担成为现实的必然选择。然而高等教育成本分担制度的建立并不意味着高等教育完全市场化，更不是政府转嫁负担的一种方式。

八、完善家庭经济困难学生资助制度

与建立非义务教育成本分担制度相关联的是完善家庭经济困难学生的资助制度。当前各类学校都有一些生活困难的学生，他们大部分来自农村和边远贫困地区，家庭经济困难。对此，必须采取有效的资助办法，以保证这些学生顺利完成学业。目前，资助贫困家庭学生工作已经关系到高校乃至社会稳定的大局，关系到我国高等教育事业全面、协调、可持续发展。要进一步完善现有的家庭经济困难学生资助体系，加大资助工作力度；做好农民工子女接受义务教育的工作，切实解决农村留守儿童、少年接受义务教育问题；保障女童和残疾儿童的受教育权利。国家应致力于建立完善的资助贫困学生的政策体系，加大对困难学生资助的力度，不断扩大资助范围，确保家庭经济困难的学生都能就学，促进教育公平。

（一）进一步完善高等教育资助制度

对于高等教育来说，建立健全高等教育资助制度，让更多的人上大学，让更多的人上得起大学，确保符合条件的青年人都能顺利完成大学学业，是广大人民群众的一项根本利益。

第一，进一步完善包括“贷、奖、助、补、减（免）”等多元化的高等教育学生的资助体系，加大对资助经济困难学生投入的力度。进一步健全学生助学贷款制度，在国际上，从20世纪60年代早期开始，助学贷款就作为支持学生接受高等教育的重要资助方式。目前，世界上共有50多个发达国家和发展中国家已经实施了学生贷款计划。

第二，拓展更多的学生助学贷款项目，政府应对为学生提供补贴性质的学生贷款承担更多的责任。政府可以通过以下形式为国家助学贷款更好地运作提供服务：(1) 政府分担一定比例的本金；(2) 政府提供风险担保或提供风险准备金。贷款中给予学生的补贴越高，商业机构的积极性越低。这就需要政府财政为有补贴性质的学生贷款承担资金回收的风险。目前政府在贷款贴息和提供风险准备金上已作出了积极探索。

第三，加速个人信用制度的建立，建立大学生信用档案，提高学生信用意识。学校和社会要积极对学生进行诚信教育，将建立信用档案和资助体系运作有机结合。

第四，建立有效率的、可持续的国家助学贷款回收模式。建构更符合学生贷款的还款模式，包括延长从毕业到还第一笔贷款的时限；每次还款额占总还款额的比重从较低的比率逐渐增加；建立减免贷款的特殊政策，如毕业生到边远地区或国家急需人才的地区和行业工作或学习国家需要的“冷门”专业可考虑由国家偿还或部分偿还助学贷款等。

（二）建立义务教育阶段贫困生资助制度

在义务教育方面，免费还不能保证所有适龄儿童和少年接受义务教育，除了学费之外，其家庭还要支付其他相关的教育费用和因接受教育产生的额外生活费。为此，应在逐步实行免费义务教育的基础上建立义务教育阶段贫困生的资助制度。

首先，要继续实行全部免除学杂费，对家庭经济困难学生免费提供教科书并补助寄宿生活费的“两免一补”政策。各级政府要设立助学金专款，并逐步加大投入力度，保证贫困中小学生顺利入学和完成学业。采取各种优惠政策，继续动员和鼓励社会团体和个人对家庭经济困难学生多种形式的资助，帮助家庭经济困难学生解决上学的经济困难。

其次，要制定面向弱势群体子女教育的优惠政策。要尽快改革入学体制，打破就学身份界限，建设机动灵活的入学体制，建立流动人口子女教育的督导与监控机制。我国当前流动人口子女入学问题非常突出，全国近 200 万农民工子女从小在城市边缘生活，入学权利得不到保证，必须明确流入地区政府对农民工子女义务教育的责任，密切流入地政府、流出地政府以及民工之间的关系，充分发挥流入地正规学校的主渠道作用，从根本上取消借读费，实行按居住地原则接受义务教育的制度。

最后，要加强薄弱学校教育教学设施和师资队伍的建设，使教育过程趋于公平。在农村贫困地区，通过周密计划与科学论证，建设“教育优先发展区”；通过专项资金的形式优先投资教育，发展教育。在明确政府投资主体的前提下，可以广泛吸纳社会各种资源，扩大教育机会。国家多年来一直实施的“对口扶贫支教工程”“希望工程”“春蕾计划”“世界银行贷款项目”等，已经使贫困地区农民的子女成为最大的受益者，应该坚持推进。

通过进一步完善各级各类学校的贷、奖、助学金等制度，确保受教育者从形式公平向实质公平迈进。经济上的平等，社会是无法给予的，但教育的公平，政府是可以给予的，这一公平可以保证低收入者的社会尊严，给弱者以希望。

九、建立有效激励机制鼓励民办教育发展

中国高等教育要大发展，增加投入是关键，体制改革是核心。实现办学体制的多元化，大力发展民办高等教育，既是我国高等教育与国际接轨逐步走向国际化的重要途径，也是高等教育可持续发展的必然选择。当前的形势对我国发展民办高等教育十分有利，在我国已具备了举办民办高等学校的经济基础和

准备条件。在我国要建立社会投资和出资办教育的有效激励机制，鼓励社会力量办学，加快发展民办高等教育。

首先，完善鼓励社会团体、企业、家庭、个人投资、捐资教育的税收激励机制。一是建议对企业发生的教育事业等的公益性捐赠支出，准予在企业所得税前全额扣除。如有困难，可参照国际经验，对企业发生的教育事业等的公益性捐赠支出，超过企业年度利润总额12%的部分，准予在五年内从当年应纳税所得额中扣除。这样做既与现行税法不冲突，又有利于进一步调动社会捐资、出资教育的积极性。二是落实个人教育捐赠支出在所得税前全额扣除政策。

其次，要进一步落实《中华人民共和国民办教育促进法》有关规定，在依法制定和严格审批投资办学者的资格条件的前提下，鼓励民间投资者自主投资和自主兴办教育，通过市场竞争，促进其健康发展。当务之急是我国必须尽快制定高等教育投资办学的资格条件，对投资兴办高等教育者的财政补贴办法和财政补贴标准，以及对享受财政补贴的民办高等院校的教育收费标准。以此为依据，在严格审查投资办学者的资格条件和控制高等教育收费标准的前提下，通过对高等教育的投资兴办者在土地使用、税收等方面实行优惠政策、给予必要的财政补贴，吸引民间投资者投资兴办高等教育，促进我国民间投资为主、政府补助为辅的“民办公助”型高等教育的发展。

再次，在教育服务的提供机制上，应逐步从目前这种政府办学校、政府管学校、以公办学校为主的模式逐步向多元化体制和模式转变，调动社会力量办学的积极性，强调政府和社会办学力量之间的灵活和多样化的合作，鼓励竞争，改善教育服务质量，提高资金使用效率，促进部分公立高校转制。在国家财力有限的条件下，如果能把有限的资源有选择地集中投入到公立高校，以达到国家办高水平大学的目的，一方面将现行“公办民助”的学校，逐渐转变为“国控民营”的经营机制，以优化其资源配置，提高经营效率。另一方面把部分现有公立高校转为民办，为民办高校提供较为宽松的发展空间，以促进高等教育规模的扩展。

最后，从政策上来说，让公立高校仍主要用分数标准选拔学生并使其享有较多的国家奖学金，以保证优秀人才不因家贫而被拒之于高校门外；让民办高校适当引入经济支付能力标准选拔学生，以满足一部分读得起书的学生的求学愿望。这对减轻公立高校的压力，缓解人们日益增长的对高等教育的需求与政府不断下降的财政支持的能力之间的尖锐矛盾，具有重要的意义。

十、坚持依法理财，实现科学管理，提高教育资源效益

随着我国公共财政体制不断完善和教育体制改革不断深入，实现依法理财、科学管理，强化监督，合理安排教育资金，提高使用效率和效益，改善教

育的公共服务质量等要求，已经成为各级财政管理部门、教育主管部门和各级各类办学单位都必须认真思考的问题。

（一）健全法规制度，实现依法依规理财

建设我国公共教育财政体制，要求政府转变观念，转换职能，把主要职能集中在宏观调控作用上，将微观管理权还给学校。在教育财务管理上，从目前对行政手段的依赖向注重法律和经济手段转变，实现依法理财，变“人治”“礼治”为“法治”。

1. 建立和健全教育财政相关的法律法规

国家的法治建设对教育改革至关重要，也是教育财政改革措施和政策得以实行的法律保障。立法手段是保证教育投资稳定来源和稳步增长的最有效手段，它带有无条件执行的强制性。因此，大多数发达国家都制定了有关教育财政的法律和法规，以确保教育经费的供给和需求。例如，美国实行分权制，教育经费分联邦、州、地方自上而下地确定经费额。根据联邦宪法的规定，美国联邦有权为教育课税和拨款，在各州宪法中也大都有关于教育方面的专门条款，其中教育投资占有重要地位。我国目前尚未出台教育财政投入的专门法律，只在学校条例或教育法规中有关于教育财政投入方面的条款。随着全国税费改革的实施，教育经费短缺、财政投入不足的问题越来越严重，急需有关教育财政投入的法律法规出台。如建立《教育投入法》，其基本内容应包括立法依据、目的、基本原则、使用范围，明确各级政府对教育投入的责任与义务，及财政教育投入的来源、比例，还应包括分配结构、比例、数额、监督管理机制等等。进一步完善《中华人民共和国高等教育法》和有关行政规章，如对学生缴纳学费的确定原则、程序和基本依据等重要问题作出明确规定，以克服操作上的主观性和随意性。对于民办高等教育的投资、集资、融资和承包制的合法性等，应给予明确的解释。对社会力量办学者，建立透明和规范的办学“准入”制度，对取得的“合理回报”，在税收政策方面给予优惠，对其过程管理和微观管理采取较为宽松的政策。结合我国已制定的国家助学贷款有关政策的措施，出台了《国家助学贷款实施办法》，对国家助学贷款的性质和意义、有关各方的权利义务界定及违约责任、有关贷款管理机构的组织方式等问题作出明确规定，使国家助学贷款制度的建立和实施具有法律依据。

2. 增强法制观念，间接降低教育财政风险

现实中，法制观念薄弱已经影响到教育财政工具的作用效果。如国家对高校推行的学生贷款政策，因法制观念薄弱，一些单位和个人不守信用而赖债的现象大量存在。加之银行在激烈的社会竞争中已形成了许多不良资产，出于还贷顾虑和生存顾虑，银行不得不对此项政策十分审慎，致使此项政策在实践中很难实施。面对这种情况，除了各金融机构应主动采取配合措施做好贷款工作，学校用道德规范来约束学生的行为以外，更重要的是要让法制观念深入人心，通过强硬的政策尽快在全国范围内建立起个人的信用登记系统，建立学生个人信用档案，并逐步实现系统内联网，对走出校门的毕业生进行信息追踪，形成以经济手段、法律手段、社会监督手段共同约束的监督体系，降低高等教育财政风险。

（二）强化科学管理，提高经费使用效益

资金供求矛盾是教育财务工作的永恒主题和难点，解决这一问题，一方面要开源，拓宽资金筹措渠道；另一方面要节流，从管理要效益，提高资金的使用效益。目前，教育部门在加强财务管理方面有以下工作可做：

1. 规范财会体制、完善财会制度

以财务规章制度建设为核心，以建立和完善经济责任制为重点，积极围绕财政预算管理改革，对部门预算编制、国库集中收付、政府采购、预算外资金管理等工作进一步加强研究，统一规范，强化管理，使会计核算和财务管理工作有章可循、有序进行。

2. 合理配置资源，提高使用效益

教育经费是教育事业发展的物质保证，在各级财政努力加大教育经费投入的同时，还必须转变教育财政投入受益主体的思路，从学生角度出发合理配置有限的教育财政经费。在预算方面，要逐步细化预算编制，硬化预算执行，强化预算监督，合理调度资金，提高教育经费的使用效率。要加大整合教育资源力度，优化资源配置，使教育资源的使用主体尽量避免低效、无序，进而提高校舍和设备等资源的使用效率。

3. 完善项目管理制度，加大绩效考核评估

坚持集中财力，保证重点的理财原则，对形成学校办学特色，提高办学质量和水平的教学科研项目进行重点投入。继续实行专项资金项目管理制度，所有建设项目必须经过项目选择、可行性研究、专家评估、立项批准、实施规划制定、预算执行监督、项目绩效考评等严格的程序，确保资金使用效益和项目效果。进一步完善教育成本核算体系，把教育成本指标纳入对学校办学质量和效益考核评估的指标体系，增强学校成本意识，促进办学效益的提高。

4. 推进民主理财，促进科学决策

民主理财是深化财务管理改革的内在要求，也是公共财政支出政策贯彻以人为本理念的具体体现。教育财务部门要按照民主理财的要求，逐步完善财务内部决策规则，建立健全内部决策程序，推进政务和校务公开，公开办事程序

和理财规则；在实施支出决策前，通过多种形式广泛听取和采纳各方面的意见，包括对关系人民群众切身利益的重大教育财务事项公示制度，专家论证制度和预算评审制度等，增强支出决策的透明度和公开性，提高社会公众对教育财政支出决策的知情权和参与权；建立公众参与、专家论证和财政部门决策相结合的支出决策机制，在广大人民群众与国家政治生活中间搭建一个双向交互的良好平台，使教育公共财政支出决策真正体现人民的意志。

（三）完善监督机制，确保经费使用规范、安全有效

建立完善的教育资金监管体系，完善内外结合的教育财务支出监督机制，对外自觉或依法接受人大法律监督、政协民主监督、人民群众社会监督和新闻舆论监督，积极配合监察、审计等部门对教育财务支出开展的专门监督，对内进一步完善财务会计内部监督制度。

1. 建立教育资金动态监控体系

建立系统、全面、有效的教育财务支出动态监控体系，包括完善的支出监督法律制度、规范的支出监督程序、丰富的支出监督手段，形成覆盖教育财务支出从安排到拨付再到使用的全过程的事前、事中和事后的监督体系。加强对教育资金使用风险防范机制和对策的研究，建立和完善教育资金风险评价指标体系和预警系统，指导学校合理编制预算，控制财务风险，确保学校资产的安全。

2. 强化教育系统内部控制

教育系统内部控制主要是教育部门内部的监督。要加强教育资金使用的监督检查力度，改善和优化监督方式。要转变监督模式，就要做到事前审核调研、事中跟踪监控和事后专项检查与绩效分析相结合，财政监督要体现在财政资金运行的各个环节；要加强财政监督法制化建设，强化财政监督手段。进一步制定和完善财政收支监督、会计监督、内部监督等部门行政规章，修订完善财政监督检查程序性工作规则；要加强财政资金安全有效使用的内部控制制度建设，建立健全财政资金分配过程中的权力制衡和监督检查机制；要建立健全财政支出管理的激励机制和责任追究机制；要运用信息技术手段，提高监管效率。

3. 发挥政府和社会外部监管职能

政府和社会外部监管主要是人大监督、审计监督和社会监督。加强人大对预算的监督是依法治国、建设法制化政府的必然要求。在报送人大审议的部门预算范围不断扩大的同时，预算的细化程度也必然越来越高。在预算编制过程上，是部门、财政部、国务院、人大的顺序，而以往人大审议的只是中央财政按功能汇总的总预算，随着部门预算改革的深入，人大在部门预算编制过程中

将越来越实质性地发挥监督、审查的作用，也必然会更多地参与到部门的预算管理决策中。部门作为政府的职能机构，是部门预算的责任主体，部门预算是部门自己编制的预算，在法律上应对本部门的预算负责。下一步的方向应是在强化部门责任的同时，加强人大对部门预算的监督。可通过引入对预算编制和预算执行的“质询制”，加强对部门预算资金的使用单位事前和事后的约束；通过引入对部门编制和执行预算的“问责制”，强化部门责任。

第四章　教育财务管理体制

高校财务管理体制是组织高校财务活动、划分财权和处理财务关系的一项根本制度，主要是通过合理划分财权，建立权责分明、权责利相结合的经济责任制，以理顺财务关系，使学校的财经工作和财务活动在校（院）长的领导和学校财务机构的组织下顺利运行。高校财务管理体制是高等教育管理体制的重要组成部分，高校财务管理体制改革必须与整个高等教育管理体制改革相适应。建立规范的高校财务管理体制是保证国家对高等教育的宏观管理，办好社会主义高等教育的需要。高校财务管理体制是高校财务管理工作的核心内容，只有建立起科学的财务管理体制，高校财务工作才能按照高等教育财务规律办事，实施有效的财务管理，从而提高财务管理水平和教育投资的效益。新中国成立以来，我国高校财务管理体制在不断探索中进行创新，在财务领导体制、财务管理体制、经济责任制度、财务机构设置和财会人员管理等方面进行了重大改革，现在已初步建立起与社会主义市场经济体制相适应、符合中国高等教育发展实际、具有中国特色的高校财务管理体制。

第一节　财务领导体制

财务工作领导体制是高校财务管理体制的重要内容，建立科学规范的财经工作领导体制是维护学校财经工作秩序、理顺财务关系、贯彻落实经济责任制的有力保证。

一、高校领导体制

新中国成立以来，我国高等学校领导体制不断调整和完善，先后经历了新中国成立初期的“校长负责制”、20 世纪 50 年代中后期的“党委领导下的校务委员负责制”、20 世纪 60 年代的“党委领导下的以校长为首的校务委员负责制”、“文革”时期的“革命委员会负责制”、20 世纪 70 年代末到 80 年代的“党委领导下的校长分工负责制”、20 世纪 80 年代末的“试行校长负责制”和 20 世纪 90 年代至今的“党委领导下的校长负责制”等阶段。

（一）校长负责制

1950 年 2 月，在北京召开了新中国成立后的第一次全国高等教育会议，明确了高等教育的方向和任务，通过了《高等学校暂行规程》，当年 8 月政务院第 43 次会议批准公布。《高等学校暂行规程》明确提出，中央人民政府教育部规定高等学校一律实行校（院）长负责制。校（院）长由国家任命，直接向中央教育行政管理部门（即中央教育部、中央高等教育部）负责。其职责是代表学校，领导全校（院）一切教学、研究及行政事宜，领导全校政治学习，任免教师、职员、工警，批准校（院）务委员会的决议。在校（院）长领导下设校（院）务委员会，职权为审查学校的教学计划、研究计划及工作报告，通过预算和决算，通过各种重要的制度及规章，决定有关学校重大改革事项，决定全校重大奖惩事项。学校党的领导实行党组织制度，党组成员以行政负责人的身份组织贯彻党的路线、方针、政策。学校中的党组织在政治上起核心作用，对学校行政不起直接领导作用。这种学校管理体制，校（院）长职责清楚，领导权力集中，机构设置精干，管理人员少，工作效率高，较好地适应了新中国建立初期高教事业的改造和发展的需要。

（二）党委领导下的校务委员会负责制

1956 年，我国基本上完成了社会主义改造之后，根据中国共产党第八次全国代表大会通过的党章中关于全国企、事业基层单位实行党委制的规定，1958 年 9 月，中共中央、国务院发布《关于教育工作的指示》，明确指出："一切教育行政机关和一切学校，应该受党委领导"，"在一切高等学校中，应当实行学校党委领导下的校务委员会负责制"。学校工作中的重大问题都由党委决定，经校务委员会讨论通过，交校长、副校长分头组织实施。校务委员会在校党委的领导下贯彻执行党的路线、方针、政策，是学校的权力机构，实行集体领导。学校工作中的重大问题，由校长提交校务委员会讨论，做出决定，再由校长负责组织执行。校长向校务委员会负责并报告工作，同时对外代表学校。高等学校实行这种领导体制，加强了党对学校全面工作的统一领导，加强了教师、学生、职工的政治思想工作，保证了党的路线、方针、政策的实现。各院（系）也实行总支（支部）委员会领导下的系务委员会负责制。从党委到支部的领导作用"一竿子插到底"。随着当时国内政治形势的发展和政治运动的频繁进行，普遍出现了以党代政、党政不分，校委会多流于形式，校长工作制约很多，地位职权不明确，没有真正发挥以校长为首的学校行政组织和校务委员会的应有作用。

1961 年 9 月，中央颁布的《教育部直属高等学校暂行工作条例（草案）》（即《高教六十条》）规定：高等学校的领导制度，是党委领导下的以校长为首的校务委员会负责制，高等学校的校长是国家任命的学校行政负责人，对外代表学校，对内主持校务委员会和学校的日常工作；高等学校设立校务委员会，作为学校行政工作的集体领导组织。《高教六十条》还规定，系一级党的总支委员会只对全系的教学和行政工作起监督保证作用。这就纠正了党组织包办一切的做法，校长的职权得到一定程度的肯定。行政系统的作用得到了较好的发挥。但由于“左”的错误影响并未得到解决，同时，党的八届十中全会后，出现了新的情况，强调抓阶级斗争，政治挂帅，学校行政领导的作用又有削弱。

（三）“革命委员会”负责制

“文化大革命”中，由于林彪、“四人帮”大搞“踢开党委闹革命”，大学校长和党委领导同志都成了“革命的对象”，革命委员会代替党组织和校务委员会，严重地破坏了高等学校的领导体制，严重地损坏了党的领导，也否定了校长存在的必要性。

（四）党委领导下的校长分工负责制

1976 年 10 月粉碎“四人帮”，特别是 1978 年 10 月党的十一届三中全会以后，重新确立了马克思主义的思想路线、政治路线和组织路线，开创了我国教育战线的新时期。1978 年 4 月全国教育工作会议后，教育部于 1978 年 10 月颁发了《全国重点学校暂行工作条例（试行草案)》，明确规定：高等学校的领导体制，是党委领导下的分工负责制；高等学校的党委会，是中国共产党在高等学校中的基层组织，是学校工作的领导核心，对学校工作实行统一领导。当时绝大多数高等学校都是实行这种领导体制，它对高等学校的拨乱反正，克服动乱造成的混乱局面，使学校各项工作重新走上正轨，起到了巨大的作用。

1982 年 9 月，党的十二大通过的新党章规定：企业事业单位中党的基层委员会和不设基层委员会的总支部委员会或支部委员会，领导本单位的工作，应对重大原则问题进行讨论和作出决定，同时保证行政负责人充分行使自己的职权，不要包办代替他们的工作。基层委员会领导下的总支部委员会和支部委员会，除特殊情况外，只对本单位生产任务和业务工作的正确完成起保证监督作用。根据党章，高等学校仍实行校（院）党委领导下的校（院）长分工负责制，系一级是系主任负责制。可根据情况设立参谋、监督、咨询作用的校（系）务委员会。各校还要建立学术委员会。总的原则是要把党的工作和行政工作适当分工。校党委的主要任务是贯彻执行党的路线、方针、政策，实行思想政治领导，加强对党内外干部和群众的思想政治工作，管理一定范围的党政干部。有关教学、科研、人事、后勤等各项工作，都要由校长负责。当然，校长、系主任、教研室主任也要做思想政治工作，特别是结合业务工作的思想政治工作。

（五）试行校长负责制

1985 年 5 月，全国教育工作会议召开，5 月 27 日，《中共中央关于教育体制改革的决定》颁布，明确提出：学校逐步实行校长负责制，有条件的学校要设立由校长主持的、人数不多的、有威信的校务委员会，作为审议机构。要建立和健全以教师为主体的教职工代表大会制度，加强民主管理和民主监督。高等学校的领导体制和管理制度开始逐步改革。1987 年 11 月，党的第十三次全国代表大会明确提出，政治体制改革的关键首先是党政分开。实行行政首长负责制的事业单位中党的基层组织对党和国家的方针政策在本单位的贯彻执行实行保证监督。搞好党政分开，实行校长负责制是政治体制改革的重要内容。因此，高等学校实行校长负责制的方向必须明确坚定，但步子应该稳妥。总的方向是要在总结试点经验的基础上，积极创造条件，从各校实际情况出发，逐步实行校长负责制。到 1989 年初，全国约有 200 所高等学校试行校长负责制。

（六）党委领导下的校长负责制

1990 年 7 月，中共中央正式发出《关于加强高等学校党的建设的通知》，对加强党的建设提出了明确的要求，明确了高等学校的领导体制，坚持党委的领导地位，实行党委领导下的校长负责制。对于部分试行校长负责制的高校转换为实行党委领导下的校长负责制。1998 年颁布的《中华人民共和国高等教育法》第三十条规定："高等学校自批准设立之日起取得法人资格。高等学校的校长为高等学校的法定代表人。高等学校在民事活动中依法享有民事权利，承担民事责任。"第三十九条还规定："国家举办的高等学校实行中国共产党高等学校基层委员会领导下的校长负责制。"以法律形式确定的高等学校的领导体制，为完善学校的管理提供了法律保障。

2014 年 10 月，中共中央办公厅印发《关于坚持和完善普通高等学校党委领导下的校长负责制的实施意见》强调："党委领导下的校长负责制是中国共产党对国家举办的普通高等学校（以下简称'高等学校'）领导的根本制度，是高等学校坚持社会主义办学方向的重要保证，必须毫不动摇、长期坚持并不断完善。""高等学校党的委员会是学校的领导核心，履行党章等规定的各项职责，把握学校发展方向，决定学校重大问题，监督重大决议执行，支持校长依法独立负责地行使职权，保证以人才培养为中心的各项任务完成。""党委实行集体领导与个人分工负责相结合，坚持民主集中制，集体讨论决定学校重大问题和重要事项，领导班子成员按照分工履行职责。""党委书记主持党委全面工作，负责组织党委重要活动，协调党委领导班子成员工作，督促检查党委决议贯彻落实，主动协调党委与校长之间的工作关系，支持校长开展工作。""校长是学校的法定代表人，在学校党委领导下，贯彻党的教育方针，组织实施学校党委有关决议，行使高等教育法等规定的各项职权，全面负责教学、科研、行政管理工作。”“组织拟订和实施学校重大基本建设、年度经费预算等方案。加强财务管理和审计监督，管理和保护学校资产。”

2017 年 3 月 31 日，教育部、中央编办、发展改革委、财政部、人力资源社会保障部等五部委联合出台的《关于深化高等教育领域简政放权放管结合优化服务改革的若干意见》（教政法〔2017〕7 号）强调“完善高校内部治理”：“加强党对高校的领导。高校要坚持和完善党委领导下的校长负责制，高校党委对本校工作实行全面领导，对本校党的建设全面负责，履行管党治党、办学治校的主体责任，落实党建工作责任制，切实发挥领导核心作用。坚持党管干部、党管人才，落实‘三重一大’决策制度。强化院（系）党的领导，进一步发挥院（系）党委（党总支）的政治核心作用。加强基层党组织建设，推动全面从严治党向高校基层延伸，充分发挥党支部战斗堡垒作用。”

上述法规都规定了党对高校领导的核心地位和作用，高校党委对本校工作实行全面领导，对本校党的建设全面负责，履行管党治党、办学治校的主体责任。明确了党委领导下的校长负责制是中国共产党对国家举办的普通高等学校领导的根本制度，是高等学校坚持社会主义办学方向的重要保证，必须毫不动摇、长期坚持并不断完善。

二、高校财务领导体制

学校领导体制的内容和形式的变化，反映了党的政治任务和组织路线的变化。其核心问题是探求切实加强党的领导，正确处理好党的领导和校长负责的关系。学校财务工作领导体制也经历了从实行学校党政领导班子共同负责——集体负责制，到“校（院）长领导下的，以总会计师为首的经济责任制”——专职主管负责制，再到“高等学校财务工作实行校（院）长负责制”——法人负责制，到党委领导下的校长负责制的历史转变。

（一）“党委领导下的校务委员会负责制”——集体负责制

1958 年 9 月，中共中央、国务院发布《关于教育工作的指示》，明确指出：“一切教育行政机关和一切学校，应该受党委领导”，“在一切高等学校中，应当实行学校党委领导下的校务委员会负责制”。改革开放以前，在计划经济体制下，中央及有关业务部门对高校“统得过多，包得过宽，管得过死”，从人、财、物的分配使用，到学生的招生分配、教学计划的制定等几乎所有的一切都统起来、包起来、管起来，高校没有相应的自主权。在财务上，高校的资金来源主要是靠国家预算拨款，没有经济效益观念，不实行教育成本核算，也不承担任何经济责任。因此，尽管在不同阶段的学校领导体制中都强调了校（院）长的责任，但由于高校没有自主权，加之对党委领导权和“集体领导”的过分强调，校长实际上无责可负或负不了责，即使是有责任也是“校务委员负责制”“革命委员会负责制”的集体领导、集体决定、集体负责。在这样的背景下，学校财经工作的校长负责制不可能落到实处，实质上是班子集体领导、集体负责制取代了“校长负责制”。

（二）“校（院）长领导下的，以总会计师为首的经济责任制”——经济责任制

改革开放后，为了增强高校适应经济和社会发展需要的能力，充分发挥高校潜力，调动高校办学的积极性、主动性、创造性，提高办学的经济效率和社会效益，国家不断扩大高等学校的办学自主权。1986 年 3 月，国务院批转了《高等教育管理职责暂行规定》，全方位地扩大了高校办学自主权。1986 年 10 月 15 日出台的《高等学校财务管理改革实施办法》第三条明确规定：“高等学校应根据《会计法》和国家有关规定，建立在校（院）长领导下的，以总会计师为首的经济责任制。”建立以总会计师为首的经济责任制对于集中学校财权，解决多支笔审批财务开支的混乱局面，使总会计师能够积极地参与学校整个经济工作的预测和决策，从组织和管理上保证学校各项事业的顺利进行等方面起到一定的作用。但总会计师只是学校的一名副职校级行政领导成员，与其他副校（院）长一样，只能是校（院）长的助手，协助校（院）长归口领导和管理学校的财经工作，不可能真正承担起学校的经济责任。

（三）“高等学校财务工作实行校（院）长负责制”——法人负责制

1994 年 7 月 13 日，《国务院关于〈中国教育改革和发展纲要〉的实施意见》中明确指出：“深化高等教育体制改革，建立政府宏观管理、学校面向社会自主办学体制。”“通过立法，明确高等学校的权利和义务，扩大学校的办学自主权，使学校真正成为面向社会自主办学的法人单位。”1997 年出台的《高等学校财务制度》，从加强高等学校财经工作宏观调控能力和强化财务管理的需要出发，根据权责结合的原则，提出了高校财务工作的校（院）长负责制。第六条明确规定：“高等学校财务工作实行校（院）长负责制。”

（四）校长“在学校党委领导下，全面负责学校财务管理工作”——党委领导下的校长负责制

2015 年 5 月 22 日，教育部印发《关于直属高校落实财务管理领导责任严肃财经纪律的若干意见》（教财〔2015〕4 号），第一次提出高校财务治理体制和运行机制，提出全面落实财务管理领导责任，强调高等学校实行党委领导下的校长负责制，提出“高等学校实行党委领导下的校长负责制。直属高校党委

要切实负起对学校财务管理工作的领导责任。全面贯彻执行党和国家财经方针政策和决策部署，持之以恒深入贯彻落实中央八项规定精神。严格遵守国家财经法律法规，真抓真管，使财经纪律真正成为带电的高压线。积极配合上级主管部门，做好总会计师委派工作，选好用好财务机构负责人。讨论决定事关学校改革发展稳定的重大财经事项和管理制度，健全规范学校财务管理的长效工作机制，强化对权力运行的制约和监督。支持总会计师（财务分管领导）、财务机构负责人、财务人员依法履行职责，支持内部审计工作，支持纪检监察部门查处违反财经法律法规和财经纪律问题”。“党政领导班子其他成员要带头贯彻执行国家财经法律法规，按照‘一岗双责’的要求，根据分工抓好职责范围内的财经管理工作。”“校长是学校的法定代表人，在学校党委领导下，全面负责学校财务管理工作。组织拟订和实施重大决策事项、重大项目安排、大额资金使用、预算安排、重要财经管理制度及信息公开工作。加强财务队伍建设。强化财务管理和内部审计监督。加强国有资产管理，防止国有资产流失。对各级各部门巡视、监察、审计、检查中发现的问题，应及时组织整改，注重结果运用。向党委报告重大财经决议执行情况，向教职工代表大会报告财务工作。”

党委领导下的校长负责制是中国特色社会主义高等教育制度特征的重要体现。这一制度为坚持党对高校的领导，保障新时期我国高等教育事业改革与发展的平稳推进，为全面贯彻党的教育方针，坚持社会主义办学方向，培养中国特色社会主义事业合格建设者和可靠接班人，提供了坚强的政治保障。高校校（院）长是学校的法人代表，具有全面管理学校各项工作的法定权力，因此，他相应地承担包括财经责任在内的各种责任。高等学校建立校（院）长财经工作负责制是与法定的权力相匹配的，这一体制有利于发挥校长的行政领导作用，增强学校财经工作的宏观管理和协调能力，做到了责、权、利的统一，促进了学校经济责任制落到实处。

第二节　财务管理体制

财务管理体制是调节和反映财务关系的制度和办法。高校财务管理体制是指高校在管理自己的财务过程中，根据国家法律法规，为规范财务行为，在合理界定校内各管理层的责、权、利关系基础上而建立的财务组织、决策、控制等一系列基本制度及其组织形式。高等学校财务管理体制是正确处理高校各种财务关系的重要管理制度和组织形式，是国家预算管理体制的具体化，是教育管理体制的重要组成部分，是高校经济活动正常运转的核心和基础。

一、我国高等教育行政管理体制

新中国成立70年来，我国高等教育行政管理体制随着教育事业的发展，围绕着集权与分权，不断调整和完善，几经变更。归纳起来，主要经历了五个阶段。第一阶段是建国初期到1958年，高等教育行政管理体制是强调集中统一；第二阶段是1958年到1963年，高等教育的行政管理体制强调权力下放、分散管理，高等学校主要由省、区、市进行直接管理；第三阶段是1963年至1966年，确立并实行统一领导、分级管理的高等教育行政管理体制；第四阶段是1966年到1979年，“文化大革命”期间，打乱了正常的高等教育行政管理体制，从中央到地方的高等教育行政管理机构也几经变更，甚至丧失其职能作用，中央各部所属高等学校大都下放地方管理，高等学校处于分散管理的状态；第五阶段是1979年以后，中央重新确立了对高等教育实行集中领导、分级管理的行政管理体制。目前，我国高等教育是实行中央统一领导，中央和省、区、市人民政府两级管理，以省级人民政府管理为主的管理体制，并实施中央、省（区、市)、中心城市三级办学体制，使得高等教育行政管理体制走上了健康发展的轨道。高等学校内部的财务管理体制，随着经济体制的改革、教育体制的变迁，相应地进行了调整和改革。

二、高校财务管理体制

高校财务管理体制是高等教育管理体制的重要组成部分，也是高校管理体制的重要组成部分。我国高校的财务管理体制随着高等教育管理体制的发展变化而变化，主要经过了由“统一领导、集中管理”到“统一领导、分级管理”的转变。

（一）“统一领导、集中管理”的财务管理体制

新中国成立后至改革开放前，与高度集中的计划经济体制和高等教育管理体制相适应，我国高校主要实行在计划经济体制下的“统一领导、集中管理、统一核算”的财务管理体制。这种财务管理体制是在学校的统一领导下，根据事业发展的需要由学校统筹安排和使用学校的各项经费和资源，对财经工作和财务活动进行集中统一管理、统一核算。

改革开放初期，我国仍然实行的是“统一领导、集中管理”的财务管理体制。1982年1月11日，教育部发布的《部属高等学校财务管理试行办法》第四条规定：“部属高等学校的财务工作应当实行‘统一领导、集中管理、分工负责、权责结合’的原则。”1986年10月15日，国家教委、财政部颁布的《高等学校财务管理改革实施办法》第十条规定：“高等学校内部的经费管理，

原则上实行'统一管理、一级核算、定额包干、节余留用'的办法。规模较大的院校，对本校财务管理基础较好的单位，可以实行'统一管理、两级核算、经费包干、节余留用'的办法。"这一规定已有了"统一领导、分级管理"的雏形。

"统一领导、集中管理"的财务管理体制好处是权力和财力高度集中，便于直接管理、统一调配，能够聚集所有的财力做好学校发展。在办学规模较小的情况下，有利于从全局统筹和调度使用资源，集中财力办大事。而这种体制的弊端是由于财经工作的管理权过于集中，财权与事权的分离，学校基层单位缺乏自主权，难以调动学校内部各单位生财、理财、增收节支的积极性。

（二）"统一领导、分级管理"的财务管理体制

随着我国市场经济体制改革的展开，我国高校的制度环境发生了深刻的变化。其一，随着国家针对高校管理体制改革的日益深化，教育行政主管部门对高校的管理也不断简政放权，对高校的财务管理也逐步权限下放，以便增强高校的办学活力，最大限度地调动高校的积极性，高校办学的主体地位发展改变。其二，随着高校的不断发展，高校的规模增长很快，并主动适应形势的发展，大胆引入市场机制，进行教学、科研及内部管理体制改革，使学校由过去单纯的教学、科研活动，逐渐转变为教学、科研、技术开发、咨询服务和生产经营等各项活动并举，高校的社会经济功能也更加突出，成为面向市场经济自主办学的事业法人实体。其三，随着高校成为自主办学实体及办学规模逐年扩大，高校内部推行校院（或院系）两级管理改革，教学、科研等事务管理权限相继下放，在此背景下，如果财务管理体制不进行相应改革，财权不下放，具有各种管理权限的二级学院（或系）因无财权而没有任何利益，也就没有事务管理的积极性，财权与事权的分离，必然导致校院两级管理体制改革无法进行。建立适应高校自主办学的财务运行机制，适当下放财权，实行"统一领导、分级管理"的财务管理体制，成为高校财务管理体制改革的必然。

1989 年 5 月 13 日，国家教委发出的《关于适当集中财权加强财务管理的意见》第二条规定："根据当前实际情况和管理要求，各院校原则上应实行'一级核算、二级管理'的财务管理体制，规模较大而且具备条件的院校也可以实行'二级核算、二级管理'的财务管理体制。"1991 年 4 月 8 日，国家教委、财政部发布的《高等学校"八五"期间财务工作的若干意见》第一条规定："适当集中财权，完善统一领导、分级管理的校内财务管理体制。""完善高等学校内部统一领导、分级管理的财务管理体制。在继续实行高校内部财务分级管理的同时，必须加强财务工作的统一领导，坚持'一支笔'审批制度，集中财权。"1994 年 11 月 17 日，国家教委下发的《关于当前国家教委委属高校财经工作中几点意见的通知》，特别强调："为提高校一级的统筹调控能力，学校的财经工作必须实行‘统一领导，分级管理’的原则和体制。”1997 年财政部、教育部颁发的《高等学校财务制度》在总结以前高校财务管理体制改革经验的基础上，正式确定“高等学校应实行‘统一领导、集中管理’的财务管理体制；规模较大的学校实行‘统一领导、分级管理’的财务管理体制”。2007 年 1 月 15 日，教育部、财政部发布的《关于“十一五”期间进一步加强高等学校财务管理工作的若干意见》第五条再次强调：“高等学校应实行‘统一领导、集中管理’的财务管理体制，规模较大的学校也可实行‘统一领导、分级管理、集中核算’的财务管理体制。”2012 年 12 月 19 日，财政部、教育部印发修订后的《高等学校财务制度》第五条再次确定“高等学校实行‘统一领导、集中管理’的财务管理体制；规模较大的学校可以实行‘统一领导、分级管理’的财务管理体制”。2015 年 5 月 22 日，《教育部关于直属高校落实财务管理领导责任严肃财经纪律的若干意见》再次重申：“健全财务治理体制和运行机制。要按照统一领导、集中或分级管理的原则，规范内部财务治理体制和运行机制。”

我国高校财务管理体制经历了从“统一领导、集中管理”到“适当集中财权，统一领导、分级管理”再到“统一领导、分级管理”的历史演变过程。在这一过程中，高校财务管理体制完成了从计划经济体制向市场经济体制的转化，经过了逐步完善与成熟的过程。财务管理体制的转变，是深化高等教育改革、落实高校自主权和调动校内各单位积极性，理顺财务关系和加强经济责任制的重要举措。“统一领导”和“分级管理”是一个整体，一方面，要求学校财经工作必须在学校的统一领导下，“确保学校财务规章制度、经济分配政策、经济资源配置、财务收支预算、会计核算等高度统一”。另一方面，在明确校内各级各单位权、责、利关系的基础上，根据财权划分、事权与财权相结合的原则，下放财权，实行校内各级各单位（即二级单位）的自主管理。从实施效果来看，这一体制在一定程度上考虑了二级单位的利益，扩大了基层单位的财务自主权，调动了校内各单位生财、理财的积极性，使高校收入迅速增加，经济实力大大增强，资金使用效益明显提高。但这一体制也存在某些方面的问题，比如二级机构在经费使用上更多地考虑本部门利益，然而学校资源调配能力减弱，在一定程度上造成了财力的分散，使高校很难集中资源办大事，削弱了学校整体竞争力。

第三节　经济责任制度

经济责任制，顾名思义是对经济活动所应承担的责任，是一个动态的、有组织的系统工程。责任是贯彻系统全过程的纽带，通过不同层次的相互作用而达到预期的管理目标。高校财经工作要顺利开展，各项经济活动要顺利进行，就必须建立严格的科学的经济责任制。因为高校经济活动的广泛性和复杂性，高校的经济责任不仅仅是校（院）长个人（法人）的事情，涉及与财经工作相关的方方面面，因此，高校经济责任制实际上必须是一个体系，它要求对各项经济活动必须实行分工协作、层层管理、层层负责，权利与责任结合，使各级领导、各财经工作主管人员分别承担起与其职能相应的经济责任。只有建立并逐步完善了高校财务管理责任制，把经济责任制贯穿于学校财务工作的全过程，才能确保学校财经工作有序地进行。通过考察我国高校经济责任制提出的历史和不同时期经济责任主体的变化，中国高校经济责任划分为“校（院）长领导下的总会计师经济责任制”和“校（院）长经济责任制”两个阶段。

一、建立校（院）长领导下的总会计师经济责任制

总会计师制度是我国在解放初期开始在一些大、中型国有企业实行的一种制度，目的是加强经济核算和会计管理。早在 1963 年，国务院批转了国家经委、财政部《关于国营工业、交通企业设置总会计师的几项规定（草案)》，规定国营工业、交通企业设置总会计师。1978 年，国务院颁发《会计人员职权条例》，规定把总会计师扩大到所有企业。1979 年 11 月 22 日，教育部颁发《教育部部属高等学校〈会计人员职权条例〉实施细则》时就提出了建立总会计师的经济责任制，第五章为“总会计师”，第十四条规定：“凡设立一级财会机构的高等学校，根据工作需要，一般应当设置总会计师，建立总会计师的经济责任制。总会计师既是技术职称，又是行政职务，其职位相当于副校（院）长级”，并规定了高校总会计师的基本职责和工作权限。这是我国教育领域第一次提出“建立总会计师的经济责任制”。1982 年，财政部转发的《教育部部属高等学校财务管理试行办法》中也强调：“部属高等学校应当建立在校（院）长领导下的以总会计师为首的经济责任制，由总会计师协助校（院）长全面领导学校的各项财经工作，并负责处理学校日常财经方面的重大问题，实行‘一支笔’审批财务开支的制度。暂时没有条件设置总会计师的学校，必须责成一位副校（院）长代行总会计师的职权。”

1985 年 1 月 21 日，由全国人大常委会通过的《中华人民共和国会计法》第二十一条规定：“大、中型企业，事业单位和业务主管部门可以设置总会计师，总会计师由具有会计师以上技术职称的人员担任。”这是首次以法律的形式明确了设置总会计师的要求。1986 年 10 月 15 日，国家教委、财政部颁发的《高等学校财务管理改革实施办法》的第三条指出：“高等学校应根据《中华人民共和国会计法》和国家有关规定，建立在校（院）长领导下的，以总会计师为首的经济责任制。总会计师协助校（院）长全面负责学校的各项财经工

作，实行‘一支笔’审批财务开支的制度。”

为贯彻《中华人民共和国会计法》关于“设置总会计师”的要求，1987年10月28日，国家教委印发了《高等学校总会计师工作试行规程》，分总则、职责、权限、任免、奖惩、附则等共六章三十条，全面系统地对在高校试行总会计师制度做了规定。文件指出：“本规程在已设立总会计师的厦门大学、武汉大学、成都科技大学等三校可即着手试行，尚未设立总会计师的学校，应积极创造条件，抓紧设置总会计师。建议清华大学、北京大学、兰州大学、天津大学、吉林大学、大连工学院、上海交通大学、复旦大学、北京师范大学等校也争取首批试行，请上述单位于年底前将试行方案报我委备案。”厦门大学、武汉大学、成都科技大学三所高校试行设置总会计师，开创了高校设置总会计师的先河，具有里程碑的历史性意义。

1990年，国务院发布了《总会计师条例》，对总会计师的地位、职责、权限、任免与奖惩作了完整、全面、系统和具体的规定。根据《总会计师条例》的规定，总会计师是单位里在其单位负责人领导下，主管经济核算和财务会计工作的负责人，其地位属于单位领导成员，协助单位负责人工作，直接对单位领导人负责，总会计师作为单位财务会计的主要负责人，除了全面负责本单位的财务会计管理和经济核算之外，还参与本单位的重大经营决策活动，是单位负责人的参谋和助手。为了保障总会计师的职权，还规定了凡设置总会计师的单位不能再设置与总会计师职责重叠的副职，如负责财务会计工作的副总经理、副厂长等职。

1991年4月，国家教委、财政部印发《高等学校“八五”期间财务工作的若干意见》将“加速推行校院长领导下的总会计师经济责任制”作为“八五”期间高校财务工作的重点，并要求“‘八五’期间高等学校的主管部门应与学校一起积极选拔和培养总会计师。规模较大的高等学校要在1995年前配备完毕。总会计师统一领导高等学校内部的财务管理和会计核算工作”。

1991年10月29日，国家教委、财政部发布了《关于高等院校贯彻〈总会计师条例〉的实施意见》。这是继1987年国家教委发布《高等学校总会计师工作试行规程》之后，又一个全面系统地规定了总会计师的地位、设置和配备等的专门性文件。其比以前规定更明确的有：一是“总会计师纳入中共中央组织部、国家教委党组教党〔1991〕56号文件规定的高校校级领导职数内，凡设置总会计师的高等学校，在学校行政领导成员中，不设总会计师职权重叠的副校（院）长”。二是“尽快培养和造就大批合格的总会计师人才。总会计师人选，可以从学校现任的主管财务副校（院）长中任命，也可以在财务处长和学校的后备干部中培训任。‘八五’期间，国家教委拟根据高等学校的实际情况，举办总会计师培训班，有计划、有步骤地培养总会计师后备人才”。三是

“在校生规模在 3 000 人以上，年资金流量在 1 000 万元以上的普通高等学校，均应积极创造条件，逐步设置总会计师。在校生规模 3 000 人以下的高等学校，……如有符合条件的干部，也可设置总会计师”，“未设总会计师的学校，应积极创造条件，培训干部，在 1995 年以前配齐”。

1993 年修改的《中华人民共和国会计法》再次明确了设置总会计师的要求，与原来的规定相比，主要有这样一些区别：(1) 从国有大、中型企业通过改组、改制、改造转变为国有独资公司、国有控股公司等多种组织形式的实际情况出发，对总会计师的设置范围做了新界定，界定为“国有的和国有资产占控股地位或者主导地位的大、中型企业”；(2) 将原来规定的国有企业“可以设置总会计师”改为“必须设置总会计师”；(3) 考虑到事业单位和业务主管部门情况的变化，删除了原来规定的“事业单位和业务主管部门可以设置总会计师”的规定，对这些单位和部门是否设置总会计师，法律不再作出强制规定。1994 年 11 月 17 日，国家教委发布的《关于当前国家教委委属高校财经工作中几点意见的通知》中再次强调：“为了提高校一级的统筹调控能力，学校的财经管理工作必须实行‘统一领导，分级管理’的原则和体制。有条件的学校应成立由学校主要领导负责的财经领导小组，统一领导协调学校财经工作。”“委属高校日常财经工作原则上坚持实行校（院）长领导下的总会计师经济责任制，没有设置总会计师的，必须建立以校（院）长为首的经济责任制。”“学校内部应建立和完善各级经济责任制，按照财权和事权统一的原则，明确学校领导、校级财务部门和二级财务部门及有关管理人员的经济权限和应承担的职责，进行定期检查和考核，要把有效组织和管理财经工作，作为检查和考核评估的一个不可缺少的内容，要坚持‘一支笔’审批制度，确保财权的合理集中和经济责任制的顺利实施。”

尽管从 1979 年《教育部部属高等学校〈会计人员职权条例〉实施细则》中就提出了高校要“建立总会计师的经济责任制”，其后也多次强调高校必须建立总会计师的经济责任制，并就总会计师制度的推进多次发专门文件。但实际情况是高校并没有真正建立起总会计师的经济责任制，甚至连总会计师岗位的设置也没有得到较好的实施。

二、建立健全校（院）长经济责任制

1997 年颁发的《高等学校财务制度》的第六条明确规定：“高等学校财务工作实行校（院）长负责制。符合条件的高等学校，应设置总会计师，协助校（院）长全面领导学校的财务工作。凡设置总会计师的高等学校，不设与总会计师职权重叠的副校（院）长。规模较小的高等学校，由主管财务工作的校（院）长代行总会计师职权。”该制度进一步理顺了总会计师与校（院）长之间的权责关系，强调了“学校财务工作实行校（院）长负责制”，不再提“总会计师经济责任制”，总会计师的工作是“协助校（院）长全面领导学校的财务工作”。

2000 年 6 月 12 日，教育部与财政部在联合下发的《关于高等学校建立经济责任制、加强财务管理的几点意见》，针对随着高校管理体制改革和内部管理体制改革力度的不断加大，学校自主权不断扩大过程中，财务改革和工作出现的新情况和新问题，强调：“高等学校必须逐步建立健全各级经济责任制。”“高等学校建立健全各级经济责任制，是贯彻实施《高教法》、提高管理水平和避免财经工作失误的必然要求和有效途径。建立健全经济责任制的核心是将权利和义务相结合，使各级领导、各有关部门在经济工作中既要按规定行使权利，又必须按规定履行责任。”明确要求：“建立健全各级经济责任制，首先必须建立健全校（院）长经济责任制。……除按规定建立健全校（院）长经济责任制以外，高等学校必须按照‘统一领导，分级管理’的原则，按校内管理层次分别建立起总会计师或主管财务工作的副校（院）长、财务处长、二级单位财务负责人和基层财务人员等若干个层次的各级经济责任制。一级管好一级，一级带动一级，一直抓到每一个基层经济单位。”这个文件明确了高校“必须建立健全校（院）长经济责任制”，而不是建立“总会计师经济责任制”。

由于高校普遍建立的管理层次是校长、财务处长、二级单位负责人和基层财务人员。这种层次安排一方面因为校长全面主持学校工作而无法真正承担全校的经济责任制，另一方面财务处长的财经管理工作因层次低而乏力。因此，在高校领导班子中配备一名懂经营、善管理、精通财务的总会计师，协助校长全面负责学校的各项财经工作是顺势而为的，这种制度设置，既可以保证学校校长在财务工作中的法人地位和主体责任，同时，因总会计师的专业化管理，也可以避免校长因精力不足和知识结构欠缺而出现对财务管理不到位的问题。在学校财务工作中，校长的主体责任和总会计师的协助与分管责任十分明确。

2007 年 1 月 15 日，财政部、教育部发布的《关于“十一五”期间进一步加强高等学校财务管理工作的若干意见》进一步强调：“进一步深化改革，建立与公共财政体制和现代大学制度相适应的高校财务管理体制与运行机制。”“规模较大的高等学校按国家有关规定经批准可以设置总会计师岗位，协助校（院）长全面领导学校的财经工作，直接对校（院）长负责。”“高等学校总会计师纳入高校领导干部管理，按副校（院）长级干部配备。凡设置总会计师的学校，不再配备与总会计师职责重叠的副校（院）长。”“高等学校总会计师的主要职责是：组织领导学校的财务管理和会计核算工作，参与学校重要经济问题的分析和决策，执行国家有关财经法律、法规、政策和制度，保护国家财产，对违反国家有关财经法律、法规、政策、制度或有可能在经济上造成损失、浪费的行为，有权制止或者纠正等。”2008 年 9 月 17 日，中共教育部党组印发了《贯彻落实〈建立健全惩治和预防腐败体系 2008—2012 年工作规划〉实施办法》第十六条规定：“深化高校财务管理体制改革，健全高校各级经济责任制，探索建立直属高校总会计师制度，继续推行和完善高校内部会计委派制。”2010 年 6 月 21 日，中共中央、国务院公布的《国家中长期教育改革和发展规划纲要（2010—2020 年）》第五十八条规定：“在高等学校试行设立总会计师职务，提升经费使用和资产管理专业化水平。公办高等学校总会计师由政府委派。”2010 年 9 月 21 日，财政部公布的《会计行业中长期人才发展规划（2010—2020 年）》第八条规定：“积极推动行政事业单位设置总会计师。财政部门要探索建立总会计师资格认证制度，为用人单位科学选聘总会计师提供制度保障。”

2011 年 4 月 1 日，教育部、财政部再次颁布了《高等学校总会计师管理办法》。其中，第二条规定：“高等学校设置总会计师岗位。总会计师为学校副校级行政领导成员。”第三条指出：“高等学校总会计师协助校（院）长管理学校财经工作，承担相应的领导和管理责任。”这两条界定了总会计师为高校高管层成员。第十三条指出：“总会计师参加校领导班子年度考核，并向学校主管部门提交述职报告。总会计师年度述职报告应就学校重大经济活动、财务状况、资产质量、财务风险、内控机制等全面报告履职情况，并提出改进措施。”第十四条第三项指出：“学校主管部门对总会计师进行任期经济责任审计和离任审计，对总会计师任职期间的履职情况进行评估。审计事项包括：学校财会内部控制制度的完整性和有效性，学校财务风险控制情况。”因此，总会计师应向学校主管部门报告工作，并接受学校主管部门的经济责任审计和离任审计。这个阶段，教育部直属高校、陕西省等省属高校积极配置总会计师。

2012 年 12 月 19 日，财政部、教育部印发《高等学校财务制度》（财教〔2012〕488 号）规定：“高等学校实行‘统一领导，集中管理’的财务管理体制；规模较大的学校可以实行‘统一领导、分级管理’的财务管理体制。”“高等学校财务工作实行校（院）长负责制。高等学校应当设置总会计师岗位。总会计师为学校副校级行政领导成员，协助校（院）长管理学校财务工作，承担相应的领导和管理责任。凡设置总会计师的高等学校，不设与总会计师职权重叠的副校（院）长。”“高等学校应当单独设置一级财务机构，在校（院）长和总会计师的领导下，统一管理学校财务工作。”2014 年 11 月 17 日，《教育部关于加强直属高校直属单位财务队伍建设的意见》（教人〔2014〕6 号）强调要“进一步完善总会计师管理制度”，“完善选聘任用方式。继续推进和完善直属高校总会计师选聘、委派制度”，“着力加强履职能力”，“完善考核评价机制”。2015 年 5 月 22 日，《教育部关于直属高校落实财务管理领导责任严肃财经纪律的若干意见》(教财〔2015〕4 号)，强调“推进高校总会计师公开选拔和委派工作。各地要按照《高等学校总会计师管理办法》的要求，在试点基础上，加快推进高校总会计师公开选拔和委派工作，提升经费管理专业化水平”。2018 年 8 月 17 日，《国务院办公厅关于进一步调整优化结构提高教育经费使用效益的意见》(国办发〔2018〕82 号)强调：“全面增强管理能力。……推动落实并探索创新高等学校总会计师委派制度。”

建立健全校长经济责任制，其核心是责任、义务和权利相结合，使学校的财经工作做到有章可循、有法可依、有责可究，现在大部分高校有关的重大经济决策和经济计划都是由校一级领导成员决定，由其代行总会计师职责。在高校推行总会计师制度，总会计师协助校（院）长管理学校财务工作，承担相应的领导和管理责任，是高校财务管理体制的创新，这是贯彻落实国家《会计法》对高等学校现行财经管理体制进行的一项重大改革，也是完善高等学校领导体制的一个重要方面。总会计师作为学校财经工作的重要负责人，行使教育部颁布的《高等学校总会计师管理办法》中规定的职权，并直接对校（院）长负责，这不仅强调了校长法定的权力和责任，而且明确了总会计师在学校财经工作和财务管理中的领导作用，也有利于总会计师开展工作。通过这项改革，建立以总会计师为专业主管的、纵横结合的经济管理系统，对于改善学校财经管理，提高办学校效益，促进学校各项事业的发展，具有重大的意义。尽管教育部十分重视在高校推行总会计师制度，并采取了大量措施，比如在部属高校委派总会计师，多次举办总会计师培训班，培养总会计师后备人选等，但由于多方面的原因，总会计师制度在高校实行的情况仍很不理想，在高校推行总会计师制度仍任重道远。要在高校推行总会计师制度，必须做好以下工作：

(1) 主管部门的重视，是设置总会计师岗位的前提。虽然《中华人民共和国会计法》《总会计师条例》都明确规定了高校可以设置总会计师岗位，但总会计师是校级领导成员，这个岗位的设置，牵涉校级领导职数和校级领导的分工，这不是学校内部可以解决的，必须在教育主管部门和财政部门高度重视总会计师在现代高校管理中的重要作用和设置这一岗位紧迫性的前提下，与组织、人事、财政等多部门共同努力，统筹考虑，才能解放思想，排除顾虑，争取尽快到位上岗。

(2) 人员的选用与安排，是落实总会计师岗位职责的保证。作为总会计师，除必须有深厚的专业知识和财务、税务、工商等法制观念外，还必须有战略意识、全局观念和系统思想，要站得高、看得远、想得深；须从实际出发，善于独立思考，勇于开拓创新，不怕担风险；重视群众意见和人际沟通。因此，在遴选总会计师时，要大胆启用那些有胆识、有知识、有能力、有魄力、勇于负责任的能人。

(3) 加强总会计师队伍的管理，是履行职权，维护其权威性的保障。虽然《中华人民共和国会计法》赋予了总会计师职责和地位，但要真正发挥其作用，还须加强对总会计师队伍的领导和管理，不断提高其职业道德水平，改进其知识结构，增强其工作能力，维护总会计师的合法权益。

第四节　财务机构设置与会计人员管理

《中华人民共和国会计法》明确规定："各单位应当根据会计业务的需要，设置会计机构，或者在有关机构中设置会计人员并指定会计主管人员；不具备设置条件的，应当委托经批准设立从事会计代理记账业务的中介机构代理记账。"高校按照《中华人民共和国会计法》的规定设置会计机构和会计人员，并大力加强财会机构和财务队伍建设。

一、财务机构设置

学校是一个具有独立开展各项教育事业活动的事业法人单位，它在国家财政预算管理体系中是一个基层单位，必须根据《中华人民共和国会计法》及有关财务会计的法律规章制度的要求，设置专门的财务机构，独立开展财务管理和会计核算，为财政部门、上级主管部门、学校领导及其他有关方面提供财务信息资料。学校财务机构的设置必须有利于加强学校财经工作管理，并且与所实行的财务管理体制相适应。学校财务机构设置在学校组织机构中的地位直接关系到其管理作用的发挥。

（一）高校财务机构由总务部门下属二级科室升格为校一级财务处（室）

改革开放前，由于高校经费来源单一，经济活动单纯，学校财务部门的主要工作是记账、算账和报账，属于核算报销型，因此，学校财务工作不被人们重视，地位也不高，学校财务机构设置只是学校总务处下面的一个科室，即由总务处下的财务科负责全校的财务工作。1979 年，教育部颁发的《教育部部属高校〈会计人员职权条例〉实施细则》第四条规定："部属院校都必须单独设置财务处（室），作为学校的一级机构，在校（院）长的直接领导下和上级部门的指导下，统一管理全校的财务会计工作。"第五条还特别强调："学校校办工厂和其他业务部门，根据工作需要必须配备专职财会人员或设置财会机构的，在业务上，受学校财务处（室）的指导、监督。"文件下发后，在国家教委的部署下，国家教委直属高校很快将在总务处下设的财务科，升格为校（院）长直接领导下的财务处，成为学校一级财务综合管理部门。此后，其他中央部委院校和地方高等院校也相继成立了财务处。

高校财务机构设置由学校总务部门下属的二级科室升格为校一级财务处(室)，机构地位的这一变化既体现了各级领导对高校财会工作重视程度的提高，更体现了高校财务机构职能的转变和作用的增强，这为高校财会工作的转轨变型提供了坚实的组织体制上的保证。这一转变也实现了高校财会工作从简单的记账、算账、报账的核算型，向生财、聚财和理财的管理型的转变。

（二）强调高校财务机构是学校唯一的一级财务机构

财政部和国家教委三令五申，要求各高等院校必须建立健全财务机构，以加强对学校财务和各项资金的管理，并着重强调学校的财务处（室）是学校唯一的一级财务机构，是学校财经管理的职能部门，应在校（院）长和总会计师的直接领导下，对全校的财经活动进行归口管理。

1991 年 4 月 8 日，国家教委、财政部共同印发的《高等学校“八五”期间财务工作的若干意见》强调：“财务处是学校实行财务工作统一领导的职能机构，要加强财务处对全校财务工作的领导作用。……不得在财务处之外设立同级预算外财务机构，已经设立的要立即撤销。”1994 年 11 月 17 日，国家教委下发的《关于当前国家教委委属高校财经工作中几点意见的通知》特别强调：“财务处作为财经管理的职能部门，应对全校的财经活动实施归口管理。各校均不得在财务处之外，设立同级财务机构。”

1997 年颁布的《高等学校财务制度》第七条重申了学校财务处（室）作为学校一级财务机构的地位，指出“高等学校必须单独设置财务处（室），作为学校的一级财务机构，在校（院）长和总会计师的领导下，统一管理学校的各项财务工作，不得在财务处（室）之外设置同级财务机构”。第八条明确了校内其他部门设置的财务机构只能作为学校二级财务机构：“高等学校校内后勤、科技开发、校办产业及基本建设等部门因工作需要设置的财务机构，只能作为学校的二级财务机构，其财会业务接受财务处（室）的统一领导。高等学校二级财务机构必须遵守和执行学校统一制定的财务规章制度，并接受财务处（室）的监督和检查。”2007 年，财政部、教育部联合下发的《关于“十一五”期间进一步加强高等学校财务管理工作的若干意见》中再次强调：“高等学校的财务部门是负责学校财务管理的综合机构，在校（院）长和总会计师的领导下，参与学校财经决策的讨论和有关规定制定工作，对学校各类经济活动实施管理、核算和监督。”

2012 年 12 月 19 日，财政部、教育部印发《高等学校财务制度》规定：“高等学校应当单独设置一级财务机构，在校（院）长和总会计师的领导下，统一管理学校财务工作。”“高等学校校内非独立法人单位因工作需要设置的财务机构，应当作为学校的二级财务机构。二级财务机构应当遵守和执行学校统一制定的财务规章制度，并接受学校一级财务机构的统一领导、监督和检查。”

由于教育部和财政部的高度重视，高校财务机构作为学校一级机构设置的地位得到了落实和巩固，其管理职能大大加强，作用得到了较为充分的发挥。

二、会计人员管理

（一）财会人员的配备

改革开放初期，由于历史的原因，高等学校财会人员青黄不接、数量不足、素质不高的情况相当严重。为了改变这一面貌，教育部和各级教育行政部门为加强财会队伍建设做了大量工作。

1979 年 11 月 22 日，教育部发布的《部属高等学校〈会计人员职权条例〉实施细则》第六条规定："学校专职财会人员的编制比例，一般可按本校教职工总人数的百分之一到百分之一点五配备。财会人员的范围：包括财务部门、校办工厂、基建、物资以及膳食等单位专职从事财务会计工作的人员。各校财会人员的编制配备，由学校人事部门和财务部门共同研究提出方案，报经校（院）长批准后执行。"1986 年 10 月 15 日《高等学校财务管理改革实施办法》强调："高等学校应重视财会队伍的建设，采取有力措施，充实财会队伍，通过培训，提高财会人员的素质。"1986 年 11 月 20 日，国家教委职称改革工作领导小组办公室发布的《国家教委直属高等院校会计人员实行〈会计专业职务试行条例〉实施细则》第三条规定："直属高等院校会计专业职务必须在规定的限额和批准的编制内设置，职务定额与结构比例必须与所承担的任务及按任务确定的编制相适应。"第二十一条规定："直属高等院校各级会计专业职务的设置，应根据会计人员的编制定员、专业职务限额比例、所担负的任务和会计干部队伍的实际情况确定，并按规定的程序报经国家教委批准。"1991 年 4 月 8 日，国家教委、财政部共同印发的《高等学校"八五"期间财务工作的若干意见》强调"加强财会队伍建设""充实提高财会队伍。高校等学校要根据工作任务不断充实财会队伍，注意财会队伍的年龄、专业知识、学历的结构和层次。"

2012 年 12 月 19 日，财政部、教育部印发的《高等学校财务制度》规定："高等学校财务机构应当配备专职财会人员。财会人员应当具备与其工作岗位相适应的资格和能力。财会人员的调入、调出、专业技术职务评聘以及校内二级财务机构负责人的任免、调动或者撤换，应当由学校一级财务机构会同有关部门办理。"2013 年，《教育部关于开展"教育经费管理年"活动进一步用好管好教育经费的通知》强调："推动各级各类学校配备合格财会、内部审计机构和人员。各地要深入了解学校财会、内审机构和人员配备情况，按照国家有关基本配备标准的规定，推动配备合格机构和人员。同时，要关心财务、内审人员的工作、生活和发展需求，以人为本，研究提出或制定出台提升队伍整体素质的政策措施。”2014 年 11 月 17 日，《教育部关于加强直属高校直属单位财务队伍建设的意见》从充分认识加强教育财务队伍建设的紧迫性，切实落实单位领导班子在财务管理工作中的主体责任，进一步完善总会计师管理制度，严格按要求选好配好财务机构负责人，加强财务人员配备和规范管理，切实提高财务干部的素质和能力等六个方面，以专题形式系统地提出了对高校财务队伍建设的意见。并特别强调“加强财务人员配备和规范管理”，“合理配备编制。各单位应当根据单位实际、经费收支规模、财务部门职责及当前对财务管理工作的新要求，加强财务工作力量，科学合理配备财务人员编制和数量，并按事业发展需要动态调整，以保证财务工作正常开展。鼓励目前尚无独立财务管理机构的单位，逐步创造条件设立单独的财务机构。不具备设置条件的，应在有关机构中配备专职会计人员，并在专职会计人员中指定会计主管人员。按照人尽其才、人岗相适的原则选配人员，逐步优化性别、年龄、学历和职称结构，并保持财务干部队伍的相对稳定”。2018 年 8 月 17 日，《国务院办公厅关于进一步调整优化结构提高教育经费使用效益的意见》强调：“完善教育财务管理干部队伍定期培训制度，实现全员轮训，增强专业化管理本领。加强学校财会、审计和资产管理人员配备，推动落实并探索创新高等学校总会计师委派制度，加强学生资助、经费监管、基金会等队伍建设。”

教育部和各级教育行政部门高度重视财会队伍建设，加强财务人员配备和规范管理，采取多种形式，举办各种专修科、进修班，培养、培训财会人员，为高校在职财会人员业务素质的提高提供了条件；大胆选拔财会骨干，积极引进优秀高校财会毕业生，开展评审专业技术职务，使整个高等学校财会队伍的素质有了很大的提高。

（二）实行会计人员委派制度

按现行会计人员的一般管理体制，财会人员的人事任免权、管理权在用人单位，业务指导和制度建设权在财政部门，这种会计人员管理体制易造成弊端。具体表现为会计人员的双重身份，不利于按统一的标准和价值观实施会计监督，会计人员的自主确定，不利于财政部门对会计人员的监督和保护，财政部门管理会计人员的职能难以充分发挥。我国对现行会计人员管理体制进行了改革探索，实行会计人员委派制度。会计人员委派制又称会计委派制，是政府部门和产权管理部门以所有者身份，委派会计人员代表政府和产权管理部门监督国有单位或集体企业资产经营和财务会计情况的一种制度。

为规范会计行为、强化会计监督、根治会计信息失真、杜绝贪污受贿、避免国有资产流失，1998 年 1 月 22 日闭幕的中纪委二次全会提出，改革会计人员管理体制，在国有企业、国有控股企业进行会计委派制度试点。各地区、各部门勇于探索，大胆实践，因地制宜，积极开展会计委派制试点工作，并取得了一定的成绩。2000年召开的中纪委四次全会和国务院第二次廉政工作会议，以及九届全国人大三次会议审议通过的《政府工作报告》，都提出要进一步推行会计委派制度试点，把贯彻实施《中华人民共和国会计法》同推行会计委派制结合起来。2000年9月7日，财政部、监察部联合印发的《关于试行会计委派制度工作的意见》成为我国政府委派会计师的法规依据。该意见指出："从改革会计人员管理体制入手，由政府部门或产权单位作为所有者，向国有单位或集体企业委派会计人员，受委派人员代表委派部门监督被委派单位的会计行为和经济活动，并在业务上受被委派单位领导，通过会计核算参与其内部管理。"文件充分肯定了会计委派制是加强会计监督和管理中的有效形式，"从实际效果看，由于明确了委派会计人员相对独立的监督地位，并注重加强对委派会计人员的日常管理，试行会计委派制度有利于全面发挥会计人员的职能作用，保证会计信息的真实、完整，提高会计信息质量；有利于帮助被委派部门和单位依法理财，规范预算管理和财政资金使用，加强国有资产管理；有利于强化内部制约和外部监督，堵塞财务管理漏洞，从源头上预防和治理腐败。"实施财会人员管理体制改革的总体目标是要达到"五个确保"，即确保会计信息的真实可靠、确保委托者的合法权益、确保会计主体负责人的正当权益、确保资金的使用效率（益）和确保会计人员能够发挥主观能动性。

教育部在高校积极推行会计人员委派制。高校会计委派制是指高等学校代表所有者，以高校财务处作为会计人员委派的执行单位和管理单位，向二级学院或二级单位委派会计人员管理其财务的制度。2020年，教育部、财政部印发的《关于清理检查直属高校资金往来情况、加强资金管理确保资金安全的通知》第二条规定："加强资金集中管理，实行会计委派制。各校还须切实加强对二级单位（包括基金会）的财务管理和监督，按照财政部、监察部《关于试行会计委派制度工作的意见》（财会字〔2000〕12号）的有关规定，对二级单位实行会计委派制。学校要明确委派会计人员的职责、权限、与被委派单位的关系，发挥委派会计人员的监督作用，保证委派会计人员正确履行职责。同时，也要加强对委派会计人员的管理、监督和审计。"2004年10月18日，教育部、财政部印发的《关于进一步加强直属高校资金安全管理的若干意见》第八条规定："各校应按照财政部、监察部《关于试行会计委派制度工作的意见》的有关规定，对二级单位实行会计委派制。学校要明确委派会计人员的职责、权限、与被委派单位的关系，发挥委派会计人员的监督作用，保证委派会计人员正确履行职责。同时，也要加强对委派会计人员的管理、监督和审计。"目前，全国大多数高校对二级单位实行会计委派制。

实行会计委派制涉及会计人员管理权限和会计监督职能的调整，委派会计的职责主要是监督被委派单位的资产运营情况，对国有资产流失承担相应的责任；监督被委派单位财务收支活动，对上报的财务报告的真实性、合法性负责；监督被委派的单位执行财经纪律情况，对违反国家财经纪律的行为承担相应的责任。委派会计的权限主要是审核被委派单位对外报送的财务报告，并与被委派单位管理层共同确认其真实性、合法性；参与拟订被委派单位的财务制度，监督检查各项财务运作和资金收支情况；对重大财务收支项目，与单位管理层联签批准；参与拟订被委派单位的年度预、决算方案；审核被委派单位的重大经济合同和新项目投资可行性报告。由于管理范围不尽相同，委派目的多样，委派方式五花八门。从各高校实施的情况看，归纳起来，会计委派主要有以下几种方式：

（1）财务总监或总会计师制。对那些占有学校资产较多、业务量较大的大中型企业或集团公司，如后勤总公司、上市公司、产业集团公司等可实行财务总监或总会计师委派制。委派主体是学校，财务总监或总会计师以校方代表身份进入监事会，对校方负责，独立行使财务管理监督权，列席公司董事会，对公司的发展决策提供战略性意见，实施控制职能。财务总监或总会计师的工资、津贴及奖金由学校统一管理和发放。

（2）主管会计委派制形式。对那些经营规模较小，经济活动量不大的校办企业、二级核算单位等可实行主管会计委派制。委派主体是学校财务处，其职务任免、职称晋升、人事档案等由学校相关部门管理，工资、津贴及奖金由学校统一管理和发放。

（3）财务集中制形式。财务集中制是指成立学校财务会计核算中心，对那些与学校财务收支口径相近或基本一致的二级核算的单位，由财务处根据收支预算，指定某一会计人员负责几个单位，比照学校的开支标准，与学校财务同步列收列支。委派会计的具体职责与权限根据学校委派的侧重点和派往单位的情况而定，并在委派合同中明确规定，同时根据委派会计的责权确定业绩考核标准，在委派合同中以明晰、量化的条款表述，充分保证委派人员能有理、有据、有节地独立开展会计监督和会计服务工作。

高校内部推行会计人员委派制从解除会计人员双重身份入手，会计人员被赋予独立人地位，不再依附于工作所在单位及其领导，这对于解决财务分散、财经纪律松弛、资产管理混乱等问题起到积极的作用；有利于学校整体财务管理体制，有利于各单位行使自主权，也有利于会计人员依法行使监督和管理权。但是高校会计委派制也存在种种问题。首先，会计委派制过分强调会计的监督职能，弱化了会计的预测、分析、决策等其他职能，容易使受派单位领导对委派会计人员消极应对，使会计这一领导的参谋没有了用武之地，不利于会计管理职能的整体发挥；其次，由于会计人员为派出人员，受派单位的一些日常经济活动甚至重大活动，会计人员往往不知晓内情，无法真实了解受派单位的财务活动过程；最后，委派会计人员的权益没有得到充分保障等。

（三）教育财会人员培训

近些年来，教育部十分重视高素质专业化教育财务管理干部队伍建设，从强化财经工作管理和监督，完善教育治理体系，提升教育治理能力现代化水平的迫切需要出发，提出积极开展全国教育系统财务人员培训，努力建设信念坚定、德才兼备、勤政务实、清正廉洁的教育财务干部队伍，为优先发展教育事业、加快教育现代化、办好人民满意的教育提供更加有力的人才保障和智力支持。

2013 年，《教育部关于开展“教育经费管理年”活动进一步用好管好教育经费的通知》提出：“加强教育财会、内部审计人员全员培训。各地要按照统一规划和要求，研究制订本地区教育财会、内审人员培训实施方案，以提高政治素质、业务能力和职业道德为重点，以教育行业财务、会计制度为抓手，加强各级教育部门、各级各类学校财会、内审人员培训，探索建立规范化、制度化的全国教育系统财会、内审人员培训制度。”同年，教育部印发《全国教育系统财务管理干部培训实施方案（2014—2017 年）》提出培训的主要目标是：“建立规范化的教育系统财务管理干部培训制度。形成培训责任明确，培训格局合理，网络平台高效的培训管理机制。形成培训计划不断完善，培训内容和方式不断创新，培训评估更加科学的培训运行机制。形成优秀培训师资充裕，培训课程和教材体系完备，培训经费稳定增长的培训保障机制。”“实现对教育系统财务管理干部的全员轮训”，“培养一批教育财务系统骨干人才”。2014 年 11 月 17 日，《教育部关于加强直属高校直属单位财务队伍建设的意见》提出：“建立财务人员职业培训长效机制。各单位要认真落实《全国教育系统财务管理干部培训实施方案（2014—2017 年）》要求，研究建立财务人员职业培训长效机制，不断提高财务人员综合素质。”2015 年，《教育部关于直属高校落实财务管理领导责任严肃财经纪律的若干意见》强调：“进一步优化财务队伍结构，推动专业化建设。科学制订财务骨干人才培养培训方案，支持财务人员参加继续教育。加强学校财会队伍党风廉政建设、工作作风建设和财务部门文化建设，建设业务精湛、视野开阔、作风过硬的教育财务队伍。”2018 年 8 月 17 日，《国务院办公厅关于进一步调整优化结构提高教育经费使用效益的意见》强调：“完善教育财务管理干部队伍定期培训制度，实现全员轮训，增强专业化管理本领。”

2018 年 12 月 28 日，教育部印发《全国教育系统财务管理干部培训实施方案（2018—2022 年）》提出培训的主要任务是：“1. 教育系统财务管理干部培训实现全员覆盖。用 5 年左右时间将教育系统全体财务、审计、资产管理人员以及经济活动关键部门负责人轮训一遍，加强对新入职财务人员培训。落实全国教育系统干部培训有关学时要求，处级和高级职称以上干部5年内参加各种培训的累计时间，不少于3个月或者550学时；科级和中级职称及以下干部每年参加培训累计不少于12天或者90学时。教育财务管理干部一般每年至少参加1次1周左右的教育财务专业化能力专题培训；参加各类财务网络培训学时数原则上不少于50学时/年，其中，参加全国教育系统财务干部网上学习平台学时数不少于15学时/年。2. 培养一批适应新时代新要求的教育财务系统骨干人才。5年内培养出一支120人左右的业务精湛、视野开阔、能力过硬、作风优良的教育部财务骨干队伍；培养一批专业知识扎实、专业能力过硬、专业作风严谨的教育财务管理干部。各级教育行政部门根据工作需要，抓好教育财务骨干培养工作。”

教育系统要进一步重视财会队伍建设，必须从以下几个方面加大财会人员培训力度：一是完善培养机制。把财会队伍建设纳入学校人才队伍建设的整体规划，有计划、分步骤地配备高层次、高素质人员，着力改善财会队伍结构。创造良好成长环境，积极推进学校财务管理后备干部的选拔和培养工作，充分激发财务管理人员干事创业的活力。要加强财会人员的培养和考核，鼓励、吸引、保持优秀人才从事财务工作。二是建设学习型组织。持续推进学习型、创新型组织建设，形成主动学习、终身学习的意识，主动适应经济新常态，适应管理新要求，紧密结合高校财务工作特点，完成财务管理工作转型升级。三是建立财务负责人轮训机制。应强化所属高校财务主管领导和财务部门负责人的岗位培训，组织定期或不定期的财经政策及业务培训，提升高等学校财务负责人的政策理论水平和理财能力。四是注重培养财务骨干人才。科学制订财务骨干人才培养培训方案。有计划、有目的地安排骨干人才在不同岗位、不同部门之间轮岗交流，建设业务精湛、视野开阔、素质综合、能力过硬的教育财务骨干人才队伍。五是坚持财会人员继续教育制度。高等学校要坚持财会人员继续教育制度，加强财会人员的政治理论学习和专业技能培训，不断提高财会人员的思想政治素质和业务能力水平。六是加强财会文化建设。高等学校财会人员必须强化全局意识、责任意识、创新意识和服务意识，提高自身的职业道德水平和业务能力水平，加强工作作风建设和财务部门文化建设，建设业务精湛、视野开阔、作风过硬的教育财务队伍。

第五节　高校财务治理结构的多重关系

党的十八大以来，高校在完善财务管理体制、优化财务运行机制等方面做了富有成效的探索。在完善财务组织结构方面，加强高校党委对财务管理工作的领导，完善财务管理工作校长负责制，建立健全各级经济责任制。在健全财务管理体制方面，完善统一领导的财务管理体制，形成归口管理的资产管理体制，探索校院两级分权管理体制。在优化财务运行机制方面，建立以预算为核心的财权分配机制、以目标为导向的资源分配机制、以市场规律为基础的企业资产管理机制、以内部控制为载体的约束机制。在新的历史时期，进一步建立和完善中国高校财务治理结构必须处理好以下几个方面的关系。

一、政府与高校的关系

2018 年 12 月 29 日，第十三届全国人民代表大会常务委员会第七次会议通过修订后的《中华人民共和国高等教育法》，其第六条规定："国家根据经济建设和社会发展的需要，制定高等教育发展规划，举办高等学校，并采取多种形式积极发展高等教育事业。国家鼓励企业事业组织、社会团体及其他社会组织和公民等社会力量依法举办高等学校，参与和支持高等教育事业的改革和发展"，第十一条规定："高等学校应当面向社会，依法自主办学，实行民主管理"，第二十四条规定："设立高等学校，应当符合国家高等教育发展规划，符合国家利益和社会公共利益"，第三十条规定："高等学校自批准设立之日起取得法人资格。高等学校的校长为高等学校的法定代表人。高等学校在民事活动中依法享有民事权利，承担民事责任。"高校要完善内部治理结构，就必须按照《中华人民共和国高等教育法》的规定理顺与政府之间的关系。

首先，政府是公办高校的设立者，通过委派领导行使办学权。我国公办高校均由国家设立，政府是公办高校的出资者和设立者，政府与高校之间存在着委托代理关系。作为产权代表的政府主管部门主要是通过向高校选派主要负责人行使出资者和设立者的权利，高校主要负责人代表政府参与高校管理，行使决策权，确保高校执行中国共产党的路线、方针、政策，坚持社会主义办学方向，贯彻国家的教育方针，为社会主义现代化建设服务，为人民服务，为国家培养德、智、体、美、劳等方面全面发展的社会主义建设者和接班人。政府通过选派主要领导人的形式行使对高校的管理权，一方面使政府主管部门的政策和任务能得到有效贯彻落实，另一方面也避免行政直接干预，有利于保障学校办学自主性和独立性。

其次，建立政府宏观管理、学校面向社会自主办学的体制。政府与公办高校之间虽然是委托代理关系，但高校作为独立的法人单位，自身依法享有治理权利，因此，必须理清两者之间的权利界限。受计划经济时代体制的影响，国家长期对高校实行行政化管理，使高校法人主体地位难以得到确立。完善中国特色现代大学制度，必须破除束缚高等教育改革发展的体制机制障碍。1994 年 7 月 13 日，《国务院关于〈中国教育改革和发展纲要〉的实施意见》中明确指出："深化高等教育体制改革，建立政府宏观管理、学校面向社会自主办学体制。""通过立法，明确高等学校的权利和义务，扩大学校的办学自主权，使学校真正成为面向社会自主办学的法人单位。"因此，政府要真正确立校长法人代表的地位，依法给予高校充分的自主权，切实保障高校财务治理中的相关权益。2017 年 3 月 31 日，教育部、中央编办、发展改革委、财政部、人力资源社会保障部等五部门印发的《关于深化高等教育领域简政放权放管结合优化服务改革的若干意见》(教政法〔2017〕7 号) 中提出了"完善和加强高校经费使用管理"的简政放权的意见："改进高校经费使用管理。……改进项目管理方式，完善资金管理办法，采取额度管理、自主调整等措施，进一步扩大高校项目资金统筹使用权。进一步完善高校国库集中支付范围划分，逐步扩大财政授权支付范围。""扩大高校资产处置权限。"政府要通过深化教育经费投入、使用和管理体制机制改革，推进教育财务领域"放管服"改革，进一步向高校放权，给高校松绑减负，让学校拥有了更大办学自主权，充分调动了高校办学的积极性、主动性和创造性，激发了办学活力，进而推动了高校事业的快速发展。

二、党委会与董（理）事会的关系

《中华人民共和国高等教育法》第三十九条规定："国家举办的高等学校实行中国共产党高等学校基层委员会领导下的校长负责制。"国家以法律形式确定的高等学校党委领导下的校长负责制，为强化党对高等学校的领导地位和完善学校的管理提供了法律保障。董事会是我国高校办学管理模式的新探索。2010 年国务院发布的《国家中长期教育改革和发展规划纲要》提出，"探索建立高等学校理事会或董事会，健全社会支持和监督学校发展的长效机制"。这是我国首次在国家教育政策的层面上提到了董事会，但时至今日仍处于探索阶段，国家并没有关于高校董事会的法律地位与组织制度的清晰规定。由于我国各高校之间的办学性质不同，各高校与董事会之间由于责权利不同也就存在着较大差异，因此各高校董事会存在不同的类型。从董事会的责权利角度来区分，高校董事会可以划分为三种类型，分别是：决策型、半决策型和咨询指导型。我国公立高校董事会基本属于咨询指导型董事会。2014 年 7 月 16 日，教育部印发的《普通高等学校理事会规程（试行)》第二条指出："本规程所称理事会，系指国家举办的普通高等学校（以下简称：高等学校）根据面向社会依法自主办学的需要，设立的由办学相关方面代表参加，支持学校发展的咨询、协商、审议与监督机构，是高等学校实现科学决策、民主监督、社会参与的重要组织形式和制度平台。高等学校使用董事会、校务委员会等名称建立的相关机构适用本规程。"完善内部治理结构，形成以章程为统领的制度体系；完善民主管理和监督机制，探索师生代表参与学校决策的机制，构建社会参与机制，健全各利益主体之间的协商、合作机制是公办高校治理结构改革的方向。公办高校财务治理结构改革只有处理好党委会与校董事会之间的关系，才能实现良性运作。

首先，党委会是高校财务的最高决策机构，董事会是高校财务的咨询与监督机构。坚持党委的领导核心地位，是财务治理决策机构的根本。党委会是国家政治与党对高校领导工作的具体体现，代表国家对高校的办学方向和宏观政策给予指引与监督。《中华人民共和国高等教育法》明确规定党的领导职责主要是："执行中国共产党的路线、方针、政策，坚持社会主义办学方向，领导学校的思想政治工作和德育工作，讨论决定学校内部组织机构的设置和内部组织机构负责人的人选，讨论决定学校的改革、发展和基本管理制度等重大事项，保证以培养人才为中心的各项任务的完成。"高校党委对学校工作实行全面领导，发挥把方向、管大局、作决策、保落实的重要作用。在财务治理决策结构中，党委会是学校重大财务事项，全局性的投资、筹资、支出项目的决策机构。公办高校董事会是学校根据面向社会自主办学和学校自我发展需要，设立的由多元利益相关者参与咨询议事与监督机构，是高等学校实施科学决策、民主监督，促进社会参与的重要治理主体和组织形式。根据教育部发布的《普通高等学校理事会规程（试行)》规定，高校理事会在财务管理中的主要职责是："就学校发展目标、战略规划、学科建设、专业设置、年度预决算报告、重大改革举措、学校章程拟定或者修订等重大问题进行决策咨询或者参与审议"；"参与审议学校开展社会合作、校企合作、协同创新的整体方案及重要协议等，提出咨询建议，支持学校开展社会服务"；"研究学校面向社会筹措资金、整合资源的目标、规划等，监督筹措资金的使用"。董事会是支持学校发展的咨询、协商、审议与监督的机构，而不是决策机构。因此，我国公立高校党委会与董事会之间是决策者与咨询监督者的关系。

其次，党委书记兼任高校董事会主席，有利于发挥董事会多元主体参与决策的优势。高校董事会制度的健全与推广将对建设中国特色现代大学制度、完善高等学校内部治理结构能发挥重要作用，其关键在于其多元主体的代表性所体现的对高校决策民主性的价值和意义①。《普通高等学校理事会规程（试行)》规定，高校理事会一般应包含以下方面的代表："（一）学校举办者、主管部门、共建单位的代表；（二）学校及职能部门相关负责人，相关学术组织负责人，教师、学生代表；（三）支持学校办学与发展的地方政府、行业组织、

① 王宗正：《法人治理结构视域下的我国公立高校董事会》，《高等教育研究》2014年第1期。

企业事业单位和其他社会组织等理事单位的代表；（四）杰出校友、社会知名人士、国内外知名专家等；（五）学校邀请的其他代表。”这种高校董事会成员多元主体的代表性，具有反映各利益相关方的声音，充分体现民主性的优势。既充分发挥了这种民主性的优势，又体现了中国高校治理的政治特色。在实行党委领导下的校长负责制的体制下，可借鉴企业双向进入、交叉任职的经验，建立党委书记兼任董事会主席的董事会领导体制，这样既确保党委在高校董事会中的领导地位，也能保证党委在重大决策时充分听取董事会的意见，体现高校决策的民主性，从而能够更多地吸取和调动各方资源为高校的管理和发展贡献力量。

三、党委领导与校长法人的关系

《中华人民共和国高等教育法》第三十条规定：“高等学校自批准设立之日起取得法人资格。高等学校的校长为高等学校的法定代表人。高等学校在民事活动中依法享有民事权利，承担民事责任。”同时，第三十九条还规定：“国家举办的高等学校实行中国共产党高等学校基层委员会领导下的校长负责制。中国共产党高等学校基层委员会按照中国共产党章程和有关规定，统一领导学校工作，支持校长独立负责地行使职权。”国家以法律形式既确定了高校校长的法定代表人地位，也确定了党的领导地位，为完善学校管理提供了法律保障。2014 年 10 月，中共中央办公厅印发的《关于坚持和完善普通高等学校党委领导下的校长负责制的实施意见》强调：“党委领导下的校长负责制是中国共产党对国家举办的普通高等学校（以下简称‘高等学校’）领导的根本制度，是高等学校坚持社会主义办学方向的重要保证，必须毫不动摇、长期坚持并不断完善。”但实际上在财务管理中，高校的党委会领导和校长法人负责的治理结构体现的是一种决策权与执行权之间的关系。基于高校治理结构的特殊性，高校建立的是党委统一领导、党委决策、行政执行、党政分工合作、协调运行的工作机制。

党委会是最高决策机构，对学校工作实行全面领导。《中华人民共和国高等教育法》第三十九条规定，党委领导职责主要是：“执行中国共产党的路线、方针、政策，坚持社会主义办学方向，领导学校的思想政治工作和德育工作，讨论决定学校内部组织机构的设置和内部组织机构负责人的人选，讨论决定学校的改革、发展和基本管理制度等重大事项，保证以培养人才为中心的各项任务的完成。社会力量举办的高等学校的内部管理体制按照国家有关社会力量办学的规定确定。”《关于坚持和完善普通高等学校党委领导下的校长负责制的实施意见》中对高校党委的基本职责做了具体阐释：“高等学校党的委员会是学校的领导核心，履行党章等规定的各项职责，把握学校发展方向，决定学校重大问题，监督重大决议执行，支持校长依法独立负责地行使职权，保证以人才培养为中心的各项任务完成。”“党委实行集体领导与个人分工负责相结合，坚持民主集中制，集体讨论决定学校重大问题和重要事项，领导班子成员按照分工履行职责。”“党委书记主持党委全面工作，负责组织党委重要活动，协调党委领导班子成员工作，督促检查党委决议贯彻落实，主动协调党委与校长之间的工作关系，支持校长开展工作。”2017 年 3 月 31 日，《教育部等五部门关于深化高等教育领域简政放权放管结合优化服务改革的若干意见》（教政法〔2017〕7 号）强调“完善高校内部治理”，“加强党对高校的领导。高校要坚持和完善党委领导下的校长负责制，高校党委对本校工作实行全面领导，对本校党的建设全面负责，履行管党治党、办学治校的主体责任，落实党建工作责任制，切实发挥领导核心作用。坚持党管干部、党管人才，落实‘三重一大’决策制度”。这就是说高等学校党委的领导职责主要是：执行中国共产党的路线、方针、政策，坚持社会主义办学方向，领导学校的思想政治工作和德育工作，在学校重大问题和重要事项中起决策作用。

关于学校党委在学校财经工作中的地位和作用，2015 年 5 月 22 日，《教育部关于直属高校落实财务管理领导责任严肃财经纪律的若干意见》做了具体说明，“全面贯彻执行党和国家财经方针政策和决策部署，持之以恒深入贯彻落实中央八项规定精神。严格遵守国家财经法律法规，真抓真管，使财经纪律真正成为带电的高压线。积极配合上级主管部门做好总会计师委派工作，选好用好财务机构负责人。讨论决定事关学校改革发展稳定的重大财经事项和管理制度，健全规范学校财务管理的长效工作机制，强化对权力运行的制约和监督。支持总会计师（财务分管领导）、财务机构负责人、财务人员依法履行职责，支持内部审计工作，支持纪检监察部门查处违反财经法律法规和财经纪律问题”。

由上述法规可见，中国高校实行党委领导下的校长负责制，高校党委履行管党治党、办学治校的主体责任，落实党建工作责任制，在学校起领导核心作用。在财经工作方面的责任有：一是保证学校办学资金使用方向符合党的政策导向；二是选好用好财务机构负责人，并支持他们开展工作；三是落实“三重一大”决策制度，对学校重大财务投资、筹资、支出项目进行决策。党委是学校财务工作的领导机构，重大财务事项的决策机构和重要财务负责人的推选或决定机构。

校长是学校法定代表人，在学校党委领导下，全面负责学校财务管理工作。《中华人民共和国高等教育法》第四十一条规定：“高等学校的校长全面负责本学校的教学、科学研究和其他行政管理工作，行使下列职权：（一）拟订发展规划，制定具体规章制度和年度工作计划并组织实施；（二）组织教学活动、科学研究和思想品德教育；（三）拟订内部组织机构的设置方案，推荐副校长人选，任免内部组织机构的负责人；（四）聘任与解聘教师以及内部其他工作人员，对学生进行学籍管理并实施奖励或者处分；（五）拟订和执行年度经费预算方案，保护和管理校产，维护学校的合法权益；（六）章程规定的其他职权。高等学校的校长主持校长办公会议或者校务会议，处理前款规定的有关事项。”《关于坚持和完善普通高等学校党委领导下的校长负责制的实施意见》对校长的权责也做了如下规定：“校长主持学校行政工作”，“校长是学校的法定代表人，在学校党委领导下，贯彻党的教育方针，组织实施学校党委有关决议，行使高等教育法等规定的各项职权，全面负责教学、科研、行政管理工作”。在财经工作方面“组织拟订和实施学校重大基本建设、年度经费预算等方案。加强财务管理和审计监督，管理和保护学校资产”。《教育部关于直属高校落实财务管理领导责任严肃财经纪律的若干意见》对校长在学校财经工作中的职责做了具体说明：“校长是学校的法定代表人，在学校党委领导下，全面负责学校财务管理工作。组织拟订和实施重大决策事项、重大项目安排、大额资金使用、预算安排、重要财经管理制度及信息公开工作。加强财务队伍建设。强化财务管理和内部审计监督。加强国有资产管理，防止国有资产流失。对各级各部门巡视、监察、审计、检查中发现的问题，应及时组织整改，注重结果运用。向党委报告重大财经决议执行情况，向教职工代表大会报告财务工作。”综上所述，校长是学校的法定代表人，在学校党委领导下，全面负责学校财务管理工作，依法行使财务决策执行职权。

党委领导下的校长负责制是一个不可分割的有机整体，必须坚持党委的领导核心地位，保证校长依法行使职权，建立健全党委统一领导、党政分工合作、协调运行的工作机制。常委会是高校财务治理的最高决策机构，为使决策权和执行权有效分离，财务执行权必须由常委会完全授权，即常委会履行宏观管理职责，不涉及具体操作层面，将学校日常运作管理权授予校长，明确校长作为学校法定代表人和主要行政负责人，全面负责教学、科研、财务和其他管理工作的权责范围。在坚持“党委领导、校长负责、依法治校、民主监督”原则的基础上，按照党委统一领导、党政分工合作、协调运行的工作机制，依据分权制衡的原则，理顺党委会和校长法人负责的关系。完善领导班子决策制度和议事规则，凡属重大决策事项、重大项目安排、大额资金使用等重大问题，要加强前期论证，要由单位领导班子集体研究决定，落实分工负责，切实承担财务管理的主体责任。高校的领导班子应从财务是学校事业发展的基础和重要支柱的角度来定位财务工作，认清财务工作对高校的重要性，不断提高理财、用财的能力和水平。

四、校长负责与总会计师岗位的关系

早在1982年，财政部转发的《教育部部属高等学校财务管理试行办法》中提出："部属高等学校应当建立在校（院）长领导下的以总会计师为首的经济责任制，由总会计师协助校（院）长全面领导学校的各项财经工作，并负责处理学校日常财经方面的重大问题，实行'一支笔'审批财务开支的制度。"1986年10月15日，国家教委出台的《高等学校财务管理改革实施办法》第三条再次提出"高等学校应根据《会计法》和国家有关规定，建立在校（院）长领导下的，以总会计师为首的经济责任制"。1987年10月28日国家教委发布的《高等学校总会计师工作试行规程》（87教计字177号），1991年10月29日国家教委、财政部发布的《关于高等院校贯彻〈总会计师条例〉的实施意见》，1991年国家教委、财政部印发的《高等学校"八五"期间财务工作的若干意见》以及1994年11月17日国家教委发布的《关于当前国家教委委属高校财经工作中几点意见的通知》等文件中都反复强调："高校日常财经工作原则上坚持实行校（院）长领导下的总会计师经济责任制。"1997年颁发的《高等学校财务制度》规定："高等学校财务工作实行校（院）长负责制。符合条件的高等学校，应设置总会计师，协助校（院）长全面领导学校的财务工作。"从此，确立了学校财务工作校长负责制，只提设置总会计师岗位，协助校（院）长全面领导学校的财务工作，不再提总会计师的经济责任制。2011年教育部、财政部印发的《高等学校总会计师管理办法》（教人〔2011〕2号）要求推行总会计师制，高等学校设置总会计师岗位。总会计师为学校副校级行政领导成员。高等学校总会计师协助校（院）长管理学校财经工作，承担相应的领导和管理责任。总会计师的职权受国家法律法规保护，高等学校和有关部门支持并保障总会计师依法行使职权。从加强高校财务管理的角度来说，校长负责制与总会计师岗位是一种授权委托的关系。

首先，建立校长直接负责的财务执行机构，切实落实校长财务管理的主体责任。《中华人民共和国高等教育法》规定："高等学校自批准设立之日起取得法人资格。高等学校的校长为高等学校的法定代表人。高等学校在民事活动中依法享有民事权利，承担民事责任。""高等学校的校长全面负责本学校的教学、科学研究和其他行政管理工作。"《高等学校财务制度》规定："高等学校财务工作实行校（院）长负责制。""协助校（院）长管理学校财务工作。"《高等学校总会计师管理办法》也规定："高等学校总会计师协助校（院）长管理学校财经工作，承担相应的领导和管理责任。"由上述文件规定可以看出，校长是学校的法人，财务工作的责任人，而总会计师是校长授权的学校财务工作的分管者。高校应进一步强化校长财务工作的主体负责，明确在党委领导下校长对全校财经工作负总责的体制机制。在财务治理执行结构中，成立以校长负责的财务执行机构，高校建立的财务执行机构直接负责人是校长。校长担任的是高校首席执行官的角色，并对常委会负责。而被授权分管财务工作的总会计师则具体开展日常财务工作，对校长负责。因此，《教育部关于加强直属高校直属单位财务队伍建设的意见》从充分认识加强教育财务队伍建设的紧迫性角度强调："各单位主要领导同志应当支持总会计师、财务机构、财务人员依法行使职权。特别是要充分发挥总会计师的专业化管理作用。"

其次，建立健全专业化的财务执行机构，推动高等学校总会计师制度落实。按照《高等学校财务制度》和《高等学校总会计师管理办法》规定，高等学校应当设置总会计师岗位。总会计师为学校副校级行政领导成员，协助校（院）长管理学校财务工作，承担相应的领导和管理责任。凡设置总会计师的高等学校，不设与总会计师职权重叠的副校（院）长。《教育部关于加强直属高校直属单位财务队伍建设的意见》强调：提出"进一步完善总会计师管理制度"，"完善选聘任用方式。继续推进和完善直属高校总会计师选聘、委派制度。对资金规模大、经济活动频繁的直属单位，逐步实行总会计师委派。总会计师由教育部负责选聘、委派，实行异校（单位）任职。积极探索符合直属高校、直属单位实际的总会计师选拔任用方式。凡设置总会计师的单位，班子中不设与总会计师职权重叠的其他副职，正职也不直接分管财务工作"。总会计师按国家有关法律、法规、规章和制度的要求，组织领导学校的财经管理和会计核算工作；参与学校重大财务、经济事项的决策并对执行情况进行监督。具有以下几项履行职责的工作权利：（一）参加重大经济事项决策；（二）对重大决策和财经法规的执行情况进行监督，对内部控制制度实施监督检查；（三）对学校财务部门负责人的任免、考核提出意见；（四）学校按规定使用大额资金，建立由总会计师与学校主要负责人联签制度，总会计师拥有大额资金流动联签权；（五）对违反国家法律、法规、方针、政策、制度和有可能在经济上造成损失、浪费的行为，有权制止或纠正，并报告学校主要负责人。制止或纠正无效时，应及时向学校主管部门报告。

在高校领导班子中必须要有懂经营、会财务、善管理的成员专职从事学校财务管理领导工作，以适应新形势对高校领导班子的要求，总会计师协助校（院）长管理学校财务工作，既可避免过去因分管财务的校长（或副校长）在财务管理中的缺位，又能由精通高校财务管理工作的专业人士管理财务工作，体现了高校财务管理的专业化，这种制度设计能更好地确保学校各项经济工作健康、有序开展。

五、“统一领导”与“分级管理”的关系

高校财务治理是相关权益在利益相关者之间的配置，即用以协调和平衡高校利益相关者之间财务权责利的治理结构、运行机制和治理方式等。完善高校财务治理体系的核心和关键是建立一系列权力配置和利益平衡机制。财务管理体制的转变，是深化高等教育改革、落实高校自主权和调动校内各单位积极性，理顺财务关系和加强经济责任制的重要举措。

1997 年 6 月 22 日，财政部、国家教育委员会颁发的《高等学校财务制度》在总结以前高校财务管理体制改革经验的基础上，提出“高等学校应实行‘统一领导、集中管理’的财务管理体制；规模较大的学校实行‘统一领导、分级管理’的财务管理体制”。为了规范内部财务管理体制和运行机制，加强各级经济责任制，2000 年 6 月 12 日，教育部、财政部联合下发的《关于高等学校建立经济责任制加强财务管理的几点意见》（教财〔2000〕14 号）明确指出：“建立健全各级经济责任制，首先必须建立健全校（院）长经济责任制。……高等学校必须按照‘统一领导，分级管理’的原则，按校内管理层次分别建立起总会计师或主管财务工作的副校（院）长、财务处长、二级单位财务负责人和基层财务人员等若干个层次的各级经济责任制。一级管好一级，一级带动一级，一直抓到每一个基层经济单位。”2014 年 11 月 17 日，《教育部关于加强直属高校直属单位财务队伍建设的意见》（教人〔2014〕6 号）第二条指出：“切实落实单位领导班子在财务管理工作中的主体责任。各单位领导班子承担财务管理的主体责任。”2015 年 5 月 22 日，教育部印发的《关于直属高校落实财务管理领导责任严肃财经纪律的若干意见》（教财〔2015〕4 号）再次强调，“健全财务治理体制和运行机制。要按照统一领导、集中或分级管理的原则，规范内部财务治理体制和运行机制”。实行“统一领导，分级管理”的财务管理体制，必须处理好“统一领导”与“分级管理”的关系，处理好集权与分权关系，做到宏观管住，微观搞活，调动高校二级单位开展财务工作的积极性，达到激活基层单位经济活力的目的。

第一，按财务管理层次建立各级负责人经济责任制。建立健全财权与事权相匹配的各级经济责任制，使各级领导、部门在经济工作中按规定行使权力，按规定承担责任。健全高校财务治理体制和运行机制，应坚持设置科学、职能优化、权责协同的治理机构，推进机构、职能、权限、程序、责任法定化。将高校财权在学校党委会、校长、总会计师、财务处长以及基层财务人员等之间进行合理配置，并赋予明确的财权和落实相关经济管理责任。按校内管理层次分别建立起主管财务工作的副校（院）长（或总会计师）、财务处长、二级单位财务负责人和基层财务人员等若干个层次的各级经济责任制。一级管好一

级，一级带动一级，一直抓到每一个基层经济单位。

第二，强化学校经济事项的统一领导和集中管理制度。一是全面推行总会计师制度，建立以总会计师为领导的财经小组集体讨论制度，为校长、校长办公会和党委常委会最终决策提供决策依据。二是学校设置财务处作为学校唯一的一级财务机构，在校长和分管副校长的领导下统一管理学校的财务工作；学校各单位都要统一贯彻党和国家的方针、政策，都要遵守国家和学校规定的财务管理和会计核算制度以及其他重要的规章制度，都要执行学校财务规划和计划。三是要建立健全党政领导班子、财经管理各领导小组（管理委员会）的议事规则。学校讨论决定、拟定实施重大经济决策事项时，应充分论证，必要时应进行专业咨询。四是要强化行政部门对二级学院工作的宏观调控、指导、监督和协调功能，行政部门要把工作重点从直接管理向督促、检查和协调服务转变，优化学校财务事项的决策、执行、监督内部控制制度。五是要明确财务、审计、纪检监察及相关业务部门的职责分工，明晰经费投入的前期论证、执行过程的审核监督、事后的绩效评价等环节的责任边界，形成决策权、执行权、监督权既相互制约又相互协调的运行机制。

第三，明确校院两级管理权限，理顺校院之间财务关系。按照“合理分权、充分授权”原则，通过理顺校、院（系）之间的财务关系，对校院两级的管理权限进行重新界定。一是要对教学、学生管理等职能进行分解，实行纵向权力结构的调整，下移管理重心，下放管理权责，实现二级学院管理“责、权、利”相统一，学院在学校放权的范围内自主决定本单位的有关经济事项，确立二级学院的财务管理主体地位。二是要强化目标管理，明确目标任务、业绩量化指标、配套责任考核。要根据现实情况，合理确定年度工作目标，既不提不合实际的过高要求，也不能使工作目标的设置流于形式，用日常工作取代工作目标。把二级管理具体制度的落实情况、人财物的管理使用情况作为学期、年度检查的重要内容，充分发挥学校管理层的宏观调控监督和决策、指导功能，实现高效、优质、有序的管理目标。财权与事权的合理配置，可以调动基层单位的积极性，从而实现学校整体利益最大化。

六、行政权力与专业权威的关系

围绕我国现代大学制度建设的共同目标和任务，高校财务治理可探索行政权力与学术权力以及专业委员会协同治理模式，通过优化财权配置促使高校财务科学决策和财务有效监督，建立与完善科学、协同的专业化分工以及执行人员具有专业化素质的高校财务治理组织运行体系。

实行行政权力与学术权力同构，形成财务治理合力。进一步健全高校师生参与财务管理和监督的工作机制，发挥教职工代表大会和群众组织作用；鼓励教授专家针对重大财务决策问题提供咨询支持与具体建议，反映各方利益诉求；充分发挥高校学术委员会在财务管理中的重要咨询参谋作用，形成完善的协调合作机制，以保障高校行政权力和学术权力协调发展，体现高校内部治理结构的灵活性和科学性，达到合理使用财务决策权、保障财务活动的科学决策，起到监督与制衡的作用。

探讨行政管理与专业委员会辅助协同的决策模式。为体现党委领导下校长负责制的财务管理体制的开放性和科学性，确保高校财务管理工作的效率性，充分发挥专业财务团队的权威性和专业性，高校财务管理机构可增设各专业委员会，针对重大财务事项决策进行全面论证，提供有效的、可靠的评价和咨询意见，为作出科学合理的财务决策提供支持。高校可结合实际设立财经委员会、预算管理委员会、资产管理委员会以及风险控制委员会等专业机构。其中，财经委员会负责学校经济政策、资源分配、重大财经事项的论证和调研；预算管理委员会参与学校预算以及发展战略规划的制定和执行工作，负责制定预算管理的政策、审查学校预算方案、下达正式预算方案、跟踪预算执行情况等方面的事项；资产管理委员会统筹学校资产管理工作，并对学校基础设施建设和大中维修项目进行论证；风险控制委员会负责内控制度的建设与完善，针对财务风险作出准确识别与管理。各专业委员会作为大学财务管理的辅助性组织机构，在组织结构、权力构成、运行机制等方面的权威性和专业性强，这种治理模式能够营造出风险可控、稳定性好的发展环境，为学校财务治理积极提供支持。

第五章　财务管理改革

新中国成立以来，特别是改革开放40多年来，我国在教育财务管理方面进行了一系列的改革探索，特别是在国家实行教育改革、部门预算改革、国库集中支付制度改革、政府采购制度改革和人事分配制度改革的大背景下，教育部财务部门围绕这些重大改革进行了教育财务管理改革，推出了一系列创新举措，并取得了较为突出的成绩。

第一节　不断深化教育财务改革

一、推进高校财务管理改革

改革开放初期，我国教育财会战线率先进行了一系列财务管理改革的探索。1986年10月15日，国家教委、财政部联合印发了《高等学校财务管理改革实施办法》，这是中国第一部系统阐述中国高等学校财务管理改革的纲领性文件。文件明确指出："高等学校财务管理改革是高等教育管理体制改革的重要组成部分，应按照教育规律和经济规律办事，讲求社会效益和经济效益。……高等学校在进行财务管理改革的过程中，应加强领导，注意同学校其他方面的改革协调进行。"文件从高等学校的年度预算核定、预算管理、社会服务收入的分配和管理、学校基金、综合财务计划、会计核算和财会队伍建设等方面提出了改革的办法，尤其在校内财务管理体制方面提出了"建立校(院)长领导下的，以总会计师为首的经济责任制"，在预算管理方面提出了"包干使用，超支不补，节余留用，自求平衡"的原则和"统一管理，两级核算"与"统一管理，两级核算"管理体制。在实施综合财务计划、建立社会服务收入分配和管理制度以及学校基金等方面有重大改革创新。文件进一步明确了高等学校财务管理改革的目标和任务，扩大了高等学校的财务管理权限，调动了高等学校财务管理改革的积极性，奠定了后来教育财务改革的基础。

二、加强高校财务管理

在“治理整顿，深化改革”的大背景下，为做好“八五”期间高等学校财务工作，在总结过去十年高校财会工作的基础上，1991 年 4 月 8 日，国家教委、财政部联合印发了《高等学校“八五”期间财务管理工作的若干意见》。文件提出“八五”期间高等教育财务工作的指导思想是：“继续贯彻‘治理整顿、深化改革’的方针，开源节流，艰苦奋斗，勤俭办学，强化管理，提高资金使用效益，支持和促进学校内部各项事业的持续、稳定、协调发展。”强调了高校财务工作要适当集中财权，完善统一领导，分级管理的校内财务管理体制；坚持综合财务计划，改善学校的财务状况；加强财务管理，提高资金的使用效益；强化财务监督，治理整顿校内经济环境；建立健全法规，使财会工作纳入法制化轨道；加强财会队伍建设，运用先进手段，提高财会工作水平等具体工作和措施。该文件在当时对于整顿高校经济工作秩序和环境，正确处理高校财务工作改革与发展、稳定与调整的关系起到了积极作用。

随着国家教委委属高校各项改革和工作的不断推进、拓展，委属高校的财经工作变得越来越复杂，对其要求也越来越高。针对部分委属高校存在的资金短缺、管理松懈、违反财经纪律的问题，尤其是个别学校经济秩序严重混乱，危及学校日常运转的情况，1994 年 11 月 17 日，国家教委下发了《关于当前国家教委委属高校财经工作中几点意见的通知》，文件强调了要坚持综合平衡，不搞赤字预算；严格管理，加强纪律；明确产权关系，发展校办产业的具体意见，这对进一步加强学校财经工作秩序，强化财务管理，保证学校改革、发展和稳定协调运作起到了积极作用。

随着高校宏观管理体制改革和内部管理体制改革力度的不断加大、学校办学自主权不断扩大，高校财务改革和工作出现了许多新情况和新问题。为进一步加强和改进高等学校的财务工作，严肃财经纪律，提高财务管理水平，2000 年 6 月 12 日教育部与财政部联合下发《关于高等学校建立经济责任制、加强财务管理的几点意见》，提出了高等学校必须逐步建立健全各级经济责任制的意见和确保经济责任制的建立健全和落实的具体措施。为推动高等学校经济责任制的建立健全和落实，2000 年 7 月 26 日教育部又下发了《关于切实做好经济责任审计工作的通知》，要求教育系统的各部门、各单位要把经济责任审计工作列入重要议事日程，制定任期经济责任审计制度，使经济责任审计工作制度化、规范化，并提出了经济责任审计的主要内容和要求。在教育部直属高校的示范下，全国高校也开始建立健全校内多层次的经济责任制，并开展了经济责任审计，这提高了各单位、各部门和各级责任人的责任心与积极性，促进了人、财、物资源的优化管理，对加强高校财务管理、确保资金安全和经费受用效益的提高起到了非常重要的作用。

“十五”期间，我国高等学校财务工作以支持事业发展为中心，在依法筹集办学资金、规范校内经济秩序、保障国有资产完整、提高经费使用效益、维护学校合法权益等方面发挥了重要作用，取得了显著成绩。但是，随着高等教育事业的快速发展，高等学校办学经费紧张，部分学校预算管理不够严格，收费行为不够规范，对外投资不够慎重，校内二级单位财务管理和校办产业管理较为薄弱等问题也逐渐凸显出来，急需加以解决和规范。为了促进高等教育事业全面协调可持续发展，确保“十一五”期间高等教育目标和任务的实现，2007年财政部、教育部下发《关于“十一五”期间进一步加强高等学校财务管理工作的若干意见》，要求要全面落实科学发展观，高度重视和加强高等学校财务管理工作，为高等教育事业的持续健康发展提供有力保障。要求“各地区、各部门、各高校必须坚持以邓小平理论和‘三个代表’重要思想为指导，以科学发展观统领财务工作全局，充分认识财务工作在高等教育改革和发展中的重要地位和作用，高度重视并切实加强高等学校财务管理工作”。“高等学校领导尤其是党政一把手一定要树立科学的发展观和正确的政绩观，统筹协调好规模、结构、质量、效益之间的关系，全面履行财务工作的组织领导责任和经济责任，严格遵守和落实各项规章制度，切实重视并支持财务工作，确保学校各项事业持续健康发展。”文件从建立健全高校财务管理体制与运行机制；规范财经行为，防范财务风险；做好高等学校家庭经济困难学生资助工作；大力推进高等学校财务信息化建设；完善财务管理制度和监督体系和加强财会队伍建设等方面，提出了做好高校财务工作的具体意见和要求。新形势下，全面落实财务管理领导责任、严肃财经纪律，是直属高校贯彻落实“全面建成小康社会、全面深化改革、全面依法治国、全面从严治党”的必然要求，是严明党的政治纪律和政治规矩、严守国家财经纪律和财经规矩的重要举措。

2015年5月22日，《教育部关于直属高校落实财务管理领导责任，严肃财经纪律的若干意见》从十六个方面提出了加强财务管理的意见：全面落实财务管理领导责任、健全财务治理体制和运行机制、大力推进内部控制制度建设、全面加强预算管理、严格规范收入支出管理、切实落实基本建设管理的各项规定、严格科研经费管理、加强事业资产管理、强化对所属企业国有资产监管、规范政府采购管理、规范会计核算、加快财务管理信息化建设、加大信息公开力度、提升财务队伍专业化水平、加强内部审计工作、严肃责任追究。

这些都是中国高等学校财务改革与发展的重要文件，它要求高等学校财务工作要通过体制改革、机制创新、制度完善、队伍建设等措施，实现“权责明确、行为规范、管理严格、监督到位、运行有效、服务优质”的目标，为着力提高高等教育质量服务，为培养创新型人才服务，为增强学校科技创新能力服务，为构建和谐社会服务。各高等学校在财务工作中都认真贯彻落实文件精神，严格按要求进行深化财务改革和规范管理，并取得了较大的成绩。

三、加强教育经费管理

党的十六大以来，国家先后出台了一系列增加教育投入的措施，教育财政投入大幅增加，2012 年，国家财政性教育经费占 GDP 的比例首次实现 4%的目标，这是我国教育史上的重要里程碑。党的十八大报告提出“努力办好人民满意的教育”，为推动教育改革发展进一步指明了方向。优先发展教育是党和国家长期坚持的一项重大方针，报告以“坚持”二字重申了教育优先发展的战略地位。坚持教育优先发展，就要继续确保财政资金优先、保障教育投入，并尽快形成科学规范的制度。随着财政教育投入的大幅增加，用好管好教育经费的任务更突出，要求更迫切，社会关注度更高。2013 年《政府工作报告》明确要求，必须把 2 万亿元的财政性教育经费用好，让人民满意。然而，教育经费使用管理仍存在着不少突出问题，如各级各类教育发展不平衡，城乡间、区域间投入水平差距明显，困难群体、特殊群体受教育权利需进一步保障；各领域、各环节不同程度地存在着经费使用管理不规范现象，一些地方义务教育学校虚报人数、部分中职学校冒领补助资金、个别高校科研人员贪污科研经费等。此类问题严重损害了教育形象，影响了事业发展。进一步优化投入结构，加强经费监管，用好管好每一分钱，让人民群众放心，让广大师生受益，成为非常紧迫的任务。因此，党的十八大以后，中国教育财务管理在进一步深化改革全面加强管理的基础上，把管理的重点转向加强经费管理，提高经费使用效益方面。

2013 年 4 月 15 日，《教育部关于开展“教育经费管理年”活动进一步用好管好教育经费的通知》（教财〔2013〕3 号），把 2013 年确定为“教育经费管理年”，强调经费使用要紧紧围绕立德树人这个根本，突出促进公平和提高质量这两个重点，优化结构，明确方向，多做利民惠民的大事，多做雪中送炭的好事，统筹促进各级各类教育事业全面发展。还特别要求落实“四个倾斜”，即经费安排要向农村、边远、贫困和民族地区倾斜，向农村义务教育、职业教育和学前教育倾斜，向资助家庭经济困难学生倾斜，向建设高素质教师队伍倾斜。做到“五个统筹”，即经费使用要统筹近期任务和长远目标，统筹城乡、区域间教育协调发展，统筹各级各类教育协调发展，统筹安排日常经费和专项经费，统筹硬件建设和软件建设。就进一步用好管好教育经费也提出了 20 条强调管理的意见：从合理安排使用经费，保障事业发展需求；完善制度，确保经费使用管理有章可循；全面加强监管；大力加强队伍建设和基础能力建设，提升经费使用管理的专业化水平；高度重视宣传工作，营造有利于用好管好教育经费的良好社会氛围等方面提出了要求，具体内容包括建立和完善各级各类学校生均拨款制度、严格贯彻落实好已有规章制度、统筹完善教育财务制度体系、规范义务教育预算管理；健全监管体系、充分发挥教育部门的指导和监督作用加强外部审计、监察等部门的专业监督、推进信息公开，重视监管结果的运用；加强教育财会和内部审计人员全员培训、推动各级各类学校配备合格财会、内部审计机构和人员，推进高校总会计师公开选拔和委派工作、推动信息化建设、加强调查研究等的要求；主动做好政策宣传、积极回应热点问题等具体内容。

2017 年 3 月 31 日，教育部、中央编办、发展改革委、财政部、人力资源社会保障部联合印发《教育部等五部门关于深化高等教育领域简政放权放管结合优化服务改革的若干意见》，从简政放权角度提出了要完善和加强高校经费使用管理。一是改进高校经费使用管理。财政部门要完善高校预算拨款制度，优化高等教育拨款结构，加大基本支出保障力度，基本支出占比较低的地方要进一步优化结构，合理安排基本支出。改进项目管理方式，完善资金管理办法，采取额度管理、自主调整等措施，进一步扩大高校项目资金统筹使用权。进一步完善高校国库集中支付范围划分，逐步扩大财政授权支付范围，逐步实现用款计划按政府收支分类科目的项级支出功能分类科目编报。二是扩大高校资产处置权限。适当提高资产处置的备案和报批标准。高校自主处置已达使用年限、应淘汰报废的资产，处置收益留归学校使用。税务部门要执行好各项涉及高校的税收优惠政策。高校要进一步提高预算编制水平，加快财政预算执行进度，完善内控机制，严肃财经纪律，严格按照规定管好用好各项经费和资产，不断提高资金使用效益。强化高校资产管理的主体责任，确保国有资产的安全和有效使用。高校应依法接受审计监督。

2018 年 8 月 17 日，国务院办公厅印发的《关于进一步调整优化结构提高教育经费使用效益的意见》进一步提出了“四个全面”：一是全面落实管理责任。按照深化“放管服”改革的要求，进一步简政放权，落实省级政府教育经费统筹权和各级各类学校经费使用自主权。地方各级人民政府要建立健全“谁使用、谁负责”的教育经费使用管理责任体系。教育部门和学校是教育经费的直接使用者、管理者，在教育经费使用管理中负有主体责任，要会同相关部门科学规划事业发展和经费使用，依法依规、合理有效使用教育经费。财政部门要按规定落实国家财政教育投入等政策，优先保障教育支出，加强预算管理和财政监督。发展改革部门要优先规划教育发展，依法加强成本监审。人力资源社会保障部门要优先保障学校教职工配备，落实完善教师待遇政策。二是全面改进管理方式。以监审、监控、监督为着力点，建立全覆盖、全过程、全方位的教育经费监管体系。健全预算审核机制，加强预算安排事前绩效评估。逐步扩大项目支出预算评审范围。加强预算执行事中监控，硬化预算执行约束，从严控制预算调剂事项，健全经济活动内部控制体系，实施大额资金流动全过程监控，有效防控经济风险。加强预决算事后监督，各级人民政府、教育部门和学校要按照预算法要求，全面推进教育部门预决算公开。加强各级教育经费执行情况统计公告。教育经费使用管理情况纳入教育督导范围。加强教育内部审计监督，提高审计质量，强化审计结果运用，推动完善内部治理。推进经济责任审计党政同责同审，实现领导干部经济责任审计全覆盖。鼓励各地探索建立中小学校长任期经济责任审计制度。三是全面提高使用绩效。各级教育部门和学校要牢固树立“花钱必问效、无效必问责”的理念，逐步将绩效管理范围覆盖所有财政教育资金，并深度融入预算编制、执行、监督全过程，完善细化可操作可检查的绩效管理措施办法，建立健全体现教育行业特点的绩效管理体系。强化预算绩效目标管理，紧密结合教育事业发展，优化绩效目标设置，完善绩效目标随同预算批复下达机制。开展绩效目标执行监控，及时纠正偏差。坚持财政教育资金用到哪里、绩效评价就跟踪到哪里，加强动态绩效评价，及时削减低效无效资金。强化绩效评价结果应用，加大绩效信息公开力度，将绩效目标执行情况和绩效评价结果作为完善政策、编制预算、优化结构、改进管理的重要依据，作为领导干部考核的重要内容。坚持厉行勤俭节约办教育，严禁形象工程、政绩工程，严禁超标准建设豪华学校，每一笔教育经费都要用到关键处。四是全面增强管理能力。各级教育财务管理部门要进一步强化服务意识，提升服务能力和水平，全面增强依法理财、科学理财本领。落实完善资金分配、使用和预算管理、国有资产管理、科研经费管理等制度体系，提高精细化管理水平。充分利用现代信息技术，建立全国教育经费信息化管理平台，实现即时动态监管。完善教育财务管理干部队伍定期培训制度，实现全员轮训，增强专业化管理本领。加强学校财会、审计和资产管理人员配备，推动落实并探索创新高等学校总会计师委派制度，加强学生资助、经费监管、基金会等队伍建设。

上述关于高等学校财务改革和管理的重要文件，体现了不同时期我国对高等学校财务改革和管理的指导思想与要求，从中我们可以看出中国高校财务改革的发展脉络，体现出在改革中求发展、在稳定的基础上求创新的基本思路和实现“权责明确、行为规范、管理严格、监督到位、运行有效、服务优质”的目标追求。这对于深化教育财会改革，加强教育财务工作，规范教育财务管理，促进教育事业的健康协调快速发展起到了积极作用。

第二节　部门预算制度改革

所谓部门预算，就是由各部门根据其职能和社会发展的需要，统一编制反映本部门所有收入和支出的预算。部门预算是先由政府各部门按照规定编制预算，细化预算，财政部门汇总审核，经政府同意、人大审议批准的反映部门所有收入和支出的预算，是便于监督、便于决算审计的预算。过去是一个部门同时编制多个预算，部门内一个司局甚至一个处室把持一块预算，整个部门没有一个完整的预算。预算编制不规范，随意性大，难以有效监督。

一、部门预算改革的历程

（一）高校实行综合财务计划阶段

改革开放前，高校办学资金来源是国家财政拨款，国家采取“预算包干，支出报账，结余上交”的办法，因此，高校预算为财政拨款支出模式，即由主管部门核定年度预算，学校以支列报，年终结余收回财政的全额预算。学校内部预算为学校财务部门将国家拨付的预算经费按国家规定的支出项目，逐一分解分配，并最终落实到校内各单位。学校财务部门对预算支出项目进行审核报销，年终向国家报决算。这种办法的弊端是，高校缺乏经费使用自主权，加之年终结余收回，往往造成在年终决算前“突击花钱”，这在一定程度上造成经费使用不当，降低了学校的办学效益。改革开放初期，随着我国财政管理改革的启动，高等学校的经费管理采取了“预算包干、结余留用”的办法，即学校按主管部门核定的年度预算包干使用，年终结余全部留归学校结转下年度使用。这一改革在微观财务管理方面赋予了高校以较为充分的自主使用和管理教育经费的权力，形成了促进高校提高经费使用效率的激励机制，提高了高校生财和理财的积极性。各高校组织收入积极性的提高，促进了高校资金来源的多元化，进而也促进了高校对如何开源节流、加强经费管理提高使用效益问题的思考。

1980 年 6 月 11 日，教育部、财政部颁发了《高等学校建立学校基金和奖励制度试行办法》，提出高校要“艰苦创业，广开财源，增收节支”，于是各校都积极面向社会开展“创收”活动，从而改变了单一的财政拨款模式，建立了“学校基金”（后称为包括发展基金、福利基金、奖励基金的“三项基金”），开创了学校预算外收入的先河。高等学校开展社会服务，引起了预算外资金收支结构变化，随之对财务管理和会计核算提出了新的要求。1982 年，教育部直属 9 所院校召开财务管理改革研讨会，会上提出了要在高校实施综合财务计划的设想，即在“预算包干”和学校内部“下放财权、分级管理”的基础上，学校按计划组织各项收入，按计划使用经费，综合统筹预算内、外资金。从1983年起，在这9所院校首先试行综合财务计划的体制。1986年，国家教委制定颁发了《高等学校预算外资金管理的若干规定》和《预算外资金会计核算制度》，这两个文件的实施，理顺了高等学校预算外资金之间的关系和会计核算体系。1986年10月15日，国家教委、财政部颁发的《高等学校财务管理改革实施办法》中规定：“高等学校在认真贯彻勤俭办学方针，严格遵守国家财务制度的前提下，有权按照‘包干使用，超支不补，节余留用，自求平衡’的原则，自主统筹安排使用主管部门核定的预算经费。”“高等学校内部的经费管理，原则上实行‘统一管理、一级核算、定额包干、节余留用’的办法。”并在第六章“综合财务计划”中规定：“高等学校应加强对预算内、外各项资金的综合平衡，实行综合财务计划。”从此，高等学校全面开始实行预算内、外资金的综合平衡的综合财务计划。所谓综合财务计划就是把预算内外资金统一考虑调度，综合平衡安排，以适应学校事业发展，弥补教育经费不足。综合财务计划的实行，既加强了高校财务工作的计划性，也增强了高校经济的动力、活力和实力，促进了学校事业发展。

1989年1月15日，国务院批准转发了由国家教委、财政部、人事部、国家税务局联合制定的《关于高等学校开展社会服务有关问题的意见》，这个极其重要的文件明确了高等学校开展社会服务的指导思想和应该遵循的原则，确定了有关减免税收和收益分配等重要政策，加强了对高校开展社会服务的宏观指导。一方面保证了工作的健康发展，同时又以优惠政策推动了此项活动不断向前发展，取得了可观的经济效益。

1991年4月8日，国家教委、财政部颁发的《高等学校“八五”期间财务工作的若干意见》中强调：“强化和完善综合财务计划。要完善学校的综合财务计划，逐步将学校预算内、外的各项教育资金、科研资金、基本建设资金和生产经营资金等一切财务收支纳入综合计划范围，做到既有分级分类管理，又有统筹规划安排，加强财务收支的计划性、统一性和完整性。”初步确立了高校“大收大支”的综合财务预算的基本模式。1994年11月17日，国家教委发布的《关于当前国家教委委属高校财经工作中几点意见的通知》中提出：“坚持综合平衡，不搞赤字预算”，并规定：“委属高校的年度预算应坚持综合、统筹和平衡的观念，做到量入为出，收支平衡，不搞超出学校综合财力能够承受的赤字预算。”1995年3月18日，《中华人民共和国教育法》明确了高校“成为面向社会自主办学的法人实体”，进一步扩大高校的办学自主权，从而从体制和经济上为高校贯彻实施综合财务预算奠定了基础。

1995年3月18日，《中华人民共和国教育法》第五十五条指出：“各级人民政府的教育经费支出，按照事权和财权相统一的原则，在财政预算中单独列项。”1997年出台的《高等学校财务制度》第十一条规定：“高等学校编制预算必须坚持‘量入为出、收支平衡’的总原则，收入预算坚持积极稳妥原则；支出预算坚持统筹兼顾、保证重点、勤俭节约等原则。”第十七条规定：“各项收入必须全部纳入学校预算，统一管理，统一核算。”以行业制度的形式确立的“大收大支”全口径的高校综合财务预算，使这一预算管理体制得到了全面贯彻执行。

（二）适应公共财政体制的学校预算管理阶段

自1998年底全国财政工作会议明确提出初步建立公共财政基本框架的改革目标以来，作为建设社会主义市场经济体制的重要环节，公共财政框架的构建成为近年来我国财政体制改革的重要内容。2000年，全国财政工作会议又进一步提出要加快建立与市场经济相适应、与我国国情相结合的公共财政体系。1999年6月13日，中共中央、国务院《关于深化教育改革全面推进素质教育的决定》第二十四条规定：“在非义务教育阶段，要适当增加学费在培养成本中的比例，逐步建立符合社会主义市场经济体制以及政府公共财政体制的财政教育拨款政策和成本分担机制。”

1999年6月，审计署代表国务院在第九届全国人民代表大会常务委员会第十次会议作的《关于1998年中央预算执行情况和其他财政收支的审计工作报告》和全国人大常委会《关于加强中央预算审查监督的决定》，针对中央财政预算管理中存在的问题，就进一步改进和规范中央预算编制工作提出了明确的要求：“要严格执行预算法，及时批复预算”；“要细化报送全国人大审查批准的预算草案内容，增加透明度”；“报送内容应增加对中央各部门支出、中央补助各地方的支出和重点项目的支出等”。这些要求的提出，拉开了我国部门预算改革的序幕。为此，国务院领导同志指示财政部要认真贯彻落实全国人大常委会的意见。1999年9月20日，经国务院批准，财政部在广泛征求部门意见的基础上，提出了《关于改进2000年中央预算编制的意见》（财预字〔1999〕64号），着手实施部门预算改革。主要内容包括：第一，细化报送全国人大预算草案的内容；第二，改变预算编制方法，试编部门预算；中央部门按财政部统一规定和标准表格，编制反映本部门所有收支情况的预算，初步实现“一个部门一本预算”；第三，选择教育部、农业部、科技部和社会保障部作为部门预算试点单位，向全国人大报送2000年预算草案时，附上这些单位的部门预算；第四，统一规定预算编制、报送时间及需要各部门配合的其他事项。

从2000年开始，我国财政部推行公共财政支出改革，在预算管理方面推行部门预算。部门预算的重要特征就是细化预算，实行“大收大支”，预算分为基本支出预算和项目支出预算编制。国家财政体制的这项改革从总体上要求“部门的预算外收入全部纳入预算管理或财政专户管理，收支不挂钩，支出要透明”，这一改革在高等学校的实施，实际上就是将高校过去推行的综合财务计划和实行的“大收大支”的综合预算管理模式在新形势下改造性地运用。

2000年8月8日，财政部制发《关于编制2001年中央部门预算的通知》(财预〔2000〕126号)，明确2001年部门预算编制的指导思想和原则、编制口径与方法、编报时间及编报要求等事项。为进一步推进政府采购制度改革，要求中央部门试编部门“政府采购预算”，对符合条件要求的支出项目编制部门采购计划；根据全国人大的要求，进一步扩大提供部门预算的范围，向全国人大报送26个单位的部门预算。2000年9月30日，财政部发布《关于在国家计委等十个部门进行基本支出预算和项目支出预算试点工作的通知》(财预〔2000〕281号)，决定在国家计委、外经贸部、科技部等十个部门进行基本支出和项目支出预算编制试点，第一次提出按照基本支出和项目支出编报部门预算，对部门预算中的基本支出实行定员定额管理，对专项支出实行项目审核管理的模式，初步改变了按照传统的“基数法”编制预算的方法，为科学、公正、透明地分配预算开了好头，为深化部门预算改革积累了宝贵经验。财政部《关于2001年国家计委等十个试点部门编制项目支出预算的通知》(财预〔2000〕284号)，确定项目支出预算的编报范围、编报口径、编报方式、编报时间和要求等事项。财政部制定《中央部门项目支出预算管理试行办法》、《中央部门2001年项目支出预算报表》和《中央部门项目申报文件(范本)》。积极探索项目预算管理新方式，根据国家财力按轻重缓急顺序来确定部门项目预算的规模，并细化到具体项目，落实到具体单位。2000年11月2日，财政部《关于2001年国家计委等10个试点部门基本支出预算定员定额标准的通知》(财预〔2000〕308号)，明确定员的计算方法和定额的具体标准，要求国家计委等十个试点部门中央本级的行政管理费按照定员定额标准编制基本支出预算，为科学、合理地编制基本支出预算奠定了基础。

2001年财政部制定《预算改革工作总体规划》，明确提出中央部门预算改革的指导思想是：“坚定目标，积极稳妥，充分试点，分步实施”。并指出预算编制改革主要有三项基础性工作：一是科学地划分政府收支分类；二是对基本支出预算实行定额管理；三是对项目支出预算建立评估体系和备选项目库，实行项目滚动预算。2001年7月25日，财政部发布《关于编制2002年中央部门预算的通知》(财预〔2001〕332号)，进一步明确部门预算改革的实施范围和编制重点、编制口径与方法、编报时间及编报要求等事项。要求所有中央部门都按照基本支出和项目支出编报部门预算；进一步加大综合财政预算改革的力度，对各种预算外收支严格按收支两条线管理；在2001年试编政府采购预算的基础上，2002年所有行政事业单位和社会团体将正式编制和批复政府采购预算。财政部还印发了《中央部门基本支出预算管理试行办法》(财预〔2001〕330号) 和《中央部门项目支出预算管理试行办法》(财预〔2001〕331号)，要求所有中央部门行政事业经费一律划分为基本支出和项目支出两部分，纳入试点范围的按照两个办法分别采用不同的方式核定预算，未纳入试点范围的也要参照执行。

2002年6月19日，财政部印发了《中央本级基本支出预算管理办法》(财预〔2002〕355号) 和《中央本级项目支出预算管理办法》(财预〔2002〕356号)，进一步明确界定基本支出与项目支出，将界定过于笼统、界限不够明确的经常性专项业务支出明确地列为项目支出，更加清晰地界定了两种支出之间的范围；对政府预算支出“目”级科目进行合理归并，由此确定基本支出的20个定额项目；进一步扩大试点范围，在2002年102个行政部门和部分依照公务员制度管理事业单位定员定额试点的基础上，再增加127个试点事业单位。项目支出要进行科学论证、合理排序，财政部根据财力和排序情况择优透选后安排。2002年7月4日，财政部发布《关于编制2003年中央部门预算的通知》(财预〔2002〕395号)，明确提出要继续推进中央部门预算基本支出和项目支出改革力度，实行滚动的项目管理办法，进一步加强预算外资金“收支两条线”管理，积极稳妥地推进政府收支科目改革，初步实现部门预算的数据化管理。为配合2003年中央部门预算基本支出和项目支出改革的要求，财政部在与中央各部门尤其是基层预算单位反复研究的基础上，对报表填报和软件操作进行了重大的改进和完善，引进了录入表和生成表，使预算数据的填报更直观、简捷、高效，数据管理更为灵活，初步实现了预算信息的数据库管理，为今后预算管理工作的细化、预算数据的深度开发使用打下了一个较好的基础。2002年7月5日，财政部发布《财政部中央部门预算编制规程（试行）》(财办预〔2002〕20号)，对预算编制、执行、调整各阶段的时间安排、具体工作事项、各部门的职能权限等作出具体、明确的规定，以保证部门预算编制改革的统一性与规范性。同年7月10日，财政部印发了《中央本级项目库管理规定（试行）》(财预〔2002〕358号)，对2003年部门预算中项目管理作了进一步的规定：进一步明确了项目预算的分类，按照各部门项目支出的内容将项目分为专项计划项目、专项业务项目、大型修缮项目、大型购置项目、大型会议项目及其他行政事业性项目六大类；明确规定了项目库的管理办法，在理顺各部门初选项目库、财政部备选项目库两个层次项目库关系的基础上，按照现行的管理体制，区别为基本建设支出项目、行政事业性支出项目和其他项目，并归类管理；简化规范了不同项目的填报文本和方式，对经常性的专项支出项目简化填报申请内容；实行滚动的项目预算管理模式，切实增强项目预算编制的计划性和前瞻性，使项目预算的确定逐步与部门的事业发展规划紧密地结合起来，实现财政资金安排与使用的合理、高效，提高项目资金使用效益。与之相配套，2002 年财政部重新制订了一般预算支出目级科目预算表。通过一系列的预算改革文件和近两年的预算改革试点，中央预算改革的主要内容和目标趋向就是改革传统的功能预算为部门预算。

2007 年 1 月 16 日，财政部、教育部印发的《关于“十一五”期间进一步加强高等学校财务管理工作的若干意见》第十三条规定：“高等学校应根据学校事业发展需求和综合财力可能，编制中长期财务收支计划，学校的事业发展规划必须与财务收支计划相适应。”

从加强预算外资金管理，到实施综合财务计划，到实行“大收大支”综合财务预算，再到现在“不分预算内外全口径预算”的部门预算，每一次改革对国家来说，都是力图通过改进管理手段和管理模式，以强化国家对高校各项资金的监控，从而达到在源头上、制度上预防和治理腐败的目的；从学校角度来说，这些改革的实施，加强了高校资金使用的计划性，提高了资金的使用效益。

二、教育部部门预算的实施

教育部是财政部确定的最早进行部门预算改革的试点单位之一，在全面推行部门预算时能解放思想，大胆改革，勇于探索，不断实践。教育部各直属高校和事业单位在编制部门预算的改革实践中，始终坚持“量入为出，收支平衡”的总原则，收入预算坚持积极稳妥的原则，支出预算坚持统筹兼顾、保证重点的原则，在较短的时间内，使预算管理逐步走上了规范化的轨道，教育经费得到了合理有效的使用。

（一）教育部部门预算的主要做法

1. 加强组织领导，重视预算

教育部领导极为重视部门预算工作，及时下发了积极做好教育部部门预算的文件，召开了专门会议进行部署，并对有关人员进行了培训。各直属高校和事业单位认真贯彻有关部门预算的文件和会议精神，统一认识，并对做好部门预算工作进行部署，提出明确的工作任务和要求。主管财务工作的领导具体负责，财务部门具体组织，有关职能部门积极参加，做到职责清楚，分工明确，有条不紊。

2. 开展调查研究，准备预算

教育部各直属高校和事业单位在编制部门预算时，预算编制人员要充分利用现有会计核算资料和有关统计资料，认真做好事业发展和业务活动的预测工作，使部门预算的编制建立在可靠的基础之上，其具体做法是：准确掌握与预算相关的各种基本数字，分析近几年预算的执行情况和预算年度事业发展计划，并预测其资金供需情况，为部门的预算编制提供可靠的依据。

3. 全面编制收入，综合预算

教育部直属高校和事业单位的收入主要包括财政补助收入、上级补助收入、事业收入、经营收入、附属单位上缴收入和其他收入等。其中，财政补助收入根据财政部和教育部核定的定额和补助标准编列；上级补助收入按上级主管部门核定的定额和补助标准编列；事业收入根据具体的收费项目，凡明确有收费标准的项目，按有关业务量和收费标准计算，没有收费标准的项目，按上年执行的情况，结合本年的有关因素编列。上述各项收入按来源预测，分部门汇总，既能明确来源构成，又能分清部门的责任，同时便于考核收入预算执行情况。其综合收入预算汇集了预算年度内本高校或事业单位可提供的用于开展各项事业的全部资金收入，反映了高校或事业单位依法多渠道筹措经费的能力和经费来源结构。

4. 合理安排支出，细化预算

教育部直属高校和事业单位支出预算主要由事业支出、经营支出、基本建设支出和附属单位补助支出组成。事业支出和经营支出按支出具体项目分为人员支出和公用支出两大部分。编制预算时，人员支出按国家有关政策、标准和编制人数等计算编列。公用支出有支出定额的，按定额计算编列；没有支出定额的，根据实际情况测算编列。公用经费属于教学和科研的，根据各单位承担教学和科研任务量计算；对于日常一般性维修经费按有关定额预算。根据“先吃饭，后建设”的精神，目前，教育部直属高校和事业单位在编制支出预算时一般采取复式预算的方式，即将支出预算分为经常性支出和建设性支出两部分。在安排各单位日常运行经费后，剩下的财力根据需要，分轻重缓急安排各项事业发展经费。建设性项目，首先保证重点项目的安排，其他项目只得量力而行。

5. 坚持预算程序，完善预算

教育部直属高校和事业单位都能够按国家预算管理的程序进行编制，特别是直属高校部门预算的编制还坚持了“三上四下”的程序。“一下”是指学校向校内有关单位传达上级有关部门预算的文件精神，部署学校部门预算工作；“一上”是指学校财经工作领导小组（或学校财务处）汇总各单位的预算草案，并提出学校总体预算草案，交校长办公会（或校务会）讨论修改；“二下”是指将校长办公会讨论通过后的预算草案向全校公布，广泛征求各方面的意见；“二上”是指学校财经工作领导小组（或学校财务处）汇总修改意见，并完善学校预算草案，再次交校长办公会讨论并通过后，上报主管部门；“三下”是指在上级主管部门下达学校预算控制数后，学校及时将预算控制数通报给相关职能部门；“三上”是指职能部门统筹按预算控制数调整预算，并经校长办公会讨论通过后，再次报上级主管部门；“四下”是指预算方案经上级主管部门批复后，学校将正式预算向全校公布，这样做提高了预算的透明度，增强了预算的外部监督能力。

（二）教育部高校部门预算编制的主要成效

财政部门实行部门预算、国库集中收付制度、政府采购制度、收支两条线等改革，对学校预算管理产生重大影响。一是实行一个部门一本预算，编制综合预算；二是增强预算的约束力和权威性；三是重视了会计信息在预算拨款中的作用；四是预算管理从“重分配”逐步转变为“重管理”。

1. 实行“大收大支”，体现了预算的完整性

收入预算和支出预算两者互相依存，共同构成学校预算整体，高校实行统一财务收支，实行“大收大支”的预算管理。这种预算管理体系突出了高等学校面向社会自主办学的法人实体地位，能够全面反映高等学校各项资金活动和财务收支状况，有利于高等学校统筹安排各项资金，为提高资金的使用效益提供了基本的保证。高等学校将年度内的所有收入、支出项目列入预算，统一核算、统一管理，全面实施综合财务计划，收入不分资金来源，不仅包括财政预算内资金收支，还包括各项预算外资金收支、经营收支以及其他收支，既包括一般预算收支，又包括各项专项收支，全额纳入预算管理。支出包括各种不同用途的资金，无论是基本建设经费、各项事业支出和其他支出等，全部按规定的格式和标准统一编入一本预算，实现“一个学校一本预算”，全面反映学校各项收入和支出的情况。学校年度综合财务预算，实行“预算包干，结余留用，超支不补”的预算管理办法。根据国家对事业单位预算管理的要求，高等学校预算收支范畴包括国家财政拨款、各单位按规定取得的预算外资金和自筹资金的收入和支出。预算中体现大收入、大支出、全口径的观念和编制要求，各学校对各项收支进行了较为充分地预计，力求全面、完整地反映学校预算收支总貌，并通过预算收支总貌反映事业发展总貌。“大收大支”将全校各项收支统一纳入学校预算管理，有利于对收入的统一管理，有利于提高资金的使用效益，有利于全面反映学校收支金额，有利于掌握和控制学校收支总体规模，也有利于与会计核算保持统一的口径，及时分析考核预算执行情况。

实行部门预算，就是要细化预算，从改革预算编制的体系分类和预算科目着手，重新按定员定额确定人员经费，重新按支出标准确定公务经费。部门预算按部门分类编制预算，预算在部门下再根据部门行使的职能不同安排不同的

功能支出。中央各部门预算将按基本支出预算和项目支出预算分开编制，基本支出预算以定额为主进行分配，定额标准是根据财力可能，结合部门的工作量、占有的资源、实际支出状况及部门分类，以人或实物为测算对象制定的。项目支出预算要通过建立项目库和项目评审制度择优安排确定。实行部门预算，就是要增强预算的完整性、统一性，部门的各种财政性资金（包括预算内外资金）全部在一本预算中编制，所有收支项目都必须在预算中完整地反映出来。部门预算经过人大批准后，对该部门的收支项目安排就具有法律效力，从预算执行到资金使用的全过程都必须接受法律监督。财政部门严格按标准进行审核和拨付资金，可以增强预算的透明度和规范化，完善财政监督机制，提高财政资金使用效益，防止腐败。

2. 实行“零基预算”，增强了预算的准确性

预算编制是落实学校战略发展规划，优化学校资源的过程，它是预算管理的重要步骤。《高等学校财务制度》中规定“高等学校预算参考以前年度预算执行情况，根据预算年度事业发展计划和任务与财力可能，以及年度收支增减因素进行编制”。这种增量预算（调整法）的方法是高校预算中常用的一种方法。随着高校的各种经济成分日益复杂，预算涉及的内容更加多样化，这决定了高校预算的编制方法的多样化。高等学校积极探索科学的预算编制方法，如零基预算、定期预算、滚动预算、弹性预算和复式预算等各种方法，以及几种方法的结合使用，如调整法与零基法相结合、定期预算与滚动预算相结合、弹性预算与复式预算相结合等，需根据相关预算项目的性质来灵活使用。在高校预算中常用的方法除了增量预算（调整法）外，现在用得较多的是零基预算。实行零基预算，是指编制预算时一切从零开始，对原有的和新年度增加的各项开支都要重新审核，而不仅仅是修改上年预算和对新增加的部分进行审核。各项支出均不以上年数为基数，一切从零开始，按正常经费和专项经费两部分重新核定。正常经费按人员定额核定，专项经费根据需要结合财力所能逐项核定，做到该保留的继续保留，该取消的要坚决取消，确实需要增加的予以增加。部门预算支出分为基本支出和项目支出分别编制预算、分别管理，大大提高了预算编制的规范性和科学性，区分轻重缓急，保证了财政支出重点，打破了部门每年拨款“只能升，不能降”的陈旧观念，规范了部门的支出行为。这样做的目的是使“吃饭”和“办事”的经费彻底分开，提高预算资金分配的透明度。同时，可以优化支出的结构，改变资金有增无减的状况，将资金用于急需项目和重点项目，提高资金的使用效益。

3. 坚持统筹兼顾，突出了预算的重点性

高校预算编制的基本思路是：贯彻“一要吃饭，二要建设”和“保证重

点，兼顾一般”的精神，在确保人员经费和必需的后勤水电费等经费的前提下，优先安排教学科研经费，从财力上保证学校各项工作的正常进行。高等学校以教学、科研为中心，因此，预算也突出了学校的这一中心地位。在新形势下，高校在重视预算制定的科学性、合理性以及预算执行管理的严肃性的前提下，根据新情况及时以预算为导向，推动学校事业快速发展。在学校财务状况较好的情况下，适时提出“抓住机遇，积极发展与适度从紧相结合”的预算指导思想和“确保、维持、压缩”的方针，按照“有所投，有所不投”的原则，强化“公共支出项目”，紧缩“准公共支出项目”，退出“非公共支出项目”，即确保人员经费、基本运行经费和重点建设项目经费，维持日常运行与机关办公经费，压缩消耗性经费，学校对校办产业、社会化的后勤、企业化管理的事业单位不再进行投入，让它们进入市场向经营要资金和效益。在预算安排中，学校对重点建设项目“积极发展”，对其他支出“适度从紧”，做到“有保有压”，体现了围绕学校总体发展目标的资金投向。

部门预算改变了预算管理的重心，预算管理由重收入逐步转向重支出管理、重财政资金使用效益。部门预算改革前，财政体制侧重于对部门财政拨款收入的管理，形成了以收入管理为重心的预算管理体制，从财政收入方面基本理顺了中央财政与地方财政的关系，同时建立了稳定的财政收入增长机制，对这一时期加强财政管理、促进经济发展具有一定的意义和作用。但是，随着市场经济体制改革的深入，传统预算编制方式已不能适应实际需要，其弊端不断显现，财政体制改革的重点由收入管理转向了支出管理。随着部门预算改革的逐步深入，预算编制的形式和内容发生了很大的变化，预算编制的规范性、科学性进一步增强。

4. 实行民主公开，加强了预算的民主性

以前，高等学校的预算往往是不公开的，学校内部各单位对学校经费的来源渠道、经费的来源总量，尤其是经费的增量、支出结构，了解甚少；经费的分配方法一般是“管钱的部门说了算”，下级预算单位基本上没有什么“发言权”。在新的预算管理模式下，学校资金的分配行为、管理权限及操作程序在主管部门和学校都有严格的制度规定，预算的民主性和法制性都大大增强。高校在预算编制的过程中坚持了“三上四下”的程序、将预算经费的来源和分配办法公开，细化预算编制，将预算编制到部门、到项目，明确了预算管理责权，有关部门直接参加预算编制工作，预算向全校公布，广泛征求意见，鼓励教职工参与预算工作，欢迎教职工对学校的预算进行指导和监督，发挥了教职工的主观能动性，避免了“暗箱操作”，充分调动了广大教职工民主理财的积极性，充分体现了民主集中的精神，强化了预算的法律约束力，减少了预算分配方面的随意性和人为因素，整个预算的编制向规范、公开、透明的方向大大迈进了一步。

5. **实行微机管理，提高了预算的科学性**

先进的预算管理信息系统，为高校预算管理机制的运作提供了可靠的保障。目前高校预算管理信息系统主要由以下五部分构成：一是基础资料管理系统，建立预算数据库，将学校机构、人员、财务、资金、大型设备、办公设施等基础资料和动态变化情况输入计算机管理；建立专项资金项目库，将学校有关职能部门提供的项目输入计算机备案，为滚动编制项目预算提供依据。二是预算编报系统，主要包括系统管理、报表录入、报表报送、报表汇总、数据查询和报表审核等方面的功能。三是预算指标管理系统，主要对预算执行中预算指标的下达、追加、追减、结转等事项的管理。四是会计账务处理系统，主要包括凭证处理、账册查询、账表输出等方面的功能。五是预算执行控制分析系统，对预算的执行进行全过程控制，通过各种指标的比较，分析出现的问题，为正确决策提供依据。

第三节　国库集中支付改革

国库是“国家金库”的简称，是负责办理国家预算资金的收入和支出的机关，担负着办理国家预算资金的收纳和库款的支拨，反映和监督国家预算执行的重要任务。我国现行的国库体制是委托金库制度。国库集中支付制度是市场经济国家普遍实行的财政资金管理制度，是一种以国库单一账户体系为基础，资金拨付以国库集中收付为主要形式的现代国库管理制度，其最终目标是最大限度地减少国库拨出资金的库外沉淀和闲置浪费现象。实行国库集中收付制度，就是将所有的政府性财政资金全部纳入国库单一账户，所有的财政支出必须由国库直接支付。国库集中收付制度的核心是单一账户制度，取消各部门和单位在银行设立的收支账户。各种政府性收入直接缴入国库。各部门和单位根据自身履行职能的需要，在预算确定的范围内，决定购买商品和支付劳务费用，但均由国库单一账户支付。国库管理部门可以直接对各部门和单位的收支活动实行全程监督。这样做有利于规范预算执行程序，方便预算单位及时用款；有利于提高预算收支过程的透明度，保障财政资金安全有效运行，从源头上预防腐败；有利于合理调度资金，提高资金使用效率，增强政府调控能力。

一、国库集中支付制度的建立与发展

新中国成立后，1950 年，政务院公布了《中央金库条例》，规定各级国库均由中国人民银行代理，同年，《中国人民银行组织条例》中也明确了代理国

库是中国人民银行的主要任务之一。1985 年，国务院重新颁布了《中华人民共和国国家金库条例》，其中第三条规定中国人民银行经理国库，规定：国库机构按照国家财政管理体制设立，原则上一级财政设立一级国库。中央设立总库；省、自治区、直辖市设立分库；省辖市、自治州设立中心支库；县和相当于县的市、区设立支库。并分别由中国人民银行总行，各省自治区、直辖市分行，各省下辖市、自治州分行和县、市、区支行经理。在中国人民银行没有设置机构的地方，委托当地商业银行代理。

根据党中央、国务院的要求，借鉴国际先进经验，结合我国实际情况，财政部会同中国人民银行制定了《财政国库管理制度改革方案》。2001 年 2 月 28 日，国务院第 95 次总理办公会议原则同意改革方案，确立了我国财政国库管理制度改革的目标、指导思想和原则、改革的内容、配套措施及实施步骤。改革方案明确提出：我国财政国库管理制度改革的目标是建立以国库单一账户体系为基础、资金缴拨以国库集中收付为主要形式的财政国库管理制度。为实现这一目标，一是要建立国库单一账户体系，所有财政性资金的收入和支出，都要纳入国库单一账户体系管理和核算；二是要以国库单一账户体系为基础，改革财政资金收入收缴制度和支出支付管理制度；三是要做好各项配套改革，包括进行银行账户清理、深化预算编制改革、制定相应的法律法规、建立健全财政管理信息系统和现代化支付系统、建立健全财政国库执行和国库现金管理机构以及加强监督机制等；四是要按照先试点、后推开，积极稳妥、分步实施的原则推进改革。还要求将改革方案改为改革试点方案，以财政部、中国人民银行的名义发布，并确定水利部等六个中央单位为第一批支出支付改革试点单位。这个方案的确立，标志着财政国库管理制度改革的总体框架已经明确，绘就了建立国库集中收付制度的蓝图。2001 年 3 月 15 日，国务院办公厅印发的《国务院办公厅关于财政国库管理制度改革方案有关问题的通知》要求：改革要按照总体规划、分步实施的原则，逐步推进，争取在“十五”期间全面推行财政国库管理制度改革；选择适量的、有代表性的部门进行试点，不断总结经验，对方案进行优化和完善；各地可根据改革方案，自行确定改革的时间和步骤；抓紧落实各项配套措施。

2002 年 5 月 22 日，财政部、中国人民银行发出了《关于印发〈中央单位财政国库管理制度改革试点资金支付管理办法〉的通知》，根据改革方案的要求，具体规范了财政资金支付管理的基本制度。这项制度的主要内容是：一是明确了国库单一账户体系中各类账户的功能、设立程序和管理要求等内容，对改革方案的支付方式作了进一步细化和明确；二是确立了财政资金支付必须坚持按预算、按用款计划、按项目进度和按规定程序办理的“四按”支付原则；三是明确了用款计划的内容、格式、编制要求、报送和审批程序等，先有预算，后有用款计划，强化了用款计划的控制功能；四是规范了财政直接支付和财政授权支付的具体操作流程；五是明确了财政国库管理制度改革过程中财政部门、中国人民银行国库部门、代理银行、试点部门及所属单位的职责和权限。为了解决财政资金支付流程改变之后试点单位的会计核算问题和财政资金的银行清算问题，财政部制定了《财政国库管理制度改革试点会计核算办法》和《财政国库管理制度改革试点预算结余资金处理的有关规定》，并与中国人民银行制定了《中央单位财政国库管理制度改革试点资金银行支付清算办法》等相关配套制度，在财政管理上第一次形成了一个统一的、适合所有财政资金的支付管理制度体系，是财政管理的重大制度创新。过去的财政管理制度没有对支付管理作出全面系统的规范，比如，有的管理制度对财政部门向一级预算单位拨付过程做了规范，但未涉及向商品和劳务供应者支付资金的环节；有的管理制度在一定程度上规范了一些专项资金的支付环节，但未涉及其他类型的资金。可以说，过去基本上是以拨代支。出台完整、统一的支付管理办法，不仅规范了试点资金支付的管理，而且适应各类财政资金的支付管理。国务院已将这项制度列入立法计划，修改完善后将作为国务院行政法规来发布。这是财政资金支付管理制度体系建设的一个重大突破，有效地保证了改革的顺利实施。

2002 年 6 月 28 日，财政部、中国人民银行发出了《关于印发〈预算外资金收入收缴管理制度改革方案〉的通知》和《关于印发〈中央单位预算外资金收入收缴管理改革试点办法〉的通知》，改革和规范政府非税收入收缴管理。改革和规范财政收入收缴管理制度，是财政国库管理制度改革的重要内容。长期以来，包括预算外资金在内的非税收入的收缴实行由执收单位设立过渡性存款账户、分散收缴的方式，收入从收缴到进入财政专户前，分散在各单位账户，要经历一个较长的运行过程，难以进行有效的监督管理。过去虽然多次采取加强预算外资金管理的措施，但管理的重点多在治理乱收费、规范资金用途等方面，没有对收入收缴环节进行系统的改革和规范。一些地方财政部门积极探索，对管理层次比较单一的部门实行了收缴分离等改革，积累了一定的经验。在此基础上，按照《财政国库管理制度改革方案》的要求和深化收支两条线管理改革的需要，在实施支付管理制度改革的同时，中央财政以预算外资金收入收缴管理改革为切入点，对收入收缴管理制度进行了改革。主要内容是：一是在账户管理上，由财政部门设立预算外资金财政专户，取消主管部门和执收单位设立的收入过渡性存款账户，对一些所属单位多、分布广、层次复杂的主管部门，由财政部门为执收单位开设财政汇缴专户，有效防止了已实现的收入分散在各单位存款账户上的现象；二是在收缴程序上，以新的账户体系为基础，规范收入收缴程序，取消过去由主管部门所属的执收单位通过过渡性存款账户层层上缴的方式，改为直接缴库和集中汇缴；三是健全票据管理体系，将新设计的《非税收入一般缴款书》纳入票据管理体系，并与信息化管理紧密结合起来；四是充分运用现代信息技术，增加收入收缴的透明度，加强对预算外资金收入收缴的监督管理。按照改革内容的要求，中央财政制定发布了《预算外资金收入收缴管理制度改革方案》和《中央单位预算外资金收入收缴管理改革试点办法》，对包括行政事业性收费、政府性基金等非税收入的收缴管理作了全面规范，基本形成了非税收入收缴管理制度改革的框架和制度体系。

2002 年 12 月 12 日，财政部、中国人民银行发出《国库存款计付利息管理暂行办法》，要求建立新的国库资金运作模式。建立新的国库资金管理模式，提高国库资金运行效益，降低财政筹资成本，是财政国库管理制度改革的重要目标和内容之一。在这方面，市场经济国家普遍以完善的货币市场和资本市场为基础，实行高效的国库现金管理制度。随着财政国库管理制度改革的不断深化，以及我国货币市场和资本市场的逐步发育完善和相关法律法规的改革，将为实行高效的国库现金管理制度创造条件。在这个过程中，先行改革国库资金管理方式，对国库存款计付利息，将有利于深化国库资金管理方式的改革，为逐步实行高效的国库现金管理创造良好条件，同时还有利于推进各地按照统一规范的方案实施财政国库管理制度改革。《国库存款计付利息管理暂行办法》规范了国库存款计息管理的各个环节，对国库存款计息范围、计息利率、计息方法、管理要求、职责权限等事项作了明确规定，这是我国财政国库管理制度的重大突破，成为新的财政国库管理制度体系的重要组成部分。这项改革已于 2003 年 1 月 1 日起正式实施。

此外，按照《财政国库管理制度改革试点方案》的总体要求，适应加强国库集中收付制度运作管理的要求，制定发布了《中央单位银行账户管理暂行办法》、《财政资金专用支票和汇兑凭证管理办法》和《财政收入退库管理办法》等配套管理办法，为不断完善改革提供制度保障体系。

二、国库集中支付改革的内容

国库集中收支制度是以国库单一账户体系为基础，以国库集中收付为资金缴拨主要形式的财政国库管理制度的简称。在这一制度下，国库将直接控制从预算分配、资金拨付、使用、银行清算直至资金到达商品和劳务提供者账户的全过程。实行这一制度的国家，各级财政部门只能在中央银行设立单一的国库账户，财政收入，不管预算内、外，全部缴入中央银行的单一账户，财政支出经支付机构签发后直接从单一账户中支付到商品和劳务提供者的账户，从而加强了国库对财政资金具体收支的控制。

（一）国库集中收支制度的特点

第一，国库集中收支是一种集权式财政管理。包括国库资金范围的集权和国库资金使用过程的集权。第二，国库资金支出决策者与办理者分离。也称为指标与资金分离，是指国库支出的办理者即用款单位获得的预算是一个可用的财政资金指标，而不是资金，资金统一集中于财政的国库账户，并根据单位的指标直接向商品和劳务的提供者支付款项。第三，以国库单一账户体系为基础。国库单一账户体系一般由国库单一账户和分类账户组成。国库单一账户是财政部门设置在中央银行的单一国库账户，用来管理所有国库资金，反映国库资金整体的收支状况和余额；分类账户是国库为所有政府支出部门分别开设的，用于识别持有人的预算支出权限，反映支出部门预算执行情况。

（二）财政国库管理制度的主要内容

建立国库单一账户体系，规范收入收缴程序，规范支出拨付程序。(1) 建立国库单一账户体系：包括预算内资金和预算外资金在内的所有政府财政资金都集中于一家银行的账户中，所有的支出均通过这一账户直接支付给供货商。(2) 规范收入收缴程序：财政收入的收缴方式有两种，即直接缴库和集中汇缴。在直接缴库方式下，由纳税人提出纳税申报，经征收机关审核无误后，由纳税人通过开户银行将税款直接缴入国库单一账户。在集中汇缴方式下，由征收机关收缴收入汇总缴入国库单一账户，一般是对小额零散税收和法律另有规定的收入。(3) 规范支出拨付程序：财政直接拨付的资金占主体，改变目前由财政部门将资金拨付到各部门，各部门再层层下拨的做法，基本消除资金流经环节多的弊端。

（三）实行国库集中收支制度的意义

第一，建立完善的国库现金管理制度，实行国库单一账户制度，将政府收支集中于国库单一账户，国库现金管理在确保国库能及时取得需要资金的同时，尽量缩小政府在银行系统的闲置现金余额规模，以节约成本和降低风险，有利于提高国库资金的使用效率；第二，有利于缩小财政赤字，减少短期国债的发行，同时还有利于财政政策和货币政策的有机结合；第三，有利于建立整体的政府观念，推进廉政建设；第四，实现所有政府资源都纳入国库管理，预算单位的财政资金都集中存放在国库单一账户体系内，有利于财政部门加强对财政资金的统一调度和管理，有利于提高财政调控能力；第五，通过建立完善的财政国库监督制度，规范了财务管理，有利于形成对财政资金使用全过程的监督。

三、教育部国库集中支付的实施

2002年7月17日，财政部印发《关于确认2002年财政国库管理制度改革试点资金支付范围的通知》，对教育部报财政部的《关于2002年财政国库管理制度改革试点财政直接支付与财政授权支付建议范围的函》中所提出的教育部2002年财政国库管理制度改革试点范围划分情况及有关事宜，作了如下通知：一是财政直接支付范围。2002年教育部本级公务员工资支出、全国中学生运动会项目支出、亚洲中学生篮球比赛项目支出、天津大学综合教育实验楼工程支出、纳入政府采购直接支付范围的支出，实行财政直接支付。二是财政授权支付范围。教育部本级和所属天津大学、南开大学、山东大学、青岛海洋大学、石油大学（华东）2002年财政性资金，除了按规定实行财政直接支付和按原渠道支付部分外，其余全部实行财政授权支付。并对教育部预算外资金和部本级行政单位离退休经费、离退休管理机构经费支付渠道、2002年财政国库管理制度改革试点资金支付方式及范围划分、年余额账户开设及新旧账户的衔接，实施改革试点的会计账务衔接，以及开始试点的时间做了较为详细规定。

为在教育部部分单位顺利开展国库管理制度改革试点工作，根据财政部、中国人民银行印发的《财政国库管理制度改革试点方案》《中央单位财政国库管理制度改革试点资金支付管理办法》等文件精神，结合教育部门的实际情况，2002年10月11日，印发了《教育部2002年财政国库管理制度改革试点工作实施方案》，指出："实施财政国库管理制度改革试点工作的指导思想是：按照《财政国库管理制度改革试点方案》《中央单位财政国库管理制度改革试点资金支付管理办法》总体要求，适应教育改革和发展的需要，结合教育行业的特点，建立既符合现代财政国库管理系统的规范要求，又具有教育特色、用款方便、管理规范、适应性较强、便于推广的国库集中支付体系。"基于以上指导思想，确立了教育部实施财政国库管理制度改革试点工作的原则：一是统一管理。教育部财政国库管理制度改革试点工作在财政部的指导下，由教育部财务司统一管理。二是分步实施。选择一部分有代表性的单位作为财政直接支付与财政授权支付相结合的试点，待试点取得成功经验以及与改革配套的制度和措施相继出台后，再扩大试点范围，使改革目标逐步得到实现。三是方便用款。在确定资金支付方式和账户设置时，要考虑资金性质及其使用和管理的实际需要，在不改变原有预算管理级次和会计主体的前提下，尽量减少资金申请和拨付环节，使预算单位用款更加及时和便利。四是强化管理监督。增强财政收支活动的透明度，基本不改变预算单位财务管理和会计核算权限，使收入缴库和支出拨付的整个过程都处于有效的监督管理之下。主要是财政部门对预算单位的监督，上级预算单位对下级预算单位的监督。并确定试点单位范围为：教育部本级、教育部所属天津大学、南开大学、山东大学、青岛海洋大学、石油大学（华东）。资金范围为：一是财政直接支付范围。2002 年教育部本级公务员工资支出、全国中学生运动会项目支出、亚洲中学生篮球比赛项目支出、天津大学综合教育实验楼工程支出、纳入政府采购直接支付范围的支出，实行财政直接支付。二是财政授权支付范围。教育部本级和所属天津大学、南开大学、山东大学、青岛海洋大学、石油大学（华东）2002 年财政性资金，除了按规定实行财政直接支付和按原渠道支付部分外，其余全部实行财政授权支付。教育部预算外资金和部本级行政单位离退休经费、离退休管理机构经费暂按原渠道支付。

该方案还对有关基础工作、支付程序、用款计划、账务处理、对账做了较为明确的规定。在“配套措施”中指出：“实行财政国库集中支付，是一项政策性强、涉及面广的系统工程，不仅涉及到财政资金拨付程序、支付方式、账户设置的变化，而且会影响到我们传统的思维方法、工作习惯、管理方式，各单位一定要在财政部、教育部的统一领导和部署下，密切配合，协调一致，共同搞好国库集中支付工作。”要求继续推进预算编制改革，进一步细化部门预算；建立教育资金管理信息系统，提高会计电算化和信息网络化程度；建立财政资金国库集中支付执行机构，教育部财务司负责办理财政直接支付和授权支付的具体业务，并进行相关的信息反馈、工作指导、监督检查等工作。各单位也应根据单位业务量的大小，设置专门的办事机构或配备专职工作人员；加强监督制约机制。教育部要加强对试点单位财政资金使用的监督，认真审核试点单位的用款计划和支付申请；建立健全财政国库集中支付的内部监督制约机制，定期对试点单位的相关业务进行内部审计，确保财政资金安全。

国库集中支付制度的试点在教育部进行顺利，并针对试点过程中出现的问题，研究提出了具体改进措施，在探索和积累经验的基础上于 2005 年在全国高校全面推广。目前，纳入财政国库集中支付制度改革资金范围为通过教育部转拨的财政性预算内资金，包括教育经费拨款、“985 工程”专项资金、修购专项资金、“211 工程”专项资金、基本建设经费拨款、科学事业费、科技三项费用、住房改革经费拨款及其他财政拨款资金等。2007 年 7 月 1 日，在全国部属高校全面推行国库集中支付制度。教育部及所属高校认真贯彻执行相关文件的指示精神，按照财政部、教育部的具体部署，结合学校的实际情况，建立了既符合现代财政国库管理系统的规范要求，又具有学校特色，能积极为教学科研服务，用款方便、管理规范的财政性资金国库集中支付体系。

第四节　政府采购制度改革

过去，政府的采购行为是分散进行的，弊端非常明显。主要是采购资金的分配和使用脱节，采购过程不透明、不公开，财政无法实施有效监督，容易产生腐败；采购行为强化了地方保护主义，不利于全国统一市场的形成。我国政府的采购规模发展很快，迫切需要大力推进政府采购改革，严格实行招投标制度。需要强调的是，提高公共工程的效益，防止公共工程中的腐败行为，也应借鉴国外的先进管理经验，将公共工程纳入政府采购范围，实行国库集中支付。要根据《中华人民共和国招标投标法》的有关规定，增强监管透明度，对这些工程实行公开、公平的招投标办法。从国外的经验和我国的试点情况看，推行政府采购制度有利于节约财政资金，防止腐败，强化政府宏观调控能力。

一、政府采购制度的建立与发展

1998 年 7 月，在国务院批复的财政部“三定”方案中，赋予了“拟定和执行政府采购政策”的职能。为此，财政部在预算司设立了专门机构，负责履行政府采购管理职责。政府采购管理职能的确立以及专门机构的建立，拉开了政府采购制度改革工作的序幕。1998 年 8 月，财政部指定《中国财经报》作为发布政府采购信息的媒体，通过这一媒体全面介绍政府采购知识、政策制度和试点效果，指导全国的政府采购宣传和实践活动。1998 年 10 月，财政部部长项怀诚接受《半月谈》记者专访，介绍我国实行政府采购制度的意义及设想。1998 年 12 月，由财政部楼继伟副部长主编的《政府采购》一书出版发行，该书首次系统地阐述了政府采购理论，提出了建立我国政府采购制度的框架体系。

1999 年 4 月，财政部颁布了《政府采购管理暂行办法》，明确了我国政府采购试点的框架体系。这是我国第一部有关政府采购的全国性部门规章制度，从而填补了我国政府采购长期无法可依、无章可循的局面。1999 年 6 月，国务院办公厅印发了《关于在国务院各部门机关试行政府采购的意见的通知》，推动国务院各部门的试点工作。1999 年 10 月，财政部组织召开了首次全国政府采购工作会议，确立了我国政府采购制度改革的方向和阶段性目标，有力地促进了政府采购试点工作的顺利进行。

2000 年 5 月，财政部会同监察部和审计署联合颁布了《关于 2000 年推行政府采购制度工作的意见》，政府采购试点工作掀起了新的高潮。2000 年6 月，财政部对内部机构进行改革，政府采购的管理职能由预算司调整到新组建的国库司，国库司内设立了政府采购处，负责全国政府采购的管理事务。2000 年

10 月，财政部颁布《政府采购运行规程暂行规定》。同年 12 月，财政部组织开发的“中国政府采购网”投入运行，颁布《关于中国政府采购网有关管理问题的通知》，将该网纳入财政部指定的政府采购信息发布媒体。

2001 年 3 月，财政部、中国人民银行印发《政府采购资金财政直接拨付管理暂行办法》，同年 4 月，财政部印发《中央单位 2001 年政府采购计划》，财政部颁布《中央单位政府采购管理实施办法》。从 2001 年开始编制政府采购预算并制定政府采购计划，凡是列入政府采购预算的采购项目，都必须按照政府采购计划的要求实行政府采购。建立政府采购资金实行财政直接拨付制度，规定政府采购资金财政直接拨付的方式和程序，开设了政府采购资金专户。通过改变资金管理方式，促进政府采购制度的推行。2001 年 9 月，财政部印发《关于加强国有金融企业集中采购管理的若干规定》，并在党的十五届六中全会决定中，把推行政府采购制度列为党风建设的治本措施。同年 10 月，九届全国人大第二十四次委员会对《中华人民共和国政府采购法（草案)》进行第一次审议。

2002 年 6 月，九届全国人大第二十八次委员会对《中华人民共和国政府采购法（草案)》进行第三次审议，并获得通过。该法以时任国家主席江泽民第 68 号令颁布实施。同年 7 月，财政部印发《关于贯彻实施〈中华人民共和国政府采购法〉的通知》。财政部门全面开展了政府采购法的宣传和贯彻实施工作，从制度上、舆论上和组织上为政府采购法的全面贯彻实施做准备。9 月,财政部组织各地区政府采购高层管理人员政府采购法培训班，拟定《中央单位 2003 年政府集中采购目录、政府采购限额标准和政府采购货物服务公开招标数额标准》，征求中央单位意见。10 月，国务院办公厅印发《中央国家机关全面推行政府采购制度的实施方案》，国务院决定成立中央国家机关政府采购中心。11 月，财政部印发《关于贯彻落实全国政府采购工作会议精神的通知》。2003 年 1 月 1 日，政府采购法正式实施，我国政府采购制度改革试点工作至此结束，进入了全面推行阶段，全国政府采购工作开始进入新的发展时期。

二、政府采购制度改革的内容

政府采购制度改革，确切地说，是要建立政府采购制度。我国以前没有这种制度，就不存在改不改的问题，而是要根据我国社会主义市场经济发展要求，填补历史空白。建立政府采购制度的目标是规范政府采购行为，加强财政支出管理，提高政府采购资金的使用效益，保护政府采购当事人的合法权益，维护国家利益和社会公共利益，促进廉政建设。在这些目标中，规范政府采购行为是最直接的目标，通过采购行为的规范实现加强财政支出管理等目标。因此，我国政府采购改革的内容，是按照市场经济的一般原则和建立政府采购制度的一般规律，确立政府采购的行为规范，也就是规定使用财政性资金开展采购活动应当遵循的基本规则。

（一）按照公开透明原则，促进“阳光工程”建设

公开透明是建立政府采购制度的基本精神，政府采购被誉为“阳光下的交易”，即源于此。政府采购的资金来源于纳税人缴纳的税金，只有坚持公开透明，才能为社会公众对政府采购资金的使用情况进行有效监督，才能为供应商参加政府采购活动提供公平竞争的环境创造条件。公开透明要求政府采购的法律和规章制度要公开，便于有关当事人了解和参与政府采购活动的规则；在财政预算中安排的采购项目及其预算要公开，让社会公众了解政府对其缴纳的税收是如何安排的，让所有的供应商了解到政府提供的商业机会；招标信息要公开，向社会公告采购单位、采购项目及数量、采购时间等信息，为供应商决定是否参与提供充足信息；采购结果要公开，公布中标人及中标价格；投诉处理或者司法裁决结果要公开，向社会表明政府依法行政的立场，保护有关当事人的合法权益。为此，建立政府采购制度，必须加强透明度机制建设，既要加强规章制度建设，提出要求透明的内容，还要建立全面反映透明的载体，包括报纸、网络和杂志等。要通过阳光工程建设，促使政府采购活动在完全透明的状态下运作，让财政资金花得明白，让有关部门以及广大社会公众全面了解财政支出使用的整个过程和最终结果。

（二）按照公平竞争原则，建立政府采购的运行机制

公平竞争原则是市场经济运行的基本法则，是政府采购的基本规则。公平竞争要求在竞争的前提下公平地开展政府采购活动。要将竞争机制引入采购活动中，实行优胜劣汰，让采购单位通过优中选优的方式，获得价廉物美的货物、工程或者服务，提高财政资金的使用效益，促进企业提高竞争力和自我发展能力。政府采购的竞争是有序竞争，开展公平交易活动。要通过公平竞争，让所有符合条件的供应商都有机会参与政府采购活动，政府采购活动要遵守统一规则，并按此规则确定中标人。为此，建立政府采购制度，必须按照充分竞争的要求确定采购方式，尤其是强制性推行公开招标采购方式，使用其他采购方式的，必须要事前获得财政部门的批准；政府采购信息必须通过统一途径披露，从源头上维护公平竞争；各级行政事业单位要公平地对待每一个供应商，不能人为地搞歧视，不能搞行业垄断，不能搞地区封锁；政府采购程序必须完整、统一和严密，促使政府采购活动沿着预定的轨道运作。要通过这套政府采购的运行机制，促使预算单位按照既定规则使用财政资金，确保财政资金按照预算规定用途使用，提高使用效益。

（三）按照公正原则，维护政府采购市场秩序

公正原则是基于采购单位与供应商在政府采购活动处于平等地位而确立的一项原则。理论上讲，政府活动属于商业交易行为，买卖双方完全平等，但实际上并非如此。采购方是行政事业单位，不同程度地被赋予了相应的行政权力，而且拥有采购合同的授予权，因而成为政府采购主动方。供应商因有求于采购方，在政府采购活动中往往处于被动地位。在这种格局下，维护政府采购的公正性，成为实现公平竞争的重要前提，直接关系到政府采购的市场秩序以及采购资金的使用效益。为此，建立政府采购制度，必须确保公正性。政府采购活动必须按照事先约定的条件和程序进行，对所有的供应商要一视同仁，不得有歧视条件或者行为，任何单位和个人无权干预采购活动的正常开展；必须实行管理机构与执行机构分设的管理体制，让“裁判员”（财政部门）与“运动员”（执行机构）各司其职；要发挥审计、纪检监察等部门的监督作用，预防并及时纠正不公正行为；要事先公开评标规则，要赋予供应商质疑和投诉的权利等。通过一整套监督制约机制，保障政府采购活动的公正性，防止行政权力以及财政资金的滥用，预防“寻租”行为，维护政府采购的市场秩序。

（四）按照诚实信用原则，约束政府采购当事人行力

诚实信用原则是发展市场经济的内在要求，在我国市场经济发展初期向成熟时期过渡阶段，尤其要大力推崇这一原则。诚实信用原则要求政府采购当事人在政府采购活动中，本着诚实、守信的态度履行各自的权利和义务，讲究信誉，兑现承诺。为此，建立政府采购制度，必须确立政府采购的基本规则，规定各行政事业单位、供应商和社会中介机构的权利和义务，建立供应商以及社会中介机构政府采购市场准入制度，禁止缺乏诚信的供应商参与政府采购活动，采取各种有效措施促使政府采购当事人履行义务的自觉性，增强公众对采购过程的信任。

（五）按照保护国家利益和社会公共利益原则，发挥政府采购的宏观调控作用

政府采购不能将价廉物美作为唯一目标，要在维护国家利益和社会公共利益的前提下，广泛发挥其在社会和经济中的作用。

第一，政府采购必须采购国内产品，将工程和服务合同授予国内供应商。政府采购资金来源于纳税人的税金，按照财政“取之于民，用之于民”的原则，政府采购形成的商业机会也应当给予纳税人，支持纳税人的发展，为国民经济持续稳定发展创造条件。第二，促进环境保护。政府采购要有利于促进产品制造环境的改造，并采购符合环境保护要求的产品。也就是说，政府采购不能采购制造环境不合格的企业生产的产品，也不能采购不符合环境保护要求的

产品。政府采购促进环保政策的实施，是通过将政府采购形成的商业机会向符合环境保护要求的企业或产品倾斜，鼓励和支持这类企业的发展。第三，政府采购须扶持不发达地区和少数民族地区的发展。不发达地区和少数民族地区的经济发展水平不高，企业竞争实力普遍不强，为了促进这些地区的发展，不能光靠直接向这些地区政府或企业提供财政资金的老办法进行扶持，还可以利用政府采购形式，将政府采购形成的商业机会尤其是中央单位的政府采购向这些地区倾斜，在竞争的前提下，将采购合同优先授予相对有实力的不发达地区和少数民族地区的供应商，支持企业发展，提高企业的竞争实力，从而达到培育财源的目的，促进企业发展与财源增长的良性循环机制，逐步改变落后面貌。第四，促进中小企业的发展。在政府采购活动中，中小企业因规模小，竞争力不强，通常难以拿到有规模的采购合同，处于弱势地位。但是，中小企业也是纳税人，也有权利享受到政府采购带来的商机。同时，中小企业是社会就业的主要渠道，对维护社会稳定起着至关重要的作用。因此，政府采购应当适度向中小企业倾斜，扶持小企业发展。此外，政府采购还要有助于实现国家的其他经济和社会政策目标。例如，促进就业，要求拿到一定规模采购合同的企业，必须安排一定数量的下岗人员；保护妇女权益，对歧视妇女就业的企业给予禁止准入政府采购市场的处分；还有保护残疾人兴办的企业，优先购买劳教产品等。

政府集中采购的优势：(1) 在市场化中提高财政资金的使用效益。建立效益型财政是我国财政改革的目标，而效益型财政最明显的标志就是实现财政支出的效益最大化，尤其是政府的购买性支出和投资性支出。建立政府采购制度，一是可以保证专款专用；二是可按规定的方式统一进行采购，降低单位业务成本，实现规模经济效益；三是政府可以在公开、公平、公正的原则下，通过引进竞争机制，以公开招标的方式，用有限的财政资金在国内外市场上取得质优价廉的商品和劳务供应，同时通过商情的汇集，节约采购费用，从而降低政府行政成本，提高财政资金的使用效益，实现货币价值的最大化。同时，因公开竞争而得到的优质、全面的售后服务，还能大幅度地减少事后支出。(2) 在制度化中严格财政支出的资金管理。(3) 在科学化中完善政府宏观调控的水平。(4) 在规范化中培育公平竞争的市场经济。(5) 在法制化中建立廉洁有序的财经秩序。

三、教育部政府采购制度的实施

教育部根据《中华人民共和国政府采购法》和《中华人民共和国招标投标法》等国家相关政策法规的要求，结合教育实际情况，于 2003 年 8 月 21 日教育部办公厅印发了《教育部政府采购管理暂行办法》。该暂行办法共七章三十八条，包括总则、政府采购管理、政府采购实施、政府采购资金拨付、监督检查、法律责任、附则。“总则”明确了“教育部政府采购是指部属各单位使用财政性资金采购集中采购目录以内或采购限额标准以上的货物、工程和服务的行为。财政性资金是指中央财政安排的预算资金（即中央财政以各种形式划拨的资金，包括中央财政专项资金等）和预算外资金（即各单位通过各种行政事业性收费、政府采购性基金、政府间捐赠资金等获得的收入）。在采购中，与财政性资金相配套使用的地方资金、自筹资金、借贷资金，一同实行政府采购”。教育部政府采购的组织形式分为“政府集中采购”、“部门集中采购”和部属各单位“分散采购”。教育部政府采购管理包括：制订政府采购计划，编制政府采购预算；确定部门集中采购项目和目录；明确采购组织形式和选定采购方式；组织实施政府采购活动；履行合同和支付资金；结算记账，编报决算及统计信息等。“教育部财务司是教育部政府采购管理的职能部门。其主要职责是：根据部领导指示精神，制定教育部政府采购管理及实施办法；编制政府采购预算；确定教育部集中采购项目和目录；申请财政直接拨付的采购资金；监督检查部属各单位的各项政府采购工作；汇总编报教育部年度政府采购统计信息等。”“教育部教育政府采购事务中心是教育部组织实施政府采购活动的专职执行机构，也是教育部系统政府集中采购机构。其主要职责是：具体负责执行教育部政府采购各项活动的管理，组织实施教育部集中采购，指导部属各单位政府采购工作；接受部属各单位委托，提供政府采购服务；具体办理教育部财务司安排的政府采购日常事务；组织部属各单位相关人员进行业务培训等。”“部属各高校应成立政府采购领导小组，协调各方面工作；必须建立、健全本校的政府采购专职机构，落实责任人及相关人员的职责。部属各事业单位要结合实际确定一个部门负责此项工作。部属各单位政府采购管理部门的主要职责是：按规定编报政府采购预算；提交集中采购品目技术清单；组织实施本单位的分散采购工作；按要求签订和履行政府采购合同；编报本单位政府采购统计报表；组织本单位相关人员进行业务培训等。”

2004 年 4 月 14 日，财政部、科技部、教育部、中国科学院印发了《中央级新购大型科学仪器设备联合评议工作管理办法》，逐步建立起一套较为完善的操作程序。按照年度政府采购目录，在编制年度预算的同时编制政府采购计划，基本实现预算编制与政府采购计划的衔接。在推行政府采购制度的过程中，在财政预算管理部门建立了“政府采购资金专户”，通过“锁定”预算中纳入政府采购计划的专项资金，保证政府采购的实施，实现政府采购资金的集中支付。还通过广泛的调研和征求意见，制定了适合学校的仪器设备采购和招标管理办法，建立了分级的仪器设备采购管理和审批流程，并利用信息化手段强化了招标、价格、采购流程等相关信息的公示、公开，完善了民主监督程序。通过政府采购并在配套的支出标准的约束下，全过程管理和监督预算单位对财政资金的使用，压缩不合理支出；通过政府采购将原来由各单位自行分散的采购活动合成规模优势，通过法定的集中采购方式，充分运用竞争机制，好中选优，大幅度节约了财政资金；通过政府采购制度所遵循的"公开、公平、公正"原则，极大地增强了采购过程的透明度，在提高财政资金使用效益的同时，从源头上预防腐败现象的发生。

2014 年 3 月 14 日《教育部关于进一步做好政府采购工作的通知》强调："实施政府采购制度、深化政府采购制度改革，是贯彻落实党的十八届三中全会精神，从源头上预防和治理腐败，推进国家治理体系和治理能力现代化的重要举措。各单位要进一步统一思想，提高认识，切实加强对政府采购工作的领导，及时掌握和解决工作中出现的矛盾和问题，不断完善政府采购管理。要把政府采购纳入内部控制体系建设之中，确保政府采购工作健康、科学开展。"要求"完善管理监督机制，提高管理效能。各单位要建立或明确政府采购工作归口管理机构，其主要职责是：根据国家政府采购法律、法规制定本单位规章制度；采购计划填报、执行；对政府采购方式变更、进口产品等事项进行初审和送审；批量集中采购的汇总上报；评审专家的推荐和管理；采购信息发布管理；采购合同的管理；采购信息统计汇总和分析；组织采购人员、评审专家的业务学习和培训。要进一步完善政府采购监督体系，建立财务、审计、监察等部门共同配合的监督机制。充分发挥各部门的监督职能，强化对政府采购行为的约束，切实做到严格执法，避免和杜绝违规采购现象。及时发现、纠正和处理违反政府采购法规的行为，并追究相关人员的责任。要全面加强管理监督，提高管理效能，逐步推动政府采购管理监督程序导向型向结果导向型转变。要着力推进政府采购管理信息系统的建设，对采购预算、采购程序、采购结果实施动态监管。加强对采购需求、采购效果的管理，确保物有所值，确保资金的使用效率"。"健全制度，依法采购。要认真执行《中华人民共和国政府采购法》《中华人民共和国招标投标法》等法律法规，做到依法采购。各单位应根据相关法律、部门规章和政策建立健全本单位制度，完善内部控制体系，严格规范政府采购活动。要加强政府采购预算和计划管理，科学、细致地编制政府采购预算和计划，并严格执行。按有关规定确定采购方式、执行采购程序。对达到公开招标限额标准的项目，必须实行公开招标，严禁拆分项目规避公开招标。要进一步规范评审专家抽取、采购信息发布、采购方式变更和进口产品报批等工作。按照有关规定加强集中采购管理，完善集中采购机制。""开展政府采购人员培训，推进专业化队伍建设。政府采购是一项政策性和专业性强、涉及面广、社会敏感度高的综合性工作，我部将加强政府采购从业人员培训工作，推进政府采购队伍专业化建设。各单位要组织开展有关政府采购政策、业务学习，保证采购人员及时了解和准确掌握国家最新法律法规，提高业务能力，不断提高采购质量和采购效率。”

2015 年 5 月 22 日，教育部印发《关于直属高校落实财务管理领导责任严肃财经纪律的若干意见》进一步强调：“规范政府采购管理。严格执行《中华人民共和国政府采购法》《〈中华人民共和国政府采购法〉实施条例》的各项规定。建立或明确政府采购工作归口管理机构。科学编制政府采购计划和采购预算，严格实施经费支出和资产配置标准，不得无预算超预算采购。按规定确定采购方式，执行采购程序，对达到公开招标限额标准的项目，必须实行公开招标，严禁拆分项目规避公开招标。认真执行批量集中采购相关规定。要进一步规范评审专家抽取、采购信息发布、采购方式变更和进口产品采购等工作。严禁在采购活动中违规收受回扣、手续费等。加强对采购需求、采购效果的管理，提高资金使用效益。推进政府采购管理信息系统建设，对采购预算、采购程序、采购结果实施动态监管。”

教育部政府采购工作在各个相关部门及学校的重视与支持下，总体推进顺利，政府采购政策制度日趋完善，相关机制逐步建立，运行机构逐步健全，人才队伍不断壮大，教育政府采购逐步规范，采购规模扩大，采购金额逐年增加。教育部门政府采购制度的实施，对于深化教育资产管理改革，提高财务管理水平和资金使用效率，从源头上预防腐败，树立诚信教育形象起到了积极作用。

第五节　绩效管理改革

党的十六届三中全会报告《关于完善社会主义市场经济若干问题的决定》提出：要改革预算编制制度，完善预算编制、执行的制衡机制，加强审计监督，建立预算支出绩效评价体系，推行绩效考评是落实党的十六届三中全会指示精神的需要。在其后的全国经济工作会议和全国财政工作会议的报告中，也多次提出了建立预算支出绩效考评体系，提高财政支出使用效益的要求。加强对财政支出的绩效考评，逐步建立预算支出绩效考评体系，已成为深化行政管理体制改革、促进公共财政体制改革和推动部门预算改革的一项重要内容。

一、绩效考核制度的实施及主要内容

财政部教科文司自 2000 年起对发达国家绩效考评制度进行研究，并于 2003 年 4 月颁布了《中央级教科文部门项目绩效考评管理试行办法》，该试行办法共分五章二十三条，对绩效考评的概念、范围、依据、内容及指标体系框架、组织实施及结果应用等方面都作出了相应规定，并且在附件《中央教科文

部门项目绩效考评规范》中对工作规范、技术规范和行为规范作了明确规定，还设计了绩效考评报告文本。2003年11月至2004年3月间，根据财政部《关于确定2003年中央财政教科文专项资金绩效考评试点项目有关问题的通知》要求，以及对试点项目绩效考评工作的统一部署，财政部委托国家科技风险开发事业中心和北京华盛中天咨询有限责任公司具体实施绩效考评工作。试点选择了涉及教育、科学、文化等不同领域的七个项目，其中关于教育的有两项：共建高校实验室建设项目绩效考评、边境地区改善基础教育办学条件项目绩效考评，前者综合考评结果为“优$^{+}$”，后者综合考评结果为“优$^{-}$”。

2005年3月，财政部印发了《农村中小学现代远程就教育工程试点专项资金绩效考评指标》。2005年4月，财政部下发《关于开展中央与地方共建高校专项资金——基础实验室项目绩效考评工作的通知》，在附件中印发了《中央与地方共建高校专项资金——基础实验室项目绩效考评指标（实行)》。2005年4月，财政部又印发了《支持示范性职业教育实训基地建设专项资金项目绩效考评指标》。2005年5月，财政部预算司印发了《中央部门预算支出绩效考评管理办法（试行)》，确立了“统一规划、积极稳妥、先易后难、分步实施”的原则，并在绩效考评的职责定位、考评对象选择、确定考评目标及考评工作程序等方面做出了明确规定。同年9月，在《中央部门预算支出绩效考评管理办法（试行)》的框架下，对2003年出台的《中央级教科文部门项目绩效考评管理试行办法》进行了修订，出台了《中央级教科文部门项目绩效考评管理办法》，对绩效考评的范围、原则、依据、内容、组织实施、结果运用等作出了规定。

(1) 教科文部门项目考评范围包括专项计划项目、专项业务项目以及大型修缮、大型购置等项目，绩效考评坚持“客观、公正、科学、规范”的原则，实行“统一领导、分级实施”的管理方式，绩效考评的依据为国家关于教科文事业领域的方针、政策等。

(2) 关于项目绩效考评的内容，教科文部门项目考评根据项目执行阶段分为项目实施过程考评和项目完成结果考评，考评的内容分为业务考评和财务考评。

(3) 关于项目绩效考评的组织实施，明确规定教科文部门项目考评由财政部统一领导，教科文部门和项目单位分级具体组织实施。

(4) 关于绩效考评结果运用，该办法规定试点部门和项目单位应根据项目考评结果，及时总结项目管理经验，完善项目管理办法，提高项目管理水平和资金使用效益，改进和加强项目后续实施过程的管理。同时，财政部将根据考评结果提出加强项目支出预算管理的建议。

(5) 项目绩效考评规范主要包括工作规范、技术规范和行为规范等。其中，工作规范对项目考评工作的组织管理、各方权责、合同关系、中介机构及项目考评专家应具备的条件等相关内容进行了规定；技术规范主要包括考评形式、考评方法、考评程序及考评指标等相关内容；行为规范对回避原则、保密原则及有关纪律等进行了规定。

2006年，财政部在总结前几年绩效考评试点经验的基础上，从绩效考评对象选择、程序设计、指标体系设计、结果运用等方面入手，对绩效考评试点工作作了进一步规范。在编制2006年部门预算“一上”阶段，财政部要求中央部门申报绩效考评试点项目，经财政部审核确认后作为绩效考评试点项目，由部门在“二上”阶段报送该项目的绩效目标。财政部按照统一领导、分类管理、客观公正、科学规范的原则，结合中央部门的实际情况，选择了新闻出版总署“国家重大出版工程”、农业部“农业科技跨越计划经费”、“科技农业信息入户”和水利部“长江河道采砂管理费”共四个项目进行绩效考评试点，并按有关规定，综合考虑试点项目的实际情况，为这些项目规定了绩效考评经费的计提比例。按照稳步推进、分步实施的原则，2007年，财政部又确定了教育部“高校构建节约型校园修购”等六个部门的六个项目作为2007年绩效考评试点项目，绩效考评试点稳步推进。

二、财政支出绩效评价制度的建立与发展

积极开展财政支出绩效评价试点，建立完善的财政支出绩效评价制度，主要包括统一规范的绩效评价管理办法，科学的绩效评价指标体系和绩效预算体系，职责明确、分工合理、管理有效的绩效考评管理平台等，切实有效地开展对财政支出的绩效评价与考核。

（1）完善绩效考评管理办法，积极推进试点工作。总结绩效考评试点工作的经验，不断完善绩效考评管理办法；制定和修订分行业的绩效考评管理办法；研究建立绩效考评激励机制。逐步扩大试点范围，争取做到对部门的重要项目支出都进行绩效考评，从中央部门到地方，全面推行绩效考评工作。

（2）建立绩效评价指标体系和绩效预算基础资料数据库。绩效评价要求同类项目支出的评价指标具有可比性，财政支出项目内容的复杂性、对象的多层次性、效益的多样性，决定了绩效评价必须按照定性与定量相结合、统一性指标与专业性指标相结合的原则，建立起一套完整的绩效评价指标体系。通过建立完整的财政支出绩效评价指标体系和规模庞大的基础资料数据库，使项目的绩效目标能够量化、具体化，为评价各类项目的投入水平与支出效益及同类项目之间的横向对比分析提供技术支持。

（3）调整、充实部门预算的内容，逐步建立绩效预算体系。首先，建立体现部门战略规划的滚动预算制度，增强预算编制工作的科学性和前瞻性，为编

制部门年度预算和实施绩效考评创造基础和条件。其次，建立体现部门年度绩效计划的新型部门年度预算制度，在安排部门完成年度工作计划所需经费时，应提出明确的绩效目标。并将年度预算置于滚动预算的约束之下，真正形成滚动预算计划的分年度实施预算，将绩效考评结果作为安排下一年度预算的依据。最后，对部门预算的内容进行必要的调整，结合项目绩效目标，对项目进行清理和整合，在部门预算报表的设计上，要增加项目绩效目标的内容。

(4) 搭建绩效考评管理平台，建立职责明确、分工合理、管理有效的绩效考评管理平台。财政部门作为绩效考评工作的主管部门，在绩效考评工作中发挥统一组织、统一规划的主导作用；各政府部门主要负责本部门的绩效考评工作；基层单位按照规定和要求组织本单位的绩效自评工作，向主管部门报送绩效报告；社会中介机构参与绩效考评的具体工作。

教育战线必须以科学发展观为指导，树立科学的教育政绩观，切实解决教育在经济社会发展全局中的战略地位问题，全面贯彻党的教育方针，促进教育事业的健康持续发展。要制定科学的教育政绩考核指标体系，就要围绕完善教育财政体制、增加教育投入、合理配置教育资源等要素，突出下列指标的考核：一是地方政府可用财力用于教育的比例，考核各级政府的教育工作努力程度；二是实施均等化的公共教育经费拨款制度，考核各级政府推进教育公平的努力程度；三是基于国家标准的行政区域内义务教育学校建设合格率，考核各级政府提高学校办学水平和推进教育均衡发展的努力程度；四是健全城乡统一的教师工资待遇保障机制，考核各级政府保障教师合法权益的努力程度。

三、建立预算绩效管理体系

随着我国市场经济的不断发展和高等教育投融资体制改革的不断深化，政府和学校对于加强高等院校财务预算管理，实现高校财务预算管理科学性、绩效化的要求也变得日益紧迫。在这样的形势下，我国高等教育财务主管部门开始了对教育投入由一般性监督、评估管理向深度绩效管理的转变，为适应这一要求，一些高等院校也在绩效预算管理方面作出了初步的探索。

2004 年，国务院批转教育部的《2003—2007 年教育振兴行动计划》中对于改革和完善教育投入体制的问题，进一步提出了“对于中央本级财政资助的重点建设项目，要强化项目管理制度，建立行政、专家和社会中介机构相结合的项目评价系统。在逐年评价督查的基础上，实行与项目实效挂钩的滚动拨款制度和相应的激励机制。完善地方教育财政拨款制度”。由此可见，建立教育投入的评估制度已经成为我国教育改革的一项重要内容，教育投入进一步向绩效管理转变，已经引起了国家高度重视。在国家宏观政策的指导下，我国一些高等院校也在绩效预算管理方面开始了初步实践，这些探索主要集中在部门目标管理体系的构建、目标评价体系内容建设等方面绩效问题。但是，从总体上看，这些实践基本上还都处在探索阶段，进一步的深化仍然需要做大量的基础性工作。

2008 年 10 月 8 日，财政部、教育部印发的《关于完善中央高校预算拨款制度的通知》指出："中央高校预算拨款制度改革的总体思路是：增加绩效拨款，构建激励机制。"第三条指出："建立与公共财政相适应、科学规范的高校绩效评价体系，引入以绩效为导向的资源配置方式。"2012 年 6 月 14 日，教育部印发的《国家教育事业发展第十二个五年规划》强调："完善高等学校财政支出绩效评价体系，构建以绩效为导向的资源配置机制。"2014 年 4 月 25 日，《教育部财务司关于印发 2014 年教育财务工作要点的通知》第九条指出："改革和完善高等教育投入政策。完善促进中央高校内涵发展的绩效拨款制度。"

2014 年 9 月 26 日，国务院印发的《关于深化预算管理制度改革的决定》再次重申，要进一步改进预算管理，实施全面规范、公开透明的预算制度。指出深化预算管理制度改革，实施全面规范、公开透明的预算制度，是深化财税体制改革、完善公共财政体系、建立现代财政制度的迫切需要，是完善社会主义市场经济体制，加快转变政府职能的必然要求，是建立健全现代国家治理体系，实现国家长治久安的重要保障。为落实上述文件精神，教育部在其后的相关文件中都贯彻了绩效改革和管理理念和要求。2014 年，国务院学位委员会、教育部印发的《关于加强学位与研究生教育质量保证和监督体系建设的意见》，财政部、教育部印发的《关于建立完善以改革和绩效为导向的生均拨款制度加快发展现代高等职业教育的意见》，以及 2015 年财政部、教育部、人力资源和社会保障部联合印发的《关于建立完善中等职业学校生均拨款制度的指导意见》都提出"建立和完善以改革和绩效为导向的生均拨款制度"，强调突出绩效，建立完善生均拨款制度要与强化绩效管理相结合，将绩效理念和绩效要求贯穿于教育经费分配使用全过程，体现目标和结果导向，要积极探索建立教育经费使用绩效评价机制，制定绩效评价管理办法，科学合理设计评价指标体系，扎实开展绩效评价工作，并充分利用评价结果，调整完善支持学校改革发展的政策措施，不断提高经费使用绩效。高校预算拨款制度是高等教育财政政策的核心内容之一，是支持高等教育事业发展的重要制度安排。

2015 年 11 月 17 日，财政部、教育部印发的《关于改革完善中央高校预算拨款制度的通知》指出："改进资金分配和管理方式，突出公平公正，强化政策和绩效导向，增强中央高校按照规定统筹安排使用资金的能力，促进中央高校内涵式发展，着力提高办学质量和水平。"2017 年 9 月，中共中央办公厅、国务院办公厅印发的《关于深化教育体制机制改革的意见》指出："要健全教育投入机制。强调要完善财政投入机制。健全各级教育预算拨款制度和投入机制"，为规范和加强中央高校管理改革等绩效拨款使用管理，引导中央高校深化改革和强化管理，2017 年 1 月 11 日，财政部、教育部关于印发《中央高校管理改革等绩效拨款管理办法》强调，中央高校管理改革等绩效拨款是根据中央高校管理改革相关情况安排的综合性补助资金，由中央高校按照规定统筹安排使用。绩效拨款的分配、使用和管理遵循以下原则："（一）绩效导向。传递清晰的政策和绩效导向，体现激励约束，引导中央高校深化综合改革，全面提升管理水平，激发中央高校改革发展的内生动力和活力。（二）公平公正。根据中央高校管理改革成效和相关评估评价结果等情况，科学合理地分配绩效拨款，创造公平的政策环境，体现公正的价值取向。（三）统筹使用。增强中央高校统筹安排使用资金的能力，绩效拨款由中央高校按照规定自主统筹安排使用，不要求与分配因素直接挂钩或对应。""绩效拨款由财政部会同教育部等主管部门采用因素法分配，分配因素主要包括预算执行等管理情况、学生资助工作开展情况、科研等获奖情况等。财政部会同教育部等主管部门根据中央高校管理改革工作进展等实际，适时完善相关分配因素。"高校目前绩效评价只限于"项目支出"，未拓展到"基本支出"。因为培养人才具有迟效性特点，高等教育质量很难计量，因此，"基本支出"的绩效评价很难。

2018 年 9 月 1 日，国务院发布了《中共中央国务院关于全面实施预算绩效管理的意见》，意见中强调了全面实施预算绩效管理的必要性，要求构建全方位预算绩效管理格局、建立全过程预算绩效管理链条、完善全覆盖预算绩效管理体系、健全预算绩效管理制度、硬化预算绩效管理约束。2019 年 12 月 10 日，《教育部关于全面实施预算绩效管理的意见》强调"全面实施预算绩效管理是推进国家治理体系和治理能力现代化的内在要求，是深化财税体制改革、建立现代财政制度的重要内容，是优化教育资源配置、提升教育公共服务质量、构建服务全民终身学习教育体系、推动加快实现教育现代化的重要举措"。"工作目标。到 2020 年底，基本建成覆盖部门预算和转移支付的全面预算绩效管理制度体系。在此基础上，不断总结和推广实践经验，逐步推动形成体系完备、务实高效的教育预算绩效管理模式。"主要任务包括："（一）实施单位整体预算绩效管理。（二）开展转移支付绩效管理。（三）优化政策和项目预算绩效管理。（四）强化绩效目标管理。（五）健全绩效指标和标准体系。（六）建立事前绩效评估机制。（七）做好绩效监控。（八）加强绩效评价和结果应用。（九）强化绩效管理激励约束。"

第六节　分配制度改革

收入分配制度改革是高校人事分配制度改革的重要内容，是加强高校人才队伍建设，推进教育改革发展的迫切需要。近年来，高校进一步解放思想，转变观念，转换运行机制，抓住机遇，用积极创新的姿态，加快高校分配制度改革的步伐，增强了学校的办学活力，提高了学校的办学效益，适应了教育改革和发展的要求。回顾高校收入分配制度改革的历程，进一步总结高校在收入分配制度改革中积累的经验，深入研究改革存在的问题及其原因，将有助于高校收入分配制度改革的进一步完善和创新。

一、实行工资制度改革

工资是国家政府机关、事业单位和企业对本部门、单位和企业的干部职工所给予的物质报酬形式。我国的工资制度是社会主义国家为实现按劳分配而制定的劳动分配制度，它包括各种行业、各种工作和职务的工资等级、工资标准、工资形式以及其他有关工资的规定。

新中国成立后，在计划经济时期，我国教职工的工作报酬主要是工资，因此，工资制度是教职工分配的重要制度。1951 年，我国政府在对解放区的供给制和旧中国的工资制度进行充分研究、分析、比较的基础上，进行了必要的改革，形成了新中国第一套工资制度。1954 年 11 月，中央人民政府高等教育部对外公布了《全国高等学校教职员工工资标准表》，将高等学校的工作人员划分为 33 个等级。自此，我国的高等学校逐步开始执行统一的工资标准，等级工资制度逐步确立。

1956 年，我国又在普遍提高工资的基础上，进行了解放以后的第二次工资改革，规定了工矿企业实行八级技术等级工资制；国家机关、事业（包括公办各级各类学校）单位实行职务和技术等级工资制度。此次改革中公布的《全国高等学校教学人员工资标准表》将教学人员划分为 12 个等级，在减少级别总数的同时增大了级差。教学人员的最高工资与最低工资之间相差 3.8 倍。教授执行 1～6 级工资标准，副教授执行 3～6 级工资标准，讲师执行 6～9 级工资标准，助教执行 9～12 级工资标准。对于在教学或科研方面有特殊成就的教授，经国务院批准，还可发放“特定津贴”。1956 年制定的工资制度，曾经对发展社会生产力，调动广大机关干部、工矿企业职工、教职工和所有知识分子的积极性创造性起到过重要作用。但是，从 1956 年到 1984 年，这近 30 年时间内没有再进行改革，原有的工资制度已不适应“四化”建设的需要。

1985 年，在我国财政经济状况有所好转，改革的时机与条件基本成熟之际，我国政府根据党的十二届三中全会关于经济体制改革决定的精神及按劳分配的原则，从国家财力的现实情况出发，对国家机关和包括各级各类学校在内的事业单位当时实行的工资制度进行了建国以来的第三次改革。主要是将以级别定工资的职务等级工资制改为结构工资制，采用基本工资、职务工资、工龄津贴、奖励工资相结合的办法。这次工资制度改革完善了高校的薪酬体系，但改革也存在一定的局限性。具体来讲，主要存在四个方面的问题：一是根据职务来计算劳动量的做法不科学，二是新方案在一定程度上强化了分配中的平均主义，三是新方案存在工资标准较低、工资级差和倍数过低的问题，四是要求事业单位比照机关实行结构工资制不合理。

1993 年颁布的工资制度改革方案有两个特点：其一，机关与事业单位实行不同的工资制度。机关与事业单位在工作性质方面存在很大的差别，实行不同的工资制度正是为了体现机关与事业单位各自的特点。其二，建立正常增资机制。1993 年的工资制度改革对正常增资机制作出了具体规定，这是一个重大突破，自此，晋升职务不再是增加工资的唯一途径。此次工资制度改革之后，高等学校教职员工的工资水平有了大幅度提高，但总体来看，这部分人的工资仍然是偏低的。由于收入分配模式未能很好地体现高等学校教职员工的工作特点、工资与职称的联系过于紧密、缺乏对于搞活学校内部分配的具体指导意见，这次改革没能彻底解决之前存在的一些问题。

二、建立学校基金和奖酬制度

1977 年以后，分配领域开始出现教师与体力劳动者收入倒挂的现象。为解决这一问题，从 20 世纪 70 年代末起，国家先后采取了一系列措施来改善教师待遇。1979 年 10 月 25 日，国务院发布《关于职工升级的几项具体规定》。同年 11 月 23 日，教育部发布《关于教育部门教职工升级问题的通知》，要求“在升级中，特别要注意体现‘各尽所能，按劳分配’的原则，择优升级，坚决反对平均主义”。11 月 28 日，教育部发布《关于给普通高等学校教学人员增拨升级面的通知》，强调“专项拨给普通高等学校一部分升级指标，主要用于讲师以上教学人员的升级”。升级指标“不要平均分配”，要“择优升级，坚决反对平均主义”。1979 年 11 月 27 日，教育部颁布《关于高等学校教师职责及考核的暂行规定》提出：“通过考核，对超额完成工作任务、成绩优秀的教师，应予表扬和奖励。”这几份文件，开启了改革高校内部收入分配制度的先河。

1979 年下半年，华东师范大学与大连工学院先后被批准建立学校基金，实行奖励制度，在全国教育界引起震动。1980 年 6 月 11 日，教育部、国家劳动总局、财政部联合印发《高等学校建立学校基金和奖励制度试行办法》，全国高校开始建立学校基金和奖励制度。学校基金最初主要来源是校办工厂（车间）、农（林、牧）场实现的纯利润，其后高校对社会的教学服务、科技服务、后勤服务等其他服务以及校办企业的净收入都成为学校基金的重要来源。学校基金的建立如同企业的专用基金一样，使学校有了可自主支配的自有资金，大大调动了高校为社会服务的积极性。学校基金收入大幅增长，弥补了学校经费的不足，为形成多渠道集资办学的新格局奠定了基础，同时也为高校内部实行奖酬制度打下了经济基础。1980 年高校建立基金制度后，国家允许学校从基金中提取一定比例给教职工发放奖金和解决福利，“奖励部分：主要用于奖励完成各项任务中劳动好、工作好、贡献大的先进集体和个人”。“集体生活福利部分：主要用于教职工的集体福利事业和文化生活设施。”高校经济奖励制度从此开始推行①。

为了充分挖掘高校知识的潜能，为国家的社会主义建设服务，同时也为了贯彻“按劳分配、多劳多得”的原则，确保知识分子的收入在社会其他成员收入普遍提高的情况下也随之有所提高，自 1982 年起，根据国家有关文件精神，在高校内实行了开展教学、科技有偿服务的超工作量的酬金分配制度。1986 年 10 月，财政部与国家教委颁发的《高等学校财务管理改革实施办法》中还规定了高校社会服务收入劳务酬金提取与分配的管理办法。这一制度与学校基金制度一起，对稳定学校教职工的相对收入，稳定教职工的生活水平，稳定高校的教学、科研工作起了重要的作用。

1989 年 1 月 15 日，国务院发布《批转国家教委等部门关于深化改革鼓励教育科研卫生单位增加社会服务意见通知》，在其中批转的国家教委、财政部、人事部、国家税务总局《关于高等学校开展社会服务有关问题的意见》中指出：“高等学校开展社会服务，可以承包科技项目，参与科研协作，转让科技成果，开展技术、经济和法律等方面的咨询服务；根据国家有关部门的规定，可以接受委托培养学生，在不影响正常的办学条件下，可以举办非学历的短期人才培训活动；可以开放学校实验室，利用学校设备和技术条件对外服务；可以充分发挥校办工厂、印刷厂和出版社等内部单位的潜力，在保证教学科研服务的同时，为社会提供产品和服务；可以和企业、科研机构联合办厂，共同开发新产品或合股经营；可以组织教学、科研、生产联合体，或兴办技、工、贸结合的经济实体。”高等学校开展对社会的教学、科技等服务工作，是高校的广大教职工在完成国家事业任务的前提下，发挥主观能动性，通过挖潜进行的超工作量的工作。因此，文件规定：“高等学校的学校基金，除按不低于 40%提留作为事业发展基金外，其余部分由学校自主分配，

---

① 蔡克勇：《20 世纪的中国高等教育：体制卷》，北京：高等教育出版社，2003 年。

用于改善教职工的工作和生活条件。鼓励学校基金较多的学校，用较多的收入投入事业发展。学校基金较少的学校，经主管部门和同级财政部门批准，自主分配的比例可适当提高。”“对于学校基金中用作分配给个人的部分，要统筹安排，合理分配，妥善处理校内各方面人员的利益关系，切实体现按劳取酬的原则。在分配上要体现鼓励承担基础课教学和基础研究任务的教师和某些党政管理人员，对完成教学科研任务成绩显著的教师报酬从优。具体分配办法，由学校自定。”

收入是基础，分配是关键。学校基金制度和奖酬金制度的建立，极大地调动了学校各级领导与广大教职工为社会服务的积极性、主动性、创造性，在当时学校经济出现了预算外收入、学校基金收入、教工工资外收入、学校自动增加拨款四个指标不断增长的情况。奖、酬金已成为教工个人收入的重要组成部分，学校创收的资金也成为改善办学条件不可缺少的资源。

三、实行校内津贴制度

到了 20 世纪 80 年代末，教师工资水平纵向比较，确有较大幅度提高，但较之整个社会消费基金总量的增加和企业工资水平的提高幅度，教师工资的增量又显太小，“脑体倒挂”的趋势没有得到遏制。教师工资问题主要是三个方面：一是低，二是欠，三是民办教师与公办教师同工不同酬。“这个问题多年来没有得到很好地解决，致使在保障教师合法权益方面，空话多，落实少。”对此，有研究者认为，改革开放以来“臭知识分子”成了“香知识分子”，但多数教师的经济地位并没有得到明显提高，在商品经济和社会主义市场经济的大潮中仍属于“最后富起来”的那批人，于是乎便有了“下海”“跳槽”“流失”之说，“蔑师”现象再次抬头。

1989 年初，国家教委决定在清华大学进行综合改革实验，之后，国家教委又同意浙江大学、华东化工学院（华东理工大学）、南京大学、南开大学和东北师范大学进行试点工作。这 6 所院校在原有实践探索基础上制订了符合本校实际的综合改革方案，并积极组织实施。国家教委在确保宏观控制的前提下对试点学校适当下放管理权限，为学校创造了宽松的外部环境，鼓励列入试点的学校大胆探索，积极实验，走出一条办好中国特色的社会主义大学的路子。1989 年 11 月，国家教委在杭州召开有 6 所试点学校校长参加的综合改革试点学校座谈会，会上分析了当时高校所面临的形势，对实施综合改革以来学校的经验和做法进行了认真的回顾，研究了改革的一些基本思路，认为高校教育综合改革的方向是正确的，应该坚持深化下去。1990 年 4 月，在全国高校党建会议期间，国务院分管教育工作的领导同志明确指出，高等学校教育综合改革试点工作要在坚持社会主义方向的前提下大胆进行，在试验和探索中不断总结经验，不断前进。此后，试点学校各项改革不断深化，并取得了较为引人瞩目的成果。

1991 年 4 月，国家教委决定在南京大学、东南大学两校进行校内管理体制改革试点工作，校内管理体制改革是学校综合改革的组成部分，实施校内人事分配制度改革，是校内管理体制改革的重点和难点。改革的基本思路是：强化编制意识，实施全员聘任制和岗位责任制，逐步形成激励机制和自我约束机制；贯彻按劳分配原则，实行国家工资与校内津贴相结合，校内分配政策体现多劳多得，奖勤罚懒的原则，充分调动广大教职工的积极性。1991 年 11 月 6 日，国家教育委员会正式批准南京大学、东南大学进行校内体制改革的方案。

1992 年 1 月，国家教委在南京召开了“直属高校 1992 年工作会议”。会议期间，与会代表对南京大学、东南大学的学校内部管理体制改革试点工作进行了实地考察，并给予了较高评价。会后，国家教委决定进一步加快直属高校内部管理体制改革的进程，把这项改革的试点单位由南京大学和东南大学扩大到清华大学、浙江大学、南开大学、天津大学、上海交通大学、华东化工学院（华东理工大学）和东北师范大学等 7 所高校。1992 年 7 月中旬，国家教委直属高校工作咨询委员会第三次全体（扩大）会议在天津召开。这次会议总结和交流了 9 所进行综合改革和学校内部管理体制改革试点学校的经验和下一步深化改革的思路，讨论了国家教委提出的关于直属高校内部管理体制改革和进一步扩大直属高校办学自主权的两个文件①。

1992 年 8 月，国家教委在总结教育综合改革和学校内部管理体制改革试点学校的改革经验的基础上，下发了《关于国家教委直属高校内部管理体制改革的若干意见》（简称“二十八条”）和《关于国家教委直属高校深化改革，扩大办学自主权的若干意见》（简称“十六条”），明确了改革的指导思想和目的、改革的基本思路、学校内部管理的权限、改革工作的领导和实施等，提出国家教委直属高校要全面推行校内管理体制改革，并要求学校逐步理顺学校内部管理体制，在教学、科研、科技开发和后勤服务等方面建立不同的管理体制和运行机制，调整学校队伍结构，实行人员合理分流；通过国家工资制度改革和校内分配制度的改革，争取使学校教职工的实际收入和生活条件达到或超过当地全民所有制职工的中上水平；强调校内人事、分配、住房、医疗、退休保险制度等方面的改革要统筹考虑，配套实施。

1992 年 11 月，国家教委召开了普通高等学校工作会议，总结了试点院校的改革经验。会后，形成了国家教委《关于普通高等学校内部管理体制改革的

---

① 吴德刚：《中国教育改革发展报告，改革开放二十年来回顾与展望》，北京：中共中央党校出版社，1999 年。

意见》。在国家教委《关于普通高等学校内部管理体制改革的意见》中对校内分配制度改革作出专门的规定："在主要依靠国家改善教职工待遇的同时，实行校内津贴，逐步形成国家工资为主、校内津贴为辅，双轨运行、统筹管理的高等学校分配制度，使教职工平均工资收入在'八五'期间超过全民所有制企业职工的平均水平，在当地全民所有制职工中处于中上水平"，"在执行国家基本的工资法规和工资总额包干的前提下，制定校内分配办法，将学校基金开支的奖酬金纳入校内津贴，使收入分配规范化"①。同时，建立正常晋级增薪制度，还制定了对有突出贡献的专家和学者实行政府特殊津贴制度。

1993 年 2 月 13 日，中共中央、国务院印发《中国教育改革和发展纲要》指出，改革教育系统工资制度，提高教师工资待遇，逐步使教师的工资水平与全民所有制企业同类人员大体持平。提出："要建立符合教育特点的工资制度和正常工资增长机制，切实保证教师的工资水平随国民收入的增长逐步提高。要贯彻按劳分配原则，克服平均主义、论资排辈的倾向，使贡献大的、教学质量高的教师有更高的工资收入。""在住房和其他社会福利方面实行优待教师的政策。"同年 10 月 31 日，《中华人民共和国教师法》颁布，其中又明确规定："各级人民政府应当采取措施……改善教师的工作和生活条件。""教师的平均工资水平应当不低于或者高于国家公务员的平均工资水平，并逐步提高。"同年，国家将事业单位工资制度与国家机关脱钩，在事业单位中实行职务工资加津贴工资制度。依据各类事业单位的特点，对其中的专业技术人员实行 5 种类型不同的工资制度。其中，教育、科研和卫生等事业单位实行专业技术等级工资制。专业技术等级工资只与职务和任职年限有关，与工作能力、工作质量和工作业绩无关，干好干坏干多干少都一样。由于缺乏竞争机制，部分教师的工作积极性受到了打击。1995 年 3 月 18 日，《中华人民共和国教育法》颁布，规定："国家保护教师的合法权益，改善教师的工作条件和生活条件，提高教师的社会地位。教师的工资报酬、福利待遇，依照法律、法规的规定办理。"这些文件的颁布和实施，为高校校内分配制度的改革提供了法律依据和政策支持。按照上述文件的精神和规定，各高校积极推进校内分配制度改革，改善教师的待遇，建立相应的保障机制，使高校的教师待遇得到较大改善。

20 世纪 90 年代初至 20 世纪末的高校工资及内部分配制度改革出现了以下新的特点：其一，工资制度制定主体多元化，高校取得了对于本校教职工工资的部分决定权，《国务院关于机关和事业单位工作人员工资制度改革问题的通知》规定了全额拨款高校和差额拨款高校的分配方法，国家把占工资总额

① 国家教育委员会人事司：《高等学校内部管理体制改革的实践与探索》，北京：北京师范大学出版社，1994 年。

30%的津贴的分配权力下放到高校，国家只是按规定比例进行总量控制，制定指导性意见，各高校享有自主权来决定津贴的发放方式和发放对象。高校可以在国家规定的津贴总额内，具体确定津贴项目、津贴档次及内部分配方式，并制定适合本校特点的工资标准。其二，实行校内津贴，逐步形成以国家工资为主、校内津贴为辅，双轨运行、统筹管理的高等学校分配制度。其三，在具体的教师工资收入方面，经过几次工资改革与调整、职称改革，高校教师的工资有了较大幅度的增加。据统计，1996 年全国高校教师年人均工资为 7 591 元，比 1990 年全国高校教师年人均工资 2 325 元，增长了约 226%[①]。另外，在教师的住房条件方面，各级政府用于教师住房建设方面的投资逐年增加。1994 年为 90 多亿元，1995 年为 100 多亿元，1996 年则达到 140 多亿元。在教师的医疗保障方面，建立了教师定期和不定期体检制度以及医疗费用报销制度，从总体上保证了高校教师有较好的医疗保障条件。从此，教师的收入和生活待遇有了较大改善。

四、推行岗位津贴制度

早在 1996 年 6 月，清华大学在校内实行校内岗位津贴（或称岗位工资）改革，提出了“三类九级方案”。“三类”是指：第一类为校聘关键岗位，第二类为院（系）聘重点岗位，第三类为一般岗位。“九级”是指根据岗位重要程度和岗位职责大小分为九个等级，其中校聘关键岗位跨越第 5～9 级 5 个级别，院系重点岗位跨越第 3～7 级 5 个级别，第一、第二级为一般岗位。在这次改革中，一些不称职（不努力）的教授、副教授拿二三级，甚至一级津贴的都有，而个别优秀的讲师却拿到了六七级津贴。这一改革使教师工资与岗位绩效直接挂钩，效率激励功能成为教师工资制度的主导价值取向。

1998 年 8 月 29 日，《中华人民共和国高等教育法》颁布，第三十七条规定：“高等学校根据实际需要和精简、效能的原则，自主确定教学、科学研究、行政职能部门等内部组织机构的设置和人员配备；按照国家有关规定，评聘教师和其他专业技术人员的职务，调整津贴及工资分配。”1999 年 6 月 15 日至 18 日，第三次全国教育工作会议召开。为了贯彻落实《中华人民共和国高等教育法》和第三次全国教育工作会议精神，进一步解放思想，转变观念，加大高校人事分配制度改革的力度，引入竞争机制，建立符合高校特点的人事分配制度和运行机制，1999 年 9 月 15 日，教育部下发了《关于当前深化高等学校

---

① 曹绍元：《新中国教师队伍建设和发展五十年展望》，《国家教育行政学院学报》1992 年第 5 期。

人事分配制度改革的若干意见》，提出要以转换机制为核心，通过改革人事分配制度和理顺管理体制，强化岗位聘任，打破“铁饭碗”和平均主义“大锅饭”，破除职务“终身制”和人才“单位所有制”，形成“能进能出、能上能下、能高能低”的激励竞争机制，努力创设有利于优秀人才尽快成长和发挥才干的制度环境，建设高素质教师队伍和管理队伍，全面提高学校的办学效益和整体水平。在高校分配制度改革方面，重点提出：“要进一步深化和完善高校工资总额动态包干，实行人员经费单列，以人员经费包干为手段，推进校内综合改革，实施目标管理，促进学校各项工作水平的提高。各高校要加大学校内部分配改革力度，教职工的工资收入与岗位职责、工作业绩和贡献直接挂钩，真正实现按劳分配、优劳优酬。”“按照十五大提出的‘效率优先、兼顾公平’的原则，改革现行的高校工资分配制度。有条件的地区和高校在实行工资总额和人员经费包干的前提下，结合推行全员聘用合同制，积极进行学校工资分配制度改革的试点，探索强化岗位、以岗定薪、按劳取酬的工资分配制度，真正建立体现高校特点的具有激励功能的工资分配机制，实现能上能下，能高能低。”各高校积极贯彻文件精神，进一步深化校内人事分配制度改革。这次高校人事分配制度改革最大的特点是按照“强化岗位、以岗定薪、按劳取酬”的基本原则，建立了岗位津贴制度，打破了过去单纯靠晋升职务（职称）熬年头增加收入的做法，逐渐做到了在什么岗做事就拿什么岗的津贴，在科学研究、学科建设等方面，由于竞争机制的引入，岗位津贴发挥了双重的激励作用。一是激励广大教师主动承担学科建设任务，主动揽课题，争经费；二是激励广大教师多出成果、快出成果、出好成果，促进了办学效益的提高。同时也稳定了教师队伍，增强了学校的凝聚力。

2000 年 6 月，中共中央组织部、国家人事部和教育部又联合颁发了《关于深化高等学校人事制度改革的实施意见》，指出了高校人事制度改革的总体思路：一是全面推行聘用制，建立符合高等学校办学规律，充满生机与活力的用人制度；二是加大分配制度改革的力度，健全高等学校的分配激励机制。提出要推进以用人和分配制度改革为中心的高校人事制度改革，强调“探索强化岗位、以岗定薪、按劳取酬的工资分配制度”。要求“将教职工的工资收入与岗位职责、工作业绩、实际贡献以及知识、技术、成果转化中产生的社会效益和经济效益等直接挂钩，向优秀人才和关键岗位倾斜，充分发挥工资的激励功能”，进一步强化了教师工资制度中效率第一的价值取向，岗位津贴成为高校教师工资中收入的较大份额。根据该文件的精神，在“长江学者奖励计划”的辐射带动和“985 工程”的重点支持下，一些高校首先开始尝试建立“以岗定薪”的高校岗位津贴制度。很快，岗位津贴制度就在高校普遍推开。到 2004 年，除个别地区的少数高校外，全国绝大多数高校都建立了岗位津贴制度。

这一时期实施的高校岗位津贴制度有这样几个特点：

第一，以岗位设置为基础，体现“身份管理”到“岗位管理”的转变。各校都把岗位设置作为实施岗位津贴制度的基础。一般设置了教师、其他专业技术人员和党政管理干部等三类岗位，并按照责任和职务等因素将各类岗位进一步划分为重要岗位、重点岗位和基本岗位等几个层次，在此基础上建立起岗位管理的基本框架。

第二，在高校，首先应保留一定的基本工资，以维持教职工的基本生活需要。在此基础上，对一般管理干部岗位实行分类分级的津贴制度。同时在加强考核的前提下，对部分优秀管理工作者实行优绩优酬，以拉开差距。强化激励机制，努力调动教职工的积极性。在实施中，各校普遍通过拉开收入差距来实现对各类人员的激励。同类岗位的各岗级之间平均津贴的最大档差可以达到6～10倍,合理拉开津贴差距，兼顾绩效公平。实行以分类、分级、定岗、定酬的聘任制，拉开了津贴差距，体现了对人才价值的尊重，也兼顾了绩效公平的激励原则。

第三，津贴与绩效紧密挂钩。与专业技术人员的职务等级工资制度和行政人员的职员等级工资制度相比，岗位津贴制度更注重将津贴与绩效挂钩，以奖励、吸引和稳定优秀拔尖人才，促其多出成果，出好成果。对作为高校主体的教学、科研岗位，则加大科研产出津贴、教学课时津贴和教学成果津贴的力度，特别是加大特殊业绩津贴发放数额。对于为学校作出突出贡献的人才给予重奖，以利于调动高级人才的积极性。对工作业绩较差的人员，高校一般采取的办法是：由所在单位停发或减发其绩效津贴，并在下一轮的岗位聘任中降级聘用。同时，又让广大教职工对于给予这样的重奖而心服口服。这样兼顾了公平，重点突出了优绩优酬。

第四，管理重心下移并适度放权。大多数高校在实施岗位津贴制度时是由校、院（系或部门）两级共同执行的。在定编、设岗与聘任、岗位考核、岗位津贴发放等各个环节，学校主要是在宏观层面把握，而把具体的操作与分配的权力交由各单位。这样，使院（系）的自主权得到一定程度的扩大，院（系）可以在一定范围内自主地聘用人员，促进了人力资源的合理开发与利用以及院（系）自身的发展①。

高校进行校内分配激励机制的改革，其本质是改革高校内部不同利益群体和个人利益分配方式，通过引入竞争机制，实现工作责任、工作任务、工作业绩与收入分配相统一的目标，促进教学质量上等级，科研成果上水平，管理、

---

① 操太圣等：《建立科学的分配制度》，载谢绳武：《高校师资管理新探》第7辑，长沙：湖南大学出版社，2006年。

服务上档次。同时，进一步发挥工资的导向作用，实行向优秀人才和关键岗位倾斜的政策，各高校应根据教学、科研和管理工作的实际需要，高薪聘用优秀拔尖人才，努力实现一流人才、一流业绩和一流报酬。以此，达到充分调动各类人员的积极性，吸引人才、留住人才的目的。当然，这种分配激励机制仍存在一些问题，还需要在实践中不断探索和修正。

总之，本着有利于提高高校办学水平，有利于吸引人才、留住人才和充分调动广大教职工积极性的目标，遵循“按劳分配、绩效优先、兼顾公平、优劳优酬”的原则，来进行校内津贴分配制度的改革。

五、实行绩效工资制度

2006年，人事部、财政部先后下发了《关于印发事业单位工作人员收入分配制度改革方案的通知》等系列文件，在全国掀起了新一轮以绩效工资为主体的工资制度改革热潮。当前，国家对绩效工资分配的指导性规定是：“事业单位在核定的绩效工资总量内，按照规范的程序和要求，自主分配”；“根据单位类型实行不同的管理办法”；坚持正确的分配导向，向关键岗位和优秀拔尖人才倾斜。在这一文件的指导下，高校也积极进行了从以“校内津贴”为主要形式的分配制度向以“绩效工资”为主要形式的分配制度改革。

（一）绩效工资制度实行的背景

一是教职员工工资水平整体偏低。1993年实行工资制度改革之后，高等学校教职员工的工资水平与之前相比有了较大幅度的提升，但与其他行业相比仍然偏低。1978—2008年，在我国19个行业的从业人员中，教育工作者的工资排名始终没有进入前10位。教育工作者的工资水平与金融、电力等行业工作人员的工资水平有较大的差距，而且职称、学历越高的人员，与其他行业同类人员的差距就越大。

二是行业内部工资差距较大。随着地区间经济发展水平的差距不断扩大，不同地区高校教职员工工资收入的差距也在扩大。另外，同一地区不同高校教职员工的工资收入也存在差距。除了工资收入存在差距外，不同地区、不同高校教职员工的福利待遇同样存在差距。

三是收入分配制度混乱。由于缺乏统一管理，目前我国高等学校的收入分配制度比较混乱。一些高等学校没有严格执行国家的工资政策，自行设定津贴、补贴。这些津贴、补贴名目繁多，且有不断增加之势，相关资金的来源也存在问题。这种违反国家财经纪律的行为将导致收入分配不公，破坏教师队伍的稳定。

四是工资制度设计不合理。高等学校教职员工的工资结构过于复杂、工资分类管理办法不科学、工资与职称联系过于紧密是这一阶段存在的突出问题。由于工资差距过小，一些教职员工所获得的津贴、补贴与他们的工作业绩和工作能力不相称，影响到他们的工作积极性。

（二）高校“校内岗位津贴”分配制度的缺陷

在实施绩效工资制度改革前，各高校都建立了“校内津贴”，其中主要有与职务挂钩、相对固定的“岗位津贴”，与工作量相对应的“业务津贴”，以及提升人才素质的“引才稳才津贴”等。校内津贴的实施体现了“淡化身份，强化岗位”的指导思想，突出了岗位、职责和业绩在分配中的作用，对于打破平均主义的分配制度，建立公平竞争、相互激励和相互约束的机制，调动教职工工作积极性起到了很重要的作用。绩效工资制度的出台对校内津贴提出了更高的要求，它可以克服校内津贴制度在以下几个方面的缺陷：

1. 以“身份管理”为特征未能真正实现效率与公平的统一

社会发展要求分配制度必须保证高效率，收入分配制度要能调动人们的工作积极性、实现效率提高和社会发展，高校尤其应该如此。高校分配制度改革初期，高校的人事管理模式纷纷从身份管理转向岗位管理，在分配上实行以岗定薪、岗变薪变的“岗位津贴”制度。从高校实施岗位津贴的目的考察，高校收入分配的公平性应由国家出台的工资政策作保证，而校内津贴制度主要应体现分配的效率职能。这种以“身份管理”为特征的分配制度，受国家工资制度管理的影响而不能拉开合理差距，收入分配中仍然存在“铁饭碗”（职务只上不下，在其位不谋其政照样享受待遇）、“大锅饭”（干好干坏差别不大）等问题。据调查，大多数高校分配关系中平均主义仍是主要倾向，只有少数高校内部岗位津贴分配关系差距较大。这些问题直接影响到教职工的工作积极性、主动性和创造性。

2. 考核评价体系未能真正实现科学性、合理性与现实可行性的统一

“岗位津贴”分配制度的关键在于岗位考核评价系统的建立，然而，各高校实行的岗位考核制度五花八门，存在科学性、合理性与现实可行性之间不够匹配的问题。有的分配方案虽然简单易行，但过于粗糙或明显不合理，难以服众和维持下去；而有的分配方案因为片面追求科学性和公平合理性，其操作性往往不强。高校的岗位任职条件及其考核对象涉及面广，加上教师工作主要是脑力劳动，工作不易量化，产生的经济效益具有滞后性、间接性，因此考核指标难以科学合理，考核的方式和周期也难以确定。如教学科研工作有一定的周期性，需要有一定的积累，有的甚至还有较大的风险性，因此按年度进行考核并不能充分体现科学研究的规律性。一般情况下，教职工只要不犯大错误，考核结果都能合格，而这种笼统的考核办法容易挫伤教师的积极性，致使考

核制度失去本来意义。高校对具体岗位的考核方式由于受各种主客观条件的限制，特别是受某些人为因素的影响，实际操作难度较大，难以充分保证考核的客观公正性。因此，部分高校的岗位津贴制度由于考核基础不扎实，最后导致领导不满意、干部不服气、群众有非议，从而使岗位津贴分配制度备受责备。

（三）绩效工资制度改革的重要意义和主要内容

绩效工资制是指依据个人或组织工作绩效，在对个人或组织工作绩效评估的基础上而发放工资的一种工资制度。它建立在对员工的绩效和工作行为、态度进行有效绩效评估基础上，关注的重点是工作的“产出”量及实际工作效果等，主要体现员工的实绩和贡献。绩效工资制的主要优点在于：一是员工工资与其可量化的业绩挂钩，能够打破“大锅饭”体制，具有较强的公平性；二是工资报酬向业绩优秀的员工倾斜，能激发其他员工的工作积极性；三是工资与努力水平成正比，有助于吸引和留住成就导向型的优秀员工。

此次改革的重点是在高等学校内部建立岗位绩效工资制度，使教职工的收入与其岗位性质、工作表现和工作业绩挂钩。按照人事部、财政部下发的《关于印发事业单位工作人员收入分配制度改革方案的通知》等一系列关于绩效工资的文件精神，岗位绩效工资制度改革主要涉及岗位工资和绩效工资两个部分。高校的岗位绩效工资结构包括岗位工资、薪级工资、绩效工资和津贴工资四个部分，其中岗位工资、薪级工资为基本工资，实行“一岗一薪、岗变薪变”，“一级一薪，定期升级”制度。为了配合岗位绩效工资制度的改革，国家还对事业单位的岗位进行了分类和分级。其中，把专业技术岗位分为高级、中级、初级共 3 类 13 级，并规定了这 3 类岗位及其内部不同等级之间的结构比例。按教育部的规定，不同学校、不同专业技术岗位结构以及相同岗位不同等级之间的比例也不同。绩效工资由基础性绩效工资、奖励性绩效工资和附加奖励工资三个部分组成。基础性绩效工资主要考核教职工个人的岗位职责、岗位基本任务完成情况等；奖励性绩效工资主要考核教师的工作实绩和贡献，包括个人业绩，对团队、学院的贡献等。

通过科学核定绩效工资总量，规范收入分配秩序，加强政策指导和监督管理，可以确保高等学校在核定的绩效工资总量内按照规范的程序搞活内部分配。这次工资制度改革的目的就是完善分配激励机制，理顺事业单位收入分配关系，提升高等学校自身的发展水平以及高等学校服务社会的水平。

（四）高校绩效工资制度改革的具体操作原则

根据马克思的劳动价值论，绩效工资主要是根据工作人员的凝固劳动来支付工资，是典型的以成果论英雄，以实际的、最终的劳动成果确定工作人员薪酬的工资制度。为确保最终效果的实现，在实施绩效工资制度过程中应坚持以下实际操作原则：

1. 明确岗位职责，坚持绩效导向

通过前期的改革探索，高校的人事管理模式基本实现了从身份管理向岗位管理的转变，取得了一定的成效。但是，高校的以岗定薪、岗变薪变的制度与现代管理制度相比尚有较大差距，在以往的岗位工资制度中，教师的薪酬增长，主要依靠职务的晋升，津贴工资也只与职称职务有关，与工作能力、工作绩效无关，能上不能下，身份管理的特征仍然较为明显，这种以岗定薪的做法缺乏竞争和激励机制，直接影响到教职工的工作积极性、主动性和创造性。岗位绩效工资制度改革，重在依据教师的工作绩效确定薪酬水平，淡化教师的职务意识，实现了岗位职责、工作业绩、实际贡献之间紧密联系，是一种鼓励创造创新的分配激励机制。实现绩效工资制度后，绩效工资中充分体现了工作绩效工作能力的内容，教师的薪酬特别是青年教师薪酬增长不完全以职务的提升为标准，只要他们的个人能力达到某一个等级，就可以获得相应的薪酬，这有利于高校教职工由“身份管理”向“岗位业绩管理”的转变。对于为人才培养、科研开发、学校发展等作出突出贡献的人员，对于打造高水平的学术研究团队、科研攻关团队、创新创作团队等体现核心竞争力的平台或载体的人员，根据学校财力和其贡献大小，给予特殊贡献奖。对超额或出色完成工作任务的人员，给予适当的绩效奖励；对没有完成工作任务或完成效果不够好的人员，采取递减绩效工资等惩罚措施。真正体现按贡献分配，实现绩效工资的激励效果，从而提高了教师工作的积极性。因此，高校实施绩效工资制度对教职工薪酬管理必须从过去计划、行政手段下的等级管理，逐步转变为市场导向的体现岗位定价、绩效导向的绩效薪酬制，这对我国高校人事分配机制将产生深远的影响。

2. 制定量化标准，实施绩效考核

实施绩效工资制度必须同时满足以下几个条件：绩效必须能精确地衡量(测量)；绩效标准必须公平合理；增加工资必须是员工看重的结果；必须清楚地说明工作绩效与绩效工资之间的关系；必须存在改进绩效的机会，才能使绩效工资真正起到对员工的激励作用。准确、公平的绩效评估体系的建立是绩效工资有效发挥作用的关键。目前，大部分高校津贴标准的模式设置比较粗糙，级差梯度大，这就造成了津贴的激励效应的弱化，因而需要将分配的指导思想问题、薪酬理论以及财力支持等方面的问题统一起来，建立科学、合理的绩效工资分配倾斜度。高校实施绩效工资，首先必须制定出一个科学详细的量化标准，让教师看到达到绩效标准与获得工资增长的必然联系，知道他们需要达到多少数量、质量如何的工作标准，以及达到后有多大的工资增长。绩效工资尤其是奖励性绩效工资应该建立在科学的绩效考核的基础上。高校教师绩效工资改革的激励性就是指要在内部各类各级职务绩效工资水准上适当拉开差距，学校根据各单位年终综合考评结果对核拨绩效工资总量进行浮动，考核优秀的上浮一定比例，考核不合格的下浮一定比例；对个人采取分层激励，基础绩效工资与完成岗位履职基本要求挂钩，弹性绩效与岗位履职任期目标的量和质完成情况以及超额承担教学工作量挂钩，院系自筹绩效工资分配与上水平标志性成果挂钩。对于有突出贡献的教师和重点、重要岗位人才，给予特殊的薪酬和奖励。

3. 坚持“效率优先、兼顾公平”原则

效率优先、兼顾公平，是社会主义初级阶段个人收入分配的指导思想。绩效工资分配中效率与公平的关系，直接影响到高校改革、发展与稳定的关系。基础性绩效工资注重公平，关系到校园的和谐稳定，应惠及各岗位、各职务人员；奖励性绩效工资注重效率，关系到学校发展的速度与质量，为适应高校质量内涵建设和现代管理所需要。高校应借鉴先进企业的某些现代管理方法，适当加大绩效比重，进一步打破平均主义，注重产出与投入的比例，提高效能。绩效工资标准涉及各类人员、不同群体之间的利益调整，这是绩效工资分配制度中的难点问题。在高校正确处理好不同系列人员的收入分配比例关系，协调各个利益群体之间的矛盾，保证“效率”与“公平”的均衡协调，是保证岗位津贴制度健康发展、产生最佳效果的重要保证。关键是要在考虑历史因素以及不同群体期望和承受力的基础上，统筹好教学科研岗、管理保障岗与工勤技能岗之间的关系。在设计绩效工资分配方案时，应根据需要与可能，确定三者适当的比例关系。总体上教学科研岗高于管理保障岗，管理保障岗略高于工勤技能岗，合理确定同一支队伍高等级与低等级岗位之间的收入差距，总体上不同职务岗位之间落差大于同一职务不同等级之间的落差。要切实做到向教学、科研第一线和优秀拔尖人才倾斜（如通过提高奖励性绩效工资的比重与标准，采取更为灵活和有效的分配办法等）。这是合理利用本校的优质资源，引导和激励高层次、高水平专业技术人才摈弃“学而优则仕”的旧观念，主动到教学、科研岗位服务的重要手段。

总之，绩效工资是一把“双刃剑”，不用则难以解决管理效益低下这个“老大难”问题，用得好能大大提高管理效益，用得不好又会制造新的麻烦与障碍。当前高校新一轮收入分配制度改革只有痛下决心，在绩效工资上做文章，向绩效工资要管理效益。

（五）实行绩效工资制度所取得的成效

1. 实现了工资分类管理

高等学校教职工的基本工资按照国家的统一规定发放，绩效工资根据事业单位分类改革所确定的学校类型发放，这一做法对于搞活高等学校的内部分配效果显著。国家结合学校目标任务完成情况和绩效考核结果，对人才密集的高等学校，在核定绩效工资总量时适当给予倾斜。

2. 优化了学校内部的收入分配制度

绩效工资制度的实行，适应了事业单位聘用制改革和岗位管理的要求，将促使高等学校对人员的管理从“身份管理”向“岗位管理”转变，将教职工的薪酬水平与其完成任务情况和绩效考核结果挂钩，有助于激发他们的工作积极性。

3. 建立了高层次人才激励机制

高等学校为高端人才发放特殊岗位津贴，实行福利分配多样化，有助于发挥绩效工资的导向作用。从短期来讲，这是高等学校吸引人才的重要举措；从长期来讲，这是高等教育增强其竞争力的有效手段。

4. 加大了国家对收入分配调控的力度

(1) 建立了工资分级管理体制。国家对高等学校的收入分配进行宏观管理，对高等学校的收入分配制度、工资标准等作出规定，对不同地区高等学校的收入水平进行调控。各地级市主要负责高等学校收入分配政策的实施，对本地区高等学校的收入分配进行监督管理。

(2) 完善了收入分配调控政策。组织高等学校制定绩效工资分配方案，加强了对学校内部用于教职工收入分配那部分资金的管理。由国家调控高等学校教职员工的工资收入，规范收入分配秩序。

(3) 加强了工资收入支付管理。高等学校按照国家政策设立专门账户对教职工的工资收入进行管理。各高等学校不再以现金形式发放工资，而是把工资打入教职工的个人账户，教职工凭银行卡或存折到银行支取现金。

(4) 严肃了收入分配纪律。各高等学校严格执行收入分配制度，不随意改变收入分配制度对于工资收入主要组成部分的规定，不在工资列支渠道之外直接或变相发放津贴、补贴和奖金。各行政部门按照自己的权限，对高等学校的收入分配制度执行情况进行监督和检查，对违反政策的行为进行查处。

六、义务教育学校实施绩效工资分配政策

经国务院同意，自2009年1月1日起，首先在义务教育学校实施绩效工

资分配政策，这是坚持教育优先发展战略的又一重大举措，是加强教师队伍建设具有里程碑意义的一件大事，充分体现了党中央、国务院对教育事业的高度重视，对广大教师的亲切关怀。对于依法保障教师收入水平，激发广大教师积极投身教书育人事业，吸引和鼓励优秀人才长期从教、终身从教具有重大意义。为深化教育人事制度改革，推进义务教育学校绩效工资制度顺利实施，加强教师队伍建设，促进教育事业科学发展，2008 年 12 月 31 日，教育部印发了《关于做好义务教育学校教师绩效考核工作的指导意见》，决定在义务教育学校实施绩效工资分配改革的基础上，实行绩效考核工作。

（一）绩效考核工作的重要意义

做好教师绩效考核工作是义务教育学校实施绩效工资制度的必然要求。绩效考核结果是绩效工资分配的主要依据。义务教育学校实施绩效工资分配改革，必须建立符合教育教学规律和教师职业特点的教师绩效考核制度，为绩效工资分配更好地体现教师的实绩和贡献、更好地发挥激励功能提供制度保障。

做好教师绩效考核工作是加强教师队伍建设的重要基础。科学有效地实施教师绩效考核，是全面贯彻党的教育方针、深入实施素质教育的重要举措，是提高教师队伍整体素质、促进教师队伍科学发展的关键环节，是完善教师激励约束机制、努力构建充满生机与活力的教师人事制度的重要任务，对于加强教师队伍建设，充分调动广大教师的积极性、主动性和创造性，具有极其重要的导向作用。

（二）绩效考核工作的基本要求

实施绩效考核工作，以邓小平理论和“三个代表”重要思想为指导，深入贯彻落实科学发展观，全面贯彻党的教育方针，以服务和促进义务教育的科学发展为目标，以提高教师队伍素质为核心，以促进教师绩效为导向，着力构建符合教育教学和教师成长规律、导向明确、标准科学、体系完善的教师绩效考核评价制度，促进广大教师为全面实施素质教育、办好人民满意的教育贡献智慧和力量。

实施绩效考核工作应遵循以下基本原则：

一是尊重规律，以人为本。尊重教育规律，尊重教师的主体地位，充分体现教师教书育人工作的专业性、实践性、长期性特点。

二是以德为先，注重实绩。完善绩效考核内容，把师德放在首位，注重教师履行岗位职责的实际表现和贡献。

三是激励先进，促进发展。鼓励教师全身心投入教书育人工作，引导教师不断提高自身素质和教育教学能力。

四是客观公正，简便易行。坚持实事求是、民主公开，科学合理、程序规范，讲求实效、力戒烦琐。

（三）绩效考核的主要内容

教师绩效考核的内容主要是：教师履行《中华人民共和国义务教育法》《中华人民共和国教师法》《中华人民共和国教育法》等法律法规规定的教师法定职责，以及完成学校规定的岗位职责和工作任务的实绩，包括师德和教育教学、从事班主任工作等方面的实绩。

师德主要考核教师遵守《中小学教师职业道德规范》的情况，特别是为人师表、爱岗敬业、关爱学生的情况。其明确规定，教师不得以任何理由、任何方式有碍完成教育教学任务，不得以非法方式表达诉求、干扰正常教育教学秩序、损害学生利益，将此作为教师绩效考核合格的必备的基本要求。

教育教学主要考核教师从事德育、教学、教育教学研究、教师专业发展的情况。结合所教学科特点，考核教师在课堂教学中实施德育的情况；教学工作重点考核教学工作量、教学准备、教学实施、教学效果，以及组织课外实践活动和参与教学管理的情况；对教学效果的考核，主要以完成国家规定的教学目标、学生达到基本教育质量要求为依据，不得把升学率作为考核指标，要引导教师关爱每个学生，特别是学习上有困难或品行上有偏差的学生。教育教学研究工作重点考核教师参与教学研究活动的情况。教师专业发展重点考核教师拓展专业知识、提高教育教学能力的情况。

班主任是义务教育学校教育教学工作中的重要岗位。班主任的工作任务应作为教师教学工作量的重要组成部分，要鼓励教师尤其是优秀骨干教师积极主动承担班主任工作，使他们有热情、有时间、有精力，高质量高水平做好班主任工作，当好学生的人生导师，促进学生德智体美全面发展。要强化对班主任工作的考核，重点考核其对学生的教育引导、班级管理、组织班集体和团队活动、关注每个学生全面发展的情况。

（四）绩效考核的方法

绩效考核工作一般将学校按规定的程序与年度考核结合进行，采取定性与定量相结合，教师自评与学科组评议、年级组评议、考核组评议相结合，形成性评价和阶段性评价相结合等方法，听取学生、家长及社区的意见。充分发挥校长、教师和学校在绩效考核中的作用。

绩效考核载体。采取指标要素测评、业务知识测试、建立教师发展档案、开展争先创优活动等多种形式，通过多种形式，全面反映教师的业绩和贡献。

坚持公平公正、公开透明，充分发扬民主，增强绩效考核工作的透明度和考核结果的公信力。

（五）绩效考核结果的运用

绩效考核结果要作为绩效工资分配的主要依据。对履行了岗位职责、完成了学校规定的教育教学工作任务的教师，全额发放基础性绩效工资；对有突出表现或作出突出贡献的教师，视不同情况发放奖励性绩效工资。根据绩效考核结果，合理确定奖励性绩效工资分配等次，坚持向骨干教师和作出突出成绩的教师倾斜，适当拉开分配差距。把绩效考核结果作为教师资格认定、岗位聘任、职务晋升、培养培训、表彰奖励等工作的重要依据。教师对考核结果有不同意见，可以通过正常渠道向学校考核工作组织和学校主管部门申诉。

地方各级教育行政部门和义务教育学校高度重视教师绩效考核工作，采取切实有效措施，全面建立教师绩效考核制度，深入推进教师绩效考核工作。从实际出发，围绕考核内容，建立健全符合全面实施素质教育的要求，体现课程改革的方向，正确发挥对教师的激励导向作用，充分体现考核指标的激励性和约束性的有机统一，科学完善的教师绩效考核指标体系，深化义务教育学校岗位绩效工资制度改革，保障了义务教育学校绩效工资制度顺利实施，为加强教师队伍建设创造了有利的条件。

第六章　学校财务会计制度

新中国成立后，很长时间内我国没有建立学校财务制度和会计制度，各级各类学校执行预算会计制度中的事业单位财务规则和会计制度。改革开放后，我国开始建立教育财务与会计制度体系，以此规范各级各类学校财务管理和会计核算行为。

第一节　预算会计制度改革

会计制度是整个经济制度中非常重要的一部分，会计制度的建设与发展在很大程度上受其他制度改革变化的影响。改革开放后，我国由社会主义计划经济体制向市场经济体制转变，经济体制的改革直接影响了资源的配置方式，从而推动了会计制度的改革。因此，会计制度的发展过程是一个不断适应国家经济体制和财政制度改革与发展的过程。

一、预算会计与事业单位会计体系

我国的预算会计组织体系与我国政府预算组织体系是一致的。根据《中华人民共和国预算法》，我国实行一级政府一级预算，我国政府目前划分为五级。因此，我国国家预算也设立为五级：(1) 中央；(2) 省、自治区、直辖市；(3) 设区的市、自治州；(4) 县，自治县，不设区的市、市辖区；(5) 乡、民族乡、镇。

中央预算由中央各部门的单位预算和中央级企业财务收支计划组成，它在国家预算中居于主导地位，集中了国家预算资金的主要部分。它担负着具有全国意义的经济建设、科学文化建设、国防和对外援助支出；担负着调剂各个地方的预算资金，促使其预算收支平衡的任务。

上述第 (2) 级至第 (5) 级属于地方预算，地方预算由汇总的各省（自治区、直辖市）总预算组成，地方各级总预算由本级政府预算和汇总的下一级总预算组成。各级政府预算由本级各部门的单位预算和本级企业财务收支计划组成。地方预算是国家预算的组成部分，在国家预算中居于重要地位。

预算会计主要由财政总预算会计和单位预算会计两部分专业会计组成，单位预算会计执行单位预算，办理单位预算收支的专业会计，按单位性质不同，具体分为行政单位会计和事业单位会计。行政单位是指进行国家行政管理、组织经济建设和文化建设，维护社会公共秩序的单位，这类单位的会计称为行政单位会计。事业单位一般是指不具备社会生产职能和国家管理职能，从事非物质财富创造或社会公益性活动，并通过其活动直接和间接地为社会发展、生产建设和人民生活服务的单位，这类单位的会计称为事业单位会计。按照国民经济部门的划分，事业单位可分为农业事业单位，工业、交通、商业事业单位，文教、科学、卫生事业单位，社会福利救济事业单位和其他事业单位五类。

事业单位会计作为我国预算会计的重要组成部分，其改革必须根据预算会计改革的总体设计来进行。根据财政部颁布的《预算会计核算制度改革要点》，在我国延续多年的由总预算会计和单位预算会计组成的预算会计体系改革为由财政总预算会计、行政单位会计和事业单位会计组成的新体系，财政部则分别制定相应的会计制度加以规范。其中，事业单位会计法规体系主要分为以下四个层次：

第一个层次：《中华人民共和国会计法》。由全国人大常委会制定，以中华人民共和国主席令公布的《中华人民共和国会计法》是我国会计法律规范体系的最高层次，是制定其他会计法规的依据，也是指导会计工作的最高准则。改革后的事业单位会计制度体系以《中华人民共和国会计法》为中心，通过其他三个层次的会计行政法规、会计制度，共同形成完整的事业单位会计法规体系，使分布在各部门、各行业的众多事业单位统一在相同的会计法规体系下，建立统一的事业单位会计信息体系。

第二个层次：《事业单位会计准则（试行)》。《事业单位会计准则（试行)》，是事业单位最基本的会计规范。首先，《事业单位会计准则》是根据《中华人民共和国会计法》制定的，是事业单位会计法律规定的具体化和细化。同时，它是经国务院批准，由负责全国会计事务管理的机关财政部发布的关于事业单位会计的一项基本行政法规，对事业单位会计核算和报告具有强制执行的法律约束力。其次，《事业单位会计准则》适用于所有国有事业单位，即把所有国有事业单位都纳入它的规范范围，对所有国有事业单位具有广泛的适用性和普遍的指导意义。最后，《事业单位会计准则》既是国家对国有事业单位会计事务进行宏观管理的依据，也是制定事业单位通用会计制度或特殊行业会计制度、各事业单位具体会计制度的基本法规依据。

第三个层次：事业单位通用会计制度或特殊行业会计制度。《事业单位会计准则》作为事业单位最基本的会计规范，是就事业单位会计核算的一般原则、会计要素和会计报告作出的原则性定义与说明。作为基本会计准则，它不可能对具体会计事项的核算方法进行规定。所以，仅以发布的《事业单位会计准则》直接规范事业单位的会计核算，并不具备可操作性，这就需要在制定和发布《事业单位会计准则》的同时，还制定新的事业单位会计制度。同时，由于各行业以及各具体事业单位的业务运营和财务收支活动都各具特点，它们在会计核算和会计报表方面都有不同的要求，所以《事业单位会计准则》第53条规定，“全国统一的事业单位会计制度，由财政部根据本准则制定。行业特点突出的事业单位会计制度由财政部会同主管部门制定”。即财政部应根据《事业单位会计准则》的规定和要求，制定出全国统一的事业单位会计制度。对于行业特点突出的教育、科研、医疗卫生等事业单位，由于全国统一的事业单位会计制度无法把它们的业务运营和财务收支活动都涵盖进去，故可以由财政部会同主管部门根据各行业业务运营特点和加强财务、会计管理的需要制定行业的会计制度。

第四个层次：各事业单位内部会计核算办法。不同行业的事业单位具有不同的特点，即使是同一行业的事业单位，由于单位内部的组织结构和具体业务活动的差别，它们的会计核算和财务管理也各有特点。为了使行业会计制度具有可操作性，且便于单位的财务管理，各事业单位可以在不违反会计准则和全国统一的事业单位会计制度或行业会计制度的前提下，根据单位业务运营活动特点、加强财务管理等需要，制定内部会计核算的具体办法。

二、从预算会计制度到政府会计的改革

依据政府会计规则在不同历史阶段的国家治理异质性特征，现将1949年以来我国政府会计制度的转型大致划分为以下四个阶段。

（一）以“集中管控”为特征的预算会计制度（1949—1977）

新中国成立之初，受国家社会和经济体制的影响，我国政府会计处于预算会计制度的初建期和调整期。在相当长一段时间内，我国会计制度建设趋于碎片化，会计制度的制定以及实施主要是模仿苏联的高度集中的经济制度，其预算管理采取以集中为主、适当放权的管理模式，通过这种制度建构使得政府预算程序从无序走向了有序。但同时受时代的影响，预算会计体系发展缓慢。

1949年新中国刚刚建立，经济基础非常薄弱。我国中央政府高度重视预算对国家财政发展的重要作用，但成立伊始缺乏相应的预算制度安排，预算作为财政的核心和关键性治理作用无法体现。同时，预算会计以预算收支核算为着眼点，并对行政事业单位的预算资金运动进行反映和控制的职能也无法发挥。我国预算会计制度正是在这样的背景下应运而生，其标志性成果是1950年国家发布的《各级人民政府暂行总预算会计制度》和《各级人民政府暂行单位

预算会计制度》。1951年，政务院又颁布了《预算决算暂行条例》，明确了国家预算和决算的程序。正是通过对预算会计制度及预决算程序的制度化与规范化，我国的预算管理迈进了正常的运行轨道。20世纪60年代初期，在贯彻执行“调整、巩固、充实、提高”八字方针的背景下，国家又颁布了《地方财政机关总预算会计制度》，规定要对会计科目进行增添和调整，对会计账簿、会计报表和年终结账方法进行改进，同时还规定可由省、自治区、财政厅（局）按照相关制度规定作补充性规定。该制度不仅有利于在中央政府统一领导前提下激发地方财政的积极性，亦可增进政府治理效率和有效协调中央和地方之间的分配关系。截止到1965年，我国已经形成了一套初具雏形的预算会计制度。这套制度的特点是以总预算会计为主导，以单位预算会计为补充，而且这套制度体系与企业会计相互区别、相互独立。总之，预算会计制度的确立，为提升政府治理能力打下了基础。

然而，1966—1976年期间的“文化大革命”，使得政府会计制度的制定与执行无法体现人民的意志和主体地位，已经建立的制度规定遭到了严重破坏，政府会计制度的“民主性”无从谈起。

从新中国成立到1976年，尽管我国已经构筑了初具雏形的预算会计制度，但从提升国家治理有效性的角度来看，其制度的规范化有待加强，政府会计制度制定的法治化水平不高，各项会计制度的内在协调性亟待理顺。

（二）以预算管理体制改革为切入点的会计制度变革（1978—1993）

改革开放以后，政府以预算管理体制改革为重要抓手，对预算会计制度进行了一系列变革与创新。尽管“补丁式”会计制度对于解决政府预算难题起到了重要作用，但具有针对性的法律规范的缺失使得我国政府会计制度的转型显得相对缓慢。

伴随着中国共产党十一届三中全会的召开，我国预算管理体制改革进入了新的历史时期，预算会计制度变革也呈现出新特征。从增强治理效率的角度来看，1980年将原来的“分级管理”变革为“划分收支、分级包干”（俗称“分灶吃饭”），明确划分中央与地方两级财政收入支出范围，并根据各地区收支情况分别确定地方政府的留成比例，这充分调动了地方政府的积极性。为了快速适应预算管理体制改革的需要，财政部于1983年和1988年先后两次对预算会计制度进行了修订，基本符合计划经济时期对于会计制度的内在需求，其在制度结构上表现为以总预算会计为主导、以行政事业单位会计为补充，这种政府会计制度结构存在着路径依赖的特征，但对于解决当时我国预算管理存在的问题仍然起到了重要作用。

为了协调政府间分配关系和收支关系，1991年10月，国务院颁布了《国家预算管理条例》，明确了“统一领导、分级管理、权责结合”的原则，同时强调国家预算应做到收支平衡。由于建国以来我国在预算管理方面并无相应法律作出规制，只是于 1951 年和 1991 年先后颁布了两个与预算管理相关的条例，很难对我国各级政府的预算行为作出全面、系统和规范的管理，从而导致各级政府的预算编制、审批、执行、监督和责任分配等不太清晰。鉴于此，从法治化的层面来看，需要通过对政府预算进行专门立法以提升其治理效能。

在这个时间段内，社会不断变迁，改革不断深入，市场经济获得了一定的发展。为了能够让预算会计制度更好地适应时代发展的需求，我国对预算会计制度进行了调整，具体调整见表 6-1。

表 6-1　计划经济框架下的预算会计调整

年份	标志性事件	主要内容
1983 年	颁布《财政机关总预算会计制度》	强化财政总预算会计的经济管理职能，并对预算科目的概念做出阐述。
1988 年	修订《财政机关总预算会计制度》	界定了总预算会计的职能；区分预算资金和预算外资金“两条线”进行核算和报告；将会计报表分为月报和年报两种。
	颁布《事业行政单位预算会计制度》	制定配套的会计科目和核算办法，以满足采用差额、全额和自收自支预算管理方式的行政事业机构会计核算的需要；围绕行政事业单位的职能特点与财务管理情况，充实会计核算的内容。
	颁布《医院会计制度》《高等学校会计制度》	与《事业行政单位预算会计制度》并存，且与企业会计出现了某些趋同。
1992 年	国家预算开始采用复式预算编制方法，并将预算分为经常性预算和建设性预算两部分。	

（三）以预算法为主线的会计制度改革（1994—2014）

预算制度是财政制度的基础，以立法形式规范国家预算关系可以增进制度的有效性。为了强化预算的分配和监督职能，1994 年，我国通过了第一部《中华人民共和国预算法》，结束了长期以来预算会计制度无法律规范予以确认的局面，从法律层面强化了预算约束，规范了政府收支行为，使得预算会计制度的效力等级得以根本性改变，从法治化层面确立了预算会计制度的法治基础。于 1995 年 1 月 1 日起开始施行《中华人民共和国预算法》，同时废止具有过渡性质的《国家预算管理条例》。这一举措意味着我国首次通过《中华人民共和国预算法》确认了预算收支平衡的理念，与之前的《国家预算管理条例》有机地衔接起来。从分税制的法律规制维度来看，《中华人民共和国预算法》明确规定了按照税种划分中央政府与地方政府的税收体系和预算收入。这实际上是倡导中央与地方财政“自收自支、自求平衡”，分税制弥补了长期以来实施的“包干制”和“分成制”的缺陷。从审批权限规定的协调性来看，中央预算由全国人大审批，地方预算由本级人大审批，这就从根本上理顺了各级预算的审批关系；从民主化的维度来看，《中华人民共和国预算法》规定了预决算的监督方式和监督机构；从提升治理效率的维度来看，《中华人民共和国预算法》明确预算管理的法律责任和处罚措施，起到了对违反规则的威慑效果。

《中华人民共和国预算法》为1998年的预算会计制度改革确立了坚实的法律基础，改革后形成的新制度体系包括财政总预算会计制度、行政单位会计制度和事业单位会计准则，其中事业单位会计准则包含通用事业单位会计制度和行业会计制度。从会计制度的模式来看，它表现为制度模式和准则模式，前者兼具原则性导向和操作性规则，后者借鉴企业会计制度的新模式而包含会计准则和会计制度两个层面。财政总预算会计的核算范围仍为预算内资金，继续沿用制度模式；行政单位的资金来源渠道为财政供给，也沿用制度模式；事业单位由于业务复杂且资金来源渠道多元化，只能采用准则模式。此次预算会计制度改革将政府会计的功能定位于预算会计，将20世纪60年代创造的资金“收付记账法”改为国际通行的“借贷记账法”，将事业单位的会计核算基础由单一的“收付实现制”改为“双轨制”。同时，会计报表改革的着眼点由“以预算执行为中心”改为“以反映会计主体基本业务的运行状况和执行结果为中心”。市场经济体制下的预算会计改革情况见表6-2。

表6-2　市场经济体制下的预算会计改革情况

<table>
<tr><th>年份</th><th>标志性事件</th><th>主要内容</th></tr>
<tr><td>1994年</td><td colspan="2">筹建预算会计改革常务工作组</td></tr>
<tr><td>1994年</td><td>颁布《中华人民共和国预算法》</td><td>将中央预算和地方预算划分为公共预算、国有资产经营预算和社会保障预算三部分。</td></tr>
<tr><td>1996年</td><td>颁布《预算会计核算制度改革要点》</td><td>在指导思想、改革目标、会计体系、核算方法和改革步骤等方面明确了预算会计改革的核心内容。</td></tr>
<tr><td>1997年</td><td>《财政总预算会计制度》
《事业单位会计制度》
《事业单位会计准则（试行）》</td><td rowspan="2">统称为“一则三制”：
(1) 明确了预算会计体系的三个分支：财政总预算会计、行政单位会计和事业单位会计，且各自分设科目。
(2) 明确了会计的五大要素为资产、负债、净资产、收入和支出；以借贷记账法取代收付记账法。
(3) 预算内、预算外资金统一核算，综合平衡。
(4) 财政总预算会计和行政单位会计仍实行现金制，事业单位的经营性业务可以采用应计制。</td></tr>
<tr><td>1998年</td><td>《行政单位会计制度》</td></tr>
</table>

续表

年份	标志性事件	主要内容
2001 年	《财政国库管理制度改革试点会计核算暂行办法》	分别对财政总预算会计、财政国库支付执行机构会计、行政事业单位会计、建设单位会计财政集中支付业务会计核算做出规定，以适应国库集中支付改革需要。
	《政府采购资金财政直接拨付核算暂行办法》	为适应政府采购财政改革需要。
2002 年	《行政事业单位会计决算报告制度》	确立了行政事业单位会计决算报告的编制范围、编制内容、工作组织、填报审核等工作规范。
	《农业综合开发资金会计制度》	专项资金会计制度，以满足专项资金管理需要。
	《三峡工程库区移民资金会计制度》	
2003 年	印发《地方财政实施财政国库管理制度改革年终预算结余资金会计处理的暂行规定》	对地方财政实施财政国库管理制度改革试点形成的年终预算结余资金的财政总预算会计，按规定实行个别事项的权责发生制账务处理。
2006 年	将“推进政府会计改革”列入《国民经济和社会发展第十一个五年规划纲要》	
2009 年	下发新《医院会计制度》（征求意见稿）和新《高等学校会计制度》（征求意见稿）	确立了修正的权责发生制为会计核算基础，拉开了我国以公立单位为主体的应计制会计改革的序幕。

这些会计制度在一定程度上借鉴了市场经济条件下通用的会计处理程序以及方法，这一阶段会计准则与会计制度并行，会计制度不断向国际化方向发展，先后制定了一系列的准则。“一则三制”（《事业单位会计准则（试行）》《财政总预算会计制度》《行政单位会计制度》《事业单位会计制度》）的颁布实施标志着我国政府会计经历了从计划经济下的预算会计规范调整到市场经济体制下的预算会计改革，构建了部门预算细化编制的全新模式，增加了预决算的透明度和执行效力。有关的会计处理程序及方法得到了应用。

由此可见，1994—2014 年期间，以《中华人民共和国预算法》的实践适应性为主线并不断被修改完善的过程，实际上勾勒出了我国政府会计制度转型的法律基础与历史根源。

（四）权责发生制政府综合财务报告制度改革（2015 年至今）

我国预算会计“一则三制”中有关财务报告的规定，较 1998 年以前的制度已有颇大的改进，但是随着财政预算管理的改革，人们对预算会计信息的要求日益提高，显露出许多不足之处：(1) 预算会计报告内容不够完整，提供的信息比较简单；(2) 预算会计报告设计不够科学，信息的可用性较差；(3) 体系不够健全。2010 年以后，尤其是在党的十八届三中全会关于“建立权责发生制的政府综合财务报告制度”的要求出现后，政府会计制度改革进入了深化改革的全面推进阶段。

但随着预算管理环境的变迁，原“预算法”已经无法适应新的运行环境，因此《中华人民共和国预算法》于2014年修正时，在立法宗旨、调整范围和预决算原则等方面均取得了重大突破。《中华人民共和国预算法》(2014年修正）围绕预算约束、预算透明和跨年度预算平衡机制等，试图从法治化层面完善制度供给，但“有法可依”只是实现“依法治国”目标的必要条件而非充分条件。因此，从提升政府会计制度治理效率的角度来看，《中华人民共和国预算法》(2014年修正）仅仅从制度供给层面回应了社会的需求，只有严格执行相关会计规则，才能有效提升国家治理的效率。

2014年12月，我国通过了《国务院关于批转财政部权责发生制政府综合财务报告制度改革方案的通知》(国发〔2014〕63号文件)，通知指出：“我国目前的政府财政报告制度实行以收付实现制政府会计核算为基础的决算报告制度，主要反映政府年度预算执行情况的结果，对准确反映预算收支情况、加强预算管理和监督发挥了重要作用。但随着经济社会发展，仅实行决算报告制度，无法科学、全面、准确反映政府资产负债和成本费用，不利于强化政府资产管理、降低行政成本、提升运行效率、有效防范财政风险，难以满足建立现代财政制度、促进财政长期可持续发展和推进国家治理现代化的要求。因此，必须推进政府会计改革，建立全面反映政府资产负债、收入费用、运行成本、现金流量等财务信息的权责发生制政府综合财务报告制度。”实施总体目标是“权责发生制政府综合财务报告制度改革是基于政府会计规则的重大改革，总体目标是通过构建统一、科学、规范的政府会计准则体系，建立健全政府财务报告编制办法，适度分离政府财务会计与预算会计、政府财务报告与决算报告功能，全面、清晰反映政府财务信息和预算执行信息，为开展政府信用评级、加强资产负债管理、改进政府绩效监督考核、防范财政风险等提供支持，促进政府财务管理水平提高和财政经济可持续发展”。这一通知宣告政府会计规则实行重大变革，即其计价基础从“收付实现制”转变为“双基础”，进一步明确财务会计与预算会计适度分离并相互衔接，在完善预算会计功能基础上，增强了政府财务会计功能的“双轨制”改革。

自此，我国政府会计制度陆续调整完善。2017年10月24日财政部印发《政府会计制度——行政事业单位会计科目和报表》，自2019年1月1日起实施。为确保新旧制度平稳过渡和鼓励行政事业单位提前执行新制度，财政部于2018年2月发布《政府会计制度——行政事业单位会计科目和报表》与《行政单位会计制度》和《事业单位会计制度》有关衔接问题的处理规定。至此，我国政府会计制度越来越完善并趋于稳定。新一轮政府会计制度改革的情况见表 6-3。

表 6-3　新一轮政府会计制度改革的情况

<table>
<tr><th>年份</th><th>标志性事件</th><th>主要内容</th></tr>
<tr><td>2011 年</td><td>颁布《行政事业单位内部控制规范（试行）》</td><td>拟构建以预算为主线的流程控制、以资产负债为主线的重要项目控制、经济合同控制以及评价与控制在内的内部控制规范框架。</td></tr>
<tr><td rowspan="2">2014 年</td><td>修订预算法</td><td>增强预算的科学性、完整性和透明度，强化政府债务管理以防范财政风险，严格预算执行、规范预算调整和完善预算审查监督。</td></tr>
<tr><td>国务院批转《权责发生制政府综合财务报告制度改革方案》</td><td>提出“双轨制”政府会计改革构想。</td></tr>
<tr><td rowspan="2">2015 年</td><td>颁布《政府会计准则——基本准则》</td><td>提出构建预算会计和财务会计适度分离并相互衔接的政府会计核算体系；明确了预算会计要素和财务会计要素。</td></tr>
<tr><td>颁布《政府财务报告编制办法（试行）》</td><td>详细规范了政府财务报告的内涵和范畴、主要内容、编制要求及报送流程等。</td></tr>
<tr><td>2016 年</td><td colspan="2">印发四项具体政府会计准则：《政府会计准则第 1 号——存货》《政府会计准则第 2 号——投资》《政府会计准则第 3 号——固定资产》《政府会计准则第 4 号——无形资产》。</td></tr>
<tr><td rowspan="3">2017 年</td><td>印发《政府会计准则第 3 号——固定资产》应用指南</td><td>对固定资产折旧年限和折旧时点做出明确要求。</td></tr>
<tr><td colspan="2">印发两项具体政府会计准则：《政府会计准则第 5 号——公共基础设施》《政府会计准则第 6 号——政府储备物资》。</td></tr>
<tr><td>颁布《政府会计制度——行政事业单位会计科目和报表》</td><td>同时废止了包括原“一则三制”及各分类事业单位会计制度共 13 项，统一了行政事业单位的政府会计核算。</td></tr>
<tr><td rowspan="2">2018 年</td><td colspan="2">发布《政府会计准则第 7 号——会计调整》《政府会计准则第 8 号——负债》。</td></tr>
<tr><td>制定《〈政府会计制度——行政事业单位会计科目和报表〉与〈行政单位会计制度〉有关衔接问题的处理规定》和《〈政府会计制度——行政事业单位会计科目和报表〉与〈事业单位会计制度〉有关衔接问题的处理规定》</td><td>为确保新旧政府会计制度顺利衔接、平稳过渡，促进新制度的有效贯彻实施。</td></tr>
</table>

我国沿用至今的决算报告制度对于反映预算收支情况和加强预算管理发挥了不可替代的作用，但其无法准确反映政府资产、负债和成本费用等财务状况，政府财务会计核算必须采用“权责发生制”。权责发生制为我国权责发生制政府综合财务报告制度改革的原则性导向。根据该项改革路线图的方案设计，我国将于2020年前后基本建成具有中国特色的政府会计制度体系。此次改革是一项十分复杂的系统性工程，既具有渐进性改革的特征，又具有突破性变革的特征，对于国家治理体系和治理能力的现代化将具有重要影响。

从会计制度的供给侧改革来看，目前已经取得了重要进展。第一，财政总预算会计制度作为财政管理领域的基础性制度，在《财政总预算会计制度》（财预字〔1997〕287号）的基础上得以重新修订，它对重大财政经济政策的实施具有反映和促进功能，具体表现为优化政府会计报表体系、提升政府资产负债管理水平和会计信息透明度等。第二，《政府会计基本准则》作为概念框架文件，首次明确政府会计由财务会计和预算会计构成。“准则”不仅为重构政府会计体系和重新界定政府会计要素确立了基本标准，而且为具体准则、应用指南和会计制度的制定提供了方向性指南。第三，财政部制定发布政府财务报告编制办法和操作指南，用于指导和规范政府财务信息的形成及披露，包括政府财务报告编报基础、主要内容和编报程序等。第四，财政部印发《关于进一步规范和加强行政事业单位国有资产管理的指导意见》，强调了行政事业单位资产管理的资源配置职能，构筑了资产管理与预算管理相结合的机制。第五，《政府会计具体准则》立足“权责发生制”的会计核算基础，主要规范了存货、投资、固定资产、无形资产、公共基础设施、政府储备物资、负债和会计调整等的核算。第六，为了强化行政事业单位会计标准的一致性和提高政府会计信息质量，《政府会计制度——行政事业单位会计科目和报表》对会计科目名称及其使用说明、报表格式、报表编制等进行了规定，试图规范政府会计主体的核算技术标准和呈报标准。

第二节　学校会计制度改革

与我国会计制度改革相适应，我国的学校会计制度经历了执行统一的《事业单位会计制度》、专门的《高等学校会计制度》与《中小学校会计制度》以及现行的《政府会计制度》三次重大变化。

一、学校执行《事业单位会计制度》阶段（1949—1987）

1950年，我国财政部规定政府部门实行以财政总预算会计和单位预算会计为主体的预算会计制度体系，而学校作为政府会计的重要组成部分，也是以这一规定作为财务核算的重要依据。很长时期内，我国没有建立学校财务制度和会计制度，学校属于事业单位，各级各类学校在财务会计制度的运行上执行的都是预算会计制度中的《事业单位会计制度》。

二、建立专门的学校会计制度：《高等学校会计制度》和《中小学校会计制度》阶段（1988—2018）

随着中国改革开放的深入，教育改革也不断深入。学校积极开展社会服务，其经营性活动日益增多，资金来源渠道不断扩大，在经济活动中也出现了对外投资、内部“信贷”、资金增值、收益分配等各种经济关系，特别是预算外资金的长足发展，行政事业单位的财务规则和行政事业单位会计制度的会计科目、会计报表指标体系及会计核算程序等均难以在客观上满足这种繁杂经济关系的核算和财务管理要求。学校的会计制度也做出了相应的改革，开始建立教育财务与会计体系，以此，规范各级各类学校财务管理和会计核算行为。

（一）我国第一部《高等学校会计制度（试行）》（1988 年版）

20 世纪 80 年代，为了适应高等学校各项事业发展的需要，促进高等学校会计工作规范化、制度化、科学化，提高会计核算质量，发挥会计工作的积极作用，根据《中华人民共和国会计法》及有关法规，按照财政部颁发的《事业行政单位预算会计制度》，结合高等学校的实际情况，国家教委于 1988 年 12 月 10 日出台了我国第一部专门的学校会计制度——《高等学校会计制度（试行）》（1988 年版），规定从 1989 年 1 月 1 日起在中央部委所属院校及部分地方院校中试行。《高等学校会计制度（试行）》共分“总则”“会计工作任务”“会计机构和会计人员”“会计核算原则”“会计科目”“会计凭证和账簿”“会计报表”“会计监督”“会计交接”“会计档案”“附则”等十一章四十九条。

第二章“会计工作任务”明确规定：

第五条　贯彻执行《中华人民共和国会计法》和国家有关政策法规，正确执行各项预算（财务计划），保证学校各项资金合法、合理、有效地使用，促进教学、科研、对外服务等各项事业计划的完成。

第六条　根据本制度和有关财务制度的规定，认真做好记账、算账、报账等会计基础工作，全面、真实、准确、及时地反映学校各项资金来源、运用和筹集、使用情况（以下简称“资金运行情况”）及其效果，为学校领导和上级主管部门进行管理决策提供会计信息。

第七条　参与学校事业计划的制定，对学校各项预算（财务计划）的执行情况和资金运行情况，认真进行会计分析、预测和效益考核，为改进学校内部管理和上级主管部门进行宏观管理提供有关资料，促进增产节约、增收节支运动的深入开展。

第八条　严格遵守和维护财经纪律，对高等学校各项资金、财产物资的增减变动以及财务收支活动，实行会计监督，保护学校公共财产的安全完整。

第九条　根据有关规定，结合学校具体情况，建立和健全内部稽核制度和会计核算工作规程等有关制度，使会计监督和会计核算工作规范化、制度化、科学化，不断提高会计工作管理水平。

第四章“会计核算原则”明确规定：高等学校会计核算，一般实行“收付实现制”。对外服务和科研项目的核算，经主管部门批准，也可采用“权责发生制”。高等学校所属独立核算的经营性单位，原则上以“权责发生制”为基础进行会计核算。高等学校在会计核算过程中，对各种费用、支出的归属，应当按照受益原则加以确认。凡能划清归属对象的费用、支出，均应直接计入有关核算对象；凡不能直接划清归属对象的费用、支出，则应采用合理的方法进行分摊。高等学校对各种收益项目的结算，应当按照配比原则，将收入与同它有联系的支出（费用）相比较，收入与支出的内容和时间必须保持一致。高等学校原则上采用资金收付记账法。高等学校所属独立核算单位，可根据有关规定，结合单位具体情况，采用资金收付记账法、借贷记账法或增减记账法。

这一高等学校会计制度出台后，高校在会计核算上不再统一按照事业单位的会计制度进行，而是回归到教育领域，有了独立的学校会计制度。这个制度体现了坚持改革开放的方针和《中华人民共和国会计法》的有关精神，通过试行，维护了会计工作的正常秩序，提高了学校的会计信息质量。但由于受传统会计管理体制的制约，1988 年出台的《高等学校会计制度（试行）》未能在全国各类高等学校得到切实有效的执行，从而影响了高等学校会计信息的可比性，使政府难以以宏观调控方式对高等学校进行管理。

（二）《中小学校会计制度（试行）》（1998 年版）和《高等学校会计制度（试行）》（1998 年修订版）出台

1997 年 5 月 28 日，财政部制定了《事业单位会计准则（试行）》，与原《事业行政单位预算会计制度》有关内容相比，发生了很大的变化。《事业单位会计准则（试行）》确定了基本前提有会计主体、持续运营、会计分期和货币计量；规定人民币为记账本位币，采用借贷记账法。规定了客观性原则、适应性原则、可比性原则、一致性原则、及时性原则、明晰性原则、收付实现制和权责发生制原则、经营收支配比原则、专款专用原则、实际成本原则、全面性原则和重要性原则等 13 条一般原则；规定了资产、负债、净资产、收入、支出五个会计要素和五类42个会计科目；还规定了会计报表体系的构成，包括资产负债表、收入支出表、基建投资表、附表及附注和收支情况说明书等。为规范中小学校和高等学校会计核算行为，适应教育事业的发展，1998年，财政部、教育部根据《事业单位会计准则（试行）》，结合中小学校和高等学校会计核算特点，制定了在全国学校中实行的《中小学校会计制度（试行）》和《高等学校会计制度（试行）》，于1998年1月1日起试行。前者用以规范中小学校和幼儿园的会计核算工作，后者用以规范高校、中专、技校的会计核算工作。

1. **两部学校会计制度改革的主要内容**

（1）两部学校会计制度都立足于学校主体，实行事业分开，确立新的高校和中小学校会计核算模式。新制度立足于以学校为事业主体，将除国家基本建设投资、校办产业经营收支以外的事业资金，均纳入学校的核算范畴，体现了“大收支”和“大预算”的观念。(2) 取消预算内外资金割裂核算和使用的办法，比较真实地反映了高校和中小学校的收支全貌，新制度基本按收支两条线的原则，对学校的收入和支出进行重新分类，基本体现了“收入按来源，支出按用途”的管理思想。(3) 确立新的会计要素，采用新的会计平衡公式。新制度确立了学校的五大会计要素分别为资产、负债、净资产、收入和支出；新的会计平衡公式为：资产—负债＝净资产。（4）改革核算基础。新制度明确规定，学校的会计核算基础采用收付实现制，但对经营性收支业务和实行内部成本核算的勤工俭学收支则采用权责发生制，这就将事业收支活动和经营收支活动严格分开了。不同来源的收支采用不同的核算基础，有利于对经营性活动进行相对完整的成本核算。(5) 改变记账方法。新制度规定，学校的记账方法采用借贷记账法，有利于学校记账方法与国外学校接轨，也有利于会计人员在不同类型财会岗位的流动。(6) 简化和统一会计报表。新制度力求简化和统一学校的会计报表，以尽量简单、通用、易懂和可比为原则，规定学校会计报表所提供的会计信息应同时满足国家、社会和学校内部管理的需要。

2. **《高等学校会计制度（试行）》的主要特色**

（1）明确高校内部二级核算问题。按照新的财务制度，高等学校可以结合实际情况，确立“统一领导，集中管理”或“统一领导，分级管理”的财务管理体制。据此，新会计制度规定，实行“统一领导，分级管理”财务管理体制的高等学校，可采用两级核算方式核算二级单位的收支。规模较小的二级单位，可以表报账；规模较大、独立性较强、业务收支完整的二级单位，可编制合并报表。(2) 结合高校实际，将对外投资分解为“对校办产业投资”和“其他对外投资”。这种分解，不是简单的形式上的一分为二，其主要目的是将高校对校办产业的投资单独分离出来，便于明晰对校办产业的产权关系，以经济形式强化管理。(3) 与财务制度相一致，设立“代管款项”科目，规范高校接受委托代为管理的各类款项的核算，如党费、团费、学生会会费、学会会费、工会会费等，这些款项的特点是虽经费在学校但“主权”不在学校，经费都有明确的用途。将“代管款项”的核算内容单纯化，目的在于解决以前会计制度“假代管”的问题，避免某些学校借此隐匿收入，维护会计信息的真实。(4) 不单设“拨入专款”、“拨出专款”和“专款支出”科目，而是将专项资金的核算并在各个相关的收入支出科目中，在收入支出科目中分专项和非专项两种情况。这样处理是为了不影响整个收入和支出的分类体系，因为拨入专款也是财政补助收入，或事业收入，或其他收入，专款支出也是事业支出。专项资金收支单成系列，打乱了收支两条线的分类体系。(5) 资产负债表分月报和年报两种格式。新制度规定，高等学校的资产负债表分两种格式。月报既包括资产、负债、净资产的内容，也包括收入、支出的内容，处理办法和“通用制度”一样；年报只包括资产、负债和净资产的内容，对年终专项未完项目的收支采取如下办法进行处理：年终结账时，将专项支出对应冲减专项收入，余额挂在收入方，再将这些余额累加起来，将其合计数填入“未完项目收支差额”项。这样做是为了使年末资产负债表中确实只反映年末资产、负债和净资产的时点情况，而不是将时点情况和收入支出的期间情况都混在一起。

3.《中小学校会计制度（试行)》的主要特色

(1)《中小学校会计制度（试行)》在会计科目表中既统一规定一级科目，也根据中小学校的实际情况统一规定一些二级科目。全国的中小学校数量多、跨域广、层次复杂，但经济活动相对比较简单，为保证制度执行起来不走样，所提供的会计信息口径统一可比，新制度在统一规定了中小学校的一级科目之后，还对“专用基金”“教育经费拨款”“教育附加拨款”“事业收入”“拨出经费”“事业支出”等统一规定了二级科目。(2) 结合中小学校的实际，将对外投资分解“对勤工俭学项目投资”和“其他对外投资”，目的和高校会计制度一样。(3) 与财务制度相衔接，设立“代管款项”科目。(4) 资产负债表分月报和年报两种格式。月报表的原理和方法与“通用制度”和“高校制度”一样，年报表的方法与“高校制度”类似，但对专项未完项目的收支差额采取如下办法处理：以“拨入专款”科目年末贷方余额减去“专款支出”科目借方余额，得出专项资金结存项目的期末数，填列在“专项资金结存”项。

（三）新修订的《高等学校会计制度》(2012年修订版）和《中小学校会计制度》(2012年修订版）出台

1998年颁布实施的《高等学校会计制度》和《中小学校会计制度》(以下

统一简称“原制度”）已实施了16年，随着我国公共财政体制改革的不断深化，自2000年开始，以部门预算、国库集中支付、政府采购、非税收入管理、政府收支分类等为主要内容的财政管理制度改革相继实施，学校会计环境发生了重要变化，对会计核算工作提出了许多新要求。随着各级学校教育事业的进一步发展，教育事业规模不断扩大，经费投入持续增长。如何更好地用好和管好这笔钱，且真实地反映“钱从哪里来，到哪里去”，原制度已经难以满足现行各级学校财务管理和会计核算的需要，因此制度迫切需要进行全面修订，以适应财政经费管理要求，保障和促进中小学事业健康发展。《高等学校会计制度》和《中小学校会计制度》的修订以《事业单位会计准则》为依据，与《事业单位会计制度》相一致，与《高等学校财务制度》和《中小学校财务制度》相衔接。

1.《高等学校会计制度》（2012年修订版）的主要特点

2012年12月19日，财政部同教育部共同下发，关于印发《高等学校财务制度》的通知，自2013年1月1日起正式实施，规定了对高校实行核定收支、定额或者定项补助、超支不补、结转和结余按规定使用的预算管理办法，高校预算管理有了执行依据。2013年12月30日财政部下发了《高等学校会计制度》（以下统一简称“新制度”），于2014年1月1日起实施，进一步细化了高校的支出项目，能够清晰地反映高校的支出结构。具体特点如下：

第一，配合了各项财政制度改革。随着高等学校改革的不断深入，高等教育作为准公共产品，财政拨款是高等学校收入的重要组成部分，为了提高高等学校会计核算与财政管理体制改革的一致性，新制度配套新增了国库集中支付、政府收支分类、部门预算、国有资产管理与公共财政改革相关的会计核算内容，实现了会计规范与其他法规政策的贯彻落实。

第二，明确了会计主体的唯一性。原制度中基本建设投资执行的是《国有建设单位会计制度》，基本建设相关的会计信息在基建账中反映，并编制《年度财政性资金投资基本建设项目决算报表》，相对独立，基本建设的有关数据长期“游离”在单位会计“大账”之外。而新制度则要求高等学校对基建投资，在按照基建会计核算规定单独建账、单独核算的同时，将基建账相关数据定期并入单位会计“大账”。这一规定有助于提高高校会计信息的完整性，为全面加强资产负债管理、防范和降低财务风险发挥会计信息起到支撑作用。

第三，凸显了权责发生制核算的基础地位。原制度规定：“高等学校的会计核算基础一般采用收付实现制，但经营性收支业务采用权责发生制。”新制度规定改为“高等学校的会计核算基础一般采用收付实现制，但部分经济业务或者事项的核算应当按照本制度规定采用权责发生制”。新制度使会计核算基础中关于权责发生制的业务范围有所扩大，凸显了权责发生制核算的基础地位位，顺应了高校改革发展的需要。

第四，加强了财政资金的管理力度。为了加强财政资金的管理，新制度在“净资产”会计科目中新增了“财政补助结转、财政补助结余、非财政补助结转、非财政补助结余分配”会计科目，明确界定了结转、结余资金的界限，严格区分了财政补助和非财政补助结转结余资金的性质，全面规范了财政补助结转结余、非财政补助结转结余及非财政补助结转结余分配的会计核算工作，也规范了高等学校的支出以及结余分配管理，提升了财政资金的科学化和精细化管理水平，在加强财政资金管理的同时，也反映了政府的受托责任和部门预决算管理重要性。

第五，强化了资产的计价和入账管理。国务院办公厅《关于开展国家教育体制改革试点的通知》(国办发〔2010〕48号）文件中指出：“高等学校要适应经济社会发展需求，改革高等学校办学模式，推进高校与地方、行业、企业合作共建，发挥行业优势，完善体制机制，促进行业高等学校特色发展，培养高水平专门人才。”这一规定使高等学校的办学模式多元化，而办学环境的变化则直接影响了会计核算环境的变化，新制度就高校在教育改革过程中出现的捐赠、无偿调入等资产的计量进行了规范，对没有相关凭据、同类或类似资产的市场价格也无法可靠取得的情况下，将所取得的资产以名义金额入账，并在会计报表附注中披露，改变了对该类经济业务口径不统一、不入账的现象。此规定增强了高校会计信息的可比性和完整性，保证了取得资产后入账的及时性，加强了国有资产的管理，确保了国有资产的安全和完整。

第六，完善了会计科目体系及使用说明。为满足高校经济业务发展的需要，为考虑财政改革对会计科目的影响，新制度根据高校教育改革要求，对原制度下的科目体系进行了全面梳理，新增了“财政补助结转”“累计折旧”等8个会计科目，取消了“事业基金——一般基金”“固定基金”等18个会计科目，将原“应交预算款”“结余分配”等4个会计科目名称进行了修改，对整个会计科目体系进行了细化和调整，将原来的“教育事业支出”“科研事业支出”会计科目进一步细分为“教育事业支出”“科研事业支出”“行政管理支出”“后勤保障支出”“离退休支出”会计科目，并要求收入和支出按功能分类与经济分类、资金来源渠道同时进行明细核算。同时，还全面完善了各科目核算的内容和明细科目的设置，对会计科目的使用也进行了详细的说明，这样为高校会计的实务操作提供了更为科学、全面的依据。

第七，改进了财务报表体系。新制度借鉴了会计国际惯例和通行做法与规定对资产负债表的一些项目、结构、排列进行了调整。一是新制度下资产负债表分别按照“流动资产”“非流动资产”“流动负债”“非流动负债”分类列示，反映资产和负债的流动性，而原制度下流动和非流动资产是在资产类项目的

"流动资产"栏目下以"其中：现金、银行存款……"等项目列示反映；而流动和非流动负债没有明显的界定，表中"借入款项""银行贷款"项目的时间期限不明确，故新制度将"借入款项"删除，增加"短期借款"和"长期借款"，明确了时间期限。二是新制度下资产负债表中净资产增加了"财政补助结转、结余""非财政补助结转、结余"项目，同时扩充了"专用基金"的用途，增加了"非流动资产基金"项目。三是新制度取消了"基建借款"项目。四是新制度增加了"财政补助收入支出表"，对各报表的项目进行了改进。这些调整和改进使高校的财务报表体系与会计惯例更为协调，增强了科学性和条理性，同时也兼顾了高校的实际情况，使高校的财务报表体系更为完整、有用，更好地满足了高校财务管理、预算管理等多个方面的信息要求。

2.《中小学校会计制度》(2012年修订版)的主要特点

2013年12月27日，财政部关于印发《中小学校会计制度》的通知（财会〔2013〕28号）指出："为适应财政预算改革和中小学校教育管理体制变化的需要，进一步规范中小学校的会计核算，提高会计信息质量，根据《中华人民共和国会计法》和《事业单位会计准则》(财政部令第72号)，结合新修订的《中小学校财务制度》，我部对《中小学校会计制度（试行)》（财预字〔1998〕104号）进行了全面修订。现将修订后的《中小学校会计制度》印发给你们，自2014年1月1日起施行。"新修订的《中小学校会计制度》(以下简称"新制度")的特点主要体现在四个方面的"新"和三个方面的"严"①。

新制度四个方面的"新"主要体现在：一是财政改革要求更加鲜明。新制度新增了近年来国库集中支付、政府收支分类、部门预算、工资津贴补贴、国有资产管理、财政拨款结转结余管理等与公共财政改革有关的会计核算内容。二是学校主体地位更加突出。新制度强调了中小学校要以校为单位进行会计核算，实行"一所学校一本账"，将长期游离于学校"大账"之外的基建账并入学校"大账"反映，且明确了中小学校食堂应独立核算并定期并入学校"大账"。三是学校管理责任更加强化。新制度规范了非义务教育阶段中小学校从事经营活动取得收入、支出及其结余的核算，加强了对中小学校资产处置的全过程管理，细化了中小学校代管款项的核算内容和核算方式。四是学校会计信息更加完整。新制度设置了资产负债表、收入支出表、财政补助收入支出表等主表和事业支出明细表等附表，要求中小学校按照月度、年度编制财务报表，进行信息公开，接受社会监督。

① 《中小学会计工作有了新规矩——教育部财务司有关负责人就〈中小学校会计制度〉答记者问》，《中国教育报》2014年5月15日第3版。

新制度三个方面的“严”主要体现在：一是严格学校管理。新制度对义务教育阶段学校提出了一系列严格的限定要求，规定义务教育阶段学校不得从事经营活动，不得提取修购基金，不得对外投资，不得举债等，会计科目设置也相应地进行了区分；还就中小学校会计机构设置、会计人员配备、会计基础工作、会计档案管理、内部控制等提出了明确要求。二是严格收支管理。新制度按照财政资金性质，将财政补助收入细分为“公共财政预算拨款”和“政府性基金预算拨款”两个一级科目，有利于落实教育经费法定增长的考核要求；增设了具有教育特定功能（教师培训、学生资助、校园安全等）的明细科目，细化了支出经济分类，充分反映了教育资金“花到哪儿去了”；将财政补助资金结余细化为“财政补助结转”和“财政补助结余”，进一步规范了中小学校财政资金的使用。三是严格资产管理。新制度增设了“待处置资产损溢”科目及其明细科目，完整反映了中小学校资产处置全过程中待处置资产价值和处置收支等情况，体现和落实了《事业单位国有资产管理暂行办法》的要求。

学校会计制度的改革与体系的建立，是我国教育财会制度的一项重要改革，它标志着我国教育行业财务会计制度的法规体系日趋完善，这对于规范中小学校和高等学校的财务和会计行为，加强财务管理和会计核算，提高资金使用效益，促进教育事业发展起到了十分重要的积极作用。

三、学校现行《政府会计制度》（2019 年以后）

（一）《政府会计制度》改革

1. 政府会计制度改革背景

我国现行政府会计核算标准体系形成于 1998 年前后，主要涵盖了财政总预算会计、行政单位会计与事业单位会计。2010 年以来，财政部为适应公共财政管理的需要，先后对部分会计标准进行了修订，出台了各个行业的行政事业单位会计制度，基本满足了现行部门预算管理的需要。但现行政府会计领域多项制度并存，体系繁杂、内容交叉、核算口径不一，造成不同部门、单位的会计信息可比性不高，同样业务行政和事业单位的会计标准不同，会计政策不同，导致政府财务报告信息质量较低。因此，在新的形势下，我国必须对现行政府会计标准体系进行改革。

2014 年 8 月出台新修订的《中华人民共和国预算法》，其对各级政府提出按年度编制以权责发生制为基础的政府综合财务报告的新要求。现行政府会计标准体系一般采用收付实现制，主要以提供反映预算收支执行情况的决算报告为目的，无法准确、完整地反映政府资产负债“家底”，以及政府的运行成本等情况，难以满足编制权责发生制政府综合财务报告的信息需求。2014 年

9月26日，国务院印发《关于深化预算管理制度改革的决定》，进一步改进了预算管理，实施全面规范、公开透明的预算制度。该文件指出深化预算管理制度改革，实施全面规范、公开透明的预算制度，是深化财税体制改革、完善公共财政体系、建立现代财政制度的迫切需要；是完善社会主义市场经济体制，加快转变政府职能的必然要求；是建立健全现代国家治理体系，实现国家长治久安的重要保障。2014年12月12日，国务院关于批转《财政部权责发生制政府综合财务报告制度改革方案》的通知。随后2015年10月23日，财政部出台了《政府会计准则——基本准则》。2017年1月1日正式实施，进一步规范了政府会计核算，保证政府会计信息质量。同年10月24日，为适应权责发生制的需要，财政部制定了《政府会计制度——行政事业单位会计科目和报表》。2018年8月16日，财政部发布了《关于贯彻实施政府会计准则制度的通知》，自2019年1月1日起，与本级政府财政部门直接或者间接发生预算拨款关系的国家机关、军队、政党组织、社会团体、事业单位和其他单位将开始执行《政府会计制度——行政事业单位会计科目和报表》。新制度的实施有利于提高各单位会计信息质量、准确完整地反映资产负债“家底”，有利于提高单位预算和财务管理水平、提升单位内部治理能力，对全面实施绩效管理具有重要的政策支撑作用。

2.《政府会计制度》改革要点

本次政府会计制度改革创建了新的政府会计核算模式，它由预算会计和财务会计适度分离并相互衔接所构成。财务会计是以权责发生制为基础对政府会计主体发生的各项经济业务或者事项进行会计核算，主要反映和监督政府会计主体财务状况、运行情况和现金流量等的会计。预算会计是以收付实现制为基础对政府会计主体预算执行过程中发生的全部收入和全部支出进行会计核算，主要反映和监督预算收支执行情况的会计。新政府会计改革主要有以下几个方面：

（1）重构了政府会计核算模式。

《政府会计制度》构建了“财务会计和预算会计适度分离并相互衔接”的会计核算模式。

所谓“适度分离”，主要体现在以下几个方面：一是“双功能”，在同一会计核算系统中实现财务会计和预算会计双重功能，以资产、负债、净资产、收入、费用五个要素进行财务会计核算，以预算收入、预算支出和预算结余三个要素进行预算会计核算。二是“双基础”，财务会计采用权责发生制，预算会计采用收付实现制，国务院另有规定的，依照其规定。三是“双报告”，通过财务会计核算形成财务报告，通过预算会计核算形成决算报告。

所谓“相互衔接”，主要体现在：一是对纳入部门预算管理的现金收支进行“平行记账”。对于纳入部门预算管理的现金收支业务，在进行财务会计核算的同时也应当进行预算会计核算。对于其他业务，仅需要进行财务会计核算。二是财务报表与预算会计报表之间存在勾稽关系。编制“本期预算结余与本期盈余差异调节表”并在附注中进行披露。

(2) 统一了现行各项单位会计制度。

《政府会计制度》有机整合了《行政单位会计制度》《事业单位会计制度》和医院、基层医疗卫生机构、高等学校、中小学校、科学事业单位、彩票机构、地勘单位、测绘单位、林业（苗圃）等行业事业单位会计制度的内容。在科目设置、科目和报表项目说明中，不再区分行政和事业单位，也不再区分行业事业单位；在核算内容方面，基本保留了现行各项制度中的通用业务和事项，同时根据改革需要增加各级各类行政事业单位的共性业务和事项；在会计政策方面，对同类业务尽可能作出同样的处理规定。

(3) 强化了财务会计功能。

《政府会计制度》在财务会计核算中全面引入了权责发生制，在会计科目设置和账务处理说明中着力强化财务会计功能，如增加了收入和费用两个财务会计要素的核算内容，并原则上要求按照权责发生制进行核算；增加了应收款项和应付款项的核算内容，对长期股权投资采用权益法核算，确认为自行开发形成的无形资产的成本，要求对固定资产、公共基础设施、保障性住房和无形资产计提折旧或摊销，引入坏账准备等减值概念，确认预计负债、待摊费用和预提费用等。

(4) 改进了预算会计功能。

《政府会计制度》对预算会计科目及其核算内容进行了调整和优化，以进一步完善预算会计功能。在核算内容上，预算会计仅需核算预算收入、预算支出和预算结余。在核算基础上，预算会计除按《中华人民共和国预算法》要求的权责发生制事项外，均采用收付实现制核算。在核算范围上，《政府会计制度》将依法纳入部门预算管理的现金收支均纳入预算会计核算范围，如增设了债务预算收入、债务还本支出、投资支出等。

(5) 整合了基建会计核算。

《政府会计制度》依据《基本建设财务规则》和相关预算管理规定，在充分吸收《国有建设单位会计制度》合理内容的基础上，对单位建设项目会计核算进行了规定。单位对基本建设投资按照本制度规定统一进行会计核算，不再单独建账。

(6) 完善了报表体系和结构。

《政府会计制度》将报表分为预算会计报表和财务报表两大类。预算会计报表由预算收入表、预算结转结余变动表和财政拨款预算收入支出表组成，是编制部门决算报表的基础。财务报表由会计报表和附注构成，会计报表由资产负债表、收入费用表、净资产变动表和现金流量表组成，其中，单位可自行选择编制现金流量表。此外，《政府会计制度》针对新的核算内容和要求对报表结构进行了调整和优化，对报表附注应当披露的内容进行了细化，对会计报表重要项目的说明提供了可参考的披露格式，要求按经济分类披露费用信息，要求披露本年预算结余和本年盈余的差异调节过程等。

(7) 增强了制度的可操作性。

《政府会计制度》在附录中采用列表方式，以其规定的会计科目使用说明为依据，按照会计科目顺序对单位通用业务或共性业务和事项的账务处理进行了举例说明。

（二）高校实行《政府会计制度》

2017 年 10 月 24 日，财政部印发《政府会计制度——行政事业单位会计科目和报表》，于 2019 年 1 月 1 日正式实施。高等院校主要收入来源为财政拨款，属于政府会计主体，遵照执行此准则。《政府会计制度》是按照统一性原则，在有机归并现行行政单位、事业单位和九项行业事业单位会计制度基础上形成的，故部分行业事业单位的特殊业务未完全体现在《政府会计制度》中。在废止原《高等学校会计制度》的同时，为了确保高校更加顺利地执行新制度，2018 年 8 月 14 日，财政部又下发了高等学校执行《政府会计制度——行政事业单位会计科目和报表》的衔接规定和高等学校执行《政府会计制度——行政事业单位会计科目和报表》的补充规定，结合高校实际情况，对《政府会计制度》作出必要补充。2018 年 5 月 16 日，教育部下发《关于直属高校直属单位实施政府会计制度的意见》，要求各单位要高度重视政府会计制度的实施工作，进一步增强使命感、责任感，加强顶层设计、明确职责、突出重点、协同推进，确保从 2019 年 1 月 1 日起能顺利实施政府会计制度。还提出了构建政府会计核算和报告体系、开展资产核查工作、清理分析往来款项、规范合同管理、清理基本建设会计账务和加快推进信息化建设等六个方面的主要任务以及工作要求。在高校实行新《政府会计制度》的主要变化及意义如下：

1. 使用统一的《政府会计制度》提高了会计信息的可比性

在以往的会计核算制度改革中，有过几次大的变革，但是那种变革主要是针对某个行业进行特定的改革，很少有大的覆盖面，也正是因为如此，各个行业的会计核算有着很大的差距，也就导致了我国政府财政管理较难的现象出现。高校统一使用《政府会计制度》，使得高校与政府各个部门间会计信息的可比性得到极大提高，同时为各部门各单位编制财务报告及决算报表数据夯实了基础。

2. 记账核算模式的改革提高预算会计功能

政府会计制度使高校立足整体规划，编制合适的预算报表，以达到优化效果。设置预算收入、预算支出和预算盈余三个关键元素，增设债务预算收入，债务还本支出，将纳入部门预算管理的现金收支纳入预算会计核算范围。在该制度下，预算和核算工作相对独立又密切联系，预算会计工作和财务会计工作等都能达到一定的效果，也使得这项工作更加精细化，进一步优化提高预算会计功能，有利于学校财务管理水平的整体提升。

3. 适度分离并相互衔接的会计核算模式为管理提供数据支持

政府会计制度改革使高校财务核算方式发生了巨大的变化，改革的核心是以权责发生制为基础的财务会计和以收付实现制为基础的预算会计双轨并行。“适度分离”是指政府预算会计和财务会计双重职能保持相对独立，“相互衔接”指对于纳入部门预算管理的现金收支业务，在进行财务会计核算的同时一并进行预算会计核算，即财务报表与预算会计报表之间存在勾稽关系。新制度下，财务报告之外又增加了决算报表，可以全面体现核算收支和执行情况。也就是说，年终可形成两个报表，一个是基于财务核算的政府财务报告，另一个是基于预算核算的决算报告。前者能够充分展现学校成本的管理情况，促使经济效益的稳定，为管理工作提供数据支持。后者能充分反映学校的预算能力，确保实施对策的科学严谨。

4. 权责发生制的引入有助于提高高校会计信息质量

对于高校而言，最主要的改变是增加了以权责发生制核算的财务会计。权责发生制以事项实际发生的资金耗费为依据进行财务核算，不单纯关注货币的收支情况，将支出转换为费用的概念，能够通过财务信息反映高校的业务费用消耗、资产情况及成本构成。政府会计制度的改革为高校实施作业预算提供了核算基础，为作业预算在高校的实施提供了助力。新政府会计制度的落实有助于提高高校会计信息质量。在旧制度下，高校的非经营性业务支出一般采用收付实现制入账方式，侧重反映现金流量的收支结余情况；而权责发生制的引入，能够真实客观地反映高校各期经济业务的费用和成本情况，有效提高会计信息质量，从而实现高校资源的优化配置。

5. 为高校落实全面绩效管理提供基础保障

高校作为行政事业单位，具有服务和公益的性质，这种性质会致使工作人员缺乏基本的成本控制意识。在新政府会计制度下，执行预算会计和财务会计平行记账模式，即预算会计采用收付实现制，通过预算收支结余核算，而财务会计采用权责发生制，通过资产、负债、净资产、收入与费用这五个会计要素核算，从而形成预算会计和财务会计双报告。在“双功能、双核算、双报告”

的财务体系下，更为精准清晰地反映高校各项业务的成本、费用情况以及各项资源的消耗与配置情况，有助于高校建立健全绩效管理。新制度下，报告可以将每一块业务的成本情况显示出来。成本核算是财务管理工作的重要一部分，在新制度下，运行成本可以将其存在的总成本、单位成本计算出来，为项目的总体进展提供可靠的资料信息，从而可以完善后续的财务绩效考核工作。新制度为高校落实全面绩效管理提供基础保障，为财务绩效考核提供正确的策略，从而达到资金与资源的合理配置，为项目发展提供完整的凭证。

（三）中小学校执行《政府会计制度》

《中小学校会计制度》（以下简称“原制度”）自2014年执行起，在中小学校的经济决策和财务管理方面发挥了重要作用，然而按这一制度口径提供的会计信息却难以满足编制权责发生制综合财务报告的信息需要，不能全面准确核算单位家底，不能如实反映教育成本，也不能有效评价运营绩效。在加快推进政府改革的需求下，财政部出台了《政府会计制度》（以下简称“新制度”），并要求中小学校于2019年1月1日开始执行。为了确保新制度在中小学校的有效贯彻实施，2018年8月14日，财政部还专门印发了《关于印发中小学校执行〈政府会计制度——行政事业单位会计科目和报表〉的补充规定和衔接规定的通知》（财会〔2018〕20号）。新制度与原制度相比有如下变化：

1. 统一使用《政府会计制度》

随着新制度的执行，各类具有行业特色的会计制度如行政单位会计制度、事业单位会计制度以及医院、高校、中小学校会计制度等将不再执行原制度。新制度在充分协调《会计法》《预算法》等法律法规的基础上，务实简化为适合于各类行政事业单位统一执行的政府会计制度，进一步完善我国会计法律法规体系。在新进行的会计核算制度改革当中，有机地将诸多行业结合起来，调整了各个行业会计制度的核算标准，在很大程度上可帮助政府进行有效的财政管理。原制度的适用主体只能是中小学校，而新制度在众多行业制度上归并统一后，适用主体的类型更丰富了。当使用同一核算制度之后，中小学曾经那种纷杂统计的会计制度也就得到了改善，与当地各个事业单位得到很好的统一，对当地政府财政管理是一个很大的帮助，政府就可以很简便地进行财政统计，提高工作办事效率。同时，学校记账更清晰，财政更明了，可以节约很多的时间以及财力、人力。

2. 采用财务会计与预算会计结合模式

在以往的中小学会计制度中，财务会计与预算会计往往是两个人，这样的工作机制就会造成学校内部的财政比较混乱，预算会计根据自己的工作方式进行预算，财务会计根据自己的工作经验进行财务汇总与管理，至于学校有着怎样的财政变化、支出多少、收入多少，二者都很难有一个清晰的了解，这样也就造成了中小学校的财务账目比较混乱、统计量大的问题。两个会计各司其职，对学校账目的汇总很难有一个良好的沟通，这也就会造成学校财政盈余不清。更严重的是，预算会计与财务会计缺乏沟通，导致来年的预算大大超出了学校余额，造成学校内部的财政危机，另外一种情况与之相反，预算会计怕造成学校财政的大量亏空，进而减少预算支出，这也就造成了学校建设不足的落后情况。新制度将财务会计与预算会计相结合，两会计在工作上既有交集又有分工，这一举措一来可以很好地解决部门间沟通差的弊端，还可以保证互相监督的优点，同时还能够更好地对学校的财政进行掌握，更加合理地预算来年的支出。在具体实施的时候，可以采用“双分录”的全新会计核算模式，对学校的经费预算进行一个更加合理的统筹。

3. 新制度的会计核算模式更完善

原制度规范中小学会计核算一般采用收付实现制，部分经济业务和事项的核算采用权责发生制，在资产、负债、净资产、收入和支出科目之间进行借贷平衡记账，编制包括资产负债表、收入支出表、财政补助收入支出表在内的财务报表，并根据会计信息完成决算报告。相比原制度的“单功能、单基础、单报告”，新制度构建了“双功能、双基础、双报告、平行记账”的政府会计核算模式，在会计核算上继承创新地使用“政府会计”和“预算会计”两个功能，执行权责发生制（财务会计）和收付实现制（预算会计）两个会计基础，通过平行记账的方法，年末出具两个报告——政府财务报告（财务会计）和政府决算报告（预算会计）。这里所谓的“双”并非是用两个财务系统，也并非在同一系统分别登记两套账或者分别记录两张凭证（一张财务凭证、一张预算凭证），而是通过平行记账，对于纳入部门预算的现金收支业务在进行财务会计核算的时候同时进行预算会计核算，而且两种会计记录应该在同一会计凭证上登记，而其他业务仅需进行财务会计核算。

4. 新制度的会计核算范围更加广泛、深入

原制度采用了五个要素进行会计核算，同时规定了“对基本建设投资的会计核算在执行本制度的同时，应当按照国家有关基本建设会计核算的规定单独建账、单独核算”。而新制度采用了“5＋3”要素进行会计核算，是指财务会计核算在资产、负债、净资产、收入和费用五类财务会计科目之间进行借贷平衡记账，预算会计核算则通过预算收入、预算支出和预算结余三类预算会计科目之间进行借贷平衡记账。

同时规定“对基本建设投资应当按本制度规定统一进行会计核算，不再单独建账”。

(1) 与原制度相比，新制度资产和负债的核算内容更完整、具体、科学。资产科目从原来的 13 个增加到 35 个，负债科目从原来的 10 个增加到 26 个。通过新增的短期投资、公共基础设施、政府储备物资、文物文化资产、保障性住房、受托代理资产、预计负债等科目，完善了学校的资产负债类型的核算，通过会计方法帮助学校摸清了“家底”。除了会计科目的增加，新制度还在原制度的基础上提出了更具体的核算要求。货币资金类的科目，根据资金的性质明确需要区分出库存现金和银行存款中属于受托代理资产的货币资金以及独立反映其他货币资金；往来类的科目，根据形成方式具体细分为预付账款、应收票据、应收股利、应收利息、待摊费用、预收账款、预计负债等。这些核算内容的扩大和细分，可以帮助使用者在经济业务的会计处理上根据权责发生制的核算原则，准确科学地记录收入、准确合理地匹配费用，从而提供可靠的会计数据。

(2) 在预算会计方面，比起原制度和传统意义上的收付实现制，新制度执行的收付实现制原则要求更严格、深入，对“现金活动”中现金的定义更广泛，对核算对象范围也更精确。原制度纳入核算的对象是所有收入和支出，新制度的核算对象则精准为纳入预算管理的收入和支出；传统意义上的收付实现制是指现金，而新制度在货币资金基础上纳入了国库的额度尤其是直接支付的预算。更严格的收付实现制，是指资金真正流入或者流出学校，才能记录预算会计。

5. 新制度提供的会计信息更完整、科学，更具经济决策价值

新制度，在严格的收付实现制基础上编制的预算会计报表、决算报告更精准严谨地反映了单位预算管理资金的使用情况，更有效及时地反映单位的预算执行情况。而财务会计报表和政府工作报告则完整地反映了单位的资产负债情况，真实地反映了单位的资产价值，为进行成本核算提供了会计数据支撑。两者相互结合、相互补充，使新财务报告为规范经济行为、防范财务风险、提高预算执行率、客观评价绩效目标提供了可靠的数据基础。

6. 固定资产会计科目的核算革新过程

随着政府会计制度的使用，对于购入固定资产需要完成预算会计核算和财务会计核算两项会计核算分录项目。这种全新财务数据会计核算制度的应用，主要是新制度通过平行记账的方式替换了原有固定资产增加的双分录会计核算模式，有效地保证了资本财务数据支出的财务风险控制。政府会计制度对于固定资产的折旧计提做了明确规定，要求中小学校完成学校内各项固定资产折旧计提会计核算科目统计。这种固定资产折旧会计科目的革新优化，充分展现出政府资产价值评价职能，有利于保障政府综合财务报告的真实客观评价。新政

府会计制度对于中小学校用以归集其他类固定资产的财务数据会计核算工作，统一调整为待处理财产损溢，从根本上注重明确中小学校各类财务数据对于费用的净支出部分，有效地完成了固定资产处置工作的财务数据核算创新过程。

第三节　学校财务制度改革

一、学校财务制度建立的背景

改革开放以前，各级教育主管部门、财政部门以及各级学校其他主管部门虽然制定发布了一系列适合某类学校某些方面的财务管理规章和制度，但却没有制定适合不同类型学校、内容比较完整全面、宏观指导性较强的学校财务管理制度和会计核算制度。

1985 年 5 月 27 日，中共中央颁发《关于教育体制改革的决定》，该决定指出：我国教育体制的主要问题是“在教育事业管理权限划分上，政府有关部门对学校主要是对高等学校统得过死，使学校缺乏应有的活力；而政府应该加以管理的事情，又没有很好地管起来”。“要从根本上改变这种状况，必须从教育体制入手，有系统地进行改革。”改革开放初期，我国教育财会战线率先进行了一系列财务管理改革的探索，并取得了一定的成绩。为总结改革的经验，进一步明确改革的方向，推动改革的深化，1986 年 10 月 15 日，国家教委、财政部联合颁发了《高等学校财务管理改革实施办法》，这是中国第一部系统阐述中国高等学校财务管理改革的纲领性文件。文件明确指出：“高等学校财务管理改革是高等教育管理体制改革的重要组成部分，应按照教育规律和经济规律办事，讲求社会效益和经济效益。……高等学校在进行财务管理改革的过程中，应加强领导，注意同学校其他方面的改革协调的进行。”《关于教育体制改革的决定》从高等学校的年度预算核定、预算管理、社会服务收入的分配和管理、学校基金、综合财务计划、会计核算和财会队伍建设等方面提出了深化改革的意见，尤其在校内经费管理体制、年度预算核定办法、综合财务计划、社会服务收入分配等方面有重大改革创新。《关于教育体制改革的决定》进一步明确了高等学校财务管理改革的目标和任务，扩大了高等学校的财务管理权限，调动了高等学校财务管理改革的积极性，为后来的改革奠定了基础。

为了做好“八五”期间高等学校财务工作，在总结过去十年高校财会工作的基础上，在“治理整顿，深化改革”的大背景下，1991 年 4 月 8 日，国家教委、财政部联合颁发了《高等学校“八五”期间财务管理工作的若干意见》。文件提出，“八五”期间高等教育财务工作的指导思想是：“继续贯彻‘治理整顿、深化改革’的方针，开源节流，艰苦奋斗，勤俭办学，强化管理，提高资金使用效益，支持和促进学校内部各项事业的持续、稳定、协调发展。”该文件强调了高校财务工作要适当集中财权，完善“统一领导、分级管理”的校内财务管理体制；坚持综合财务计划，改善学校的财务状况；加强财务管理，提高资金的使用效益；强化财务监督，治理整顿校内经济环境；建立健全法规，使财会工作纳入法制化轨道；加强财会队伍建设，运用先进手段提高财会工作水平等具体工作和措施。该文件在当时对整顿高校经济工作秩序和环境，正确处理高校财务工作改革与发展、稳定与调整的关系起到了积极作用。

随着社会主义市场经济体制的建立和发展，我国的教育体制必须作出相应的改革。1993 年 2 月 13 日中共中央、国务院颁发的《中国教育改革和发展纲要》提出：教育体制改革要采取综合配套、分步推进的方针，加快步伐，改革“包得过多、统得过死”的体制，要初步建立起与社会主义市场经济体制和政治体制、科技体制相适应的教育新体制。在传统的计划经济体制下，学校作为政府的附属机构，在经费上集中管理，统收统支。学校一是不注重资金筹集，单纯依赖国家财政拨款，“等、靠、要”；二是不注重资金使用效益，简单按照开支标准管支出；三是不注重学校在财务管理中的自主统筹作用，人为地将资金分割为预算内与预算外两类并分别管理。学校的财务和会计也仅仅是财政的“大统计员”或“大出纳”，其主要任务是向上级主管部门报送报表。随着我国经济体制和教育体制改革的逐步深化，各级学校，特别是高等学校开始从政府机关的附属机构逐步成为面向社会自主办学的法人实体，一个以政府拨款为主，多渠道筹措教育经费的格局正在形成。同时，学校自身谋求发展的内在要求与资源相对供应不足的矛盾，促使各个学校日益重视学校资金的统筹规划和使用效益。学校改革开放的新实践与原有的财务管理制度间的矛盾冲突日益增多。学校能进一步发展需要一个与改革实践相适应的新的财务管理法制环境，以确保学校能以独立的法人地位依法筹措资金，统筹安排资金，提高经费使用效益。随着高校各项改革和工作的不断推进、拓展，高校的财经工作变得越来越复杂，国家对其要求也越来越高。针对部分直属高校存在的资金短缺、管理松懈、违反财经纪律等问题，尤其是个别学校经济秩序严重混乱，危及学校日常运转的情况，1994 年 11 月 17 日，国家教委下发了《关于当前国家教委委属高校财经工作中几点意见的通知》，文件强调了要坚持综合平衡，不搞赤字预算；严格管理，加强纪律；明确产权关系，发展校办产业的具体意见，这对进一步加强学校财经工作秩序，强化财务管理，保证学校改革、发展和稳定协调运作起到了积极作用。

1993 年 7 月 1 日，在我国企业开始实行新的“两则”“两制”，这标志着我国财务会计改革进入了一个新的历史阶段。随后，财政部就开始着手组织制定事业单位的财务规则与会计准则。1996 年 10 月 22 日，财政部以第 8 号部长令的形式发布了经国务院批准的《事业单位财务规则》，从 1997 年 1 月 1 日起施行。新的《事业单位财务规则》，一是将原来实行的全额预算、差额预算、自收自支预算的“三种预算管理形式”改为“核定收支、定额或者定项补助、超支不补、结余留用”的新预算管理模式。二是根据事业单位资金来源多元化的新情况，改变了原制度重点管理预算内财政拨款及其支出的传统管理模式，确立了事业单位大收入、大支出的观念，实行全收全支的新收支管理模式；改革了事业单位收入管理办法，合并预算内、预算外资金，将收入划分为财政补助收入、上级补助收入、拨入专款、事业收入、附属单位缴款和其他收入。预算内外资金统一定性为财政性资金，预算外资金实行收支两条线管理。《事业单位财务规则》规范了事业单位支出管理，明确了对支出实行分类管理的办法，按资金使用性质将事业单位支出划分为事业支出、经费支出、对附属单位补助支出和上缴上级支出四类。《事业单位财务规则》对单位各项应缴财政收入提出了严格要求，按规定应纳入财政预算管理的要及时足额上缴国库。三是赋予事业单位在支出管理上的一定范围内的自主权。新的《事业单位财务规则》制定后，几个大的行业，如科学、文化行业等均制定了符合本行业特点的行业财务制度。1997 年 5 月，财政部发布了《事业单位会计准则（试行)》。1997 年 7 月，财政部发布了通用《事业单位会计制度》，从 1998 年 1 月 1 日起试行。在这样的背景下，深化学校财务制度改革势在必行。

二、《高等学校财务制度》和《中小学校财务制度》(1996 年版)

在总结改革开放以来实践的基础上，根据新的历史时期的新特点与政策目标，制定一部全国统一的、全面系统的学校财务制度和会计制度已成为加强政府对高等学校宏观管理的紧迫任务。为规范学校财务管理和会计核算行为，适应教育事业的发展，1997 年，财政部、国家教委根据《事业单位财务规则》和国家其他有关法规，结合中小学校和高等学校的特点，制定了《中小学校财务制度》和《高等学校财务制度》，并从 1997 年 1 月 1 日起施行。上述《财务制度》从学校的财务管理体制、预算管理、财务收支、资产负债、专业基金的管理和建立新的财务报告体系规范学校的财务管理行为。

我国的学校财务制度包括《中小学校财务制度》和《高等学校财务制度》。中小学与高等学校财务制度的框架结构基本与《事业单位财务规则》相一致，根据学校财务管理的实际状况，增加了财务管理体制和财务监督两章。《中小学校财务制度》共分十三章五十五条。第一章至第三章分别为总则、财务管理体制、单位预算管理；第四章至第九章基本按要素分别阐述，即收入管理、支出管理、结余及其分配、专用基金管理、资产管理、负债管理；第十章至第十三章分别为财务清算、财务报告和财务分析、财务监督、附则。总则明确了《中小学校财务制度》制定的目的、依据、适用范围以及中小学校财务管理的基本原则和主要任务。附则明确了学校的基本建设投资和校办产业及勤工助学项目的财务管理分别按国家有关的制度执行，并明确了制度的解释和修订权的归属以及制度的施行起始日期。《高等学校财务制度》共分十三章五十四条，其框架和基本内容与《中小学校财务制度》基本一致。新的《财务制度》与原有的规章制度相比，主要的改革包含以下几方面。

（一）财务管理体制

建立学校内部完善的财务管理制度体制是确立学校内部有条不紊的财务工作秩序，实现“统而不死、活而不乱”财务管理目标的基本保证。在 20 世纪 80 年代以前，学校内部基本上都实行高度集中的统收统支的财务管理体制，其弊端是不利于调动校内各级当家理财的积极性。改革开放以来，随着贯彻解放思想，实事求是思想路线的深入，学校，特别是高等学校内部出现了以下放财权、提高活力为重点的各种财务管理体制的探索。中小学与高等学校财务制度正是在认真总结改革以来财务管理实践的基础上，提出了学校内部财务管理体制的基本要点。其主要内容：一是高校财务工作实行校（院）长负责制，明确了学校法人代表是经济运行状况的总负责人，同时也明确了总会计师的地位与作用。中小学校的财务活动在校长的领导下，由财务部门统一管理。二是规定了高校财务管理体制实行“统一领导，集中管理”的模式，规模较大的学校实行“统一领导、分级管理”的模式。单独设置财务机构的中小学校，实行“统一领导、统一管理”的体制。不具备条件或不需要单独设置财务机构的中小学校，实行“集中管理，分校核算”的体制。三是再次明确高校财务处（室）是学校的一级财务机构，学校内部的后勤、科技开发、校办产业及其基本建设等部门的财务机构只是学校的二级财务机构，其财务业务接受财务处（室）的统一领导。中小学校的校办产业、勤工俭学项目的财务活动，由学校财务机构统一领导。

（二）预算管理

健全完善的预算管理是学校保持良好财务状况，实现稳定持续发展的关键。学校“预算”的概念，随着改革的深入，经历了三个发展阶段，体现了财务管理水平的不断提高。最早的预算，仅仅是指国家财政拨款的收入与支出的计划。第二个发展阶段，是将学校一级可自主安排的预算内外经费合起来，编制了所谓的“校级预算”，也有人称之为“综合财务计划”。第三个发展阶段就是这次财务制度提出的预算概念，进一步把整个学校的财务收支（这里不包括独立核算的校办企业的经营性和中小学校勤工俭学项目财务收支部分，学校预算中只包括其上缴学校部分的收支）列为预算管理对象，不仅不分资金来源和性质，打破了预算内外界限，而且将学校可自主安排和不可自主安排的所有收入和支出全部纳入预算管理，将形成学校全方位财务收支的计划管理。这一改革主要是贯彻国家对事业单位实行“核定收支、定额或者定项补助、超支不补、结余留用”的新的预算管理办法，同时也是本次学校财务制度改革的核心，由此规定了学校收入和支出管理的新概念。此外，这一改革也有利于促进学校加强预算管理，增强在市场经济条件下自主办学的法人意识。

（三）收入和支出管理

按原有的管理模式，学校是全额预算管理单位，它的经费来源分为财政拨款和收入两大类，财政拨款是主渠道，是预算管理的主要对象。根据新发布的《事业单位财务规则》，中小学与高等学校财务制度将财政拨款和学校的事业收入等一并视为收入，全部纳入预算管理，统一计划，统一核算，统一管理，形成了一个全面反映学校经费来源的新的收入管理体系。与收入类似，按原有的管理模式，学校的支出首先分成预算内与预算外，然后再按经费的用途分成教育事业费支出、科学事业费支出、对外服务支出等，随后再按支出内容分为工资、业务费、公务费等。这次改革，突破了预算内外的界限，支出首先分成事业支出、经营支出、自筹基本建设支出、对附属单位补助支出，然后再在事业支出内按支出用途分为教学、科研、业务辅助、行政管理、后勤、学生事务、福利保障等支出，随后再按支出内容分为工资、业务费、公务费等。中小学与高等学校财务制度还提出了经营支出与经营收入配比的原则。这种新的收入与支出的分类方法，改变了过去人为地将收支分为预算内外的做法，管理的着眼点也由原来的防止预算内收入转为预算外收入，预算外支出转为预算内支出，转移到全方位管理全部收支，重点讲求经费的使用效益。分类方法的改变，反映了管理思想的变革。这种变革不仅适应了国家加强宏观管理的需要，也适应了学校加强内部管理的需要，更有助于推动学校走上以内涵发展为主的道路。

（四）资产与负债管理

以往学校财务管理中是不引入资产与负债概念的。根据新的《事业单位财务规则》，中小学与高等学校财务制度将“资产”和“负债”作为两个重要要素分别阐述并提出了相应的管理要求。资产包括流动资产、固定资产、无形资产和对外投资。负债包括借入款、应付及暂存款、应缴款项、代管款项等。资产与负债的差额就构成净资产。以往学校在某一时点上的财务状况是通过资金来源、资金运用、资金结存三大因素来反映的。通过这次改革，财务状况就可以资产、负债、净资产来反映说明。这种新的概念与分类方法必将对学校理财水平的提高，起到积极的推动作用。首先，“资产”概念的提出将促进学校加强国有资产的管理，按各类资产的不同特点，分门别类地提出管理的方法与措施，从而提高资产总体的使用效益。其次，“负债”概念的推出将促进学校加强风险管理意识。学校与企业不同，负债只能解决临时资金周转的需要，切忌将企业“负债经营”的概念引入学校的管理，加强负债管理可以从另一个侧面提高资产的使用效率，并主动避开风险，实现学校持续发展的战略。最后，资产和负债的分类方法与国外学校通行的分类方法基本接轨，也与我国事业单位财务会计改革相吻合，同时与企业财务会计的分类思想保持一致。这就有利于广大财务人员学习与掌握有关的知识，借鉴国际和国内、事业与企业单位的经验，促进学校财务管理水平的不断提高。

三、修订后的《高等学校财务制度》(2012 年修订版)、《中小学校财务制度》(2012 年修订版)

(一) 新学校财会制度改革的背景

进入 21 世纪，中国的发展也进入新的转折点，特别是中国加入世界贸易组织之后，经济、文化、教育等各个领域都在逐渐步入国际化发展轨道，积极主动地与国际业务之间建立沟通与交流，中国的市场经济更为活跃，发展更为迅猛。为适应中国现行的市场经济发展，财务会计管理制度又做出了进一步调整，以符合中国特色社会主义经济的发展要求。高等院校属于基础教育领域，在从事基础教育的同时要实现创新，就要在经济运行模式上实施改革，那么在财务管理规范上就必然会发生改变。原高校财务制度自 1997 年 1 月 1 日实施以来，对规范高校财务行为，提高高校财务管理水平，促进高校健康发展，的确发挥了重要作用。但随着高校内外部发展环境的变化，高校财务制度也必须随之做出相应的改革与创新。

第一，高校财务制度改革是完善公共财政体制的需要。从 2000 年开始，以部门预算、国库集中支付、政府采购、非税收入管理、政府收支分类、国有资产管理等为主要内容的财政改革不断推进。这对高校预算编制、执行及财务管理提出了新的要求。由此，高校财务制度必须做出相应的调整。第二，高校财务制度改革是国家中长期教育改革与发展的需要。为适应国家中长期教育改革与发展规划的要求，财政部门近年来大力推进科学化、精细化管理，强化基础管理和基层建设工作，在细化预算编制、加强预算执行、统筹使用结转结余资金、推进绩效考评、加强财务监督等方面，对高校财务管理提出了新的具体要求。高校财务制度需要做出相应的改革。第三，高校财务制度改革是高等教育体制改革深化的需要。随着高等教育体制改革的不断深化，高校财务环境也随之发生了重大变化，主要表现为高校后勤实现社会化；校办企业改制与高校脱钩；独立学院与母体独立；扩招引起筹资活动凸现，并大力建造新校区；高校合并造成多校区格局；非义务教育收费成为高校筹资的重要渠道。在此背景下，高校面临着日益复杂的财务管理工作，经济活动也会更加复杂。管好、用好教育经费，确保经费使用规范、安全、有效，是当前和今后时期高校财务工作的重点，因此高校财务制度迫切需要进行修订和完善。第四，高校财务制度改革是加强高校财务控制与监督、防范财务风险的需要。随着高校招生和基建规模不断扩大，经费来源多元化，加之其自主决策权扩大和更广泛地参与市场经济等因素，高校的经费大幅增加，但是旧高校财务制度下的财务管理和监督机制相对落后，已跟不上高校经费增长的步伐。此外，伴随我国高等教育规模扩张，高校的债务危机已日益凸现。过度的负债、巨额的财务成本，已经使高校脆弱的资金链濒临断裂。在此背景下，高校财务制度必须进行改革，及时制定或修订各种财务规章制度，对学校经济活动的合法性、合理性进行控制与监督。同时，强化风险意识，建立完善防范财务风险的机制。

（二）修订后的《高等学校财务制度》(2012年修订版)

2012年12月24日，财政部、教育部印发了新修订的《高等学校财务制度》(以下简称《高校财务制度》)，于2013年1月1日起执行。此前执行的《高等学校财务制度》(1996年版) 废止。新《高校财务制度》与原《高校财务制度》相比，重点在制度的适用范围、总会计师的职权职责、预算管理、收支管理、结转结余管理、资产管理、风险管理、成本费用管理和监督体系等方面进行了改革与创新。

1. 高校财务制度适用范围的新变化

原《高校财务制度》规定，制度适用于各级人民政府举办的全日制普通高等学校、成人高等学校。普通中等专业学校、技工学校、成人中等专业学校依照执行。而新《高校财务制度》规定，制度适用于各级人民政府举办的全日制普通高等学校、成人高等学校。也就是说，新制度调整了适用范围，即普通中等专业学校、技工学校、成人中等专业学校不再作为适用主体。

2. 高校财务制度总会计师岗位设置及职权职责的新变化

原《高校财务制度》规定，符合条件的高等学校，应设置总会计师，协助校（院）长全面领导学校的财务工作。规模较小的高等学校，由主管财务工作的校（院）长代行总会计师职权。而新《高校财务制度》规定，高等学校应当设置总会计师岗位，并明确了总会计师的职权职责。总会计师为学校副校级行政领导成员，协助校（院）长管理学校财务工作，承担相应的领导和管理责任。

3. 高校财务制度预算管理的新变化

与原《高校财务制度》相比，新《高校财务制度》对预算编制的依据、原则、程序和预算调整等提出了更加具体的要求，重点增加了决算管理的有关规定。例如，新高校财务制度规定，国家对高等学校实行核定收支、定额或者定项补助、超支不补、结转和结余按规定使用的预算管理办法；定额和定项补助根据国家有关政策和财力可能，结合事业特点、事业发展目标和计划、学校收支及资产状况等确定；高等学校应当按照规定编制年度决算，由主管部门审核汇总后报财政部门审批；高等学校应当加强决算审核和分析，保证决算数据的真实、准确，规范决算管理工作等。

4. 高校财务制度收支管理的新变化

与原《高校财务制度》相比，新《高校财务制度》调整了收入和支出分类与口径，并且，为适应公共财政改革要求，增加了国库集中支付、政府采购、支出绩效和票据管理等内容。如新《高校财务制度》规定，财政补助收入为从同级财政部门取得的各类财政拨款；科研事业收入不包括按照部门预算隶属关系从同级财政部门取得的财政拨款。高等学校对按照规定上缴国库或财政专户的资金，应当按照国库集中收缴的有关规定及时足额上缴，不得隐瞒、滞留、截留、挪用和坐支；高等学校应当将各项支出全部纳入学校预算，建立健全支出管理制度；高等学校从财政部门和主管部门取得的有指定项目和用途的专项资金，应当专款专用、单独核算；高等学校应当严格执行国库集中支付制度和政府采购制度等有关规定；高等学校应当加强支出管理，不得虚列虚报；高等学校应当进行支出绩效评价，提高资金使用的有效性；高等学校应当依法加强各类票据管理，确保票据来源合法、内容真实、使用正确，不得使用虚假票据等。

5. 高校财务制度结转结余管理的新变化

与原《高校财务制度》相比，新《高校财务制度》完善了结转与结余资金的管理。如新《高校财务制度》区分了结转资金与结余资金，明确高等学校财政拨款结转和结余资金的管理，应当按照同级财政部门的规定执行；高等学校应当加强事业基金的管理，遵循收支平衡的原则，统筹安排，合理使用，支出不得超出基金规模；继续设置学生奖助基金等专用基金，对于专用基金，应当遵循先提后用、收支平衡、专款专用的原则，支出不得超出基金规模等。新《高校财务制度》取消了修购基金，保留了职工福利基金。

6. 高校财务制度资产管理的新变化

与原《高校财务制度》相比，新《高校财务制度》强化了资产管理。如新《高校财务制度》调整了固定资产分类和价值标准，规定高等学校应当对固定资产采用年限平均法或工作量法计提折旧；增加了在建工程内容，规定在建工程达到交付使用状态时，应当按照有关规定办理工程竣工财务决算和资产交付使用；规定高等学校应当对无形资产在其使用期限内采用年限平均法进行摊销；要求高校严格控制对外投资；不得使用财政拨款及其结余进行对外投资；出租、出借资产，应当按照国家有关规定经主管部门审核同意后报同级财政部门审批；投资收益及出租、出借收入，应纳入学校预算，统一核算、统一管理；高等学校资产处置收入应当按照国家有关规定实行收支两条线管理等。

7. 高校财务制度财务风险管理的新变化

与原《高校财务制度》相比，新《高校财务制度》要求建立健全财务风险控制机制。如新《高校财务制度》规定，高等学校应当建立健全的财务风险控制机制，规范和加强借入款项管理，严格执行审批程序，不得违反规定举借债务和提供担保，具体审批办法由主管部门会同同级财政部门制定。新制度通过明确的规定强调了财务风险防范的重要性，有利于高校的进一步健康发展。

8. 高校财务制度成本费用管理的新变化

在新《高校财务制度》中，新增了“成本费用管理”一章，明确要求高校要进行内部成本费用管理，一改过去忽视成本效益的财务管理状态。如新《高校财务制度》规定，高等学校应当根据事业发展需要，实行内部成本费用管理；费用是指高等学校为完成教学、科研、管理等活动而发生的当期资产耗费和损失，高等学校应当加强成本核算，按照相关核算对象和核算方法，对业务活动中发生的各种费用进行归集、分配和计算。根据实际需要，逐步细化成本核算；高等学校应当在支出管理基础上，将效益与本会计年度相关的支出计入当期费用；将效益与两个或者两个以上会计年度相关的支出，按照有关规定，以固定资产折旧、无形资产摊销等形式分期计入费用；高等学校应当根据实际需要，逐步细化成本核算，开展学校、院系和专业的教育总成本和生均成本等核算工作；实行内部成本费用管理的高等学校，应当建立成本费用与相关支出的核对机制，以及成本费用分析报告制度等。相应地，成本费用与相关的核算机制及成本费用分析报告制度的建立也是必需的，这对于提高高校各种资源的使用效率和经济效益起着十分重要的作用。

9. 高校财务制度监督体系的新变化

与原《高校财务制度》相比，新《高校财务制度》完善了财务监督体系。如新《高校财务制度》明确了高等学校财务监督的主要内容，要求高等学校对财务运行的全过程实施监督；形成事前监督、事中监督和事后监督相结合，日常监督与专项监督相结合监督机制；建立健全内部控制制度、经济责任制度、财务信息披露制度等监督制度；自觉依法接受主管部门和财政、审计部门的监督等。

（三）修订后的《中小学校财务制度》（2012年修订版）

2012年12月21日，财政部、教育部以财教〔2012〕489号印发《中小学校财务制度》。该制度分总则、财务管理体制、预算管理、收入管理、支出管理、结转和结余管理、专用基金管理、资产管理、负债管理、财务清算、财务报告和财务分析、财务监督、附则十三章七十七条，自2013年1月1日起施行。修订后的《中小学校财务制度》与原《中小学校财务制度》相比，主要有四个显著特点：

1. 适用范围更加明确

与原《中小学校财务制度》相比，适用范围主要有五个方面的变化：一是将中等职业学校统一纳入适用范围。修订前，职业中学执行《中小学校财务制度》，中等专业学校、技工学校和成人中等专业学校执行《高等学校财务制度》的规定。为体现对中等职业学校统一的财务管理要求，本次修订将各类中等职业学校统一纳入适用范围。二是将接受国家经常性资助的社会力量举办的中小学校纳入适用范围。三是将幼儿园修订为依照执行。幼儿园不属于中小学校，本次修订不再将幼儿园纳入制度适用范围，但由于当前幼儿园的办园体制和管理体制非常复杂，制定专门的幼儿园财务制度条件尚不成熟，因此制度附则规定“各级人民政府和接受国家经常性资助的社会力量举办的幼儿园依照本制度执行”。四是其他社会力量举办的中小学校可以参照执行本制度。五是纳入企业财务管理体系的中小学校，以及独立核算的中小学校校办企业，执行企业财务制度，不执行本制度。

2. 管理责任更加清晰

为进一步落实中小学校的法人主体地位，制度明确要求中小学校财务管理实行校长负责制。学校的财务活动在校长的领导下，由学校财务部门统一管理。中小学校以校为单位进行会计核算。实行“集中记账，分校核算”的，不改变学校财务管理权。这些规定为中小学校校长履行财务管理职责，加强和规范财务管理提供了直接依据，有力地保证了中小学校事权和财权的统一，有利于管好用好教育经费。

中小学校校长作为中小学校财务管理的第一责任人，财务管理责任涉及中小学校财务活动的全过程。修订后的《中小学校财务制度》进一步明确了中小学校校长在预算管理、负债管理、食堂管理、代管款项管理、决算管理、在建工程管理、资产管理、票据管理等方面的管理责任，理顺了财政、教育部门和中小学校三者之间的关系，强化了中小学校校长在财务管理中的主体作用。

3. 管理要求更加细化

一是细化了预算管理。明确规定了中小学校预算编制、预算调整的程序，要求中小学校预算以校为基本编制单位，教学点预算纳入其所隶属学校统一编制；细化了中小学校支出管理，明确规定中小学校基本支出和项目支出不得混用，公用支出不得用于教职工福利等人员支出；细化了结转和结余管理，要求经营收支结转结余单独反映，财政拨款结转结余管理应当按照同级财政部门规定执行。二是规定义务教育阶段学校不得从事经营活动，不得对外投资、不得提供担保，严禁举借债务、严禁设立“小金库”、严禁账外设账、严禁公款私存。三是就中小学校财务人员的任职条件，加强中小学校食堂管理，规范资产配置、使用和处置管理，提高固定资产入账计价标准、代管款项管理、收费票据管理等事项提出了明确而具体的要求。

4. **财务监督更加严格**

一是明确中小学校财务监督的主要内容。二是明确中小学校财务监督应当实行事前监督、事中监督和事后监督相结合，日常监督和专项监督相结合，内部监督和外部监督相结合。三是要求中小学校建立健全内部控制制度、经济责任制度、财务信息披露等监督制度，依法公开学校财务信息。四是要求中小学校依法接受主管部门和财政、审计等部门的监督，主动接受社会公众监督。

新制度的实施，标志着中小学校特别是义务教育阶段学校财务风险防控机制更加健全，财务监督形式和内容更加具体，中小学校财务管理制度与国家财政管理制度的结合更加紧密，规范化、精细化、科学化的管理要求更加明确。

第七章　教育经费监管

教育经费主要是公共财政资金，公共财政的基本特征是公共性和法制性。因此，必须加强教育经费的内部财务监督和会计监督；必须接受来自政府的审计监督、财务检查、税务检查、收费检查等对教育经费的监督，以及社会媒体、社会公众对教育经费的监督；必须建构科学合理有效的教育经费监管体系。

第一节　教育经费监管特征、内容和形式

一、教育经费和经费监管

教育经费是指国家和地方各级财政以及企业、团体、个人等社会各界投入教育事业的费用，是教育事业建设发展的最基本物质保证条件。根据政府收支分类科目，凡是列入功能科目为“教育”类的所有经费都是教育经费，即列入教育行政部门及其所属预算单位预决算范围、用于教育事业的所有经费。

经费监管是对经费进行监督管理。广义的经费监管既包括财务管理过程中的财务监督，也包括财务管理活动以外的机构对财务管理活动的监督。狭义的经费监管是指对资金使用的监督管理。

二、教育经费监管及其内容

（一）教育经费监管

教育经费监管是教育财务管理的重要内容之一，也是财政监督的重要组成部分。教育经费监管就是对教育经费进行监督管理，具体来说，教育经费监管是指教育、财政、审计等相关部门以及高等学校根据《中华人民共和国预算法》《中华人民共和国会计法》《中华人民共和国审计法》等国家有关法律法规的规定，对教育部门和学校涉及资金运动有关的活动过程及其效果所进行的专门监督管理。

（二）教育经费监管的内容

根据教育活动的内容和特点，教育经费监管的内容主要包括以下几个方面：

（1）教育部门及学校综合财务计划的编制与实施。主要包括财务收支计划的编制是否遵循了“以收定支、收支平衡”的原则，收入计划是否真实可靠，支出计划是否科学合理。

（2）教育部门及学校经费收入与分配的管理。主要包括是否依法组织收入，收费项目、收费标准、收费范围、收费票据等是否符合规定，在收入分配上是否正确处理好了学校、集体和个人的关系等。

（3）教育部门及学校经费的合理开支。主要包括各项开支是否按照财务计划执行，支出结构是否合理，是否精打细算发挥了最大的效益，是否存在损公肥私、化公为私、铺张挥霍、贪污浪费等行为；专项资金开支是否符合开支规定，有无相互挪用、挤占浪费等情况。

（4）教育部门及学校的货币资金和实物资产的管理。主要包括现金管理是否合乎条例，是否有多头开户、套取现金、违规从事金融活动行为，有无随意开支、白条抵库、非法挪用、私设“小金库”情况；大宗设备、材料采购项目，大型修缮、基建项目是否进行招标、投标；对外投资有无可行性论证；固定资产购建是否合理，手续是否完备，管理是否规范，使用和利用效率如何，等等。

三、教育经费监管责任

监管责任，就是国家在赋予某组织或机构代表国家执行相关监管权力和职责的同时，也要求对其监管滥用权力或者监管职责不到位，从而产生对国家或被监管主体带来违法违纪性的经济损失、人身安全侵害等行为，承担一定的责任和义务。而教育经费监管责任，则指在教育经费监管过程中，拥有监管权力的组织或机构以及个人对监管权力使用不当，监管失职，监管导致额外不利影响，由此要求其承担法律意义上的责任。

（一）教育经费监管体制

我国公立学校由政府出资举办，国家是所有者，是委托人，不直接参与学校日常事务的管理。中央政府以主管教育的行政机关——教育部，地方政府主管教育的行政机关——教育厅（局），作为主要委托人，委托给学校校长代其管理。特别是在高校内部，学院承担了具体的教学、科研和社会服务工作，学校通过委托代理的方式将经费划拨给学院并进行自主管理，确保事权与财权匹配。因此，国家教育主管部门、高等学校和学院之间形成了两层委托代理关系，即“分级负责”的经费监管体制。

（二）监管责任的划分

根据监管工作的主体不同，教育经费监管按照外部监管与内部监管分类划分监管责任主体。教育经费外部监管责任按照监管责任主体分类则包括各级财政或教育主管部门财务机构的经费监管责任、各级政府审计机关的经费监管责任、教育部教育经费监管中心及地方教育部门内设经费监管机构的监管责任、社会中介机构的监管责任。而教育经费内部监管责任，即被监管单位的监管责任，包括被监管单位法定代表人的监管责任、被监管单位总会计师或分管领导的监管责任、被监管单位财务机构的监管责任、被监管单位内审机构的监管责任。

（三）监管责任的内容

监管责任的内容与监管权力的使用和监管行为的实施密切相关。

外部监管责任内容主要按执行监管责任主体来划分，主要分成以下四类。

(1) 各级财政或教育主管部门财务机构的经费监管责任。各级财政或教育主管部门财务机构根据有关法规、规章、制度的规定对教育经费监管，负有外部直接监管责任。

(2) 各级政府审计机关的经费监管责任。审计机关对本级各部门下级政府预算的执行情况和决算以及其他财政收支情况依法进行审计监督，对教育经费监管具有相应审计责任。

(3) 教育部教育经费监管中心及地方教育部门内设经费监管机构的监管责任。受教育主管部门委托，该机构承办与教育经费监管相关的辅助工作，承办经费监管相关信息化建设和财务数据统计分析工作，承办有关教育内审具体工作，承办教育系统财会和审计人员业务培训和继续教育工作，承担相应经费监管责任。

(4) 社会中介机构监管责任。充分发挥第三方独立监管作用，强化社会中介机构责任意识，受托行使监管权时能够立足于履行职责和受托责任，对所托教育经费监管承担监管责任。

在被监管的单位内部由于承担的经费监管责任不同，可划分为以下四类。

(1) 被监管单位法定代表人的监管责任。根据会计法律法规和有关规章制度要求，被监管单位的法定代表人对所在单位的财务管理、会计工作、内部控制落实负总责，是所在单位教育经费监管工作的第一责任人。

(2) 被监管单位总会计师或分管领导的监管责任。被监管单位总会计师按国家有关法律、法规、规章和制度要求组织领导学校的财经管理和会计核算工作，参与学校重大财务、经济事项的决策并对执行情况进行监督，在经费监管工作中承担相应的领导责任。未设置总会计师的被监管单位，由其分管财务工作负责人在经费监管工作中承担相应的领导责任。

(3) 被监管单位财务机构的监管责任。被监管单位财务机构具有法定的会计监督职能，具有加强对单位经济活动财务控制和监督，防范财务风险职责，在经费监管工作中承担直接责任。

(4) 被监管单位内审机构的监管责任。被监管单位内审机构依法具有对本单位及所属单位的财政收支、财务收支及有关经济活动或者经营管理进行检查和评价职责。内部审计是强化过程监管的重要方式，在经费监管过程中承担内审监督责任。

四、教育经费监管形式

《中华人民共和国会计法》确立了内部监管、社会监督和政府监督三位一体的财务监督体系，为教育经费监管的有效实施提供了法律依据和保障。教育经费监管形式同样包括内部监管和外部监督（政府监督和社会监督）。

（一）内部监管

教育部财务司指出："中央和地方各级教育部门、学校，既是本部门、本单位教育经费的使用主体，也是教育经费的监管主体；既要积极配合和主动接受外部监管，也要强化内部监管，构筑第一道防线、第一道防火墙。"教育经费监管首先应该是学校自我控制、自我约束、自我监督。相对其他教育经费监管来说，高校经费监管更为复杂。内部监管分两种类型，两种类型是指学校财务内部监管和学校内部审计监管。

1. 学校财务内部监管

为了确保高校的办学自主权，政府相关部门主要从政策制定方面进行宏观监管以及专项检查，日常监管则是通过委托代理方式对全过程实行实时监督，这就是高校内部监管。高等学校的内部监管是学校根据有关法规建立的内部财务牵制制度和对校内二级核算单位财务活动进行的监督。内部监管包括内部管理监管和内部会计监管，前者主要是对学校筹资、投资等经济活动的决策程序和方法以及对二级单位财务活动等进行的监督，后者是对学校会计核算、财产完整性等进行的监督。内部监管就是通过监督内部制度的运行，发现管理和运作中的问题，提高教育资金管理的透明度，逐步完善财务运行机制和约束机制，并形成内部监管的经常化和制度化，以制度规范行为，使内部监管活动贯穿于高校日常经济业务活动的各个环节。

2. 学校内部审计监管

学校内部审计监管是以专职监督机构及人员为主力，通过全面履行内部审计职责及行使内部审计职权，建立健全内部审计制度。专职监督作为高校财务监督体系的重要组成部分，发挥着预防机制和自我纠正机制的作用，其目的是健全制度，堵塞漏洞，保障资金安全，同时也直接反映了高校内部管理水平和自我评价能力。

（二）外部监督

外部监督是社会主义经济监督体系中的一个重要方面，是国家为了维护其利益，委托与学校经济活动相关的政府机构或社会中介机构对学校的经济活动实施的监督。外部监督包括政府监督和社会监督。接受外部职能部门的监督，可以加强和扩大监督的深度和覆盖面。外部监督具体包括：

1. 政府主管部门的监督

政府监督是指政府机关（广义应含中共的纪委、各级人大、政协的监督组织）运用公权力对教育经费（广义应含教育部门内的一切经费、财产等）的监督管理的行为。其可以划分为人大监督、财政监督、主管部门监督、审计监督、纪检和行政监督等。

(1) 财政监督。即教育经费使用单位和学校的上级财务主管部门或国家（地方）财政机关根据国家法律、法规的规定，利用高校预算、财务收支计划以及财务会计报表等所反映的经济活动的情况，对高等学校的经济活动及其成果所实行的监督。主要监督内容包括财政部门组织的专项检查，如税收财务物价大检查、清理预算外资金、清查“小金库”等，这些专项检查往往都以财务会计资料为重要对象之一。

(2) 主管部门监督。如教育部经费监管事务中心、教育部财务司审计处、国务院教育督导委员会办公室等。

(3) 审计监督。即国家各级审计机关按照有关审计法规的规定，代表国家对学校各级财务收支活动和业务活动的真实性、完整性和合法性进行的审计，审计监督是对财务监督的再监督。如审计署及其特派办、派出局，各省（市、自治区）审计厅、局以及各市、县审计机关。

(4) 税收监督。即国家税务机关根据国家税收法律、法规的规定，对学校的有关经济活动的按章依法纳税情况，所进行的专门检查和监督。

(5) 物价监督。即国家发展改革委员会价格监督检查司、各省（市、自治区）物价局对教育收费进行监管。国家各级物价管理部门对高校的各种收费项目和收费标准进行的监督。主要监督内容包括学校收费项目和收费标准有否审批程序，是否亮证收费，是否擅立收费项目、扩大收费范围、提高收费标准，有无乱摊派、乱罚款等现象。

(6) 银行监督。即各类银行和金融机构对学校的货币资金运转进行的监督。主要监督内容包括监督国家预算的收付与使用情况、审定各项工资性开支是否合法、严格控制消费基金的开支、定期分析学校内部机构的信贷信誉及偿还能力。

(7) 政府监察机关、中共的纪委、各级人大、政协的监督组织等对教育经费进行监督。

2. 社会监督

社会监督进入教育经费监管领域是近些年才开始的，它是社会中介机构，如会计师事务所、审计师事务所代表社会公众或者受政府委托对教育经费主管部门和学校经费使用的合法性、合理性、科学性和绩效进行的监督。目前，社会监督主要涉及：验资审计、财务收支审计、专项资金审计和世界银行贷款项目审计等。另外还包括来自社会媒体、社会公众的监督等。

（三）内部监管和外部监督的关系

内部监管是教育经费使用部门内部的日常性监督管理。它对财务活动的过程起控制作用，强化对经济活动的事前监督与过程控制，其作用是把出现的财经违纪、违规事项消灭在萌芽状态，以经得起外部监督的检查。

教育经费的筹集与使用不仅需要教育系统内部自律，还离不开外部他律。内部监管和外部监督是相辅相成的。外部监督和内部监管执行的依据是相同的，都是国家有关财务和经费管理的法律、法规和相关规章制度。内部监管的制度更细化更具体。外部监督则更具有权威性和专业性，可以促进内部监管更好地发挥作用。一方面，通过组织宣传和业务指导等方式，外部监督可以促使内部的资金使用和监管机构及相关部门提高认识，更好地履行监督职责。另一方面，通过实施专项监督检查，外部监督可以发现教育经费管理的薄弱环节和问题，督促其整改，可以促进有关部门和学校及早发现和规避财务风险，及时完善和严格执行有关管理制度，建立长效机制。

（四）教育经费监督的三个环节

教育经费监督包括事前监督、事中监督和事后监督三个环节。事前监督是对高等学校财务活动实施之前的准备阶段所进行的监督，是一种积极的监督，它能有效防止重大财务决策出现失误。事中监督是对财务活动在实施过程中所实施的监督，是监督的重要环节，它能及时解决财务管理中存在的问题。事后监督是指在一项财务活动实施完成后，对其财务收支状况、成本、费用、效益等多方面的情况实施全面的评价监督，其主要目的是分析问题、找出原因，总结经验和教训，提出改进意见和建议，为改善和加强财务管理提供经验。

第二节 教育财务和资金监管体系建立历程

教育财务监管是规范教育经济活动和经济行为的重要手段，是对教育财务管理的一种约束机制，因此，教育财务监管体系的建设与教育财务管理的主要任务和财务管理体制密切相关，它是伴随着教育财务管理制度的确立和规范逐步形成并完善起来的。

（一）会计核算内部控制（1949—1977）

从新中国成立至20世纪70年代末，我国实行高度集中的计划经济体制，国家统收统支、统负盈亏，教育部门及所管学校在筹资、投资决策以及收益分配方面没有自主权，财务管理被视同会计核算的组成部分。这一时期，教育财务监管制度尚未建立，大多是依照或参照行政单位的相关制度执行，财务监督在国家层面的政策文本中未有明确。教育财务管理的重心在于会计核算内部控制，突出表现为对教育资金和资产等方面的管理。

（二）教育财会内部监管（1978—1997）

从20世纪70年代末至90年代末，在中国共产党十一届三中全会作出改革开放的伟大决策的历史背景下，随着教育及学校自主权的逐步扩大和投融资体制改革的深化，教育投入多元化，教育资金不再是单纯的国家财政拨款，而是越来越多地由学校通过多渠道筹措。我国开始重视财务管理，教育财务管理的重心逐步转向了筹资管理、投资管理和收益分配管理，财务管理的地位有所提高，成为学校管理的重要组成部分。

财会监督的法规依据。1979年7月10日，财政部印发《会计基础工作规范化管理办法》，该办法规定“建立并执行内部控制制度和其他内部会计管理制度，保证会计工作有序进行”。1989年1月财政部令第2号颁布的《关于事业单位财务管理的若干规定》规定：“实行自收自支管理的事业单位仍属预算内事业单位，要按规定编报年度财务收支计划和决算，接受财政监督。”1985年1月《中华人民共和国会计法》的出台将会计监督上升到法律层面，并专章明确规定：“各单位的会计机构、会计人员对本单位实行会计监督。”“各单位必须接受审计机关、财政机关和税务机关依照法律和国家有关规定进行的监督，如实提供会计凭证、会计账簿、会计报表和其他会计资料以及有关情况，不得拒绝、隐匿、谎报。经国务院财政部门或者省、自治区、直辖市人民政府的财政部门批准的注册会计师组成的会计师事务所，可以按照国家有关规定承办查账业务。”1993年12月颁发修订后的《中华人民共和国会计法》第三章再次强调了会计监督，第十六条规定：“各单位的会计机构、会计人员对本单位实行会计监督。”第二十条规定：“各单位必须依照法律和国家有关规定接受财政、审计、税务机关的监督，如实提供会计凭证、会计账簿、会计报表和其他会计资料以及有关情况，不得拒绝、隐匿、谎报。”

随着经济体制改革和教育改革的深化，教育财务监管工作日益受到重视，教育财务监管功能不断得到拓展。1993 年 2 月 13 日中共中央、国务院《中国教育改革和发展纲要》明确指出了要“加强财务监管”：“各级教育部门和学校必须努力提高教育经费的使用效益。要合理规划教育事业的规模，调整教育结构和布局，避免结构性浪费；要坚持艰苦奋斗、勤俭办学的方针，建立健全财务规章制度，加强财会队伍建设。各级财政和审计部门要加强财务监督和审计，共同把教育经费管好用好。”这是在国家最高层次的教育文件中首次提出“加强财务监管”。

1996 年财政部印发的《会计基础工作规范》，从落实《中华人民共和国会计法》，加强会计工作的角度，设专章对“会计监督”工作做了明确具体规定：“各单位的会计机构、会计人员对本单位的经济活动进行会计监督。”第五章“内部会计管理制度”还要求“各单位应当根据《中华人民共和国会计法》和国家统一会计制度的规定，结合单位类型和内部管理的需要，建立健全相应的内部会计管理制度”。1996 年《国务院关于整顿会计工作秩序进一步提高会计工作质量的通知》强调：“加强监督检查，建立健全会计监督体系。各地区、各部门及各单位要切实加强对会计工作的监督，并通过不断深化改革，建立健全包括国家监督、社会监督、单位内部监管在内的会计监督体系，保证会计工作依法有序地进行。”

预决算是内部监管的重点。1994 年 3 月 22 日出台的《中华人民共和国预算法》从预算管理角度专门设立第九章“监督”并明确规定：“全国人民代表大会及其常务委员会对中央和地方预算、决算进行监督。县级以上地方各级人民代表大会及其常务委员会对本级和下级政府预算、决算进行监督。乡、民族乡、镇人民代表大会对本级预算、决算进行监督。”“各级政府财政部门负责监督检查本级各部门及其所属各单位预算的执行；并向本级政府和上一级政府财政部门报告预算执行情况。”“各级政府审计部门对本级各部门、各单位和下级政府的预算执行、决算实行审计监督。”1996 年，财政部印发的《预算外资金管理实施办法》第八章“监督与处罚”规定：“部门和单位要加强预算外资金的管理与监督，完善本部门和本单位预算外资金管理及核算制度，健全内部监管约束机制，定期对预算外资金的收取、使用和账户管理等方面的工作进行检查。”1995 年 3 月 18 日发布的《中华人民共和国教育法》明确规定：“各级人民政府及其教育行政部门应当加强对学校及其他教育机构教育经费的监督管理，提高教育投资效益。”《中华人民共和国教育法》的颁布，标志着中国教育工作进入全面依法治教的新阶段，对我国教育事业的改革与发展，以及社会主义物质文明和精神文明建设将产生重大而深远的影响。我国第一次将“教育经费的监管管理”写入法律中，为教育经费的监管提供了法律依据。

建立教育经费统计监测制度。为促进各级政府依法保证教育投入落实到位，1994 年，国家教委、国家统计局根据《国务院关于中国教育改革和发展纲要的实施意见》的要求，建立了教育经费统计监测制度。监测的主要内容是《中国教育改革和发展纲要》关于 4%的目标和《中华人民共和国教育法》关于“三个增长”规定的执行情况。当投入没有达到法律规定时，国家监测系统可及时向国务院报告，必要时可向全国人大报告，责成有关方面采取措施予以落实。这一制度实施以来，教育部根据监测制度的要求，每年都与财政部、国家统计局一起联合发布全国教育经费执行情况公告。实践证明，教育经费监测制度是监督各级政府执行关于教育投入的法律和政策规定，促进各级政府切实落实教育优先发展的战略地位的一项有效措施。

加强审计监督。1994 年 8 月 31 日《中华人民共和国审计法》的出台把审计监督提到了法律的高度，其规定：“国家实行审计监督制度。国务院和县级以上地方人民政府设立审计机关。国务院各部门和地方各级人民政府及其各部门的财政收支，国有的金融机构和企业事业组织的财务收支，以及其他依照本法规定应当接受审计的财政收支、财务收支，依照本法规定接受审计监督。审计机关对前款所列财政收支或者财务收支的真实、合法和效益，依法进行审计监督。”“审计机关依照法律规定的职权和程序，进行审计监督。”“审计机关依照法律规定独立行使审计监督权，不受其他行政机关、社会团体和个人的干涉。”

建立高等学校财务状况评价体系和风险预警系统。随着我国教育事业的改革，高等学校逐渐成为面向社会、自主办学的法人实体，保持良好的财务状况和一定发展潜力，是高等学校持续稳定发展的必要条件。因此，建立高校财务状况科学评价和财务风险预警制度十分必要。20 世纪 90 年代初，教育部就组织研制了“高等学校综合财务评价系统”和“高等学校财务状况预警系统”，构建了一套能全面反映当前高校特点的财务综合指标体系，运用德尔菲法确定了指标权重，对指标进行了标准化处理，并建立了综合评价模型，并用这两个系统对教育部直属高校的财务状况和财务综合实力、财务运行绩效、财务发展潜力等方面进行综合评价。其后，根据教育财会改革出现的新情况，不断进行修改完善。通过这两个评价分析和预警系统的使用，教育部对各直属高校的情况有了更全面的了解，同时各高校对自己的财务状况在横向比较的基础上也有了更清晰和客观的认识。这两个系统的建立和运用，一方面，为学校主管部门加强对各高校财务工作的有效监控和宏观管理，提供了科学的数据支撑；另一方面，也为高校自身的经济决策提供了参考依据，对促进高校财务工作自我评价和自我约束，有针对性地提出改进措施起到了重要作用。

这一时期，国家从加强会计核算入手强化会计监督，从预算入手强化财务预决算工作，从审计工作角度，强化审计机构的建立和审计工作的作用。在国家财务会计法规制度的要求下，随着教育经费的不断增长和结构的多元化，加强教育财务的监管和教育经费的监管问题摆在教育管理者面前。国家对教育财务和资金财管十分重视，从一般政策上升到规章制度，再从制度上升到法律规定，这为加强教育财务和教育经费的管理提供了法律保证，这为教育财务监管提供了从会计到财务的基本执行依据。但这一阶段对于教育财务监督的功能和定位始终未有相应提法，没有专业化的财务和资金监管制度，也没有专门的教育财务和资金监管机构。一些学校在财务监督上还存在思想认识不足、监督体制不完善、制度和措施不全面等问题，在实务中多是将财务监督与审计监督工作等同，忽视或淡化了财务监督的事前监督职能，财务监督体系对教育经济活动和经济行为的全方位、全过程管控尚未能发挥有效作用。

（三）建立专业制度监管体系（1997—2012）

学校财务制度的建立标志着中国教育财务监督走向了专业制度管理体系。 1997年，财政部、教育部印发《高等学校财务制度》和《中小学校财务制度》，并于1997年1月1日开始实施，标志着学校有了充分体现学校特色的财务制度。其中针对财务监督形式和要求，以“财务监督”这一独立章节进行了明确规定，这标志着中国教育财务监督走向了专业制度管理体系。1997年6月23日,财政部、国家教委《高等学校财务制度》明确规定：高等学校财务管理的主要任务包括“合理编制学校预算，并对预算执行过程进行控制和管理”；“如实反映学校财务状况；对学校经济活动的合法性、合理性进行监督。”在“财务监督”专章中明确规定：“财务监督是贯彻国家财经法规以及学校财务规章制度，维护财经纪律的保证。高等学校必须接受国家有关部门的财务监督，并建立严密的内部监督制度。”“高等学校的财务监督包括事前监督、事中监督和事后监督三种形式。学校可根据实际情况对不同的经济活动实行不同的监督方式。建立和健全各级经济责任制和建立健全财务主管人员离任审计制度是实施财务监督的主要内容。”“高等学校的财会人员有权按《会计法》及其他有关规定行使财务监督权。对违反国家财经法规的行为，有权提出意见并向上级主管部门和其他有关部门反映。”1997年6月23日，财政部、国家教委印发的《中小学校财务制度》中关于中小学“财务监督规定的内容与《高等学校财务制度》基本一致”包括将“对学校经济活动进行财务控制和监督”作为中小学校财务管理的主要任务之一。“财务监督”专章中规定：“财务监督是贯彻国家财经法规以及学校财务规章制度，维护财经纪律的保证。中小学校必须接受国家有关部门的财务监督，并建立严密的内部监督制度。”“中小学校的财务监督包括事前监督、事中监督和事后监督三种形式。学校可根据实际情况对不同的经济活动实行不同的监督方式。”“中小学校的财会人员有权按《会计法》及其他有关规定行使财务监督权。对违反国家财经法规的行为，有权提出意见并向上级主管部门和其他有关部门反映。”这两个财务制度实施后，教育财务管理部门和学校积极贯彻落实文件精神，针对学校实际制定相应规章制度，研究和部署落实加强财务监督的措施和方案，对建立健全教育财务监督体系发挥了积极的促进作用。

《中华人民共和国会计法》和《中华人民共和国审计法》相关监督条款的修订为教育财务监督和教育资金监管提供了改革方向和要求。适应社会主义市场经济体制和财政体制的改革，国家集中对相关法律进行了修订，其中与会计监督和财务监督的主要法律有《中华人民共和国会计法》和《中华人民共和国审计法》，这为加强教育财务监督和教育资金监管提供了改革的方向和具体要求。

1999 年 10 月 31 日《中华人民共和国会计法》第四章“会计监督”规定：“各单位应当建立、健全本单位内部会计监督制度。”“财政、审计、税务、人民银行、证券监管、保险监管等部门应当依照有关法律、行政法规规定的职责，对有关单位的会计资料实施监督检查。”“各单位必须依照有关法律、行政法规的规定，接受有关监督检查部门依法实施的监督检查，如实提供会计凭证、会计账簿、财务会计报告和其他会计资料以及有关情况，不得拒绝、隐匿、谎报。”2000 年，财政部印发的《关于贯彻实施〈会计法〉加强会计监督意见》强调：“明确职责，切实加强会计监督。加强会计监督检查，是贯彻实施《中华人民共和国会计法》，促进会计工作秩序根本好转的重要措施。根据《中华人民共和国会计法》的规定，财政部门承担监督各单位会计工作的重要职责。各级财政部门应当认真贯彻《中华人民共和国会计法》的有关规定，明确分工和职责，建立责任制度，切实加强会计监督。”“加强部门间的配合，协同开展会计监督《中华人民共和国会计法》和其他有关法律、行政法规规定，财政、审计、税务、人民银行、证券监管、保险监管等部门依据法定职责，对有关单位的会计资料实施监督检查。财政部门在开展会计监督中，应当主动取得有关部门的支持和配合，本着与现行法律相协调、避免重复检查、突出监督重点、转变监督职能、实行综合治理的原则，在保证财政部门对各单位会计工作普遍监督的同时，充分发挥各种专业监督的作用。”为了从组织上强化会计监督，2000 年财政部、监察部印发了《关于试行会计委派制度工作的意见》，文件强调“实行会计委派制度，是加强会计监督和管理的有效形式，是从源头上预防和治理腐败的重要措施”。

2006 年 2 月 28 日新修订的《中华人民共和国审计法》颁布，该法律开宗明义指出：“为了加强国家的审计监督，维护国家财政经济秩序，提高财政资金使用效益，促进廉政建设，保障国民经济和社会健康发展，根据宪法，制定本法。”第二条明确规定：“国家实行审计监督制度。国务院和县级以上地方人民政府设立审计机关。国务院各部门和地方各级人民政府及其各部门的财政收支，国有的金融机构和企业事业组织的财务收支，以及其他依照本法规定应当接受审计的财政收支、财务收支，依照本法规定接受审计监督。审计机关对前款所列财政收支或者财务收支的真实、合法和效益，依法进行审计监督。”“审计机关依照法律规定的职权和程序，进行审计监督。”这些条款是财政部门实施会计监督和审计监督的法定依据，为便于实施审计监督和财政监督，各级政府都建立了审计机构，财政部门均内设了财政监督检查机构。

1998 年 8 月 29 日《中华人民共和国高等教育法》根据《中华人民共和国教育法》规定：明确“高等学校应当依法建立、健全财务管理制度，合理使用、严格管理教育经费，提高教育投资效益。高等学校的财务活动应当依法接受监督”。为落实《中华人民共和国会计法》《中华人民共和国审计法》《中华人民共和国预算法》《中华人民共和国教育法》《中华人民共和国高等教育法》的规定，1999 年《国务院批转教育部面向 21 世纪教育振兴行动计划的通知》强调：“各级教育部门必须采取各种措施深化教育改革，完善拨款制度，精简机构和冗员，提高经费使用效益。同时，加强对教育经费的审计与监督。”2000 年开始，部门预算、国库集中制度、政府采购、非税收入管理、政府收支分类改革等财政改革相继出台并不断深入推进，为加强高校财务管理。2000 年 6 月教育部和财政部联合下发了《关于高等学校建立经济责任制加强财务管理的几点意见》，文件特别从会计和审计两个方面强调各高校“必须要求会计机构和会计人员依法设置会计账簿，建立健全本校内部会计监督制度，保证会计机构、会计人员依法履行职责”；“必须充分发挥内审机构的作用，高等学校内审机构是学校内部监督经费合理有效使用、帮助提高经费使用效益、保障学校经济活动健康有序开展的不可替代部门”。

2010 年 7 月，《国家中长期教育改革和发展规划纲要（2010—2020 年）》颁布实施，对教育经费管理做了十分具体明确的要求：“加强经费管理。……坚持依法理财，严格执行国家财政资金管理法律制度和财经纪律。……加强经费使用监督，强化重大建设项目和经费使用全过程的审计，确保经费使用规范、安全、有效。”“加强经费管理。坚持依法理财，严格执行国家财政资金管理法律制度和财经纪律。建立科学化、精细化预算管理机制，科学编制预算，提高预算执行效率。设立高等教育拨款咨询委员会，增强经费分配的科学性。加强学校财务会计制度建设，完善经费使用内部稽核和内部控制制度。完善教育经费监管机构职能，在高等学校试行设立总会计师职务，提升经费使用和资产管理专业化水平。公办高等学校总会计师由政府委派。加强经费使用监督，强化重大项目建设和经费使用全过程审计，确保经费使用规范、安全、有效。建立并不断完善教育经费基础信息库，提升经费管理信息化水平。防范学校财务风险。建立经费使用绩效评价制度，加强重大项目经费使用考评。加强学校国有资产管理，建立健全学校国有资产配置、使用、处置管理制度，防止国有资产流失，提高使用效益。完善学校收费管理办法，规范学校收费行为和收费资金使用管理。坚持勤俭办学，严禁铺张浪费，建设节约型学校。”

教育部为防范高校财务风险采取了一系列严格的财会监管措施。随着高等教育规模的不断扩大以及广大人民群众对高等教育需求的日益增长，教育投入与教育需求之间的矛盾更加突出。一些高校在资金供给不足的情况下，为适应事业发展的需要，积极利用银行贷款改善办学条件，解决了事业发展过程中的实际困难。但是，高等学校在利用银行贷款加快事业发展的同时，也出现了一些不容忽视的问题。部分高校对贷款的风险认识不够，还贷的责任意识不强；个别高校对贷款论证不充分，贷款规模大大超出了高校的经济承受能力；有的高校缺乏勤俭办事业的思想，不切实际地依靠贷款铺摊子、上项目，盲目追求高标准。为防范学校的财务风险，2004 年 7 月 13 日，教育部、财政部下发了《关于进一步完善高等学校经济责任制，加强银行贷款管理切实防范财务风险的意见》，文件要求各部属高校树立科学的发展观和政绩观，正确处理事业发展规划与实际经济承受能力的关系，量力而行，自觉规范贷款行为，增强还款责任意识；坚持科学、民主的决策程序，贷款项目和额度必须经过严格、科学的可行性论证，贷款额度不得超出预期偿还能力；必须坚持“谁贷款，谁负责”的原则、必须坚持效益第一的思想，努力降低学校的财务风险，确保高等教育事业的持续、健康发展。文件还明确规定：“高校贷款资金应用于解决制约高校当前和未来事业发展的关键问题以及对高校事业发展有重大影响的项目。贷款资金不得用于对外投资（含对校办产业投资）、科技开发、捐赠、支付罚没款项以及平衡预算抵补日常经费开支的不足等。严禁用贷款资金提高或变相提高人员待遇。”并要求“贷款高校应成立以校（院）长为组长、主管财务副校（院）长为副组长，财务、基建、监察、审计、工会等部门负责人为成员的贷款资金管理领导小组，负责组织贷款项目的论证、贷款资金的使用、管理与监督。财务部门必须配备专门人员做好贷款资金的管理工作”。对于贷款资金的管理，各高校和有关部门应按照“统一领导，分级管理”的原则，按管理层次逐级建立贷款资金项目管理责任制，责任到人，各负其责。必须建立完善的风险防范机制，高校贷款要认真研究资金市场的供求情况，根据资金市场利率走势和项目建设进度对资金的需求制订科学、合理的使用方案，通过优化贷款资金结构，降低贷款成本，减少财务风险。高校贷款应制订切实可行的还款计划，要按照贷款本息归还的时间和额度要求，合理安排调度资金，避免因准备不足、资金周转困难而出现的延期还款损失。高校贷款要建立健全内部监控制度，充分发挥审计、监察、工会等部门的监督作用，对贷款项目实施全方位、全过程监控。贷款资金管理领导小组应定期对资金的使用情况进行分析和评价，对资金使用效益不高的项目及时采取措施予以改进和纠正。对造成贷款资金损失或浪费的部门或个人应追究责任。凡触犯法律的，应移交司法部门追究其刑事责任。此外，还提出了建立大额贷款备案制度和预警提示制度。这些具体的规范性意见是为了指导和要求贷款高校树立科学的发展观和政绩观，自觉规范贷款行为，增强还款责任意识，降低财务风险，确保事业的健康发展。

2004 年 12 月 24 日，教育部又下发了《关于建立直属高校银行贷款审批制度的通知》，决定从 2005 年 1 月 1 日起在教育部直属高校实行银行贷款审批制度；并督促各直属高校严格执行教育部、财政部《关于进一步完善高等学校经济责任制，加强银行贷款管理切实防范财务风险的意见》，树立科学的发展观和政绩观，自觉规范贷款行为，增强还款责任意识，降低财务风险。为进一步加强对直属高校资金流动情况的监控，适时了解和掌握直属高校资金流向，健全和完善直属高校财务预警与风险防范机制，确保资金安全，促进学校各项事业健康、有序的发展，2004 年 12 月 31 日，教育部下发了《关于建立直属高校资金监控系统的通知》，要求自 2005 年开始在直属高校建立资金监控系统，充分利用现有的网络资源，借助现代化信息技术手段，进一步加大教育部对直属高校大额资金调动的宏观监控力度。其监控范围包括各直属高校（包括分校区）及其所属非独立法人、非独立核算的二级单位均应纳入资金监控系统范围。监控内容包括银行存款、应收票据、应收及暂付款、借出款、对校办产业投资、其他对外投资、借入款项（包括短期贷款和长期贷款）、应付票据、应付及暂存款等科目的所有发生额均列入监控范围，对规定额度以上的资金流动实施监控。为指导贷款高校加强贷款管理，提高风险控制能力，教育部、财政部共同组织开发了“高等学校银行贷款额度控制与风险评价模型”，为高校合理确定贷款规模、正确评价财务风险状况设计了一些财务指标，综合测算后可为高校和有关领导科学决策提供依据。凡贷款风险指数高的学校，新增贷款均纳入审批范围。教育部对高校贷款额度实行从严审批，同时不允许高校下属的企事业单位进行担保贷款，也不允许高校用校产做抵押进行贷款。

教育部经费监管事务中心的成立实现了教育资金监管机构的专业化。2010 年 10 月 19 日，为贯彻落实《国家中长期教育改革和发展规划纲要（2010—2020 年）》关于加强经费管理、完善教育经费监管机构职能的要求，根据中央机构编制委员会办公室《关于成立教育部经费监管事务中心的批复》(中央编办复字〔2010〕96号),经教育部党组研究决定,设立教育部经费监管事务中心。该中心的主要职责是:受教育部委托,承办与教育经费监管相关的辅助性工作,提出意见建议;承办相关教育专项经费项目预算的前期论证、评估评审及绩效评价等具体工作,提交相关论证、评审和评价报告,为教育部进行决策提供参考;承办经费监管信息化建设和资金活动监控工作;承办直属高校、直属事业单位领导干部经济责任审计问题整改监督检查和其他财务管理专项检查工作;承办教育系统财会、审计、资产管理人员业务培训工作;承办教育部委托的其他工作。国家设立专门的教育经费监管中心,使对教育经费的使用、管理、监督常态化、规范化、制度化和专业化。这是新中国成立后首次设立教育经费监管专门机构,它具有层次高、专业性强、监管业务针对性强等特点。

这一时期教育财务监督的定位和功能已经确立,财务监督体系已经开始处于全面建设阶段,特别是各学校更多地加强了内部财务管理和审计监督,财务监管机构和审计机构及其相关制度形成了"从无到有,从分散到不断规范和体系化"的局面。

(四)深化教育财务监督和资金监管改革(2012—2019)

党的十八大以后,习近平提出"全面深化改革"和"全面推进依法治国",2013年11月《中共中央关于全面深化改革若干重大问题的决定》中提出:"坚持用制度管权管事管人,让人民监督权力,让权力在阳光下运行,是把权力关进制度笼子的根本之策。""加强和改进对主要领导干部行使权力的制约和监督,加强行政监察和审计监督。""健全民主监督、法律监督、舆论监督机制,运用和规范互联网监督。"2014年10月,《中共中央关于全面推进依法治国若干重大问题的决定》指出:"加强党内监督、人大监督、民主监督、行政监督、司法监督、审计监督、社会监督、舆论监督制度建设,努力形成科学有效的权力运行制约和监督体系,增强监督合力和实效。"习近平在强调纪律时多次将政治纪律、组织纪律、财经纪律等并列,表明中央对财经纪律的高度重视,这为教育财务监督和教育资金监管指明了方向、提出了更高的要求。

财政监管提出新要求。2012年3月,财政部公布的《财政部门监督办法》规定:"第一条 为了规范财政部门监督行为,加强财政管理,保障财政资金安全规范有效使用,维护国家财经秩序,根据国家有关财政管理法律法规,制定本办法。第二条 县级以上人民政府财政部门(以下简称财政部门)依法对单位和个人(以下统称监督对象)涉及财政、财务、会计等事项实施监督适用本办法。省级以上人民政府财政部门派出机构在规定职权范围内依法实施监督。第三条 财政部门应当按照财政管理体制、财务隶属关系对财政、财务等事项实施监督;按照行政区域对会计事项实施监督。上级财政部门应当加强对下级财政部门监督工作的指导；下级财政部门应当及时将监督中发现的重大问题向本级人民政府和上级财政部门报告。第四条 财政部门实施监督应当坚持事前、事中和事后监督相结合，建立覆盖所有政府性资金和财政运行全过程的监督机制。第五条 财政部门实施监督应当与财政管理相结合，将监督结果作为预算安排的重要参考依据；根据监督结果完善相关政策、加强财政管理。第六条 财政部门应当加强绩效监督，提高财政资金使用效益。第七条 财政部门应当加强信息化建设，充分运用现代技术手段实施监督，提高监督效率。”这为教育财务系统建立财务监督机构提供了参照。

2012 年 2 月，《事业单位财务规则》第十一章“财务监督”规定：“事业单位财务监督主要包括对预算管理、收入管理、支出管理、结转和结余管理、专用基金管理、资产管理、负债管理等的监督。”“事业单位财务监督应当实行事前监督、事中监督、事后监督相结合，日常监督与专项监督相结合。”“事业单位应当建立健全内部控制制度、经济责任制度、财务信息披露制度等监督制度，依法公开财务信息。”“事业单位应当依法接受主管部门和财政、审计部门的监督。”

相关法律提出新规定。2017 年 11 月，新修订的《中华人民共和国会计法》中专列第四章“会计监督”。其中，第二十七条规定：“各单位应当建立、健全本单位内部会计监督制度。”第三十二条规定：“财政部门对各单位的下列情况实施监督：……（二）会计凭证、会计账簿、财务会计报告和其他会计资料是否真实、完整；……在对前款第（二）项所列事项实施监督，发现重大违法嫌疑时，国务院财政部门及其派出机构可以向与被监督单位有经济业务往来的单位和被监督单位开立账户的金融机构查询有关情况，有关单位和金融机构应当给予支持。”该法第三十一条规定：“财政部门有权对会计师事务所出具审计报告的程序和内容进行监督。”该法第三十三条规定：“财政……等部门应当依照有关法律、行政法规规定的职责，对有关单位的会计资料实施监督检查。”经修改后的《中华人民共和国会计法》赋予会计人员重要监督职权，即对违反本法和国家统一的会计制度制定的会计事项，有权拒绝办理等“四个有权”。在法律责任一章中规定，凡是利用会计凭证、会计账簿、会计报告等会计资料违法的，不问具体行为人是谁，会计人员都要承担法律责任。上述规定对于会计人员依法行使会计职责有一定的约束力。

2018 年 12 月，新修订的《中华人民共和国预算法》第九章“监督”中第八十三条规定：“全国人民代表大会及其常务委员会对中央和地方预算、决算进行监督。县级以上地方各级人民代表大会及其常务委员会对本级和下级预算、决算进行监督。乡、民族乡、镇人民代表大会对本级预算、决算进行监督。”同时，第八十四条规定：“各级人民代表大会和县级以上各级人民代表大会常务委员会有权就预算、决算中的重大事项或者特定问题组织调查，有关的政府、部门、单位和个人应当如实反映情况和提供必要的材料。”第八十八条规定：“各级政府财政部门负责监督检查本级各部门及其所属各单位预算的编制、执行，并向本级政府和上一级政府财政部门报告预算执行情况。”第九十条规定：“政府各部门负责监督检查所属各单位的预算执行，及时向本级政府财政部门反映本部门预算执行情况，依法纠正违反预算的行为。”这些规定赋予各级人民代表大会对经费监督权和人民政府经费的监管责任，自然也包括了对教育经费进行监管的权利。

2012 年，国家实现财政性教育经费支出占国内生产总值 4%的目标后，教育经费规模迅速增长，经济活动日趋复杂，强化教育经费监管，管好、用好教育经费，确保经费使用规范、安全、有效，是新时期教育财务管理工作的重点。教育领域对财务监督的重视程度日益加强，通过深化改革，在制度建设、机构设置、监督体系和监督方法等方面进行了积极探索。教育部财务司特别强调：“我们的基本思路是：围绕‘监管’做文章，建立起一套完备的教育经费监管体系，实现对教育经费使用管理情况的全方位、全过程监管，保证教育经费使用管理的规范、安全和有效。”

加强教育财务监管。2012 年 12 月 19 日，财政部、教育部发布的《高等学校财务制度》（财教〔2012〕488 号）正式实施，新《高等学校财务制度》是高校财务管理在新形势下为适应国家财政和教育改革做出的新改革和创新，标志着高校财务管理制度与国家财政管理制度的结合更加紧密，规范化、精细化和科学化的管理要求更加明确。与原《高等学校财务制度》相比，新《高等学校财务制度》完善了高等学校财务监督体系，其创新性内容通过规范性文件得以固化并以制度化的方式持续发挥效用。新《高等学校财务制度》规定：高等学校应“加强对学校经济活动的财务控制和监督，防范财务风险”。新《高等学校财务制度》明确并细化了高等学校财务监督的六项主要内容，提出了“高等学校财务监督应当实行事前监督、事中监督、事后监督相结合，日常监督与专项检查相结合”。还要求“高等学校应当建立健全内部控制制度、经济责任制度、财务信息披露制度等监督制度，依法公开财务信息”。“应当依法接受主管部门和财政、审计的监督。”同时出台的《中小学校财务制度》也明确规定：中小学校要“加强对学校经济活动的财务控制和监督，防范财务风险”。“财务监督应当实行事前监督、事中监督、事后监督相结合，日常监督与专项检查相结合。”“应当建立健全内部控制制度、经济责任制度、财务信息披露制度等监督制度，依法公开财务信息。”“应当依法接受主管部门和财政、审计的监督。”

强化教育资金监管。2012 年 9 月 9 日，国务院发布的《教育督导条例》

规定了对“教育投入的管理和使用情况”实施教育督导，并具有“查阅、复制财务账目和与督导事项有关的其他文件、资料”的职权。遗憾的是，各省（市、自治区）未成立经费监管事务中心。2013年4月15日，《教育部关于开展“教育经费管理年”活动，进一步用好管好教育经费的通知》规定：“健全监管体系。各地要进一步加强调查研究，健全监管机构，明确监管对象和内容，研究监管方式和手段，推动建立内部、外部和社会监督相结合，覆盖经费使用管理全过程的常态化、制度化经费监管体系。”《教育部2015年工作要点》第十六条指出：“健全监管体系。”这两个文件提的都是“健全”，因此，各省（市、自治区）应成立“经费监管事务中心”。2013年12月5日，《教育部关于做好〈行政事业单位内部控制规范（试行）〉实施工作的通知》第一条指出：“实施内部控制规范，是加强教育经费监管的重要举措，是完善教育行政事业单位内部治理结构、建立现代学校制度的必然要求。各单位要充分认识加强教育系统内部控制制度建设的重要性和紧迫性，认真贯彻落实内部控制规范的各项要求，不断提高内部管理水平。”2015年2月9日，《教育部关于加强直属高等学校内部审计工作的意见》（教财〔2015〕2号）第九条指出：“组织开展单位层面内部控制审计。应对单位层面内部控制进行全面调查，了解控制环境、风险评估、控制活动、信息与沟通、内部监督等内部控制要素。”

2015年1月7日出台的《中华人民共和国教育法》第六十三条规定：“各级人民政府及其教育行政部门应当加强对学校及其他教育机构教育经费的监督管理，提高教育投资效益。”“各级人民政府及其教育行政部门应当加强对学校及其他教育机构教育经费的监督管理，提高教育投资效益。”2017年1月10日《国务院关于印发国家教育事业发展“十三五”规划的通知》明确指出“加强经费使用管理和国有资产管理。科学编制教育中期财政规划和年度预算，加强项目库管理，硬化预算约束，健全预算绩效管理机制，加强绩效评价结果应用，确保教育经费发挥最大效益。加强教育经费监管，推行高等学校总会计师制度，提升经费管理专业化水平。加快实施学校内部控制制度，加强内部审计，强化审计结果运用。加大学校财务信息公开力度，主动接受社会监督。加强国有资产管理，盘活各类资产存量，规范资产处置行为，提高资产使用效率”。

2018年8月17日，国务院办公厅发布《关于进一步调整优化结构，提高教育经费使用效益的意见》（国办发〔2018〕82号）在总体要求中，把“创新管理方式，加强经费监管”作为基本原则予以明确，强调要全面落实管理责任，建立健全“谁使用、谁负责”的教育经费使用管理责任体系。要全面改进管理方式，以监审、监控、监督为着力点，建立全覆盖、全过程、全方位的教育经费监管体系。要全面提高使用绩效，建立健全体现教育行业特点的绩效管理体系。要全面增强管理能力，落实完善资金分配、使用和预算管理、国有资产管理、科研经费管理等制度体系。2019 年 2 月发布的《中国教育现代化 2035》也要求“优化教育经费使用结构，全面实施绩效管理，建立健全全覆盖全过程全方位的教育经费监管体系，全面提高经费使用效益”。同时，在第四部分“科学管理使用教育经费”中提出，“以监审、监控、监督为着力点，建立全覆盖、全过程、全方位的教育经费监管体系”。这为进一步加强教育经费监管工作指明了方向。

（五）党的十八大以来教育经费监管取得新成绩

教育经费监管作为教育财务工作最重要的基础性工作，监督体系在四个不同阶段的特征和要求，不难发现，虽然各个阶段各有不同，但基本上是处于不断规范、健全和优化的趋势，这也反映了建国以来教育财务监督和教育资金监管体系的建设和发展轨迹，特别是在党的十八大以来，教育财务监督和资金监管体系的建设和实际工作的开展都取得了十分突出的成绩，主要表现在以下几个方面：

监管体制和机制不断完善。深化教育经费监管体制改革，成立了国家教育经费监管事务中心，确保了教育经费监管的国家统筹责任体系的落实；完善监管制度体系，制定了教育资金监督检查办法等重要制度，形成了监督检查、评估评审、资金监控、业务培训等工作流程和工作规范；进一步健全了内部和外部监管相结合的协同机制，初步形成了经费监管常态化、规范化、制度化的长效机制，基本实现了教育经费使用全过程全覆盖的监管；进一步落实监管主体责任，初步构建了从严监管和整治违法违纪违规行为的责任追究机制。

监管领域和力度不断加大。教育经费监管除了加强日常网络监控、经费项目评估与评审以及经费使用绩效评价，内部控制制度建设情况调研，教育经费的使用管理的督促和指导等常规工作外，还特别开展了财务巡视和财务专项检查，加大了预算管理、学生资助、招标采购、高校科研经费管理、资产管理、基本建设、学校债务、捐赠收入、经费统计、信息公开、中央八项规定精神落实、干部经济责任等专项的检查力度，采取常态检查与重点检查相结合、面上整治与源头根治相结合的办法，形成了重点领域常态化的监管机制，有效地推动了各级各类教育经费管理部门加强制度建设和管理力度，确保了把有限的教育资金用在“刀刃”上。

监管手段和方法不断创新。通过财务巡视、专项检查、项目稽查、统计公告等方式，以及配合审计部门建立健全了领导干部经济责任审计制度，开展专项审计和跟踪审计，形成了及时发现问题及时整改的机制；开展了直属高校财务管理状况评价工作，修订了财务评价指标体系，强化了预算管理，建立了以提高质量为导向、以强化资金使用效益为核心的绩效评价体系和拨款机制。建立了网络监管系统，加强了对直属高校资金使用情况的实时监控，实现了重大资金项目动态跟踪；有效地防范了资金使用风险，提高了资金使用效益。

监管能力和水平不断提升。推进信息公开，推行“阳光财务”，建立了教育经费执行情况统计月报制度，开发了“财务信息雷达系统”，利用技术手段定向搜索各直属高校预决算信息公开情况，完成了对直属高校财务信息公开情况的督查；积极开展教育经费监督管理人才队伍建设与培训，组织开展了教育财务人员和财务管理干部培训工作。

这些成就的取得，为下一步实现教育经费全面、科学、规范、高效、精准、智能监管打下了坚实基础。

第三节　新时代教育经费监管面临的新形势与新要求

一、教育资金监管面临的新形势

新时期，是全面建成小康社会决胜阶段，教育的基础性、先导性、全局性地位和作用更加突显。实现“两个一百年”奋斗目标、中华民族伟大复兴的中国梦，归根到底靠人才、靠教育。教育投入和管理将为教育事业的改革与发展提供重要的经济保障。新形势下，教育经费监管工作体现出以下基本特征：

国家各项改革不断深入，监管要主动适应新常态。在政治上，党的十八大做出了关于全面深化改革的战略部署，十八届三中全会《关于全面深化改革若干重大问题的决定》标志着中国进入“全面深化改革”阶段。中共中央提出“四个全面”战略布局，即“全面建成小康社会、全面深化改革、全面依法治国、全面从严治党”。提出要增强“四个意识”，即增强“政治意识、大局意识、核心意识、看齐意识”。强调“反对四风”，即“反形式主义、官僚主义、享乐主义和奢靡之风”，并将“创新、协调、绿色、开放、共享”确立为“十三五”乃至更长一段时间内中国“五大发展理念”。在经济上，我国已经成为经济大国，是世界上的第二大经济实体。中央提出适应国内外经济形势新变化，加快形成新的经济发展方式，把推动发展的立足点转到提高质量和效益上来。教育经费监管要主动适应政治和经济发展的新常态。

教育经费投入总量持续增大，监管任务更加繁重。教育投入是教育改革发展的物质基础。党的十八大以来，我国教育改革发展取得了显著成就，教育事业迈上新的台阶，总体发展水平进入世界中上行列，服务经济社会发展能力显著提高，国际影响力稳步增强，人力资源强国建设加快推进，为提高全民族素质、实施创新驱动发展、全面建成小康社会作出了重要贡献。2012 年，我国财政性教育经费支出 2.2 万亿，占当年国内生产总值的比例达到 4.28%，是我国教育发展史上的里程碑。2016 年，全国教育经费总投入为 3.89 万亿元，其中财政性教育经费达到 3.14 万亿元。2012—2016 年这五年间，全国教育经费，包括财政性教育经费和非财政性教育经费，总投入累计接近 17 万亿元，是 2012 年的 1.36 倍，年均增长 7.9%。全国财政性教育经费累计投入 13.5 万亿元，超过 1952—2011 年累计投入总和。

"十三五"时期，我国经济将保持中高速增长，党的十八大报告提出到 2020 年国内生产总值比 2010 年翻一番，若不考虑价格等因素，到 2020 年，GDP 将达到 80 万亿元以上。教育经费投入将大幅度增加，此间，2017 年全国教育经费突破 4 万亿元大关，其中，国家财政性教育经费超过 3.5 万亿元。教育经费总量不断增加的同时必将加重教育经费监管的任务。

教育经费投入方向更加明确，监管重点更加突出。《国家中长期教育改革和发展规划纲要（2010—2020 年）》强调，今后我国将更加重视合理配置公共教育资源，重点向农村地区、贫困地区和民族地区倾斜，逐步缩小城乡差距、区域差距和校际差距。努力实现义务教育全覆盖，普及高中阶段教育，逐步分类推进中等职业教育免除学杂费，推进一流大学和一流学科建设，以及实现家庭经济困难学生资助全覆盖等将是教育经费投入的重点，这也将使教育经费监管的重点发生变化。

教育现代化进程更加快速，监管手段更加先进。"十三五"期间，国家将实施大数据战略，加快推进教育信息化建设进程，构建国家教育管理信息系统，提高教育质量和管理水平，以教育信息化带动教育现代化，教育经费使用和管理的信息化，必将促进教育经费监管手段的现代化。

教育经费管理要求更加严格，监管力度更加强化。坚持依法理财，严格执行国家财政资金管理法律制度和财经纪律，加强教育经费管理将成为教育财务工作的重中之重。党的十八大以来，中央强化了"五种意识"、加大了反腐力度，先后出台了中央八项规定、国务院"约法三章"要求、"三公"经费和会议费支出管理等一系列文件，教育督导不断完善，巡视利剑作用充分发挥，社会监督不断加强，教育经费外部监管压力传导不断加大，在这样的背景下，教育部门加强教育经费监管的力度日益加大。

教育经费监管面临的形势依然严峻复杂，我们要准确把握教育经费监管形势和内涵的深刻变化，更加有效地应对各种风险和挑战，继续集中力量和智慧做好教育经费监管工作。

二、教育经费监管工作的指导思想、基本原则和发展目标

（一）指导思想

高举中国特色社会主义伟大旗帜，全面贯彻党的十八大和十八届三中、四中、五中、六中全会精神，以邓小平理论、“三个代表”重要思想、科学发展观为指导，深入学习贯彻习近平总书记系列重要讲话精神和治国理政新理念新思想新战略，按照“五位一体”总体布局和“四个全面”战略布局，牢固树立政治意识、大局意识、核心意识、看齐意识，着力贯彻落实创新、协调、绿色、开放、共享的新发展理念，全面贯彻党的教育方针，坚持稳中求进工作总基调，以提高教育经费监管质量和效益为中心，以深化改革为根本动力，以健全法治为可靠保障，完善监管制度，加大监管力度，创新监管方式，提升监管能力，依法监督，科学管理，更好地发挥教育经费监管在教育财务管理体系中的重要作用，为加快推进教育现代化，促进教育事业发展作出贡献。

（二）基本原则

以国家关注为导向，以国家监管方向为重点，主动适应经济发展新常态和新政策，践行新理念，正确把握改革中出现的新情况和新问题，以发展理念、创新精神、改革思维、求实态度加大教育经费监管力度。

坚持依法监管。教育经费监管要围绕全面依法治国的重大部署，树立法治理念，强化法治思维，加快教育治理体系建设，努力提高依法治教能力；始终关注教育经费法律法规的执行情况，做到监管程序合法、监管方式遵法、监管标准依法、监管保障用法。推动建立健全履行法定审计职责保障机制，严格执行《中华人民共和国教育法》《中华人民共和国预算法》《中华人民共和国会计法》《中华人民共和国审计法》，以及财务管理、资产管理、采购管理、工程建设项目管理等法律法规，严格执行高等学校、中小学财务制度和会计制度，不断完善我国教育经费监管法规制度体系，完善教育经费监管准则和指南体系，明确各项监管应遵循的具体标准和程序，把教育经费监管纳入法治轨道，切实做到依法监督。严格遵循宪法和基本法律法规，以是否符合中央决定精神和重大改革方向作为经费监管定性判断的标准。

坚持改革创新。教育经费监管要围绕全面深化改革的重大部署，以推进教育经费监管体系和监管能力现代化建设为总目标，密切关注影响教育改革发展的深层次问题，以及制约和阻碍激发活力和提高效率的制度体制机制性问题，通过进一步深化改革，不断创新，完善监管体制机制，健全监管制度体系，创新监管方式方法，促成形成有利于创新的体制机制，为监管目标的实现提供持续动力。

坚持科学高效。把绩效管理理念贯穿经费监管工作始终，坚持从教育经费监管实际出发，把握监管工作新特征，加大重点领域和关键环节监管力度，实现教育经费投入、管理、使用全过程监管，做到全覆盖，不留死角；加快转变监管方式，综合运用财务巡视、专项检查、审计、财政监督、社会监督等综合监管方式，既不断加强并切实改进内部监管，又主动接受并积极回应外部监管，重视内外监管的联动效应，更好地利用两种资源，推动监管工作的深度融合、协调发展，实现更高质量、更有效率、更加公平、更可持续的监管。

坚持客观求实。尊重教育规律，准确把握教育经费监管政策界限，实事求是地揭示、分析和反映问题，客观审慎地处理相关问题，做到“三个区分”，即区分是主观故意违纪违规还是过失犯错，区分是政策制度、法规不完善还是有意违规，区分是改革探索中出现的失误还是以权谋私等。对损害国家和人民利益、重大违纪违法、重大履职不到位、重大损失浪费和重大风险隐患等问题，做到“零容忍”。

坚持管服结合。不断更新监管理念，正确处理和准确把握加强资金监管与提高服务的关系，始终坚持监督与服务并重，牢固树立服务意识，寓监督于服务，以服务促监管，真正做到“监督有力、管理严格、服务周到”。通过监管发现问题，又通过服务解决问题，把监管和服务有机地结合在一起，将监管工作提升一个层次和水平，更好地为教育事业发展服务。

坚持党的领导。党的领导是规范教育经费管理使用、加强教育经费监管的根本政治保证。必须贯彻全面从严治党要求，落实教育经费监管主体责任，严明党纪，从严监管，确保教育经费投入与管理的正确方向。

（三）发展目标

按照协调推进“四个全面”战略布局的部署要求，按照《国家中长期教育改革和发展规划纲要（2010—2020年）》的总体要求，围绕提高发展质量和效益这个中心，贯穿供给侧结构性改革这条主线，围绕规范管理和提高效益这个中心，到2020年，基本形成与国家治理体系和治理能力现代化相适应的教育经费监管机制，使中国特色社会主义教育经费监管制度更加完善，更加充分地发挥教育经费监管在保障国家重大决策部署贯彻落实、维护国家经济安全、推动深化改革、促进依法治国、推进廉政建设中的作用。

深化改革，建立监管新体制。通过深化改革，建立依法管理、规范使用、考核评估、奖惩激励、监督制约有机结合的自律与他律相统一的教育经费监管体制与机制。

创新体系，构建“大监管”格局。通过体系创新，统筹教育系统内外监管力量和资源，构建从中央到地方、到各级各类学校立体化监管体系，基本形成涵盖教育经费投入与管理、使用全过程、全方位、常态化的“大监管”格局。

健全制度，强化监管执行力。通过制度创新，建立起科学严谨的教育经费监管制度体系，加强规范管理，落实监管主体责任，强化责任追究，增强监管执行力，积极推动各项政策制度的落实。

突出重点，提高监管绩效。突出经费监管的重点关键点，以监督检查重要经济事项决策、大额资金使用为重点，以审查评估内部控制制度健全性、有效性和适当性为主线，强化教育经费管理使用重点领域和关键环节监管，努力提高教育经费监管绩效。

手段创新，实现监管信息化。通过运用信息化、数字化等先进技术，创新教育经费监管手段，全面实现全国教育经费监管"数据一个库、监管一张网、管理一条线"的信息化监管目标，努力提高教育经费监管现代化水平。

队伍建设，提升监管能力。加强队伍建设，打造一支"头脑清醒、干事实在、个人干净、勇于担当"的教育经费监管队伍，努力提升教育经费监管的能力与水平。

通过积极努力，初步构建符合教育改革与发展规律，适应深化教育财会领域综合改革要求，具有中国特色的社会主义现代教育经费监管体系，以确保教育经费的安全、规范、有效使用，为中国教育改革和发展提供有力保障。

三、教育经费监管工作的主要任务

适应发展需要，深化改革，创新监管体制、机制和制度；加强重要内容、关键环节、重大项目和重点领域的监管；实施重大监管工程等，建立健全经费监管规范流程、质量标准和支撑平台，加快信息化建设进程，完善评估评审、监控监测、财务评价、监督检查、教育培训有机结合的"五位一体"教育经费监管体系，确保加强经费使用管理和国有资产管理任务落到实处。

（一）深化改革，创新监管体制机制和制度

深化改革，以推进教育经费监管体制机制创新为突破口，按照依法监管、公正透明、权责一致、社会共治原则，调动各方面监管力量，科学配置监管资源，构建从中央到地方到各级各类学校上下贯通、纵横互动，内部监管、外部监督和社会监督相结合的监管新体系。

构建教育经费监管管理体制。构建以实施现代教育制度为契机，强化顶层设计，构建基于明晰产权为基点、以责任主体为中心、以责任落实为目标的"统一领导，分级管理"的教育经费监管体制，按照"谁使用、谁主管、谁负责"的责任机制，建立责权一致、事权和财权相统一的教育经费监督体制。教育部财务司和经费监管事务中心统一领导和管理全国教育经费监管工作，加强监管领导和指导，制订监管工作规划，完善制度体系建设，搭建监管信息平

台，建立监管业务规范，明确监管工作标准；各省级教育行政部门负责落实教育部经费监管方针政策，结合本地教育发展实际情况，组织开展本地教育经费监管工作。各级各类学校在统一的教育经费监管方针政策下，根据教育部和本地教育行政部门的安排部署，结合学校实际情况开展经费管理工作。

强化财务控制审计。从涉及资金业务的重点环节着手，保证财务部门统一管理所有的资金流动和价值转移活动；要强化会计相关工作岗位的控制审计，保证不兼容职务相互分离并有效牵制；还要强化审批权限的控制审计，明确各级人员的责任和权限。对资金管理的关键岗位和薄弱环节实施稽核，并定期、不定期或突击式地组织抽查或检查，逐步建立和完善有关资金安全审计制度。经费使用规范化涉及一系列工作环节，但最根本环节在于经费使用者的动机和行为，自律是第一道“关卡”。

加强教育经费监管机构建设。大力开展教育经费监管协同创新，着力解决权责交叉、多头监管问题，建立权责统一、权威高效的外部监督体制。各省级教育行政部门要设立教育经费监管事务中心，明确监管机构工作职责，配备专职工作人员，制定本地教育经费监管规划，统筹开展本地教育经费监管工作；各市、区、县要因地制宜，设立教育经费监管机构或赋予审计部门牵头协调、负责履行当地教育经费监管职能。各高校财务部门要设立专门机构、配置专门人员、负责履行本校教育经费监管职能，确保有足够力量和资源能有效履行监管职责。高校的内部审计机构应将内部控制审计作为重要的工作内容，高校也可以聘请会计师事务所对学校内部控制进行审计，以持续推进内部控制体系建设。学校对于经费使用的监管也要层层落实责任，形成一个环环相扣、相互配合的监督体系。

健全教育经费监管指导机制。各级教育行政部门要充分发挥巡视检查、业务指导、经验推广和发现问题、解决问题等职能，侧重从制度、基础工作层面帮助各地各校规范财务行为、资产管理行为，提升管理水平。教育部财务司和经费监管事务中心制定《教育经费监管实施办法》和《教育经费监管工作指引》，并强化制度执行力。

建立教育经费监管结果共享机制。推进外部监督、内部监管及社会监督成果相互授权、共享共用，降低监管成本。监管结果与各地各校工作考核、财政绩效拨款挂钩，充分发挥监管对规范经费管理、提高经费使用效益的促进作用。教育部积极协调财政、审计、发改委、纪检监察等部门，推进外部综合监管，减少监管频率层级，降低监管成本费用，监管成果共享共用。

建立教育经费监管信息公开机制。建立科学高效的教育经费监管信息公开工作机制和严格的制度规范，明确职责、程序、公开方式和时限要求，依法、有序开展教育经费监管信息公开工作。完善监督机关政府信息公开工作规定和监督结果公告办法，除涉及国家秘密、商业秘密、个人隐私以及公开后可能危及国家安全、公共安全、经济安全和社会稳定的信息外，对监管对象、监管内容、监管重点、监管过程、监管结果、处理结论，依法依规予以公开，披露曝光，问责追责，动辄则咎。

建立健全回应外部监督机制。各地各校要处理好外部监管要求与内部管理需求的关系，强化内生动力，积极配合财政、审计、发改委、纪检监察等外部监督部门实施的监督和检查工作，对发现的问题要及时整改，同时举一反三，完善相关制度，建立健全整改落实的长效机制。各地教育行政部门、各部门（单位）、各校要进一步加强与人大、政协、媒体、公众之间的沟通协调，及时、客观地回应社会对教育经费管理的关切。

完善教育经费监管制度体系。坚持问题导向，分析评估现有监管政策体系的协调性，捋清监管体制，明确监管主体、监管客体、监管流程、监管责任，规范监管行为，强化监管结果的利用，形成制度成果，制定好操作性强的监管制度，为深化教育经费监管改革发展提供制度遵循。推行教育经费监管结果公告、结果应用和问题责任追究制度；完善并严格执行教育收费公示和教育经费统计公告制度；推行教育收费听证制度。

全面清理现行教育经费法规制度。结合十八届四中全会关于全面推进依法治国的思路和要求，收集整理国家现行有关教育经费投入、管理、使用的法律法规制度，认真清理教育经费监管规定和制度。教育部财务司和经费监管事务中心编印《教育经费监管法规汇编》，供广大教育财会人员学习使用。

全面加强经费动态监控体系建设。探索建立教育部直属高校和直属单位“互联网+监管”资金监控平台，建立和完善与政府会计制度改革、预算管理改革等相适应的跟踪式资金监控体系，不断优化监控策略和监控条件，实施大额资金流动全过程监控，有效防控经济活动风险。加强预算执行监控预警，重点做好记账凭证和重点项目等相关信息的监控，通过预设的监测风险点梳理分析，发现问题，实时预警、及时反馈，促进监管对象不断强化财务基础工作，提高管理水平。开展内部控制规范建设评价，重点对内部控制体系、内部控制机制及运行、防控风险举措与能力等进行内部控制的再控制，推动直属高校和直属单位健全内部控制。

各地各校要制订时间表，拿出硬措施，按照教育部要求，抓紧制定相应的实施细则。

（二）加强重要内容和关键环节监管

以监督检查各项政策落实、重要经济事项决策、授权审批为重点，以审查评估内部控制制度健全性、有效性和适当性为主线，强化教育经费管理的重要内容和关键环节的监管。

1. 政策执行

政策落实跟踪监管重点。发挥教育经费监管的教育经费方面监督保障作用，持续跟踪监督国家重大教育经费重大决策部署、管理政策和措施在教育领域落实情况，以促进政策落实到位、发挥实效为目标，对各地区、各部门、各单位和各级各类学校贯彻落实国家重大教育经费管理政策措施的具体部署、执行进度和实际效果进行监督，及时发现和纠正有令不行、有禁不止行为，促进政令畅通，确保重大决策和政策落实到位。

推动政策落实问责机制。加大对执行教育经费管理政策不作为、慢作为、假作为等重大履职不到位问题，以及重大失职渎职、重大损失浪费、重大风险隐患、重大违纪违法等问题的揭露和查处力度，实行整改问责机制，推动各项政策的落实。

2. 决策程序

完善重大经济事项集体决策制度。对国家有明确规定要经过民主讨论、集体研究、申报审批等程序决策的经济事项进行严格管理。重点监督决策制度建立的健全性、决策机构、重大经济决策的依据；重要投资项目建设和管理情况；重要经济事项管理制度建立与执行情况；决策的合法性、决策程序的合规性、决策执行情况及其效果。

建立重大经济事项集体议事规则。建立包括学校党委常委会议、校务会议、财经领导小组会议等集体议事规则。重点监督重大经济事项未经集体决策，决策内容不合规，决策事项与法律法规不符等问题。其中包括越权审批经济事项或审批经济事项不当；不经集体决策，由领导干部个人或者少数人决定重大经济事项；虽经集体决策，但决策程序不符合规定或者决策失误；不依法依规决策，集体决策后管理不善或者执行不力，造成严重经济损失浪费、国有资产流失或者恶劣影响。

重大经济政策制定与调整监管。主要包括财务管理体制和内部分配制度的制定和重大变动等重大经济事项是否经过充分的可行性研究和民主决策程序。

重大投资决策监管。要加强对重大投资项目的立项、评估、决策、实施、投资处置等环节的管理控制，包括基本建设投资、重大资金投资、重点建设项目、对外投资等。主要有：(1) 投资决策是否建立了相应的议事规则和有效的决策机制，有无重大项目招标制度、社会公示制度、专家咨询制度和决策责任追究制度等；(2) 投资项目是否按照程序进行集体决策；(3) 项目管理是否建立了从上到下环环相扣的决策执行机制，有无随意更改决策现象；(4) 校办产业投资是否经过可行性论证、集体决策等必要的程序；(5) 校办产业重组或改制事项是否经过可行性论证，国有资产评估及产权转让价格的确定是否按照规定的程序办理。

大额资金筹集和使用监管。主要有：(1) 银行贷款、借款等大额资金筹集是否经过可行性研究，相关依据和背景情况如何，是否经过集体决策程序，有无领导个人擅自决定的现象；(2) 筹集资金的实际使用方向是否符合规定，筹资风险评价结果如何，有无因贷款带来的还贷风险等问题；(3) 有无非法集资、高息揽存、借贷款项等行为；(4) 大额资金的使用是否严格执行资金审批权限的规定，有无违规审批造成资金浪费和无效使用；(5) 银行间的大额资金转存是否履行审批程序。

重大经济担保事项监管。主要有：(1) 检查学校在对外提供经济担保方面的管理制度（包括经济担保程序控制制度、授权制度、资金监控制度等）是否合法合规、是否健全、是否得到有效执行；(2) 是否存在领导人员擅自决定重大对外经济担保事项的问题及造成的诉讼、损失等。

3. 内控制度

内控制度监督检查主要包括内部控制制度建设、内部控制健全情况、内部控制执行、对所属单位监管情况等。

建立健全内部控制制度。根据国家有关财经法规，建立健全内部控制制度。重点检查各地各校是否建立财务、审计、资产、招标采购、基建、后勤等内部控制制度，内部控制制度是否做到严密、环环相扣，是否能起到查错纠弊及防控财务风险的作用。

建立授权联签审批制度。明确审批人对所分管的经济业务的授权批准方式、权限和程序、责任及相关控制措施，规定经办人办理相关业务的职责范围和工作要求。重点检查是否建立财务收支审批制度（事项审批和资金审批），主要包括：财务收支审批人员和审批权限，财务收支审批程序，财务收支审批人员的责任，经办人是否在职责范围内，按照审批人的批准意见办理资金业务。审批人是否有超越授权范围审批的业务，经办人是否有权拒绝办理，并能及时向审批人的上级授权部门报告。

招投标采购监管。必须进行招标的项目而不招标的；将必须进行招标的项目化整为零或者以其他任何方式规避招标的；泄露应当保密的与招标投标活动有关的情况和资料的，或者与投标人串通损害单位利益或者他人合法权益的；以不合理的条件限制或者排斥潜在投标人的，或对潜在投标人实行歧视待遇的；泄露标底的；不按规定主动公开物资设备采购、招投标相关信息的；明招暗定，在评标专家组依法推荐的中标候选人以外确定中标人，在流标以后自行确定中标人的。

加强经济合同管理。建立健全经济合同管理办法，完善经济担保事项管理制度。加强对物资采购、无形资产、基建工程、投资、筹资等经济合同的起草、审核、签订、履行监督和违约时采取应对措施等管理。

建立资金业务的岗位责任制。建立健全货币资金管理制度，货币资金业务岗位分工及授权审批制度，实行针对资金业务处理过程中的关键控制点，采取有效措施进行监督。明确资金业务相关部门和岗位的职责权限，确保办理资金业务的不相容岗位相互分离、相互制约、相互监督。

实行银行对账单审签制度。各地各校财务主要负责人对每月的银行对账单必须认真审核，审核签字后，再交由本单位审计部门负责人复核签字，并报经主管财务的领导或总会计师审签后与当月的会计凭证一同保存。

对所属单位监管。对校内企业和非独立的二级单位财务收支及有关经济活动的监管情况，包括所属企业、系、所、研究院、后勤集团及附中、附小、幼儿园监管等。

加强会计基础工作规范管理。实施会计基础工作规范评价，夯实会计基础工作，充分发挥会计基础工作的监督与管理作用。重点检查单位会计行为是否规范，会计资料是否真实、完整；是否按规定主动公开相关财经信息；是否存在违反票据管理、发票管理规定等问题。

4. 绩效评价

全面加强经费绩效评价。加强中央部门预算项目绩效评价，完善体现教育行业特点的绩效评价指标，制定现场评价工作规范，改进评价方式，形成全面、科学、有针对性的评价指标体系，开展绩效目标执行监控，建立动态评价数据库，加强动态绩效评价。做好中央对地方教育转移支付绩效评价，分专项研究制定中央对地方教育转移支付项目绩效评价指标体系，为实现绩效评价工作从试点项目到所有项目全覆盖、从试点省份到所有省份全覆盖打下基础，为规范中央对地方教育专项转移支付绩效目标管理，提高财政资金使用效益贡献力量。

推进资金运行测评常态化。推进资金运行监测和评估常态化，建立预警机制，防范财务风险；建立并推行高校财务巡视、财务状况评价、财务年报、资产年报等监管评价制度。

建立健全绩效评价机制。加强对各级各类教育经费管理和使用绩效评价，研究建立科学合理的教育经费评价指标体系，逐步建立“预算编制有目标、预算执行有监控、预算完成有评价、评价结果有反馈、反馈结果有运用”的绩效管理机制，及时整理、归纳、分析、反馈绩效评价结果。资金监管中心组织编印《教育经费绩效评价年度报告》。

完善监管结果运用机制。加强监管成果综合利用，提高监管成果利用的层次和水平，实施绩效奖励激励机制。将评价检查结果作为安排下年度财政预算、学校财务绩效奖励和对各级各类学校领导考核的重要依据。健全资金监管与组织人事、纪检监察、公安、检察以及其他有关主管单位的工作协调机制，制订进一步加强协作配合的实施意见，推动把资金监督与党管干部、纪律检查、追责问责结合起来，推动改进各级对查出突出问题整改情况报告机制的建立。

（三）强化重点项目和领域监管

突出监管重点，进一步加强预算管理、财务收支管理、基本建设项目管理、国有资产管理、科研经费管理、校办企业管理和资金银行账户等七大领域的监管，确保合法性、规范性和科学性。

1. 预算和决算监管

全面加强预算编制监审。贯彻落实预算管理科学化、精细化的要求，健全中央高校预算安排基础数据审核机制，提高基本支出预算编制的准确性和科学性。逐步扩大预算项目评审范围，严格执行项目预算评审标准，规范评审流程，完善评审方式，通过实地核查等方式，提升项目预算评审质量。加强预算安排事前绩效目标评估，重点开展项目预算支出绩效目标相关性、政策相符性、编制规范性以及项目可行性等方面的评估评审。

预算监管重点。主要包括：是否建立科学的预算管理办法，预算编制、批复和调整是否科学、合理、合规，收入预算是否真实、合法、完整，支出预算是否真实、合法、有效。(1) 年度预算和决算是否按规定经过了相关会议集体研究，审定通过；(2) 年度预算和调整是否按规定的程序编制和批复；(3) 学校是否将预算执行与决算审计列为年度常规工作；(4) 学校是否按规定编报预(决) 算，并按规定对有关预算事项进行公开和说明；(5) 学校是否存在预算执行率偏低或未到达规定，预算支出绩效评价达不到绩效目标或者评价结果较差的问题。

决算监管重点。决算是否真实反映年末财务状况、年度收支结果和事业发展计划完成情况，各项收支项目、往来款项、货币资金和财产物资的年终清理结算是否真实、客观、合法，账表是否一致，决算报表及财务情况说明书是否全面、完整、正确。

2. 财务收支监管

建立健全收入监管制度。应当建立行政事业性收费管理办法、收费听证及公示制度、收费票据及许可证管理办法、经营性收入财务管理规定、内部结算及收入分配管理制度等规章制度。

重点监管以下违规收费行为。对国家明令禁止的收费项目继续收费，超规定标准收费；未申报或向有关部门申报但未获批准，自立项目收费；收费公示不够、收费票据不规范等不规范行为。违反“收支两条线”规定，未按规定及时、足额收缴事业收入；隐瞒、截留、挪用、坐支、转移专项财政资金；私设“小金库”、账外设账、公款私存；以虚报、冒领等手段骗取预算资金。

建立健全支出监管制度。应当建立健全支出审批制度，日常财务支出报销制度，结算付款制度，各类奖学金、助学金、贷学金管理办法，专项资金管理办法，差旅费、会议费等特定支出管理办法等。

重点监管以下违规支出行为。违规改变预算支出用途或违规扩大开支范围、提高开支标准、违规发放津贴补贴的情况；违规支出三公经费和会议费支出情况；不按规定对人才引进资金和修购专项等专项经费实行专项管理和专款专用。

3. 基本建设项目管理

建立健全基本建设项目监管制度。应当建立健全基建财务管理办法，基建、修缮工程招标管理办法，工程物资采购管理规定，建设工程变更程序规定，基建档案管理办法等。

重点监管以下基本建设项目违规行为。不履行国家基本建设项目审批和竣工验收程序；不严格执行建设程序，不按规定进行招投标，不及时办理竣工决算手续；未经批准进行兴建或改建，停缓建设项目未按规定办理相关手续；未经批准超预算、超标准问题；不按照招标投标结果签订合同，违规进行设计变更，多计多付工程价款，造成学校建设资金严重流失或者损失浪费的；违规挪用专用资金、虚列支出，违规计提管理费，违规收取咨询费发放奖金福利；基建决算不完整，建设项目归档资料不完整。

4. 国有资产管理监管

建立健全国有资产监管制度。按教育部规定制定学校国有资产管理办法及有关规定，资产权证登记管理办法，物资采购、招投标管理细则，资产处置规定、处置报废、损失责任认定与追究等环节管理，对外投资审批决策及项目实施管理制度，知识产权保护管理规定。

重点监管以下国有资产管理违规行为。国有资产购置、出租、出借、处置和转让等未严格履行规定的审批程序；对闲置、报废资产的处置未按规定程序进行清产核资、资产评估、公开拍卖等；大额物资采购没有建立招标制度并严格执行，存在因执行不力造成重大损失的；固定资产账实、账卡、账账不符，不如实进行产权登记、隐瞒真实情况的，造成资产流失的；利用职务上的便利，擅自占有公房，以各种名目侵占学校及单位资产的；未按规定权限，使用无形资产的；贵重仪器存在长期闲置或使用效率低的情况。

5. 科研经费管理监管

建立健全科研经费管理制度。建立健全科研经费资金管理及财务核算制度、学校科研项目合同管理制度、学校科研经费绩效考核制度、学校科研经费监督检查制度、学校纵向科研经费开支办法、学校横向科研经费开支办法、科研项目经费形成的资产管理、科研成果转化及经费奖励管理办法、科研经费报销规定等管理制度和办法。

重点监管以下科研经费管理违规行为。违规列支、使用科研经费，编造虚假科研合同、编制虚假预算；违规提取、列支科研项目管理费的；擅自调整外拨资金，违规将科研经费转拨、转移到利益相关的单位或个人的；使用虚假票据套取科研经费的；虚构经济业务、虚报冒领科研经费的；科研经费核算不规范，科研经费未纳入科研事业收入。

6. 校办企业投资监管

学校对校办企业监管重点。校办企业法人治理结构、监管制度不健全，学校履行对投资企业监管职责不到位；校办企业改制未履行报批、备案等程序；学校账面未真实完整地反映对校办企业的投资，校办企业无偿占用国有资产；使用学校资金为校办企业发放贷款、核销费用、垫付款项、提供担保、偿还债务；不及时主张投资者权益，收缴资产收益，对长期无收益投资企业不及时处理等情况。

校办企业内部监管。内部控制存在重大漏洞和缺陷，或者企业内部控制制度执行不力，管理混乱，导致学校、单位和企业声誉受损或造成重大国有资产损失或恶劣影响；违规进行投资、融资、担保、资金拆借、高风险投资业务、固定资产购建、账外经营等活动，造成企业资金损失、资产流失、重大潜亏或者经营管理不善导致企业严重亏损；以实物、无形资产等对外投资未按规定进行资产评估和报批，将国有资产、主要业务通过低价出租、无偿转让等方式转让、承包或者租赁给其他单位，造成国有资产严重损失。

7. 资金和银行账户管理

资金管理制度建设。建立现金管理办法、银行账户管理办法、货币资金业务相关票据及印章管理办法、货币资金业务监督检查制度、国库集中支付实施管理规定、资金结算中心相关管理规定、资金安全管理办法、银行对账单“双签”制度，基金管理办法。

银行账户监管重点。银行账户的开立，必须严格执行财政部、中国人民银行的有关规定。各类银行活期存款转存定期存款业务（包括定期存款到期续存），以及各类资金的借出款项必须严格执行授权批准程序，必须事先进行充分的调查，确保资金的安全与合法，严禁办理银行柜台外业务，严禁擅自挪用、借出资金。

往来款项管理。建立相关管理规定，及时对往来账款进行对账、清理、催收的，暂付款、借款借支和报销的规定，代管款项管理办法；按照规定明确办理代管款项的核算范围、委托单位和代管单位的责任划分。

（四）实施重大监管工程

1. 监管人才队伍建设工程

落实教育系统财务管理干部队伍定期培训制度，完善培训基地建设，强化培训课程和师资建设，做好财务管理干部培训工作。创新培训模式，建设教育系统财务管理干部网络培训平台，为实现全员培训创造条件。

加强经费监管队伍建设，进一步完善经费监管专家库建设与管理，充分发挥总会计师和财会专家在经费监管中的作用，建设一支包括总会计师、会计领军人才、高级会计师等在内的政治可靠、素质过硬、作风优良的专业化监管队伍。

以品德为核心、能力为重点、作为为基础、业绩为导向，全面加强教育经费监管队伍的政治、思想、组织、作风、纪律、能力和制度建设，打造一支“头脑清醒、干事实在、个人干净、勇于担当”的监管队伍。到2020年，形成一套健全高效的监管人才培养、激励、评价和使用机制，监管队伍整体能力素质有较大提升，高端骨干人才数量有较大增加，人才总量和结构与教育经费监管事业发展总体要求基本适应。

提出高素质经费监管队伍建设目标。明确监管队伍建设的领导责任；制定监管人员配备的数量标准和任职要求，选优配齐配强监管队伍；探索建立监管队伍绩效考核机制。

加强教育经费监管领导班子建设。全面加强教育经费监管部门各级领导班子政治建设，引领领导干部增强政治意识、大局意识、核心意识、看齐意识，不断提高驾驭能力和领导能力。选优配备各级领导班子，健全后备干部动态管理机制，不断优化领导班子的经历、年龄、知识、专业结构。

创新教育经费监管人才培养机制。依托教育部经费监管中心专业培训优势，按照“缺什么、补什么，用什么、学什么”的原则，因需施教、因材施教、因势施教，全面提高监管人员素质，培养教育经费监管工作急需人才。

制定教育经费监管队伍培训规划。制定监管人员培养培训规划，建立监管干部继续教育和分类分级、分岗位培训制度。5年内参加各种培训的累计时间，监管机构负责人不少于550个学时，监管人员不少于450个学时。实施“百千万”教育经费监管人才建设工程，即百名教育经费监管顶尖人才遴选计划，千名教育经费监管青年英才推进计划，万名教育经费监管专业人才培养计划。

2. 经费使用监督重点工程

加强对直属高校和直属单位财务监督检查工作，督促单位严格按政策花钱。

做好财务管理和经费使用情况监督。重点做好中央方针政策和国家财经纪律贯彻落实情况跟踪监督，做好预决算事后监督，做好经济责任审计整改、检查整改落实情况监督，提高监督检查发现问题和提出合理化建议能力。

完善直属高校财务管理状况评价工作。打造符合教育行业特色的评价体系，提高评价结果的客观性、科学性、有效性，引导直属高校不断改善财务管理。

建立经费监管年度报告制度。对评审评价、资金监控、现场检查、业务培训等监管结果进行综合分析，揭示经费使用管理中存在的主要问题，并提出政策建议。

开展直属高校和直属单位财务信息公开监测工作。全面核查财务信息公开的及时性、完整性和规范性，改进核查快报和分析报告制度，督促按时保质完成财务信息公开。

加强中央对地方教育转移支付资金使用管理监督检查。督促中央对地方教育转移支付政策落实，推动加强省级统筹力度，提升教育转移支付资金分配科学性、使用规范性，提高转移支付资金使用管理水平。

3. 监管信息化提升工程

加强经费监管信息化建设，构建教育经济数据资源集成平台和教育财务舆情监测平台，对教育经费使用管理情况开展智能数据分析、对网络舆情进行监测，为教育财务管理科学决策提供信息支持服务。

以提升监管能力和监管效率为目标，加大数据集中力度，全面实现全国教育经费监管“数据一个库、监管一张网、管理一条线”的信息化监管目标。

加强信息化建设顶层设计。根据教育信息化系统建设规划，构建以国家、省、市、县到学校为纵向维度的五层监管信息化平台体系和以学前义务教育、高中高职教育、高等教育及其他教育为横向维度的四类监管信息化系统，实现教育经费监管信息全覆盖。

加大信息数据整合力度。建立健全数据采集与管理的制度规范和工作机制，完善监管业务电子数据管理办法，大力推进各类数据的整合和标准化，逐步实现各教育经费监管机关之间、监管机关与监管现场之间的信息共享，提升数据利用价值，为政府提供决策依据，为社会提供参考资料。

建立信息化基础体系。完善教育经费信息公开、监管信息运用等为基础的教育经费监管信息化基础体系，提高教育经费监管的透明度、利用度、通用性、易读性、易取性。形成内部管理信息与监管信息之间的互联互通、信息共享、业务协同、统一高效的监管信息平台，推进阳光监管、动态监管、过程监管，促进教育经费监管服务水平的不断提高。

建立信息化监管平台。实施“互联网＋教育”经费监管计划，充分利用云计算、大数据技术，依托教育经费监管平台，做好与财务、审计、资产、统计等信息的对接工作，创新监管联动机制，实现“制度＋技术”的有效监管。

4. 推动社会监督制度的建立

社会监督的前提是信息公开。应逐步规范财务信息发布的内容、方式，提高财务信息的有用性和可读性，满足公众信息需要，既要有效地促进利益相关者的监督，也要保护学校的合法权益，保障学校教学科研有秩序地正常运行。

应增强教育经费信息的透明度。进一步将较为详细的教育经费预算、教育经费审计结果公告等政府信息向社会公开，以利于监督者实施有力的监督。2012 年教育部的经费预算信息公开具体到“项”，还应进一步公开，才能更好地被公开监督。

应建立教育经费投入的咨询机制。规模庞大的教育经费投入需要接受社会的监督和科学的论证，应成立由人大代表、政协委员、民主党派代表、教育专家、财政、发展改革、教育等有关部门和学校组成的委员会对教育经费投入的重点方向和项目进。

四、教育经费监管的保障措施

（一）落实监管责任，强化责任追究

坚持思想建党、制度治党，认真履行全面从严治党和党风廉政建设主体责任，严守党的政治纪律和政治规矩，增强“四个意识”，自觉在思想上、政治上、行动上与党中央保持高度一致，对党绝对忠诚，为经费监管事业发展提供坚强的政治思想和组织保障。

1. 落实监管责任

划分教育经费监管责任。教育经费监管责任包括三种情形：直接责任、主管责任和领导责任。监管责任的认定，是问责追责的基础。中央和地方各级教育部门、学校，既是本部门、本单位教育经费的使用主体，也是教育经费的监管主体。教育系统外部监管机构的主体责任，由外部监管主体承担。社会中介

机构要充分发挥第三方独立监管作用，对所托教育经费监管事项承担受托责任。

落实教育经费监管责任制。建立健全党政领导干部经济责任制、各级行政负责人经济责任制和各职能部门职责规定。实行分级管理、分级负责，坚持“谁主管，谁负责”，一级抓一级，一级带一级，层层抓落实。

落实教育经费监管“一岗双责”。把党风廉政建设与经费监管工作同部署、同落实、同检查、同考核，各级教育行政部门、各事业单位、各级各类学校党委（党支部）负从严治党主体责任，纪委监察部门负监督责任。各级党委要制订教育经费监管责任清单，厘清责任，明确党委（党总支）、主要负责人、分管领导、业务部门（单位）负责人及直接责任人的监管职责定位和工作任务。责任清单应包括监管的主要职责、具体监管事项、职责边界划分、监管风险点及防控措施、责任人等内容。

强化教育经费监管主体责任。强化监督机关各级党组织、各级领导班子及成员的全面从严治党主体责任，坚持把管党治党作为最大的政绩、第一位的工作抓实抓好。把党风廉政建设与监管业务工作同部署、同落实、同检查、同考核，建立并严格落实主体责任工作台账制度，层层分工负责，层层传导压力，层层抓好落实。

建立健全监管业务质量控制机制。完善经费监管机制建设，建立完备的经费监管工作规范与标准，提升监管工作质量。优化复核审理流程，分环节、分层级落实质量控制责任，对发现的重大监管质量问题，要按照权责一致的原则，严格实行责任追究制度。加强质量检查，上级监管机关要加强对下级监管机关监管质量的监督检查，定期通报监督检查情况。

2. 强化责任追究

建立责任追究制度。制定《教育经费监管问责办法》，完善教育经费监管责任追究制度，明确责任追究主体，即“追究谁的责任”；明确责任追究内容，即“追究什么责任”；明确责任追究标准，即“如何定性”；明确责任追究形式，即“如何处理”。

落实责任追究制度。坚持“谁失责、追究谁”的责任追究机制。实施责任追究，要实事求是，分清集体责任与个人责任，分清直接责任、主管责任和领导责任，分清违法、违纪、违规情形。各级纪委监察部门要切实履行教育经费监管监督责任，要突出问责，加大对监管主体责任落实不到位的查处力度，严厉查处监管不作为、慢作为、乱作为等行为。

健全责任追究报告制度。在大量归纳发现教育经费管理使用问题的基础上，层层剥笋，深入挖掘，针对重点地区、重点部门、重点事、重点人，提出治标和治本的对策建议，并严肃问责。责任追究向上级纪委监察部门报告，对监管不力，造成严重经济损失浪费、国有资产流失或者恶劣影响的单位，试点应适当削减其教育经费拨款制度。公开曝光监管不力典型案例处理情况，开展警示教育。教育部财务司和经费监管事务中心编辑《教育经费监管案例选》。

（二）强化保障，保证监管规划实施

1. 加强规划实施组织领导

加强组织领导。抓好监管机构基层党组织建设，健全组织机构，完善组织设置，规范组织制度，切实发挥战斗堡垒作用。各级各类学校要切实加强实施本规划的组织领导，落实本规划确定的监管原则、目标任务、重要举措。各地各校要结合本地和本校实际情况对规划提出的目标任务进行分解，明确责任分工，制订实施方案，建立配套制度，确保教育经费监管到位。

深入宣传教育。加强和改进监管宣传工作，讲好监督故事，办好监管机关所属媒体，注重运用新媒体，提高监管信息公开的及时性和广泛性。各级教育行政部门要加大对本规划的宣传教育力度，积极通过多种渠道宣传教育经费监管中的先进经验和典型做法。及时总结各地在实施规划中的经验教训，营造有利于管好用好教育经费的良好社会氛围，引导各级各类学校安全、规范、有效地使用经费，提高教育经费使用效益。

强化督导检查。各级教育行政部门要加强对各级各类学校贯彻落实本规划情况的监督检查，公开监督检查结果，切实保障社会各界对教育经费监管工作的知情权、参与权和监督权。

2. 建立落实规划长效机制

做好规划衔接。加强本规划与教育事业发展“十三五”规划的对接，加强本规划与专项计划、各地各校监管规划的衔接，确保在总体要求上方向一致，在推进过程中步调一致。

做好监测评估。各级教育行政部门要围绕规划提出的目标任务，明确规划实施责任，建立监测评估调控体系，对各地各校规划实施情况进行监测评估与跟踪检查。重视发挥第三方评估机构的作用，探索建立通过第三方对规划实施情况进行监测、分析和评估的有效办法。经中期评估需要修订本规划时，由教育部财务司和经费监管事务中心按照程序修改，建立健全贯彻落实规划的长效机制。

3. 保障监管经费投入

落实监管经费。监管经费包括监管机构日常运行经费、专项监管经费、监管绩效奖励经费、监管课题研究经费等，加大对监管经费的投入，保障监管工作的顺利开展。

建立监管经费保障机制。建立监管日常运行经费与教育经费投入体量的挂钩机制，按教育经费投入总量的万分之一拨付，实现专项监管经费投入的专项申请、专款专用。

以监审、监控、监督为着力点，以推动提高教育经费使用效益为工作目标，以加强经费监管能力建设为保障措施，进一步创新监管方式，全面加强教育经费监管工作，努力确保教育经费使用规范、安全、有效、科学。

第八章　教育内部审计

我国教育系统内部审计制度，随着整个国家审计制度的建立而建立、发展而发展。教育审计通常是指教育系统的内部审计，是教育系统内部审计机构、审计人员对教育系统内各项经济活动、财务收支的真实性、合法性以及效益等进行独立的监督和评价的行为。教育内部审计的目的是确保教育行政部门和单位的各项经济行为符合国家财经法规，强化内部管理，加强廉政建设，维护合法权益，防范风险，确保教育资金发挥应有的效益。教育系统内部审计机构在本部门、本单位主要负责人的领导下，依据国家法律、法规和政策，以及上级部门和本部门、本单位的规章制度，独立开展内部审计工作，对本部门、本单位主要负责人负责并报告工作。经过 30 多年的实践、探索与发展，教育系统内部审计工作对确保教育资金的安全、合理使用和提高效益发挥了重要作用。

第一节　初步建立阶段（1985—1988）

一、教育审计机构成立的背景

在新中国成立之初的 30 多年里，由于我国实行的是计划经济体制，审计并没有独立建制，而是将其功能寓于监察和会计检查之中，这种状况一直持续到党的十一届三中全会后才得以改变。党的十一届三中全会决定把党和国家的工作重点转移到经济建设上来，并作出了实行改革开放的重大决策，其后进一步把建立社会主义市场经济体制确定为我国经济体制改革的目标。新中国的审计事业就是在这样新的形势下，为适应改革开放和以经济建设为中心必须加强经济监督的需要而应运而生，并随着计划经济体制向社会主义市场经济体制的转变要求强化经济监督而逐步发展起来的。1982 年 12 月五届人大五次会议通过的《中华人民共和国宪法》明确规定国务院和县级以上人民政府必须设立审计机关，实行审计监督制度。1983 年 9 月，中华人民共和国审计署成立，审计监督工作正式开展。

作为新中国审计事业组成部分的教育审计，也是在上述背景下，为适应科教兴国发展战略的需要产生和发展起来的。党的十一届三中全会以后，随着经济的发展和改革开放的深入，特别是随着社会主义市场经济体制的逐步建立，教育部门与社会经济活动的联系和交往日益广泛和密切，内部的经济活动也日益增多和复杂，迫切需要对这些经济活动加强审计监督。同时，我们党和国家根据邓小平对教育工作的一系列重要指示，确定了科教兴国、教育优先的发展战略，并制定了相关的法律法规和各项方针政策，其中一个重要方面就是实行以财政拨款为主、其他多种渠道筹集教育经费为辅的教育投入体制，并出台了许多具体政策，以保证增加教育投入，为实施科教兴国战略提供物质基石。为了管好用好来之不易的教育经费，迫切需要加强教育经费的审计监督。

二、成立教育部审计室

1985 年 1 月 16 日，教育部根据《国务院关于审计工作的暂行规定》和《国务院批转审计署关于发展审计工作几个问题的请示的通知》要求，以及加强教育财务管理，提高教育经费使用效益的实际需要，成立教育部审计室。审计室在教育部长的领导下，依照法律和国务院的有关规定独立行使审计监督职权。审计室的主要职责是："对全国教育系统内部审计工作进行指导和监督；对国家教委归口管理的企事业单位和驻国外机构的财务收支及其有关经济活动进行审计监督；对全国教育系统财经活动中量大的、带倾向性的问题组织或进行审计调查。"从此，教育部根据国务院的规定成立审计室，这标志着新中国的教育审计事业从此诞生，拉开了教育审计序幕。

为了在部属单位建立内审机构，实行审计监督制度，1985 年 2 月 26 日，教育部发出《关于转发〈国务院批转审计署关于发展审计工作几个问题的请示的通知〉和组建机构、开展审计工作的通知》，对部属各高等院校、直属企事业单位组建内审机构和审计人员的编制提出了明确的意见。要求边组建，边开展审计工作。随后，全国部分教育部门和单位相继成立了审计机构，开始了审计工作。至当年底，大部分部属高校都建立了审计机构，部分省、区、市教育部门和高校设置了审计机构或专职审计员。

三、重视审计规章制度的建设

依法依规审计是审计工作的生命，为了使审计工作有章可循并逐步走上经常化、制度化的轨道，教育部及部属高校和单位，从建立审计机构之始，便十分重视审计规章制度的建设工作。

1985 年 12 月，国家教委印发了《国家教育委员会关于本委审计室工作职权的暂行规定》，该规定指出：国家教委审计室是在国家教委主要负责人的领导下，依照国家法律和行政法规，代表国家教委对本委所属单位及教育行业进行审计监督和业务指导的行政职能机构。1985 年 12 月 31 日，国家教委发出《关于直属高等学校内部审计工作的暂行规定》，第二条明确指出：“高等学校建立审计机构，实行审计监督制度，是建立健全我国审计体系，搞好国家审计监督工作的有机组成部分。”并对委属高校内审机构的地位、主要任务、职权和工作程序作了明确规定。两个规定还分别对国家教委审计室和委属高校审计部门的任务、职权、专业称号等作出了具体规定。为了加强审计人员的精神文明建设和职业道德建设，国家教委审计室于 1987 年 6 月印发了《国家教育委员会及委属单位审计人员守则》，为加强教育审计机构和队伍建设以及行使职权奠定了基础。根据国务院和审计署关于在行政事业单位中推行定期审计制度的有关规定，1987 年国家教委审计室重点抓了定期审计的制度建设，经反复讨论、修改，同年 12 月 28 日，国家教委又印发《国家教委关于直属高等学校实行定期审计的暂行规定》，明确规定凡委属高校预算内外资金、基本建设投资、外汇等收支和财产物资的核算、管理，以及学校所属集体所有制单位的经济活动，均属定期审计的范围，明确从 1988 年开始，3 年内在委属单位实施定期审计的覆盖面达到百分之百。1989 年 7 月 18 日，国家教委发布的《国家教委关于委属单位自筹基本建设投资审计试行办法》规定：凡国家教委及委属单位利用自有资金进行基本建设的投资，在各单位向国家教委申报年度自筹基本建设投资计划前，对自筹资金的来源及落实情况，各单位审计部门和委审计局都必须依法进行审计。

在抓紧建立规章制度的同时，国家教委审计室还及时转发了《国务院关于审计工作的暂行规定》《国务院关于违反财政法规的处罚条例》和审计署的《审计工作的试行程序》《审计文件材料立卷归档工作试行程序》《关于审计事项保密问题的暂行规定》等有关法规制度，并结合委属单位具体情况做了要求。如 1986 年 5 月，国家教委在转发《国务院办公厅转发审计署关于审计教育经费的通知》时，进一步明确要求各级教育行政部门要结合对教育经费的检查，抓紧建立审计机构或配备专职审计员，积极开展审计工作。1987 年 8 月，国家教委在贯彻落实《国务院办公厅转发审计署关于加强内部审计工作报告的通知》时，又再次要求委属高校和企事业单位要提高对审计工作的认识，切实加强对审计工作的领导，建立定期听取审计部门汇报工作的制度，积极帮助解决审计工作中遇到的各种问题。这一文件发出后，绝大多数委属单位积极响应：有的新建了内审机构；有的把内审机构从原科级建制调整为处级建制；有的给审计部门增加了人员编制，调配了审计人员；有的给审计部门调增了办公用房；等等。

从原教育部于 1985 年 1 月 16 日宣布成立审计室，到 1985 年 12 月底，国家教委委属单位建立审计机构 37 个，配备审计人员 81 人。1986 年底，委属 36 所高校和部分企业单位不仅建立了审计处（室），而且形成了一支近两百人的审计队伍。至 1987 年底，据不完全统计，近 1/3 的省级教育行政部门建立了审计处（组）；没有建机构的也大都配备了专职审计员；有部分省的地(市)、县级教育行政部门也基本建立了相应的审计机构；不少省、市所属高校的审计机构已经组建或正在筹建。

第二节　发展阶段（1988—1998）

一、教育审计机构重大调整

1988 年 7 月 18 日，根据 1988 年 5 月 19 日《国务院关于审计署设置派出机构的批复》，以及《关于审计署在国务院有关部门设置派出机构若干问题的通知》，经国家教委与审计署研究决定，撤销原国家教委审计室，成立审计署驻国家教委审计局。驻委审计局受审计署和国家教委双重领导，其主要职责是：(1) 对国家教委归口管理的部门、在京直属企事业单位和驻外使（领）馆教育处（组），以及审计署划定的委属其他重点企事业单位的财务收支、国家资产及其使用效益进行审计监督；(2) 配合国家教委对全国教育行业的客观管理，对重大的或带倾向性的财务收支及其使用效益问题，进行审计调查；(3) 负责组织督导国家教委所属企事业单位的内审工作，并对教育行业审计工作进行业务指导；(4) 承办审计署和国家教委领导交办的审计事项；(5) 依据国家审计法规，制定国家教委委属单位审计规章制度，并督导实施；(6) 组织指导国家教委委属院校和企事业单位审计干部的培训工作。

二、构建教育审计基本法规体系

审计署驻国家教委审计局成立后，建立健全教育审计制度被摆在重要的位置，构建教育审计法规体系，使教育审计工作做到有法可依，有章可循。

1989 年 11 月 30 日，国务院第 21 号令发布了《中华人民共和国审计条例》，自 1989 年 1 月 1 日起施行。1990 年 3 月 17 日，审计署发布《关于加强教育经费审计工作意见的通知》。1990 年 5 月 3 日，国务委员、国家教委主任李铁映签发颁布了国家教委第 9 号令《教育系统内部审计工作规定》，这是一部教育审计比较完整的行政法规，对教育内审的地位和作用、机构设置和人员的配备以及审计的范围和职权、审计工作的程序和法律责任等作出了明确具体的规定。该《教育系统内部审计工作规定》发布之后，很多教育部门和单位及时制定或修改了本部门、本单位审计工作的实施细则或办法，贯彻落实该规定的要求，推动了教育审计工作的组织建设和制度建设。1991 年，驻国家教委审计局根据审计署《关于加强廉政建设，纠正行业不正之风的通知》和中共中央办公厅、国务院办公厅的通知精神，制定了《审计局工作守则》《审计局廉政措施》等，加强审计局廉政建设，改进审计工作作风。

1994 年 8 月 30 日，第八届全国人民代表大会常务委员会第九次会议通过《中华人民共和国审计法》,《中华人民共和国审计法》共分七章五十一条，对我国审计监督制度的原则、审计机关和审计人员、审计机关职责、审计机关权限、审计程序、法律责任等方面的内容做了规定。《中华人民共和国审计法》的颁布，对进一步完善审计监督制度，加强对国家财政收支和与国有资产有关的财务收支的审计监督，维护国家财政经济秩序，促进廉政建设，提高经济效益，保障国民经济健康发展，起到了十分重要的作用。9 月 8 日，国家教委审计局下发了《关于认真学习、积极宣传〈审计法〉的通知》。各地教育部门按照通知的要求，认真学习《中华人民共和国审计法》，加深理解，提高贯彻的自觉性，同时组织开展了形式多样的宣传活动。10 月 11 日，依据《中华人民共和国审计法》的规定，为加强和巩固教育审计工作的基础，国家教委印发了《关于进一步建立健全教育内审制度的通知》，再次重申了国家教委第 9 号令中关于教育内审机构设置和审计人员配备的规定必须继续执行。要求各级教育主管部门、委属院校和直属企事业单位进一步加强内审机构建设和内审工作。

1995 年，在机构改革中，部分省（区、市）教育行政部门撤并了审计机构，削减了审计人员。对此，国家教委审计局大力宣传和贯彻《中华人民共和国审计法》，提出建立健全内审制度、独立设置审计机构、配备与审计工作相适应的审计人员的要求，并下发了《关于加强对教育经费审计监督的几点意见》，同时宣传推广一些省市部门、单位加强内审机构和队伍建设的经验。

为建立健全教育内审制度，强化审计监督，驻国家教委审计局对《教育系统内部审计工作规定》进行了反复修改，1996 年 4 月 5 日，以国家教委第 24 号令正式印发了《教育系统内部审计工作规定》，共六章三十六条，对建立内部审计制度、设立内审机构、内审工作的职责和权限等作出了明确的规定。《教育系统内部审计工作规定》对教育系统内部审计工作的一系列重大问题作出明确规定，是指导和规范教育审计工作的重要法规。为督促《教育系统内部审计工作规定》的贯彻落实，国家教委办公厅发出《教育系统内部审计工作考核办法（试行)》，要求各级教育审计机构及其所在部门和单位按照这一办法，进行认真自查，针对存在的问题采取切实的改进措施，为 1997 年的全面考核做好准备。

1996 年 5 月，国家教委办公厅印发《“九五”时期教育审计工作发展规划》，指出："九五"时期教育审计工作要按照"加强基础，积极发展，提高水平"的方针，进一步加强教育审计机构、队伍和规章制度建设，积极推进教育审计工作的发展，大力提高教育审计工作的水平，力争至"九五"末期，初步建立起与社会主义市场经济体制相适应、符合教育特点和规律的教育审计监督制度，审计工作的力度明显加强，作用得到较充分的发挥，基本适应教育改革和发展的要求。

1996年底，国家审计署发布了38个审计规范项目文本。1997年10月21日，国务院发布了《中华人民共和国审计法实施条例》（国务院第231号），对审计的性质、审计监督的主要内容、审计机关和审计人员的管理体制、审计机关职责和权限，以及审计程序和法律责任做了更为详细的规定。为深入贯彻落实《中华人民共和国审计法》及实施条例，1997年12月31日，国家教委发出《关于发布教育系统内部审计规范的通知》，公布11个审计规范性文件。即：《教育系统内部审计准则》《高等学校财务收支审计实施办法》《高等学校预算执行情况审计实施办法》《中小学财务收支审计实施办法》《教育系统企业财务收支审计实施办法》《教育系统基建、修缮工程项目审计实施办法》《教育系统固定资产审计实施办法》《高等学校有关行政负责人经济责任审计实施办法》《中小学校长经济责任审计实施办法》《教育系统企业单位负责人经济责任审计实施办法》《教育系统企业内部控制制度评审实施办法（试行）》。《关于发布教育系统内部审计规范的通知》指出：制定并发布上述文件是为了贯彻执行《中华人民共和国审计法》和国家教委1996年第24号令《教育系统内部审计工作规定》，实现教育审计工作法制化、制度化、规范化，保证教育审计工作质量。《关于发布教育系统内部审计规范的通知》还要求：各级教育部门和单位要组织审计人员认真学习，贯彻执行，不断提高教育审计工作的水平。这11个文件较为全面系统地构建起中国教育审计的法规制度体系，对其后的教育审计工作产生重大影响。

1998年，全国各级教育审计机构都把认真组织教育审计人员学习和贯彻《教育系统内部审计规范》当作全年的工作重点之一。原审计署派驻教育部审计局将规范汇编成册，同时专门撰写了《认真执行教育审计规范，不断提高教育审计工作水平》的宣传介绍材料，供广大教育审计工作者学习参考；举办了两期学习规范的审计骨干培训班，共300多人参加学习，并在年初举办的主管审计工作的领导干部学习班上讲解了规范，使他们了解规范，指导规范的贯彻。北京、天津、上海、湖南、湖北、河南、江苏、四川、陕西、黑龙江等省市教育主管部门都举办了以学习教育审计规范为主要内容的培训班，共18 000人参加了学习，基本上做到了每个教育审计人员轮训一遍的要求。许多教育审计机构还对照规范，对过去的审计工作进行了认真检查，对不符合规范要求的做法加以改正，并建立健全了审计质量控制制度，使审计风险得以防止和减少，审计工作的质量、效率和效益明显提高。

三、加大教育经费审计力度

随着我国经济的发展及教育事业投入的增加，教育审计工作也有了较大发展。国家审计署提出的工作方案是"打基础、抓重点、上水平"。这一时期教育审计把教育经费作为工作重点，一是对审计发现的截留、挪用教育经费的问题，要及时制止纠正，确保教育经费落实到位。二是提高教育资金的使用效率，加强教育经费管理。从1988年至1999年的十余年间，每年的教育审计工作都把加强对教育经费的审计监督作为重点工作。

根据国务院及审计署有关自筹基本建设投资管理规定的精神，由驻国家教委审计局起草，经过广泛征求意见，反复研讨修改，于1989年7月18日以国家教委名义发布了《国家教委关于委属单位自筹基本建设投资审计试行办法》。该办法规定：凡国家教委及委属单位利用自有资金进行基本建设的投资，在各单位向国家教委申报年度自筹基本建设投资计划前，对自筹资金的来源及落实情况，各单位审计部门和委审计局都必须依法进行审计。

1990年3月17日，审计署发布的《加强教育经费审计工作意见》强调："教育在经济建设中处于优先发展的战略地位。国家在财政比较困难的情况下，每年仍不断增加教育经费拨款，而且还逐步建立和完善了以财政拨款为主，多渠道筹措教育经费的新体制，增加对教育的投入。为了促进教育事业的发展，各级审计机关必须认真贯彻李鹏总理关于'切实加强教育经费使用的管理和审计监督，杜绝挪用浪费现象'的指示，加强对教育经费的审计监督，促使教育部门和单位加强管理，遵守财经纪律，杜绝挪用浪费，提高办学效益"。1990年4月23日，国家教委办公厅转发了审计署《关于加强教育经费审计工作意见的通知》。1991年3月20日，国家教委印发了《关于委属院校今后3年内审工作"上水平"若干问题的意见》，提出了"开展以财务审计为基础，以效益审计为重点的多种类型的审计监督"的指导思想和7项审计工作"上水平"的主要目标。1992年4月13日，国家教委办公厅印发了《国家教委直属企业厂长经理离任经济责任审计试行办法》。1992年8月，国家教委发出了《关于学习、贯彻邓小平同志重要谈话精神，加强和改进教育内部审计工作的意见》，指出进一步加强改进教育内部审计工作是深化教育改革和加速教育发展的客观需要。一些省、自治区、直辖市教育行政部门和院校转发了这个文件，并结合本地区、本单位的实际情况，制定了实施细则和试行意见，按照国务院领导同志关于要切实加强对教育经费使用的管理和审计监督，杜绝挪用、浪费现象的指示，建立健全内部审计制度，充实审计人员，加强基础建设，同时从开源、节流和强化科学管理等 3 个方面入手，不断拓宽审计领域，积极探索内审工作的新路子，使教育审计工作更好地服从和服务于深化教育改革和加速教育事业发展的需要。1994 年 12 月 31 日，下发了《委属院校校办企业厂长、经理离任审计工作规定》。1994 年 6 月 28 日，国家教委办公厅印发了《关于加强工程竣工决算审计工作的意见》对离任经济责任审计和竣工决算审计提出了要求和指导性意见。为解决包括教育主管部门在内的一些地方政府部门截留、挤占、挪用教育经费的问题，1996 年 7 月 2 日，国家教委办公厅发出《关于进一步加强对教育经费审计监督的意见》。该文件要求各级教育主管部门组织审计机构加强对本部门各职能机构的财务收支的审计，同时开展对教育经费筹集、投入、管理和使用情况的审计或审计调查。

据《1998 年教育审计年鉴》介绍，1997 年，各级教育审计机构开始了财务收支、预算执行、办学效益、基建修缮、校办产业、经济责任等多种类型的审计。据 25 个省、自治区、直辖市教育主管部门和 34 所委属高校提供的资料统计，1997 年共完成审计项目 97 316 个，审计总金额为 730 多亿元；查出有问题的金额为 16.6 亿多元，其中违纪违规金额为 11.4 亿多元；挽回经济损失 4.6 亿多元，促进增加教育投入 7.7 亿多元，提高 4.3 亿多元经济效益，罚没款 1 800 多万元，合计增收节支 16.9 亿多元；提出审计建议 29 667 条，落实 23 206 条，落实率为 78%；提交审计调查报告 4 653 篇，被上级部门和新闻单位采用 1 054 篇，采用率为 23%；查出万元以上贪污贿赂案件共 84 件，金额达 506 万多元；移交纪检监察部门给予党纪政纪处分的 228 人，移送司法部门处理的 47 人。同时，一些高等学校审计机构还开展了对经营收入、附属单位上缴收入和其他收入的收缴、管理和使用情况的审计调查，各级教育主管部门审计机构对本地区落实教育投入、经费筹集和拨付情况进行了审计调查等。特别是部分教育主管部门审计机构进一步加强了对申请“两基”评估验收区县的教育投入和教育经费管理使用情况的审计监督，挽回一批经费。

四、教育审计工作的队伍不断壮大

设立了审计机构，配备了审计人员，并不断加强审计队伍的建设，这是教育审计制度基本建立健全的首要标志，因为专门的机构和人员是保证审计监督具有独立性、客观性、权威性的基本条件，是实施审计监督的组织保证。据不完全统计，到 1997 年底，全国教育系统已有审计机构 4 000 多个，审计人员 15 000 多人。审计队伍的专业知识和年龄结构日趋合理，一些经济师、工程师也开始加入审计人员的行列；具有审计财会工程等专业技术职称特别是中、高级职称人员所占比例逐年提高，有的单位具有中级以上职称的人员已占 2/3 左右；多数单位的审计人员已由老中青组成，并以中青年为主，审计人员的政治思想素质和业务水平也有了明显提高，一支政治强、作风硬、品德好、业务精的审计队伍迅速成长。开展教育审计工作所必需的条件在多数单位已经得到满足，包括经费、必要的设备和办公条件等。同时审计人员的正当权益和实际问题也能得到保障和解决，减少了后顾之忧。这也是教育审计制度基本建立健全的又一重要标志，因为没有必需的条件保证，审计人员的积极性得不到发挥，审计工作同样难以开展。

第三节　改革发展阶段（1998—2018）

教育内部审计是我国审计体系的组成部分，其基本职能是对教育部门和单位财务收支及其所反映的经济活动的真实性、合法性和效益依法实施的内部监督。教育内部审计工作是整个教育工作必不可少的组成部分，加强教育内部审计，是规范权力运行的重要手段，是强化过程监管的重要方式，是提高教育资源绩效的重要保障。自 1985 年教育审计制度建立以来，特别是 1998 年我国审计体制调整后，各级教育内部审计机构和审计人员都紧紧围绕教育中心工作，始终坚持把“为规范财务会计工作服务，为提高教育资金使用效益服务，为教育改革和发展服务”作为教育审计工作的出发点，认真履行审计监督的职能，积极开展各项审计工作，在服务中实施监督，在监督中强化服务，适应新的形势，不断拓展工作领域，深化审计内容，改进审计方法，提升审计工作质量，为维护社会主义市场经济秩序，贯彻财经法规，保证会计信息质量，在促进教育部门和单位强化内部管理，保障教育资源的优化配置，提高教育经费的使用效益，维护教育系统合法权益，促进党风廉政建设等方面，发挥了重要的作用。

一、改革教育审计机构，强化内部审计职能

我国的审计体系由三部分组成，即国家审计、内部审计和社会审计。1998 年国务院机构改革以前，国家对占用国有资产和财政预算资金较多的单位由国家审计机关设立派驻机构加强监督。国家审计署派驻的审计机构在派驻单位内兼有国家审计机关和内部审计的双重职能。在派驻机构模式下，审计人员的人事关系、工资住房等待遇都在派驻单位，因此审计工作的独立性受到了制约。为了消除这种弊端，1998 年中央国家机关进行机构改革，对我国审计体制进行了调整。根据国务院批准的《审计署职能配置、内设机构和人员编制规定》，审计署在国务院各部门设置的派驻审计机构一律改为派出审计机构，派出审计机构由审计署垂直领导，其人财物由审计署统管，负责对指定的国务院部门及其在京下属单位的财政、财务收支进行审计监督，但不再对行业内部审计进行

管理和指导。即撤销审计派驻机构，重新设立审计派出机构，承担原派驻机构行使的对同级财政预算单位的审计职能；原派驻机构承担的内部审计职能作为内部经济管理的一项职能归还给各单位。由于审计派出机构在组织上、人员上、经费上的独立性，确保了其工作上的独立性，因此加强了审计工作力度。然而内部审计是在本部门、本单位主要负责人领导下实施的内部经济监督活动，是加强内部管理的需要，因此，内部审计机构是本系统和本单位的管理部门。

根据国务院批准的《教育部职能配置、内设机构和人员编制规定》，由教育部财务司负责教育系统内部审计的协调工作，即对教育系统内部审计工作进行指导，对直属企事业单位进行审计，对教育系统财经活动中重大的、带普遍性或倾向性的问题组织审计调查。根据上述调整，审计署派驻教育部审计局于1998年7月撤销，与此同时，审计署向教育部派出的审计机构——审计署教育审计局正式成立，教育部也决定在财务司专门设置内部审计岗，并分别于当年8月和10月开始工作。至此，1985年初建立的教育部审计室及其后更名为审计署派驻国家教委（教育部）审计局的工作全部结束，其所具有的国家审计职能归于审计署教育审计局，并得到强化，其所具有的内部审计职能归于教育部财务司，也得到延续。

为了防止教育系统内部审计工作因审计体制调整而出现大的波动，1998年10月19日，教育部办公厅发出《关于进一步加强教育系统内部审计工作的几点意见》（教财厅〔1998〕11号），明确规定教育系统内部审计工作划归教育部财务司管理，并对内部审计工作的主要职责及具体任务进行了规定。要求各级教育部门和单位进一步提高对内部审计工作的认识，加强对这项工作的领导；继续贯彻执行原国家教委第24号令《教育系统内部审计工作规定》，强调保持审计机构和审计队伍的稳定；不断提高审计工作的质量和水平，使教育系统内部审计工作在机构改革中继续得到加强而不致被削弱。

至此，教育系统内部审计管理体制已初步形成。教育部财务司负责协调全国教育系统内部审计工作，各省市教育厅局中设立审计处（个别省市在计划财务处中内设专门负责内部审计工作的岗位），负责协调本地区教育系统内部审计工作。

在教育部的重视和推动下，全国各级教育主管部门和高校重视加强内部审计机构与队伍建设。2004年4月，教育部下发修订后的《教育系统内部审计工作规定》强调“教育行政部门和单位应当依照国家法律、法规和本规定，实行内部审计制度，设置独立的内部审计机构，配备审计人员，开展内部审计工作”。同年末，全国教育系统有内审机构4 346个，比1996年增长了1%；配备内审人员18 650名，增长了16%；改革初期，教育内审机构基本保持了稳定，内审队伍得到了充实。到 2011 年底，教育系统建立内审机构 3 537 个，机构数虽然有所减少，但配备的内审人员数有所增加，达到了 19 852 名。

与此同时，教育部不断加强直属系统（即教育部机关、直属高校以及直属单位）审计机构和审计队伍建设。在内部审计职能划归教育部财务司之初，仅设置审计岗位，其后不久设立审计办公室。2015 年，教育部财务司独立设置审计处，工作人员编制由 1 人增加至 4 人，极大地提高了审计工作的广度和深度，进一步提升了审计的独立性。教育部财务司独立设置审计处时，即印发《加强直属高等学校内部审计工作的意见》，明确提出“设置独立内部审计部门，足额配备专职审计人员”，充分保障内部审计机构独立性。2016 年，教育部 75 所直属高校均设置了独立的审计处。2015 年底，教育部直属系统共有内审机构 75 个，其中专职机构 75 个；共有内审人员 600 人，其中专职人员 600 人。截至 2019 年底，教育部直属系统共有内审机构 84 个，其中专职机构 77 个；共有内审人员 702 人，其中专职人员 676 人。

二、健全工作制度体系，规范教育审计行为

教育审计机构改革之后，我国教育内部审计进入新的发展阶段。为确保依法规范审计业务、提高审计质量和效率，教育部十分重视内部审计规章制度的建设。

（一）教育部修订《教育系统内部审计工作规定》

为贯彻 2003 年 3 月 4 日国家审计署颁布的《关于内部审计工作规定》（审计署第 4 号令），2004 年 4 月 13 日，教育部修订了 1996 年国家教育委员会发布的《教育系统内部审计工作规定》，并以教育部 17 号令形式发布，自 2004 年 6 月 1 日起施行。该文件修订了教育系统内部审计的定义，全面、准确地描述了内部审计的职责，精炼了对内部审计目标的描述；新增了“组织和领导”一章，明确了教育行政部门和单位主要负责人领导本部门、本单位内部审计工作的主要职责；修订了关于教育内审机构设置的规定，明确要求教育行政部门和教育单位应当按照国家有关规定建立健全内部审计制度，并提出内部审计机构设置应遵循的原则；修订了关于教育内审人员资格条件的规定，明确要求审计人员应当严格遵守内部审计准则和内部审计人员职业道德规范，应当参加岗位资格考试和后续教育；将有关教育内审机构职责、权限的内容进行了调整、归并和删除，把内部审计的监督职能和加强内部控制、参与管理的职责有机地结合起来，并增加了新的内容，使内部审计更好地为教育改革和发展服务。还明确了新形势下教育内部审计的目标，条款更精炼、更具可操作性，使教育内部审计工作更加严谨、规范，并能更加有效地规避审计风险，是一部适应中国

教育改革和发展新形势的内部审计基本法规，夯实了教育审计发展的基础。

（二）中国内部审计协会颁发《中国内部审计实务指南第4号——高校内部审计》

2009年7月7日，中国内部审计协会颁发了《中国内部审计实务指南第4号——高校内部审计》，这是第一个行业性的内部审计指南，并纳入了中国内部审计准则与指南体系，对高校内部审计的内容、程序和方法进行了全面规范。该指南共六章一百一十九条，以中国内部审计准则为基础，突出高校行业特点、突出现代内部审计发展方向、突出高校主要审计业务，将高校内部审计定位于通过对学校与资源利用有关的业务活动及其内部控制的适当性、合法性和有效性的审查，并进行确认、评价、咨询，旨在促进完善管理控制、防范风险、创造效益，从而促进学校事业目标的实现。审计内容涵盖高等学校目前开展的主要业务，包括内部控制审计、预算执行与决算审计、建设工程项目审计、领导干部任期经济责任审计等规范，并于2009年9月1日起施行。《中国内部审计准则与指南体系——高校内部审计》突出了内部审计的过程审计导向、管理审计导向、绩效审计导向，对于引导和加速高校内部审计转型与发展，促进高校内部审计制度化、专业化、科学化，促进内部审计在高校治理中发挥更大作用发挥了重要而深远的影响。

（三）教育部印发《关于加强直属高等学校内部审计工作的意见》

2015年2月9日，教育部印发《关于加强直属高等学校内部审计工作的意见》(教财〔2015〕2号)，这是第一次专门对直属高校内部审计工作制定的规范性文件，相对以往的规范性文件，主要有三个特点：第一，责任更加明确。关于领导责任，强调学校主要负责人应“直接领导”审计工作，定期听取审计工作报告，及时研究解决审计工作中遇到的问题和困难，把审计结果作为相关决策的重要依据。关于整改责任，进一步明确被审计单位、项目的主要负责人是审计整改工作的“第一责任人”。关于责任追究，强调要加强纪检监察、组织人事、内部审计等职能部门的协调配合，切实落实审计问题责任追究，并对各部门职责作了进一步明确：由内部审计部门认定责任，提出责任追究建议；由纪检监察、组织人事部门追究相关责任人责任，并及时反馈责任追究结果。第二，范围更加全面。一是对预算管理审计、内部控制审计、经济责任审计这三大块业务提出了新要求；二是对公务支出、科研经费、工程管理、资产管理等四大重点领域审计工作也都提出了明确要求。三是对拓宽内部审计范围提出了明确要求。第三，要求更加严格。机构要独立。不仅要求直属高校要高度重视内部审计工作，而且明确提出要充分保障内部审计机构的独立性：应设置独立内部审计机构，要保障内部审计部门依法审计、依法查处问题、依法公告审计结果，不受其他机构和个人的干涉。人员要专业。不仅要求应足额配备专职审计人员，还要切实加强内部审计队伍的专业化建设：内部审计部门负责人应具备相关专业知识、工作经验；内部审计人员应具备相关专业背景、专业资格。结果要公开。不仅强调要加强审计整改、落实责任追究，而且强调要推进结果公开：经济责任审计结果，要在校内公开；其他审计和审计调查结果，也要在校内通报；所有审计结果在此基础上要逐步向社会公开。

（四）教育部发布《关于推进直属高等学校内部审计信息化建设的意见》

内部审计信息化建设是实现信息化环境下审计“免疫系统”功能的必然要求，是提升审计监督能力和完善教育治理体系的重要途径。2017 年 12 月 29 日，教育部出台《关于推进直属高等学校内部审计信息化建设的意见》（教财〔2017〕10 号），要求各学校必须充分认识到内部审计信息化建设的重要性和必要性，高度重视信息化建设在提升内部审计能力方面的战略性地位。文件明确了部属高校内部审计信息化的重要意义、总体要求、基本原则、主要任务和保障措施。高校内部审计信息化建设的根本目标方向是，要紧紧围绕审计业务和管理实践，将信息化建设成果转化为实实在在的审计能力。审计信息化的核心要义是，加强对数据的分析应用，加快推进数字化审计方式，加强内部审计队伍信息化能力建设，提升运用信息化技术发现问题、评价判断、宏观分析、支撑决策的能力，进而提高内部审计质量和效率。

上述制度构成了教育审计工作的基本法规体系。各级教育主管部门、单位及其审计机构，也依据审计法规，结合各自的实际，制定了审计工作的规章制度，较为全面系统地构建起中国教育审计工作法规制度体系，为教育审计提供了制度依据，使教育审计工作基本上能做到有法可依、有章可循，促进了教育审计工作的制度化、规范化和科学化，审计质量和效率明显提高。

三、开展经济责任审计，促进领导干部担当作为

教育系统领导干部经济责任审计指对教育部门和单位的主要负责人任职期间、任职届满或者因调动、辞职、免职、撤职、退休等原因离开现职岗位前在管理职责范围内履行经济责任的情况进行的审查和评价。目的是客观、公正地评价有关负责人的经济责任，促进加强干部管理监督、制约权力运行、推动反腐倡廉和党风廉政建设。教育部高度重视经济责任审计工作，成立了教育部经济责任审计工作领导小组，完善了领导小组工作职责和机制，建立了一系列教育经济责任审计规章和制度，加大了经济责任审计力度，对于促进依法治教、依法行政、依法理财、促进教育事业科学发展起到了十分积极的作用。

（一）成立教育部经济责任审计工作领导小组

为进一步加强对经济责任审计工作的领导、规范审计程序、保证审计质量，2007年，教育部办公厅印发了《关于成立经济责任审计工作领导小组的通知》，通知明确提出根据中共中央办公厅、国务院办公厅的有关要求，决定成立教育部经济责任审计工作领导小组。领导小组由部主要领导担任组长和副组长，有关司（局）负责人为成员，办公室设在财务司。领导小组在教育部党组领导下，对经济责任审计工作进行统一领导和组织，管理和指导教育系统经济责任审计工作；领导小组成员的各所在单位分工协作、各司其职、各负其责。2014年，领导小组制定了《教育部经济责任审计工作领导小组工作制度》，明确了领导小组职责、各成员单位职责和议事规则，形成了较为完备的工作体制机制。领导小组的职责主要包括贯彻落实中央经济责任审计工作政策和要求、领导和部署经济责任审计工作、审议研究和制定经济责任审计规章制度等。

（二）建立领导干部经济责任审计制度

1999年6月28日，《中共中央办公厅国务院办公厅关于转发中央纪委等部门〈关于认真贯彻落实中办发〔1999〕20号文件切实做好经济责任审计工作的意见〉的通知》（中办发〔2000〕16号），2000年9月26日，教育部印发《关于切实做好经济责任审计工作的通知》（教财〔2000〕21号），要求教育系统认真贯彻中央办公厅和国务院办公厅关于经济责任审计的有关文件精神，并对经济责任审计内容及审计结果运用作出了规定。还要求各教育行政部门、各高校结合本单位实际，制定任期经济责任审计制度，使经济责任审计工作制度化、规范化。2001年11月20日，教育部印发了《教育部关于对直属事业单位领导干部经济责任审计有关事项的通知》，规定了对直属事业单位领导干部进行经济责任审计的内容及程序。

2005年1月28日，教育部办公厅转发中央纪委、中央组织部、监察部、人事部、审计署《关于将党政干部经济责任审计范围扩大到地厅级的意见》。2007年1月4日，教育部印发了《关于做好领导干部经济责任交接工作并将经济责任审计报告作为交接内容的通知》（教财〔2007〕2号），指出："为了进一步规范直属高校、直属单位领导干部经济责任审计工作，充分发挥经济责任审计的作用，更好地利用审计结果，我部决定将直属高校、直属单位领导干部经济责任审计报告作为直属高校、直属单位领导干部工作交接的内容之一。"首次明确了直属高校、直属单位领导干部交班须过经济责任审计关。明确了经济责任审计报告交接的目的，规范了经济责任审计报告交接的内容，提出了经济责任审计报告交接的要求。

2007年7月18日，教育部发布了《关于进一步加强省属高校领导干部经济责任审计工作的意见》(教财〔2007〕13号)，指出：“各省级教育行政部门要充分认识经济责任审计工作的重要性。经济责任审计是促进高校领导干部全面贯彻落实国家的方针政策，增强责任意识，廉洁勤政，依法治校和提高管理水平的有效手段，也是党中央、国务院为加强领导干部监督管理，促进领导干部正确履行经济责任而采取的一项重要举措。各省级教育行政部门要充分认识这项工作的重要意义，将省属高校领导干部经济责任审计作为重要的任务抓紧抓实。”《关于进一步加强省属高校领导干部经济责任审计工作的意见》明确了省属高校领导干部经济责任审计范围、审计程序、主要内容；建立高校领导干部经济责任审计报告交接制度；加强对审计查出问题整改情况的专项检查。

2010年，中共中央办公厅、国务院办公厅印发《党政主要领导干部和国有企业领导人员经济责任审计规定》(中办发〔2010〕32号)后，审计署制定出台了《深化经济责任审计工作的指导意见》，为全面贯彻落实上述两个文件，进一步做好教育系统经济责任审计工作。2011年2月17日，教育部印发了《教育部关于做好教育系统经济责任审计工作的通知》(教财〔2011〕2号)，对经济责任审计工作提出了五个方面总体要求：一是深入学习，全面贯彻落实《党政主要领导干部和国有企业领导人员经济责任审计规定》；二是明确经济责任，加大审计力度；三是依法界定审计内容；四是公布审计结果，严格责任追究；五是加强审计机构和队伍建设。明确要求教育系统认真总结经验，找出存在的问题和不足，根据《党政主要领导干部和国有企业领导人员经济责任审计规定》精神，完善和修订有关经济责任审计规章制度，健全经济责任审计工作联席会议制度，建立经济责任审计情况通报、审计整改以及责任追究等结果运用制度，逐步探索和推行经济责任审计结果公告制度，促进经济责任审计工作的法制化、规范化、科学化。

2014年7月，中央纪委机关、中央组织部、中央编办、监察部、人力资源和社会保障部、审计署、国务院国资委联合印发《党政主要领导干部和国有企业领导人员经济责任审计规定实施细则》(审经责发〔2014〕102号)，要求各部门制定本部门内部管理领导干部经济责任审计规定。2015年5月22日，教育部印发了《关于直属高校落实财务管理领导责任严肃财经纪律的若干意见》(教财〔2015〕4号)，文件强调要加强内部审计工作，要深入落实《教育部关于加强直属高等学校内部审计工作的意见》。学校主要负责人应直接领导内部审计工作。应设置独立内部审计部门，足额配备专职审计人员，切实加强内部审计专业化建设。强化预算管理审计、内部控制审计、经济责任审计，加强对科研经费管理、建设工程管理、采购管理、资产管理等重点领域的审计。拓展内部审计范围，探索开展重要政策跟踪审计，适时开展专项审计调查。强化审计结果运用，加强审计整改和责任追究，推进审计结果公开。

2015 年 11 月，中共中央办公厅、国务院办公厅印发了《关于完善审计制度若干重大问题的框架意见》及其相关配套文件（中办发〔2015〕58 号），要求对公共资金、国有资产和领导干部履行经济责任情况实行审计全覆盖，做到应审尽审、凡审必严、严肃问责。2016 年 3 月 24 日，教育部印发了《教育部经济责任审计规定》，其核心要点主要有七个方面：一是组织领导，明确了教育部经济责任审计工作的领导体制、工作机制和组织保障。包括教育部经济责任审计工作领导小组组成和工作职责、领导小组办公室职责、成员单位职责要求等。二是审计对象，明确了教育部经济责任审计的对象。主要是四类领导干部：教育部有干部管理权限的直属高校和直属事业单位，社会团体秘书处党政主要领导干部，教育部管理的国有企业的法人、董事长、总经理、党委书记以及驻外教育机构参赞（常驻团代表）。三是审计内容，明确了四类审计对象对应的不同的审计内容。主要突出党政同责、同责同审、分别认定的要求。四是审计实施，明确了实施审计过程中，被审计领导干部及其所在单位或原任职单位、审计组和其他有关部门、单位的职责，个别重要、特殊事项的处理原则等。五是审计评价，明确了审计评价的依据、方法，以及被审计领导干部对审计发现问题应当承担的三种责任。六是审计报告，明确了审计报告出具的过程、主要内容和事后处理事项。七是审计结果运用，明确了经济责任审计结果运用的主要方式，教育部经济责任审计工作领导小组成员单位在结果运用中的职责，被审计领导干部所在单位或原任职单位应当采取的整改措施和具体要求等。

经济责任审计整改工作是审计工作的重要环节，是评价审计工作效果的重要标准，整改工作效果好坏直接关系到审计"免疫系统"功能的发挥。2017 年 8 月 8 日，教育部印发了《教育部经济责任审计整改工作办法》（教财〔2017〕3 号），其围绕"强化责任、全面规范、督查问责、成果应用"的思路，从经济责任审计整改的责任主体、目标要求、整改报告、跟踪检查、对账销号、整改督查、问责通报、会商机制、联动机制等方面进行了全方位、立体式的精细化管理，充分发挥领导小组各成员单位和业务主管部门的合力，确保审计整改工作取得实效。2019 年 1 月 3 日，教育部印发了《教育部直属高校主要领导干部履行经济责任重要风险提示清单》，文件特别强调要盯住"关键少数"，以经济责任审计为抓手，分层次、有重点地提示了当前高校主要业务领域的 22 个重大风险点，督促直属高校主要领导干部切实履行管理职责，注重风险管控，完善内部治理，服务事业发展。

（三）领导干部经济责任审计成效显著

教育部在出台一系列经济责任审计制度的同时，进一步加大了经济责任审计的力度。据不完全统计，“十二五”期间，教育系统共开展直属高校校长和直属单位主要负责人经济责任审计 124 项，驻外教育机构参赞经济责任审计 35 项。近两年，按照“应审尽审”的原则，深入实施领导干部经济责任审计工作。2018 年，完成 8 所直属高校、5 家直属单位共 17 位主要领导干部（3 所直属高校、1 家直属单位是党政同审）的任期经济责任审计。与往年相比，发现问题的广度和深度都有进一步拓展，涉及重大经济决策、财务、资产、采购、基建、办学、科研、后勤、产业等重要业务领域，特别是对学校体制机制问题的发现，有力推动了学校进一步规范管理。2019 年，完成 10 所直属高校、5 家直属单位主要领导干部经济责任审计任务。其中，对满足条件的 5 所直属高校开展了党委书记和校长同步审计。通过以经济责任审计为抓手，融合开展政策跟踪审计、内部控制审计、管理审计、绩效审计等审计内容，充分运用信息化手段，再造审计流程，加强制度化、规范化建设，审计效率和质量不断提升，对加强领导干部监督，维护财经纪律，防范财务风险起到了重要作用。

四、突出审计重点领域，提高资金使用效益

教育事业发展是全方位的，教育审计的着眼点也应是全方位的，但是事业的发展是有重点的，教育审计应围绕事业中心，体现重点，形成合力，促进事业取得突破性进展。

（一）加强建设工程和修缮工程项目审计

2000 年 6 月 27 日，教育部印发了《关于进一步加强建设工程、修缮工程项目审计的通知》，强调建设工程、修缮工程项目未经审计不得办理结算手续，要通过审计，降低工程造价，节约工程投资，维护教育单位的合法权益，同时促进基建、修缮部门加强管理，堵塞漏洞。基建、修缮管理部门应积极配合工程项目的审计工作。为进一步加强和规范建设工程的全过程审计，2007 年 12 月 19 日，教育部印发了《关于加强和规范建设工程项目全过程审计的意见》（教财〔2007〕29 号），指出：“各部门、各单位对本部门、本单位的大中型建设工程应实施全过程审计。”“对建设工程项目实施全过程审计的内容包括对建设项目投资估算、勘察设计概算、施工预算、竣工结算、财务决算等各阶段经济管理活动的检查和评价。”“各部门、各单位开展建设项目全过程审计，由内部审计机构或内部审计机构委托具有相应资质的工程造价咨询机构实施。”“内部审计机构应加强对受托工程造价咨询机构的管理和监督。”“建设工程全过程审计应以促进控制工程造价和规范工程管理为重点，将技术经济审查、审计控制和审计评价相结合，将事前审计、事中审计和事后审计相结合。”开展基建工

程全过程审计，对有效控制并真实反映工程造价、降低工程建设成本、完善建设工程管理、提高资金使用效益、维护教育部门和单位的合法权益、促进廉政建设等具有积极的重要作用。为进一步加强建设工程管理，发挥审计的预防和监督功能，2016 年 12 月 6 日，教育部印发了《关于加强直属高校建设工程管理审计的意见》（教财〔2016〕11 号），引入管理审计理念，从深化认识、实现审计全覆盖、建立投资评审制度、突出审计重点、完善审计结果运用机制、规范审计组织实施六个方面，对建设工程管理审计提出了具体要求，指导高校更加注重绩效，突出审计重点，抓住关键环节，创新审计机制，实现促进完善内部控制、促进落实管理责任、促进提高资源绩效的目的。

（二）加强高等学校预算和决算审计

为不断增强高校预算编制的科学性，维护预算执行的严肃性，提高决算编制质量，保证教育资源更加优化配置和有效使用，2008 年 7 月 11 日，教育部印发《关于加强高等学校预算执行与决算审计工作的通知》，阐述了开展预算执行审计与决算审计工作重要意义，明确了预算执行审计与决算审计的主要内容，对做好这项工作提出了具体的要求。“高校要将预算执行与决算审计列为年度常规工作，安排内部审计机构在事前介入，了解预算编制和调整情况；组织内部审计机构对校本级和所属单位年度预算执行情况进行经常性审计，对决算的真实性、合法性、完整性进行确认和审查。”严格预算执行审计“应重点对高校预算管理、收入预算执行情况、支出预算执行情况和预算执行结果进行审查”。加强决算审计“应重点对高校年度财务报告反映的年末财务状况、年度收支结果和事业发展计划完成情况进行审查”。并特别强调，对预算执行与决算审计中发现的问题，要及时纠正，采取切实措施，防止问题再次发生。对重大违规事项，要依照规定追究有关责任人的责任。要组织内部审计机构对预算执行与决算审计整改情况进行后续检查。

（三）建设和修缮项目以及预决算审计成效显著

据教育部网站“中国教育年鉴”报道：2001 年，部直属高校共完成审计任务 21 687 项，其中：财务收支审计 390 项、预算执行与决算审计 22 项、基本建设审计 1 707 项、修缮项目审计 11 339 项、经济责任审计 491 项、经济效益审计 25 项、专项资金审计 468 项、其他项目审计 5 157 项、委托社会审计 2 088项，审计金额约 625 亿元；审计发现的各种有问题资金超过 17 亿元，其中：账务处理不当约 9.30 亿元、损失浪费约 0.93 亿元、违纪违规约 7.43 亿元；已纠正违纪金额约 1.93 亿元；各种罚款约 0.42 万元；增收节支约 1.51 亿元。审计过程中涉及的经济案件 105 件，受处理人数 29 人，其中：移送司法机关处理 7 人、受党纪政纪处分 22 人。2019 年，教育部直属系统共完成审计项目 24 675 个，其中，基本建设审计 13 665 个，财务收支审计 1 392 个，经济责任审计 1 327 个，效益审计 348 个，内部控制审计 168 个，信息系统审计 6 个，其他审计 7 769 个。审计总金额 15 860.26 亿元，增收节支 173.66 亿元，提出建议意见被采纳 13 867 条。

通过重点抓建设工程和修缮工程项目审计，促进基建、修缮部门加强管理，堵塞漏洞。通过财务预决算执行审计，促进高校按照国家法律法规积极组织收入，合理安排支出，优化资源配置，提高资金使用效益，使财务预决算的质量有所提高，保证了预决算的真实、准确和完整。通过多年教育内部审计工作的开展，教育系统内部的财务违纪问题明显减少，财务管理水平有了很大的改进和提高，资金的使用效益大大提高，为教育的改革和发展作出了重要贡献。

五、拓展教育审计功能，提供多元优质服务

近年来，教育内部审计正从以真实性、合规性为导向的财务审计，向财务审计和以内部控制、风险管理为导向的管理审计并重的方向转型。教育系统内部审计工作理念有了创新、范围有了拓展，增加了贯彻落实国家重大政策措施情况审计，发展规划、战略决策、重大措施执行情况审计等内容。

（一）为防范教育经济风险提供监管

随着社会主义市场经济体制的建立、教育改革的不断深化和教育事业的日益发展，教育部门和单位内外的经济活动日渐增多和复杂。为使这些经济活动能按照国家的财经法规运行，自教育内部审计工作开展以来，各级教育内部审计机构和审计人员始终把加强教育经济监督作为自己的中心任务，认真开展审计工作，不断加大审计监督的力度，通过开展各类审计工作，防范教育经济风险，通过事前、事中和事后的审计，防止了许多违纪违规问题的发生，或使已发生的违纪违规问题及时得以纠正和处理。例如，2018 年，开始对已审计项目开展全覆盖整改检查，实行审计发现问题对账销号，有力推动了审计发现问题的彻底整改。

（二）为提高财务管理水平提供咨询

加强财经活动的管理，是教育审计工作的基本任务。教育内部审计部门通过积极开展审计和审计调查工作，既能为本单位重大财务事项的规划制定提供决策依据，又能为本单位内部控制制度的建立和完善提供咨询服务。在审计工作中自觉地贯彻“一审、二帮、三促进”的原则，通过运用专项审计调查方式，开展内部控制制度评审，揭示被审计单位存在的问题，分析产生问题的原因，提出针对性的建议，帮助被审计单位建立健全财经管理制度和内部控制制度，加强被审单位服务领导决策和科学管理，推进相关管理体制改革，促进各

项政策贯彻落实，促进改革顺利进行。例如，2019 年，教育部内部审计部门为被审计单位提出建议意见被采纳 13 867 条。

（三）为维护经济合法权益提供建议

维护教育部门和单位的合法权益，使之不受侵害是教育审计工作的重要职责。各级教育审计机构和审计人员通过开展审计和审计调查，对财经活动中的重大事项实行审核，参与有关经济决策的研究，积极为领导和有关部门建言献策，当好参谋和助手，使教育部门、单位防止或减少了经济纠纷的发生，避免或减少了资金资产的流失，维护了教育部门和单位的合法权益。许多教育审计机构和审计人员还开展了与教职工切身利益相关问题的审计和审计调查，及时向领导和有关部门反映情况，提出意见和建议，促进了有关政策的落实和问题的早日解决，保护了教职工的正当利益，调动了他们的积极性，有效改善了我国的教育环境。

（四）为加强党风廉政建设提供支持

党风廉政建设和反腐败斗争，是教育系统一项政治任务。20 多年来，各级教育审计机构和审计人员充分发挥自己的专业特长和优势，积极配合纪检、监察部门查办经济案件，实现审计工作与纪检监察工作的结果共享共用，对惩治腐败、推进党风廉政建设作出了应有的贡献。

第四节　教育系统内部审计工作的成效与经验

自 1985 年教育审计制度建立以来，各级教育审计机构和审计人员认真履行审计监督的职能，积极开展各项审计工作，通过对教育经费的筹措和使用进行审计，促进增收节支；通过对各类经济活动进行监督，促进提高财务管理水平；通过开展经济责任审计，促进党风廉政建设；通过建立健全教育审计制度，促进依法审计，通过培养一支爱岗敬业的审计队伍，促进审计质量的提高，较好地发挥了职能作用，为维护社会主义市场经济秩序，贯彻财经法规，保证会计信息质量，促进教育部门和单位强化内部管理，保障教育资源的优化配置，提高教育经费使用效益，维护教育系统合法权益，执行国家财经法规，加强党风廉政建设和干部队伍建设，发挥了重要的作用。总结 30 多年教育内审计的成绩与经验主要有以下几个方面。

一、坚持“三个服务”是教育审计发展的根本方向

教育内部审计是领导洞察本单位经济活动的眼睛和维护经济秩序的助手，教育系统内审机构和内审人员只有全面理解和掌握内审工作特点，准确定位，

着眼于教育改革、发展和稳定的大局，紧紧围绕教育中心工作，始终坚持“三个服务”的教育审计发展根本方向，即把“为规范财务会计工作服务，为提高教育资金使用效益服务，为教育改革和发展服务”作为教育审计工作的出发点，把审计工作视作为领导、为单位提供服务的过程，在服务中实施监督，在监督中强化服务，适应新的形势，不断拓展工作领域，深化审计内容，改进审计方法，提升审计工作质量，才能充分发挥审计的促进作用。

二、强化领导责任是教育审计工作顺利开展的保障

教育部党组高度重视经济责任审计工作，为加强对经济责任审计工作的领导，教育部成立了经济责任审计工作领导小组。领导小组由部主要领导担任组长和副组长，有关司（局）负责人为成员，办公室设在财务司。2014 年，领导小组制定印发了《教育部经济责任审计工作领导小组工作制度》，规范明确了领导小组职责、各成员单位职责和议事规则，形成了较为完备的工作体制机制。教育部印发《关于加强直属高等学校内部审计工作的意见》，强调学校主要负责人应“直接领导”审计工作，定期听取审计工作报告，及时研究解决审计工作中遇到的问题和困难，把审计结果作为相关决策的重要依据。

三、健全法规制度体系是提高教育审计质量的基础

中国教育审计制度从无到有，从零星分散的个别制度，到初步建立一个包括教育审计机构和人员编制、内部审计规定、经济责任制审计、预算审计、收支审计、基建和修缮工程项目审计、固定资产审计，以及教育企业内部控制制度评审等方面的法规制度体系。在教育系统内部建立并实施了：《中国内部审计实务指南第 4 号——高校内部审计》《教育系统内部审计工作规定》《关于内部审计工作的规定》《教育部经济责任审计工作规程》《教育系统内部审计规范》《教育系统内部审计准则》《高等学校财务收支审计实施办法》《高等学校预算执行情况审计实施办法》《中小学校财务收支审计实施办法》《教育系统企业财务收支审计实施办法》《教育系统基建、修缮工程项目审计实施办法》《教育系统固定资产审计实施办法》《高等学校有关行政负责人经济责任审计实施办法》《中小学校长经济责任审计实施办法》《教育系统企业单位有关负责人经济责任审计实施办法》《教育系统企业内部控制制度评审实施办法（试行）》及其他教育审计工作的规章制度，构成了教育审计的基本法规体系。许多教育单位及其审计机构，也依据审计法规，结合各自的实际，制定了审计工作的规章制度，较为全面系统地构建起中国教育审计的法规制度体系。这为教育审计工作提供了制度依据，使教育审计工作能做到有法可依，有章可循。

四、着眼全面突出重点是提升教育审计效益的关键

教育事业发展是全方位的，教育审计的着眼点也应该是全方位的，但是事业的发展是有重点的，教育审计应围绕事业中心，体现重点，形成合力，促进事业取得突破性进展。教育内部审计重点建立了定期审计制度，注意点面结合，突出重点，侧重质量，兼顾数量，使审计工作向经常化、制度化、规范化的方向发展。教育内部审计工作已由以传统的财务收支审计为主，逐步拓展到领导干部经济责任审计和资金使用效益审计等领域，以确保财务收支的真实、合法和资金使用效益的提高。一是教育经济责任实现审计全覆盖，坚持任中审计与离任审计相结合，审计范围覆盖所有直属高校、直属单位主要领导干部和驻外教育机构参赞（常驻团代表）。“十二五”期间，共开展直属高校校长和直属单位主要负责人经济责任审计 124 项，驻外教育机构参赞（常驻团代表）经济责任审计 35 项，对加强领导干部监督，维护财经纪律，防范财务风险起到了重要作用。二是重点抓基建和修缮工程审计，使高校内部的财务违纪问题明显减少，财务管理水平有了很大的改进，资金的使用效益大大提高。仅以 2014 年为例，据不完全统计，教育部 75 所直属高校审计机构共完成审计项目 3 万多项，审计资金总额 3 千多亿元，促进增收节支 13 亿元，提出审计建议近 9 000 条，制定内部审计制度 200 多项。

五、加强审计调研咨询发挥教育审计建设性功能

随着国家教育事业的发展，高校的办学规模不断扩大，导致高校管理趋于复杂化，这就要求作为监督的内部审计部门，既要参与学校重大事项的规划制定，又要参与高校内部控制制度的建立和完善，就参与改革过程中发现的问题，及时向领导汇报，并提出解决措施。为领导决策提供有力的依据，为学校改革提供智力支持。一方面，各级教育审计机构和审计人员积极开展审计和审计调查工作，自觉地贯彻“一审、二帮、三促进”的原则，通过运用专项审计调查方式，开展内部控制制度评审，揭示被审计单位存在的问题，分析产生问题的原因，并提出针对性的建议，帮助被审计单位建立健全财经管理制度和内部控制制度，服务被审单位领导决策和科学管理，促进各项政策贯彻落实，促进改革顺利进行。另一方面，各级教育审计机构和审计人员通过开展审计和审计调查，对被审单位财经活动中的重大事项实行审核，参与有关经济决策的研究，使教育部门和单位防止或减少了经济纠纷的发生，避免或减少了资金资产的流失，维护了教育部门和单位的合法权益。此外，许多教育审计机构和审计人员还开展了对与教职工切身利益相关问题的审计和审计调查，及时向领导和

有关部门反映情况，提出意见和建议，促进了有关政策的落实和问题的早日解决，保护了教职工的正当利益，有效改善了我国的教育环境。

六、拓展审计领域发挥教育审计推进廉政建设作用

随着社会主义市场经济体制的逐步建立和完善、教育改革的不断深化和教育事业的日益发展，教育部门和单位内外的经济活动日渐增多和复杂。为使这些经济活动能按照国家的财经法规运行，各级教育审计机构和审计人员通过事前、事中和事后的审计，开展审计调查，参与财经活动重大问题的决策，提供咨询服务等等，及时发现问题，提出意见和建议，积极为领导和有关部门当好参谋和助手，防止了许多违纪违规问题的发生，或使已发生的违纪违规问题及时得以纠正和处理，有力地维护了国家的财经法规，推动了依法治教依法治审。加强廉政建设，同样是教育战线面临的一项十分重要的任务，30 多年来，各级教育审计机构和审计人员充分发挥自己的特长和优势，积极配合纪检、监察部门查办经济案件，提高了教育行业的廉政透明度，对惩治腐败、推进廉政建设作出了应有的贡献。仅 1997 年就查出万元以上的贪污贿赂等案件 84 件，涉及金额共 47 万多元；移交纪检监察部门给予党纪政纪处分的 225 人，移送司法部门处理的 49 人。

新时代，作为党和国家监督体系的重要组成部分，审计的作用越来越大，职责越来越多，要求越来越高。加强内部审计是优化审计资源配置、增强审计监督合力的必然选择。对于教育内部审计来说，机遇和挑战并存，教育内部审计需求增加与审计能力不足的矛盾突出。要适应新时代新要求，必须进一步加强教育内部审计工作，尽快提升专业化能力，充分发挥教育内部审计应有的作用，为教育事业的发展作出新的贡献。

附：中国教育审计学会简介

中国教育审计学会（The Chinese Educational Audit Society，简称 CEAS）经审计署和原国家教委同意并报民政部批准，于 1991 年初成立，是国家一级社团组织。1999 年之前学会主管部门为审计署，挂靠在国家教委审计局。1999 年机构改革后，学会主管部门改为教育部，挂靠在教育部财务司，由民政部监督。学会的主要活动包括组织开展教育审计理论和实务的研究及国内外的学术交流，调查研究教育审计工作发展过程中遇到的新问题，培训教育审计人员，出版相关教育审计刊物等。

1991 年 1 月 25 日至 29 日，全国审计工作会议在武汉召开，同时举行了中国教育审计学会成立大会。出席会议的有各省、自治区、直辖市和计划单列市

教育主管部门、有关部委及委属高校、企事业单位审计处（室）的负责人，部分省、区、市教委和高校主管审计工作的领导，以及从事审计教学、科研的学者和教授共100多人。在中国教育审计学会成立大会上选举了学会理事和学会领导成员，通过了学会章程。随后各省、区、市的教育审计学会相继成立。

学会从成立至现在，历经六届会员代表大会和理事会的努力，团体会员数从第一届34个发展到现在近180个。学会第一任会长高环、第二任会长覃立垣、第三任会长郑君礼、第四任会长林岗、第五任会长宁滨，现任会长施建军。

学会秘书处设在北京。学会下属学术委员会、培训委员会、会刊编辑委员会分别设在北京、武汉、上海三地，开展日常工作。上海、山东、陕西、黑龙江、湖南、福建、天津等地区还成立了分会，这些团体会员结合本地区、本单位的实际情况，开展各项学术研讨、业务培训、调查研究等活动。

开展教育审计理论研究。为推动教育审计理论研究和教育审计工作的深入发展，学会配合教育部财务司开展教育审计工作，结合工作重点，开展教育审计理论和学术研讨。组织审计人员围绕教育审计的职能、地位、任务，教育审计的准则、质量标准和规范，审计的内容、方法和综合评价指标，以及经济责任审计、效益审计等课题进行研究。

开展审计人员后续教育。经中国内审协会批准，中国教育审计学会获得了负责组织教育系统内的后续教育并出具相关后续教育证明的授权。同时，还配合中国内审协会完成了教育系统审计人员《内部审计人员岗位资格证书》的申领工作。通过组织一系列培训，大大地提高了审计人员的业务水平。

举办会刊。为交流教育审计工作的信息，国家教委审计室于1987年10月创办《教育审计简报》，及时沟通情况，交流教育审计工作的信息和经验。中国审计学会成立后创办会刊《教育审计》杂志。《教育审计》杂志是学术刊物，内部发行，季刊。中国教育审计学会设立会刊编辑委员会，该委员会的主要职责是：征集教育审计和有关专业领域的优秀文章，负责《教育审计》的出版和发行等。会刊委员会和编辑部设在上海市教育委员会审计处。

开设了“教育审计”网页。在“中国教育经济信息网”上开设了“教育审计”网页。通过教育审计网页，为广大教育内审人员提供服务，同时宣传教育内审工作，使各方面人员更好地了解、支持和监督内审工作。为了加强网页管理，成立了教育审计网页管理委员会，负责网页建设的总体规划，确定网页建设的方针、政策。管理委员会下设编辑组，负责网页的具体管理工作。

组织编写审计书籍。学会组织高校审计人员编印了《高校经济活动案例选编》一书。该书选择近年来国家审计机关、教育内审机构和社会审计组织对高校审计的典型案例，并针对案例中的违纪、违规或违法事实进行了具体评析，对加强高校财务管理和会计核算以及内部审计工作具有一定的指导作用。编辑出版《教育审计法规选编》，其中汇集了几乎所有现行的教育审计相关法律法规和制度，成为教育内部审计人员人手一本的重要资料。围绕中国教育审计制度建立20周年，财务司组织出版了《中国教育审计二十年》一书，总结了各省、自治区、直辖市教育行政部门和教育部直属高校教育审计工作的成绩及经验，并对教育审计工作中遇到的理论问题进行了深入的探讨和思考。

审计学会的成立，不仅反映了教育系统审计工作者的愿望，也是教育内部审计工作发展的客观需要，对于进一步发扬理论联系实际和开拓进取的时代精神，推动我国教育审计的学术研究，提高教育审计工作者的素质，加强教育财务的科学管理，提高教育投资的使用效益，具有重要的意义。

第九章　学生资助政策[1]

新中国成立 70 来，党和国家始终坚持教育事业优先发展，始终高度重视家庭经济困难学生上学问题，采取有效措施努力解决好这一问题，不断完善家庭经济困难学生资助制度，经历了逐步建立、探索改革和不断完善等几个重要的历史发展阶段，现在已初步建立起较为完备的资助经济困难学生的制度体系。特别是党的十八大以来，国家用不断完善的学生资助政策体系织起一张“兜底网”，为贫困学生撑起了一片蓝天，实现了“不让一个学生因家庭经济困难而失学”的庄严承诺，创造出中国特色学生资助事业新辉煌。学生资助政策的落实不仅促进了教育公平、社会公平，促进了教育事业快速发展，而且在人力资源开发、扶贫脱贫等方面发挥了重要作用，取得了显著成效。

第一节　中国学生资助政策的历史回顾[2]

经过 70 年的努力，我国已建立起以政府为主导、学校和社会积极参与，覆盖各教育阶段、各级各类学校、所有家庭经济困难学生的国家学生资助政策体系，走出了一条具有中国特色、符合中国国情的学生资助之路。我国学生资助政策的演变可分为四个阶段，呈现三大特征。

一、全面实行人民助学金制度（1949—1982）

新中国成立初至改革开放前，我国在高、中等学校中实行了人民助学金制度。新中国建立后百废待兴，为推进教育事业快速起步，面对经济基础极度薄弱、人民生活水平极度低下的现状，我国创立了社会主义学生资助制度。从新

① 本章相关资料由全国学生资助管理中心提供。

② 中国学生资助 70 年（一），数据来源：全国学生资助管理中心，中国学生资助 70 年-中华人民共和国教育部政府门户网站，http：//www. moe. gov. cn /jyb _ xwfb / s5147 /201909 /t20190924 _ 400640. html。

中国成立初期到改革开放前，先后实行了供给制、人民助学金、学杂费减免等资助政策，为经济困难家庭子女上学提供了一定保障，充分调动了人民群众主动送子女接受教育的积极性，为了促进教育快速发展，我国开始探索实行一系列与社会主义社会相适应的新型学生资助政策。总体上看，这一期间我国学生资助政策是“免费上学＋人民助学金”，并逐渐形成了一套较为完备的体系，对受助对象、享受范围、发放标准、使用原则等作出了详尽而具体的规定，由以高校为主，逐渐延伸到中等学校、初等学校。

（一）人民助学金制度的起源（1949—1951）

新中国成立之初，国家对于高校的学费收取情况没有作出统一规定，各地人民政府根据本地区的具体情况，制定了一些临时性的高等学校和中等学校助学金办法及开支标准，很不一致。有些学校收取学费，有些学校实行公费制或供给制，而北平（现北京）则率先实行了“人民助学金”政策。1949 年 5 月，北平文化接管委员会发布《学生人民助学金暂行条例》，包含了人民助学金的基本思想、受助对象的确定、申请程序及资助标准和核发手续等。这个文件及其实施为后来的人民助学金制度提供了范本和经验。

（二）人民助学金制度的实施与调整（1952—1965）

1952 年 7 月 8 日，中央人民政府政务院发布《关于调整全国高等学校及中等学校学生人民助学金的通知》，规定从当年 9 月起，在废除学费的前提下，全国高等学校及中等学校学生一律实行人民助学金制度。1952 年 7 月，政务院印发《关于调整全国高等学校及中等学校学生人民助学金的通知》。随后，教育部印发《关于调整各级各类学校教职工工资及学生人民助学金标准的通知》，对政务院的决定加以细化，对各级学校人民助学金的范围及标准作出统一规定，其中，高校的学生，中等专业学校（高中程度）、初级中等专业学校（初中程度）、工农速成中学、工农速成小学的学生全部发放，普通高级中学按总学生数的 30%确定发放比例，这份文件标志着国家人民助学金的资助政策的正式确立。

为了更合理地使用人民助学金，1954 年，高教部、教育部联合颁发了《关于改进全国高等学校、中等专业学校及工农速成中学的调干学生人民助学金的使用办法》，对调干生助学金规定按照学生入学前的职务及工资，分为五个等级。1955 年 7 月，财政部、教育部、国务院人事局联合印发《关于取消中小学、幼儿园学生供给制待遇的通知》，取消干部子弟学生的供给制。1955 年 8 月，教育部、内务部联合印发通知，取消烈士子女学生供给制，改发助学金。1955 年 8 月，高等教育部为了合理使用人民助学金，高等教育部颁发《全国高等学校（不包括高等师范学校）一般学生人民助学金实施办法》，决定从

1955 年 10 月份起，全国高等学校（高等师范院校除外）学生人民助学金由原来的全体发给改为部分发给。享受人民助学金的对象是：“一般学生在学习期间内，因家庭经济无力负担伙食费、学习费用的一部分或全部时，均可向学校申请一般学生人民助学金的补助。”1956 年 12 月，高教部对高等学校研究生人民助学金标准作出规定。1960 年 1 月，国务院转发教育部《关于改进工人、农民、干部学生和研究生人民助学金标准问题的报告》及有关文件，规定连续工龄在 3 年以上的工人、干部学生，以及从事农业劳动 3 年以上的农民学生，发给工人、农民、干部学生人民助学金，标准比一般学生为高。1963 年 8 月，国务院批转《教育部关于调整中等专业学校学生人民助学金问题的报告》，将发放范围调整为各校学生总数的 60%～80%。中等师范学校和护士、助产、艺术、体育、采煤等专业的学生，以及由人民公社保送入学的学生，仍全部发给助学金。这一期间，初高中人民助学金总体享受比例也逐年降低。

新中国成立初期，我国普通小学没有全面实施助学金制度，部分学校收取学杂费。1955 年 9 月，教育部、财政部印发《关于中小学杂费开支管理办法的几点意见的通知》，提出“合理地征收杂费并发挥杂费的作用与效能，以补助中、小学校教育经费之不足，保证中、小学校的教育工作及其发展的需要”。通知同时规定，“为了照顾经济上有困难的烈、军属、国家机关工作人员和城乡工农劳动群众的子女入学，经学生家长申请，并持有乡以上人民委员会的证明文件，学校可根据实际情况，酌予减免杂费总数的一部分或全部”。对少数民族地区、老革命根据地和山区，视具体经济情况酌情予以照顾，可适当扩大减免比例。

（三）人民助学金制度的调整（1966—1977）

1966 年 5 月到 1977 年，这一时期的学生资助工作整体延续了之前 17 年逐步改革发展起来的学生资助政策，人民助学金制度仍然是学生资助的主要形式。受高教部、教育部相继撤销和高等教育停招、职业教育停办等的影响，学生资助工作也体现出了一些与之前不同的特点，烙上了深刻的时代印迹。

1. 人民助学金

1966 年至 1970 年，高等学校和中等专业学校停止招生，对于“文革”开始以后仍然在校学习的高等学校本专科在校生和研究生，依然按照之前实施的人民助学金发放办法发给人民助学金。

1970 年至 1976 年，高等学校高校实行从工农、干部、士兵和青年干部中选拔学生的制度，学生入学后的待遇根据其出身有不同的规定，主要方式是由原单位继续发给工资，没有工资的则普遍发给伙食费和津贴。1973 年 4 月，国务院批转《国务院科教组关于 1973 年招生工作的意见》，入学时满五年工龄和入一年左右进修班的国家职工，工资由原单位照发，学校不再发给伙食费和津贴费。其他学生（解放军学员除外）发放伙食费与津贴费。其中，伙食费普遍发放；津贴费用于学生在校期间学习和生活上的困难补助，分定期补助和临时补助两种，由学校根据学生家庭经济情况评定，对家庭经济条件较好的学生，可以不发给津贴费。学生家庭生活有困难的，仍由原单位给予适当补助。

1973 年 7 月，国务院批转的《国家计委、国务院科教组关于中等专业学校、技工学校办学几个问题的意见》指出：中等专业学校、技工学校的学生入学时满 5 年工龄的国家职工，在校期间的工资由原单位照发；工龄未满 5 年的国家职工（包括学徒工）、退伍回乡军人、民办小学教师等由学校发给伙食费和津贴；应届初中毕业生入学，家庭经济困难的可享受人民助学金。

2. 其他资助措施

“文革”时期，我国城乡中小学实施缴费入学的成本分担机制。1974 年 1 月，国务院科教组、卫生部、财政部共同印发了《关于中小学财务管理若干问题的意见》，暂定中学助学金标准为城市每生每年 2 元，县镇和农村每生每年 3 元。各个学校依据自身财力，因校制宜地实施了学费减免政策。同时发展校办工厂、农场，组织学生参与勤工俭学，收益按专项资金管理，不缴纳所得税，也不向财政上缴利润，主要用于学生学工学农时的困难补助和解决学生的学习费用。

（四）人民助学金制度的恢复与改革（1977—1982）

随着高考制度的恢复，国家重新开始实施人民助学金制度，并作出一定的调整。1977 年 10 月 12 日，国务院批转了教育部根据邓小平指示制定的《关于 1977 年高等学校招生工作的意见》，根据文件精神，1977 年 12 月 17 日，教育部、财政部发布《关于普通高等学校、中等专业学校和技工学校学生实行人民助学金制度的办法》，指导人民助学金的发放标准和使用。这个办法所规定的人民助学金制度是以学历层次、学科性质以及地域为依据，形成了不同程度、不同比例的框架体系。例如，文件规定“研究生、高等师范、体育和民族学院学生，以及中等师范、护士、助产、艺术、体育和采煤等专业学生一律享受人民助学金，享受比例按 100％计算。其他高等学校、中等专业学校和技工学校的学生，其助学金的享受比例按 75％计算”①。

1979 年 8 月 4 日，教育部、财政部、国家劳动总局颁发实行职工助学金的规定，指出连续工龄满五年的国家职工考入高校后，将一律实行职工助学金

① 中国教育年鉴编辑部：《中国教育年鉴（1949—1981）》，北京：中国大百科全书出版社，1984 年。

制度，不再享受原工资和原单位其他待遇；一般学生实行人民助学金制度，除高等师范、体育、民族学生全部享受人民助学金外，其他学生的人民助学金享受比例按75%计算。1982年起，国家职工被录取为研究生的，不再享受原单位发放的工资待遇，一律实行人民助学金制度。这其实是计划经济体制下大学生资助政策的延续，也是和考上大学就成为国家干部、毕业国家包分配的就业和户口体制相适应的。

二、奖学金政策为主的时期（1983—1998）

随着经济和社会的发展，人民生活水平的提高，我国的科学教育事业发生了巨大的变化。原来实行了30余年的人民助学金制度已与现实脱节，单一的人民助学金制度存在的主要弊端：一是国家对高等学校学生包得过多，财政负担较重。除每年支付大量人员经费、教学行政费、业务费、基建投资外，在许多家庭已有可能负担子女读大学费用的情况下再发给大部分学生生活费用，加重了国家的负担。二是助长了学生过分依赖国家的思想，形成"进了大学门，就是国家人"的心理状态，不利于鼓励和调动广大学生刻苦学习的积极性。拿助学金的学生并不都是品学兼优的学生，违背了设置助学金的原意。三是评定助学金时对学生的家庭经济情况难以调查清楚，不少地方和学校评定人民助学金办法不合理、不准确，形成了应当有的没有，不应当有的有了等不公平现象。为了克服上述缺点，我国从20世纪80年代初就开始改变过去计划经济体制下的人民助学金制度，从而开始建立起新的资助困难学生的体系。

（一）高等教育学生资助

改革开放以后，一方面，随着经济的发展以及经济改革中计划体制向市场体制的转轨，教育领域内也出现了"市场化"的改革；另一方面，高等教育的迅速发展、高校扩张及高校学生数量的激增，也使得国家无力再继续实施"免费＋人民助学金"政策。高校建立了奖学金制度，先是与普遍性的人民助学金并存，并渐渐取代后者。这一时期分为两个阶段：前一阶段奖学金与助学金制度并存，后一阶段奖学金与学生贷款制度并举。此外，还出现了困难补助、勤工助学、减免学费等其他的资助方式。

1. 奖学金与人民助学金并存阶段（1983—1986）

从1983年开始，我国政府决定将人民助学金办法改为人民助学金、人民奖学金并存的办法。1983年7月，教育部、财政部出台《普通高等学校本、专科学生人民助学金暂行办法》和《普通高等学校本、专科学生人民奖学金试行办法》，规定从1983年秋季入学的新生开始实行人民助学金和人民奖学金并存的办法，国家对经济有困难的学生仍给予人民助学金，对优秀学生给予奖励。二年级以上的学生仍实行人民助学金办法，其余各类学校仍按原规定继续执行助学金制度，具体办法由地方政府根据本地区情况自行规定。中等专业学校是否实行奖学金制度，由所在省、自治区、直辖市决定。最重要的改变有两点：一是降低了人民助学金的比例，规定煤炭、矿业、地质、石油院校学生按80％的比例享受一般人民助学金，其他各类院校学生按60％的比例享受一般人民助学金。严格申请审核程序，规定惩戒性退出政策。对违反校规、成绩不合格且经教育后仍不改进的学生，学校“可以决定取消其所享受的部分或全部人民助学金”[①]。二是设立“人民奖学金”，并指出今后学生的助学金“应逐步改为以奖学金为主”。

1985年，《中共中央关于教育体制改革的决定》充分肯定了这一改革，明确指出：“要改革人民助学金制度”，“对学习成绩优异的学生实行奖学金制度”。师范生和一些毕业后工作环境特别艰苦的专业的学生，国家供给膳宿并免收学杂费。对学习成绩优异的学生实行奖学金制度，对确有经济困难的学生给以必要的补助。1985年5月27日，国家教委颁布《关于研究生在校学习期间生活待遇等问题的规定》，详细规定了博士研究生、硕士研究生的生活补助费、书籍补助费、临时困难补助等。至此，中国的学生资助制度从单一的人人有份的“人民助学金”制度发展为二元的助学金、奖学金并存的制度。

实践证明，实行奖学金制度，促进了学生德智体的全面发展，调动了大多数学生刻苦学习、要求进步的积极性，也增强了学生的荣誉感。

2. **奖学金与学生贷款制度并举进行**（1986—1993）

1986年6月，国务院批转国家教委、财政部《关于改革现行普通高等学校人民助学金制度的报告》，决定实行“人民奖学金”与“学生贷款”结合的制度。同年，国家教委在全国85所普通高等学校进行奖、贷学金试点。国家教委、财政部于1987年7月31日正式发布了《关于发布〈普通高等学校本、专科学生实行奖学金制度的办法〉和〈普通高等学校本、专科学生实行贷款制度的办法〉的通知》，规定自1987年9月1日起，在入学的本科普通高校新生中全面实行奖学金制度和学生贷款制度。“人民奖学金”分为优秀学生奖学金、专业奖学金、定向奖学金三种。优秀学生奖学金用于奖励德、智、体全面发展的优秀学生，分为一等、二等、三等共三个等级。专业奖学金用于奖励考入师范、农林、体育、民族、航海等专业的学生，也分为三个等级。定向奖学金用于奖励立志毕业后到边疆地区、经济贫困地区和艰苦行业工作的学生。学生贷

① 《关于高等学校学生人民助学金、人民奖学金的问题解答》，《财政》1983年第9期。

款制度则主要用于资助困难学生。与之前试行阶段相比，正式实行的贷款制度主要有三点不同之处：一是无利息；二是申请程序和办法更为详细；三是学生偿还贷款的办法比之前更加丰富，且规定“因触犯国家法律、校纪，而被学校开除学籍勒令退学和学生自动退学的，应由学生家长负责归还全部贷款”①。

1988 年，国家不再发放人民助学金，奖学金和助学贷款成为大学生资助的主要形式。这一时期的助学贷款是无息的，资金来源于大学，规模也远远比不上国家助学贷款。当时的政策设想是通过奖学金激励大学生好好学习，如果无法获得奖学金，又确属于家庭困难的，则通过无息助学贷款来获得资助。

1991 年国家教委、财政部印发了《普通高等学校研究生奖学金制度试行办法》。至此，奖学金制度与助学贷款制度开始在全国得到实施，尤其是助学贷款制度的全面实施，使国家对学生的资助向前推进了较大一步。

1989 年中国大学开始收取学费，但当时的收费水平并不高，大规模正式收取学费并提到一个较高水平，是从 1994 年开始的。当年选择了 37 所高校进行试点，学费水平从 800 元到 3 000 元左右不等，与当时的人均收入相比是不低的。这一时期的大学生资助延续了奖学金和无息助学贷款的形式，但随后开始增加资助种类。除了奖学金和贷款制度外，还有一些其他的资助措施，如困难补助、勤工助学、学费减免等。

1993 年 7 月，国家教委、财政部颁发了《关于对高等学校生活特别困难学生进行资助的通知》②，要求各高校对特困生设立“特困补助”。现在俗称的“补”开始实行，主要覆盖生活水平低于当地居民最低生活标准线的特困生。

（二）中等职业教育学生资助

这一时期，中等职业教育由以人民助学金为主，调整为适当收取学费和减免学费。

1977 年 12 月，教育部、财政部印发的《关于普通高等学校、中等专业学校和技工学校学生实行人民助学金制度的办法》规定，中等专业学校师范、护士、助产、艺术、体育和采煤等专业的全部学生享受人民助学金，其他专业学生的人民助学金享受面按 75％计算。满五年工龄的国家职工进入中等专业学校和技工学校学习的学生，在校学习期间，工资由原单位照发，一切费用自理，不享受人民助学金。

1985 年 5 月，国务院发布《中共中央关于教育体制改革的决定》，指出：

① 国家教育委员会、财政部：《普通高等学校本、专科学生实行贷款制度的办法》（〔87〕教计字 139 号），1987 年 7 月 31 日。

② 国家教育委员会、财政部：《关于对高等学校生活特别困难学生进行资助的通知》（教财〔1993〕51 号），1993 年 7 月 26 日。

“师范生和一些毕业后工作环境特别艰苦的专业的学生，国家供给膳宿并免收学杂费。对学习成绩优异的学生实行奖学金制度，对确有经济困难的学生给予必要的补助。现已在校的学生，仍按原来的规定办理。”

1986年，劳动人事部、国家教育委员会发布的《关于颁发技工学校工作条例的通知》规定，技工学校按国家计划招收的学生，实行助学金和奖学金相结合的办法。

1991年，国家教委、国家物价局、财政部、劳动部发布了《关于中等职业技术学校收取学费的暂行规定的通知》，指出：“中等职业技术教育属非义务教育，自1991学年起，对中等专业学校（不含中师）、技工学校和职业高中新入学的学生适当收取学费。但对工作条件艰苦或者国家重点扶持的专业，则可以免收或减收学费。”

（三）义务教育学生资助

这一时期，义务教育学生资助以助学金、学杂费减免为主。

1986年9月，国务院办公厅转发的《国家教委等部门关于实施〈义务教育法〉若干问题意见的通知》指出，国家在初级中等学校和部分小学（主要包括少数民族地区、其他贫困地区和需要寄宿就读的地区）实行助学金制度，具体办学和标准由各地自定。

1992年颁布的《义务教育法实施细则》规定，对家庭经济困难的学生，应当酌情减免杂费。对享受助学金学生的范围限定为初级中等学校、特殊教育学校的家庭经济困难学生，少数民族聚居地区、经济困难地区、边远地区的小学及其他寄宿小学的家庭经济困难学生。

三、多元化资助政策体系初步发展（1993—2006）

20世纪90年代以后，教育体制改革快速推进。1993年《中国教育改革和发展纲要》出台后，教育部加大了资助经济困难学生的工作力度，学生资助举措逐步增多，资助主体逐步多元，资助规模进一步扩大，混合资助成为这一阶段的主要特征。

（一）高等教育学生资助

20世纪90年代中期，随着非义务教育成本分担机制的建立，缴费上大学制度的全面实行，贫困生不能上学或不能顺利完成学业引起的教育机会不均等问题日益突出。中央领导多次指示国家教委和有关部门加快制定收费制度改革的配套措施，高度重视资助困难学生的工作，要求对高等学校生活特别困难的学生进行资助、进一步做好高等学校勤工助学工作、在普通高等学校设立勤工助学基金、提高普通高等学校专业奖学金标准和对普通高等学校经济困难学生减免学杂费等，逐步建立起了以奖学金、助学贷款、勤工助学基金、特殊困难补助和学费减免为主体的多元化的经济困难学生的资助政策体系。

1997 年 6 月，国务院办公厅向全国发出《关于做好资助高校经济困难学生工作的通知》，要求各地区结合实际情况，不仅要认真研究、完善资助政策，而且要相应拨出专款资助经济困难学生。这个通知向全国提出了“保证所属高校每一个学生不因经济困难而辍学”的工作目标。各地区和有关部门也把解决学生生活困难问题放在保证高校稳定、保证社会安定、保证教育体制改革顺利进行、体现社会主义制度优越性的高度予以重视，均相应拨出了专款用于资助经济困难学生。

1999 年 5 月，党中央、国务院做出了进一步扩大高等教育规模的重大决策。1999 年 6 月，教育部、财政部印发《关于进一步加强高校资助经济困难学生工作的通知》，要求对于经济特别困难的学生，各高等学校除加大学生贷款、勤工助学、特殊困难补助等资助工作力度外，还要认真执行国家制定的学费减免政策，以确保特别困难学生能够顺利完成学业。

1. 政府奖学金标准的调整

(1) 调整专业奖学金标准

1994 年 9 月起，国家提高了专业奖学金的标准，民族类专业奖学金提高到每生每年 700 元，其他类专业奖学金提高到每生每年 500 元。

(2) 设立研究生奖学金

1994 年，国家教育委员会、财政部印发《普通高等学校研究生奖学金办法》，设立研究生奖学金，分为普通奖学金和优秀奖学金。普通奖学金资助标准，博士研究生依照工作经历奖励标准为每人每月 190～230 元，硕士研究生依照工作经历奖励标准为每人每月 147～187 元。优秀奖学金标准评定比例和发放办法等由各学校自定。

2. 国家奖学金制度的确立

2002 年 4 月 16 日，财政部、教育部印发了《国家奖学金管理办法》，决定设立国家奖学金，“国家奖学金是中央政府对家庭经济困难、品学兼优的全国普通高等学校全日制在校本专科生提供的无偿资助”，帮助他们顺利完成学业，激励家庭经济困难的普通高等学校学生勤奋学习、努力进取，促进学生在德、智、体、美等方面得到全面发展。从 2002 年起，中央财政每年拨出 2 亿元人民币，资助 45 000 名家庭经济困难，德、智、体、美等各方面全面发展的学生。同时，国家加大力度督促各高校切实做好“绿色通道”工作，确保新考入公办全日制普通高等学校的家庭经济困难学生顺利入学。2005 年，财政部、教育部印发了《国家助学奖金管理办法》，进一步明确了国家奖学金、助学金分别资助的对象、基本申请的条件、评审程序等。

2005 年 7 月，财政部、教育部关于印发《国家助学奖学金管理办法》的通知，在原有的国家奖学金制度上进一步提出设立国家助学奖学金制度。国家助学奖学金由中央政府出资设立，面向公办全日制普通高等学校在校本专科学生中的贫困家庭学生。分为国家奖学金和国家助学金两种形式，国家奖学金的资助对象为高校中家庭经济困难、品学兼优的全日制本专科学生。国家助学金的资助对象为高校中家庭经济特别困难的全日制本专科学生。国家奖学金和国家助学金的分设，大大扩大了高校贫困学生的资助面。

3. **国家助学贷款政策的建立**

1999 年，随着中国高等教育扩招政策的实施，大众教育开始取代精英教育。随后而来的收费并轨使学生和家长必须分担一定的教育成本，这两项因素合在一起导致家庭经济困难大学生数量大幅增加，国家原有的学生资助体系必须做出改变以应对新的现实，国家助学贷款是一项重要的措施。

1999 年 6 月，国务院批准并转发由教育部、财政部、中国人民银行联合制定的《关于国家助学贷款的管理规定（试行）》，宣布试行国家助学贷款政策，标志着国家真正意义上由商业银行发放助学贷款的开始。按照规定，经济确实困难的全日制本科、专科学生均可以通过国家助学贷款支付在校期间的学费和日常生活费。同时，为减轻学生的还贷负担，财政部门对接受国家助学贷款的学生给予利息补贴①。

2000 年 2 月，中国人民银行、教育部、财政部发出《关于助学贷款管理的若干意见》，将助学贷款区分为国家助学贷款和一般商业性助学贷款两类。前者由中国工商银行经办，国家财政贴息，适用对象为高校中经济困难的全日制本科、专科学生；而后者则在各商业银行、城市信用社、农村信用社等金融机构均可开办，国家财政不贴息，适用对象为正在接受非义务教育学习的学生或其直系亲属和法定监护人②。

2001 年 7 月，中国人民银行、教育部、财政部、国家税务总局发布《关于进一步推进国家助学贷款业务发展的通知》，要求“绝不能因贴息资金不到位而影响国家助学贷款的发放”，并允许高校自主选择一家或多家国有独资银

① 中国人民银行、教育部、财政部：《关于国家助学贷款的管理规定（试行）》(国办发〔1999〕58 号)，1999 年 6 月 17 日。

② 《国务院办公厅转发中国人民银行等部门关于助学贷款管理若干意见的通知》(国办发〔2000〕6 号)，2000 年 2 月 1 日。

家庭经济困难学生数的13%，占2005年招生数的9%[①]。截至2006年12月底，全国累计已审批贷款学生292.3万人，累计审批合同金额252.7亿元，使得"凡到校报到的全日制公办普通高校家庭经济困难新生，没有一人因为经济困难而被拒绝入学。在校的家庭经济困难学生，没有一人因为经济困难而中途辍学"。

（二）中等职业教育学生资助

1994年，国家教委印发了《关于普通中等专业学校招生和毕业生就业制度改革的意见》，指出要建立收费和奖学金、贷学金相结合的制度。1995年，《关于做好1995年普通中等专业学校招生工作的通知》指出，同一学校实行统一的收费标准并在普通中专学校建立专业奖学金。1996年开始实施的《中华人民共和国职业教育法》提出，支持企业、事业组织、社会团体、其他社会组织及公民个人按照国家有关规定设立职业教育奖学金、贷学金。1997年，国家教委、国家计委颁布的《关于普通中等专业学校招生并轨改革的意见》指出，普通中等专业学校学生实行缴费上学，同时各地应逐步建立健全贷学金制度、专项奖学金或定向奖学金制度。2005年10月，国务院发布《关于大力发展职业教育的决定》，提出"建立职业教育贫困家庭学生助学制度"，"中央和地方财政要安排经费，资助接受中等职业教育的农村贫困家庭和城镇低收入家庭子女。中等职业学校要从学校收入中安排一定比例用于奖、助学金和学费减免，并把组织学生参加勤工俭学和半工半读作为助学的重要途径。金融机构要为贫困家庭学生接受职业教育提供助学贷款，各地区要把接受职业教育的贫困家庭学生纳入国家助学贷款资助范围"。在2005年召开的全国职业教育工作会议上，国务院决定，"十一五"期间中央财政不仅要安排100亿元用于加强职业教育基础能力建设，而且还要安排40亿元专项用于支持中等职业教育贫困家庭学生助学制度建设。

2006年，财政部、教育部印发《关于完善中等职业教育贫困家庭学生资助体系的若干意见》和《中等职业教育国家助学金管理暂行办法》，要求充分发挥各级政府、中等职业学校、金融机构、社会团体等的作用，努力构建中等职业教育学生资助体系[②]。由中央和地方各级政府安排专项资金，建立并完善中等职业教育贫困家庭学生的助学金制度，对就读中等职业学校的贫困家庭学生就学提供补助。

---

① 教育部2006年第20次新闻发布会——教育部介绍国家助学贷款代偿资助办法，http：//edu.people.com.cn/GB/4818644.html。

② 财政部、教育部：《关于完善中等职业教育贫困家庭学生资助体系的若干意见》（教财〔2006〕74号），2006年7月24日。

从 2006 年起，中央财政每年安排 8 亿元专项资金用于这项工作，资助标准为每生每年 1 000 元，当年资助约 80 万人。此外，我国还建立了中等职业学校优秀学生奖学金制度。以学生参加生产实习为核心的助学制度、中等职业学校学费减免制度、助学贷款或延期支付学费制度以及其他多种形式的社会资助制度。

一是建立助学金制度。从 2006 年起，由中央和地方各级政府安排资金，设立国家助学金，向中等职业学校特困家庭学生提供生活补助，补助标准为每生每学年 1 000 元。其中，中央财政每年安排 8 亿元资金。

二是建立奖学金制度。在中等职业学校设立政府奖学金、专业奖学金和定向奖学金，主要用于奖励品学兼优的学生。其中，政府奖学金主要由省、市（地）政府安排专项资金设立。专业奖学金和定向奖学金由有关行业企业或地方政府设立。

三是建立以学生参加生产实习为核心的助学制度。中等职业学校要逐步建立和完善半工半读制度，力争做到学生在最后一学年到用人单位顶岗实习。让学生通过顶岗实习，获取一定的报酬，用于支付学习和生活开支。

四是建立学费减免制度。中等职业学校都要建立学费减收和免收制度，每年安排不低于事业收入 5%的经费，专项用于贫困家庭学生的学费减免。

（三）义务教育学生资助

1995 年 7 月，国家教委、财政部印发《关于健全中小学学生助学金制度的通知》指出："助学金以抵减该生的书本费、杂费、寄宿费的方式发放，原则上不发给学生本人。"

2001 年 6 月，国务院印发《关于基础教育改革与发展的决定》提出："各级人民政府要完善并落实中小学助学金制度，从 2001 年开始，对贫困地区家庭经济困难的中小学生进行免费提供教科书制度的试点，在农村地区推广使用经济适用型教材。采取减免除杂费、书本费、寄宿费等办法减轻家庭经济困难学生的负担。"

2003 年 9 月，国务院印发《关于进一步加强农村教育工作的决定》提出："争取到 2007 年时，全国农村义务教育阶段经济困难家庭学生都能享受到'两免一补'待遇。" 2004 年 2 月，财政部、教育部印发《对农村义务教育阶段家庭经济困难学生免费提供教科书工作暂行管理办法》，决定从 2004 年秋季新学期开始，将免费教科书发放范围扩大到中西部农村义务教育阶段所有家庭经济困难学生，同时推动各级地方政府落实免除杂费和寄宿生生活费的政策。

2005 年 2 月，国务院办公厅转发《财政部、教育部关于加快国家扶贫开发工作重点县"两免一补"实施步伐有关工作意见的通知》，确定建立农村义务教育经费保障机制，在 2005 年至 2010 年的 5 年内，全部免除农村义务教育阶段学生学杂费，对贫困家庭学生提供免费教科书并补助寄宿生生活费。

（四）社会资助

这一时期，教育基金会的完善和发展，拉动了社会捐资助学事业。在全国范围内，各级各类社会奖助学金项目先后设立。从捐资主体来看，既有企业单位、事业单位，也有个人；从捐资渠道来看，既有利用基金会平台的，也有直接面向受助者的；从资助对象来看，既有助困的，也有奖优的，还有面向特定群体设立的资助项目。一些资助项目代表性强、辐射面广、影响持久的主要有宋庆龄奖学金、宝钢教育奖、曾宪梓奖学金、恒安济困助学金、华为寒窗学子奖学金、中国科学院奖学金、“五四”奖学金、杨纪琬奖学金、新长城助学金、华夏学子奖助学金等。

至此，国家形成了“奖、补、勤、减、贷、助”结合“绿色通道”的学生资助政策体系。这个资助政策体系呈现出相互补充、层次递进的特点，使多元化学生资助政策体系得到初步发展。

四、多元混合资助政策体系的深化阶段（2007 年至今）

随着高等教育的进一步发展，学生资助政策体系出现了一些有待完善的地方：一是由于困难认定的标准不够合理，资助面比较狭窄，许多有困难的学生不能进入资助体系；二是资助标准处于较低水平，受助学生能够获得的经济资助非常有限。为解决这些问题，国家逐步健全了多元混合资助政策体系。2007 年，国家连续出台了 13 项制度性规定，涉及大学生资助、职业学生资助、困难学生认定、勤工助学、新生“绿色通道”、义务教育经费保障机制、生源地信用助学贷款等方方面面。国家决定在普通本科高校、高等职业学校和中等职业学校建立健全国家奖学金、助学金制度，学生资助站在了新的起点上，迎来了崭新辉煌的 10 年。

2007 年 5 月，国务院发布《关于建立健全普通本科高校、高等职业学校和中等职业学校家庭经济困难学生资助政策体系的意见》（国发〔2007〕13 号），明确提出建立以政府为主导的家庭经济困难学生资助政策体系，对高中以上学段的学生资助全面系统地做出了总体规划①，开启了国家学生资助工作崭新的篇章，在我国学生资助史上具有里程碑意义。

2013 年 2 月，财政部、国家发展和改革委员会、教育部发布《关于完善研究生教育投入机制的意见》，改革完善了研究生资助政策体系，加大对家庭

① 国务院：《关于建立健全普通本科高校、高等职业学校和中等职业学校家庭经济困难学生资助政策体系的意见》（国发〔2007〕13 号），2007 年 5 月 13 日。

经济困难研究生的资助力度[1]。国家提出要完善研究生奖助政策体系，建立并完善国家助学金、国家奖学金、学业奖学金等一整套制度，弥补了研究生资助的空白。2017 年 3 月，财政部、教育部、中国人民银行、银监会发布《关于进一步落实高等教育学生资助政策的通知》。要求进一步完善高等教育学生资助政策，确保研究生奖助政策不留死角，做好预科生资助相关工作，推动国家助学贷款全覆盖，完善基层就业学费补偿贷款代偿等政策，落实民办高校同等资助政策[2]。

2010 年 9 月，财政部和教育部发布《关于建立普通高中家庭经济困难学生国家资助制度的意见》，出台了普通高中助学金制度[3]。2016 年，财政部和教育部相关文件，按照"中央政策引导、地方统筹实施"的原则，从当年秋季学期起，免除公办普通高中建档立卡等家庭经济困难学生学杂费[4]。

2007 年 11 月，财政部、教育部印发《关于调整完善农村义务教育经费保障机制改革有关政策的通知》。2015 年，国务院印发《关于进一步完善城乡义务教育经费保障机制的通知》，决定自 2017 年春季学期起，统一城乡义务教育"两免一补"政策，对城乡义务教育学生免除学杂费、免费提供教科书，对家庭经济困难寄宿生补助生活费。

2006 年，财政部、教育部印发《关于完善中等职业教育贫困家庭学生资助体系的若干意见》和《中等职业教育国家助学金管理暂行办法》，要求充分发挥各级政府、中等职业学校、金融机构、社会团体等的作用，努力构建中等职业教育学生资助体系[5]。

2010 年 7 月，《国家中长期教育改革和发展规划纲要（2010—2020 年）》提出"基本普及学前教育"的要求，并把重点放在"发展农村学前教育"，随后学前教育领域的资助政策相继出台。2011 年 9 月，财政部、教育部发布《关于建立学前教育资助制度的意见》，决定建立学前教育学生资助制度[6]。

---

① 《关于完善研究生教育投入机制的意见》(财教〔2013〕19 号)，2013 年 3 月 4 日。

② 《关于进一步落实高等教育学生资助政策的通知（财科教〔2017〕21 号），2017 年 4 月 12 日。

③ 《关于建立普通高中家庭经济困难学生国家资助制度的意见》（财教〔2010〕356 号），2015 年 12 月 14 日。

④ 《关于免除普通高中建档立卡家庭经济困难学生学杂费的意见》（财教〔2016〕292 号），2016 年 9 月 1 日。

⑤ 财政部、教育部：《关于完善中等职业教育贫困家庭学生资助体系的若干意见》(教财〔2006〕74 号)，2006 年 7 月 24 日。

⑥ 财政部、教育部：《关于建立学前教育资助制度的意见》（财教〔2011〕410 号），2013 年 8 月 7 日。

2018年11月，中共中央、国务院出台《关于学前教育深化改革规范发展的若干意见》明确要完善学前教育资助制度，要求各地认真落实幼儿资助政策，确保接受普惠性学前教育的家庭经济困难儿童（含建档立卡家庭儿童、低保家庭儿童、特困救助供养儿童等）、孤儿和残疾儿童得到资助。

经过多年努力，我国学生资助工作逐步形成了以政府为主导、学校和社会积极参与的体系。至此，包括“奖（国家奖学金和国家励志奖学金）、贷（国家助学贷款）、助（国家助学金）、勤（勤工俭学）、补（特困补助）、减（减免学费）”，覆盖学前教育至研究生教育的学生资助政策体系，实现了“三个全覆盖”，即学前教育、义务教育、高中阶段教育、本专科教育和研究生教育所有学段全覆盖，公办民办学校全覆盖，家庭经济困难学生全覆盖。

在学前教育阶段，按照“地方先行、中央补助”的原则，地方政府对经县级以上教育行政部门审批设立的普惠性幼儿园在园家庭经济困难儿童、孤儿和残疾儿童予以资助。

在义务教育阶段，统一城乡“两免一补”政策，对城乡义务教育学生免除学杂费，免费提供教科书，对家庭经济困难寄宿生补助生活费。对集中连片特殊困难等地区农村义务教育阶段学生提供营养膳食补助。

在中等职业教育阶段，建立了以免学费、国家助学金为主，学校和社会资助及顶岗实习等为补充的资助政策体系。

在普通高中教育阶段，建立了以国家助学金、建档立卡等家庭经济困难学生免除学杂费、地方政府资助项目为主，学校和社会资助相结合的资助政策体系。

在本专科教育阶段，建立了国家奖学金、国家励志奖学金、国家助学金、国家助学贷款、基层就业学费补偿贷款代偿、应征入伍国家资助、师范生公费教育、新生入学资助、退役士兵学费资助、勤工助学、校内奖助学金、困难补助、伙食补贴、学费减免及新生入学“绿色通道”等相结合的资助政策体系。

在研究生教育阶段，建立了研究生国家奖学金、国家助学金、学业奖学金、“三助”岗位津贴、国家助学贷款、基层就业学费补偿贷款代偿、应征入伍国家资助、校内奖助学金及新生入学“绿色通道”等相结合的资助政策体系。

70年来，大学生资助政策的发展呈现出以下三个趋势：一是资助金额越来越大，这是和高等教育不断扩招、大学生基数越来越大、在校贫困生的人数越来越多的形势相适应的；二是资助的种类越来越多，发展到今天，已经包括六种形式，分别适用不同条件的困难大学生，针对不同的领域；三是从大锅饭式的普遍无偿资助发展到了无偿和有偿结合、重点突出的资助体系。

第二节　资助经济困难学生制度体系

经历了逐步建立、探索改革和完善体系等几个重要的历史发展阶段，2007年，《国务院关于建立健全普通本科高校、高等职业学校和中等职业学校家庭经济困难学生资助政策体系的意见》（国发〔2007〕13号）及其配套办法颁布实施后，国家学生资助政策体系从不完整逐步走向完善，资助项目从少到多，资助面从窄到宽，建立起国家奖学金、国家励志奖学金、国家助学金、国家助学贷款、师范生免费教育、勤工助学、特困补助、学费减免和“绿色通道”等多种形式有机结合的家庭经济困难学生资助政策体系，实现了“三个全覆盖”。具体情况见表9-1。

表9-1　我国现行资助政策体系

学段名称		资助政策
学前教育		政府资助、幼儿园资助、社会资助。
义务教育		免学杂费、免教科书、免费提供正版学生字典、寄宿生生活补助、营养改善计划。
普通高中教育		免除学杂费、国家助学金、学校资助、社会资助。
中等职业教育		免学费、国家助学金、顶岗实习、奖学金、学校免学费等其他资助。
高等教育	本专科生教育	国家奖学金、国家励志奖学金、国家助学金、国家助学贷款、基层就业学费补偿贷款代偿、应征入伍服义务兵役学费补偿贷款代偿及学费减免、直招士官学费补偿贷款代偿、师范生公费教育、退役士兵教育资助、新生入学资助项目、勤工助学、校内资助、绿色通道。
	研究生教育	国家奖学金、学业奖学金、国家助学金、“三助”岗位津贴、国家助学贷款、基层就业学费补偿贷款代偿、应征入伍服义务兵役学费补偿贷款代偿及学费减免、直招士官学费补偿贷款代偿、退役士兵教育资助。

一、高等教育学生资助政策

（一）本专科生教育阶段

国家奖助学金、国家助学贷款、学费补偿贷款代偿、校内奖助学金、勤工助学、困难补助、伙食补贴、学费减免、“绿色通道”等多种方式的混合资助体系。

1. 国家奖学金

2007 年 6 月，财政部、教育部印发《普通本科高校、高等职业学校国家奖学金管理暂行办法》，由中央政府出资，面向高校全日制本专科（含高职、第二学士学位）学生中特别优秀的学生设立国家奖学金。本专科生国家奖学金，用于奖励特别优秀的全日制普通高校本专科（含高职、第二学士学位）在校生，每年共奖励本专科学生 5 万名，每生每年 8 000 元。

2. 国家励志奖学金

2007 年 6 月，财政部、教育部印发《普通本科高校、高等职业学校国家励志奖学金管理暂行办法》，由中央和地方政府共同出资，面向高校全日制本专科（含高职、第二学士学位）设立国家励志奖学金，用于奖励资助其中品学兼优、家庭经济困难的在校生。每年资助在校生总数的 3%，每生每年 5 000 元。同一学年内，国家励志奖学金和国家奖学金不能同时获得。

3. 国家助学金

2007 年 6 月，财政部、教育部印发《普通本科高校、高等职业学校国家助学金管理暂行办法》，由中央和地方政府共同出资，面向高校全日制本专科（含高职、第二学士学位）在校生中的家庭经济困难学生设立国家助学金。国家助学金的平均资助标准，由此前每生每年 1 500 元调整为每生每年 2 000 元，具体标准可分为 2～3 档。2010 年，财政部、教育部将本专科生国家助学金平均资助标准，由每生每年 2 000 元提高到每生每年 3 000 元。

2019 年 6 月，国务院常务会议研究决定，从 2019 年开始扩大高职院校奖助学金覆盖面，国家奖学金奖励名额由 5 000 人增至 15 000 人，国家励志奖学金覆盖面提高至 3.3%，国家助学金覆盖范围扩大，平均补助标准从每生每年 3 000 元提高至 3 300 元，并同步提高本科院校学生补助标准。

4. 国家助学贷款

2014 年，财政部、教育部、中国人民银行、银监会联合印发《关于调整完善国家助学贷款相关政策措施的通知》，提高国家助学贷款及学费补偿贷款代偿资助标准，本专科生由每生每年最高 6 000 元提高至 8 000 元，研究生由每生每年最高 6 000 元提高至 12 000 元。2015 年，教育部、财政部、中国人民银行、银监会联合印发《关于完善国家助学贷款政策的若干意见》，扩大贴息范围，延长还款期限，建立还款救助机制。

5. 开展生源地信用助学贷款

2007 年，财政部、教育部、国家开发银行印发《关于在部分地区开展生源地信用助学贷款试点的通知》，决定当年在江苏、湖北、重庆、陕西、甘肃开展生源地信用助学贷款试点工作。2008 年 9 月 9 日，财政部、教育部、银监会联合印发《关于大力开展生源地信用助学贷款的通知》，在试点基础上进一步扩大生源地信用助学贷款覆盖范围，面向全日制普通本科高校、高等职业学校和高等专科学校（含民办高校和独立学院）的新生及在读的本专科学生、研究生和第二学士学位学生中的家庭经济困难学生提供生源地信用助学贷款。

6. 基层就业学费补偿贷款代偿

2009 年 3 月，财政部、教育部印发《高等学校毕业学费和国家助学贷款代偿暂行办法》，将原中央高校毕业生基层就业国家助学贷款代偿政策扩大到学费补偿贷款代偿，将政策覆盖范围扩大到中西部地区，对于中央高校毕业生到中西部地区和艰苦边远地区基层单位就业、服务期在 3 年以上（含 3 年）的，其学费由国家实行代偿。补偿代偿金额根据毕业生在校期间每年实际缴纳的学费或获得的国家助学贷款确定，每生每年不高于 8 000 元。每年补偿或代偿总额的 1/3，分 3 年补偿代偿完毕。地方高校毕业生学费补偿贷款代偿由各地参照中央政策制定执行。

7. 应征入伍服义务兵役学费补偿贷款代偿及学费减免

2009 年 4 月，财政部、教育部、总参谋部印发《应征入伍服义务兵役高等学校毕业生学费补偿国家助学贷款代偿暂行办法》，决定从 2009 年起对应征入伍服义务兵役的高等学校毕业生在校期间缴纳的学费实行补偿，申请的国家助学贷款实行代偿政策。2013 年 8 月，财政部、教育部、总参谋部印发《高等学校学生应征入伍服义务兵役国家资助办法》，扩大服义务兵役国家资助范围，明确将普通高校全日制普通本专科生、研究生、第二学士学位的应（往）届毕业生、在校生和入学新生，以及成人高校的普通本专科应（往）届毕业生、在校生和入学新生，全部纳入应征入伍服义务兵役国家资助范围，实行学费补偿或国家助学贷款代偿。对应征入伍服义务兵役的高等学校在校生及毕业生在校期间缴纳的学费或获得的国家助学贷款实施一次性补偿或代偿，对退役后复学的高校在校生（含高校新生）实行学费减免。补偿代偿金额根据学生在校期间每年实际缴纳的学费或获得的国家助学贷款确定，退役复学学费减免金额按照实际收取学费确定，每生每年均不高于 8 000 元。

8. 直招士官学费补偿贷款代偿

2015 年，财政部、教育部、总参谋部印发《关于对直接招收为士官的高等学校学生施行国家资助的通知》，将直接招收为士官的高等学校学生也纳入国家资助范围。

9. 师范生免费教育

推行师范生免费教育。2007 年 5 月，国务院办公厅转发《教育部等部门关于教育部直属师范大学师范生免费教育实施办法（试行）》，决定自2007年秋季起，在北京师范大学、华东师范大学、东北师范大学、华中师范大学、陕西师范大学和西南大学六所中央部属师范大学实行师范生免费教育，免费师范生在校期间免除学费，免缴住宿费，并补助生活费，所需经费由中央财政安排。地方师范院校师范生资助由各地自行实施。享受师范生免费教育的学生可以申请国家奖学金，但不能申请国家励志奖学金和国家助学金。

10. 退役士兵教育资助

2011年，财政部、教育部、民政部、总参谋部、总政治部印发《关于实施退役士兵教育资助政策的意见》，从2011年秋季学期开始，对考入全日制普通高等学校的自主就业退役士兵实施学费资助。同年，将高校在校生纳入应征入伍服义务兵役资助范围，主要内容：一是学费资助；二是家庭经济困难退役士兵学生生活费资助；三是其他奖助学金资助。学费资助标准，按省级人民政府制定的学费标准，每学年每生最高不超过8 000元。生活费及其他奖助学金资助标准，按国家现行高校学生资助政策的有关规定执行。

11. 新生入学资助项目

从2012年起，对中西部地区启动高校家庭经济困难新生入学资助项目，用于解决学生家庭至录取学校间的路费及入校后短期生活费，省（区、市）内院校录取的新生每人资助500元，省（区、市）外院校录取的新生每人资助1 000元。

12. 勤工助学

2007年5月，教育部、财政部印发《高等学校学生勤工助学管理办法》，对全日制普通本科高等学校、高等职业学校和高等专科学校的本专科学生和研究生的勤工助学活动从组织机构、职责划分、岗位设置、酬金标准、法律责任方面作出详细规定。2018年9月，教育部、财政部印发《高等学校勤工助学管理办法（2018年修订）》，结合社会经济发展和在校学生消费水平，适度提高勤工助学酬金标准，由每小时不低于8元提高至每小时不低于12元。进一步明确勤工助学管理责任，强调要通过勤工助学培养学生自立自强、创新创业精神，增强学生社会实践能力。

13. 校内资助

学校利用从事业收入中提取的资助资金以及社会团体、企事业单位和个人捐助资金等，设立校内奖学金、助学金、困难补助、伙食补贴、校内无息借款、减免学费等。

14. 学费减免

国家对公办全日制普通高校中家庭经济特别困难，无法缴纳学费的学生，特别是其中的孤残学生、少数民族学生及烈士子女、优抚家庭子女等，实行减免学费政策。具体减免办法由学校制定。

15．特殊困难补助

特殊困难补助是各级政府和高校对家庭经济困难学生遇到一些特殊性、突发性困难时给予的临时性、一次性的无偿资助。

16．绿色通道

对被录取入学、家庭经济困难的新生，高校一律要先为其办理入学手续，然后再根据核实后的家庭经济情况，分别采取相应的措施予以资助。这项政策执行了将近10年时间，首先从公办全日制普通高等学校开始实行，2008年扩大到所有全日制普通高校。实践证明，“绿色通道”是确保家庭经济困难新生顺利入学的最有效的措施。

（二）研究生教育阶段

2013年2月，财政部、国家发展和改革委员会、教育部发布《关于完善研究生教育投入机制的意见》，改革完善了研究生资助政策体系，加大对家庭经济困难研究生的资助力度①。国家提出要完善研究生奖助政策体系，建立并完善国家助学金、国家奖学金、学业奖学金等一整套制度，弥补了研究生资助的空白。国家奖助学金、“三助”岗位津贴、国家助学贷款、学费补偿贷款代偿等多种方式并举。

1．国家奖学金

研究生国家奖学金用于奖励特别优秀的研究生。每年奖励4.5万名学生，其中硕士生3.5万名，每生每年2万元；博士生1万名，每生每年3万元。

2．学业奖学金

2013年7月，财政部、教育部印发《研究生学业奖学金管理暂行办法》，自2014年秋季学期起，设立研究生学业奖学金。中央财政对中央高校研究生学业奖学金所需资金，按照博士研究生每生每年10 000元、硕士研究生每生每年8 000元的标准以及在校生人数的一定比例给予支持，各省、自治区、直辖市、计划单列市财政、教育部门确定地方财政对本省（自治区、直辖市、计划单列市）所属高校研究生学业奖学金的支持力度，制定地方所属高校研究生学业奖学金管理办法。研究生学业奖学金标准不得超过同阶段研究生国家奖学金标准的60%。地方高校研究生学业奖学金政策由各地参照中央政策制定执行。

① 《关于完善研究生教育投入机制的意见》（财教〔2013〕19号），2013年3月4日。

3. 国家助学金

2013 年 7 月，财政部、教育部印发《研究生国家助学金管理暂行办法》，自 2014 年秋季学期起，设立研究生国家助学金，用于资助全国普通高等学校纳入全国研究生招生计划的所有全日制研究生（有固定工资收入的除外）的基本生活支出。硕士研究生资助标准每生每年不低于 6 000 元，中央高校博士研究生资助标准每生每年 15 000 元，地方高校每生每年不低于 13 000 元。

4. “三助”岗位津贴

高等学校利用教育拨款、科研经费、学费收入、社会捐助等资金，设置研究生“三助”（助研、助教、助管）岗位，并提供“三助”津贴。原则上，助研津贴主要通过科研项目经费中的劳务费及科研间接费列支，助教津贴和助管津贴所需资金由高等学校承担。研究生“三助”津贴标准由高校依据国家有关规定，结合当地物价水平等因素合理确定。

5. 国家助学贷款

2014 年，财政部、教育部、中国人民银行、银监会联合印发《关于调整完善国家助学贷款相关政策措施的通知》，提高国家助学贷款及学费补偿贷款代偿资助标准，研究生申请国家助学贷款的条件、程序及其他有关规定，与高校本专科生国家助学贷款基本相同。原则上，研究生助学贷款以校园地国家助学贷款为主，每学年每生贷款金额不超过 12 000 元。2015 年，教育部、财政部、中国人民银行、银监会联合印发《关于完善国家助学贷款政策的若干意见》，扩大贴息范围，延长还款期限，建立还款救助机制。

6. 基层就业学费补偿贷款代偿

应届毕业研究生赴基层就业申请学费补偿贷款代偿的条件、程序及相关规定，与本专科毕业生基本相同。研究生补偿代偿金额每生每年不高于 12 000 元。

7. 应征入伍服义务兵役学费补偿贷款代偿及学费减免。

研究生应征入伍服义务兵役申请学费补偿贷款代偿及学费减免的条件、程序及相关规定，与本专科生基本相同。研究生补偿代偿或学费减免金额每生每年不高于 12 000 元。

8. 直招士官学费补偿贷款代偿

对直接招收为士官的研究生，其申请学费补偿贷款代偿的条件、程序及相关规定，与本专科生基本相同。研究生补偿代偿金额每生每年不高于 12 000 元。

9. 退役士兵教育资助

对退役一年以上、考入普通高等学校并纳入全国全日制研究生招生计划的自主就业退役士兵，给予教育资助。资助内容与本专科生基本相同。学费资助标准每学年每生最高不超过 12 000 元。

二、中等职业教育学生资助政策

建立起以国家免学费、国家助学金为主，学校和社会资助及顶岗实习等为补充的学生资助政策体系。

1. 免学费

国家对中等职业学校全日制正式学籍一、二、三年级在校生中所有农村(含县镇)学生、城市涉农专业学生和家庭经济困难学生、艺术类戏曲表演专业学生免除学费（艺术类其他表演专业学生除外)。对民办中等职业学校符合免学费条件的学生，按照当地相同类型同专业公办中等职业学校免学费标准给予补助。学费标准高出公办学校免学费标准部分由学生家庭负担；低于公办学校免学费标准的，按照民办学校实际学费标准予以补助。

2. 国家助学金

2007 年 5 月，国务院印发的《关于建立健全普通本科高校、高等职业学校和中等职业学校家庭经济困难学生资助政策体系的意见》，提出出台中职国家资助政策，同年 6 月，财政部、教育部印发《中等职业学校国家助学金管理暂行办法》，国家助学金资助标准为每生每年 1 500 元，2015 年提高到每生每年 2 000 元。2012 年 10 月，财政部、国家发改委、教育部、人力资源和社会保障部印发《关于扩大中等职业教育免学费政策范围进一步完善国家助学金制度的意见》，调整了国家助学金覆盖范围。2016 年 12 月，财政部、教育部、人力资源和社会保障部修订印发《中等职业学校国家助学金管理办法》，将 11 个连片特困地区和西藏及四省藏区、新疆南疆三地州中等职业学校农村学生（不含县城）全部纳入享受国家助学金范围。地方出台的中等职业教育免学费政策和助学金政策，范围大于或相关标准高于国家标准的，可按照本地的办法继续实施。

3. 顶岗实习

2007 年 6 月，财政部、教育部印发《中等职业学校学生实习管理办法》，对中等职业学校学生教学实习和顶岗实习作了规范要求，并规定实习单位应向实习学生支付合理的实习报酬。2016 年 4 月，教育部、财政部、人力资源和社会保障部、安全监管总局、中国保监会印发《职业学校学生实习管理规定》，从实习组织、实习管理、实习考核、安全职责等方面对中等职业学校学生实习进行规范，要求接收学生顶岗实习的实习单位，应参考本单位相同岗位的报酬标准和顶岗实习学生的工作量、工作强度、工作时间等因素，合理确定顶岗实习报酬，原则上应不低于本单位相同岗位试用期工资标准的 80%。安排中等职业学校三年级学生到企业等单位顶岗实习，获得一定报酬，用于支付学习和生活费用。

4. 奖学金

2019年6月，国务院常务会议研究决定设立中职教育国家奖学金。根据这一会议精神，财政部、教育部印发《关于调整职业院校奖助学金政策的通知》(财教〔2019〕25号)，决定自2019年秋季学期开始实施中职教育国家奖学金制度，按每生每年6 000元标准，每年奖励2万人。

5. 学校免学费等

2009年12月，财政部、国家发改委、教育部、人力资源和社会保障部四部委印发了《关于中等职业学校农村家庭经济困难学生和涉农专业学生免学费工作的意见》，决定从2009年秋季学期起，对中等职业学校全日制在校学生中农村家庭经济困难学生和涉农专业学生逐步免除学费（艺术类相关表演专业学生除外)。2010年、2012年和2015年，三次扩大免学费覆盖范围，目前90%以上的中职在校学生享受免学费资助。中等职业学校每年安排一定的经费，用于国家免学费政策之外的学费减免、勤工助学、校内奖学金和特殊困难补助等。

6. 其他资助

鼓励和支持社会团体、企事业单位以及个人资助中职学校家庭经济困难学生。

三、普通高中教育学生资助政策

建立起以政府为主导，社会力量积极参与的普通高中家庭经济困难学生资助政策体系。

1. 免除学杂费

2016年，财政部、教育部印发《关于免除普通高中建档立卡家庭经济困难学生学杂费的意见》，从2016年秋季学期起，免除公办普通高中建档立卡家庭经济困难学生，包括非建档立卡家庭经济困难残疾学生的学杂费，对民办学校符合条件的学生，按照当地同类型公办学校标准给予补助。

2. 国家助学金

2010年9月，财政部和教育部发布《关于建立普通高中家庭经济困难学生国家资助制度的意见》，出台普通高中助学金制度①。决定从2010年秋季学

① 《关于建立普通高中家庭经济困难学生国家资助制度的意见》（财教〔2010〕356号)，2015年12月14日。

期起建立“以政府为主导，国家助学金为主体，学校减免学费等为补充，社会力量积极参与”的普通高中家庭经济困难学生资助政策体系，明确普通高中国家助学金平均资助标准为每生每年 1 500 元（2015 年提高到每生每年 2 000 元），资助面约占全国普通高中在校生总数的 20%。用于资助普通高中在校生中的家庭经济困难学生，资助面约占全国普通高中在校生总数的 20%，平均资助标准为每生每年 2 000 元，具体标准由各地结合实际分档确定。

3. 学校资助

学校从事业收入中提取一定比例的经费，用于减免学费、设立校内奖助学金和特殊困难补助等支出。

4. 社会资助

积极引导和鼓励企业、社会团体及个人等面向普通高中设立奖学金、助学金。

四、义务教育学生资助政策

全面免除城乡义务教育阶段学生学杂费、免费提供教科书，对家庭经济困难寄宿生提供生活补助，实施营养改善计划。

1. 完善义务教育阶段家庭经济困难寄宿生生活补助

2007 年 11 月，财政部、教育部印发《关于调整完善农村义务教育经费保障机制改革有关政策的通知》，明确了中西部农村义务教育阶段家庭经济困难寄宿生的生活费基本补助标准：小学生每生每天 2 元，初中生每生每天 3 元，学生每年在校天数均按 250 天计算。从 2010 年秋季学期起，将补助标准每人每天上调 1 元，即小学生每生每天 3 元，初中生每生每天 4 元。2011 年，再次将补助标准上调 1 元，即小学生每生每天 4 元，初中生每生每天 5 元，小学生年均补助标准达到1 000 元、初中生年均补助标准达到 1 250 元。2019 年 4 月，财政部、教育部印发《关于下达 2019 年城乡义务教育补助经费预算的通知》，从 2019 年秋季学期起，将义务教育阶段建档立卡学生，以及非建档立卡的家庭经济困难残疾学生、农村低保家庭学生、农村特困救助供养学生四类家庭经济困难非寄宿生纳入生活补助范围。

2. 建立免费教科书及部分教科书循环使用制度

财政部、教育部印发的《关于调整完善农村义务教育经费保障机制改革有关政策的通知》，决定从 2007 年秋季学期开始，向全国农村义务教育阶段学生免费提供国家课程教科书，所需资金由中央财政承担。2007 年 12 月，财政部、教育部印发《关于全面实施农村义务教育教科书免费提供和做好部分教科书循环使用工作的意见》，从 2008 年春季学期开始，建立部分国家课程教科书循环使用制度。2008 年春季学期开始，免费提供地方课程教科书，所需资金由地方财政承担。同时，提高中央财政免费教科书补助标准，由小学生每生每年 70 元、初中生每生每年 140 元分别提高到小学生每生每年 90 元、初中生每生每年 180 元。

3. 实行城市免费义务教育

2008 年 4 月，教育部印发《关于进一步做好城市义务教育免除学杂费试点工作的通知》，要求各省、自治区、直辖市人民政府负责统筹城市义务教育免除学杂费工作，在试点的基础上逐步推进。2008 年 8 月，国务院印发《关于做好免除城市义务教育阶段学生学杂费工作的通知》，全部免除城市义务教育阶段公办学校学生学杂费。

4. 实施营养改善计划

2011 年 11 月，国务院办公厅出台《关于实施农村义务教育学生营养改善计划的意见》，决定从 2011 年秋季学期起，在集中连片特殊困难地区正式启动农村义务教育学生营养改善计划国家试点，中央财政为试点地区农村义务教育阶段学生提供营养膳食补助，标准为每生每天 3 元（全年按照学生在校时间为 200 天计算），所需资金全部由中央财政承担。截至 2018 年 6 月，全国共有 29 个省份（京、津、鲁单独开展了学生供餐项目）1 631 个县实施了营养改善计划。

5. 统一城乡义务教育“两免一补”政策

2015 年，国务院印发《关于进一步完善城乡义务教育经费保障机制的通知》，决定自 2017 年春季学期起，统一城乡义务教育“两免一补”政策，对城乡义务教育学生免除学杂费、免费提供教科书，对家庭经济困难寄宿生补助生活费。

五、学前教育资助政策

按照“地方先行、中央补助”的原则，各地建立学前教育资助政策体系。

2011 年 9 月，财政部、教育部发布《关于建立学前教育资助制度的意见》，决定建立学前教育学生资助制度，要求各地进一步建立和完善相关优惠政策措施①，明确按照“地方先行、中央补助”的基本原则，地方政府对经县级以上部门审批设立的普惠性幼儿园在园家庭经济困难儿童、孤儿和残疾儿童

---

① 财政部、教育部：《关于建立学前教育资助制度的意见》（财教〔2011〕410 号），2013 年 8 月 7 日。

入园给予资助。2018 年 11 月，中共中央、国务院出台《关于学前教育深化改革规范发展的若干意见》，明确要完善学前教育资助制度，要求各地认真落实幼儿资助政策，确保接受普惠性学前教育的家庭经济困难儿童（含建档立卡家庭儿童、低保家庭儿童、特困救助供养儿童等）、孤儿和残疾儿童得到资助。

1. *政府资助*

地方政府对经县级以上教育行政部门审批设立的普惠性幼儿园在园家庭经济困难儿童、孤儿和残疾儿童予以资助。中央财政根据地方出台的资助政策、经费投入及实施效果等因素，予以奖补。

2. *幼儿园资助*

幼儿园从事业收入中提取一定比例的经费，用于减免收费、提供特殊困难补助等，具体比例由各地自行确定。

3. *社会资助*

各地建立和完善相关优惠政策，积极引导和鼓励社会团体、企事业单位及个人等捐资，帮助家庭经济困难儿童、孤儿和残疾儿童接受普惠性学前教育。

资助政策体系从完善制度、创新机制入手，通过加大财政投入，落实各项助学政策，扩大受助学生比例，提高资助水平，从制度上基本解决家庭经济困难学生的就学问题。这标志着我国学生资助制度建设进入了一个新的历史发展阶段。

第三节　学生资助的基本特点

新中国成立 70 年来，特别是改革开放以来，我国学生资助工作锐意改革，不断创新，资助理念不断丰富，资助政策更加完善，资助体系日趋成熟，资助投入持续加大，走出了一条中国特色的学生资助之路。

一、形成了“助学与育人”同步的资助理念——资助内涵不断发展丰富

70 年来，特别是党的十八大以来，教育系统深入研究学生资助工作的根本目的和最终价值体现，紧紧围绕立德树人根本目标任务开展学生资助工作，逐步形成了“扶困助学与立德树人”同步的“资助育人”理念，实现了从经济型资助到发展型资助的重大创新发展。“资助育人”实践以学生资助为载体，以社会主义核心价值观为引领，培育受助学生的思想品德、创新精神、实践能力和人文素养；抓好资助育人内容，加强励志教育、诚信教育和社会责任感教育“三项教育”；着力构建包括物质帮助、道德浸润、能力拓展、精神激励等

方面的长效机制，打造资助育人平台，针对不同群体、不同需求，为受助学生创造提供多样化、个性化的资助育人模式，促进学生全面发展。

二、打造了“三个全覆盖”的资助政策体系

财政部、教育部等全面落实党和政府的重大决策部署，从国情出发，坚定不移地持续推进我国学生资助制度建设，转思路、拓功能、创方式，走出了一条中国特色的学生资助之路，已发展形成了“普惠、助困、奖优、引导”的复合性体系结构，正由保障型资助向发展型资助转变。“普惠”以免学费为主，体现了公益性；“助困”以国家助学金、国家助学贷款、困难补助等为主，体现了公平性；“奖优”以国家奖学金、国家励志奖学金、学业奖学金和校内奖学金为主，体现了激励性；“引导”以基层就业国家资助、应征入伍服兵役国家资助、师范生免费教育为主，体现了倡导性。在学前教育阶段，按照“地方先行，中央奖补”的原则实施政府资助，幼儿园和社会积极参与；在义务教育阶段，全部免除学生学杂费，全部免费提供教科书，补助寄宿生生活费，实施营养改善计划；在普通高中教育阶段，以国家助学金、建档立卡等家庭经济困难学生免学杂费、地方政府资助为主，学校资助和社会积极参与；在中等职业教育阶段，以免学费、国家助学金为主，学校资助、社会资助和顶岗实习为补充；在高等教育阶段，实施国家奖助学金、助学贷款、学费减免、补偿代偿、勤工助学和绿色通道等多元混合的资助体系。国家学生资助政策体系从不完整逐步走向完善，资助项目从少到多，资助面从窄到宽，实现了“三个全覆盖”，即从学前教育到研究生教育所有学段全覆盖，公办民办学校全覆盖，家庭经济困难学生全覆盖，特别是在高等教育阶段，实现了家庭经济困难学生入学前、入学时和入学后“三不愁”。十年奋进，形成了最好的资助制度安排，充分保障了“不让一个学生因家庭经济困难而失学”。

三、“三位一体”资助格局基本稳定

2007年以来，国家强化政府职责，持续加大财政投入，充分发挥公共财政职能作用，凸显了政府在促进社会公益事业上的基础性保障作用。各级各类学校按照国家明确要求，加大学生资助经费投入，从事业收入中提取一定比例用于学生资助。企事业单位、社会团体和个人在我国政府的大力倡导下，认真履行社会责任，积极捐赠助学，成为我国学生资助事业不可或缺的重要组成部分。经多年发展，我国逐步形成了以财政投入为主，学校和社会资金为重要补充的经费筹措渠道，构建了政府主导、学校和社会广泛参与的“三位一体”资助格局。“三位一体”资助格局的形成，极大地促进了教育公平质量的提升。财政资

金重点解决全局问题、一般性问题，学校资金和社会资金重点解决局部问题、特殊问题。在政府织密织牢学生资助兜底网的基础上，学校和社会进一步织细补牢兜底网，在功能上实现了无缝对接。任何一名学生，只要家庭经济困难，不管是长期性经济困难，还是临时性、突发性经济困难，都能享受到相应资助，实现了“应助尽助”，为家庭经济困难学生顺利入学、完成学业奠定了坚实基础。

四、形成了助困、奖优和引导相结合的分层资助制度

在资助制度上，国家助学金、国家助学贷款、困难补助等立足解决经济困难，体现了公平性；国家奖学金、国家励志奖学金、学业奖学金和校内奖学金等侧重奖励优秀，体现了激励性；基层就业、应征入伍国家资助和师范生免费教育政策强化就业导向，体现了引导性。各项资助政策互为补充，共成体系，形成了功能多元的制度体系。为保障这一分层资助制度的实施，在资助方式上，既强化精准，又注重保护受助学生尊严。对于建档立卡学生、低保家庭学生、农村特困救助供养学生、孤残学生、烈士子女等特殊困难群体，均按最高标准进行资助。对其他家庭经济困难学生，通过大数据分析、个别访谈等方式了解甄别，按照家庭经济困难程度给予资助。各级学生资助部门全面推进精准资助机制建设，着力推动实现资助对象、资助标准、资金分配、资金发放“四个精准”的目标；逐步探索应用大数据分析，建立量化评估指标体系，对受助对象进行科学评估和准确认定；根据各地经济社会发展水平，合理确定资助标准；根据不同个体的受助需求，实行差异化资助，进行精准帮扶；优化资助资金分配方式，重点向贫困地区倾斜；改革和完善资助资金发放机制。

五、完善了制度化规范化的资助工作保障体系机制

为落实国家资助政策，教育、财政等部门精心组织，周密部署，切实推进包括机构队伍、经费分担、工作机制建设等在内的保障体系，实现资助工作的常态化、制度化、规范化。一是教育、财政等部门联手推动各地各校建立学生资助机构。如今，中央、省、市、县四级学生资助工作管理机构基本建立，学校也有服务学生的资助部门，建立起了中央、省、市、县、校五级学生资助管理机构和队伍，覆盖了全国所有的地区和学校。在教育部成立了全国学生资助管理中心，统筹管理全国各个教育阶段的学生资助工作。各省（市、区），在300多个地市，在2 000多个县区，也都建立了学生资助管理机构，服务的触角延伸到每一个困难学生家中。二是建立起了中央、省、市、县四级监管队伍，构建了行政、审计、纪检和社会四大监管渠道。三是建立起了中央、省、地、县四级财政资金分担机制，按照学校隶属关系、经济发展程度、教育层次

等因素实行资金合理分担。四是建立起了精准资助、资助育人、资助宣传、绩效考评、监督检查和集中发放等一系列工作机制。工作机构上，建立起中央、省、市（州）、县、校五级学生资助管理机构和队伍；经费投入上，建立起了中央、省、市（州）、县四级财政分担，金融机构、社会组织和学校积极参与的机制。

2017 年 4 月 11 日，教育部、财政部印发《关于开展“全国学生资助规范管理年”活动的通知》(教财函〔2017〕27 号)，其指导思想是“全面贯彻党的十八大和十八届三中、四中、五中、六中全会精神，深入学习贯彻习近平总书记系列重要讲话精神，以办好人民满意的教育为宗旨，以保障家庭经济困难学生受教育权为核心，坚持从严治理政策、从严执行执策、从严规范管理，坚持问题导向、责任导向、实效导向，全面推动学生资助工作科学规范发展，以优异成绩迎接党的十九大召开”。工作目标是“通过开展规范管理年活动，推动各地各部门各校从全面贯彻党的教育方针高度认识学生资助工作重大意义及其深远影响，严格规范各地各部门各校学生资助管理制度与政策执行，清理解决政策缩水变形、执行走样等问题，提高资助管理人员责任意识、规矩意识、服务意识与业务能力，全面提升学生资助规范化管理水平”。规范内容包括：规范管理制度、规范监管责任规范资助程序、规范资金管理、规范信息管理、规范机构队伍建设。并组织开展了自查自纠、重点检查、总结反馈和回头看等工作。

第四节　资助新政策体系实施以来我国学生资助成效显著

“教育决定着人类的今天，也决定着人类的未来。”教育兴则国兴，教育强则国强。促进公平是国家的基本教育政策。“让贫困家庭的孩子都能接受公平的有质量的教育”是促进公平的基础性、先导性工作。在党中央、国务院的亲切关怀下，我国学生资助工作取得重大进展，教育公平迈出重大步伐。

资助学生数量持续增长。2012—2016 年，全国累计资助学前教育、义务教育、普通高中、中职教育、高等教育等各教育阶段学生（幼儿）共 4.25 亿人次（不含义务教育免费教科书和营养膳食补助，下同）。年资助学生（幼儿）从 2012 年的 8 413.84 万人次，增加至 2016 年的 9 126.14 万人次，增长了 8.47%，年均增幅 2.05%。

资助金额持续增长。2012—2016 年，各教育阶段全国累计资助资金总额 6 981.52 亿元。年资助金额从 2012 年的 1 126.08 亿元，增加至 2016 年的 1 688.76 亿元，增长了 49.97%，年均增幅 10.66%。

财政投入持续增长。2012—2016 年，各教育阶段财政投入学生资助资金达 4 780.61 亿元，占资助总额的 68.48%。年财政投入资金从 2012 年的 824.74 亿元，增长至 2016 年的 1 109.16 亿元，增长了 34.49%。财政投入占同学段资助总额的比例分别为：学前教育 96.13%、义务教育 100%、普通高中 88.04%、中职教育 81.34%、高等教育 50.19%。

学校和社会投入持续增长。2012—2016 年，学校从事业收入中安排的资助资金，企事业单位、社会团体和个人捐助的资助资金和高校国家助学贷款等资金累计 2 200.90 亿元，占资助总额的 31.52%。年资金投入从 2012 年到 2016 年增长了 92.34%，年均增幅 17.77%。其中，全国累计发放国家助学贷款 948.93 亿元，占资助总金额的 13.59%。年发放贷款由 2012 年的 149.03 亿元增加至 2016 年的 263.21 亿元，增长了 76.62%，年均增幅 15.28%。

一、2007—2018 年我国学生资助数据分析①

2007—2018 年期间，我国学生资助政策体系逐步健全完善，经费投入迅猛增加，学生资助规模不断扩大，资助力度逐年提高，数以千万计的家庭经济困难学生在资助政策帮助下，顺利入学，完成学业，“不让一个学生因家庭经济困难而失学”的工作目标已经实现。

（一）资助学生累计近 10 亿人次，年均增幅 6.55%

资助政策新体系实施以来，我国学生资助规模较实现大幅增长。2007 年至 2018 年期间，学前教育、义务教育、普通高中、中职教育、高等教育等各教育阶段全国累计资助学生（幼儿）96 910 亿人次（不含义务教育免费教科书和营养膳食补助。若不作特殊说明，全国累计资助总数均不含以上两项）。资助学生（含幼儿）从 2007 年的 5 155.57 万人次，增加至 2018 年的 9 801.48 万人次，增长了 90.11%，年均增幅 6.55%。各年度数据见表 9-2。

表 9-2　2007—2018 年全国资助学生规模

年度	2007	2008	2009	2010	2011	2012	2013
人数	5 155.57	7 277.71	6 519.08	7 978.26	8 075.36	8 413.84	7 995.05
金额（元）	416.08	618.83	693.90	852.54	979.39	1 126.07	1 185.15

年度	2014	2015	2016	2017	2018	合计
人数	8 543.79	8 433.31	9 126.14	9 590.41	9 801.48	94 246.01
金额（元）	1 421.28	1 560.26	1 688.75	1 882.14	2 042.95	14 271.87

① 《十年资助硕果累累——2007—2016 年中国学生资助发展报告》，全国学生资助管理中心，http：//www.xszz.cee.edu.cn/index.php/shows/70/3904.html。

（二）资助金额累计近 1.5 万亿元，年均增幅 16.84%

2007 年至 2018 年，学前教育、义务教育、普通高中、中职教育、高等教育等各教育阶段全国累计资助资金总额 14 467.34 亿元。资助金额从 2007 年的 416.08 亿元，增长至 2018 年的 2 042.95 亿元，增长了 3.91 倍，年均增幅 16.84%。各年度具体数据见表 9-2。

其中：学前教育，共资助幼儿 4 072.74 万人次，资助金额 444.10 亿元，占总额的 3.07%；义务教育，共有 18 180.89 万学生享受了寄宿生生活补助，资助金额 1 738.88 亿元，占总额的 12.02%；中等职业教育，共资助中职学校学生 18 905.08 万人次，资助金额 3 437.82 亿元，占总额的 23.76%；普通高中，共资助学生 8 091.15 万人次，资助金额 1 137.06 亿元，占总额的 7.86%；高等教育，共资助学生 47 660.13 万人次，资助金额 7 709.48 亿元，占总额的 53.29%。各年度具体数据见表 9-3。

表 9-3　2007—2018 年全国各教育阶段累计资助资金和人数表

年度	2007—2016 年		2017 年		2018 年		2007—2018 年	
项目	金额（亿元）	人次（万）	金额（亿元）	人数（万）	金额（亿元）	人数（万）	金额（亿元）	人次（万）
学前教育	238.99	2 231.40	93.20	889.77	111.91	951.57	444.10	4 072.74
义务教育寄宿生生活补助	1 368.78	15 076.70	179.11	1 604.61	190.99	1 499.58	1 738.88	18 180.89
中等职业教育	2 672.57	15 765.46	365.29	1 509.92	399.96	1 629.70	3 437.82	18 905.08
普通高中	753.47	5 447.99	193.80	1 310.42	189.79	1 332.74	1 137.06	8 091.15
高等教育	5 508.44	38 996.55	1 050.74	4 275.69	1 150.30	4 387.89	7 709.48	47 660.13
合计	10 542.25	77 518.10	1 882.14	9 590.41	2 042.95	9 801.48	14 467.34	96 909.99

（三）财政投入累计超过 9 700 亿元，年均增幅 19.22%

2007 年至 2018 年，学前教育、义务教育、普通高中、中职教育、高等教育等各教育阶段财政投入达 9 761.64 亿元，占资助总额的 67.47%。其中，中央财政达 5 119.78 亿元，占财政投入的 52.45%，地方财政达 4 641.87 元，占财政投入的 47.55%。各年度财政投入具体情况见表 9-4。

表 9-4　2007—2018 年全国资助投入资金及占比　　单位：亿元

年度	2007	2008	2009	2010	2011	2012	2013	2014	2015	2016	2017	2018	合计
中央财政投入	115.12	230.53	261.84	322.57	391.12	422.10	427.75	518.35	559.38	579.20	616.39	675.43	5 098.52
地方财政投入	112.91	206.07	222.87	310.01	307.30	402.64	377.67	471.08	492.48	529.96	594.22	614.65	4 605.85

续表

年度	2007	2008	2009	2010	2011	2012	2013	2014	2015	2016	2017	2018	合计
财政投入小计	228.03	436.6	484.71	632.58	698.42	824.74	805.42	989.43	1 051.86	1 109.16	1 210.61	1 290.08	9 704.37
财政投入占比(%)	54.80	70.55	69.85	74.20	71.31	73.24	67.96	69.62	67.42	65.68	64.32	63.15	67.99
学校和社会投入小计	188.05	182.23	209.19	219.96	280.97	301.33	379.73	431.85	508.40	579.59	671.53	752.87	4 567.51
学校和社会投入占比(%)	45.20	29.45	30.15	25.80	28.69	26.76	32.04	30.38	32.58	34.32	35.68	36.85	32.01
其中：国家助学贷款	79.07	65.96	93.57	113.57	136.46	149.03	149.84	166.99	219.86	263.21	284.2	325.54	1 978.03
总计	416.08	618.83	693.90	852.54	979.39	1 126.07	1 185.15	1 421.28	1 560.26	1 688.75	1 882.14	2 042.95	14 271.88

2007 年至 2018 年各级财政年投入金额从 2007 年的 228.03 亿元，增长至 2018 年的 1 290.08 亿元，增长了 4.66 倍，年均增幅 19.22%。其中，中央财政年投入金额从 2007 年的 115.12 亿元，增长至 2018 年的 675.43 亿元，增长了 4.87 倍，年均增幅 19.66%；地方年投入金额从 2007 年的 112.91 亿元，增长至 2018 年的 614.65 亿元，增长了 5.44 倍，年均增幅 18.74%。各年度财政投入增长具体情况见表 9-4。

（四）学校和社会投入累计超过 4 700 亿元，年均增幅 13.32%

2007 年至 2018 年，学校从事业收入中提取支出以及企事业单位、社会团体和个人捐助、高校国家助学贷款等资金累计 4 705.7 亿元，占资助总额的 32.52%。年资金投入从 2007 年的 188.05 亿元，增长至 2018 年的 752.87 亿元，增长了 4.00 倍，年均增幅 13.32%。各年度学校和社会投入具体情况见表 9-4。

其中，全国累计发放国家助学贷款 2 047.3 亿元，占资金总额的 14.15%。年发放金额由 2007 年的 79.07 亿元增长至 2018 年的 325.54 亿元，增长了 3.12 倍，年均增幅 14.30%。各年度国家助学贷款具体情况见表 9-4。

二、2018 年全国学生资助资金情况[①]

（一）资助资金持续增长

1. 资助资金突破 2 040 亿元

2018 年，全国累计资助学前教育、义务教育、中职学校、普通高中和普通高校学生（幼儿）9 801.48 万人次（不包括义务教育免除学杂费和免费教科书、营养膳食补助），比上年增加 211.07 万人次，增幅 2.20%；累计资助金额 2 042.95 亿元（不包括义务教育免除学杂费和免费教科书、营养膳食补助），比上年增加 160.81 亿元，增幅 8.54%。学生资助资金连续 12 年保持快速增长。

资助学前教育幼儿 951.57 万人次，资助金额为 111.91 亿元，比上年增加 18.71 亿元，增幅 20.08%；义务教育寄宿生生活补助资助 1 499.58 万人，资助金额 190.99 亿元，比上年增加 11.88 亿元，增幅 6.63%；资助中职学校学生 1 629.70 万人次，资助金额 399.96 亿元，比上年增加 34.67 亿元，增幅 9.49%；资助普通高中学生 1 332.74 万人次，资助金额 189.79 亿元，比上年减少 4.01 亿元，降幅 2.07%；资助普通高校学生 4 387.89 万人次，资助金额 1 150.30 亿元，比上年增加 99.56 亿元，增幅 9.48%。

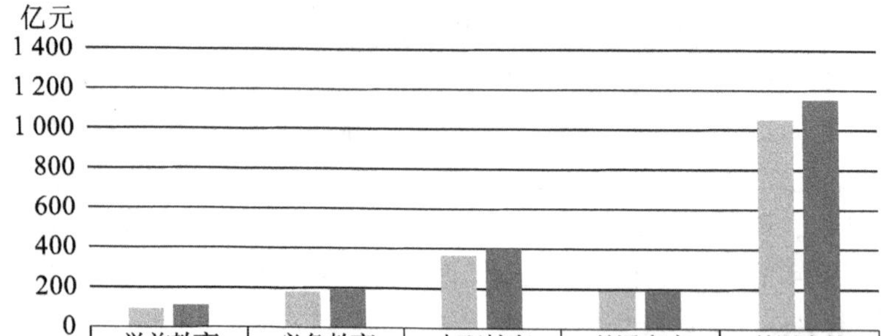

	学前教育	义务教育	中职教育	普通高中	普通高校
2017年	93.20	179.11	365.29	193.80	1 050.74
2018年	111.91	190.99	399.96	189.79	1 150.30

图 9-1　2017 年与 2018 年学生资助金额比较

2. 免费教科书投入资金 206.78 亿元

2018 年，财政安排义务教育国家免费教科书资金 168.61 亿元，惠及义务

① 全国学生资助管理中心：《2018 年中国学生资助发展报告》，2019-07-10，全国学生资助管理中心网，http：//www. xszz. cee. edu. cn/index. php/shows/70/3716. html。

教育阶段所有中小学生。地方各级财政安排地方免费教科书资金 38.17 亿元，惠及义务教育中小学生共 8 615.77 万人。

3. 营养膳食补助投入资金 322.20 亿元

2018 年，全国 726 个国家试点县级单位（含兵团 35 个团场）约 7.90 万所学校开展营养改善计划，惠及农村义务教育学生共 2 100 万人，中央财政安排当年膳食补助资金 200.92 亿元（包括国家试点和地方试点）；29 个省份在 915 个县开展了营养改善计划地方试点工作，覆盖学校 5.93 万所，惠及学生 1 600 万人，地方财政安排膳食补助资金 121.28 亿元。

（二）财政资金占主导地位

1. 财政投入近 1 300 亿元，增幅 6.56%

2018 年学生资助资金中，财政投入共计 1 290.08 亿元（不含义务教育免除学杂费和免费教科书、营养膳食补助），比上年增加 79.46 亿元，增幅 6.56%。其中，中央财政 675.43 亿元，比上年增加 59.04 亿元，增幅 9.58%；地方财政 614.65 亿元，比上年增加 20.43 亿元，增幅 3.44%。

财政资金占当年资助资金（不含义务教育免除学杂费和免费教科书、营养膳食补助）的比例为 63.15%，财政投入是国家学生资助经费的主要来源，政府发挥了主导作用。其中，中央财政投入占 2018 年资助资金总额的 33.06%；地方财政投入占 2018 年资助资金总额的 30.09%。学前教育资助财政资金投入 108.47 亿元，占学前资助资金总额的 96.93%；义务教育寄宿生生活费补助均为财政资金；中职教育资助财政资金投入 284.20 亿元，占中职资助资金总额的 71.06%；普通高中资助财政资金投入 176.11 亿元，占普通高中资助资金总额的 92.79%；普通高校资助财政投入 530.31 亿元，占普通高校资助资金总额的 46.10%。

2. 高校学生国家助学贷款 325.54 亿元，增幅 14.55%

2018 年共发放国家助学贷款 325.54 亿元，比 2017 年增加 41.34 亿元，增幅 14.55%，占资助资金总额的 15.93%，占高校资助资金总额的 28.30%，是高校资助资金的重要组成部分。

3. 学校资助资金超过 290 亿元，增幅 13.32%

2018 年，学校从事业收入中提取支出资助资金共 291.97 亿元，较 2017 年增加 34.33 亿元，增幅 13.32%，占资助资金总额的 14.29%。

4. 社会资助资金超过 130 亿元，增幅 4.37%

2018 年，企事业单位、社会团体和个人捐助等各类资助资金共 135.36 亿元，较 2017 年增加 5.67 亿元，增幅 4.37%，占资助资金总额的 6.63%。

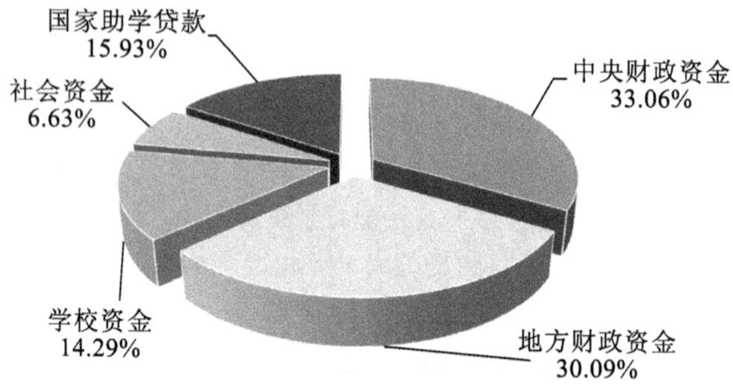

图 9-2　2018 年全国学生资助金额分布

（三）各项资助政策全面落实

1. 学前教育幼儿资助

2018 年，各级政府、幼儿园及社会共计资助幼儿 951.57 万人次。其中，政府资助 893.54 万人次，幼儿园资助 51.57 万人次，社会资助 6.46 万人次。资助金额共计 111.91 亿元，其中，政府资助 108.47 亿元，幼儿园资助 2.73 亿元，社会资助 7 094.35 万元。

(1) 政府资助

2018 年，各级政府共资助幼儿 893.54 万人次，占在园幼儿总数的 20.06%。其中，西部地区资助幼儿 609.84 万人次，占西部地区在园幼儿总数的比例为 43.82%；中部地区资助幼儿 130.13 万人次，占中部地区在园幼儿总数的比例为 7.95%；东部地区资助幼儿 153.57 万人次，占东部地区在园幼儿总数的比例为 10.78%。

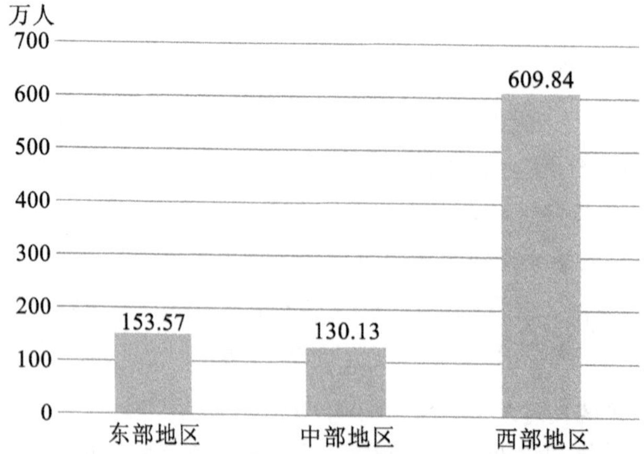

图 9-3　2018 年学前教育政府资助人数区域分布

2018年，各级政府共投入资金108.47亿元。其中，中央财政安排学前教育幼儿资助奖补资金17.81亿元，占财政资金总额的16.42%；省级安排学前教育幼儿资助奖补资金50.33亿元，占46.40%；市级安排学前教育幼儿资助奖补资金8.40亿元，占7.74%；县级安排学前教育幼儿资助奖补资金31.93亿元，占29.44%。

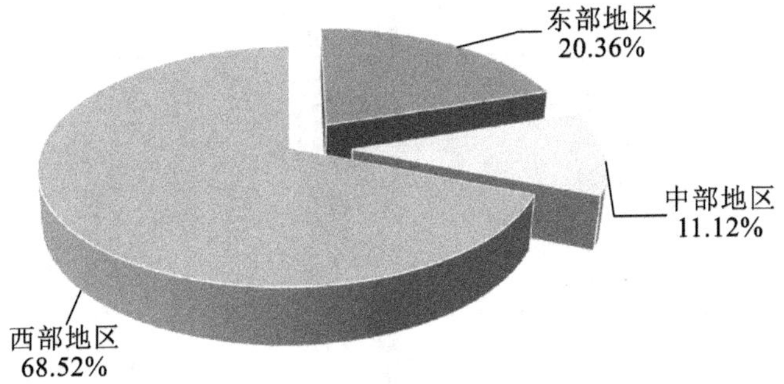

图9-4　2018年学前教育政府资助资金区域分布

从区域来看，西部地区政府安排学前教育幼儿资助奖补资金74.33亿元，占68.52%；中部地区政府安排学前教育幼儿资助奖补资金12.06亿元，占11.12%；东部地区政府安排学前教育幼儿资助奖补资金22.08亿元，占20.36%。

(2) 幼儿园资助

2018年，全国幼儿园提取事业收入资助幼儿51.57万人次。其中，西部地区资助24.08万人次，中部地区资助21.68万人次，东部地区资助5.81万人次。

全国幼儿园提取事业收入资助幼儿资金2.73亿元。其中，西部地区资助1.03亿元，中部地区资助1.02亿元，东部地区资助0.68亿元。

(3) 社会资助

2018年，全国6.46万人次幼儿获得社会资助。其中，西部地区资助3.32万人次，中部地区资助2.04万人次，东部地区资助1.10万人次。

社会资助资金共7 094.35万元。其中，西部地区资助5 192.28万元，中部地区资助1 013.46万元，东部地区资助888.61万元。

2. 义务教育学生资助

2018年，全国所有义务教育阶段中小学生享受国家免费教科书政策，8 615.77万学生享受地方免费教科书政策，1 499.58万学生享受家庭经济困难寄宿生生活费补助政策。财政共计投入国家免费教科书资金168.61亿元（含学生字典工具书采购资金），投入地方免费教科书资金38.17亿元，家庭经济困难寄宿生生活费补助资金 190.99 亿元。

(1) 国家免费教科书

2018 年，全国所有义务教育阶段中小学生享受国家免费教科书政策。其中，西部地区共资助 4 223.52 万人，中部地区共资助 5 673.08 万人，东部地区共资助 4 639.12 万人。

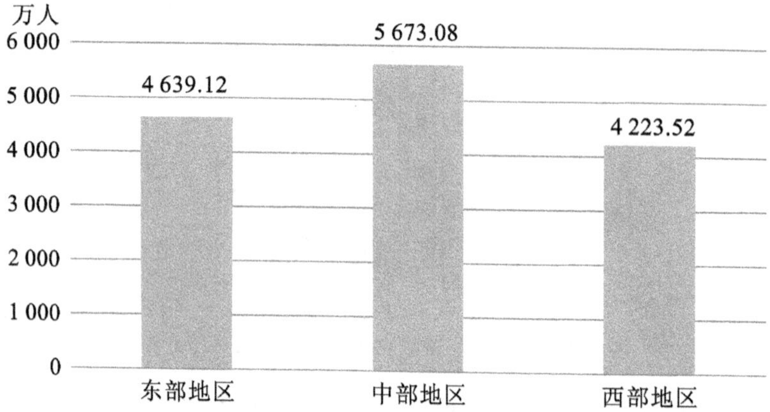

图 9-5　2018 年全国国家免费教科书人数区域分布

财政共计投入国家免费教科书资金总额为 168.61 亿元。从区域来看，西部地区资金 47.62 亿元，占 28.24%；中部地区资金 61.17 亿元，占 36.28%；东部地区资金 59.82 亿元，占 35.48%。

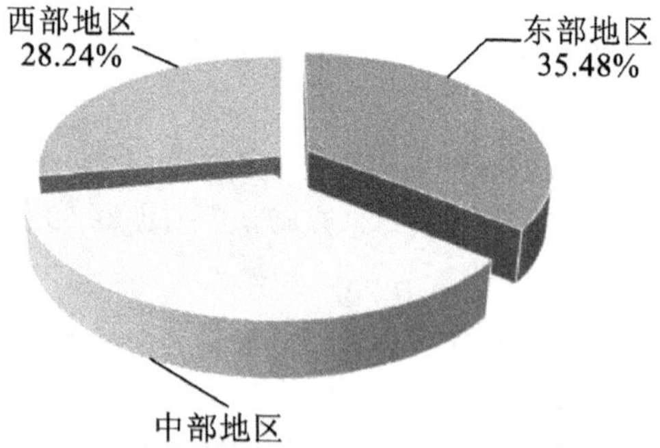

图 9-6　2018 年全国国家免费教科书资金区域分布

(2) 地方免费教科书

2018 年，全国共有 8 615.77 万学生享受地方免费教科书政策。其中，西部地区有 2 990.96 万人，中部地区有 2 475.37 万人，东部地区有 3 149.44 万人。

地方各级财政共计投入地方免费教科书资金 38.17 亿元，其中，西部地区投入 10.34 亿元，占 27.09%；中部地区投入 7.83 亿元，占 20.51%；东部地区投入 20.00 亿元，占 52.40%。

(3) 家庭经济困难寄宿生生活补助

2018 年，全国共有 1 499.58 万家庭经济困难寄宿生享受生活费补助政策。其中，西部地区共 973.58 万人，中部地区共 357.70 万人，东部地区共 168.30 万人。

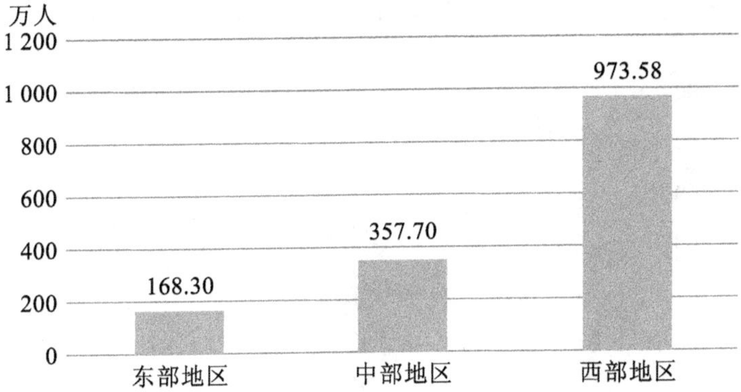

图 9-7　2018 年寄宿生生活补助资助人数区域分布

各级财政共计投入资金 190.99 亿元。其中，中央财政资金 92.93 亿元，占财政资金总额的 48.66%；地方财政资金 98.06 亿元，占 51.34%。

从区域来看，西部地区资金为 124.42 亿元，占 65.14%；中部地区 42.96 亿元，占 22.50%；东部地区 23.61 亿元，占 12.36%。

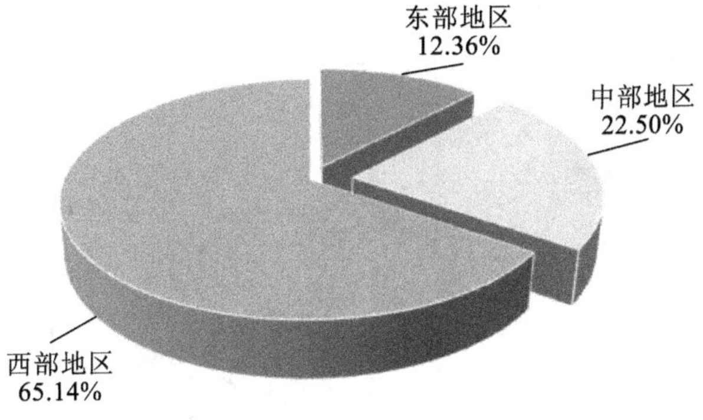

图 9-8　2018 年寄宿生生活补助资助资金区域分布

3. 中等职业学校学生资助

2018 年，全国共资助中等职业学校学生 1 629.70 万人次，资助金额共 399.96 亿元，比上年增加 34.67 亿元，增幅 9.49%。其中，1 098.33 万学生享受免学费政策，资助金额为 219.66 亿元；282.47 万学生享受国家助学金政策，资助金额为56.18亿元；地方政府资助91.83万人次，资助金额为8.36亿元；学校资助29.36万人次，资助金额为1.44亿元；社会资助4.33万人次，资助金额为1.76亿元；顶岗实习123.38万人次，资助金额为112.56亿元。

(1) 免学费

2018年，全国1 098.33万中等职业学校学生享受免学费政策。其中，西部地区有310.58万人，占享受免学费资助学生总数的28.28%；中部地区有306.26万人，占27.88%；东部地区有481.49万人，占43.84%。

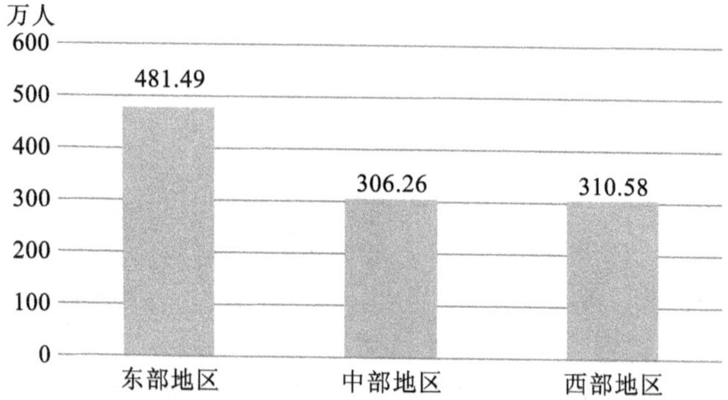

图9-9　2018年中职免学费资助人数区域分布

全国各级财政共投入中等职业学校免学费补助资金219.66亿元，占中职学校资助总额的54.92%。其中，中央财政资金121.33亿元，占免学费补助资金总额的55.24%；地方财政资金98.33亿元，占44.76%。

从区域来看，西部地区免学费补助资金68.73亿元，占31.29%；中部地区免学费补助资金77.63亿元，占35.34%；东部地区免学费补助资金73.30亿元，占33.37%。

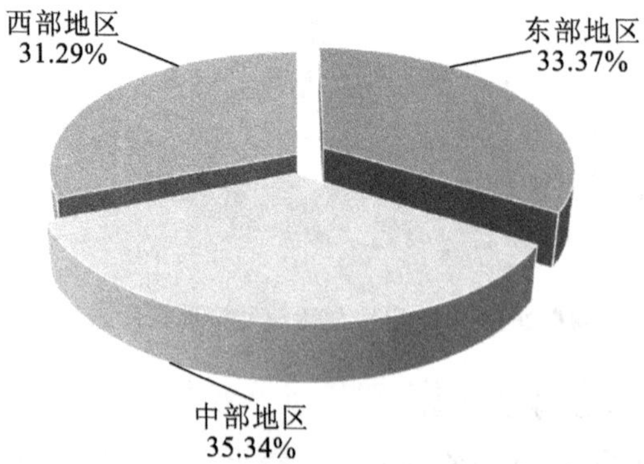

图9-10　2018年中职免学费资助资金区域分布

(2) 国家助学金

2018 年，全国有 282.47 万中等职业学校学生享受国家助学金政策。其中，西部地区有 139.45 万人，占享受国家助学金总人数的 49.37%；中部地区有 100.17 万人，占 35.46%；东部地区有 42.85 万人，占 15.17%。

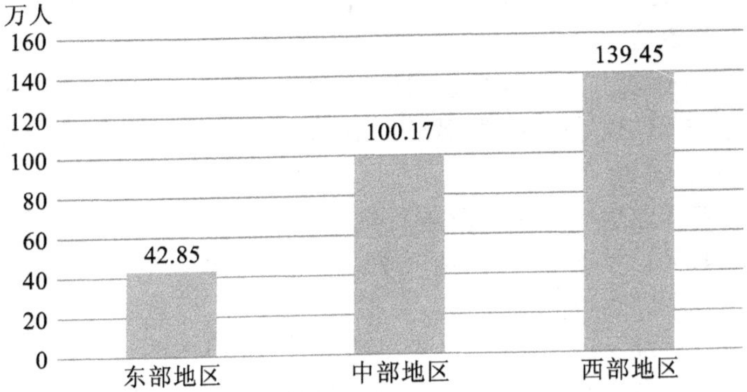

图 9-11　2018 年中职国家助学金资助人数区域分布

全国各级财政共投入中等职业学校国家助学金资助资金 56.18 亿元，占中职学校资助总额的 14.05%。其中，中央财政资金 36.79 亿元，占助学金总额的 65.49%；地方财政资金 19.39 亿元，占 34.51%。

从区域来看，西部地区国家助学金资助资金 27.95 亿元，占 49.75%；中部地区国家助学金资助资金 19.64 亿元，占 34.96%；东部地区国家助学金资助资金 8.59 亿元，占 15.29%。

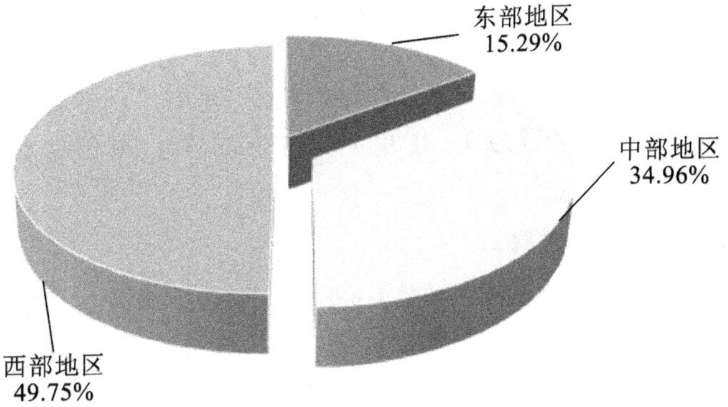

图 9-12　2018 年中职国家助学金资助金额区域分布

(3) 地方政府资助

2018 年，地方政府在落实国家免学费、国家助学金政策的基础上，另外共资助中等职业学校学生 91.83 万人。其中，西部地区资助 69.75 万人，占

75.96%；中部地区资助 11.97 万人，占 13.03%；东部地区资助 10.11 万人，占 11.01%。

地方政府在落实国家免学费、国家助学金资金的基础上，另外共投入地方政府资助资金 8.36 亿元。其中，西部地区投入 5.18 亿元，占 61.96%；中部地区投入 1.61 亿元，占 19.26%；东部地区 1.57 亿元，占 18.78%。

（4）学校资助

2018 年，全国中等职业学校共资助 29.36 万人。其中，西部地区资助 9.21 万人，占 31.37%；中部地区资助 14.04 万人，占 47.82%；东部地区资助 6.11 万人，占 20.81%。

全国中等职业学校共投入资金 1.44 亿元。其中，西部地区资金 0.41 亿元，占 28.47%；中部地区资金 0.73 亿元，占 50.70%；东部地区资金 0.30 亿元，占 20.83%。

（5）社会资助

2018 年，全国共有 4.33 万中等职业学校学生获得社会资助。其中，西部地区受助 1.58 万人，占 36.49%；中部地区受助 0.74 万人，占 17.09%；东部地区受助 2.01 万人，占 46.42%。

中等职业学校社会资助资金共计 1.76 亿元。其中，西部地区共 0.36 亿元，占 20.45%；中部地区共 0.18 亿元，占 10.23%；东部地区共 1.22 亿元，占 69.32%。

（6）顶岗实习

2018 年，全国共有 123.38 万中等职业学校学生顶岗实习。其中，西部地区有 40.07 万人，占 32.48%；中部地区有 31.87 万人，占 25.83%；东部地区有 51.44 万人，占 41.69%。

中等职业学校顶岗实习金额共 112.56 亿元。其中，西部地区为 30.26 亿元，占 26.89%；中部地区为 34.38 亿元，占 30.54%；东部地区为 47.92 亿元，占 42.57%。

4. 普通高中学生资助

2018 年全国共资助普通高中学生 1 332.74 万人次。其中，西部地区共资助 814.98 万人次、中部地区共资助 382.17 万人次，东部地区共资助 135.59 万人次。共投入资助资金 189.79 亿元，比 2017 年减少 4.01 亿元，降幅 2.07%。其中，西部地区投入 109.69 亿元，中部地区投入 60.65 亿元，东部地区投入 19.45 亿元。

（1）国家助学金

2018 年，全国有 488.04 万普通高中学生享受国家助学金政策。其中，西部地区有 250.11 万人，占西部地区在校生人数的 33.31%；中部地区有

170.51 万人，占中部地区在校生人数的 18.39%；东部地区有 67.42 万人，占东部地区在校生人数的 9.29%。

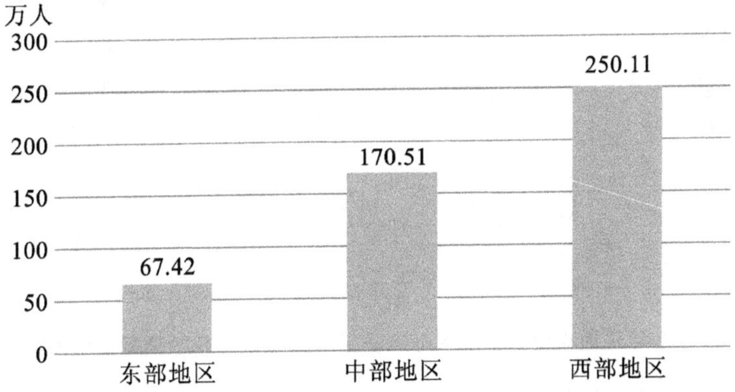

图 9-13　2018 年普通高中国家助学金资助人数区域分布

全国普通高中国家助学金到位资金共计 99.30 亿元。其中，中央资金 65.28 亿元，占 65.74%；省级资金 17.85 亿元，占 17.98%；市级资金 5.66 亿元，占 5.70%；县级资金 10.51 亿元，占 10.58%。

从区域来看，西部地区国家助学金资金 49.31 亿元，占 49.66%；中部地区国家助学金资金 36.67 亿元，占 36.93%；东部地区国家助学金资金 13.32 亿元，占 13.41%。

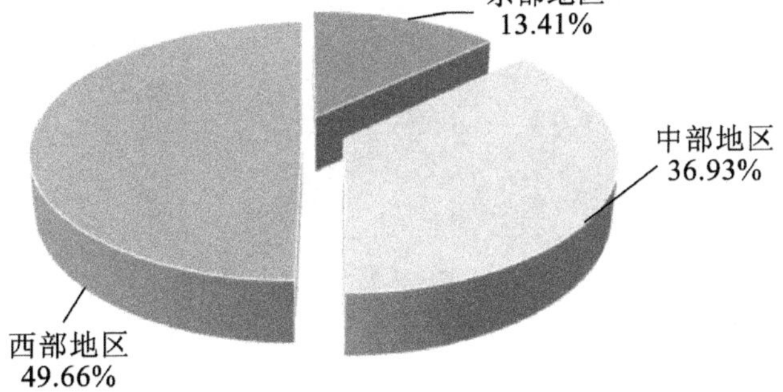

图 9-14　2018 年普通高中国家助学金资助金额区域分布

(2) 建档立卡等家庭经济困难学生免学杂费

2018 年，全国共有 200.70 万普通高中学生享受建档立卡等家庭经济困难学生免学杂费政策。其中，西部地区有 129.90 万人，受助人数占西部地区在校生人数的比例为 17.30%；中部地区有 57.06 万人，受助人数占中部地区在校生人数的比例为 6.15%；东部地区有 13.74 万人，受助人数占东部地区在校生人数的比例为 1.89%。

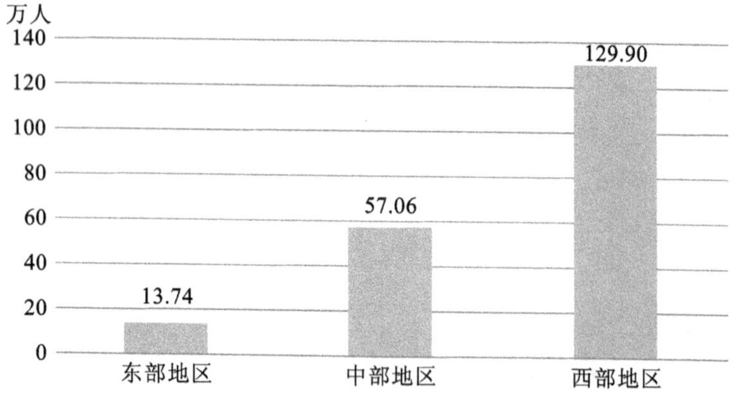

图 9-15　2018 年普通高中建档立卡等家庭经济困难学生免学杂费资助人数区域分布

全国普通高中建档立卡等家庭经济困难学生免学杂费资助资金共计 24.59 亿元。其中，中央资金 15.63 亿元，占 63.56%；省级资金 6.33 亿元，占 25.74%；市级资金 0.74 亿元，占 3.01%；县级资金 1.89 亿元，占 7.69%。

从区域来看，西部地区建档立卡等家庭经济困难学生免学杂费资助资金 14.81 亿元，占 60.23%；中部地区建档立卡等家庭经济困难学生免学杂费资助资金 7.15 亿元，占 29.08%；东部地区建档立卡等家庭经济困难学生免学杂费资助资金 2.63 亿元，占 10.69%。

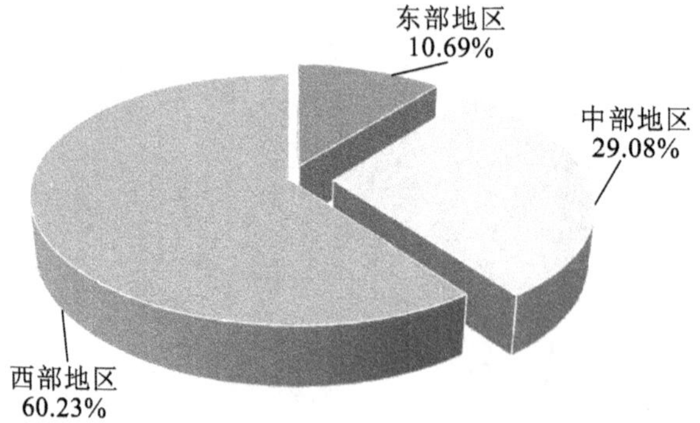

图 9-16　2018 年普通高中建档立卡等家庭经济困难学生免学杂费资助资金区域分布

(3) 地方政府资助

2018 年，地方政府在落实国家助学金、建档立卡等家庭经济困难学生免学杂费政策的基础上，另外共资助普通高中学生 516.94 万人次。其中，西部地区资助 398.79 万人次，中部地区资助 109.01 万人次，东部地区资助 9.14 万人次。

地方政府在落实国家助学金和建档立卡等家庭经济困难学生免学杂费资金

的基础上，另外共投入地方政府资助资金 52.22 亿元。其中，西部地区投入 40.37 亿元，中部地区投入 10.50 亿元，东部地区投入 1.35 亿元。

（4）学校资助

2018 年，全国普通高中提取事业收入资助学生 94.87 万人次。其中，西部地区资助 25.35 万人次，中部地区资助 37.57 万人次，东部地区资助 31.95 万人次。

全国普通高中从事业收入中提取并支出资助资金 9.25 亿元。其中，西部地区投入 3.08 亿元，中部地区投入 4.73 亿元，东部地区投入 1.44 亿元。

（5）社会资助

2018 年，全国共有 32.19 万人次普通高中学生获得社会资助。其中，西部地区受助 10.83 万人次，中部地区受助 8.02 万人次，东部地区受助 13.34 万人次。

普通高中社会资助资金共计 4.43 亿元。其中，西部地区资金 2.12 亿元，中部地区资金 1.60 亿元，东部地区资金 0.71 亿元。

5. 普通高校学生资助

2018 年，政府、高校及社会设立的各项高校学生资助政策共资助全国普通高等学校学生 4 387.89 万人次，资助资金 1 150.30 亿元。其中：

财政资金 530.31 亿元，占 2018 年度高校资助资金总额的 46.10%。其中，中央财政 325.66 亿元，占高校资助资金总额的 28.31%；地方财政 204.65 亿元，占高校资助资金总额的 17.79%。

银行发放国家助学贷款 325.54 亿元，占高校资助资金总额的 28.30%。

高校从事业收入中提取并支出的资助资金 278.55 亿元，占高校资助资金总额的 24.22%。

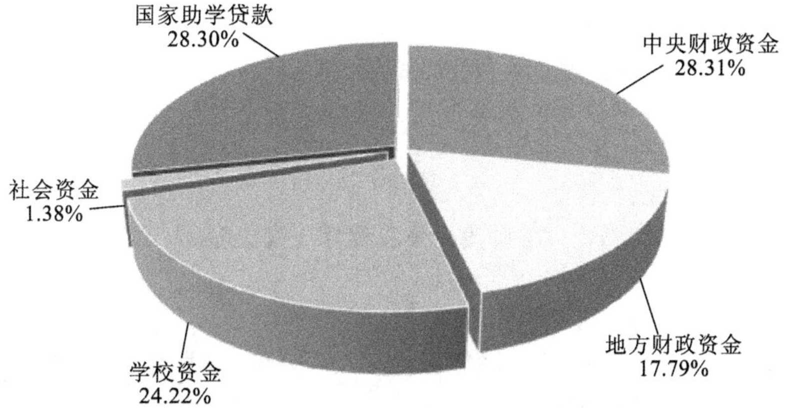

图 9-17　2018 年普通高校学生资助资金分布

社会团体、企事业单位及个人捐助资助资金（以下简称社会资金）15.90 亿元，占高校资助资金总额的 1.38%。

（1）奖学金

2018 年，各类奖学金共奖励全国普通高校学生 916.84 万人次；奖励金额 250.47 亿元，占高校资助资金总额的 21.77%。

其中，国家奖学金共奖励本专科生 5.00 万人，奖励金额 4.00 亿元；奖励硕士研究生 3.5 万人，奖励金额 7.00 亿元；奖励博士研究生 1.00 万人，奖励金额 3.00 亿元。

国家励志奖学金奖励本专科生 82.51 万人，奖励金额 41.26 亿元。

研究生学业奖学金奖励研究生 154.56 万人，奖励金额 113.59 亿元。

其他各类奖学金共奖励高校学生 670.27 万人次，奖励金额 81.62 亿元。

（2）助学金

2018 年，各类助学金共资助全国普通高校学生 965.19 万人次，资助金额 328.39 亿元，占高校资助资金总额的 28.55%。

其中，国家助学金资助本专科生 576.92 万人，资助金额 166.96 亿元；资助研究生 194.64 万人，资助金额 129.18 亿元；其他各类助学金共资助高校学生 193.63 万人次，资助金额 32.25 亿元。

（3）国家助学贷款

全国发放国家助学贷款 446.94 万人，发放金额 325.54 亿元，占高校资助资金总额的 28.30%。其中，发放生源地信用助学贷款 428.59 万人，发放金额 311.67 亿元。国家财政为国家助学贷款支付贴息 32.20 亿元，其中，中央财政贴息 10.49 亿元，地方财政贴息 21.71 亿元。

（4）高校学生应征入伍服兵役国家资助（含直招士官）

全国 15.64 万高校学生应征入伍服兵役享受国家资助，资助金额 20.72 亿元。

（5）高校学生基层就业学费补偿贷款代偿

全国 7.95 万高校学生赴基层就业享受学费补偿贷款代偿，资助金额 6.61 亿元。

（6）师范生公费教育

中央部属六所师范大学师范生公费教育政策资助 2.89 万人，资助金额 4.20 亿元。

（7）退役士兵学费资助

退役士兵考入普通高校享受学费资助 1.07 万人，资助金额 6 037 万元。

（8）大学新生入学资助

大学新生入学资助 15.40 万人，资助金额 1.00 亿元。

(9) 研究生“三助”岗位津贴

研究生“三助”岗位津贴资助 138.07 万人次，资助金额 64.22 亿元。

(10) 勤工助学

普通高校学生参与勤工助学 396.80 万人次，资助金额 31.00 亿元。

(11) 其他资助

特殊困难补助 146.17 万人次，资助金额 8.62 亿元。伙食补贴发放 592.37 万人次，资助金额 12.92 亿元。学费减免资助 22.50 万人，减免金额 13.82 亿元。校内无息借款资助 4.49 万人，借款金额 2.96 亿元。其他项目资助 325.62 万人次，资助金额 47.03 亿元。

此外，2018 年秋季学期，通过“绿色通道”入学的家庭经济困难学生 125.80 万人，占当年报到新生总人数的 14.70%。

第五节　学生资助在经济社会发展中的作用愈加明显

国家学生资助政策的实施，促进了教育事业改革发展、促进教育公平，推动改变了贫困地区、农村地区落后的教育观念和教育面貌，帮助了广大家庭经济困难学生顺利入学并完成学业，极大地促进了教育事业快速发展，为加快我国从人口大国迈向人力资源大国、人力资源强国的进程打下了坚实的基础。

一、促进教育事业发展

新中国成立以来，党和政府通过实施国家资助保障广大家庭经济困难学生顺利入学、完成学业，使国民科学文化素质有了质的飞跃，对提升我国人力资源开发水平产生了重要影响。1964 年至 2018 年，全国 6 岁及以上人口平均受教育年限，从 2.92 年提高到 9.26 年；高中及以上受教育程度人口数占总人口数的比重，从 1.7%提高到 29.3%；大专及以上受教育程度人口数占总人口数的比重，从 0.4%提高到 13.0%；文盲率由 33.6%下降到 4.9%。特别是改革开放以来，学生资助成效更加显著。2011 年，国家按照“地方先行，中央补助”的原则，建立学前教育资助制度。资助政策的实施对提高学前教育毛入园率产生了积极影响，全国学前教育毛入园率从 2010 年的 56.6%快速提高到 2016 年的 77.4%。“两免一补”政策的实施有力推动了义务教育的发展，进一步巩固了“普九”成果。2007 年至 2016 年，小学净入学率保持在 99.4%以上；初中毛入学率保持在 98%以上，2010 年以后均超过 100%；2016 年义务教育巩固率达到 93.4%。高中阶段资助政策的实施，特别是中职教育资助政策已覆盖超过 90%的学生，切实减轻了部分家庭的经济负担，为高中阶段教育普及发展起到了积极作用。2010 年以来，在中等职业教育生源总量下降的情况下，中职教育招生规模保持了相对稳定。高中阶段毛入学率由 2010 年的 82.5%提高到 2016 年的 87.5%。高等教育学生资助体系的建立健全，有力保障了考入高校的家庭经济困难学生，特别是农村家庭经济困难学生顺利入学，为扩大高等教育规模提供了有力支撑。我国普通高校本专科在校生规模从 2006 年 1 738.84 万人快速发展到 2016 年的 2 695.84 万人，高等教育毛入学率从 2006 年的 22%增加到 2016 年的 42.7%。70 年来，我国实现了人口大国向人力资源大国的转变，正在跨入人力资源强国行列。

二、促进教育公平

教育公平是社会公平的重要基础，促进教育公平是国家基本教育政策。党和国家高度重视家庭经济困难学生上学问题，为通过出台相关资助政策措施，建立覆盖学前教育至研究生教育的学生资助政策体系，从制度上保障不让一个学生因家庭经济困难而失学，有力促进了教育的公平。新中国成立之初，为了调动人民群众接受教育的积极性，我国创立了社会主义学生资助制度，先后实行了供给制、人民助学金、学杂费减免等资助政策，为经济困难家庭子女上学提供了一定保障，充分调动了人民群众主动送子女接受教育的积极性。一方面，“免费”政策保障了广大工农群众的受教育权，能够培养国家当时经济建设需要的工农出身的知识分子；另一方面，人民助学金政策解决了工农群众子女入学后的生活问题。十一届三中全会后，随着党和国家工作重点的转移，在经济体制改革、教育体制改革过程中，党和国家始终把家庭经济困难学生上学问题摆在重要位置。这个时期，资助政策有了一定调整，受助人数仍然较大幅度增长，使更多的孩子能获得接受教育的机会，为普及义务教育和扩大非义务教育发展规模，提供了强有力的支撑。进入新世纪，党和国家更加重视社会公平和教育公平，把学生资助作为促进教育公平和社会公平的重要举措，不断出台和完善各级各类学生资助政策，决心和力度前所未有。即使面对 2008 年国际金融危机后的经济下行压力，党和政府仍然向社会庄严承诺：无论遇到多么大的困难，国家促进教育公平的决心不会改变，扶助经济困难学生的政策措施不会改变，保障每一个孩子不因家庭经济困难而失学的承诺不会改变。党的十八大以后，国家对学生资助政策出台和完善的速度进一步加快，财政投入进一步快速增加。经过十几年的努力，我国建立起了具有中国特色的学生资助政策体系，实现了各个教育阶段全覆盖、公办民办学校全覆盖、家庭经济困难学生全覆盖，在制度上基本保障了“不让一个学生因家庭经济困难而失学”，使教育公平这一崇高理念落地生根。

三、推进脱贫攻坚

学生资助在助力扶贫开发和脱贫攻坚中作出了重要贡献。新中国成立时一穷二白，人民生活处于极端贫困状态。1949 年，我国农村居民人均可支配收入仅为 44 元；到 1978 年，农村居民人均可支配收入也仅仅增长到 134 元。对于有子女就学的贫困家庭而言，即便是承担少量学费和生活费，也会带来不小的经济压力，从而加重贫困程度和增加脱贫难度。国家通过学生资助解决这些贫困人群子女的上学费用问题，既减轻了贫困家庭的经济负担，促进了他们集中精力发展生产、改善生活状况、减轻贫困程度和摆脱贫困。20 世纪 80 年代中期实行扶贫开发以后，更加重视提高贫困人口的科技文化素质和自我发展能力，“治穷先治愚、治愚抓教育”成为当时的共识。我国实施有计划、有组织、大规模的农村扶贫开发以来，把扶贫脱贫、巩固脱贫成果和防止新的贫困现象发生有机结合、整体推进。我国学生资助政策不仅重视资助贫困人群的子女，而且重视资助刚刚脱贫人群和低收入群体的子女。通过国家学生资助，减轻他们的教育支出压力，有效防止他们返贫或致贫。同时，各学段学生均可获得资助，提高了贫困家庭学生升学信心，为完成控辍保学这一脱贫攻坚硬任务奠定了良好基础。党的十八大以来，习近平总书记提出的扶贫与“扶智”“扶志”相结合，成为脱贫攻坚的治本良方和阻断贫困代际传递的治本之策。教育部、财政部等部门深入学习贯彻落实习近平总书记系列重要讲话精神，全面落实《教育脱贫攻坚“十三五”规划》部署，将建档立卡学生作为重点资助对象全部纳入资助范围，确保“一个都不少”，给予最高档次的资助标准，切实减轻家庭教育支出负担。部分地区和学校专门针对建档立卡学生制定了专项资助政策，进一步加大了建档立卡学生资助力度，保障了贫困家庭子女不因家庭经济困难而失学，享有接受更好的教育的机会。资助政策新体系的实施，推动了贫困地区、农村地区落后的教育观念和教育面貌的改变，帮助了广大家庭经济困难学生顺利入学并完成学业，提高他们的科技文化素质，使他们掌握一技之长，提升他们的就业创业能力，有效防止了低收入和经济困难家庭因子女上学费用致贫和返贫现象，带动整个家庭稳定脱贫和高质量脱贫。对于贫困家庭来说，学生资助政策不仅解除了子女上学费用负担，减轻了家庭脱贫的压力，而且帮助子女通过接受教育，重新获得发展自我、赢得人生出彩的机会，从而改变了个人及其家庭的命运，促进了家庭稳定脱贫和高质量脱贫，阻断了贫困代际传递。

四、优化人才结构

我国学生资助政策在突出助困的基础上，兼顾了导向功能，促进人力资源开发水平不断提升，促进了我国人才结构不断优化。如 1955 年我国全面实行人民助学金制度时，对国家急需专业学生，在资助范围和标准上都给予倾斜。1986 年人民助学金改革为奖学金和贷学金后，设立专业奖学金和定向奖学金，专项用于资助特殊专业和到艰苦地区、行业工作的学生。2007 年以后，我国出台了基层就业学费补偿贷款代偿、免（公）费师范生、服义务兵役学生教育资助、中职学生资助等一系列引导性资助政策，有效改善了我国的教育结构和人力资源结构，激励了一大批贫困学子成长成才，吸引了一大批优秀人才投身农村教育、扎根艰苦边远地区和基层单位，吸引高学历人才投身国防建设，流向国家人才紧缺行业和地区，满足了国家经济社会发展的需要。我国学生资助政策的引导作用，促进了中等职业教育的发展和高中阶段教育结构的调整，促进了中初级技能型人才的培养；师范生免费教育与补助，激励了一大批优秀学子投身农村基础教育，增强了我国高等教育阶段艰苦专业、亟须专业和师范专业的吸引力，引导数十万名优秀师范生投身农村基础教育；基层就业学费补偿、贷款代偿政策的实施，对引导高校毕业生调整就业心理，解决就业“下不去”的问题起到积极作用，对满足基层用人单位高层次人才需求，特别是贫困边远地区、中西部地区县级及以下基层单位和农、林、地、矿、油等艰苦行业生产第一线的人才需求发挥了重要作用，有力促进了人才结构协调发展。2007 年至 2016 年，国家投入 39.76 亿元，鼓励了 36.74 万名大学毕业生投身基层，改善了我国基层干部队伍的素质结构；为我国实现强军目标输送了一大批优质兵员，应征入伍大学生达 43 万人次。改善兵源质量是国家的重大部署，在学费补偿、贷款代偿等资助政策的激励下，广大高等学校学生积极响应国家号召应征入伍，我国义务兵兵源质量不断改善，加快了军队现代化建设进程。2007 年至 2016 年，国家投入 71.63 亿元，鼓励了 55.03 万名大学生应征入伍。

五、人民群众获得感不断增强

新资助政策体系实施以来，学生资助规模实现较大幅增长，让人民群众得实惠。2007 年至 2018 年期间，学前教育、义务教育、普通高中、中职教育、高等教育等各教育阶段全国累计资助学生近 10 亿人次，学前教育，共资助幼儿 4 072.74 万人次；义务教育共有 18 180.89 万学生享受了寄宿生生活补助；中职学校学生 18 905.08 万人次；普通高学生 8 091.15 万人次；高等教育学生 47 660.13 万人次。资助学生从 2007 年的 5 155.57 万人次增长至 2018 年的 9 801.48 万人次，增长了 90.11%。全国累计资助资金总额 14 467.34 亿元。资助金额从 2007 年的 416.08 亿元增长至 2018 年的 2 042.95 亿元，增长了 3.91 倍。经济困难家庭子女上学减负效果十分明显，各个学段家庭经济困难学生上学的资助需求基本得到满足，特别是在高等教育阶段，在多种措施的帮扶下，家庭经济特别困难的学生上学资助力度接近100%，特别困难家庭无须家庭支出也可以顺利完成学业。资助学生制度的实施，让数以千万计的贫困家庭子女享受到了教育公平、共享了教育改革成果和社会发展成果，广大人民群众对这项政策制度的实施十分满意。2017年5月，中国教育科学研究院发布《全国高等教育满意度调查报告》，其中，“家庭经济困难学生能够得到有效资助吗?”的问题得到80.12分，在所有题目中得分最高。

六、促进了学生身体素质全面增强

从新中国成立初期我国实行的供给制、人民助学金制度，到改革开放后国家逐步实施的助学金、奖学金、临时困难补助等多项资助政策，基本保证了在校学生特别是家庭经济困难学生的营养需求，为青少年的健康成长奠定了良好的基础。学生资助保障力度的不断加大，较大幅度地提高了各教育阶段家庭经济困难学生（儿童）的物质生活水平，明显改善了家庭经济困难学生（儿童）的营养结构，有效地增强了家庭经济困难学生（儿童）的身体素质。2011年，国家启动实施的农村义务教育学生营养改善计划，普遍改善了农村地区学生(儿童）的营养结构。据中国疾病预防控制中心2017年跟踪监测，营养改善计划试点地区男、女生各年龄段的平均身高比2012年增长1.9厘米和2.0厘米，平均体重增加1.3千克和1.4千克。学生身体素质全面增强。

第六节　新时代全面提高学生资助资金使用效益的思考

学生资助作为教育脱贫攻坚的重要抓手，过去几年取得的成效是显著的、空前的，但局部存在的不平衡不充分问题也不容忽视，例如有些地区、有些学校政策落实不到位、覆盖范围有空白、资助对象不精准、育人成效不突出、监管工作不严格等。在新的历史时期，我们继续贯彻落实党的十九大和全国教育大会精神，全面提高学生资助资金使用效益。2018年8月，国务院办公厅印发《关于进一步调整优化结构提高教育经费使用效益的意见》，按照文件要求，突出提高绩效这个核心，在健全制度、精准资助、资助育人、经费监管、队伍建设等方面狠下功夫，提高学生资助资金使用效益，促进学生资助工作水平全面提升。

一、拓展资金来源渠道

按照非义务教育成本合理分担的原则，高等教育成本应由政府、社会、学校、家长或学生共同合理分担。为了不过多挤占教育经费资源，可多渠道拓展资金来源，确保资助经费总量持续增加。第一，完善教育捐赠激励机制。美国《税法改革法案》颁布后，慈善捐赠税收减免政策大大地提高了美国高等教育捐赠总量，2017 年达到了 436 亿美元。建议国家出台法律法规，对社会教育捐赠在个人所得税、企业所得税等方面给予优惠政策，提高社会对教育捐赠的积极性。第二，适当提高学费标准和校内资助资金占比。随着我国经济社会的发展，居民收入水平持续提高，因此适当提高学费标准是必要且可行的。同时，在提高学费标准的同时，按比例增加高校用于学生校内资助的资金量，转移家庭困难学生的部分教育成本。

二、向统筹要绩效

进一步强化统筹提升资助资金总体绩效。党的十九大报告指出，要“健全学生资助制度，使绝大多数城乡新增劳动力接受高中阶段教育、更多接受高等教育”。党和国家已不仅把学生资助当作解决家庭经济困难学生上学问题的助困手段，更是从提高国民整体素质、提升人才培养层次的高度来考虑和部署资助工作。这是党中央总揽全局、高瞻远瞩，根据新形势新任务作出的一项造福当代、惠及子孙、影响深远的重大决策。学生资助工作系统性强、复杂程度高，涉及政策头绪多，各地区、各学校情况各异，学生家庭经济状况更是千差万别。因此必须大力推进以下三个方面工作，在“统筹”上下功夫：一是进一步统筹各个学段。目前我国已基本建立覆盖各学段的资助体系，但各学段间发展不平衡的现象仍客观存在，整体来看，高等教育阶段资助政策项目较多、资助标准也较高，但学前和中职阶段资助水平整体偏低，需要进一步从政策和资金投入等方面加强学前和中职阶段学生资助工作力度。二是进一步统筹各项政策。要加强政策协同，注重解决学生资助工作中的突出问题；要正确处理好有偿资助和无偿资助的关系，鼓励学生自立自强，多通过自己劳动获得报酬；要紧密结合社会保障、脱贫攻坚等政策措施，系统梳理资助死角，弥补现行资助政策覆盖的一些短板。三是进一步统筹城市农村。我国农村人口众多和地区发展不平衡问题依然存在，要加大对农村地区，特别是集中连片特困地区以及“三区三州”深度贫困地区的扶持力度，资助政策要倾斜，配套资金要跟上，将资助资金用在刀刃上。

三、向精准要绩效

进一步推进“精准资助”提高资助资金使用绩效。《关于进一步调整优化结构提高教育经费使用效益的意见》指出要“提高精准水平，实现应助尽助”。

精准资助就是要改“大水漫灌”式资助为“精准滴灌”式资助。我国幅员辽阔，各地发展仍有较大差距，完全没有差距是不可能的，不能把一套资助工作要求简单套用到全国各省区市，那既不科学，也不现实。在全国推进“精准资助”工作就是要打破“一把尺子量所有人”的固有思维，动员全国各地、各校资助部门结合自身实际情况，有针对性地对资助工作各环节做到“精准”，特别是在资助对象、资助标准、资金发放这三个方面要进一步做到精准施策，全面提升学生资助科学化水平：一要科学认定资助对象。各地各校要全面推进精准资助机制建设，建立动态调整机制，综合运用大数据分析，探索建立量化评估指标体系，对受助对象进行科学评估和准确认定，实现学籍系统、资助系统与扶贫、民政、残联等部门数据库的有效对接。要大力推广隐形资助、温情资助的好经验、好做法，杜绝“哭惨比穷”式的演讲；要高度重视保护学生个人隐私，禁止公示学生个人敏感信息。二要科学确定资助标准。要根据当地经济社会发展水平、城市居民最低生活保障标准，根据所在城市物价水平、学校收费水平、学生家庭经济能力等因素，确定家庭经济困难学生的资助标准。要根据不同学生的受助需求实行分档资助，不能搞平均主义，更不能搞轮流坐庄。三要科学发放资助资金。要进一步改进和完善资助资金发放机制和发放办法，认真解决资助资金发放不及时问题，积极回应受助学生诉求，让资金发放更有温度。

四、向监管要绩效

进一步加大监管力度提高资助资金管理绩效。资助工作涉及面广、资金量大、政策性强、群众关注度高，容不得一丝一毫的偏差。要加大监管力度，把各项政策精准地落在实处，确保不出现任何形式的跑、冒、滴、漏问题，让资助工作在阳光下开展。一方面是要管好“人”。要通过资助队伍能力建设，提高监管水平。各地各校要在现有机构设置及编制范围内统筹调剂，确保在机构设置、人员配备方面适应和满足学生资助工作需要，要加强对资助工作人员政策理论、职业操守、业务技能培训，提高资助工作人员的政策理论水平和执行力。另一方面是要定好“规”。要通过建章立制，规范监管内容，完善学生资助工作规章制度，做到有章可循、权责明确。要建立定期专项检查制度和专项审计制度，推进学生资助工作公开透明，接受群众和师生监督，坚决防止和严肃查处任何违纪违规行为。通过加强人员管理，规范制度建设，保证资助资金安全管理、安全使用，为资助资金上好“双保险”，同时接受媒体和社会公众的监督，切实把学生资助这项民生工程做成民心工程。

五、向改革要绩效

进一步深化改革提高资助资金发展绩效。《关于进一步调整优化结构提高教育经费使用效益的意见》是充分发挥财政教育经费的政策引导作用，推动深化教育体制机制改革的纲领性文件。学生资助资金金额大、受众广，资金管理任务重、责任大，要管好用好学生资助资金，就必须按照《关于进一步调整优化结构提高教育经费使用效益的意见》的总要求，在健全预算审核机制、改进绩效监督考核、防范财政风险等方面深化改革，大胆创新，全面提升学生资助资金管理水平。一要加强目标管理。要转变管理思路，将绩效理念和方法深度融入学生资助资金管理全过程，通过构建科学的学生资助绩效评价体系，准确客观地反映全国资助资金使用情况和政策目标的实现程度，以目标指导行动。二要有风险防范意识。要转变工作方式，采用先进的技术手段提前预判，做好风险控制工作，加强资助资金动态监控，坚持资助资金用在哪里，绩效评价就跟踪到哪里，让资金使用有迹可循。三要有国际视野。既要立足中国大地坚定不移地建立一套适合我国国情的中国特色学生资助体系，同时也要防止“井底蛙”思维，看到国际上在学生资助政策体系建设方面的成功做法，大胆学习借鉴国外的好经验好做法。四要服务于教育中心事业。学生资助是整个教育改革发展事业的一部分，必须紧紧跟上教育改革开放的大局，适应教育改革前进的步伐。事业发展如何定位，学生资助就要如何定位；教育改革如何定向，学生资助就要随之定向。现阶段尤其要结合实际，扎实推进资助育人、精准资助、依法资助等重点工作，为实现教育立德树人的根本任务、实施教育精准脱贫、促进社会公平作出自己应有的贡献。

站在新时代的新方位，我们要深刻认识到提高教育经费使用效益的重要意义，切实管好用好学生资助资金，将每一分钱用到刀刃上，让这些资金帮助家庭经济困难学生接受教育、成长成才，阻断贫困代际传递，为实现中华民族伟大复兴的中国梦不懈奋斗！

附：全国学生资助管理中心介绍

1999 年 9 月，经中央机构编制委员会办公室批准，在教育部成立“全国学生贷款管理中心”，负责落实国家助学贷款政策，同时作为国家助学贷款部际协调小组的日常办事机构。2006 年 2 月，为进一步做好各级各类教育家庭经济困难学生资助工作，中央机构编制委员会办公室批准，将“全国学生贷款管理中心”更名为“全国学生资助管理中心”。

中心主要职责与任务：参与研究制定国家学生资助政策措施；负责推动落

实高等教育、中等职业教育、普通高中教育、义务教育和学前教育学生资助政策；指导、监督、检查地方和学校学生资助工作；协助教育部相关部门开展国家资助政策宣传工作。

“全国学生资助管理中心”目前与“教育部外资贷款事务中心”实行“一个机构，两块牌子”的运行机制，并在外资贷款事务中心内设“教育部政府采购中心”。同时承担的工作职责有，负责外资贷款教育项目的执行与管理工作，承担教育部直属单位政府采购实施与管理工作。

中心内设处（室）及职能

(1) 高校学生资助工作处：推动落实国家各项高校学生资助政策措施；开展调查研究，参与政策措施完善工作；配合国务院有关部门（司、局）开展相关工作，协调有关金融机构解决国家助学贷款工作中存在的问题；监督、指导、检查地方学生资助机构的工作，督促各地落实高校贫困家庭学生资助政策措施；搜集、反映工作动态信息；开展资助政策宣传和大学生诚信教育；负责部署、组织实施中央部门所属普通高校国家助学贷款的有关工作；按照教育部要求，监督、指导、检查高校各项学生资助政策措施的落实情况；开展资助育人工作。

(2) 中等职业学校学生资助工作处：参与制定和完善中等职业学校学生资助政策；负责推动落实中职学生资助政策措施；管理中职学生资助信息；开展中职学生资助政策宣传、咨询与信访工作，受理相关举报投诉；监督检查、考核评估地方中职学生资助工作。

(3) 中小学学生资助工作处：参与制定学前教育、义务教育和普通高中学生资助政策措施；负责学前教育资助、义务教育阶段免费教科书、寄宿生生活补助管理工作，参与农村义务教育学生营养改善计划实施等工作；负责普通高中学生资助管理工作；指导、监督、检查地方中小学和学前教育家庭经济困难学生资助工作；开展中小学和学前资助政策宣传、咨询、培训与信访工作；负责落实义务教育“两免一补”部级协调小组交办的事项。

(4) 信息与法律处：统筹各地各校学生资助宣传工作，牵头中心相关业务处室开展资助育人工作；建设中心门户网和微信公众号；编撰学生资助年度报告等综合性文字材料；学生资助舆情监测与处置等。推进学生资助信息化建设与应用；推进学生资助大数据分析与应用，为精准资助提供数据基础；确保信息系统安全、数据安全和办公网络安全等。开展学生资助法律研究；配合相关部门起草学生资助政策文件；督办、检查各地、各高校落实学生资助政策情况；组织学生资助规范化、法制化培训等。

(5) 外资贷款处：参与外资贷款与赠款项目的谈判和前期论证工作；负责外资贷款与赠款教育项目的执行与管理；组织开展外资贷款教育项目绩效评价

工作。

（6）政府采购一处：承担教育部系统政府采购政策完善；进行系统各单位政府采购管理；指导、监督、检查直属高校和事业单位政府采购工作；组织开展人员业务培训；接受委托，开展其他政府采购业务。

（7）政府采购二处：组织实施中央财政专项资金的政府采购项目；接受委托组织实施部内各司局和直属单位的政府采购项目；配合中心政府采购内部管理制度建设；指导直属单位政府采购工作；负责教育部政府采购门户网站管理及信息维护；负责政府采购项目统计、档案管理及其他相关工作。

（8）财务处：负责中心日常财务管理、会计核算、统计及财务档案管理等工作，依法纳税；负责学生资助工作专项经费、政府采购专项经费等专项资金的财务管理与会计核算；负责外资贷款项目资金使用管理及还贷管理；配合有关部门进行财务监督检查和审计工作；负责中心国有资产管理工作。

（9）办公室：负责保障中心业务正常运行的综合协调、重大事项督办与日常事务管理；负责人事、劳资、保险、资产管理工作；负责内部规章制度的制定以及公文登记、运转、档案等管理工作；负责工会、退休职工、计划生育等工作；负责办公场所安全与后勤保障服务；协助党支部组织开展党务工作。

第十章　教育投入绩效

改革开放以来，我国经济和社会发展取得了举世瞩目的成就，国民经济大踏步前进、经济总量连上新台阶，主要经济社会指标占世界的比重持续提高，居世界的位次不断前移，现在已经成为世界第二大经济体，综合国力和国际影响力实现历史性跨越。我国走出了一条中国特色的社会主义道路，为长远发展和全面实现现代化打下了良好的基础，中国文化产业就是在这样的经济社会发展背景下产生与发展的。

第一节　中国教育投入的经济基础

一、经济规模不断扩大，第三产业快速增长

经济基础决定上层建筑。新中国诞生之初，经济基础极为薄弱。1952 年我国国内生产总值仅为 679 亿元，人均国内生产总值为 119 元。经过长期努力，1978 年我国国内生产总值增加到 3 679 亿元，占世界经济的比重为 1.8%，居全球第 11 位。改革开放后，人民群众生产积极性得到发挥，社会主义市场经济体制逐步建立，生产力迅速解放和发展，经济快速发展。1986 年经济总量突破 1 万亿元，1991 年上升到 2 万亿元，2000 年突破 10 万亿元大关，2006 年超过 20 万亿元，2010 年达到 40 万亿元。党的十八大以来，我国的综合国力持续提升。近三年，我国经济总量连续跨越 70 万、80 万和 90 万亿元大关，2018 年国内生产总值达到 900 309 亿元，比 1952 年增长 175 倍，年均增长 8.1%；其中，1979—2018 年年均增长 9.4%。1952 年，第一、二、三产业增加值占国内生产总值的比重分别为 50.5%、20.8%和 28.7%，到了 2018 年，第一、二、三产业增加值占国内生产总值比重分别为 7.2%、40.7%和 52.2%，服务业对经济增长的贡献率接近 60%，供给结构焕然一新。

2018 年全年国内生产总值 900 309 亿元，比上年增长 6.6%。其中，第一产业增加值 64 734 亿元，增长 3.5%；第二产业增加值 366 001 亿元，增长 5.8%；第三产业增加值 469 575 亿元，增长 7.6%。第一产业增加值占国内生

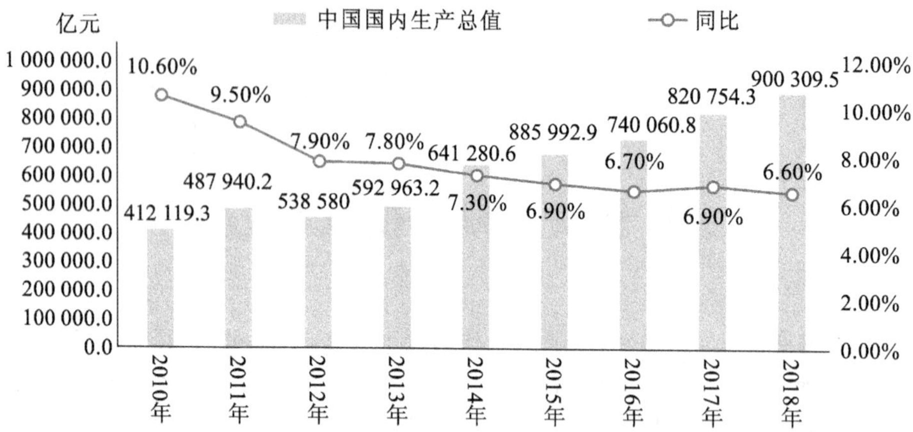

图 10-1　2010—2018 年国内生产总值及其增长速度

产总值的比重为 7.2%，第二产业增加值比重为 40.7%，第三产业增加值比重为 52.2%。其中，交通运输业、批发和零售业、房地产业和金融业增加值分别年均增长 9.0%、10.1%、10.3%和 12.0%。

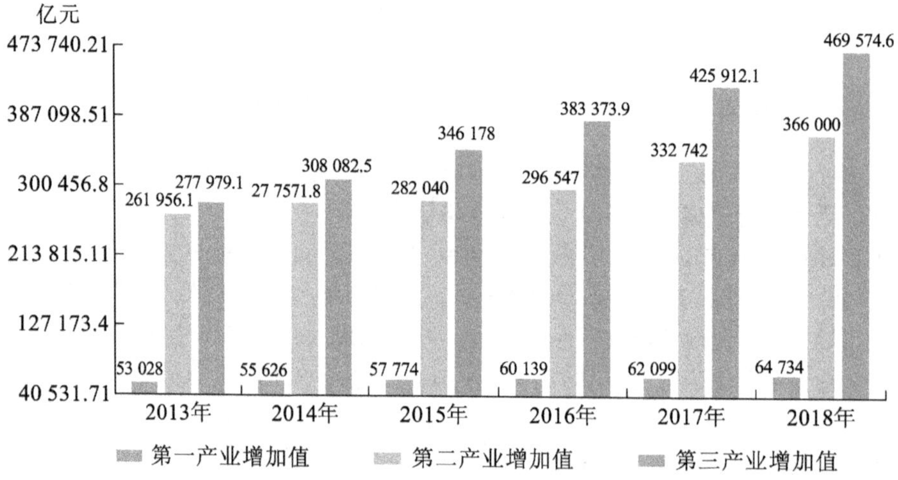

图 10-2　2013—2018 年三大产业增加值

2018 年，第三产业增加值达到 469 575 亿元，比 1978 年实际增长 51.0 倍，年均增长 10.4%。2011 年，第三产业就业比重提高到 35.7%，首次超过第一产业，成为就业最多的产业；2012 年，第三产业增加值比重提高至 45.5%，首次超过第二产业，成为增加值最大的产业。党的十八大以来，我国经济发展步入新阶段，经济结构战略性调整和转型升级加快推进，三大产业发展协调性显著增强。2018 年，第一、二、三产业增加值比重分别为 7.2%、

40.7%、52.2%；就业比重分别为26.1%、27.6%、46.3%，其中第三产业增加值比重和就业比重分别比1952年上升23.5个百分点和37.2个百分点，对经济增长的贡献率分别为4.2%、36.1%和59.7%。全年最终消费支出对国内生产总值增长的贡献率为76.2%，资本形成总额的贡献率为32.4%。

党的十八大以来，服务业迸发出前所未有的生机和活力，生产性服务业和生活性服务业并行发展，新产业新业态新模式不断涌现，电子商务、数据消费、现代供应链、互联网金融等新技术新模式日新月异，服务业成为创新创业的热点。2018年，租赁和商务服务业、信息传输软件和信息技术服务业增加值占第三产业增加值比重分别升至5.2%和6.9%；全国实物商品网上零售额达70 198亿元，比上年增长25.4%，占社会消费品零售总额的比重提升至18.4%；销售方式的变化带动快递业务迅猛发展，2018年完成快递业务量507亿件，比上年增长26.6%。服务业的发展成为保障就业、稳定经济的重要力量。

二、经济总量连上新台阶，对世界贡献率不断提高

改革开放以来，我国经济快速发展，1986年经济总量突破1万亿元，2000年突破10万亿元大关，超过意大利成为世界第六大经济体，2007年超过德国，居世界第三位；2010年达到412 119亿元，超过日本并连年稳居世界第二。

党的十八大以来，我国综合国力持续提升，经济总量连续跨越60万亿、70万亿、80万亿和90万亿元大关。2018年达到900 309亿元，占世界经济的比重接近16%。按不变价计算，2018年国内生产总值比1952年增长175倍，年均增长8.1%；其中，1979—2018年年均增长9.4%，远高于同期世界经济2.9%左右的年均增速，对世界经济增长的年均贡献率为18%左右，仅次于美国居世界第二。我国日益成为世界经济增长的动力之源。

表10-1　主要国家和地区对世界经济增长的贡献率(%)

国家和地区＼年份	1978年	1990年	2000年	2010年	2015年	2016年	2017年	1979—2017年平均贡献率
中国	3.1	2.8	8.3	21.5	27.7	31.6	27.8	18.4
美国	33.2	15.5	23.7	13.5	22.3	13.1	16.7	20.4
欧元区	20.1	28.1	19.8	9.5	12.9	12.6	13.8	13.1
日本	13.7	22.4	6.9	8.4	3.5	3.3	4.4	6.3
韩国	1.3	2.9	2.8	2.4	1.7	1.9		2.3①
墨西哥	3.5	2.7	2.1	1.9	1.5	1.5	1.0	1.5

续表

年份 国家和地区	1978 年	1990 年	2000 年	2010 年	2015 年	2016 年	2017 年	1979—2017 年平均贡献率
巴西	2.7	−3.5	2.9	5.7	−4.4	−4.4	1.0	2.6
俄罗斯		−4.0	4.1	2.4	−2.3	−0.2	1.2	0.5②
印度	1.4	2.2	1.4	5.6	8.2	8.7	7.1	4.4
南非	0.5	−0.1	0.5	0.4	0.3	0.1	0.1	0.5

注：①为 1979—2016 年平均贡献率。②为 1990—2017 年平均贡献率。资料来源：世界银行 WDI 数据库，2017 年为预测值。

2017 年，我国 GDP 为 120 146 亿美元，占世界总量的 15%，比 1978 年提高了 13.2 个百分点。

表 10-2　世界主要国家国内生产总值及占世界比重

国家	1978 年			2017 年		
	位次	国内生产总值（亿美元）	占世界比重（%）	位次	国内生产总值（亿美元）	占世界比重（%）
世界		85 429			798 655	
美国	1	23 566	27.6	1	193 906	24.3
中国	11	1 495	1.8	2	120 146	15.0
日本	2	10 084	11.8	3	48 721	6.1
德国	3	7 377	8.6	4	36 848	4.6
英国	5	3 359	3.9	5	26 245	3.3
印度	12	1 355	1.6	6	26 110	3.3
法国	4	5 082	5.9	7	25 836	3.2
巴西	8	2 008	2.4	8	20 550	2.6
意大利	6	3 140	3.7	9	19 379	2.4
加拿大	7	2 186	2.6	10	16 524	2.1
韩国	24	517	0.6	11	15 380	1.9
俄罗斯				12	15 275	1.9
澳大利亚	13	1 184	1.4	13	13 795	1.7
西班牙	9	1 602	1.9	14	13 140	1.6
墨西哥	15	1 025	1.2	15	11 492	1.4

资料来源：1978 年数据来自 WDI 数据库；2017 年为预测值，来自国际货币基金组织 WEO 数据库。

表 10-3　2019 年世界七大经济大国 GDP

排名	国家	2019 年 GDP（万亿美元）	2018 年 GDP（万亿美元）	实际增长速度%	人口（亿人）	人均 GDP（美元）
1	美国	21.37	20.53	2.33	3.28	6.51
2	中国	14.34	13.89	6.11	13.98	1.03
3	日本	5.08	4.95	0.65	1.26	4.02
4	德国	3.85	3.95	0.56	0.831	4.63
5	印度	2.88	2.71	5.02	13.66	0.21
6	英国	2.83	2.86	1.41	0.668	4.23
7	法国	2.72	2.79	1.51	0.671	4.05

数据来源：https://www.kylc.com/stats。

三、人均国内生产总值不断提高，跨入中等偏上收入国家行列

2018 年我国人均国内生产总值 64 644 元，比上年增长 6.1%。我国人均国民总收入（GNI）由 1978 年的 200 美元提高到 2018 年的 9 732 美元。1978 年，我国人均 GNI 相当于世界平均水平的 10.3%，2016 年提高到 80.0%，上升了 69.7 个百分点。在世界银行公布的人均 GNI 排名中，2016 年中国排名第 95 位（共计 217 个经济体），比 1978 年（共计 188 个经济体）提高 80 位。2017 年，我国人均国内生产总值 59 660 元，扣除价格因素，比 1978 年增长 22.8 倍，年均实际增长 8.5%。2018 年我国人均国民总收入达到 9 732 美元，达到高于中等收入国家平均水平，基本实现了初步富起来的目标。

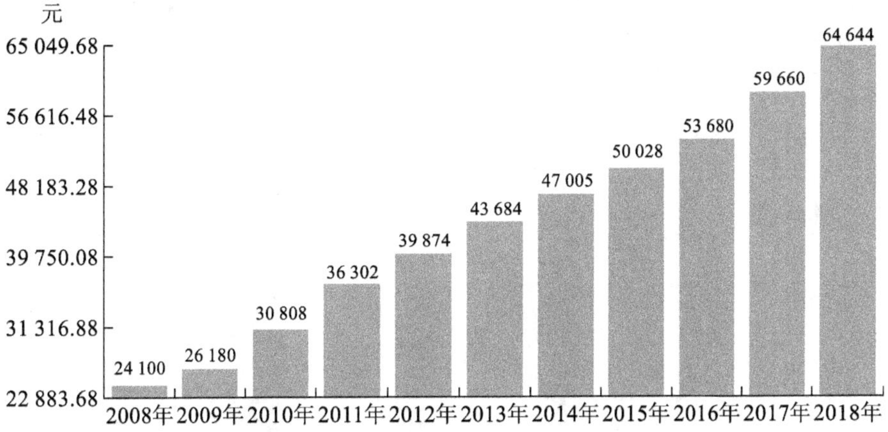

图 10-3　2008—2018 年中国人均国内生产总值

表 10-4　世界各收入组及金砖国家的人均国民总收入　　单位：美元

国家	1978 年	1990 年	2000 年	2010 年	2015 年	2016 年
世界	1 934	4 208	5 475	9 384	10 576	10 308
高收入国家	7 301	18 828	25 956	39 872	42 084	41 150
中等收入国家	520	849	1 218	3 627	4 995	4 891
中等偏上收入国家	687	1 186	1 905	5 969	8 393	8 176
中等偏下收入国家	316	479	547	1 534	2 065	2 078
低收入国家	224	291	232	502	624	614
中国	200	330	940	4 340	7 950	8 250
巴西	1 670	2 730	3 860	9 610	10 080	8 840
俄罗斯			1 710	9 980	11 760	9 720
印度	200	380	440	1 220	1 600	1 670
南非	1 550	3 280	3 020	6 160	6 070	5 480

资料来源：世界银行 WDI 数据库。

四、外汇储备大幅增长，成为世界第一外汇储备大国

20 世纪 50 至 70 年代，我国外汇储备相当紧张，1952 年末外汇储备只有 1.08 亿美元。1978 年，我国外汇储备仅 1.67 亿美元，位居世界第 38 位。改革开放以来，随着开放型经济水平的提升，我国经常项目盈余快速积累，吸引外资不断增加，我国外汇储备稳步增加。1990 年外汇储备超过百亿美元，1996 年超过千亿美元，2006 年突破 1 万亿美元，超过日本位居世界第一位，2018 年末外汇储备余额为 30 727 亿美元，连续 13 年稳居世界第一。

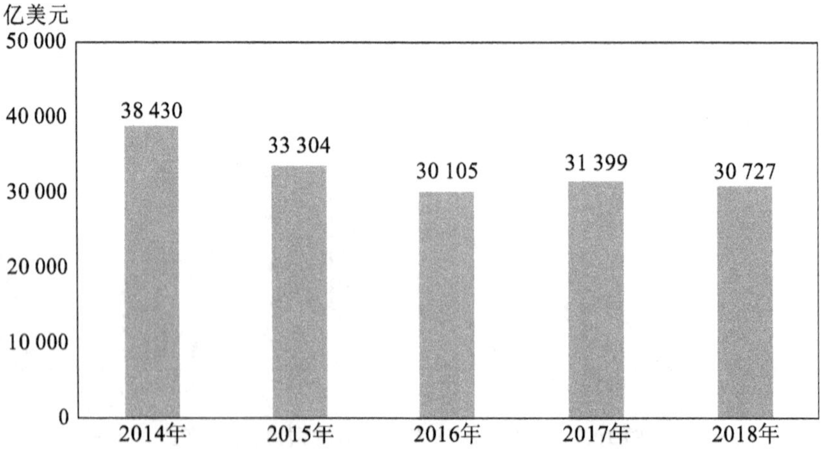

图 10-4　2014—2018 年末国家外汇储备

五、财政实力显著增强，有力保障了经济社会发展

新中国成立初期，我国财政十分困难。1950 年全国财政收入仅为 62 亿元，1978 年增加到 1 132 亿元。改革开放以来，随着经济快速发展，财政收入大幅增长，1999 年全国财政收入首次突破 10 000 亿元。进入新世纪后，财政收入实现连续跨越，2012 年达到 117 254 亿元。党的十八大以来，财政收入继续保持较快增长，2018 年达到 183 352 亿元。1951—2018 年全国财政收入从 1950 年的 62 亿元增加到 2018 年的 183 352 亿元，年均增长 12.5%，增长了近 3 000 倍，其中 1979—2018 年年均增长 13.6%，为促进经济发展、改善人民生活提供了有力的资金保障。

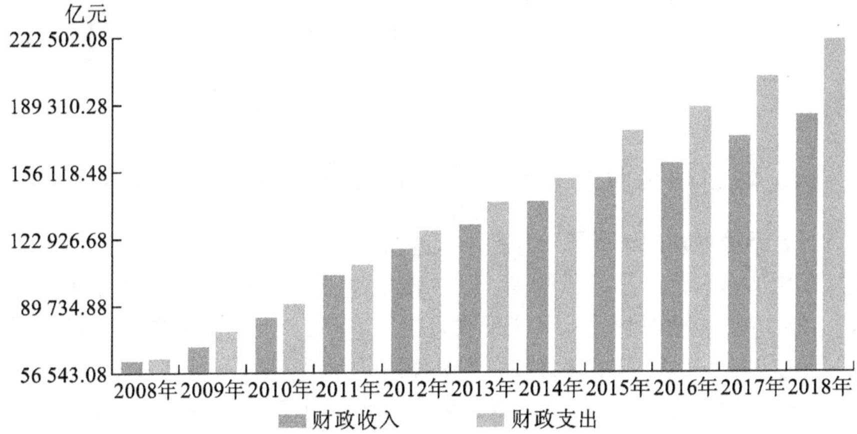

图 10-5　2008—2018 年中国财政收入和支出情况表

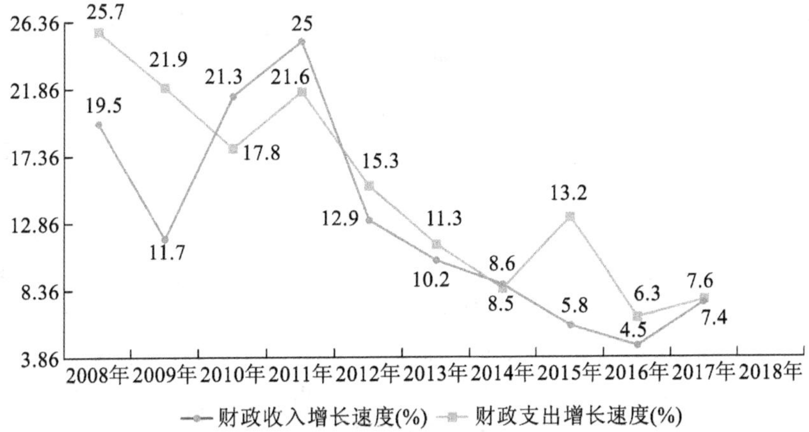

图 10-6　2008—2018 年中国财政收入和支出增长速度表

2018年，全年全国一般公共预算收入183 352亿元，比上年增长6.2%。其中，税收收入156 401亿元，比上年增加12 031亿元，增长8.3%。

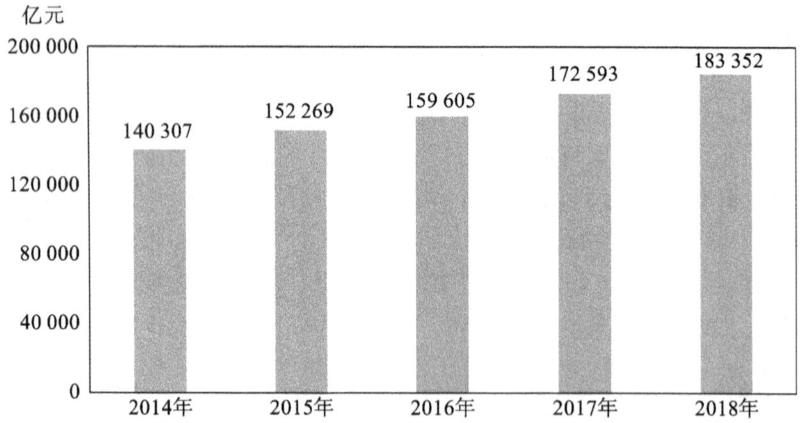

图10-7　2014—2018年全国一般公共预算收入

六、城乡居民收入大幅提升，消费结构升级趋势明显

不断迅速增长的市场需求也是中国经济快速发展的一个基本动力。居民收入持续增加，消费水平不断提高。新中国成立之初，居民收入和消费水平很低。1956年，全国居民人均可支配收入仅为98元，人均消费支出仅为88元。改革开放以来，经济持续快速发展带动城乡居民收入水平不断提升。1978年全国居民人均可支配收入仅171元；2009年突破了万元大关，达到10 977元；2014年突破了2万元大关，达到20 167元；2017年全国居民人均可支配收入达到25 974元；2018年全国居民人均可支配收入达到28 228元，比1978年实际增长24.3倍。随着收入较快增长，居民消费能力显著提升，消费结构升级趋势明显。1978年全国居民人均消费支出为151元，2018年，全国居民人均消费支出为19 853元，比1978年实际增长19.2倍。党的十八大以来，农村居民人均可支配收入实际增速连续多年快于城镇居民，城乡居民收入差距不断缩小，城乡居民人均可支配收入之比在2018年已下降至2.69。

党的十八大以来，收入分配制度改革全面深化实施，重点群体收入增长措施持续发力，精准扶贫精准脱贫政策深入推进，对城乡居民的收入增加起到至关重要的作用。2018年，全年全国居民人均可支配收入28 228元，比上年增长8.7%，扣除价格因素，实际增长6.5%；人均消费支出19 853元，比上年增长8.4%，扣除价格因素，实际增长6.2%；恩格尔系数为28.4%，比上年下降0.9个百分点，比1978年的63.9%降低了35.5个百分点。

城镇居民人均可支配收入从2013年的26 467元增加到2018年的39 251

元，年均实际增长 6.3%；人均消费支出从 2013 年的 18 488 元增加到 2018 年的 26 112 元，年均实际增长 5.2%；恩格尔系数从 2013 年的 30.1% 下降到 2018 年的 27.7%，下降了 2.4 个百分点。

农村居民人均可支配收入从 2013 年的 9 430 元增加到 2018 年的 14 617 元，年均实际增长 7.7%；人均消费支出从 2013 年的 7 485 元增加到 2018 年的 12 124 元，年均实际增长 8.5%；扣除物价因素，比 1949 年实际增长 32.7 倍，年均实际增长 5.2%；恩格尔系数为 30.1%，比 1954 年下降了 38.5 个百分点，从 2013 年的 34.1% 下降到 2018 年的 30.1%，下降 4.0 个百分点。2013—2018 年，全国居民人均可支配收入年均实际增长 7.3%，快于人均 GDP 实际增速 0.8 个百分点。2016 年，住户部门可支配收入占全部可支配总收入的比重为 62.1%，比 2011 年提高 1.3 个百分点；劳动者报酬占初次分配总收入的比重为 52.2%，提高 4.7 个百分点①。

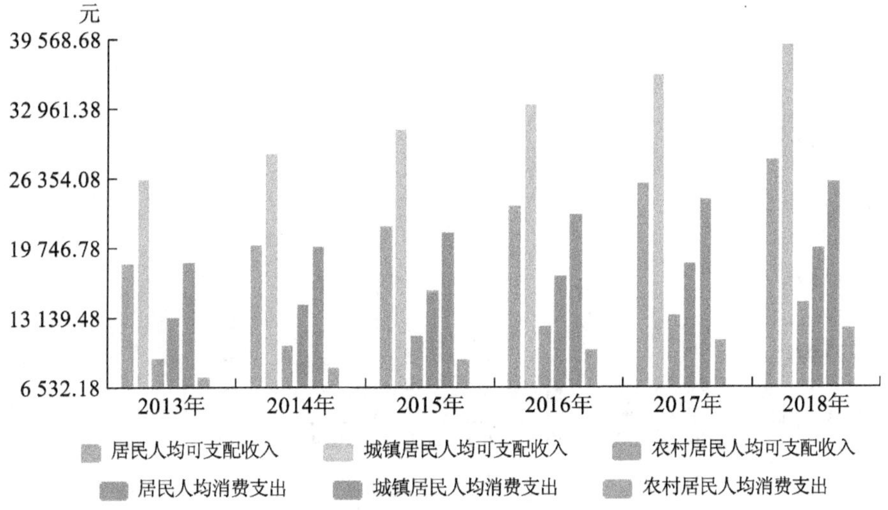

图 10-8　中国居民人均可支配收入和人均消费支出

耐用消费品从无到有，不断升级换代。新中国成立初期，城乡居民家庭拥有的耐用消费品非常有限。1956 年城镇居民平均每百户拥有自行车 6.7 辆、机械手表 10.0 只、电子管收音机 2.7 部。改革开放初期，城乡居民家庭拥有的耐用消费品主要是自行车、手表、缝纫机和收音机。1979 年，城镇居民平均每百户拥有自行车 113.0 辆、手表 204.0 只、缝纫机 54.3 架、收音机 70.5 部；

① 《沧桑巨变七十载　民族复兴铸辉煌——新中国成立 70 周年经济社会发展成就系列报告之一》，2019-07-01，http://www.stats.gov.cn/tjsj/zxfb/201907/t20190701_1673407.html。

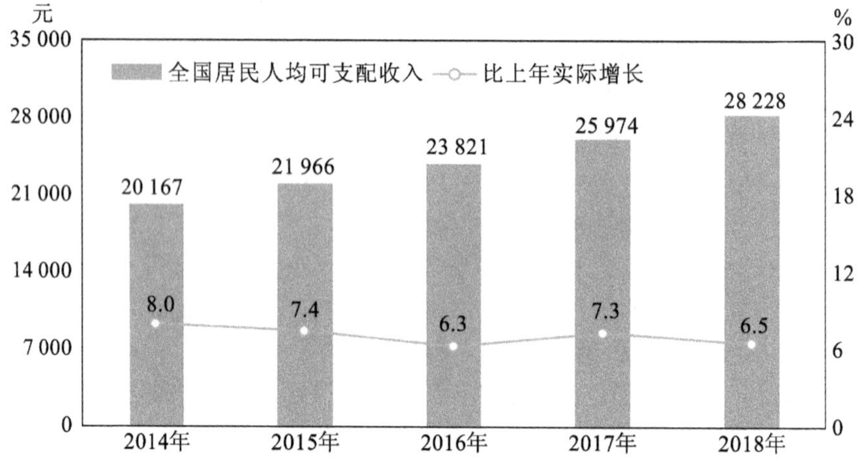

图 10-9　2014—2018 年全国居民人均可支配收入及其增长速度

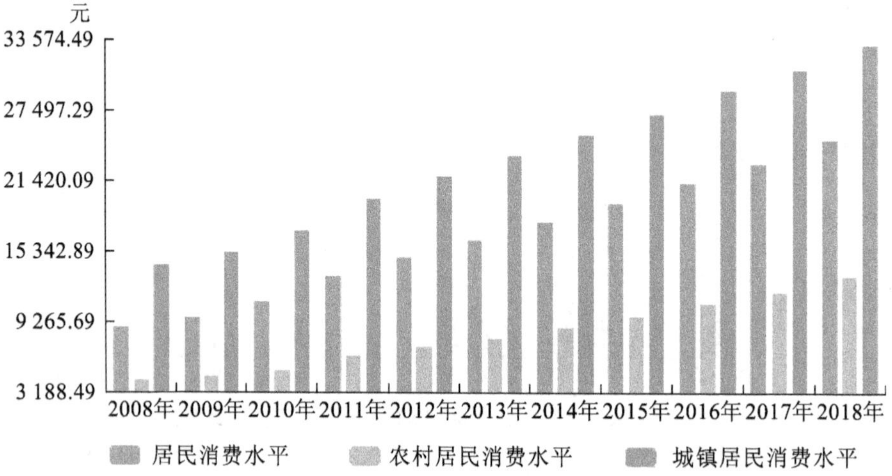

图 10-10　2008—2018 年全国居民消费水平

农村居民平均每百户拥有自行车 36.2 辆、手表 27.8 只、缝纫机 22.6 架、收音机 26.1 部。当时，电视机还属于稀缺消费品。直到 1980 年，城镇居民平均每百户拥有电视机 32.0 台，而农村居民平均每百户拥有电视机仅 0.4 台。至 2018 年，不仅冰箱、洗衣机、彩色电视机在城乡居民家庭普及，移动电话、计算机、汽车也逐渐走向寻常百姓家，居民生活更加便捷和舒适。2018 年末，城镇居民平均每百户拥有移动电话和计算机数量分别达到 243 部和 73 台，分别是 2000 年的 12.5 倍和 7.5 倍，2001—2018 年年均分别增长 15%和 11.9%。据工业和信息化部统计，2018 年我国移动电话总数达到 15.7 亿户，比上年净增近 1.5 亿户，移动电话用户普及率达到每百人 112.2 部，全国已有 24 个省

(区、市) 的移动电话普及率超过每百人 100 部。2018 年农村居民家庭消费品升级换代，移动电话、计算机、汽车进入寻常百姓家。2018 年农村居民平均每百户拥有移动电话 257 部、计算机 26.9 台、汽车 22.3 辆、空调 65.2 台、热水器 68.7 台、微波炉 17.7 台。农村居民人均住房建筑面积达到 47.3 平方米，比 1978 年增加了 39.2 平方米。71.2%的农村居民住房为钢筋混凝土或砖混材料，比 2013 年提高了 15.5 个百分点，住房质量大为改善。

同城乡居民收入和生活改善相联系，中国在扶贫减困方面取得的成就也举世瞩目，按照 2010 年标准，1978 年末我国农村贫困人口 7.7 亿人，农村贫困发生率高达 97.5%。改革开放以来，随着农业、农村改革不断深入和扶贫开发大力推进，我国贫困人口大幅减少。2012 年末我国农村贫困人口下降至 9 899万人，农村贫困发生率降至 10.2%。党的十八大以来，我国实施精准扶贫精准脱贫，全面打响了脱贫攻坚战，扶贫工作取得了决定性进展。按现行农村贫困标准，2013—2018 年我国农村减贫人数分别为 1 650 万人、1 232 万人、1 442 万人、1 240 万人、1 289 万人、1 386 万人，每年减贫人数均保持在 1 000万以上。六年来，农村已累计减贫 8 239 万人，年均减贫 1 373 万人，六年累计减贫幅度达到 83.2%，农村贫困发生率也从 2012 年末的 10.2%下降到 2018 年末的 1.7%，其中，10 个省份的农村贫困发生率已降至 1.0%以下，中华民族千百年来的绝对贫困问题有望得到历史性解决。我国成为首个实现联合国减贫目标的发展中国家，为全球减贫事业作出了重要贡献。

新中国成立初期，绝大部分城镇居民租住单位或房屋管理部门的房屋，只有少数居民拥有自己的住房。改革开放以后，城乡居民居住条件明显改善。2018 年城镇居民人均住房建筑面积达到 39.0 平方米，比 1956 年增加 33.3 平方米，增长了 5.8 倍。2018 年农村居民人均住房建筑面积达到 47.3 平方米，比 1978 年增加 39.2 平方米，增长了 4.8 倍。

第二节　中国教育投入规模的演变

教育财务改革促进了教育财政投入体制改革的深入，使教育投资从单一的国家财政拨款向多渠道筹措教育经费新格局的转变，大大增加了我国教育经费投入总量，为我国教育事业发展提供了良好的经济保障，有力地促进了中国教育事业的快速发展。

一、新中国成立初教育投入与教育事业发展情况

（一）教育经费投入的财政背景

1949—1952 年三年间，国家实施一系列没收官僚资本，稳定物价、统一

财经政策，合理调整工商业，土地改革，工矿企业的民主改革和生产改革等方面的政策，使国家财政有较大幅度增长。1951年和1952年财政支出的增长率分别为79.4%和41.0%。1952—1957年，财政支出增长率逐年下降，在1957年甚至出现了负数；1958—1960年，财政支出规模又以30%的增长率扩大，这与当时"大跃进"和三年严重困难有着直接的联系。1961—1962年的负增长与当时的经济调整政策有关，由于"大跃进"导致的破坏影响，中央召开七千人大会，提出来"八字方针"，大幅度压缩基本建设拨款预算，并于1964年完成国民经济调整任务。1966—1976年，在"文革"期间，除了个别年份有负增长率，财政支出均保持一定的增长，尤其是1969年，财政支出增长了46.95%，这是与同时期财政收入的高增长相关的。在计划经济时期，由于国家可以平衡收支，所以很多年份的财政支出都是和财政收入同增同减。1950—1977年，每年财政对经济建设的投入均达到财政总支出的50%以上，最高的时候达到了71.7%。这时期的国有企业是社会投资和生产的主体，国家财政自然而然地充当了国家经济建设开支的保障。1950—1977年，财政对于社会文教的支出一直保持一个较低的水平，占总支出的水平大致在10%到15%之间。具体数据见表10-5。中国的教育事业就是在这样的财政背景下开展的。

表10-5　1952—1965年国家财政收入和教育投入情况

年份	财政收入（亿元）	财政收入比上年度增长（%）	财政收入占GDP的比重（%）	人均财政收入（元）	教育经费投入（亿元）	文教、科技、卫生事业费占财政支出比重（%）	教育经费占财政收入比重（%）
1952	173.94	39.20	25.6	30	11.62	7.83	6.68
1957	303.20	8.21	28.4	47	27.47	9.38	9.06
1962	313.55	−11.94	27.3	47	31.33	12.46	9.99
1965	473.32	18.47	27.6	65	39.57	9.91	8.36

资料来源：《中国统计年鉴》（2000、2002），教育部《中国教育经费统计》（历年）。

（二）教育经费投入及绩效

1949年以前，中国80%以上的人口是文盲，学龄儿童入学率只有20%左右①，15岁以上人口平均享受教育年限仅为1年左右②。1949年全国普通高等学校、中等学校、小学在学校学生分别只有11.7万人、126.8万人、2 439.1万

① 联合国开发计划署驻华代表处等：《中国人类发展报告：追求公平的人类发展》，北京：中国对外翻译出版公司，2005年。

② 胡鞍钢：《对中国之路的初步认识》，见黄平，崔之元：《中国全球化：华盛顿共识还是北京共识》，北京：社会科学文献出版社，2005年。

人，各级各类学校在校生数占全国总人口比例的4.76%[1]。新中国成立后，党和政府把发展教育作为一项重要工作来抓，尽管建国初期国家财政十分困难，但国家对教育经费的投入仍然由1952年的11.62亿元，增加到1965年的39.57亿元，增长240.53%。与此同时，国家财政收入由1952年的173.94亿元，增加到1965年的473.32亿元，增长172.17%，教育投入的增长速度超过了国家财政的增长速度。具体数据见表10-6。

表10-6　1952—1965年全国教育经费情况

年份	教育经费投入（亿元）	教育经费投入增长比例（%）	国家财政性教育经费（亿元）	国家财政性教育经费比上年增长（%）	国家财政性教育经费占GDP比例（%）	预算内教育经费拨款（亿元）	预算内教育经费拨款占教育经费投入的比例（%）	国家财政性教育经费占教育经费投入的比例（%）
1952	11.62		11.62		1.71	11.62	100.00	100.00
1953	18.98	63.34	18.98	63.34	2.30	18.98	100.00	100.00
1954	20.12	6.01	20.12	6.01	2.34	20.12	100.00	100.00
1955	19.02	−5.47	19.02	−5.47	2.09	19.02	100.00	100.00
1956	25.75	35.38	25.75	35.38	2.50	25.75	100.00	100.00
1957	27.47	6.68	27.47	6.68	2.57	27.47	100.00	100.00
1958	25.51	−7.14	25.51	−7.14	1.95	25.51	100.00	100.00
1959	36.71	43.90	36.71	43.90	2.55	32.48	88.48	100.00
1960	50.34	37.13	50.34	37.13	3.46	46.22	91.82	100.00
1961	37.09	−26.32	37.09	−26.32	3.04	33.44	90.16	100.00
1962	31.33	−15.53	31.33	−15.53	2.73	28.01	89.40	100.00
1963	32.89	4.98	32.89	4.98	2.67	29.87	90.82	100.00
1964	38.4	16.75	38.40	16.75	2.64	34.92	90.94	100.00
1965	39.57	3.05	39.57	3.05	2.31	35.90	90.73	100.00

教育经费投入的增加有力地促进了教育事业的迅速发展，初等教育和中等教育入学率迅速提高。到1965年，我国取得了教育发展史上具有重要意义的成绩：一是基本建立了门类齐全的教育体系。二是小学净入学率由1949年的20%左右提高到1965年的84.7%，基本普及了小学教育；初中毛入学率由2.7%提高到21.6%；高中阶段毛入学率由1.5%提高到4.4%；高等教育毛入

① 中华人民共和国教育部计划财务司：《中国教育成就统计资料（1949—1983）》，北京：人民教育出版社，1984年。

学率由0.3%提高到2.0%[①]。1952年至1965年，全国教育人口（含教职工）数大大增加，由5 835万人增加到15 066万人，增长157.17%；各级各类在校学生人数快速增长。具体数据见表10-7、表10-8。

表10-7　1952—1978年全国教育人口情况　　单位：万人

年份	教育人口	学生数	教职工数	教育人口占总人口比重%
1952	5 835	5 649	186	10.2
1957	8 522	8 255	267	13.2
1962	8 832	8 470	363	13.1
1965	15 066	14 515	551	20.8

表10-8　1952—1965年各级各类学校在校生人数情况表　　单位：万人

年份	普通高校	中等学校	小学	特殊教育	幼儿园
1952	19.1	314.5	5 110.0	—	42.4
1957	44.1	708.1	6 428.3	0.8	108.8
1962	83.0	833.5	6 923.9	1.8	114.6
1965	67.4	1 431.8	11 620.9	2.3	171.3

注：中等学校包括中等专业学校、普通中学、职业中学。

资料来源：《中国教育年鉴》(1949—1981)。

但是其后十多年，由于“文化大革命”影响，教育系统遭到了严重的破坏，学校正常教学秩序难以维持，办学条件极为困难。从全国范围来看，小学教育尚未普及，新文盲大量产生，中国教育事业出现严重的大倒退。

二、改革开放40年教育投入与教育事业发展

把教育放在优先发展的位置，是改革开放40年教育发展的一个最显著的特征。党和政府十分重视教育，始终把教育摆在优先发展的战略地位，在教育财务改革的过程中始终能够结合中国各个不同历史时期的社会主义建设实际，把发展教育列入国民经济和社会发展规划，制定正确的发展目标和相应的法律，并进行相应的投入予以保障。在教育经费投入上始终强调政府的主导作用，坚持以政府财政投入为主导的原则，不断加大政府对教育的投入力度，为推动教育改革发展、促进教育公平、提高教育质量提供了强有力的保障。

① 中国教育与人力资源问题报告课题组：《从人口大国迈向人力资源强国》，北京：高等教育出版社，2003年。

（一）教育经费投入的财政背景

1978—1984 年，财政支出连续五年支出保持在 1 000 多亿元；1985—1989 年，连续五年支出保持在 2 000 多亿元；1990—1997 年，保持在 3 000 亿元～9 000 亿元以上，最多的是 1997 年的 9 233.56 亿元。增长的速度较不稳定，1978 年最高，增长率为 33.0%；1987 年最低，增长率为 2.6%。1980 年和 1981 年等个别年份出现过负增长。究其原因是在 1979—1980 年两年间，财政赤字非常严重，中央进行了第二次经济调整，缩小了固定资产投资的规模。经济建设支出占比仍高但呈逐年下降趋势。1978—1997 年经济建设支出占财政总支出的比重由 60%逐步下降到 40%的水平。一方面，财政支出对经济建设的投入不断下降，并且与其他类别的支出比重差距逐渐缩小；另一方面，财政支出的重点越来越向社会保障体系的建设倾斜。举例来说，这一阶段财政对教育的投入规模是迅速扩大的，从 1980 年的 113.19 亿元增长到了 1993 年的 745 亿元，教育经费总投入从 1980 年的 145.50 亿元增长到 1993 年的 1 059.94 亿元；1980 年，财政的卫生支出也达到了年均 13.7%的增幅。

1998—2001 年财政支出保持在 10 000 亿元以上，2002—2004 年保持在 20 000亿元以上，2005—2007 年从 30 000 亿元扩大到 50 000 元，每年增加 10 000亿元。2008—2011 年从 60 000 亿元扩大到 10 万亿元，此阶段财政支出增长的速度在 10%至 26%之间，没有出现负增长，比较稳定。2012—2018 年从 11 万亿扩大到 22 万亿，此阶段增速从 12.9%下降到 6.2%。

1998 年以来公共财政逐步建立，政府的角色被逐步地矫正和确定，向为市场提供服务，为公民提供公共服务转化。财政政策的制定更多地以保障人民群众生活需要和提高人民综合福利水平为宗旨；基本建设的支出也向民生领域集中，比如改善农村生产生活条件的项目、重大基础设施项目、涉及广大群众生命财产安全和切身利益的建设项目等。以我国财政用于教育、医疗、文化体育、社会保障和就业、节能环保方面的支出来衡量民生支出。2018 年，全国一般公共预算支出 220 906 亿元，同比增长 8.7%。其中，中央一般公共预算本级支出 32 708 亿元，同比增长 8.8%；地方一般公共预算支出 188 198 亿元，同比增长 8.7%。主要支出项目如下：①教育支出 32 222 亿元，增长 6.7%。②科学技术支出 8 322 亿元，增长 14.5%。③文化体育与传媒支出 3 522 亿元，增长 3.7%。④社会保障和就业支出 27 084 亿元，增长 9.7%。⑤医疗卫生与计划生育支出 15 700 亿元，增长 8.5%。⑥节能环保支出 6 353 亿元，增长 13%。⑦城乡社区支出 22 700 亿元，增长 10.2%。⑧农林水支出 20 786 亿元，增长 9.9%。⑨交通运输支出 11 073 亿元，增长 3.7%。⑩债务付息支出 7 345 亿元，同比增长 17.1%。

（二）教育经费投入情况

党的十八大以来，以习近平同志为核心的党中央始终坚持实施教育优先发展战略，高度重视增加教育投入，以政府投入为主、多渠道筹措教育经费的体制进一步完善，各级教育生均拨款制度和学生资助政策体系进一步健全，财政教育投入力度和学生资助力度进一步加大，为推动教育改革发展、促进教育公平、提高教育质量提供了有力支持。

2018 年，全国教育经费总投入为 46 143.00 亿元，比上年的 42 562.01 亿元增长 8.41%。其中，国家财政性教育经费（主要包括一般公共预算安排的教育经费，政府性基金预算安排的教育经费，国有及国有控股企业办学中的企业拨款，校办产业和社会服务收入用于教育的经费等）为 36 995.77 亿元，比上年的 34 207.75 亿元增长 8.15%。2018 年全国一般公共预算教育经费（包括教育事业费、基建经费和教育费附加）为 31 992.73 亿元，比上年增长 6.93%。其中，中央财政教育经费 5 007.72 亿元，比上年增长 7.39%。2018 年全国国内生产总值为 900 309.5 亿元，国家财政性教育经费占国内生产总值比例为 4.11%。

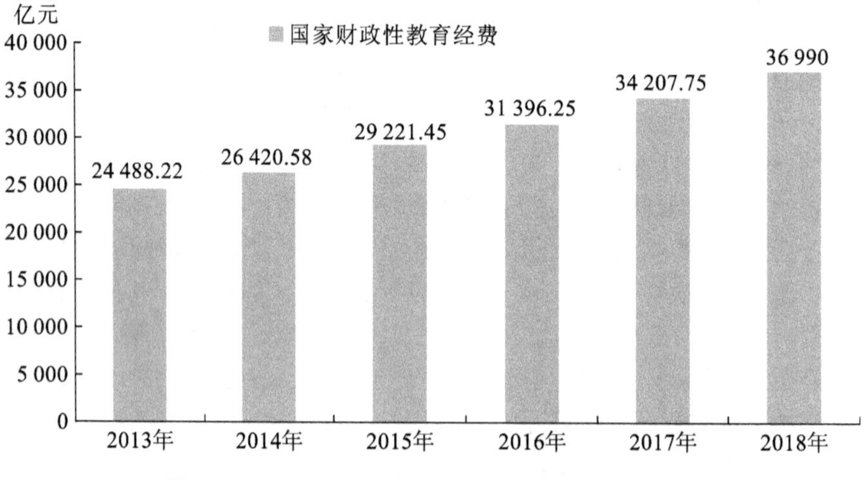

图 10-11　2013—2018 年全国财政性教育经费对比图

教育经费在各级教育间的分配情况为：全国学前教育经费总投入为 3 672 亿元，比上年增长 12.79%。全国义务教育经费总投入为 20 858 亿元，比上年增长 7.73%。全国高中阶段教育经费总投入为 7 184 亿元，比上年增长 8.23%。其中，中等职业教育经费总投入为 2 463 亿元，比上年增长 6.17%。全国高等教育经费总投入为 12 013 亿元，比上年增长 8.15%。其中，普通高职高专教育经费总投入为 2 150 亿元，比上年增长 6.16%。全国其他教育经费总投入为

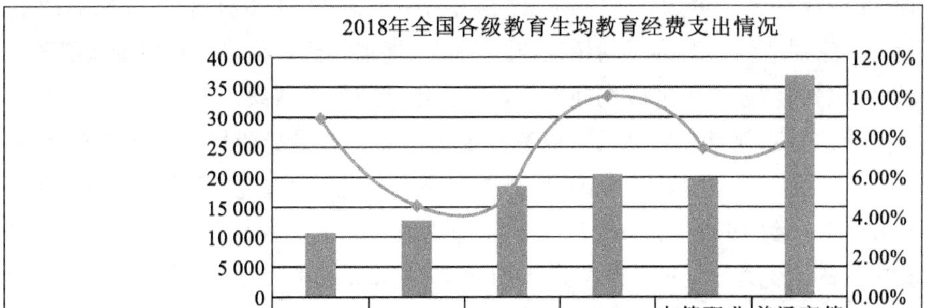

	幼儿园	普通小学	普通初中	普通高中	中等职业学校	普通高等学校
均教育经费总支出(元)	10 648	12 733	18 481	20 441	19 742	36 294
同比增速	8.93%	4.56%	5.32%	10.04%	7.45%	8.42%

图 10-12　2018 年全国各级教育生均教育经费支出情况

2 408 亿元，比上年增长 9.45%。

2018 年全国教育投入总量达 4.61 万亿元，是 1978 年 94 亿元的 491 倍，年均增长 17%，40 年来累计投入 36.26 万亿元。人均教育经费从 1978 年不到 9.8 元增加到 2018 年的 3 000 余元，增长 300 多倍。2018 年国家财政性教育经费投入 3.7 万亿元，41 年来累计投入 31.52 万亿元，年均增长 16.5%。国家财政性教育经费占 GDP 比例到 2018 年已连续 6 年保持在 4%以上。

1. 教育财政主渠道投入的大幅度增长

——财政性教育经费总量及占 GDP 比例不断增加

改革开放 40 年来，我国高等教育的快速、蓬勃发展，很大程度上依赖于国家财政性教育支出的持续增长。教育经费总量及占 GDP 比例是国际惯用的衡量一个国家教育总经费投入水平的核心指标。国家财政性教育经费包括国家财政预算内教育经费、各级政府征收用于教育的税、费、企业办学校教育经费、校办产业、勤工俭学、社会服务收入用于教育的经费及其他国家财政性教育经费，这些是直接或间接来自中央和各级地方政府用于教育的总经费量。随着国家经济的发展，国家财政收入迅速增加，国家财政性教育经费投入总量不断增加，财政性教育经费占 GDP 比重有所上升。

国家教育投入总量不断增加。从 1952 年的 11.62 亿元，到 1978 年的 94.23 亿元，再到 2001 年的 4 637.66 亿元，从 2008 年的 14 500.74 亿，到 2012 年的 28 655.31 亿元，再到 2018 年的 46 143.00 亿元。

国家财政性教育经费不断增长。国家财政性教育经费从 1952 年的 11.62 亿元，到 1978 年的 94.23 亿元，再到 2001 年的 3 057.01 亿元，2008 年增加到

10 449.63 亿元，再到 2012 年的 23 147.57 亿元，再到 2018 年的 36 995.77 亿元。国家财政性教育经费的增速与财政收入增速相比，大多数年份国家财政性教育经费的增速高于财政增速，只是近些年增速有所减缓。

公共财政教育支出（预算内教育经费拨款）总量稳步增加。从 1952 年的 11.62 亿元，占财政收入的比例为 6.68%，占教育经费投入的比例为 100.00%；到 1978 年的 76.23 亿元，占财政收入的比例为 6.73%，占教育经费投入的比例为 80.90%；再到 2001 年的 2 582.38 亿元，占财政收入的比例为 15.76%，占教育经费投入的比例为 55.68%；到 2008 年的 9 686.56 亿元，占财政收入的比例提高到 15.79%，占教育经费投入的比例提高到 66.80%；到 2012 年的 20 314.17 亿元，占财政收入的比例为 6.73%，占教育经费投入的比例为 70.89%；到 2018 年的 31 992.73 亿元，占财政收入的比例为 6.73%，占教育经费投入的比例为 69.33%。

国家财政性教育经费占 GDP 比例逐步提高。从 1952 年的 1.71%，到 1978 年的 2.6%，再到 2001 年的 3.19%，2008 年增加到 3.48%。到 2012 年的 4.28%，再到 2018 年的 4.11%。总体来看，财政性教育经费占 GDP 比重，在 2000 年以前一般都在 3%以下，2001 年达到 3%，特别是 2012 年增长速度最快达到 4.28%，2013 达到最高点 4.3%。其后有所下降，但仍保持在 4.10%以上。财政性教育经费增长速度与 GDP 增长速度相比，在 2012 年前均大大高于国内生产总值增长速度，特别是 2006 年至 2012 年其增速是 GDP 增速的一倍。2013 年以后 GDP 增速减缓，财政性教育经费增长速度与之基本同步。

图 10-13　1991—2017 年我国财政性教育经费占国内生产总值比重表

表 10-9 1977—2018 年全国教育经费投入情况

年份	GDP（亿元）	财政收入（亿元）	教育经费投入（亿元）	国家财政性教育经费（亿元）	国家财政性教育经费比上年增长（%）	国家财政性教育经费占 GDP（%）	国家财政性教育经费占教育经费投入（%）	公共财政教育支出（亿元）	公共财政教育支出占教育经费投入（%）
1977	3 250	874.46	76.83	76.83	6.37	2.40	100.00	59.91	77.98
1978	3 678.7	1 132.26	94.23	94.23	22.65	2.60	100.00	76.23	80.90
1979	4 100.45	1 146.38	113.03	113.03	19.95	2.80	100.00	93.16	82.42
1980	4 587.58	1 159.93	145.50	134.89	19.34	2.99	92.71	113.19	77.79
1981	4 935.83	1 175.79	157.65	132.84	−1.52	2.73	84.26	122.22	77.53
1982	5 373.35	1 212.33	175.85	162.32	22.19	3.07	92.31	137.20	78.02
1983	6 020.92	1 366.95	198.36	181.67	11.92	3.06	91.59	154.72	78.00
1984	7 278.5	1 642.86	242.72	215.46	18.60	3.00	88.77	180.14	74.22
1985	9 098.95	2 004.82	306.68	262.90	22.02	2.93	85.72	224.89	73.33
1986	10 376.15	2 122.01	363.43	324.45	23.41	3.18	89.27	262.00	72.09
1987	12 174.59	2 199.35	385.11	346.70	6.86	2.90	90.00	271.56	70.51
1988	15 180.39	2 357.24	443.53	414.49	19.55	2.78	93.45	323.22	72.87
1989	17 179.74	2 664.9	594.67	518.14	25.01	3.06	87.13	397.72	66.88
1990	18 872.87	2 937.1	659.38	563.98	8.85	3.04	85.53	426.14	64.63
1991	22 005.63	3 149.48	731.51	617.83	9.55	2.86	86.59	459.73	62.85
1992	27 194.53	3 483.37	867.06	728.75	17.95	2.74	84.05	538.74	62.13
1993	35 673.23	4 348.95	1 059.94	867.76	19.08	2.51	81.87	644.39	60.79
1994	48 637.45	5 218.1	1 488.78	1 174.74	35.38	2.51	78.91	883.98	59.38
1995	61 339.89	6 242.2	1 877.95	1 411.52	20.16	2.41	75.16	1 028.39	54.76
1996	71 813.63	7 407.99	2 262.34	1 671.70	18.43	2.44	73.89	1 211.91	53.57
1997	79 715.04	8 651.14	2 531.73	1 862.54	11.42	2.49	73.57	1 357.73	53.63
1998	85 195.51	9 875.95	2 949.06	2 032.45	9.12	2.55	68.92	1 565.59	53.09
1999	90 564.38	11 444.08	3 349.04	2 287.18	12.53	2.79	68.29	1 815.76	54.22
2000	100 280.14	13 395.23	3 849.08	2 562.61	12.04	2.87	66.66	2 085.68	54.19
2001	110 863.12	16 386.04	4 637.66	3 057.01	19.29	3.19	66.59	2 582.38	55.68
2002	121 717.42	18 903.64	5 480.03	3 491.40	14.21	3.32	63.71	3 114.24	56.83
2003	137 422.03	21 715.25	6 208.27	3 850.62	10.29	3.28	62.02	3 453.86	55.63
2004	161 840.16	26 396.47	7 242.60	4 465.86	15.98	2.79	61.66	4 027.82	55.61

年份	GDP（亿元）	财政收入（亿元）	教育经费投入（亿元）	国家财政性教育经费（亿元）	国家财政性教育经费比上年增长（%）	国家财政性教育经费占GDP（%）	国家财政性教育经费占教育经费投入（%）	公共财政教育支出（亿元）	公共财政教育支出占教育经费投入（%）
2005	187 318.9	31 649.29	8 418.84	5 161.08	15.57	2.82	61.30	4 665.69	55.42
2006	219 438.47	38 760.2	9 815.31	6 348.36	23.00	3.01	64.68	5 795.61	59.05
2007	270 092.32	51 321.78	12 148.07	8 280.21	30.43	3.32	68.16	7 654.91	63.03
2008	319 244.61	61 330.35	14 500.74	10 449.63	26.20	3.48	72.06	9 686.56	66.80
2009	348 517.74	68 518.3	16 502.71	12 231.09	17.05	3.59	74.12	11 419.30	69.20
2010	412 119.26	83 101.51	19 561.85	14 670.07	19.94	3.66	74.99	13 489.56	68.96
2011	487 940.18	103 874.43	23 869.29	18 586.70	26.70	3.93	77.87	16 149.47	67.66
2012	538 580.0	117 253.52	28 655.31	23 147.57	19.64	4.28	80.78	20 314.17	70.89
2013	592 963.2	129 209.64	30 364.72	24 488.22	10.13	4.30	80.65	21 405.67	70.50
2014	643 563.1	140 370.03	32 806.46	26 420.58	7.89	4.15	80.53	22 576.01	68.83
2015	688 858.2	152 269.23	36 129.19	29 221.45	10.60	4.10	80.88	25 861.87	70.58
2016	746 395.1	159 604.97	38 888.39	31 396.25	7.44	4.22	80.73	27 700.63	71.23
2017	832 035.9	172 592.77	42 562.01	34 207.75	8.95	4.14	80.37	29 919.78	70.30
2018	919 281.1	183 359.84	46 143.00	36 995.77	8.15%	4.11	80.18	31 992.73	69.33

1. 资料来源：教育部编：《中国教育经费统计》（历年），教育部、国家统计局、财政部《全国教育经费执行情况统计公告》（历年）。

2. 按照我国国内生产总值（GDP）数据修订制度和国际通行做法，在第四次全国经济普查后，对2018年及以前年度的GDP历史数据进行了系统修订。

3. 说明：“全国公共财政教育支出”在2011年前为“公共财政预算教育拨款”。

——生均预算内教育事业费快速增长

生均教育经费是衡量教育投入水平最直接、最有效、最公平的一类指标，反映了国民经济对教育发展的支撑能力，生均预算内教育事业费反映了国家财政对教育支持的力度。改革开放以来，生均预算内教育事业费有较大幅度增长。

1993年、2001年、2008年、2010年、2011年、2012年、2015年、2018年，小学生均预算内教育事业费分别为162.8元、645元、2 758元、4 013元、4 966元、6 129元、8 838.44元和10 566.29元；初中生均预算内教育事业费分别为316.42元、817元、3 543元、5 214元、6 542元、8 137元、12 105.08元和15 199.11元；普通高中生均预算内教育事业费分别为617.34元、1 471元、

3 209 元、4 510 元、6 000 元、7 776 元、10 820.96 和 14 955.66 元；普通高校生均预算内教育事业费分别为 4 102.30 元、6 816 元、7 578 元、9 590 元、13 878 元、16 367 元、18 143.57 元和 20 973.62 元。2018 年的全国普通小学、普通初中、普通高中、普通高校生均预算内事业费分别是 1993 年的 64.90 倍、48.03 倍、89.37 倍和 5.11 倍。

2018 年全国各级教育生均一般公共预算教育事业费支出增长情况是：幼儿园为 6 896.28 元，比上年的 6 183.97 元增长 11.52%。普通小学为 10 566.29 元，比上年的 10 199.12 元增长 3.60%。普通初中为 15 199.11 元，比上年的 14 641.15 元增长 3.81%。普通高中为 14 955.66 元，比上年的 13 768.92 元增长 8.62%。普通高等学校为 20 973.62 元，比上年的 20 298.63 元增长 3.33%。详细数据见表 10-10。

表 10-10 1993—2018 年全国各级教育生均一般公共预算教育事业费支出

单位：元

年度	普通小学	普通初中	普通高中	普通高校
1993	162.80	316.42	617.34	4 102.30
1994	236.06	450.37	882.78	5 047.61
1995	265.78	492.04	985.23	5 442.09
1996	302.48	549.24	1 088.05	5 956.70
1997	333.81	591.38	1 155.36	6 522.91
1998	370.79	610.65	1 248.25	6 775.19
1999	414.78	639.63	1 269.31	7 201.24
2000	491.58	679.81	1 314.99	7 309.58
2001	645.28	817.02	1 471.12	6 816.23
2002	813.13	960.51	1 565.25	6 177.96
2003	913.54	1 052.00	1 606.58	5 772.58
2004	1 129.11	1 246.07	1 758.63	5 552.50
2005	1 327.24	1 498.25	1 959.24	5 375.94
2006	2 207.04	1 896.56	2 240.96	5 868.53
2007	2 207.04	2 679.42	2 648.54	6 546.04
2008	2 757.53	3 543.25	3 208.84	7 577.71
2009	3 357.92	4 331.62	3 757.60	8 542.30
2010	4 012.51	5 213.91	4 509.54	9 589.73
2011	4 966.04	6 541.86	5 999.60	1 3877.53
2012	6 128.99	8 137.00	7 775.94	16 367.21

续表

年度	普通小学	普通初中	普通高中	普通高校
2013	6 901.77	9 258.37	8 448.14	15 591.72
2014	7 681.02	10 359.30	9 024.96	16 102.72
2015	8 838.44	12 105.08	10 820.96	18 143.57
2016	9 557.8	13 415.9	12 315.21	18 747.65
2017	10 199.12	14 641.15	13 768.92	20 298.63
2018	10 566.29	15 199.11	14 955.66	20 973.62

资料来源：教育部、国家统计局、财政部《全国教育经费执行情况统计公告》(1993—2018 年各年度)。

与此同时，生均一般公共预算公用经费支出普遍有大幅度提高。1993 年、2001 年、2008 年、2018 年，普通小学生分别由 17 元、45 元、616 元，增长到 2 794.58 元；普通初中由 50 元、83 元、936 元，增长到 3 907.82 元；普通高中由 134 元、238 元、698 元，增长到 3 646.99 元；普通高校由 2 024 元、2 614 元、3 236 元，增加到 8 825.89 元。2018 年的全国普通小学、普通初中、普通高中、普通高校生均一般公共预算公用经费支出分别是 1993 年的 164.39 倍、78.16 倍、27.22 倍和 4.36 倍。

2018 年全国各级教育生均一般公共预算公用经费支出增长情况是：幼儿园为 2 431.70 元，比上年的 2 226.39 元增长 9.22%。普通小学为 2 794.58 元，比上年的 2 732.07 元增长 2.29%。其中，农村为 2 545.54 元，比上年的 2 495.84元增长 1.99%。普通初中为 3 907.82 元，比上年的 3 792.53 元增长 3.04%。其中，农村为 3 460.77 元，比上年的 3 406.72 元增长 1.59%。普通高中为 3 646.99 元，比上年的 3 395.59 元增长 7.40%。中等职业学校为 5 205.53 元，比上年的 4 908.30 元增长 6.06%。普通高等学校为 8 825.89 元，比上年的 8 506.02 元增长 3.76%。

2. *多渠道筹措教育经费格局形成*

教育财务改革及其逐步深化使我国教育经费来源结构由政府包办、单一拨款的财政投资体制，向以国家财政拨款为主、多渠道筹措教育经费的投资体制转变，逐步形成了教育经费筹措的多元化发展格局，实现了教育由政府包办到由国家、社会和民众共办的转变。在中国教育筹资的多元化格局中，目前经费来源主要包括：国家财政性教育经费主要包括一般公共预算安排的教育经费，政府性基金预算安排的教育经费，国有及国有控股企业办学中的企业拨款，校办产业和社会服务收入用于教育的经费等；一般公共预算教育经费包括教育事业费，基建经费和教育费附加。非财政性教育经费主要包括民办学校中举办者投入、捐赠收入、事业收入（含学费收入）和其他收入。改革开放以来，多渠道筹措教育经费的格局逐步形成，非财政性教育经费逐年增加，占总经费的比例不断提高。

——教育经费来源结构中非财政性经费比重逐年增加

2018 年全国教育经费总量为 46 143 亿元，是 1978 年 94.23 亿元的 489.68 倍。其中，国家财政性教育经费 36 995.77 亿元，占总经费的 80.18%，是 1978 年 94.23 亿元的 392.61 倍；2018 年公共财政教育支出 31 992.73 亿元，占总经费的 69.33%，是 1978 年 76.23 亿元的 419.69 倍。1978 年教育投入全部为国家财政经费。非财政性教育经费由 1978 年的 0 增加到 2018 年的 9 147.23 亿元，占总经费的比重达到 19.82%。1998—2018 年非财政性教育经费各项经费增长情况如下：由于国家财政、税收等政策上在教育捐助领域的优惠扩大，各高校教育基金会的成立与发展完善，教育经费中民办学校投入与社会捐赠经费的比例也得到大幅度上升，由 1998 年的 190 亿元增加到 2017 年的 310 亿元，增长 63.16%。事业收入由 1998 年的 609.15 亿元增加到 2017 年的 6 957.57 亿元，增长了 11.42 倍。其他教育经费由 1998 年的 117.57 亿元增加到 2017 年的 1 086.68 亿元，增长了 9.24 倍。

从全国教育经费来源结构的变化情况来看，1991 年财政性教育经费占总经费来源的 84.46%，非财政性经费占 15.54%，非财政性经费中捐集资占 8.59%、学杂费占 4.42%、其他 2.53%；1995 年财政性教育经费占总经费来源的 75.16%，非财政性经费占 24.84%，非财政性经费中社会团体占 1.08%、捐集资占 8.67%、学杂费占 10.72%、其他占 4.37%；2000 年财政性教育经费占总经费来源的 66.58%，非财政性经费占 33.42%，非财政性经费中社会团体占 2.23%、捐集资占 2.96%、学杂费占 15.45%、其他占 12.78%；到 2005 年财政性教育经费占总经费来源的 61.30%，非财政性经费占 38.70%，非财政性经费中社会团体和个人占 5.37%、捐集资占 1.11%、学杂费占 18.45%、其他占 13.77%；很显然，非财政性教育经费占总经费来源的比例逐年增长，且速度较快。2005 年后国家加大投入，财政性教育经费占总经费的比重逐年上升，从 2005 年的 61.30%到 2018 年的 80.18%，其中最高的 2015 年达到 80.88%。相应的非财政性教育经费占总经费来源的比例从 2005 年的 38.7%下降到 2018 年的 19.82%。2018 年非财政性教育经费占总经费来源的比例与 2005 年相比虽然有所下降，但绝对数却有较大增长，2005 年为 3 257.76 亿元，到 2018 年增加到 9 147.23 亿元，是 2005 年的 2.81 倍。详细数据见表 10-11、表 10-12。

表 10-11　1991—2018 年教育经费结构情况　单位：亿元

年份	合计	国家财政性教育经费	公共财政教育支出	民办学校中举办者投入	捐赠收入	事业收入		其他教育经费
						小计	其中：学杂费	
1991	731.51	617.83	459.73	0.00	62.82	32.35	32.35	18.50
1992	867.06	728.76	538.74	0.00	69.63	43.93	43.93	24.73
1993	1 059.94	867.76	644.39	3.33	70.19	87.15	87.15	31.51
1994	1 488.78	1 174.74	883.98	10.78	97.45	146.92	146.92	58.89
1995	1 877.95	1 411.52	1 028.39	20.37	162.84	201.24	201.24	81.98
1996	2 262.34	1 671.70	1 211.91	26.20	188.42	261.04	261.04	114.98
1997	2 531.73	1 862.54	1 357.73	30.17	170.66	326.08	326.08	142.28
1998	2 949.06	2 032.45	1 565.59	48.03	141.85	609.15	369.75	117.57
1999	3 349.04	2 287.18	1 815.76	62.90	125.87	749.72	463.61	123.38
2000	3 849.08	2 562.61	2 085.68	85.85	113.96	938.27	594.83	148.39
2001	4 637.66	3 057.01	2 582.38	128.09	112.89	1 157.51	745.60	182.16
2002	5 480.03	3 491.40	3 114.24	172.55	127.28	1 460.92	922.78	227.87
2003	6 208.27	3 850.62	3 453.86	259.01	104.59	1 721.84	1 121.50	272.19
2004	7 242.60	4 465.86	4 027.82	347.85	93.42	2 011.43	1 346.55	324.04
2005	8 418.84	5 161.08	4 665.69	452.22	93.16	2 340.00	1 553.05	372.38
2006	9 815.31	6 348.36	5 795.61	549.06	89.91	2 407.30	1 552.33	420.67
2007	12 148.07	8 280.21	7 654.91	80.93	93.06	3 177.24	2 130.91	516.62
2008	14 500.74	10 449.63	9 686.56	69.85	102.67	3 367.07	2 349.30	511.52
2009	16 502.71	12 231.09	11 419.30	74.98	125.50	3 527.59	2 515.60	543.54
2010	19 561.85	14 670.07	13 489.56	105.43	107.88	4 106.07	3 015.56	572.40
2011	23 869.29	18 586.70	16 149.47	111.93	111.87	4 424.69	3 316.97	634.10
2012	28 655.31	23 147.57	20 314.17	128.18	95.69	4 619.84	3 504.83	664.03
2013	30 364.72	24 488.22	21 405.67	147.41	85.54	4 926.21	3 737.69	717.34
2014	32 806.46	26 420.58	22 576.01	131.35	79.67	5 427.16	4 053.04	747.70
2015	36 129.19	29 221.45	25 861.87	187.66	87.00	5 809.72	4 317.36	823.36
2016	38 888.39	31 396.25	27 700.63	203.27	81.04	6 276.83	4 770.94	930.99
2017	42 562.01	34 207.75	29 919.78	225.01	85.00	6 957.57	5 293.28	1 086.68
2018	46 143.00	36 995.77	31 992.73					

数据来源：教育部《中国教育经费统计年鉴》（1991—2008）。

表 10-12　1991—2008 年教育经费来源构成(%)

年份	构成	财政性教育经费		非财政性教育经费				
		合计	预算内拨款	合计	社会办学	捐集资	事业收入	其他
1991	100	84.46	62.85	15.54	0.00	8.59	4.42	2.53
1992	100	84.05	62.13	15.95	0.00	8.03	5.07	2.85
1993	100	81.87	60.79	18.13	0.31	6.62	8.22	2.97
1994	100	78.91	59.38	21.09	0.72	6.55	9.87	3.96
1995	100	75.16	54.76	24.84	1.08	8.67	10.72	4.37
1996	100	73.89	53.57	26.11	1.16	8.33	11.54	5.08
1997	100	73.57	53.63	26.43	1.19	6.74	12.88	5.62
1998	100	68.92	53.09	31.08	1.63	4.81	12.54	12.10
1999	100	68.29	54.22	31.71	1.88	3.76	13.84	12.23
2000	100	66.58	54.19	33.42	2.23	2.96	15.45	12.78
2001	100	65.92	55.68	34.08	2.76	2.43	16.08	12.81
2002	100	63.71	56.83	36.29	3.15	2.32	16.84	13.98
2003	100	62.02	55.63	37.98	4.17	1.68	18.06	14.07
2004	100	61.66	55.61	38.34	4.80	1.29	18.59	13.66
2005	100	61.30	55.42	38.70	5.37	1.11	18.45	13.77
2006	100	64.68	59.05	35.32	5.59	0.92	15.82	12.99
2007	100	68.16	63.01	31.84	0.67	0.77	26.15	4.25
2008	100	72.06	66.79	27.94	0.48	0.71	23.22	3.53
2009	100	74.12	69.20	25.88	0.45	0.76	21.38	3.29
2010	100	74.99	68.96	25.01	0.54	0.55	20.99	2.93
2011	100	77.87	67.66	22.13	0.47	0.47	18.54	2.65
2012	100	80.78	70.89	19.22	0.45	0.33	16.12	2.32
2013	100	80.65	70.50	19.35	0.49	0.28	16.22	2.36
2014	100	80.53	68.83	19.47	0.40	0.24	16.55	2.28
2015	100	80.88	70.58	19.12	0.52	0.24	16.08	2.28
2016	100	80.73	71.23	19.27	0.52	0.21	16.14	2.40
2017	100	80.37	70.30	19.63	0.53	0.20	16.35	2.55
2018	100	80.18	69.33	19.82				

数据来源：教育部《中国教育经费统计年鉴》(1991—2018)。

这种以国家财政拨款为主、多渠道筹措教育经费格局的形成和教育经费来源结构的变化，不仅改变了过去办教育在经济上对政府的高度依赖，为教育的发展注入了活力，而且极大地增加了教育经费投入的总量，从而保证了教育事业发展的顺利进行。尤其是在高校，通过多种多样的科技开发、技术咨询和人才培训活动，使学校更加灵活主动地加强与社会及经济发展的联系，促进了高等学校自身教学与科研工作的改革，推动了高校办学质量和效益的不断提高。非财政性教育经费的大幅度增长，拓宽了我国教育的经费筹资渠道，保障了我国教育经费投入的快速增长，有力地促进并支撑了教育规模的持续扩大和教育事业的快速发展。

3. 非义务教育成本分担机制成效显著

教育作为一种准公共产品，受教育者和社会都获得了利益，从受益角度看，受教育者和社会都应分担一定的教育成本。改革开放前，在计划经济体制下实行平均主义的低工资政策，教育对个人收入的作用并不显著，相应地只在中小学实行低学费，而在高等学校实行的是免费加助学金政策。伴随改革开放和推行市场经济的进程，各级教育投资的私人回报率也在大幅提高。根据国家统计局城市社会经济调查对中国城镇住户调查数据的测算：2004 年的个人教育收益率为 12.3%[①]，正在接近市场经济发达国家 15%～20%的水平[②]，而且教育层次越高收益率越高，尤其是高等教育和高中教育的回报率不断提高。从高等教育社会需求来看，随着现代化建设的日益快速发展，社会经济发展对各级各类高级专门人才的需求以及广大人民群众对于接受高层次教育（包括高中和高等教育）的需求日益增加，国家需要提供更多的高层次教育的机会。然而，在国家财力有限的情况下，通过教育财务改革，建立起非义务教育成本分担和成本补偿机制，成为解决教育经费紧张与高层次教育需求旺盛之间矛盾的有效办法之一。

1984 年，国家决定在高校招收一定数量的委培生和自费生，为后来全面推行高等教育成本补偿打下了基础。1985 年发布的《中共中央关于教育体制改革的决定》明确指出，要改革高等院校的人民助学金制度，并提出了在学杂费和培养费方面进行改革的思想。从 1989 年开始，全国大部分高等院校开始收取少量的学费，尽管学生每年所交的学费占学校教育事业费的比例很小(1993 年以前学费收入所占的比例不足 5%)，但这却开始了将国家负担学生全部高等教育费用的体制转变为由国家和个人共同分担高等教育费用的新体制，

① 岳昌君、刘燕萍：《教育对不同群体收入的影响》，《北大教育经济研究》2006 年第 6 期。

② 赫克曼：《中国应加大人力资本投资本》，《中国新闻周刊》2004 年第 1 期。

形成了除政府以外的不同主体投资高等教育的格局。1993 年中共中央、国务院印发的《中国教育改革和发展纲要》中正式宣布将“收取非义务教育阶段学生学杂费”作为多渠道筹措教育经费的财政体制，使得教育投资体制改革步伐向前迈出了一大步。这一年高等教育学杂费收入仅占高校总经费的 6.1%。1994 年，国家在 37 所高校实行招生并轨改革试点。1997 年，全国高校并轨完成，实行所有新生缴费上学的制度。至此，高等教育成本补偿成为中国高等教育投资的一个重要部分。另外，由于高中教育属于非义务教育阶段，也是实行了分担一定教育成本的机制——收取一定学费制度。改革开放前，普通高中和职业高中实行学费制度，中等专业学校和技工学校则与高等学校一样不收，还对学生发放助学金。20 世纪 90 年代后，普通高中和职业中学费用大幅度提高，普通高中、中等专业学校和技工学校建立了学费制，且学费达到了较高的水平。1996 年国家教委、国家计委、财政部联合制定的《普通高级中学收费管理暂行办法》和《中等职业学校收费管理暂行办法》对高中阶段学校的收费做出了规范。

非义务教育成本分担机制的建立是学费成为除国家拨款以外最重要的教育经费来源。学费收入由 1991 年的 32.35 亿元增加到 2017 年的 5 293.28 亿元，增长 163.63 倍，占总经费的比例从 1991 年的 4.42%提高到 2017 年的 12.44%，增加了 8.02 个百分点。特别是 1998 年全国高校并轨以来，虽然我国政府的财政性教育投入一直占教育经费的绝大部分，但随着高等教育成本分担政策的逐步推行，高校经费中来自学生缴纳的学杂费收入呈现出逐年递增的趋势，由 1998 年的 369.75 亿元上涨至 2017 年的 5 293.28 亿元，增长了 13.32 倍，占总经费的比重保持在 12%以上。从全国教育经费构成中学生学杂费占总经费的比例来看：学生学杂费所占总经费的比重由 1991 年的 4.42%，1995 年增长为 10.72%，1998 年为 12.54%，2000 年为 15.43%，最高 2004 年达到 18.59%，其后逐年下降到 2017 年的 12.44%。近 30 年学生学杂费占总经费比例的详细数据见表 10-13。

表 10-13　1991—2018 年全国学杂费占教育总经费的比例

年度	教育经费总额（亿元）	学杂费（亿元）	比例（%）	年度	教育经费总额（亿元）	学杂费（亿元）	比例（%）
1991	731.51	32.35	4.42	2005	8 418.84	1 553.05	18.44
1992	867.06	43.93	5.07	2006	9 815.31	1 552.33	15.82
1993	1 059.94	87.15	8.22	2007	12 148.07	2 130.91	17.54
1994	1 488.78	146.92	9.87	2008	14 500.74	2 349.30	16.20
1995	1 877.95	201.24	10.72	2009	16 502.71	2 515.60	15.24

续表

年度	教育经费总额（亿元）	学杂费（亿元）	比例（%）	年度	教育经费总额（亿元）	学杂费（亿元）	比例（%）
1996	2 262.34	261.04	11.54	2010	19 561.85	3 015.56	15.42
1997	2 531.73	326.08	12.88	2011	23 869.29	3 316.97	13.90
1998	2 949.06	369.75	12.54	2012	28 655.31	3 504.83	12.23
1999	3 349.04	463.61	13.84	2013	30 364.72	3 737.69	12.31
2000	3 849.08	594.83	15.45	2014	32 806.46	4 053.04	12.35
2001	4 637.66	745.60	16.08	2015	36 129.19	4 317.36	11.95
2002	5 480.03	922.78	16.84	2016	38 888.39	4 770.94	12.27
2003	6 208.27	1 121.50	18.06	2017	42 562.01	5 293.28	12.44
2004	7 242.60	1 346.55	18.59	2018	46 143.00		

在高等教育中实行教育成本分担机制，使每个大学生培养的成本一部分由政府承担，一部分由学生或其家庭负担，还有一部分由社会以及大学承担。当政府投入高等教育资源保持不变的条件下，由于学生及家庭承担了一部分教育成本，这样必然导致学生生均单位公共资源占有量将减少，教育规模必然扩大，这就意味着有更多的人有机会接受高等教育，从而使公共教育资源在社会成员中的配置更加公平。当接受高等教育的人数一定时，学生生均公共教育资源占有量的减少还意味着政府投入高等教育的总资源可以减少，从而政府可以将更多资源向基础教育倾斜。因此，非义务教育成本分担机制的建立，促进了社会公共教育资源在全体社会成员中的公平分布，促进教育的公平、公正和均衡发展，有效缓解了高等教育的供需矛盾，为高等教育的大众化发展提供了可靠的物质基础和保障条件。

（三）教育投入绩效

新中国成立70年以来，我国教育事业蓬勃发展，实现了从人口大国到人力资源大国的历史性转变。改革开放40年，是我国经济社会各个领域发展最快的时期，是教育财务改革极为活跃的时期，也是教育经费投入增长最快的时期，更是教育事业发展最快的时期。现在我国已经建立了一个基本适应社会主义现代化建设需要、世界上规模最大的教育体系，教育事业发展取得了举世公认的历史性成就。其标志性成果主要体现在以下方面：

1. 实现了全面普及九年义务教育的战略目标

1986年，《中华人民共和国义务教育法》正式颁布实施，基本普及九年义务教育（简称“普九”）和基本扫除青壮年文盲（简称“两基”）成为我国教育事业发展的重要目标。到2000年，我国“普九”人口覆盖率已经达到85%，青壮年文盲率下降到5%以下，实现了基本普及九年义务教育的战略目标。中国从提出“普九”到基本实现目标，仅仅用了15年，这在世界历史上是前所未有的。

新中国成立之初，我国人口素质十分低下，全国80%的人口都是文盲，适龄儿童小学入学率不足20%。新中国成立后，特别是改革开放后，党和政府十分重视教育事业，国家实施教育优先发展战略，我国人口受教育程度有了质的飞跃。我国的扫盲教育在经历初步发展、调整与更新等一系列发展历程后，文盲人口的占比明显下降。粗文盲率由1982年的22.8%降到了2018年的4.9%。1982年全国高中及以上受教育程度人口占总人口的7.2%，1990年占9.4%，2000年占14.7%，2010年达到22.9%，2018年提高到29.3%，呈现稳步提升态势。

改革开放以来，我国教育进入全面发展时期，义务教育不断完善，高等教育逐步加强，国民受教育程度不断提高。2018年，九年义务教育巩固率达94.2%；普通本专科在校学生2 831万人，比1978年增长32倍；15岁及以上人口平均受教育年限由1982年的5.3年提高到9.6年。小学学龄儿童净入学率从1978年的94.0%提高到2018年的99.95%，增加5.95个百分点；初中阶段毛入学率从1990年的66.7%提高到2018年的100.9%，增加34.2个百分点；高中阶段毛入学率从1991年的26%提高到88.8%，增加62.8个百分点。相关数据见表10-14。

总体来说，我国教育事业取得新的历史性进展，总体发展水平跃居世界中上行列。我国人口文化素质的提升为经济社会的发展提供了重要的推动力，同时经济社会的发展又为人口文化素质的进一步提升提供了良好的物质基础，两者相互促进、共同发展，为我国经济社会走向高质量发展奠定了坚实的人才基础①。为社会主义现代化建设培养了大量人才资源。

表10-14　1991—2018年各级普通学校毛入学率、毕业生升学率(%)

年份	小学龄儿童净入学率	初中毛入学率	初中毕业升学率	高中毛入学率	高等教育毛入学率
1991	97.8	69.7	42.6	26.0	3.5
1992	97.2	71.8	43.6	26.0	3.9
1993	97.7	73.1	44.1	28.4	5.0

① 《人口总量平稳增长人口素质显著提升——新中国成立70周年经济社会发展成就系列报告之二十》，国家统计局，2019-08-22，http://www.stats.gov.cn/tjsj/zxfb/201908/t20190822_1692898.html。

续表

年份	小学龄儿童净入学率	初中毛入学率	初中毕业升学率	高中毛入学率	高等教育毛入学率
1994	98.4	73.8	47.8	30.7	6.0
1995	98.5	78.4	50.3	33.6	7.2
1996	98.8	82.4	49.8	38.0	8.3
1997	98.9	87.1	51.5	40.0	9.1
1998	98.9	87.3	50.7	40.7	9.8
1999	99.1	88.6	50.0	41.0	10.5
2000	99.1	88.6	51.1	42.8	12.5
2001	99.1	88.7	52.9	42.8	13.3
2002	98.6	90.0	58.3	42.8	15.0
2003	98.7	92.7	59.6	43.8	17.0
2004	98.9	94.1	62.9	48.1	19.0
2005	99.2	95.0	69.7	52.7	21.0
2006	99.3	97.0	75.7	59.8	22.0
2007	99.5	98.0	79.3	66.0	23.0
2008	99.5	98.5	83.4	74.0	23.3
2009	99.4	99.0	85.60	79.2	24.2
2010	99.70	100.1	87.5	82.5	26.5
2011	99.79	100.1	88.62	84.0	26.9
2012	99.85	102.1	88.4	85.0	30.0
2013	99.71	104.1	91.2	86.0	34.5
2014	99.81	103.5	95.1	86.5	37.5
2015	99.88	104.0	94.1	87.0	40.0
2016	99.92	104.0	93.7	87.5	42.7
2017	99.91	103.5		88.3	45.7
2018	99.95	100.9		88.8	

资料来源：《中国教育年鉴》(1991—2018)。

2. 高等教育进入大众化阶段

1977年，我国恢复高考制度。1999年，党中央、国务院审时度势，做出了大幅度扩大高校招生规模的重大决策，此后，我国高等教育事业进入快速发展的时期，在办学规模、人才培养、科学研究等方面都取得了长足的进步。

我国高等学校的数量从新中国成立初年的205所，发展至1978年近30年，仅增加了393所；而改革开放至今的40年里，从1978年的598所迅猛增长至2018年的2 663所，高等教育的办学规模扩大了近4倍。办学规模的持续增长，为国家人才的培养提供了肥沃的土壤，尤其是党的十八大以来，高等教育进入内涵式发展阶段，通过对“双一流”的建设，我国高等教育的战略目标逐步从数量规模的扩大向质量效益的提高转变。

在人才培养方面，根据1978—2018年度《中国教育经费统计年鉴》数据显示，相较于1978年40.15万的招生人数，2018年我国高等教育的招生规模已达1 150.1万人次，扩大了近30倍，其中，研究生招生85.80万人，普通本专科招生790.99万人，成人本专科招生273.31万人。全国接受高等教育的在校学生规模从1978年的228万人增加到2018年的3 695.15万人次，增长了16倍；其中：研究生在学人数从1.1万人增加到273.13万人；普通本专科在校生人数从86万人增加到2 831.03万人；成人本专科在校生人数从141万人增加到590.99万人。高等教育毛入学率从1990年的3.4%提高到2018年的48.1%，高于中高收入国家平均水平，我国高等教育规模已经由精英化发展至大众化阶段，并稳步地向普及化教育迈进，为我国社会主义现代化建设的人力资源优化供给，提供了有力的保障。相关数据详见表10-15。

表10-15　1991—2018年普通高等教育情况表

年份	普通高等学校数（所）	普通高等学校数本专在校学生数（万人）	研究生在校学生数（万人）	高等教育毛入学率（%）
1991	1075	204.4	8.81	3.5
1992	1 053	218.4	9.41	3.9
1993	1 065	253.6	10.67	5.0
1994	1 080	279.9	12.79	6.0
1995	1 054	290.6	14.54	7.2
1996	1 032	302.1	16.33	8.3
1997	1 020	317.4	17.63	9.1
1998	1 022	340.9	19.88	9.8
1999	1 071	413.4	23.35	10.5
2000	1 041	556.1	30.12	12.5
2001	1 225	719.1	39.32	13.3
2002	1 396	903.4	50.09	15.0
2003	1 552	1 108.6	65.12	17.0

续表

年份	普通高等学校数（所）	普通高等学校数本专在校学生数（万人）	研究生在校学生数（人）	高等教育毛入学率（%）
2004	1 731	1 333.5	81.98	19.0
2005	1 792	1 561.8	97.86	21.0
2006	1 867	1 738.8	110.46	22.0
2007	1 908	1 884.9	119.50	23.0
2008	2 263	2 021.0	128.30	23.3
2009	2 305	2 144.66	140.49	24.2
2010	2 358	2 231.79	153.84	26.5
2011	2 409	2 308.51	164.58	26.9
2012	2 442	2 391.32	171.98	30
2013	2 491	2 468.07	179.40	34.5
2014	2 529	2 547.70	184.77	37.5
2015	2 560	2 625.30	191.14	40.0
2016	2 596	2 695.84	198.11	42.7
2017	2 631	2 753.59	263.96	45.7
2018	2 663	2 831.03	273.13	48.1

资料来源：《中国教育年鉴》（1991—2018）。

3. **教育普及程度大幅提高，总体水平跃居世界中上行列。**

新中国成立70年以来，我国教育事业蓬勃发展，实现了从人口大国到人力资源大国的历史性转变。建国初期，我国教育水平低下，人口文化素质差，学龄儿童入学率只有20%左右，全国80%以上人口是文盲。20世纪50至70年代，我国重视发展基础教育。1978年，基本普及小学教育，学龄儿童入学率达到95.5%；1982年，文盲率降至22.8%。改革开放以来，我国教育进入全面发展时期，义务教育不断完善，高等教育逐步加强，国民受教育程度不断提高。党的十八大以来，我国教育事业取得新的历史性进展，总体发展水平跃居世界中上行列。教育事业发展有效提升了全民族的科技文化素质，为社会主义现代化建设培养了大量人才资源。2018年，全国共有各类学校51.88万所，各类教育在校学生数22 760万人，小学10 339万人、初中4 653万人、高中3 935万人、大学3 833万人。全国小学学龄儿童净入学率为99.95%，初中阶段、高中阶段、高等教育的毛入学率分别为100.9%、88.8%、48.1%，学前教育毛入园率81.7%，这些指标已达同期中上收入国家平均水平。

表 10-16　世界各收入组及金砖国家毛入学率(%)

国家或地区	高等教育毛入学率		中等教育毛入学率		初等教育毛入学率	
	1978 年	2015 年	1978 年	2015 年	1978 年	2015 年
世界	12.1	35.7	49.2	76.4	94.9	104.3
高收入国家	32.3	73.8	83.7	106.6	99.7	102.6
中等收入国家	7.5	33.3	43.6	77.8	97.1	104.9
低收入国家	3.6	7.6	16.5	39.3	60.8	102.8
中国	0.7	43.4	54.9	94.3	112.1	104.1
巴西	10.6	50.6	54.1	99.7	128.7	115.3
俄罗斯	44.2	80.4	96.3②	104.5	104.3	100.5
印度	5.0	26.9	26.8	74.0	81.4	108.6
南非		19.4①		98.8①	81.1	99.7①

注：①2014 年数据。②1976 年数据。数据来源：世界银行 WDI 数据库。

新中国成立后特别是改革开放以来，我国大力发展教育事业，人口受教育程度有了质的飞跃。1982 年全国高中及以上受教育程度人口占总人口的 7.2%，1990 年占 9.4%，2000 年占 14.7%，2010 年达到 22.9%，2018 年提高到 29.3%，呈现稳步提升态势。尤其是大专及以上受教育程度人口占比显著提高，1982 年大专及以上受教育程度人口占比仅有 0.6%，1990 年为 1.4%，2000 年上升到 3.6%。1999 年教育部出台了《面向二十一世纪教育振兴行动计划》，高校招生规模快速增长，高学历层次的人才不断增多，2010 年大专及以上受教育程度人口占比为 8.9%，比 2000 年提高了 5.3 个百分点。2018 年达到了 13.0%，比 2010 年提高 4.1 个百分点，年均提高了 0.51 个百分点。此外，我国 6 岁及以上人口平均受教育年限从 1982 年的 5.2 年提高到 2018 年的 9.26 年，增幅将近 80%。一大批人通过教育改变了自己和家庭的命运，实现了美好生活。人均受教育水平的大幅度提高，为我国经济现代化发展奠定了人力资源基础。

第十一章　推进高校财务治理体系和治理能力现代化

党的十九大报告提出要加快世界一流大学和一流学科建设，实现高等教育内涵式发展。党的十九届四中全会明确提出，坚持和完善中国特色社会主义制度、推进国家治理体系和治理能力现代化。财务治理是大学治理的重要组成部分，财务治理水平直接决定了高校在优化资源配置、服务学科发展、防范财务风险、促进“双一流”目标实现等方面的效用发挥。高校财务工作必须加快实现从财务管理向财务治理转变，完善高校财务治理体系，提高财务治理能力，为高校“双一流”建设提供高质量的保障与服务。

第一节　建立决策、执行、监督三位一体的财务治理结构

党委领导下的校长负责制，必须建立起学校党委会、校长办公会和监督机构分别拥有财务决策权、财务执行权和财务监控权相互联系、相互制约的组织结构体系，促进财务治理决策科学化、执行专业化、监督多元化。高校要充分发挥各方面力量共同推进财务管理体系和治理能力的现代化。

一、财务治理决策机构

坚持党委的领导核心地位，是财务治理决策机构的根本。高校党委对学校工作实行全面领导，发挥把方向、管大局、作决策、保落实的重要作用。全面落实党委领导下的校长负责制，建立健全党委统一领导、党政齐抓共管、党政分工合作、部门各负其责、协调运行的财务领导体制。

加强党对财务工作的全面领导。高等学校实行党委领导下的校长负责制，高校党委要切实负起对学校财务工作的领导责任。全面贯彻执行党和国家财经方针政策和决策部署，严格遵守国家财经法律法规，真抓真管，使财经纪律真正成为带电的高压线。讨论决定事关学校改革发展稳定的重大财经事项和管理制度，健全规范学校财务管理的长效工作机制，强化对权力运行的制约和监

督。积极配合上级主管部门做好总会计师委派工作，选好用好学校财务负责人。支持总会计师（财务分管领导）、财务机构负责人、财务人员依法履行职责，支持内部审计工作，支持纪检监察部门查处违反财经法律法规和财经纪律问题。

党政主要领导干部要强化财务管理的主体责任、主体意识。把财经纪律作为高压线，严格执行党和国家的各项财经法律法规。做到对重要财务工作亲自部署、重大财务问题亲自过问、重点环节亲自协调，切实抓好班子、带好队伍、管好自己。党政领导班子其他成员要带头贯彻执行党和国家财经法律法规，按照“一岗双责”的要求，根据分工抓好职责范围内的财经管理工作。

建立财务决策和议事规则。全面落实党对学校财经工作的领导责任，凡学校重大经济决策、重大投资（融资）项目以及大额资金使用等重大财经事项，必须由党委集体讨论决定。完善党委领导班子决策制度和议事规则，财经重大决策在党委常委会审议前，必须组织相关专门委员会（专家）进行科学论证，经学校财经领导小组研究后，提交学校党委集体讨论决定。要建立专家咨询制度和决策责任追究制度，党委要充分发挥董事会在学校财务决策中的指导、咨询和监督作用，发挥各方专业优势，反映各方利益诉求，起到科学决策、监督制衡的作用。

建立财务决策咨询机构。高校可结合实际设立由学校主要领导负责、相关领导和部门负责人参与的财经委员会、预算管理委员会、资产管理委员会、风险控制委员会等专业机构，统一领导和协调学校的财经工作，提高学校对财经工作的统筹调控能力。这些机构的组成人员应包括党委书记、校长、教职工代表、学生代表、专业机构代表、校友代表、金融机构代表、社会公众代表等。其中，财经委员会负责学校经济政策、资源分配、重大财经事项的论证和调研；预算管理委员会负责学校预算的编制；资产管理委员会统筹学校资产管理工作，并对学校基础设施建设和大中维修项目进行论证；风险控制委员会负责内控制度的建设与完善。

二、财务治理执行机构

高校应从事业发展基础和重要支柱的角度定位财务工作，充分认识加强财务工作的必要性和重要性，按照“统一领导、集中管理”或“统一领导、分级管理”的财务管理体制，落实校长全面负责学校财务管理工作的主体责任，加强财务和会计机构的建设和管理，强化各级负责人的财务管理责任，按照校内管理层次分别建立校长、分管财务副校长（总会计师）、财务处长、二级单位负责人和基层财务人员等若干层次的各级责任制，不断提高校内各级单位领导班子为民理财、依法理财、科学理财、平安理财的能力和水平。

校长是学校的法定代表人，在学校党委领导下，全面负责学校财务管理工作。组织拟订和实施重大决策事项、重大项目安排、大额资金使用、预算安排、重要财经管理制度及财务信息公开工作。加强国有资产管理，防止国有资产流失。强化财务管理和内部审计监督，加强财会机构和财务队伍建设。向党委报告重大财经决议执行情况，向教职工代表大会报告财务工作。

高校分管财务工作的校领导。高校应由熟悉高校财经业务的副校长（副校级领导）担任分管财务工作的校领导。协助校长负责管理学校财务日常工作，对外代表校长处理与财政、税务、发改、审计、银行等外部关系的事务，对内负责日常财经事务，分管财务、资产、产业、招标等部门，确保学校财经工作健康有序开展，并直接对校长负责。

高校设置总会计师岗位，协助校长管理学校财经工作，直接对校长负责。高等学校总会计师的主要职责是：组织领导学校的财务管理和会计核算工作，参与学校重要经济问题的分析和决策，执行国家有关财经法律、法规、政策和制度，防范财务风险，保护财产安全，提高资金使用效益。凡设置总会计师的高等学校，不设与总会计师职权重叠的副校长。

健全专业化的财务管理机构。高校财务执行机构应坚持设置科学、职能优化、权责协同，推进机构、职能、权限、程序、责任法定化。学校财务处是学校唯一的一级财务执行机构，是负责学校财务管理的综合机构，在校长和总会计师的领导下，参与学校财经决策的讨论和有关规定制定工作，对学校各类经济活动实施管理、核算和监督。

财务机构负责人必须具备相应的专业化素质要求。高校财务部门负责人是学校财经工作的具体管理者和决策执行者，应具有财经、管理类等相关专业本科以上学历或中级以上财经类专业技术职称，熟悉并掌握国家有关财经政策法规和管理规章制度，具有较强的综合管理能力和组织协调能力，必须全职从事学校财经管理工作。

构建多层次学校经济责任体系。高等学校必须按照校内管理体制的层次，分别建立各部门、各单位主要负责人的经济责任制，将财经工作的任务和责任层层分解落实到校内各部门、各单位直至个人。建立校长、分管副校长（总会计师）、财务处长、二级单位主要负责人和基层财务人员等若干层次的各级责任制，一级管好一级、一级带动一级，一直抓到每一个基层经济单位。同时，按照经济责任制的要求，对因管理不善、控制不严等造成经济损失的有关人员依法追究相应责任。

三、财务治理监督机构

财务管理的正常运行离不开切实有力的财务监督，实施多元化财务监督是维护高校多元化主体利益的必然要求，要把建立和完善财务监督制度为核心的财务管理制度建设，作为扎紧制度笼子的关键举措来抓，有效地发挥财务会计监督职能，对于防范和制止违犯财经法规的行为，保护国家和集体财产的安全完整具有非常重要的意义。

发挥教职工代表大会监督作用。教职工代表大会处于学校委托代理链条的中心地位，代表学校不同利益集团中的教师、学生及其他职工的权利，在学校财务管理中只有充分调动广大师生员工生财理财的积极性，发挥教职工代表大会的监督作用，高校的财务工作才充满活力，财务监督工作才更加独立、有效。

充分发挥学校董事会及其监事会在学校财务管理中独特的管理和监督作用。

强化内部审计部门的监督作用。高校应设置独立内部审计部门，足额配备专职审计人员，切实加强内部审计专业化建设。高校应充分发挥内部审计的监督作用，将学校所有经济活动纳入审计范围，重点加强经济责任审计和财务预决算、工程建设项目审计，积极探索开展内控制度审计和绩效评价审计。

加强单位内部控制和财务监督。高校应进一步完善内部控制制度，按照分事行权、分岗设权、分级授权的要求，科学合理设置机构和岗位权责，并要按照权责一致、有效制衡的原则定期评估风险、检查漏洞，确保制度有效执行。加强财务监管，防范财务风险，充分发挥委派会计人员的会计监督作用，保证委派会计人员正确履行职责。

加强综合监管一体化建设。要明确财务、审计、纪检监察及相关业务部门的职责分工，明晰经费投入的前期论证、执行过程的审核监督、事后的绩效评价等环节的责任边界，形成决策权、执行权、监督权既相互制约又相互协调的运行机制。

第二节　建立一个以全面预算为核心的绩效管理制度体系

推进实现高校财务治理体系和治理能力现代化的最终目的，就是要提高高校财务治理效能。随着财政教育投入的大幅增加，用好、管好教育经费受到了社会的高度关注。预算管理是现代高校财务管理工作的核心，高校财务管理借助于全面预算管理的应用，对高校内部进行的各种项目活动进行资金运用的统筹管理，科学化地分配高校的财务资金，进而实现高校财务管理的战略目标。高校要深入贯彻落实《中共中央、国务院关于全面实施预算绩效管理的意见》《教育部关于全面实施预算绩效管理的意见》，建立和完善全面预算绩效管理制度体系，逐步推动形成体系完备、务实高效的教育预算绩效管理模式，实现预算和绩效管理一体化，提高资金使用绩效。

一、建立基于公平权威的预算决策体系

强化高校预算的公平机制和权威性。学校预算必须经学校党委会集体审议通过和党委常委会批准。预算以绩效优先的原则进行资金分配，科学制定激励或惩戒项目预算绩效管理的机制，建立预算的跟踪、分析和评价制度，保证预算的执行。发挥高校教代会作用，运用内部审计监督功能，促使预算编制、审批、决策、执行、调整、评价等规范、科学、合理，强化预算治理的民主性。

二、建立基于成本核算的定额标准体系

应用财务核算信息，对教育成本组成部分和构成要素进行梳理研究，运用作业成本法等核算教育成本，运用平衡计分卡等进行成本核算评价，合理界定学校各项业务成本。按照“规范透明、标准科学、约束有力”的原则，精准制定高校预算的资产标准、服务标准和支出标准，实现科学合理、细化量化、可比可测、动态调整，为政策制定、经费分配、绩效考核等工作奠定基础。

三、建立基于定额标准的目标导向体系

高校应建立适应学校事业发展需要的财权与事权匹配机制，强化以目标任务与考核相挂钩的管理模式。财务部门和资产部门根据任务书的工作量，按照成本核算提供的资产标准、服务标准和支出标准，合理配备各种资源，由此建立起“权责明晰、目标清晰、标准明确、考核完善的校院两级管理体制机制”，促使校院两级财务部门由线性隶属关系转变为统筹在更高组织目标认同下的协作共同体关系。

四、建立基于目标责任的预算绩效体系

高校应实施整体预算绩效管理，将预算收支全部纳入绩效管理，逐步形成体系完备、务实高效的预算绩效管理模式，实现预算和绩效管理一体化，提高资金使用绩效。要遵循人才培养、科学研究规律，围绕国家战略和教育改革发展重大项目，契合高等教育经费投入使用管理特点，实施周期性绩效评价。高校在编制预算时，每年应考虑到市场价格变动和二级部门实际开支情况，修订和完善各类定额标准，提高部门预算编制的科学性、准确性。实施二级管理的高校，可以将二级部门作为一个责任中心的成本中心，把尽可能多的可控成本纳入预算范围，切实扩大部门预算和经费使用接受监督的范围。在预算编制和

执行的过程中，将预算与部门工作绩效挂钩。在此基础上构建并切实执行预算绩效评价制度，从而为绩效评价工作奠定良好的财务信息基础。

五、建立基于预算绩效的资源配置体系

高校应建立以绩效和贡献为导向的资源配置机制，通过自评和外部评价相结合的方式，对预算执行情况以及政策和项目实施效果开展绩效评价，研究建立绩效评价结果与政策倾斜、预算安排等关联机制，加强绩效评价结果对预算安排、资产配置、资源运用的刚性约束，激发绩效管理内生动力。高校人事组织部门、规划部门、财务部门将预算绩效结果纳入人员和绩效考核体系，作为人员选用、业绩考核和资金、资产、资源安排的重要参考。要通过科学可行的考核指标，找出财务治理中存在的问题与不足，从而提出改进措施，促进各项资源的最佳配置。

六、建立基于内部控制的经费监管体系

建立高校预算管理制度，完善预算编制，实施和监督流程，形成比较完整的高校预算管理体系。逐步建立全面预算管理的组织体系，把握集权与分权的力量，使用合理的预算工具，并建立预算评估和奖惩制度。加强预算管理的严格性，严格规范预算调整的原则和程序。以监审、监控、监督为着力点，建立全覆盖、全过程、全方位的资金、资产和资源监管体系。对资金行为实行事前、事中、事后的控制，有利于防止预算外收入使用不规范现象，以及科研专项经费的套用、挪用、浪费行为，保障财务信息公开透明，提高资金使用效率和效果。

第三节　建立一个综合、高效、科学的财务管理机制

财务运行机制是财务各要素之间彼此依存、有机结合、制衡调节所形成的内在关联和运行方式。针对高校非营利特点和财务治理创新的要求，目前应当重点研究多元投入机制、财务管理高效运行机制、财务成本效益机制、财务绩效评价机制与财务激励约束机制，学习与吸收世界一流大学成熟的经验和成功的做法，力争以治理新理念、治理新体系，带动治理新机制的形成。

一、建立教育经费多元投入机制

健全保证财政教育投入持续稳定增长的长效机制，确保财政一般公共预算教育支出逐年只增不减，确保按在校学生人数平均的一般公共预算教育支出逐

年只增不减，保证国家财政性教育经费支出占国内生产总值的比例一般不低于4%。建立和完善各级各类学校生均拨款制度，根据国家办学条件基本标准和教育教学基本需要，制定生均财政拨款基本标准，并建立与财力状况、办学需求和物价水平联动的稳定增长机制。在政策制定方面，完善非义务教育培养成本分担机制，按照规定的管理权限和属地化管理原则，综合考虑经济发展状况、培养成本和群众承受能力等因素，合理确定学费、住宿费标准，建立与拨款、资助水平等相适应的收费标准动态调整机制。完善社会捐赠收入财政配比政策，按规定落实公益性捐赠税收优惠政策，发挥各级教育基金会作用，吸引社会捐赠。高校要坚持内涵发展，坚持质量立校，凸显办学特色，提高社会服务能力，在社会服务中扩大收入来源。要加强校企合作交流，建立长效沟通机制，寻求发展资源，支持学校改革发展。

二、建立财务管理高效运行机制

有效的财务治理机制，能够实现对财务行为进行合理的调节和控制，从而有助于达到财务治理预定的目标。在系统治理方面，注重把预算、核算和决算形成有机链条，把资金、资产和资源形成统筹配置，把业务和财务融为有机整体，把学校发展规划和学院学科发展目标协调统一；在依法治理方面，注重建立标准、完善制度、优化流程，实现制度和标准的动态调整；在综合治理方面，加强综合施策，注重财务、资产、教学、科研、人才等方面制度的兼容性和延伸性，加强综合评价，注重预算绩效评价和业务评价的标准统一、结果共享；在加强综合监管方面，完善业务部门内部控制、财务部门财务监管和审计部门审计监督的一体化建设；在源头治理方面，抓住财经问题的本质，注重防范重大财经风险。

三、建立健全资产效益管理机制

高校应设立专门机构，对学校资产实施统一领导和管理。实物资产应做到账账相符、账实相符、合理配置，加强内控管理，从购置到处置的各个部门应相互牵制，相互监督，并建立有效的仪器设备共享体系，做到物尽其用。建立存货成本核算制度，对于年用量比较大的存货，要严格执行政府采购制度，并指定专门部门进行集中采购和管理，降低采购成本。加强负债管理和财务风险预警，学校负债规模应以不影响事业发展为前提，建立风险预警系统。加强学校资产的出租使用治理、校产的产权治理、无形资产的治理，提高资产的利用率。理顺资金的占有和治理机制，努力盘活存量资金，加强财务资金理财，努力实现学校资产的保值增值。

四、建立健全财务成本效益机制

树立成本绩效的理念，科学合理地配置资源，进行财务成本管理，对学校既定时间段内的经费支出和实际成绩做出全面的考核评价。财务部门要准确地核算学校的运行成本，明确成本的影响因素；将成本按照财务会计科目归集分配到业务活动等特定对象；合理归集“固定资产折旧”“无形资产摊销”到特定的专项、设备，便于有针对性地开展成本控制活动，减少资源不必要的耗费，提升学校运行效率。在完全成本核算过程中，要进行成本管理对比分析，通过成本核算以及成本管理来实现高校资源的优化配置。加大高校的增收、节支和资源占用费的效能，实行有偿占用资源，坚持“谁使用，谁付费”的原则；理顺财务体制（二级财务体制、校内分配体制、后勤管理机制、校产的资产关系），严格控制“三公经费”、消费基金、自筹基建、全员职工人数增长；制订校内财务绩效分配机制，实行效益激励。借助财务成本效益机制促使管理人员形成正确的绩效观和成本效益观。

五、建立健全财务绩效评价机制

高校应构建完善的财务预算绩效评价体系，对高校管理人员的具体行为进行引导，对财务绩效管理效果作出客观评价。高校应在不断完善财务治理的基础上，根据科学可行原则，从投入、过程、产出和效果等几个方面架构财务绩效评价指标体系。评价的内容包括目标任务、服务质量以及绩效水平等，可以把评价结果与岗位职责、薪酬待遇相关联，贯彻落实目标责任与任务，从而提高财务工作运行效率。通过财务绩效评价，引导并规范高校的办学行为，使其办学目标更加明确，实现目标的策略和路径更加科学，促进高校办学水平和竞争力的提升。通过绩效评价，促使财务工作更加高效，财务信息更加公开，预算的执行和财务风险防控更加有效。

六、建立健全财务激励约束机制

财务激励约束，一方面应当明确激励规则，利用有效的激励措施，促进高校教学科研的良性发展。要注重个人和集体激励相结合，发挥好个人与集体的优势，促进整体良好环境氛围的营造。另一方面应当讲求约束实效，确保约束能切实控制住“三公经费”和行政经费等一般性支出，能够强化预算刚性约束、推进绩效管理工作，增强财政资金使用的规范性、有效性、安全性，防止“两张皮”现象出现。同时，需要把网络技术作为财务分析的辅助工具，利用网络平台收集和筛选信息，对绩效评价结果、个人诚信记录等综合信息进行分析、研判和运用，适时启动问责联动机制，确保激励约束措施为推进一流大学建设发挥作用。激励约束机制的实施，可以调动个人的积极性、创造性、能动性，促进各主体之间相互合作，实现高校价值目标的最大化。

第四节　建立一套科学、合理、完善的财务管理制度

财务制度是管理行为的保障，财务管理的成功，离不开细致合理、可操作性强的财务制度规范。当今，高校的运行模式由传统的行政管理模式逐渐呈现多元经营管理的特征，这对高校的财务管理提出了更高的要求。完善高校财务治理结构体系，需要进一步完善财务制度体系，规范完善的财务制度体系是高校财务治理有效的保障。

一、高校财务制度体系建构的基本理念

坚持改革创新精神。建构现代高校财务制度体系，必须发扬改革创新精神，转变治理观念，随着制度环境的变化而不断进行适应性的变化，着力破除制约高校发展的财务体制机制束缚，对不适当的财务制度进行改革。以改革的思维，从学校发展的实际情况出发，打破部门业务边界，按照经济活动和资金流的主线制定管理制度，避免出现制度的体系混乱、重复叠加、松散独立等问题，建立更符合内外部环境与高校自身发展要求的高校财务制度体系，最大限度地激发和释放财务活力。以创新的思维，研究建立现代大学财务管理制度框架，构建科学高效的财务管理制度，把科学配置资源、提高资金使用效益作为目标任务，提高财务制度的执行力度，提高财务管理绩效。

坚持可持续发展理念。随着时代社会的发展，高校财务制度需进行改革创新以适应新的环境变化，高校财务制度体系的建设应不仅能在一定时间范围内适应社会经济发展的需要，而且能随着社会经济的发展不断地进行能动性的自我创新。构建财务管理制度体系，要坚持可持续发展的理念，全面分析教育改革和财会制度改革对高校财务管理的影响，根据学校财务管理需求和未来发展需要，做好顶层设计、总体规划，着重从宏观上把控，力求制度符合高校发展愿景、具有前瞻性并具有可操作性。从高校财务制度的有效性与高校财务制度的质量角度，不断创新高校财务制度，最终形成成熟、高效的高校财务制度。

坚持目标导向理念。高校财务制度目标既是高校财务工作的起点目标，发挥着财务工作导向的作用，又是高校财务工作的终点目标，起着财务工作评价标准的作用。高校财务制度体系建构必须以财务目标的实现作为制定的宗旨，通过一系列具有可操作性、科学合理的规则、制度等对财务主体进行激励与约束，规范其财务行为、协调各种财务关系，对管理活动进行全面的计划、组

织、协调与控制，以提高高校财务管理的效能，促进财务管理目标的实现。

坚持效益效率理念。高校财务管理以目标管理为核心，形成目标、预算、绩效三者首尾相接的闭环管理，通过确立高校财务目标、资源分配（预算管理)、评价与考核（绩效管理)，发挥着控制与激励的功能。高校财务制度对财务机制运行路径的选择起着调控作用，对财务经济活动的效率、效果起着重要作用。财务制度规定每个人在财务行为中的权利与义务，明确各级管理人员的管理职责与权限，通过明晰的权、责、利配置协调各财务关系人的财务目标与利益矛盾，使其相互的利益摩擦最小化与共同利益最大化，达到降低管理费用、科学配置资源、优化支出结构、提高财务资源的配置效率的目的。

坚持依法依规原则。在高校财务章程制定过程中，需要以上级主管部门和相关法律法规作为指导，高校财务制度建设应坚持以国家有关教育财政法规制度和政策为依据，在充分贯彻国家有关政策制度的基础上，从学校自身发展实际出发，坚持财务制度建设与学校业务活动的联动，保证财务制度建设符合学校发展需求、符合学校内部管理需要，具有全面性和可操作性。高校财务制度体系的建构，必须要坚持正确办学方向和教育法律规定的基本制度，全面贯彻落实教育法、预算法、价格法、会计法、审计法、统计法等法律法规，依法依章程行使自主权，强化章程在学校依法自主办学、实施管理，强化按制度办事、依法办事意识，实现教育财务领域依法治理。

二、高校财务制度体系建构的基本内容

高校财务制度体系使财务管理体系中各项主要财务管理工作形成规范，比如：财务决策行为规范是对高校财务治理层面的主要决策行为进行规范，配置权力，分清职责，主要包括财务重大决策、财务政策选择和财务战略制定三方面；而财务监控行为规范是对财务治理主体行为进行监督、控制和协调等一系列规范的总称，主要包括财务全面调控、财务风险控制等方面。高校财务制度体系的建构需要从框架建构和内容完善两个方面进行深化改革。

财务制度体系框架。高校应在充分分析学校财务管理内容的基础上，从纵横两个角度体系化建构制度框架。纵向上要从财务制度建设、财务操作规程建设和财务服务指南建设等层次由粗向细、由顶层到具体；横向上要从基本财务管理体制、基础财务管理制度、财务组织制度、预算管理制度、内部控制制度、货币资金管理制度、债权债务管理制度、资产管理制度、经费支出管理制度、收入及分配管理制度等方面细化。从而，形成既相互独立又相互联系的财务制度体系，促进高校财务管理工作的有序开展。使财务制度更具目标性、效率性、可操作性、发展性与激励性。

财务制度体系内容。高校要按照财政部、教育部新出台的有关规章制度，

结合本校实际，及时修订完善学校的预决算、专项资金、科研经费、国有资产、学生资助、教育收费、留学经费等管理制度和办法，推进学校财务管理的制度化、规范化、程序化。根据新施行的政府会计制度，修订高校财务管理办法、预算管理办法、成本核算制度、资金及存放管理办法、收入、支出管理办法、会计核算与管理办法等。按照政府会计制度改革的要求，编制符合学校核算要求的财务核算标准手册，对学校具体事项、特殊业务的财务核算提供应用指南，作为学校会计核算的唯一标准。用科学的制度提升学校内部财务治理能力。

三、高校财务制度体系建构的改革重点

高校财务制度体系是以管理的环节为标准制定，用来确定高校财务活动的方向，调节财务行为。目前，高校财务制度体系改革创新重点在财务管理组织制度、预算管理制度和绩效管理制度三个方面，这些制度相互连贯，共同作用，从而有力促进高校财务管理的健康有序发展。

加强管理组织制度。高校财务管理部门是高校财务制度的制定者、监督者与协调者，其工作内容包括制定财务制度、沟通与协调、监督、考核、反馈。为了保障高校财务制度改革的顺利进行，学校充分发挥高校财务管理部门的管理功能，赋予财务管理部门一定的权威，高校管理层应直接领导财务管理制度的实施。高校财务管理水平的提高，还需要高素质的财务管理人员。财务管理人员除具备专业知识外，还要求具有公正、廉洁、严谨、高效的工作作风，以保证财务制度的顺利实施。

完善预算管理制度。预算管理制度的内容包括预算编制的方法、编制与审批程序、预算结果的分析与评价。高校预算管理制度以会计信息为依据，以财务绩效目标为导向，对高校各项收支进行有计划的安排与控制，对绩效进行评价。在以目标为导向的管理制度下，预算的编制要实行零基预算、滚动预算与绩效预算相结合的方法，通过零基预算挖掘财务潜力，通过滚动预算提高预算的客观性与准确性，通过绩效预算提高预算的效益。

创新财务绩效制度。绩效管理制度的内容包括绩效指标的确定、责任制度、分配制度、考核机制等。高校绩效制度贯穿着整个财务管理体系，使财务制度成为系统的规范，是系统、完整的评估体系。为推进对绩效管理的有效创新，高校在制定预算管理制定过程中，应当推进绩效理念的有机相融，确保绩效理念与预算编制、预算执行等一并构成预算管理制度的重要组成部分。绩效制度的流程是：确立高校财务绩效目标；对绩效目标进行分解，把绩效指标落实到相关责任人；对预算的执行结果进行评价；根据预算执行结果对各财务责任人的完成情况进行考核；修正财务管理目标。绩效管理制度使高校财务制度不断发展，满足高校管理的要求。

第五节 构建一个全方位、多元化的财务监管体系

实施多元化财务监督是维护高校多元化主体利益的必然要求。完善高校财务监管体系，坚持内外结合，重视高校内部财务监督体系建设，建立健全内控制度和内部牵制制度，充分发挥财务的监督职能，使之相互制衡，赋予和强调监督权的行使，采取一定的措施鼓励监督行为，综合运用政治巡视、国家审计、内部控制、教育督导、信息公开等各种手段，以监审、监控、监督为着力点，加强事前、事中、事后监管，让财务活动在阳光下运行，为高校经济活动的健康平稳发展提供基础。

一、确保教职工代表大会监督的独立和有效

教职工代表大会作为高校法定监督机构，代表利益相关者行使财务监督权，不仅要监督党委领导下校长负责制体制的校长的财务决策机构和执行机构，还要监督建立公开透明的财务信息披露制度，切实保证高校的利益相关者能够公平合理地获得真实、可靠、完整和及时的财务信息，这是高校财务监督权落实的基础。教代会处于学校委托代理链条的中心地位，代表学校不同利益方中的教师、学生、其他职工的权利，使高校的财务监督工作更加独立、有效。

二、加强内部审计工作切实防范风险

深入贯彻落实《教育部关于加强直属高等学校内部审计工作的意见》，高度重视内部审计工作，切实发挥审计“免疫系统”功能。学校主要负责人应直接领导内部审计工作，设置独立内部审计部门，足额配备专职审计人员，切实加强内部审计专业化建设。

深入实施领导干部经济责任审计，推进党政主要负责人同审，落实各层级领导干部经济责任，规范学校经济管理；要加强对重点领域如财务预决算、工程项目、“三公经费”、科研经费的审计，切实防范风险，提高资源使用绩效。要建立健全内部控制监督评价制度，对单位层面和业务层面要开展内部控制审计；拓展内部审计范围，探索开展重要政策跟踪审计、适时开展专项审计调查。强化审计监督，由单一的资金监管向整体监管转变，把事后监管前移，更多关注放在事前和事中监管，确保会计信息的真实性、合规性，维护国家的权益，使资金利用效能最大化。创新审计工作方式，开展内部审计评价，夯实整改责任，对于审计发现的问题，要建立清单，逐个对账销号；强化审计结果运

用，加强审计整改和责任追究，加大审计结果运用力度，发挥好在教育财务治理中“揭示问题、规范管理、促进改革、提高效益”的作用。

三、探索建立学校监事会制度

在财务治理监督结构中，以教代会作为法定监督机构，整合利益相关组织力量，共同组成监事会，设立审计委员会、监察委员会。行使高校财务治理监督权，确保监事会监督工作的独立、有效。监事会应定期举行会议，不仅要对学校的重要决议事项进行监督，还要监督高校财务事务的执行过程，促使其各项工作符合相关各方的利益诉求，保证其公正、有效地运行。扩大利益相关者重大活动的财务知情权和监督权，必要时可以委托第三方开展审计评价活动。监事会可以通过定期听取重要财务情况报告方式，适时监督财务决策和执行机构的行为，对高层管理成员和各级工作人员的违规行为监督纠正。监事会可将外部评价机制引入其中，聘请具备高校财务业务经验并且深谙教育管理工作的会计专家针对财务决策与执行等作出审计评价，形成客观公正的审计报告。在此基础上，还应构建透明化与公开化的财务信息披露制度，及时、准确、完整地对外披露高校的各项财务信息。

四、建立基于内部控制的监管体系

高校内部控制是指学校为实现办学目标，通过制定制度、实施措施和执行程序，对经济活动的风险进行防范和管控。高校党政领导班子及其各级领导干部要高度重视内部控制建设，将建立健全内部控制作为高校健全治理体系和提高治理能力建设的重要组成部分，列入学校长期规划，常抓不懈。高校要按照决策、执行和监督相互分离、相互制约的要求，建立重大事项议事决策机制。要根据确保不相容岗位相互分离、相互制约和相互监督的原则，科学设置机构及岗位，明确各岗位职责权限和权力运行规程，切实做到分事行权、分岗设权、分级授权、定期轮岗。要重点围绕科研经费、国有资产、基本建设、所属企业、财政资金分配使用、政府采购等领域，要按照权责一致、有效制衡的原则，定期评估风险、检查漏洞，确保制度有效执行。内部控制建设通过健全制度、优化流程、完善岗位职责等专门方法，狠抓内控执行落实，强化内控成果应用，切实提高内控管理水平。高校要将内部控制监督检查、自我评价结果纳入领导干部经济责任审计内容与干部考核体系、将评价结果与个人考核挂钩，实行追责问责，促进内部控制规范有效执行。高校要成立专门负责内部控制建设的职能部门，或者明确内部控制建设的牵头部门，负责组织协调全校的内部控制建设。其主要职责是：组织梳理学校各类经济活动的业务流程，明确业务环节，系统分析经济活动风险，确定风险点，选择风险应对策略，在此基础上根据国家有关规定建立健全学校各项内部管理制度并督促相关人员认真执行。借助先进的信息技术手段，把内部控制的规范、执行和监督流程嵌入日常财务管理信息系统中，同时也为内部控制的监督和评价抓取相关数据与信息，强化内部控制的有效性，建立高校财务风险控制机制，提高财务风险抵御能力。

五、发挥财务的监督职能

财务监控行为规范，是对财务治理主体行为进行监督、控制和协调等一系列规范的总称，主要包括财务全面调控、财务风险控制等方面。高校财务治理内部治理结构优化包括高校应充分发挥财务管理、防范风险的作用。财务部门是高校最为重要的经济管理职能部门，其管理职能包括对高校教育资源的优化配置，监督高校资产、资金的有效合理使用，促使现有的教育资源发挥最大的经济效益。以监审、监控、监督为着力点，建立全覆盖、全过程、全方位的资金、资产和资源监管体系。这就要求高校的财务人员要具有表率意识，工作认真敏感，严格执行财经法律法规。财务人员应在了解学校整体规划，清楚各部门、各学院的业务运作状况的基础上，实现财务管理目标，积极有效地参与到学校的资源配置中。将学校的教学任务、科研业务与财务工作相融合，结合业务情况进行预测，编制业务计划预算，利用财务、非财务信息进行加工、升级，形成多维的、符合学校管理的财务综合分析报告，为支持学校的发展决策和各学院、业务、职能部门的发展规划提供有效的数据支撑材料，充分发挥财务人员在学校战略规划、控制、评价中的引领作用。遵守法律政策，对经费的开支要有严格的把关意识，大胆为领导提出合理化经费使用意见或建议，控制不合理支出，充分发挥监督和参谋的作用。作为高校的治理层，应当支持财务机构、财务人员依法行使职权，严格遵守和执行国家财经法规，进一步完善内部控制制度，减少自由裁量权的空间和余地，要严以用权，用制度来限制滥用权力，要加强自我约束、监督。

第六节　构建一个以信息化为核心的财会信息体系

学校要重视财会信息化建设，在学校战略规划框架下，将会计信息化建设需求纳入学校整体信息化规划，紧密结合信息技术发展趋势前沿，体现长远性和前瞻性。财务管理贯穿高校运营的全过程，应当将财务管理的理念方法内嵌入会计信息系统之中，实现“业财融合”。高校财务治理应充分运用大数据、互联网、人工智能和区块链等信息化技术，加强对数据的深入分析和挖掘，利用信息化治理方式推进决策科学、执行高效、监督有力。

一、以信息化促进财务决策科学

现代信息社会，全面、准确、即时的数据信息是决策科学的重要保证。当前，高校信息化已经具备一定基础，存在大量的财务数据和科研、教学、人事等业务数据。以信息化推进高校财务治理决策体系和决策能力现代化，逐步实现各类系统全面对接，逐步构建起综合业务系统平台和财务管理决策支持系统。一是构建信息资源共享体系，降低信息资源浪费，提高决策者获取信息的成本，减少决策失误。二是用信息化手段进行数据搜集，开发数据分析平台，建设辅助决策系统，为科学决策服务。

二、以信息化提高财务执行效率

加快推进财务系统与资产、基建、科研、教学、人事等业务系统的对接，打破“信息孤岛”，实现业务流、资金流、信息流等数据源的融合与共享，加快建立与预算绩效管理相适应的信息化系统，与现有系统做好衔接、互联互通。加强对业务数据与财务数据的融合研究，加强内部数据与行业数据的分析比对，提出改进财务治理的措施和意见，切实提高资金、资产和资源的使用效率。高校应按照简政放权、放管结合、优化服务的原则，建立健全运用大数据、人工智能等技术手段支撑行政管理的制度规则，面向每个人，适合每个人，实行自我管理、自我服务、自我教育、自我监督，推进高校内部治理制度化、规范化、程序化，建设人人有责、人人尽责、人人享有的高校财务治理共同体。

三、以信息化提升财务监督质量

财务信息实现共享互通，为财务监督提供了新的控制点。高校应加快建立适应自身发展和内部控制建设要求的风险管理体系，打造基于“互联网＋监管”的资金监管平台，实现经费监管的实时化、智能化。高等学校应全面推进财务管理的信息化和网络化，充分利用现代信息技术，实现统一核算和实时监控，提高财务管理水平和会计信息质量。高校内部审计部门可通过获取学校基础数据库，加大业务数据之间、业务数据与财务数据之间、内部数据与外部数据之间的综合比对与关联分析，探索形成“总体分析、发现疑点、分散核实、系统研究”的审计方式，提高监管效率和质量。要建设经费监管信息系统，加强对学校经费实时监控和数据分析，全面提高资金监管信息化管理水平。各学校要做好财务管理信息化建设的顶层设计，系统开发会计核算、财务监管、决策支持、财务公开、接受监督的统一技术平台，作为高校“阳光财务”工作的基础保障。

四、以信息化构建资源共享体系

当前，高校财务信息系统与业务部门信息系统，以及业务部门信息之间存在信息不共享，造成高校财务分析预测、财务决策存在一定的局限性，不能适应高校教育事业发展对财务信息的需求。实现高校财务信息和非财务信息的共享是高校信息化建设的重要目标，高校要以财务信息为中心建立学校管理信息系统，实现财务信息化与学校管理一体化。随着财务精细化管理、成本核算管理以及优质财务服务需求的提升，需要高校统筹安排，逐步以财务信息化为基础，实现与学校整体信息化系统的融合，形成“集成、共享、互通”的大数据平台。高等学校要建立并不断完善财务信息基础数据库，要运用现代信息技术手段，推动建立“纵向到底，横向到边”的扁平化网络管理系统；支持校内相关管理信息系统和公共服务平台，要加强学校内部信息系统之间的互联互通与信息共享，增强财务信息共享程度，提高学校管理信息化水平。

五、以信息化再造财会业务流程

以财务信息化为基础再造财会业务流程，推动“业财融合”一体化发展。构建财务共享服务中心，建立智能化的数据处理系统，使财务信息可以在数据库中进行分门别类的整理，在信息共享的基础上能够进行及时整理和反馈，将财务业务标准化以及流程再造，构建一套以业务内容为主要导向的财务业务一体化信息系统和完善科学的预算系统，通过共享服务中心统一对其进行处理，以实现全流程、多层次、高效率、低成本的财务管理模式，为高校创造价值。建立数据决策支持系统，财务系统与业务系统的完全对接，业务发生与财务信息生成同步进行，信息资源充分共享，业务资料线上传递、会计资料无纸化管理，财务管理实现现代管理型转变，管理职能扩展到高校经济活动的事前计划、事中分析和事后评价等，实现内部财务高效核算。

六、以信息化促进财务信息公开

严格执行《高等学校信息公开办法》，积极推进高校重大决策、重大事项、重要制度等校务公开。高等学校财务信息公开是校务公开的重要内容，做好财务信息公开工作，有助于提高高校工作的透明度、保障师生员工和社会公众的知情权和监督权，推动高校依法办学、依法理财；有助于提升高校预算管理和财务管理水平，充分发挥资金使用效益，有效保障高等教育事业的科学发展。高校必须定期主动公开包括财务、资产管理制度，学校经费来源、年度经费预决算方案，仪器设备、图书、耗材等物资设备采购和重大基建工程的招投标在内的信息，让各项信息公开、透明。不断扩大公开范围，细化公开内容。建立健全依申请公开工作机制，依法依规做好财务信息依申请公开工作。在财务信息发布时，应遵循可理解性、可比性的原则，主要采用比较分析的方法，以便信息使用者发现存在的问题，切实满足各利益主体对高校财务信息全面性、准确性和及时性的需求。畅通监督渠道，发挥社会公众、媒体等力量在监督中的作用，主动接受广大师生员工和全社会的监督，让权力在阳光下运行，促进高校治理能力的现代化，保证高校教育事业的健康发展。

七、加强防范确保财务信息安全

高校财务信息安全是在进行财务信息化管理时需要面对的重要问题。首先，高校要根据国家信息安全等级保护的要求，完善信息系统综合防护体系建设，特别是要采取必要的互联网安全防护技术措施，例如增加防火墙和过滤网等，确保财务信息安全。其次，为了保证财务信息的准确性和真实性，在进行数据传输、处理、统计、采集、分析的每个环节要责任到人，并且加强对重要信息的备份。然后，要明确财务信息管理权限，既能保证相关负责人能够对财务信息进行及时审批和修改，又能加大相关责任，使信息安全得到保证。再次，要设置专门机构或岗位，配备合格的专业技术人员，负责财务管理信息系统的管理和维护，确保财务信息系统的安全、高效、稳定运行。最后，要加强财会人员的信息素养，对财会人员进行财务管理和信息技术操作的培训，提高现代信息技术的运用能力。

第七节　建设一支政治素质好、业务素质高的财务队伍

财务队伍是财务治理的基础，在当前形势下，进一步加强单位财务队伍建设，是坚决贯彻落实中央要求，强化财经工作管理和监督，完善教育治理体系，提升教育治理能力现代化水平的迫切需要。各单位要认真落实《教育部关于加强直属高校直属单位财务队伍建设的意见》，把财务队伍建设作为加强财务管理工作的重要任务，进一步优化财务队伍结构，推动专业化建设，提高财会队伍的整体水平。

一、进一步完善总会计师管理制度

高校主管部门要按照《高等学校总会计师管理办法》的要求，推动落实并

探索创新高等学校总会计师委派制度，提升财经管理专业化水平。

完善选聘任用方式。继续推进和完善直属高校总会计师选聘、委派制度。总会计师由教育部负责选聘、委派，实行异校任职。积极探索符合直属高校实际的总会计师选拔任用方式。凡设置总会计师的高校，班子中不设与总会计师职权重叠的其他副职，正职也不直接分管财务工作。

着力加强履职能力。总会计师要严格按照《教育部财政部关于印发高等学校总会计师管理办法的通知》（教人〔2011〕2号）的要求，全身心协助单位主要负责人管理好本单位财经工作。考虑到资金管理和使用的牵制关系，原则上不宜分管基建、后勤等大额资金使用部门。

完善考核评价机制。总会计师在教育部和所在单位双重领导下开展工作，应定期向教育部报告履职情况。总会计师实行任期制和定期轮岗制度。教育部建立对总会计师的履职评价制度，对总会计师在单位重大经济活动决策、财务管理、国有资产管理、财务风险控制、内部控制机制建设等方面的履职情况进行评价。

二、严格选好配好财务机构负责人

严格财务机构负责人任职条件。财务机构负责人应具有较高的思想政治水平；大局意识和全局观念强，坚持原则，勇于担当，廉洁奉公；熟悉国家财经法律、法规、规章和方针、政策，掌握教育财务管理的有关知识；一般应具有经济、管理类专业背景，具有3年以上财经、会计、审计、资产等管理岗位工作经历。

完善任用和职务任期机制。直属高校财务机构负责人任命应事先征求总会计师（或主管财务校领导）意见，达成一致后再按干部任免程序进行。财务机构负责人实行任期制，每届任期应与单位领导班子相同，原则上不超过两届或10年。

完善考核评价机制。各单位应将财务管理情况、预决算报表、各类审计检查报告、日常财务工作信息、财务信息公开、信息化建设、队伍建设、各项财经制度和内部控制制度建设及落实情况等作为评价财务机构负责人履职能力的重要因素。

实施责任追究制度。对违反财经纪律的行为，按照《中国共产党纪律处分条例》《事业单位工作人员处分暂行规定》《财政违法行为处罚处分条例》等规定严肃处理。对财务管理责任落实不到位，发生顶风违纪，出现窝案、大案、要案和重复性案件的单位和部门，坚持“一案双查”，既要追究当事人责任，又要倒查追究相关领导责任，包括主体责任和监督责任。

三、加强财务人员配备和规范管理

合理配备编制。各单位应当根据单位实际、经费收支规模、财务部门职责及当前对财务管理工作的新要求，加强财务工作力量，科学合理配备财务人员编制和数量，并按事业发展需要动态调整，以保证财务工作正常开展。

建立选拔机制。选拔那些热爱财务事业，业务素质高，组织领导力强、开拓创新的复合型、国际化人才，并将其充实到财务管理队伍中来。按照人尽其才、人岗相适的原则选配人员，逐步优化性别、年龄、学历和职称结构，并保持财务队伍的相对稳定。

坚持“持证上岗”制度。坚持财务岗位专业化，减少人员调入的随意性。财务人员应按照要求接受继续教育和培训，不断提高业务水平。应鼓励和支持不同岗位上的财务人员有计划地进行轮换。

实行回避制度。单位领导的直系亲属不得担任本单位的财务机构负责人或财务主管人员。财务机构负责人或财务主管人员的直系亲属不得在本单位财务机构中工作。

遵守职业道德。财务人员应敬业爱岗、熟悉法规、依法办事、客观公正、做好服务、保守秘密。树立良好的职业品质、严谨的工作作风，严守工作纪律，努力提高工作效率和工作质量。

建立绩效评价制度。建立科学的、符合财务人员工作特性和岗位特点的绩效考核评价制度，将工作能力、业绩及服务质量等作为财务人员绩效考核的内容，做到以考促提升。

四、切实提高财务干部的素质和能力

完善培养机制。把财会队伍建设纳入学校人才队伍建设的整体规划，有计划、分步骤地配备高层次、高素质人员，着力改善财会队伍结构。创造良好成长环境，积极推进学校财务管理后备干部的选拔和培养工作，充分激发财务管理人员干事创业的活力。要加强财会人员的培养和考核，鼓励、吸引、保持优秀人才从事财务工作。

推进专业化建设。各单位要按照专业化队伍建设的要求，严格新进财务人员录用和管理；完善职称评审与考核体系，合理设置会计系列职称评定条件和要求，培育财务人员专业素养和执业能力；逐步提高中高级以上专业技术资格人员比例；有效维护财务人员的合理合法权益，享受与其他系列专业技术职务同等待遇。

建设学习型组织。持续推进学习型、创新型组织建设，形成主动学习、终身学习的意识，主动适应经济新常态，适应管理新要求，紧密结合高校财务工作特点，完成财务管理工作转型升级。

建立财务负责人轮训机制。应强化所属高校财务主管领导和财务部门负责人的岗位培训，组织定期或不定期的财经政策及业务培训，提升高等学校财务负责人的政策理论水平和理财能力。

注重培养财务骨干人才。科学制订财务骨干人才培养培训方案。有计划、有目的地安排骨干人才在不同岗位、不同部门之间轮岗交流，建设业务精湛、视野开阔、素质综合、能力过硬的教育财务骨干人才队伍。

坚持财会人员继续教育制度。高等学校要坚持财会人员继续教育制度，加强财会人员的政治理论学习和专业技能培训，不断提高财会人员的思想政治素质和业务能力水平。

加强学校财会文化建设。高等学校财会人员必须强化全局意识、责任意识、创新意识和服务意识，提高自身的职业道德水平和业务能力水平，工作作风建设和财务部门文化建设，建设业务精湛、视野开阔、作风过硬的教育财务队伍。

附录　事业发展资料

表 1　1978—2018 年全国行政区划　　单位：个

年份	省级区划数	地级区划数	其中 地级市	县级区划数	其中 县级市	乡镇级区划数	其中 乡镇	居民和村民委员会（万个）
1978	30	310	98	2 653	92	6 198		
1979	30	315	104	2 690	109	10 424		
1980	30	318	107	2 775	113	54 183		
1981	30	316	108	2 780	122	11 434		
1982	30	322	112	2 797	130			
1983	30	322	144	2 785	141	49 695	38 482	37.7
1984	30	322	147	2 814	150	106 439	92 476	100.3
1985	30	327	162	2 826	159	104 900	91 590	103.0
1986	30	325	166	2 830	184	84 018	72 135	95.3
1987	30	326	170	2 826	208	81 025	69 842	93.2
1988	31	334	183	2 831	248	65 345	56 676	97.8
1989	31	336	185	2 829	262	65 419	56 497	102.8
1990	31	336	185	2 833	279	65 188	56 481	110.0
1991	31	338	187	2 833	289	63 391	55 109	111.9
1992	31	339	191	2 833	323	54 830	48 366	110.8
1993	31	335	196	2 835	371	54 863	48 250	112.0
1994	31	333	206	2 845	413	54 605	48 165	111.7
1995	31	334	210	2 849	427	53 360	47 034	104.4
1996	31	335	218	2 858	445	51 336	45 227	104.2
1997	33	332	222	2 862	442	50 967	44 891	102.4
1998	33	331	227	2 863	437	50 999	44 928	95.2
1999	34	331	236	2 858	427	50 750	44 501	91.6
2000	34	333	259	2 861	400	49 668	43 511	84.0

续表

年份	省级区划数	地级区划数	其中	县级区划数	其中	乡镇级区划数	其中	居民和村民委员会（万个）
			地级市		县级市		乡镇	
2001	34	332	265	2 861	393	45 303	39 715	79.2
2002	34	332	275	2 860	381	44 850	39 240	76.7
2003	34	333	282	2 861	374	44 067	38 290	74.0
2004	34	333	283	2 862	374	43 258	37 334	72.2
2005	34	333	283	2 862	374	41 636	35 473	70.9
2006	34	333	283	2 860	369	41 040	34 675	70.5
2007	34	333	283	2 859	368	40 813	34 369	69.5
2008	34	333	283	2 859	368	40 828	34 301	68.8
2009	34	333	283	2 858	367	40 858	34 170	68.4
2010	34	333	283	2 856	370	40 906	33 981	68.2
2011	34	332	284	2 853	369	40 466	33 270	67.9
2012	34	333	285	2 852	368	40 446	33 162	68.0
2013	34	333	286	2 853	368	40 497	32 929	68.3
2014	34	333	288	2 854	361	40 381	32 683	68.2
2015	34	333	291	2 850	361	39 789	31 830	68.1
2016	34	334	293	2 851	360	39 862	31 755	66.2
2017	34	334	294	2 851	363	39 888	31 645	66.1
2018	34	333	293	2 851	375	39 945	31 550	65.0

资料来源：国家统计局各年度相关统计数据，国家统计局，国家数据 http：//data. stats. gov. c/easyquery. htm？cn=C01。

表 2　1978—2018 年全国人口数及构成

年份	总人口（年末）（万人）	按性别分		按城乡分		出生率（‰）	死亡率（‰）	自然增长率（‰）
		男	女	城镇	乡村			
1978	96 259	49 567	46 692	17 245	79 014	18.25	6.25	12.00
1979	97 542	50 192	47 350	18 495	79 047	17.82	6.21	11.61
1980	98 705	50 785	47 920	19 140	79 565	18.21	6.34	11.87
1981	100 072	51 519	48 553	20 171	79 901	20.91	6.36	14.55
1982	101 654	52 352	49 302	21 480	80 174	22.28	6.60	15.68
1983	103 008	53 152	49 856	22 274	80 734	20.19	6.90	13.29
1984	104 357	53 848	50 509	24 017	80 340	19.90	6.82	13.08
1985	105 851	54 725	51 126	25 094	80 757	21.04	6.78	14.26
1986	107 507	55 581	51 926	26 366	81 141	22.43	6.86	15.57
1987	109 300	56 290	53 010	27 674	81 626	23.33	6.72	16.61
1988	111 026	57 201	53 825	28 661	82 365	22.37	6.64	15.73
1989	112 704	58 099	54 605	29 540	83 164	21.58	6.54	15.04
1990	114 333	58 904	55 429	30 195	84 138	21.06	6.67	14.39
1991	115 823	59 466	56 357	31 203	84 620	19.68	6.70	12.98
1992	117 171	59 811	57 360	32 175	84 996	18.24	6.64	11.60
1993	118 517	60 472	58 045	33 173	85 344	18.09	6.64	11.45
1994	119 850	61 246	58 604	34 169	85 681	17.70	6.49	11.21
1995	121 121	61 808	59 313	35 174	85 947	17.12	6.57	10.55
1996	122 389	62 200	60 189	37 304	85 085	16.98	6.56	10.42
1997	123 626	63 131	60 495	39 449	84 177	16.57	6.51	10.06
1998	124 761	63 940	60 821	41 608	83 153	15.64	6.50	9.14
1999	125 786	64 692	61 094	43 748	82 038	14.64	6.46	8.18
2000	126 743	65 437	61 306	45 906	80 837	14.03	6.45	7.58
2001	127 627	65 672	61 955	48 064	79 563	13.38	6.43	6.95
2002	128 453	66 115	62 338	50 212	78 241	12.86	6.41	6.45
2003	129 227	66 556	62 671	52 376	76 851	12.41	6.40	6.01
2004	129 988	66 976	63 012	54 283	75 705	12.29	6.42	5.87
2005	130 756	67 375	63 381	56 212	74 544	12.40	6.51	5.89
2006	131 448	67 728	63 720	58 288	73 160	12.09	6.81	5.28
2007	132 129	68 048	64 081	60 633	71 496	12.10	6.93	5.17
2008	132 802	68 357	64 445	62 403	70 399	12.14	7.06	5.08

续表

年份	总人口（年末）（万人）	按性别分		按城乡分		出生率（‰）	死亡率（‰）	自然增长率（‰）
		男	女	城镇	乡村			
2009	133 450	68 647	64 803	64 512	68 938	11.95	7.08	4.87
2010	134 091	68 748	65 343	66 978	67 113	11.90	7.11	4.79
2011	134 735	69 068	65 667	69 079	65 656	11.93	7.14	4.79
2012	135 404	69 395	66 009	71 182	64 222	12.10	7.15	4.95
2013	136 072	69 728	66 344	73 111	62 961	12.08	7.16	4.92
2014	136 782	70 079	66 703	74 916	61 866	12.37	7.16	5.21
2015	137 462	70 414	67 048	77 116	60 346	12.07	7.11	4.96
2016	138 271	70 815	67 456	79 298	58 973	12.95	7.09	5.86
2017	139 008	71 137	67 871	81 347	57 661	12.43	7.11	5.32
2018	139 538	71 351	68 187	83 137	56 401	10.94	7.13	3.81

注：1. 资料来源：国家统计局，国家数据 http：//data.stats.gov.cn/easyquery.htm? cn=C01。

2. 各年人口数据未包括香港、澳门特别行政区和台湾地区的人口。

3. 1982 年以前的数据为户籍统计数，其余年份的数据为当年人口抽样调查或人口普查结果的推算数。

4. 总人口和按性别分人口中包括中国人民解放军现役军人，按城乡分人口中现役军人计入城镇人口。

表 3　1978—2018 年全国国内生产总值及构成

年份	国民总收入（亿元）	国内生产总值（亿元）	第一产业	第二产业	其中		第三产业	其中		人均国内生产总值（元）
					工业	建筑业		交通运输、仓储和邮政业	批发和零售业	
1978	3 645.2	3 645.2	1 027.5	1 745.2	1 607.0	138.2	872.5	182.0	242.3	381
1979	4 062.6	4 062.6	1 270.2	1 913.5	1 769.7	143.8	878.9	193.7	200.9	419
1980	4 545.6	4 545.6	1 371.6	2 192.0	1 996.5	195.5	982.0	213.4	193.8	463
1981	4 889.5	4 891.6	1 559.5	2 255.5	2 048.4	207.1	1 076.6	220.7	231.1	492
1982	5 330.5	5 323.4	1 777.4	2 383.0	2 162.3	220.7	1 163.0	246.9	171.4	528
1983	5 985.6	5 962.7	1 978.4	2 646.2	2 375.6	270.6	1 338.1	274.9	198.7	583
1984	7 243.8	7 208.1	2 316.1	3 105.7	2 789.0	316.7	1 786.3	338.5	363.5	695
1985	9 040.7	9 016.0	2 564.4	3 866.6	3 448.7	417.9	2 585.0	421.7	802.4	858
1986	10 274.4	10 275.2	2 788.7	4 492.7	3 967.0	525.7	2 993.8	498.8	852.6	963
1987	12 050.6	12 058.6	3 233.0	5 251.6	4 585.8	665.8	3 574.0	568.3	1 059.6	1 112
1988	15 036.8	15 042.8	3 865.4	6 587.2	5 777.2	810.0	4 590.3	685.7	1 483.4	1 366
1989	17 000.9	16 992.3	4 265.9	7 278.0	6 484.0	794.0	5 448.4	812.7	1 536.2	1 519
1990	18 718.3	18 667.8	5 062.0	7 717.4	6 858.0	859.4	5 888.4	1 167.0	1 268.9	1 644
1991	21 826.2	21 781.5	5 342.2	9 102.2	8 087.1	1 015.1	7 337.1	1 420.3	1 834.6	1 893
1992	26 937.3	26 923.5	5 866.6	11 699.5	10 284.5	1 415.0	9 357.4	1 689.0	2 405.0	2 311
1993	35 260.0	35 333.9	6 963.8	16 454.4	14 188.0	2 266.5	11 915.7	2 174.0	2 816.6	2 998
1994	48 108.5	48 197.9	9 572.7	22 445.4	19 480.7	2 964.7	16 179.8	2 787.9	3 773.4	4 044
1995	59 810.5	60 793.7	12 135.8	28 679.5	24 950.6	3 728.8	19 978.5	3 244.3	4 778.6	5 046
1996	70 142.5	71 176.6	14 015.4	33 835.0	29 447.6	4 387.4	23 326.2	3 782.2	5 599.7	5 846
1997	78 060.8	78 973.0	14 441.9	37 543.0	32 921.4	4 621.6	26 988.1	4 148.6	6 327.4	6 420
1998	83 024.3	84 402.3	14 817.6	39 004.2	34 018.4	4 985.8	30 580.5	4 660.9	6 913.2	6 796
1999	88 479.2	89 677.1	14 770.0	41 033.6	35 861.5	5 172.1	33 873.4	5 175.2	7 491.1	7 159
2000	98 000.5	99 214.6	14 944.7	45 555.9	40 033.6	5 522.3	38 714.0	6 161.0	8 158.6	7 858
2001	108 068.2	109 655.2	15 781.3	49 512.3	43 580.6	5 931.7	44 361.6	6 870.3	9 119.4	8 622
2002	119 095.7	120 332.7	16 537.0	53 896.8	47 431.3	6 465.5	49 898.9	7 492.9	9 995.4	9 398
2003	135 174.0	135 822.8	17 381.7	62 436.3	54 945.5	7 490.8	56 004.7	7 913.2	11 169.5	10 542
2004	159 586.7	159 878.3	21 412.7	73 904.3	65 210.0	8 694.3	64 561.3	9 304.4	12 453.8	12 336
2005	184 088.6	183 217.4	22 420.0	87 364.6	77 230.8	10 133.8	73 432.9	10 835.7	13 534.5	14 053
2006	213 131.7	211 923.5	24 040.0	103 162.0	91 310.9	11 851.1	84 721.4	12 481.1	15 471.1	16 165

续表

年份	国民总收入（亿元）	国内生产总值（亿元）	第一产业	第二产业	其中		第三产业	其中		人均国内生产总值（元）
					工业	建筑业		交通运输、仓储和邮政业	批发和零售业	
2007	251 483.2	249 529.9	28 095.0	121 381.3	107 367.2	14 014.1	100 053.5	14 604.1	18 169.5	18 934
2008	321 229.5	319 244.6	32 464.1	149 952.9	131 724	18 807.6	136 827.5	16 367.6	26 186.2	24 100
2009	347 934.9	348 517.7	33 583.8	160 168.8	138 092.6	22 681.5	154 765.1	16 522.4	29 004.6	26 180
2010	410 354.1	412 119.3	38 430.8	191 626.5	165 123.1	27 259.3	182 061.9	18 783.6	35 907.9	30 808
2011	483 392.8	487 940.2	44 781.5	227 035.1	195 139.1	32 926.5	216 123.6	21 842	43 734.5	36 302
2012	537 329	538 580	49 084.6	244 639.1	208 901.4	36 896.1	244 856.2	23 763.2	49 835.5	39 874
2013	588 141.2	592 963.2	53 028.1	261 951.6	222 333.2	40 896.8	277 983.5	26 042.7	56 288.9	43 684
2014	644 380.2	643 563.1	55 626.3	277 282.8	233 197.4	45 401.7	310 654	28 534.4	63 170.4	47 173
2015	686 255.7	688 858.2	57 774.6	281 338.9	234 968.9	47 761.3	349 744.7	30 519.5	67 719.6	50 237
2016	743 408.3	746 395.1	60 139.2	295 427.8	245 406.4	51 498.9	390 828.1	33 028.7	73 724.5	54 139
2017	831 381.2	832 035.9	62 099.5	331 580.5	275 119.3	57 905.6	438 355.9	37 121.9	81 156.6	60 014
2018	915 887.3	919 281.1	64 745.2	364 835.2	301 089.3	65 493	489 700.8	40 337.2	88 903.7	66 006

注：1. 资料来源：2008 年前相关数据按国家统计局编的《辉煌的三十年》统计资料篇的数据列入，中国统计出版社，2008 年 12 月版。按当年价格计算。2006 年全国农业普查后，对 2005 年、2006 年第一产业数据进行了调查，2004 年及以前年份数据未做调整。因 1997 年、1999 年、2006 年国际收支平衡表中的数据发生变化，故对 1997 年、1999 年、2006 年国民总收入做相应调整。

2. 2008 年以后数据按国家统计局 2019 年底的各年度数据计入，国家数据 http：//data. stats. gov. cn/easyquery. htm？ cn=C01。

表 4　1978—2018 年全国居民消费水平

年份	居民消费水平（元）	其中		居民消费水平指数（上年=100）	其中		居民消费水平指数（1978=100）	其中		城乡消费水平对比（农村居民=1）
		农村居民	城镇居民		农村居民	城镇居民		农村居民	城镇居民	
1978	183	138	387	104.1	104.5	102.2	100	100	100	2.8
1979	206	159	411	107	106.4	104.2	107	106.4	104.2	2.6
1980	237	178	482	109.2	108.2	109.2	116.9	115.2	113.8	2.7
1981	263	202	504	107.9	110.1	102.2	126.1	126.8	116.2	2.5
1982	282	227	489	105.4	110.5	95	133	140.2	110.4	2.2
1983	313	251	537	109.3	109.4	107.7	145.3	153.3	118.9	2.1
1984	354	280	599	110.7	109.8	108.7	160.9	168.3	129.2	2.1
1985	437	345	734	112.6	113.8	109	181.3	191.6	140.9	2.1
1986	492	384	827	105.6	104.4	105.8	191.4	200	149	2.2
1987	553	425	931	105.9	105.8	104.4	202.8	211.6	155.7	2.1
1988	678	504	1 179	104.7	103.2	105.8	212.4	218.5	164.6	2.3
1989	779	585	1 325	104.1	105.7	101.2	221.1	230.9	166.6	2.3
1990	825	623	1 389	102.8	103.3	101.8	227.4	238.5	169.6	2.2
1991	910	659	1 593	106.6	102.6	110.2	242.3	244.8	186.8	2.4
1992	1 051	700	1 978	109.8	101.9	117.3	266	249.5	219.1	2.8
1993	1 324	820	2 621	110.5	104.5	114.9	294.1	260.6	251.7	3.2
1994	1 789	1 071	3 591	106.8	105.1	107	314.1	273.8	269.2	3.4
1995	2 317	1 342	4 699	108.3	105.1	109.5	340.2	287.8	294.9	3.5
1996	2 749	1 664	5 224	109.6	114.6	102.5	372.9	329.7	302.2	3.1
1997	2 959	1 777	5 482	104.5	104	101.9	389.8	343	307.9	3.1
1998	3 107	1 789	5 743	105.7	101.4	105.7	411.9	348	325.5	3.2
1999	3 327	1 805	6 180	108.4	102.3	109.3	446.3	356	355.8	3.4
2000	3 698	1 931	6 808	110.5	106.7	109.7	493.3	379.7	390.2	3.5
2001	3 954	2 048	7 109	105.9	104.7	103.6	522.4	397.6	404.1	3.5
2002	4 256	2 175	7 498	108.2	106.6	106	565.1	423.9	428.5	3.4
2003	4 542	2 313	7 812	105.4	104.7	103.1	595.6	443.6	441.6	3.4
2004	5 056	2 540	8 565	106.6	103.8	105.6	635.1	460.4	466.2	3.4
2005	5 671	2 805	9 472	109.5	106.8	108.3	695.7	491.8	505.2	3.4
2006	6 302	3 095	10 329	108	107.5	105.9	751.4	528.7	534.8	3.3
2007	7 434	3 579	11 981	112.5	109	111	844.9	576	593.9	3.3

续表

年份	居民消费水平（元）	其中		居民消费水平指数（上年=100）	其中		居民消费水平指数（1978=100）	其中		城乡消费水平对比（农村居民=1）
		农村居民	城镇居民		农村居民	城镇居民		农村居民	城镇居民	
2008	8 483	4 012	13 527	107.5	104.4	106.7	908	601.1	633.9	3.4
2009	9 226	4 341	14 447	110.5	110.5	108.4	1 003.7	663.9	686.9	3.3
2010	10 550	4 851	16 260	107.5	105.7	105.6	1 079.4	701.7	725.6	3.4
2011	12 646	5 996	18 968	109.8	111.5	107.4	1 185.6	782.1	779.3	3.2
2012	14 075	6 667	20 759	109.3	107.6	107.9	1 295.7	841.3	840.9	3.1
2013	15 615	7 524	22 583	108.1	109.8	106.1	1 400.9	923.4	891.9	3.0
2014	17 271	8 508	24 508	108.5	110.9	106.4	1 519.7	1 024	949.4	2.9
2015	18 929	9 365	26 413	109.6	110.1	107.7	1 665.8	1 127.9	1 022.8	2.8
2016	20 877	10 493	28 600	108.2	111.6	105.7	1 801.7	1 258.4	1 081.6	2.7
2017	23 070	11 940	30 959	106.7	110.2	104.5	1 922.9	1 386.4	1 130	2.6
2018	25 378	13 689	33 308	107.5	112.1	105.1	2 066.5	1 554.5	1 187.2	2.4

注：1. 资料来源：国家统计局，国家数据 http：//data.stats.gov.cn/easyquery.htm? cn=C01。

2. 本表绝对数按当年价格计算，指数按不变价格计算。

3. 城乡消费水平对比，没有剔除城乡价格不可比的因素。

4. 居民消费水平指按常住人口平均计算的居民消费支出。

表 5　1978—2018 年全国各级各类学校数　　　单位：所

年份	普通高等学校	普通中学	其中		职业中学	普通小学	特殊教育学校	学前教育
			高中	初中				
1978	598	162 345	49 215	113 130	—	949 323	292	163 952
1979	633	144 233	40 289	103 944	—	923 532	289	165 629
1980	675	118 377	31 300	87 077	3 314	917 316	292	170 419
1981	704	106 718	24 447	82 271	2 655	894 074	302	130 296
1982	715	101 649	20 874	80 775	3 104	880 516	312	122 107
1983	805	96 474	18 876	77 598	5 481	862 165	319	136 306
1984	902	93 714	17 847	75 867	7 002	853 740	330	166 526
1985	1 016	93 221	17 318	77 529	8 070	832 309	375	172 262
1986	1 054	92 967	17 111	77 252	8 187	820 846	423	173 376
1987	1 063	92 857	16 930	77 237	8 381	807 406	504	176 775
1988	1 075	91 492	16 524	76 384	8 954	793 261	577	171 845
1989	1 075	89 575	16 050	75 025	9 173	777 244	662	172 634
1990	1 075	87 631	15 678	73 462	9 164	766 072	746	172 322
1991	1 075	85 851	15 243	72 164	9 572	729 158	886	164 465
1992	1 053	84 021	14 850	70 764	9 860	712 973	1 027	172 506
1993	1 065	82 795	14 380	69 997	9 985	696 681	1 123	165 197
1994	1 080	82 358	14 242	69 654	10 217	682 588	1 241	174 657
1995	1 054	81 020	13 991	68 564	10 147	668 685	1 379	180 438
1996	1 032	79 967	13 875	67 626	10 049	645 983	1 428	187 324
1997	1 020	78 642	13 880	66 231	10 047	628 840	1 440	182 485
1998	1 022	77 888	13 948	65 412	10 074	609 626	1 535	181 368
1999	1 071	77 213	14 127	64 405	9 636	582 291	1 520	181 136
2000	1 041	77 268	14 564	63 898	8 849	553 622	1 539	175 836
2001	1 225	80 432	14 907	66 590	7 802	491 273	1 531	111 706
2002	1 396	80 067	15 406	65 645	7 402	456 903	1 540	111 752
2003	1 552	79 490	15 779	64 730	6 843	425 846	1 551	116 390
2004	1 731	79 058	15 998	63 757	6 478	394 183	1 560	117 899
2005	1 792	77 977	16 092	62 486	6 423	366 213	1 593	124 402
2006	1 867	76 703	16 153	60 885	6 100	341 639	1 605	130 495
2007	1 908	74 790	15 681	59 384	6 191	320 061	1 618	129 086
2008	2 263	72 907	15 206	57 914	6 128	300 854	1 640	133 722

续表

年份	普通高等学校	普通中学	其中		职业中学	普通小学	特殊教育学校	学前教育
			高中	初中				
2009	2 305	70 774	14 607	56 320	5 805	280 184	1 672	138 209
2010	2 358	68 881	14 058	54 890	5 273	257 410	1 706	150 420
2011	2 409	67 751	13 688	54 117	4 856	241 249	1 767	166 750
2012	2 442	66 725	13 509	53 216		228 585	1 853	181 251
2013	2 491		13 352	52 804		213 529	1 933	198 553
2014	2 529		13 253	52 623		201 377	2 000	209 881
2015	2 560		13 240	52 405		190 525	2 053	223 683
2016	2 596		13 383	52 118		177 633	2 080	239 812
2017	2 631		13 555	51 894		167 009	2 107	254 950
2018	2 663		13 737	51 982		161 811	2 152	266 677

注：职业中学包括职业高中和职业初中。

资料来源：国家统计局，国家数据 http：//data. stats. gov. cn/easyquery. htm？ cn=C01。

表 6　1978—2018 年全国各级各类学校专任教师数　　单位：万人

年份	普通高等学校	普通中学	其中		职业中学	普通小学	特殊教育学校	学前教育
			高中	初中				
1978	20.6	318.2	74.1	244.1		522.6	0.4	27.8
1979	23.7	307.8	66.7	241		538.2	0.5	29.5
1980	24.7	302.0	57.1	244.9	2.3	549.9	0.5	41.1
1981	25.0	284.4	49.4	235.0	2.9	558.0	0.5	40.1
1982	28.7	268.1	46.6	221.5	4.0	550.5	0.5	41.5
1983	30.3	259.7	45.1	214.6	7.3	542.5	0.6	43.3
1984	31.5	255.7	45.9	209.7	10.4	537.0	0.6	49.1
1985	34.4	265.2	49.2	216.0	14.1	537.7	0.7	55.0
1986	37.2	275.8	51.8	226.2	16.4	541.4	0.8	60.5
1987	38.5	287.0	54.4	235	18.5	543.4	1.0	65.1
1988	39.3	296.0	57.6	242.8	20.3	550.1	1.1	67.0
1989	39.7	298.0	55.4	245.4	21.4	554.4	1.2	70.9
1990	39.5	303.3	56.2	249.9	22.4	558.2	1.4	75.0
1991	39.1	309.0	57.3	254.7	23.5	553.2	1.6	76.9
1992	38.8	314.1	57.6	259.7	24.8	552.7	1.9	81.5
1993	38.8	316.7	55.9	264.1	26.2	555.2	2.0	83.6
1994	39.6	323.4	54.7	272.2	27.7	561.1	2.3	86.2
1995	40.1	333.4	55.1	282.1	29.2	566.4	2.5	87.5
1996	40.3	346.5	57.2	293.2	30.8	573.6	2.7	88.9
1997	40.4	358.7	60.5	302.2	32.2	579.4	2.9	88.4
1998	40.7	369.7	64.2	309.4	33.6	581.9	3.0	87.5
1999	42.6	384.1	69.2	318.8	33.6	586.1	3.1	87.2
2000	46.3	400.5	75.7	328.7	32.0	586.0	3.2	85.6
2001	53.2	418.8	84.0	338.6	30.6	579.8	2.9	54.6
2002	61.8	437.6	94.6	346.8	31.0	577.9	3.0	57.1
2003	72.5	453.7	107.1	349.8	28.9	570.3	3.0	61.3
2004	85.8	466.8	119.1	350.0	29.4	562.9	3.1	65.6
2005	96.6	477.1	129.9	349.2	30.3	559.2	3.2	72.2
2006	107.6	485.1	138.7	347.5	30.7	558.8	3.3	77.6
2007	116.8	490.7	144.3	347.3	31.7	561.3	3.5	82.7
2008	123.7	494.4	147.6	347.6	32.6	562.2	3.6	89.9

续表

年份	普通高等学校	普通中学	其中		职业中学	普通小学	特殊教育学校	学前教育
			高中	初中				
2009	129.5	500.7	149.3	351.8	32.6	563.3	3.8	98.6
2010	134.3	504.2	151.8	352.5	30.9	561.7	4	114.4
2011	139.3	508.0	155.7	352.5	31.7	560.5	4.1	131.6
2012	144	509.9	159.5	350.4		558.5	4.4	147.9
2013	149.7	511	162.9	348.1		558.5	4.6	166.3
2014	153.5	515.1	166.3	348.8		563.4	4.8	184.4
2015	157.3	517.1	169.5	347.6		568.5	5	205.1
2016	160.2	522.1	173.3	348.8		578.9	5.3	223.2
2017	163.3	532.3	177.4	354.9		594.5	5.6	243.2
2018	167.3	545.2	181.3	363.9		609.2	5.9	258.1

资料来源：国家统计局，国家数据 http：//data.stats.gov.cn/easyquery.htm？cn=C01。

表7　1978—2018年各级各类学校在校学生数　　单位：万人

年份	普通本专科学校	普通中学	其中		职业中学	普通小学	特殊教育学校	学前教育
			高中	初中				
1978	85.6	6 548.3	1 553.1	4 995.2		14 624.0	3.1	787.7
1979	102.0	5 905.0	1 292.0	4 613.0		14 662.9	3.2	879.2
1980	114.4	5 508.1	969.8	4 551.8	45.4	14 627.0	3.3	1 150.8
1981	127.9	4 859.6	715.0	4 144.6	48.1	14 332.8	3.3	1 056.2
1982	115.4	4 528.5	640.5	3 888.0	70.4	13 972.0	3.4	1 113.1
1983	120.7	4 397.8	629.0	3 768.8	122.0	13 578.0	3.6	1 140.3
1984	139.6	4 554.2	689.8	3 864.3	174.5	13 557.1	3.6	1 294.7
1985	170.3	4 706.0	741.1	4 010.1	229.5	13 370.2	4.2	1 479.7
1986	188.0	4 889.9	773.4	4 158.3	256.0	13 182.5	4.7	1 629.0
1987	195.9	4 948.1	773.7	4 217	267.6	12 835.9	5.3	1 807.8
1988	206.6	4 761.5	252.6	4 060.8	279.4	12 535.8	5.8	1 854.5
1989	208.2	4 554.0	716.1	3 837.9	282.3	12 373.1	6.4	1 847.7
1990	206.3	4 586.0	717.3	3 868.7	295.0	12 241.4	7.2	1 972.2
1991	204.4	4 683.5	722.9	3 960.6	315.6	12 164.2	8.5	2 209.3
1992	218.4	4 770.8	704.9	4 065.9	342.8	12 201.3	13.0	2 428.2
1993	253.6	4 739.1	656.9	4 082.2	362.6	12 421.2	16.9	2 552.5
1994	279.9	4 981.7	664.9	4 316.7	405.6	12 822.6	21.1	2 630.3
1995	290.6	5 371.0	713.2	4 657.8	448.3	13 195.2	29.6	2 711.2
1996	302.1	5 739.7	769.3	4 970.4	473.3	13 615.0	32.1	2 666.3
1997	317.4	6 017.9	850.1	5 167.8	511.9	13 995.4	34.1	2 519.0
1998	340.9	6 301.0	938.0	5 363.0	541.6	13 953.8	35.8	2 403.0
1999	413.4	6 771.3	1 049.7	5 721.6	533.9	13 548.0	37.2	2 326.3
2000	556.1	7 368.9	1 201.3	6 167.6	503.2	13 013.3	37.8	2 244.2
2001	719.1	7 836.0	1 405.0	6 431.1	466.4	12 543.5	38.6	2 021.8
2002	903.4	8 287.9	1 683.8	6 604.1	511.5	12 156.7	37.5	2 036.0
2003	1 108.6	8 583.2	1 964.8	6 618.4	528.2	11 689.7	36.5	2 003.9
2004	1 333.5	8 695.4	2 220.4	6 475.0	569.4	11 246.2	37.2	2 089.4
2005	1 561.8	8 580.9	2 409.1	6 171.8	625.6	10 864.1	36.4	2 179.0
2006	1 738.8	8 451.9	2 514.5	5 937.4	676.2	10 711.5	36.3	2 263.9
2007	1 884.9	8 243.3	2 522.4	5 720.9	740.5	10 564.0	41.9	2 348.8
2008	2 021.0	8 050.5	2 476.3	5 574.2	761.1	10 331.5	41.7	2 475

续表

年份	普通本专科学校	普通中学	其中		职业中学	普通小学	特殊教育学校	学前教育
			高中	初中				
2009	2 144.66	7 867.9	2 434.3	5 433.6	785.7	10 071.5	42.8	2 657.8
2010	2 231.79	7 703.2	2 427.3	5 275.9	729.8	9 940.7	42.6	2 976.7
2011	2 308.51	7 519	2 454.8	5 064.2	683.6	9 926.4	39.9	3 424.5
2012	2 391.32	7 230.3	2 467.2	4 763.1		9 695.9	37.9	3 685.8
2013	2 468.07	6 876.1	2 435.9	4 440.2		9 360.5	36.8	3 894.7
2014	2 547.70	6 785.2	2 400.5	4 384.7		9 451.1	39.5	4 050.7
2015	2 625.30	6 686.3	2 374.4	4 311.9		9 692.2	44.2	4 264.8
2016	2 695.84	6 696	2 366.6	4 329.4		9 913	49.2	4 413.9
2017	2 753.59	6 816.6	2 374.5	4 442.1		10 093.7	57.9	4 600.1
2018	2 831.03	7 028	2 375.4	4 652.6		10 339.3	66.6	4 656.4

资料来源：国家统计局，国家数据 http：//data. stats. gov. cn/easyquery. htm? cn=C01。

表 8　1978—2018 年全国各级各类学校招生数　　单位：万人

年份	普通高等学校	普通中学	其中		职业中学	普通小学	特殊教育学校	学前教育
			高中	初中				
1978	40.2	2 698.9	692.9	2 006.0		3 315.4	0.6	
1979	27.5	2 341.9	614.1	1 727.8		3 101.7	0.6	
1980	28.1	1 934.3	383.4	1 557.6	30.7	2 942.3	0.6	
1981	27.9	1 740.5	327.8	1 412.9	26.7	2 749.2	0.6	
1982	31.5	1 642.4	279.3	1 363.9	42.6	2 671.7	0.6	
1983	39.1	1 576.9	259.8	1 318.5	75.7	2 544.0	0.6	
1984	47.5	1 564.9	262.3	1 302.5	93.9	2 472.9	0.8	
1985	61.9	1 606.9	257.5	1 367	116.1	2 298.2	0.9	
1986	57.2	1 643.9	257.3	1 402	112.8	2 258.2	1.1	
1987	61.7	1 649.5	255.2	1 410.9	113.2	2 094.6	1.2	
1988	67.0	1 584.8	244.3	1 340.5	119.5	2 123.3	1.2	
1989	59.7	1 551.5	242.1	1 309.4	118.3	2 151.5	1.4	
1990	60.9	1 619.6	249.8	1 369.9	123.2	2 064.0	1.6	
1991	62.0	1 655.2	243.8	1 411.3	137.8	2 072.7	2.0	
1992	75.4	1 699.7	234.7	1 465.0	152.1	2 183.2	3.0	
1993	92.4	1 707.3	228.3	1 479.0	161.5	2 353.5	3.4	
1994	90.0	1 859.8	243.4	1 616.4	175.3	2 537.0	4.0	
1995	92.6	2 025.9	273.6	1 752.3	190.1	2 531.8	5.6	1 972.4
1996	96.6	2 042.9	282.2	1 760.7	188.9	2 524.7	4.8	1 951.7
1997	100.0	2 128.2	322.6	1 805.6	211.2	2 462.0	4.6	1 824.4
1998	108.4	2 321.0	359.6	1 961.4	217.6	2 201.4	4.9	1 720
1999	159.7	2 546.0	396.3	2 149.7	194.1	2 029.5	5.0	1 617.5
2000	220.6	2 736.0	472.7	2 263.3	182.7	1 946.5	5.3	1 531.1
2001	268.3	2 815.9	558.0	2 257.9	185.0	1 944.2	5.6	1 398.2
2002	320.5	2 929.0	676.7	2 252.3	216.9	1 952.8	5.3	1 373.6
2003	382.2	2 947.4	752.1	2 195.3	222.1	1 829.4	4.9	1 316.8
2004	447.3	2 899.7	821.5	2 078.2	229.1	1 747.0	5.1	1 350.3
2005	504.5	2 854.3	877.7	1 976.5	259.3	1 671.7	4.9	1 356.2
2006	546.1	2 794.8	871.2	1 923.6	294.0	1 729.4	5.0	1 391.3
2007	565.9	2 703.9	840.2	1 863.7	306.9	1 736.1	6.2	1 433.6
2008	607.7	2 693.2	837.0	1 856.2	294.1	1 695.7	6.2	1 482.7

续表

年份	普通高等学校	普通中学	其中		职业中学	普通小学	特殊教育学校	学前教育
			高中	初中				
2009	639.5	2 616.7	830.3	1 786.4	315.3	1 637.8	6.4	1 546.9
2010	661.8	2 551.7	836.2	1 715.5	279.8	1 691.7	6.5	1 700.4
2011	681.5	2 484.8	850.8	1 634.0	247.1	1 736.8	6.4	1 827.3
2012	688.8	2 415.4	844.6	1 570.8	214.4	1 714.7	6.6	1 911.9
2013	699.8	2 318.8	822.7	1 496.1	183.9	1 695.4	6.6	1 970
2014	721.4	2 244.4	796.6	1 447.8	161.7	1 658.4	7.1	1 987.8
2015	737.8	2 207.6	796.6	1 411.0	155.4	1 729	8.3	2 008.8
2016	748.6	2 290.1	802.9	1 487.2	151.5	1 752.5	9.2	1 922.1
2017	761.5	2 347.3	800.1	1 547.2	148.5	1 766.6	11.1	1 938
2018	791.0	2 395.3	792.7	1 602.6	140.4	1 867.3	12.4	1 863.9

资料来源：国家统计局，国家数据 http://data.stats.gov.cn/easyquery.htm? cn=C01。

表 9　1978—2018 年全国各级各类学校毕业生数　　单位：万人

年份	普通高等学校	普通中学	其中		职业中学	普通小学	特殊教育学校	学前教育
			高中	初中				
1978	16.5	2 375.3	682.7	1 692.6		2 287.9	0.3	
1979	8.5	2 384.4	726.5	1 657.9		2 087.9	0.3	
1980	14.7	1 581.0	616.2	964.8	7.9	2 053.3	0.4	
1981	14.0	1 640.3	486.1	1 154.2	9.4	2 075.7	0.4	
1982	45.7	1 342.7	310.6	1 032.2	13.1	2 068.9	0.4	
1983	33.5	1 195.4	235.1	960.8	21.6	1 980.7	0.3	
1984	28.7	1 140.2	189.8	950.4	27.8	1 995.0	0.4	
1985	31.6	1 194.9	196.6	1 007.2	41.3	1 999.9	0.4	
1986	39.3	1 281.0	224.0	1 066.7	57.9	2 016.1	0.5	
1987	53.2	1 364.1	246.8	1 117.3	75.0	2 043	0.4	
1988	55.3	1 407.8	250.6	1 157.2	81.0	1 930.3	0.5	
1989	57.6	1 377.5	243.2	1 134.3	86.3	1 857.1	0.5	
1990	61.4	1 342.1	233.0	1 109.1	89.3	1 863.1	0.5	
1991	61.4	1 308.5	222.9	1 085.5	94.5	1 896.7	0.6	
1992	60.4	1 328.4	226.1	1 102.3	96.7	1 872.4	0.9	
1993	57.1	1 365.9	231.7	1 134.2	102.5	1 841.5	1.2	
1994	63.7	1 361.9	209.3	1 152.6	107.6	1 899.6	1.4	
1995	80.5	1 429.0	201.6	1 227.4	124.0	1 961.5	1.9	
1996	83.9	1 484	204.9	1 279.0	139.6	1 934.1	2.4	
1997	82.9	1 664	221.7	1 442.4	150.1	1 960.1	2.8	
1998	83.0	1 832	251.8	1 580.2	162.8	2 117.4	3.5	
1999	84.8	1 852.7	262.9	1 589.8	167.8	2 313.7	3.8	
2000	95.0	1 908.6	301.5	1 607.1	176.3	2 419.2	4.3	
2001	103.6	2 047.4	340.5	1 707.0	166.5	2 396.9	4.6	1 160.2
2002	133.7	2 263.6	383.8	1 879.9	145.4	2 351.9	4.4	1 152.7
2003	187.7	2 453.7	458.1	1 995.6	135.5	2 267.9	4.5	1 072
2004	239.1	2 617.4	546.9	2 070.4	142.5	2 135.2	4.7	1 059.7
2005	306.8	2 768.1	661.6	2 106.5	170.0	2 019.5	4.3	1 025.4
2006	377.5	2 789.5	727.1	2 062.4	179.5	1 928.5	4.5	1 045.1
2007	447.8	2 745.2	788.3	1 956.8	197.7	1 870.2	5.0	1 049.1
2008	512.0	2 699	836.1	1 862.9	216.7	1 865.0	5.2	1 040.5

续表

年份	普通高等学校	普通中学	其中		职业中学	普通小学	特殊教育学校	学前教育
			高中	初中				
2009	531.1	2 618.4	823.7	1 794.7	232.2	1 805.2	5.7	1 040.6
2010	575.4	2 543	794.4	1 748.6	232.0	1 739.6	5.9	1 057.6
2011	608.2	2 523.2	787.7	1 735.5	219.0	1 662.8	4.4	1 184.7
2012	624.7	2 452.3	791.5	1 660.8	218.3	1 641.6	4.9	1 433.6
2013	638.7	2 359.8	799	1 560.8	205.2	1 581.1	5.1	1 491.7
2014	659.4	2 212.8	799.6	1 413.2	178.7	1 476.6	4.9	1 527.2
2015	680.9	2 215.1	797.7	1 417.4	156.2	1 437.3	5.3	1 590.3
2016	704.2	2 216.1	792.4	1 423.7	142.1	1 507.4	5.9	1 623.2
2017	735.8	2 173.1	775.7	1 397.4	129.1	1 565.9	6.9	1 652.7
2018	753.3	2 146.9	779.2	1 367.7	127.4	1 616.5	8.1	1 790.6

资料来源：国家统计局，国家数据 http：//data. stats. gov. cn/easyquery. htm? cn=C01。

表10　1978—2018年全国研究生和留学生数　　单位：万人

年份	研究生数			出国留学人员	学成回国留学人员
	招生数	在学人数	毕业生数		
1978	1.070 8	1.093 4	0.000 9	0.086 0	0.024 8
1979	0.811 0	1.883 0	0.014 0	0.177 7	0.023 1
1980	0.361 6	2.160 4	0.047 6	0.212 4	0.016 2
1981	0.936 3	1.884 8	1.166 9	0.292 2	0.114 3
1982	1.108 0	2.584 7	0.405 8	0.232 6	0.211 6
1983	1.564 2	3.716 6	0.449 7	0.263 3	0.230 3
1984	2.318 1	5.756 6	0.275 6	0.307 3	0.229 0
1985	4.687 1	8.733 1	1.700 4	0.488 8	0.142 4
1986	4.131 0	11.037 1	1.695 0	0.467 6	0.138 8
1987	3.901 7	12.019 1	2.760 3	0.470 3	0.160 5
1988	3.564 5	11.277 6	4.083 8	0.378 6	0.300 0
1989	2.856 9	10.133 9	3.723 2	0.332 9	0.175 6
1990	2.964 9	9.301 8	3.544 0	0.295 0	0.159 3
1991	2.967 9	8.812 8	3.253 7	0.290 0	0.206 9
1992	3.343 9	9.416 4	2.569 2	0.654 0	0.361 1
1993	4.214 5	10.677 1	2.821 4	1.074 2	0.512 8
1994	5.086 4	12.793 5	2.804 7	1.907 1	0.423 0
1995	5.105 3	14.544 3	3.187 7	2.038 1	0.575 0
1996	5.939 8	16.332 2	3.965 2	2.090 5	0.657 0
1997	6.374 9	17.635 3	4.653 9	2.241 0	0.713 0
1998	7.250 8	19.888 5	4.707 7	1.762 2	0.737 9
1999	9.222 5	23.351 3	5.467 0	2.374 9	0.774 8
2000	12.848 4	30.123 9	5.876 7	3.898 9	0.912 1
2001	16.519 7	39.325 6	6.780 9	8.397 3	1.224 3
2002	20.261 1	50.098 0	8.084 1	12.517 9	1.794 5
2003	26.892 5	65.126 0	11.109 1	11.730 7	2.015 2
2004	32.628 6	81.989 6	15.077 7	11.468 2	2.472 6
2005	36.483 1	97.861 0	18.972 8	11.851 5	3.498 7
2006	39.792 5	110.465 3	25.590 2	13.400 0	4.2
2007	41.861 2	119.504 7	31.183 9	14.413 4	4.4
2008	44.642 2	128.304 6	34.482 5	17.98	6.93

续表

年份	研究生数			出国留学人员	学成回国留学人员
	招生数	在学人数	毕业生数		
2009	51.095 3	140.494 2	37.127 3	22.93	10.83
2010	53.817 7	153.841 6	38.360 0	28.47	13.48
2011	56.016 8	164.584 5	42.999 4	33.97	18.62
2012	58.967 3	171.981 8	48.645 5	39.96	27.29
2013	61.138 1	179.395 3	51.362 6	41.39	35.35
2014	62.132 3	184.768 9	53.586 3	45.98	36.48
2015	64.505 5	191.140 6	55.152 2	52.37	40.91
2016	66.706 4	198.105 1	56.393 8	54.45	43.25
2017	80.610 3	263.956 1	57.804 5	60.84	48.09
2018	85.796 6	273.125 7	60.436 8	66.21	51.94

资料来源：国家统计局，国家数据 http://data.stats.gov.cn/easyquery.htm? cn=C01。

表 13 1990—2018 年全国每十万人口各级学校平均在校生数 单位：人

年份	高等学校	高中阶段	初中阶段	小学	幼儿园
1990	326	1 337	3 426	10 707	1 725
1991	304	1 355	3 465	10 502	1 907
1992	313	1 365	3 518	10 413	2 072
1993	376	1 448	3 599	10 656	2 190
1994	433	1 293	3 681	10 819	2 219
1995	457	1 610	3 945	11 010	2 262
1996	470	1 780	4 180	11 273	2 208
1997	482	1 905	4 289	11 435	2 058
1998	519	1 978	4 408	11 287	1 944
1999	594	2 032	4 656	10 855	1 864
2000	723	2 000	4 969	10 335	1 782
2001	931	2 021	5 161	9 937	1 602
2002	1 146	2 283	5 240	9 525	1 595
2003	1 298	2 523	5 209	9 100	1 560
2004	1 420	2 824	5 058	8 725	1 617
2005	1 613	3 070	4 781	8 358	1 676
2006	1 816	3 321	4 557	8 192	1 731
2007	1 924	3 409	4 364	8 037	1 787
2008	2 042	3 463	4 227	7 819	1 873
2009	2 128	3 495	4 097	7 584	2 001
2010	2 189	3 504	3 955	7 448	2 230
2011	2 253	3 495	3 779	7 403	2 554
2012	2 335	3 411	3 535	7 196	2 736
2013	2 418	3 227	3 279	6 913	2 876
2014	2 488	3 100	3 222	6 946	2 977
2015	2 524	2 965	3 152	7 086	3 118
2016	2 530	2 887	3 150	7 211	3 211
2017	2 576	2 861	3 213	7 300	3 327
2018	2 658	2 828	3 347	7 438	3 350

注：1. 高等学校包括普通高等学校和成人高等学校。

2. 高中阶段统计范围包括普通高中、成人高中、普通中专、职业高中、技工学校和成人中专。

3. 初中阶段统计范围包括普通初中和职业初中。

资料来源：国家统计局，国家数据 http://data.stats.gov.cn/easyquery.htm? cn=C01。

表 14　1991—2018 年教育经费结构情况　　单位：亿元

年份	合计	国家财政性教育经费	公共财政教育支出	民办学校中举办者投入	捐赠收入	事业收入		其他教育经费
						小计	其中：学杂费	
1991	731.51	617.83	459.73	0.00	62.82	32.35	32.35	18.50
1992	867.06	728.76	538.74	0.00	69.63	43.93	43.93	24.73
1993	1 059.94	867.76	644.39	3.33	70.19	87.15	87.15	31.51
1994	1 488.78	1 174.74	883.98	10.78	97.45	146.92	146.92	58.89
1995	1 877.95	1 411.52	1 028.39	20.37	162.84	201.24	201.24	81.98
1996	2 262.34	1 671.70	1 211.91	26.20	188.42	261.04	261.04	114.98
1997	2 531.73	1 862.54	1 357.73	30.17	170.66	326.08	326.08	142.28
1998	2 949.06	2 032.45	1 565.59	48.03	141.85	609.15	369.75	117.57
1999	3 349.04	2 287.18	1 815.76	62.90	125.87	749.72	463.61	123.38
2000	3 849.08	2 562.61	2 085.68	85.85	113.96	938.27	594.83	148.39
2001	4 637.66	3 057.01	2 582.38	128.09	112.89	1 157.51	745.60	182.16
2002	5 480.03	3 491.40	3 114.24	172.55	127.28	1 460.92	922.78	227.87
2003	6 208.27	3 850.62	3 453.86	259.01	104.59	1 721.84	1 121.50	272.19
2004	7 242.60	4 465.86	4 027.82	347.85	93.42	2 011.43	1 346.55	324.04
2005	8 418.84	5 161.08	4 665.69	452.22	93.16	2 340.00	1 553.05	372.38
2006	9 815.31	6 348.36	5 795.61	549.06	89.91	2 407.30	1 552.33	420.67
2007	12 148.07	8 280.21	7 654.91	80.93	93.06	3 177.24	2 130.91	516.62
2008	14 500.74	10 449.63	9 686.56	69.85	102.67	3 367.07	2 349.30	511.52
2009	16 502.71	12 231.09	11 419.30	74.98	125.50	3 527.59	2 515.60	543.54
2010	19 561.85	14 670.07	13 489.56	105.43	107.88	4 106.07	3 015.56	572.40
2011	23 869.29	18 586.70	16 149.47	111.93	111.87	4 424.69	3 316.97	634.10
2012	28 655.31	23 147.57	20 314.17	128.18	95.69	4 619.84	3 504.83	664.03
2013	30 364.72	24 488.22	21 405.67	147.41	85.54	4 926.21	3 737.69	717.34
2014	32 806.46	26 420.58	22 576.01	131.35	79.67	5 427.16	4 053.04	747.70
2015	36 129.19	29 221.45	25 861.87	187.66	87.00	5 809.72	4 317.36	823.36
2016	38 888.39	31 396.25	27 700.63	203.27	81.04	6 276.83	4 770.94	930.99
2017	42 562.01	34 207.75	29 919.78	225.01	85.00	6 957.57	5 293.28	1 086.68
2018	46 143.00	36 995.77	31 992.73	240.60	94.80	7 738.20		1 073.60

资料来源：教育部《中国教育经费统计年鉴》(1991—2008)；国家统计局，国家数据 http://data.stats.gov.cn/easyquery.htm? cn=C01。

表 15　1991—2018 年教育经费来源构成(%)

年份	构成	财政性教育经费		非财政性教育经费				
		合计	预算内拨款	合计	社会办学	捐集资	事业收入	其他
1991	100	84.46	62.85	15.54	0.00	8.59	4.42	2.53
1992	100	84.05	62.13	15.95	0.00	8.03	5.07	2.85
1993	100	81.87	60.79	18.13	0.31	6.62	8.22	2.97
1994	100	78.91	59.38	21.09	0.72	6.55	9.87	3.96
1995	100	75.16	54.76	24.84	1.08	8.67	10.72	4.37
1996	100	73.89	53.57	26.11	1.16	8.33	11.54	5.08
1997	100	73.57	53.63	26.43	1.19	6.74	12.88	5.62
1998	100	68.92	53.09	31.08	1.63	4.81	12.54	12.10
1999	100	68.29	54.22	31.71	1.88	3.76	13.84	12.23
2000	100	66.58	54.19	33.42	2.23	2.96	15.45	12.78
2001	100	65.92	55.68	34.08	2.76	2.43	16.08	12.81
2002	100	63.71	56.83	36.29	3.15	2.32	16.84	13.98
2003	100	62.02	55.63	37.98	4.17	1.68	18.06	14.07
2004	100	61.66	55.61	38.34	4.80	1.29	18.59	13.66
2005	100	61.30	55.42	38.70	5.37	1.11	18.45	13.77
2006	100	64.68	59.05	35.32	5.59	0.92	15.82	12.99
2007	100	68.16	63.01	31.84	0.67	0.77	26.15	4.25
2008	100	72.06	66.79	27.94	0.48	0.71	23.22	3.53
2009	100	74.12	69.20	25.88	0.45	0.76	21.38	3.29
2010	100	74.99	68.96	25.01	0.54	0.55	20.99	2.93
2011	100	77.87	67.66	22.13	0.47	0.47	18.54	2.65
2012	100	80.78	70.89	19.22	0.45	0.33	16.12	2.32
2013	100	80.65	70.50	19.35	0.49	0.28	16.22	2.36
2014	100	80.53	68.83	19.47	0.40	0.24	16.55	2.28
2015	100	80.88	70.58	19.12	0.52	0.24	16.08	2.28
2016	100	80.73	71.23	19.27	0.52	0.21	16.14	2.40
2017	100	80.37	70.30	19.63	0.53	0.20	16.35	2.55
2018	100	80.18	69.33	19.82	0.52	0.21	16.77	2.33

资料来源：国家统计局，国家数据 http://data.stats.gov.cn/easyquery.htm? cn=C01。

表 16　1991—2018 年全国学杂费占教育总经费的比例

年度	教育经费总额（亿元）	学杂费（亿元）	比例（%）
1991	731. 51	32. 35	4. 42
1992	867. 06	43. 93	5. 06
1993	1 059. 94	87. 15	8. 22
1994	1 488. 78	146. 92	9. 86
1995	1 877. 95	201. 24	10. 71
1996	2 262. 34	261. 04	11. 53
1997	2 531. 73	326. 08	12. 87
1998	2 949. 06	369. 75	12. 53
1999	3 349. 04	463. 61	13. 84
2000	3 849. 08	594. 83	15. 45
2001	4 637. 66	745. 60	16. 07
2002	5 480. 03	922. 78	16. 83
2003	6 208. 27	1 121. 50	18. 06
2004	7 242. 60	1 346. 55	18. 59
2005	8 418. 84	1 553. 05	18. 44
2006	9 815. 31	1 552. 33	15. 81
2007	12 148. 07	2 130. 91	17. 54
2008	14 500. 74	2 349. 30	16. 20
2009	16 502. 71	2 515. 60	15. 24
2010	19 561. 85	3 015. 56	15. 41
2011	23 869. 29	3 316. 97	13. 90
2012	28 655. 31	3 504. 83	12. 23
2013	30 364. 72	3 737. 69	12. 30
2014	32 806. 46	4 053. 04	12. 35
2015	36 129. 19	4 317. 36	11. 94
2016	38 888. 39	4 770. 94	12. 26
2017	42 562. 01	5 293. 28	12. 43
2018	46 143. 00		

资料来源：国家统计局，国家数据 http：//data. stats. gov. cn/easyquery. htm？ cn＝C01。

表 17　1993—2018 年全国各级教育生均一般公共预算教育事业费支出

（单位：元）

年度	普通小学	普通初中	普通高中	普通高校
1993	162.80	364.24	617.34	4 102.30
1994	236.06	450.37	882.78	5 047.61
1995	265.78	492.04	985.23	5 442.09
1996	302.54	549.24	1 088.05	5 956.70
1997	333.81	591.38	1 155.36	6 522.91
1998	370.79	610.65	1 248.25	6 775.19
1999	414.78	639.63	1 269.31	7 201.24
2000	491.58	679.81	1 314.99	7 309.58
2001	645.28	817.02	1 471.12	6 816.23
2002	813.13	960.51	1 565.25	6 177.96
2003	913.54	1 052.00	1 606.58	5 772.58
2004	1 129.11	1 246.07	1 758.63	5 552.50
2005	1 327.24	1 498.25	1 959.24	5 375.94
2006	1 633.51	1 896.56	2 240.96	5 868.53
2007	2 207.04	2 679.42	2 648.54	6 546.04
2008	2 757.53	3 543.25	3 208.84	7 577.71
2009	3 357.92	4 331.62	3 757.60	8 542.30
2010	4 012.51	5 213.91	4 509.54	9 589.73
2011	4 966.04	6 541.86	5 999.60	13 877.53
2012	6 128.99	8 137.00	7 775.94	16 367.21
2013	6 901.77	9 258.37	8 448.14	15 591.72
2014	7 681.02	10 359.33	9 024.96	16 102.72
2015	8 838.44	12 105.08	10 820.96	18 143.57
2016	9 557.89	13 415.99	12 315.21	18 747.65
2017	10 199.12	14 641.15	13 768.92	20 298.63
2018	10 566.29	15 199.11	14 955.66	20 973.62

资料来源：教育部、国家统计局、财政部《全国教育经费执行情况统计公告》（1993—2018年各年度）；国家统计局，国家数据 http://data.stats.gov.cn/easyquery.htm?cn=C01。

表 18 1950—2018 年全国教育经费情况

年份	GDP（亿元）	GDP 增速（%）	人均 GDP（元）	增速（%）	财政收入（亿元）	财政收入增长速度	财政收入占 GDP（%）	教育经费投入（亿元）	教育经费投入增长比例（%）	国家财政性教育经费（亿元）	国家财政性教育经费比上年增长（%）	国家财政性教育经费占 GDP（%）	国家财政性教育经费占教育经费投入（%）	公共财政教育支出（亿元）	公共财政教育支出占教育经费投入（%）
1950					62.17										
1951					124.96	101.00									
1952	679.09		119.37		173.94	39.20	25.6	11.62		11.62		1.71	100.00	11.62	100.00
1953	824.39	15.54	141.8	13.06	213.24	22.59	25.9	18.98	63.34	18.98	63.34	2.30	100.00	18.98	100.00
1954	859.82	4.26	144.43	1.82	245.17	14.97	28.5	20.12	6.01	20.12	6.01	2.34	100.00	20.12	100.00
1955	911.58	6.87	149.77	4.53	249.29	1.67	27.4	19.02	−5.47	19.02	−5.47	2.09	100.00	19.02	100.00
1956	1 030.73	14.94	165.86	12.57	280.19	12.4	27.3	25.75	35.38	25.75	35.38	2.50	100.00	25.75	100.00
1957	1 071.45	5.03	168.1	2.4	303.2	8.21	28.3	27.47	6.68	27.47	6.68	2.57	100.00	27.47	100.00
1958	1 312.34	21.2	200.9	18.27	379.62	25.20	29.0	25.51	−7.14	25.51	−7.14	1.95	100.00	25.51	100.00
1959	1 447.51	8.81	217.34	6.72	487.12	28.32	33.9	36.71	43.90	36.71	43.90	2.55	100.00	32.48	88.48
1960	1 470.1	−0.35	220.38	−0.51	572.29	17.48	39.3	50.34	37.13	50.34	37.13	3.46	100.00	46.22	91.82
1961	1 232.34	−27.27	186.62	−26.54	356.06	−37.78	29.2	37.09	−26.32	37.09	−26.32	3.04	100.00	33.44	90.16
1962	1 162.16	−5.58	174.56	−6.34	313.55	−11.94	27.3	31.33	−15.53	31.33	−15.53	2.73	100.00	28.01	89.40
1963	1 248.27	10.3	182.94	7.55	342.25	9.15	27.8	32.89	4.98	32.89	4.98	2.67	100.00	29.87	90.82
1964	1 469.89	18.18	210.48	15.49	399.54	16.74	27.5	38.4	16.75	38.40	16.75	2.64	100.00	34.92	90.94
1965	1 734.04	16.95	242.46	14.29	473.32	18.47	27.6	39.57	3.05	39.57	3.05	2.31	100.00	35.90	90.73
1966	1 888.72	10.65	256.83	7.7	558.71	18.04	29.9	41.29	4.35	41.29	4.35	2.21	100.00	40.00	96.88
1967	1 794.23	−5.77	237.79	−8.06	419.36	−24.94	23.6	36.44	−11.75	36.44	−11.75	2.05	100.00	36.44	100.00

续表

年份	GDP（亿元）	GDP增速（%）	人均GDP（元）	增速（%）	财政收入（亿元）	财政收入增长速度	财政收入占GDP（%）	教育经费投入（亿元）	教育经费投入增长比例（%）	国家财政性教育经费（亿元）	国家财政性教育经费比上年增长（%）	国家财政性教育经费占GDP（%）	国家财政性教育经费占教育经费投入（%）	公共财政教育支出（亿元）	公共财政教育支出占教育经费投入（%）
1968	1 744.13	−4.06	225.19	−6.53	361.25	−13.86	21.0	28.16	−22.72	28.16	−22.72	1.63	100.00	28.16	100.00
1969	1 962.22	16.94	246.5	13.72	526.76	45.82	27.2	27.45	−2.52	27.45	−2.52	1.42	100.00	27.45	100.00
1970	2 279.72	19.37	278.59	16.12	662.9	25.84	29.4	28.02	2.08	28.02	2.08	1.24	100.00	28.02	100.00
1971	2 456.88	7.06	292.1	4.11	744.73	12.34	30.7	36.16	29.05	36.16	29.05	1.49	100.00	34.57	95.60
1972	2 552.36	3.81	296.09	1.29	766.56	2.93	30.4	47.81	32.22	47.81	32.22	1.90	100.00	41.30	86.38
1973	2 756.23	7.76	312.52	5.38	809.67	5.62	29.8	54.54	14.08	54.54	14.08	2.00	100.00	46.42	85.11
1974	2 827.69	2.31	314.07	0.24	783.14	−3.28	28.1	61.56	12.87	61.56	12.87	2.21	100.00	50.81	82.54
1975	3 039.48	8.72	331.68	6.78	815.61	4.15	27.2	66.22	7.57	66.22	7.57	2.21	100.00	53.26	80.43
1976	2 988.58	−1.57	321.12	−3.1	776.58	−4.79	26.4	72.23	9.08	72.23	9.08	2.45	100.00	57.16	79.14
1977	3 250	7.57	344.48	6.14	874.46	12.60	27.3	76.83	6.37	76.83	6.37	2.40	100.00	59.91	77.98
1978	3 678.7	11.33	384.74	10.2	1 132.26	29.48	31.1	94.23	22.65	94.23	22.65	2.60	100.00	76.23	80.90
1979	4 100.45	7.6	423.16	6.2	1 146.38	1.25	28.2	113.03	19.95	113.03	19.95	2.80	100.00	93.16	82.42
1980	4 587.58	7.81	467.53	6.5	1 159.93	1.18	25.2	145.50	28.73	134.89	19.34	2.99	92.71	113.19	77.79
1981	4 935.83	5.17	496.62	3.8	1 175.79	1.37	24.0	157.65	8.35	132.84	−1.52	2.73	84.26	122.22	77.53
1982	5 373.35	8.93	532.74	7.4	1 212.33	3.11	22.8	175.85	11.54	162.32	22.19	3.07	92.31	137.20	78.02
1983	6 020.92	10.84	588.38	9.2	1 366.95	12.75	22.9	198.36	12.80	181.67	11.92	3.06	91.59	154.72	78.00
1984	7 278.5	15.14	702	13.7	1 642.86	20.18	22.8	242.72	22.36	215.46	18.60	3.00	88.77	180.14	74.22
1985	9 098.95	13.44	865.71	11.9	2 004.82	22.03	22.2	306.68	26.35	262.90	22.02	2.93	85.72	224.89	73.33
1986	10 376.15	8.94	972.65	7.3	2 122.01	5.85	20.7	363.43	18.50	324.45	23.41	3.18	89.27	262.00	72.09

续表

年份	GDP（亿元）	GDP 增速（%）	人均 GDP（元）	增速（%）	财政收入（亿元）	财政收入增长速度	财政收入占 GDP（%）	教育经费投入（亿元）	教育经费投入增长比例（%）	国家财政性教育经费（亿元）	国家财政性教育经费比上年增长（%）	国家财政性教育经费占 GDP（%）	国家财政性教育经费占教育经费投入（%）	公共财政教育支出（亿元）	公共财政教育支出占教育经费投入（%）
1987	12 174.59	11.69	1 123.08	9.9	2 199.35	3.64	18.2	385.11	5.97	346.70	6.86	2.90	90.00	271.56	70.51
1988	15 180.39	11.23	1 377.99	9.4	2 357.24	7.18	15.7	443.53	15.17	414.49	19.55	2.78	93.45	323.22	72.87
1989	17 179.74	4.19	1 535.76	2.6	2 664.9	13.1	15.7	594.67	34.08	518.14	25.01	3.06	87.13	397.72	66.88
1990	18 872.87	3.91	1 662.54	2.4	2 937.1	10.21	15.7	659.38	10.88	563.98	8.85	3.04	85.53	426.14	64.63
1991	22 005.63	9.29	1 912.24	7.8	3 149.48	7.23	14.5	731.51	10.94	617.83	9.55	2.86	86.59	459.73	62.85
1992	27 194.53	14.22	2 334.35	12.8	3 483.37	10.60%	12.9	867.06	18.53	728.75	17.95	2.74	84.05	538.74	62.13
1993	35 673.23	13.87	3 027.16	12.6	4 348.95	24.80%	12.3	1 059.94	22.25	867.76	19.08	2.51	81.87	644.39	60.79
1994	48 637.45	13.05	4 080.89	11.8	5 218.1	20.00%	10.83	1 488.78	40.46	1 174.74	35.38	2.51	78.91	883.98	59.38
1995	61 339.89	10.95	5 091.06	9.8	6 242.2	19.60%	10.27	1 877.95	26.14	1 411.52	20.16	2.41	75.16	1 028.39	54.76
1996	71 813.63	9.93	5 895.21	8.8	7 407.99	18.70%	10.41	2 262.34	20.47	1 671.70	18.43	2.44	73.89	1 211.91	53.57
1997	79 715.04	9.23	6 480.5	8.1	8 651.14	16.80%	10.95	2 531.73	11.91	1 862.54	11.42	2.49	73.57	1 357.73	53.63
1998	85 195.51	7.84	6 859.9	6.8	9 875.95	14.20%	11.59	2 949.06	16.48	2 032.45	9.12	2.55	68.92	1 565.59	53.09
1999	90 564.38	7.67	7 229.33	6.7	11 444.08	15.90%	12.64	3 349.04	13.56	2 287.18	12.53	2.79	68.29	1 815.76	54.22
2000	100 280.14	8.49	7 942.07	7.6	13 395.23	17.00%	13.43	3 849.08	14.93	2 562.61	12.04	2.87	66.66	2 085.68	54.19
2001	110 863.12	8.34	8 716.68	7.6	16 386.04	22.30%	14.86	4 637.66	20.49	3 057.01	19.29	3.19	66.59	2 582.38	55.68
2002	121 717.42	9.13	9 506.2	8.4	18 903.64	15.40%	15.62	5 480.03	18.16	3 491.40	14.21	3.32	63.71	3 114.24	56.83
2003	137 422.03	10.04	10 666.1	9.4	21 715.25	14.90%	15.90	6 208.27	13.29	3 850.62	10.29	3.28	62.02	3 453.86	55.63
2004	161 840.16	10.11	12 486.94	9.5	26 396.47	21.60%	16.42	7 242.60	16.66	4 465.86	15.98	2.79	61.66	4 027.82	55.61
2005	187 318.9	11.4	14 368.03	10.7	31 649.29	19.90%	17.03	8 418.84	16.24	5 161.08	15.57	2.82	61.30	4 665.69	55.42

续表

年份	GDP(亿元)	GDP增速(%)	人均GDP(元)	增速(%)	财政收入(亿元)	财政收入增长速度	财政收入占GDP(%)	教育经费投入(亿元)	教育经费投入增长比例(%)	国家财政性教育经费(亿元)	国家财政性教育经费比上年增长(%)	国家财政性教育经费占GDP(%)	国家财政性教育经费占教育经费投入(%)	公共财政教育支出(亿元)	公共财政教育支出占教育经费投入(%)
2006	219 438.47	12.72	16 738	12.1	38 760.2	22.50%	17.81	9 815.31	16.59	6 348.36	23.00	3.01	64.68	5 795.61	59.05
2007	270 092.32	14.23	20 494.38	13.6	51 321.78	32.40%	19.15	12 148.07	23.77	8 280.21	30.43	3.32	68.16	7 654.91	63.03
2008	319 244.61	9.65	24 100.21	9.1	61 330.35	19.50%	19.36	14 500.74	19.37	10 449.63	26.20	3.48	72.06	9 686.56	66.80
2009	348 517.74	9.4	26 179.54	8.9	68 518.3	11.70%	19.81	16 502.71	13.81	12 231.09	17.05	3.59	74.12	11 419.30	69.20
2010	412 119.26	10.64	30 807.93	10.1	83 101.51	21.30%	20.32	19 561.85	18.54	14 670.07	19.94	3.66	74.99	13 489.56	68.96
2011	487 940.18	9.55	36 301.56	9	103 874.43	25.00%	21.43	23 869.29	22.02	18 586.70	26.70	3.93	77.87	16 149.47	67.66
2012	538 580.0	7.86	39 874.28	7.3	117 253.52	12.90%	21.94	28 655.31	16.03	23 147.57	19.64	4.28	80.78	20 314.17	70.89
2013	592 963.2	7.77	43 684.39	7.3	129 209.64	10.2	22.96	30 364.72	9.64	24 488.22	10.13	4.30	80.65	21 405.67	70.50
2014	643 563.1	7.42	47 173	8.0	140 370.03	8.6	22.05	32 806.46	8.04	26 420.58	7.89	4.15	80.53	22 576.01	68.83
2015	688 858.2	7.04	50 237	6.4	152 269.23	5.8	22.49	36 129.19	10.13	29 221.45	10.60	4.10	80.88	25 861.87	70.58
2016	746 395.1	6.85	54 139	7.8	159 604.97	4.5	21.38	38 888.39	7.64	31 396.25	7.44	4.22	80.73	27 700.63	71.23
2017	832 035.9	6.95	60 014	10.85	172 592.77	7.4	20.74	42 562.01	9.45	34 207.75	8.95	4.14	80.37	29 919.78	70.30
2018	919 281.1	6.75	66 006	10.0	183 359.84	6.2	19.94	46 143.00	8.41	36 995.77	8.15	4.11	80.18	31 992.73	69.33

注:1. 资料来源:教育部编《中国教育经费统计》(历年),教育部、国家统计局、财政部《全国教育经费执行情况统计公告》(历年);国家统计局,国家数据 http://data.stats.gov.cn/easyquery.htm? cn=C01。

2. 按照我国国内生产总值(GDP)数据修订制度和国际通行作法,在第四次全国经济普查后,对 2018 年及以前年度的 GDP 历史数据进行了系统修订。

3. 说明:“全国公共财政教育支出”2011 年前为“公共财政预算教育拨款”。

主要参考文献

[1] 奥肯.平等与效率[M].王忠,译.成都:四川人民出版社,1988.
[2] 伯恩鲍姆.大学运行模式:大学组织与领导的控制系统[M].别敦荣,主译.青岛:中国海洋大学出版社,2003.
[3] 舒尔茨.论人力资本投资[M].北京:北京经济学院出版社,1990.
[4] "改革完善中央高校经费投入机制研究"课题组.中央直属高校财政拨款模式的历史变迁与改革思路[J].华中师范大学学报(人文社会科学版),2014,53(6):149-156.
[5] 中共中央文献研究室.习近平关于全面建成小康社会论述摘编[M].北京:中央文献出版社,2016.
[6] 鲍传友,冯小敏.徘徊在公平与效率之间:中国基础教育管理体制变迁及其价值向度[J].教育科学研究,2009(5):27-33.
[7] 财政部农业财务司.新中国农业税史料丛编:第五册[M].北京:中国财政经济出版社,1986.
[8] 财政部预算司.绩效预算和支出绩效考评研究[M].北京:中国财政经济出版社,2007.
[9] 财政部综合计划司,税务总局.中华人民共和国财政史料:第一辑[M].北京:中国财政经济出版社,1982.
[10] 财政部综合计划司,税务总局.中华人民共和国财政史料:第四辑[M].北京:中国财政经济出版社,1987.
[11] 曹勇.高校财务管理体制改革研究:以校院两级财务管理为例[D].石河子:石河子大学,2008.
[12] 陈宝生.落实　落实　再落实:在 2019 年全国教育工作会议上的讲话[J].中国民族教育,2019(3):3-12.
[13] 陈国明.关于推行校院两级财务管理的思考[J].南华大学学报(社会科学版),2006,7(1):39-41.
[14] 陈学飞.中国高等教育研究 50 年(1949—1999)[M].北京:教育科学出版社,1999.

[15] 程红艳. 教育公平与教育质量关系之辩[J]. 南京社会科学,2014(11):116-123.
[16] 崔英波,胡治寰. 浅谈当今我国高校内部审计存在的问题与对策[J]. 中国管理信息化,2017,20(3):14-16.
[17] 戴罗仙,吴海泉. 公共经济与教育财政研究[M]. 长沙:湖南人民出版社,2005.
[18] 邓小平论教育[M]. 北京:人民教育出版社,1995.
[19] 邓晓丹. 教育公平的本质:教育平等与教育效率的动态均衡[J]. 理论前沿,2007(9):38-39.
[20] 杜成宪. 共和国教育 70 年[M]. 南昌:江西教育出版社,2019.
[21] 范文曜,闫国华. 高等教育发展的财政政策:OECD 与中国[M]. 北京:教育科学出版社,2005.
[22] 方晓东,等. 中华人民共和国教育史纲[M]. 海口:海南出版社,2002.
[23] 改革开放 30 年中国教育改革与发展课题组. 教育大国的崛起[M]. 北京:教育科学出版社,2008.
[24] 改革开放以来的教育发展历史性成就和基本经验研究课题组. 改革开放 30 年中国教育重大理论成果[M]. 北京:教育科学出版社,2008.
[25] 龚向和. 受教育权论[M]. 北京:中国人民公安大学出版社,2004.
[26] 官风华,魏新. 高等教育拨款模式研究[J]. 教育研究,1995(2):23-29.
[27] 郭德红,林光彬,洪煜. 关于校院两级管理体制改革的思考[J]. 北京教育(高教),2019(Z1):76-79.
[28] 郭新立. 中国高水平大学建设之路:从 211 工程到 2011 计划[M]. 北京:高等教育出版社,2012.
[29] 郭秀云,黄恒学. 新中国成立 70 年高等教育经费模式历史沿革与经验[J]. 现代教育管理,2019(10):27-33.
[30] 国家高级教育行政学院. 中国高等体制改革教育世纪报告[M]. 北京:人民教育出版社,2001.
[31] 国家教委财务司,财政部文教司. 教育财务法规选编(高教分册)[M]. 天津:天津大学出版社,1996.
[32] 国家教育发展研究中心. 中国教育绿皮书:中国教育政策年度分析报告(2000—2007)[M]. 北京:教育科学出版社,2000、2001、2002、2003、2004、2005、2006、2007.
[33] 国家教育发展中心,中国联合国教科文组织全国委员会. 三十五国教育发展(1986—1988)[M]. 北京:人民教育出版社,1990.
[34] 国家教育发展中心. 发达国家教育改革的动向和趋势(第 1、2、3、4、5 集)

[M]. 北京:人民教育出版社,1992.
[35] 国家税务总局. 税收工作文件法规选编:1983—1989、1993—1998 年各卷[M]. 北京:中国财政经济出版社,1984—1990、1994 年,中国税务出版社,1995—1999 年.
[36] 国家税务总局. 中华人民共和国税收大事记(1949—1999)[M]. 北京:中国税务出版社,2000.
[37] 国家税务总局. 中华人民共和国税收基本法规:2001—2009 年各卷[M]. 北京:中国税务出版社,2001—2009.
[38] 国家统计局. 沧桑巨变七十载民族复兴铸辉煌:新中国成立 70 周年经济社会发展成就系报告之一[EB/OL]. (2019-07-01)[2020-03-20]. http://www.stats.gov.cn/tjsj/zxfb/201907/t20190701_1673407.html.
[39] 国家统计局. 人民生活实现历史性跨越 阔步迈向全面小康:新中国成立 70 周年经济社会发展成就系列报告之十四[EB/OL]. (2019-08-09)[2020-04-11]. http://www.stats.gov.cn/ztjc/zthd/sjtjr/d10j/70cj/201909/t20190906_1696323.html.
[40] 国家统计局. 中华人民共和国 2018 年国民经济和社会发展统计公报[EB/OL]. (2019-02-28)[2020-04-13]. http://www.stats.gov.cn/tjsj/zxfb/201902/t20190228_1651265.html.
[41] 韩伟伟. 管理视角下高校财务制度体系构建探讨[J]. 财会通讯,2009(29):84-85.
[42] 郝维谦,龙正中. 高等教育史[M]. 海口:海南出版社,2000.
[43] 何东昌. 中华人民共和国重要教育文献(1976—1990)[M]. 海口:海南出版社,1998.
[44] 何东昌. 中国教育改革发展二十年[M]. 北京:北京师范大学出版社,1999.
[45] 何东昌. 中华人民共和国教育史:上、下卷[M]. 海口:海南出版社,2007.
[46] 胡泽君. 充分发挥审计监督职能作用更好服务国家治理体系和治理能力现代化:在全国审计工作会议上的讲话(2020 年 1 月 2 日)[EB/OL]. (2020-03-18)[2020-04-15]. http://www.12371.cn/2020/03/18/ARTI1584521522531490.shtml.
[47] 黄永林. 教育财会改革探究[M]. 武汉:华中师范大学出版社,2014.
[48] 黄永林. 高等教育财会十大热点问题[J]. 教育财会研究,2013,24(6):3-12.
[49] 黄永林. 新中国教育财会六十年[M]. 武汉:华中师范大学出版社,2010.
[50] 霍军. 新中国 60 年税收管理体制的变迁[J]. 当代中国史研究,2010,17(3):52-59;126.
[51] 焦国伟,白大范. “双一流”建设背景下高校内部权力监督机制的完善[J].

中国高校科技,2018(9):8-11.
[52] 教育部.2013年度我国留学人员情况[EB/OL].(2014-02-21)[2020-03-19].http://www.moe.gov.cn/jyb_xwfb/gzdt_gzdt/s5987/201402/t20140221_164235.html.
[53] 教育部.教育部直属高校经济活动内部控制指南(试行)[Z].2016-04-20.
[54] 教育部.普通高等学校理事会规程(试行)[Z].2014-07-16.
[55] 教育部财务司,财政部教科文司.教育财务与会计手册:上、下册[M].北京:中国财政经济出版社,2005.
[56] 黄永林.高等教育财务法规选编[M].武汉:华中师范大学出版社,2001.
[57] 教育部高等教育司.提高质量,内涵发展:全面提高高等教育质量工作会议文件汇编2012[M].北京:高等教育出版社,2012.
[58] 教育部.教育审计[EB/OL].(2002-06-01)[2020-03-19].http://www.moe.gov.cn/jyb_sjzl/moe_364/moe_302/moe_382/tnull_4558.html.
[59] 教育系统开展内部审计工作的做法[J].中国内部审计,2010(5):53-59.
[60] 靳培培.教育公平与教育质量的关系析论[J].教育导刊(上半月),2013(12):15-18.
[61] 靳希斌.教育经济学[M].北京:人民教育出版社,1997.
[62] 康宁.论教育决策和制度创新[M].北京:教育科技出版社,2000.
[63] 劳凯声.变革社会中的教育权与受教育权:教育法学基本问题研究[M].北京:教育科学出版社,2003.
[64] 冷溶,汪作玲.邓小平年谱(1975—1997):上[M].北京:中央文献出版社,2004.
[65] 李岚清教育访谈录[M].北京:人民教育出版社,2004.3.
[66] 李晓燕.义务教育法律制度的理论与实际[M].武汉:华中师范大学出版社,2010.
[67] 联合国教科文组织.世界教育报告[M].北京:人民教育出版社,1992.
[68] 廖宏伟,苏丽丽.理性审视:教育中效率与公平的关系[J].教育教学研究,2008(18):194-195.
[69] 刘光.新中国高等教育大事记[M].长春:东北师范大学出版社,1990.
[70] 刘佐.新中国税制六十年[M].北京:中国财政经济出版社,2009.
[71] 刘佐.中国税制概览:1996—2009年各卷[M].北京:经济科学出版社,1996—2009.
[72] 马克思.资本论[A].中共中央马克思恩格斯列宁斯大林著作编译局.马克思恩格斯选集(2)[M].北京:人民出版社,2012.
[73] 马陆亭,张伟,朱宁.高水平大学学科费用系数的测算[J].高等教育研究,

2005(2):39-42.
[74] 马陆亭.试析我国高等教育投入制度的改革方向[J].高等教育研究,2006(7):51-56.
[75] 毛泽东.毛泽东同志论教育工作[M].北京:人民教育出版社,1992.
[76] 闵维方,杨周复,李文利.为教育提供充足的资源:教育经济学国际研讨会论文集[M].北京:人民教育出版社,2003.
[77] 彭满如.现代大学完善财务内部治理结构的探索[J].现代大学教育,2017(5):87-94.
[78] 彭玉昆.教育平等理论内涵分析与促进教育平等进程策略研究[J].东北师范大学学报,1998(6):3-5.
[79] 祁占勇.高等学校法人治理结构中的权力制衡模式及其内涵[J].高等教育研究,2016,37(3):34-38.
[80] 祁占勇.高等学校学术权力本位治理结构的现实困境与逻辑路向[J].高等教育研究,2011,32(2):27-33.
[81] 乔春华.高等教育投入体制研究[M].南京:南京大学出版社,2006.
[82] 乔春华.新中国高校财务领域壮丽 70 年的基本经验与主要启示[J].教育财会研究,2019,30(5):3-12.
[83] 秦慧君,吴小静.义务教育资源配置不均衡问题的研究进展与统计分析[J].经济研究导刊,2016(24):192-193.
[84] 冉毅.平等与效率:教育公平的核心价值[J].教学与管理,2008(15):3-5.
[85] 人民日报评论员:坚持党对教育事业的全面领导[N].人民日报,2018-09-18.
[86] 沈利生,朱运法.人力资本与经济增长分析[M].北京:社会科学文献出版社,1999.
[87] 史瑞杰.从精英教育到大众教育:高等教育发展中的效率与公平问题研究[M].北京:高等教育出版社,2008.
[88] 孙志军,杜育红.中国义务教育财政制度改革:进展、问题与建议[J].华中师范大学学报(人文社会科学版),2010,49(1):113-119.
[89] 田靖鹏.浅议高校财务管理体制创新:基于建立校、院(系)两级预算体系角度的研究[J].教育财会研究,2008(15):3-5.
[90] 王光艳,张湘怡.双一流建设背景下校院两级财权与事权的匹配机制探索[J].上海交通大学学报(哲学社会科学版),2019,27(5):141-149.
[91] 王润.高等学校管理[M].北京:北京师范大学出版社,1989.
[92] 王善迈.教育经济学简明教程[M].北京:高等教育出版社,2000.
[93] 王善迈.教育投入与产出研究[M].石家庄:河北教育出版社,1996.

[94] 王守军.我国高校财务治理体系改革探讨[J].财务与会计,2015(20):72-74.
[95] 王淑蕊.高等学校绩效工资制度研究[J].新乡学院学报,2016,33(7):56-59.
[96] 王宗正.法人治理结构视域下的我国公立高校董事会[J].高等教育研究,2014,35(1):32-37.
[97] 魏新.教育财政学简明教程[M].北京:高等教育出版社,2000.
[98] 文炳勋.新中国成立以来财政预算体制的历史演进[J].中共党史研究,2009(8):21-28.
[99] 文军,顾楚丹.基础教育资源分配的城乡差异及其社会后果:基于中国教育统计数据的分析[J].华东师范大学学报(教育科学版),2017,35(2):33-42;117.
[100] 吴晶,胡浩.坚持中国特色社会主义教育发展道路培养德智体美劳全面发展的社会主义建设者和接班人[N].中国教育报,2018-09-11.
[101] 吴雅琴,阙芹.我国高校内部审计制度完善研究[J].法制博览,2019(4):57-58.
[102] 伍海泉.高校经济论[M].长沙:湖南人民出版社,2001.
[103] 武力.财政转型:以"有形之手"促进科学发展[J].中共党史研究,2012(5):126.
[104] 武力.中华人民共和国经济简史[M].北京:中国社会科学出版社,2008.
[105] 习近平.决胜全面建成小康社会夺取新时代中国特色社会主义伟大胜利(在中国共产党第十九次全国代表大会上的报告)[M].北京:人民出版社,2017.
[106] 习近平主持召开中央审计委员会第一次会议[EB/OL].(2018-05-23)[2020-04-23].http://www.gov.cn/xinwen/2018-05/23/content_5293054.htm.
[107] 习近平主席在联合国"教育第一"全球倡议行动一周年纪念活动上发表视频贺词[N].人民日报,2013-09-27.
[108] 项怀诚.新中国会计50年[M].北京:中国财政经济出版社,1999.
[109] 项怀诚.中国政府预算改革五年(1998—2003)[M].北京:中国财政经济出版社,2003.
[110] 谢菊英.略论中国的教育审计制度[J].广西师范大学学报(哲学社会科学版),2001(3):84-87.
[111] 新华社.敏锐把握世界科技创新发展趋势切实把创新驱动发展战略实施好[N].人民日报,2013-10-02.
[112] 新修订《中小学校财务制度》的主要创新[J].教育财会研究,2013,24(2):

46-48;64.
[113] 新中国成立70周年"会计事业创新发展"大家谈[J]. 会计研究,2019(10):20-26.
[114] 熊志翔. 高等教育制度创新论[M]. 广州:广东高等教育出版社,2002.
[115] 徐辉. 市场经济问题与中国高等教育体制问题[M]. 长沙:湖南教育出版社,1995.
[116] 颜廷兰. 基于绩效管理理论的高等教育拨款模式改革研究[J]. 中国成人教育,2011(24):26-30.
[117] 杨钋. 以绩效为基础的高等教育资源分配:比较的视角[J]. 教育发展研究,2008(7):15-20.
[118] 杨秀芹. 教育资源利用效率与教育制度安排:一种新制度经济学分析视角[M]. 武汉:华中师范大学出版社,2009.
[119] 杨周复. 世纪之交的中国教育财务改革与发展[M]. 武汉:华中师范大学出版社,2004.
[120] 杨周复,施建军. 大学财务综合评价研究[M]. 北京:中国人民大学出版社,2002.
[121] 叶伟萍,刘建武. 改革我国高等教育拨款模式需要注意的问题[J]. 中国科教创新导刊,2008(16):14;16.
[122] 尹启华. 国家治理视域下我国政府会计制度的变迁与演进逻辑[J]. 四川师范大学学报(社会科学版),2019,46(1):46-53.
[123] 俞可平. 治理和善治:一种新的政治分析框架[J]. 南京社会科学,2001(9):40-44.
[124] 袁连生,何婷婷. 中国教育财政体制改革四十年回顾与评价[J]. 教育经济评论,2019,4(1):11-37.
[125] 袁振国. 中国教育政策评论[M]. 北京:教育科学出版社,2004.
[126] 原艳. 我国公立高校董事会的法律地位及运行机制研究[J]. 天津法学,2014,30(3):35-41.
[127] 张礼永. 新中国70年教育的十大经验[J]. 河北师范大学学报(教育科学版),2019,21(6):32-42.
[128] 张少春. 政府公共支出绩效考评理论与实践[M]. 北京:中国财政经济出版社,2005.
[129] 张炜. 中国高等教育财政改革三十年:成就与展望[J]. 高等工程教育研究,2009(2):54-58.
[130] 张小娟,孙邦华,王聪颖,等. 新中国成立70年学生资助国家政策的演变[J]. 北京教育(高教),2019(10):56-60.

[131] 张小萍.教育部直属高校财政投入机制实证研究[J].教育发展研究,2011,31(11):19-24.
[132] 张秀兰.中国教育发展与政策 30 年(1978—2008)[M].北京:社会科学文献出版社,2008.
[133] 章维.改革开放 40 年高校总会计师发展历程及启示[J].教育财会研究,2018,29(5):12-15.
[134] 赵德武,马永强.中国财务管理教育改革发展 30 年回顾与展望[J].财经科学,2008(11):1-8.
[135] 郑贤君.公民受教育权的法律保护[M].北京:人民法院出版社,2004.
[136] 中共中央文献研究室.毛泽东文集:第五卷[M].北京:人民出版社,1993.
[137] 中共中央文献研究室.三中全会以来重要文献选编:下[M].北京:中央文献出版社,2011.
[138] 中共中央文献研究室.十八大以来重要文献选编:上[M].北京:中央文献出版社,2014.
[139] 中国高等教育学会组.改革开放 30 年中国高等教育发展经验专题研究[M].北京:教育科学出版社,2008.
[140] 中国教育科学研究所.中华人民共和国教育大事记(1949—1982)[M].北京:教育科学出版社,1984.
[141] 中国教育年鉴编辑部.中国教育年鉴(1949—1981)[M].北京:中国大百科全书出版社,1984.
[142] 中国教育统计年鉴(历年)[M].北京:人民教育出版社.
[143] 中国教育学会,中国高等教育学会.中国教育改革发展二十年[M].北京:北京师范大学出版社,1999.
[144] 中国教育与人力资源问题报告课题组.从人口大国迈向人力资源强国[M].北京:高等教育出版社,2003.
[145] 人民代表大会常务委员会办公厅:中华人民共和国第十届全国人民代表大会第四次会议文件汇编[M].北京:人民出版社,2006.
[146] 中华人民共和国国务院新闻办公室.改革开放 40 年中国人权事业的发展进步(2018 年 12 月)[M].北京:人民出版社,2018.
[147] 中华人民共和国国务院新闻办公室.为人民谋幸福:新中国人权事业发展 70 年(2019 年 9 月)[N].人民日报,2019-09-23.
[148] 中华人民共和国教育部.共和国教育 50 年:1949—1999[M].北京:北京师范大学出版社,1999.
[149] 中华人民共和国教育部.跨世纪中国教育[M].北京:高等教育出版

社，2002.
[150] 中华人民共和国教育部，中共中央文献研究室. 毛泽东邓小平江泽民论教育[M]. 北京：中共中央文献出版社，2002.
[151] 中央教育科学研究所. 周恩来教育文选[M]. 北京：教育科学出版社，1984.
[152] 周春华. 中国高等教育行政管理学[M]. 武汉：武汉大学出版社，1987.

后　记

这是一部受托之作。记得 2019 年那个安宁和谐的春节，教育部负责财务工作的一位老友在与我互致新春问候后，对我说："今年是新中国成立 70 周年，各条战线各个领域都在回顾和总结新中国 70 年的辉煌发展史，中国教育事业发展取得了举世瞩目的历史性成就，这其中也有教育财务人的贡献。你曾写过一本《新中国教育财务六十年》，反响很好，现在能不能再写一本《新中国教育财务七十年》，认真回顾和总结这 70 年中国教育财会改革与发展的历史与经验。"我欣然应诺，表示尽力完成这一任务。我是学文学的，现在主要研究民间文化和大众文学，没有财会方面的专业训练。但我在教育财会战线工作了 30 多年，分管学校财务工作也有近 20 年，主编《教育财会研究》杂志也有 20 余年，对中国教育财会近几十年的发展有着切身的感受，曾搜集了大量相关资料，也出版过几部教育财会著作和发表过相关论文，应该说完成这一任务有较好的基础。但在接受这一任务后的近一年多时间里，由于繁重的教学和科研任务，我只能平时挤出一点时间做这项研究，断断续续完成了一部分工作。但我内心一直很焦急，希望尽早完成领导布置的这项任务，也了却自己为教育财会做点贡献的心愿。

公元 2020 年春节本该是安定祥和的时刻，但一场新冠肺炎疫情突降，阴霾笼罩武汉。1 月 23 日武汉封城，人们一度处在极度惊恐之中。在经历了为亲戚住院而奔波、为亲人病逝而悲痛、为好友入院而担忧的痛苦之后，我强烈地感受到生命的脆弱，人生的无常，生活的不易。尤其对于我这样一个年逾花甲的人来说，深感时间的宝贵，因为我还有很多事需要去完成……想到教育部委托给我的这一课题还没有完成，我更加增添了时间的紧迫感。于是我尽量让恐惧和忧伤的心情平静下来，回到书桌上来，找出一堆堆资料，继续开始紧张的研究。在这段时间里，我夜以继日，每天工作十五个小时以上，以只争朝夕的精神，奋力在这本书的写作中。我甚至在想明天我等来的是什么，我告诫自己必须抓紧，抓紧，再抓紧……我不敢懈怠、心无旁骛、如痴似魔般地进行着这部书的写作，争取完成，争取早日完成。

今天是公元 2020 年 4 月 8 日，在党和政府的正确领导下，在全国人民的大力支援下，在武汉人民的共同努力下，经历 70 多个艰难的日日夜夜，终于取得了疫情之战的初步胜利，武汉解封了！在武汉重启之日，我终于敲出了这本书的最后一个章节，完成了融着我泪水与心血的 50 余万字的书。疫情对于我们来说是一次身心的严峻考验，经历大灾之后的我们更懂得活着的不易，“活着就好，珍惜当下”成为这个特殊时期的最强音！灾难之后，我们反思活着的意义，活着不仅仅是为了享受生活，而只有努力去创造美好的生活，生命才有价值。

这本受托之书终于完成了，回头再看这本回顾新中国 70 年教育财会发展历程、总结成绩和经验的著作，仍然心潮澎湃，感慨万千。

这是一部记录中国教育财会事业取得辉煌成就的历史书。中国教育财会人用满满的令人骄傲的数据书写了中国教育事业发展的辉煌。新中国成立之初，中国教育是怎样一幅落后的惨景：拥有 960 多万平方公里和 5.42 亿人口的大国，人均受教育年限均不足 2 年，文盲、半文盲占总人口的 80%以上，学龄儿童入学率仅有 20%左右，高中在校生仅 31.5 万人，只有 205 所高校，在校生仅 11.7 万人。学前教育毛入学率不足 0.4%，小学教育净入学率为 20%，初中阶段教育毛入学率为 3.1%，高中阶段教育毛入学率为 1.1%，高等教育毛入学率为 0.26%。经过 70 年的发展，尽管经历了“文化大革命”等曲折，但我国仍然取得了举世瞩目的巨大成就。到 2018 年底，在近 14 亿人口中，全国小学、初中、高中、大学的在校生，分别达到 10 339 万人、4 653 万人、3 935 万人、3 833 万人；全国小学学龄儿童净入学率为 99.95%，初中阶段、高中阶段、高等教育的毛入学率分别为 100.9%、88.8%、48.1%，学前教育毛入园率为 81.7%，这些指标已达同期中上收入国家平均水平。看到如此巨大成绩，我们不能不为之骄傲与自豪！从中我们看到了我们国家的伟大、党的英明、社会主义制度的优越，以及改革开放的重要。当我们看到新中国教育投入从成立之初的 8.95 亿元，增加到 2018 年的 4.6 万亿元的时候，我们感到教育财会为中国教育事业发展所起的重要支撑作用，我们不能不感谢那些曾精心筹集和管理教育经费的教育财会工作者们。历史丰碑上已刻下这伟大的教育时代，历史的画卷已记录下这巨大的教育辉煌，历史笔墨将铭记这些平凡而伟大的教育财会人！历史告诉我们，中国教育事业的发展尽管经历过艰难曲折，甚至是惊涛骇浪，但在波澜壮阔中取得了辉煌的历史成就！历史告诉我们，只有经历过苦难折磨的民族，才更能挺起脊梁，奋发图强，以更加昂扬的姿态屹立于世界民族之林。

这是一部描绘中国教育财会事业开创改革发展的历史书。当我们钩稽爬梳在那些过往历史资料中的时候，那些曾经给中国教育带来历史性影响的文献再一次呈现在我们的眼前，它们为我们展示出一幅中国教育事业和中国教育财会工作开创伟业和改革发展的不平凡的历史画卷。1949年9月，中国人民政治协商会议第一届全体会议通过的《中国人民政治协商会议共同纲领》提出的“中华人民共和国的文化教育为新民主主义的，即民族的、科学的、大众的文化教育”的教育方针和政策导向，奠定了中国教育发展的历史起点；二十世纪六十年代初出台的《高校六十条》《中学五十条》《小学四十条》等，初步形成了比较完备的国民教育体系；改革开放后，《中华人民共和国教育法》《中华人民共和国高等教育法》《中华人民共和国义务教育法》《中华人民共和国教师法》等教育法规，为中国教育发展提供了法律保障；《中共中央关于教育体制改革的决定》《中国教育改革和发展纲要》《关于深化教育改革全面推进素质教育的决定》《国务院关于基础教育改革与发展的决定》《国家中长期改革和发展规划纲要（2010—2020年）》《关于深入推进义务教育均衡发展的意见》和《统筹推进世界一流大学和一流学科建设总体方案》《关于深化教育体制机制改革的意见》和《中国教育现代化2035》等文件，为教育事业发展所指引方向和描绘蓝图；以及教育财会领域的《高等学校财务改革实施办法》《高等学校开展社会服务有关问题的意见》《国务院关于深化农村义务教育经费保障机制改革的通知》《关于建立健全普通本科高校、高等职业学校和中等职业学校家庭经济困难学生资助政策体系的意见》《关于进一步调整优化结构提高教育经费使用效益的意见》等关于教育财务改革和投入的文件，为教育事业发展提供了坚强的经济保障。每个文献都开启一个新的时代，每份文件都形成一个新的里程碑，正是在这些历史性文献的指引和规范下中国的教育事业才迈入一个又一个新时代。

这是一部记载我们的党高度重视中国教育事业发展的历史书。这是一部我们党对教育地位作用的认识不断深化和升华的历史。阅读这部书，让我们重新聆听我们党的领袖重视教育的伟大声音，这是中国教育发展最强大的支撑。从1950年毛泽东面对百业待兴、人才奇缺的状况，发出的“恢复和发展人民教育是当前重要任务之一”所表达的对教育的高度重视，到邓小平极富战略性眼光指出“忽视教育的领导者，是缺乏远见的、不成熟的领导者，就领导不了现代化建设”，“各级领导要像抓好经济工作那样抓好教育工作”，再到江泽民提出“人才资源是第一资源”，“百年大计，教育为本”，胡锦涛提出“办好人民满意教育”，以及习近平提出“教育是国之大计、党之大计”的重要论断，我们的党审时度势、顺应历史潮流，作出优先发展教育、实施科教兴国战略和人才强国战略的重大历史抉择。我们党和国家提出在教育投入上“切实保证经济社会发展规划优先安排教育发展、财政资金优先保障教育投入、公共资源优先满足教育和人力资源开发需要”，“调整优化财政支出结构，优先落实教育投入，保证国家财政性教育经费支出占国内生产总值比例一般不低于4%，确保一般公共预算教育支出逐年只增不减，确保按在校学生人数平均的一般公共预算教育支出逐年只增不减。在继续保持财政教育投入强度的同时，积极扩大社会投入”。教育在党执政兴国中的战略地位逐步确立，教育的基础性、先导性、全局性地位和作用日益凸显。历史证明，党和国家领导人高度重视教育是中国教育事业取得辉煌成就的根本保障。

这是一部在总结中国教育财会历史中思考未来的历史书。在回望过去、总结历史中，我们在探寻历史的规律，思考未来的发展。在本书中，我们探讨了中国教育发展的历史经验和未来的走向，在探讨教育投入法规和教育财政体制改革中，提出如何进一步完善教育投入法规体系和加大教育投入可能的途径；在研究教育财务管理体制和教育财务管理改革中，提出了提升国家教育财务管理体系和能力现代化的建议；在分析中国学生资助政策体系建构历史后，提出了如何进一步完善资助政策促进教育公平的发展方向；在检视教育财会制度建设、教育审计和教育经费监管制度建立后，提出了教育财会监管制度如何深化改革创新的建议。深化改革，谋求发展，成为本书关注的重点，成为本书与一般教育财会发展史书不同的特征和价值。尽管这些思考还很不成熟，但我们捧出的是希望中国教育财会发展更好的炽热真诚的心。我从历史中走来，向未来发展走去，带着苦心思考，带着最美期待，走向更加美好的明天。

作为一个近 40 年教育财会发展的亲历者和见证者，在我满怀激情地接下写这本书任务的时候，我是充满信心的；当我现在即将交出这份答卷的时候，我既充满喜悦，宛如一个新生婴儿降世；又充满不安，因为学识所限，书中还有一些不足，无论是历史的宽度，还是理论的高度都未能达到某种超越。学无止境，我将继续努力，争取今后能有更大的超越。

当我交出这本书稿的时候，我的心中充满感激与谢意。我非常感谢教育部领导对我的信任，使我有机会承担这一任务，完成如此具有重要意义的著作。我要特别感谢老领导、教育部原党组成员、部长助理杨周复先生，以及教育部财务司、教育资金监管中心、全国学生资助管理中心和中国教育会计学会的各位领导和朋友对我多年来的关爱和支持，使我能在教育财会领域有所作为。我还要感谢我所在的单位——华中师范大学，在这里学习和工作的 40 多年中我得到了太多人的帮助，是这所学校培养了我，成就了我的今天。还要感谢那些我对他们要求极其严苛但他们却给我甜甜的微笑、进步的喜悦的可爱的学生们，是他们使我感到当老师的幸福与快乐，当老师真好！当然我还要感谢我的家人给予我的理解和支持，我深深体会到没有一个温馨的家，没有一个遮风避雨的港湾，自己要有所作为几乎是不可能的。我还必须特别说明，本书直接和间接引用了大量文件、领导讲话，以及学者们的相关研究成果，有些直接在著作中和参考文献中做了注明，但还有部分没有一一注明，在此我要向这些知识产权的拥有者们表示深深的歉意和衷心的感谢！最后，还要感谢华中师范大学财务处、社科处、出版社和国家文化产业研究中心领导的倾力支持，以及本书责任编辑许亚云女士的辛勤劳动。

武汉重启，我们还活着！我们更加怀念那些为抗疫而献身的英雄和在疫情中去世的人们，更加感谢那些为抗击疫情而作出贡献的平凡而伟大的人！因抗疫，武汉城市和武汉人民再显英雄本色，再次成为英雄的城市和英雄的人民；在未来的日子里，我们要更加珍视生命，更加努力做好自己的本职工作，做出无愧于英雄城市和英雄人民称号的事业！我们相信武汉的明天将更加美好！每个人的生命将在未来绽放出更加绚丽的光彩！

黄永林

2020 年 4 月 8 日于桂子山